Fort Dodge

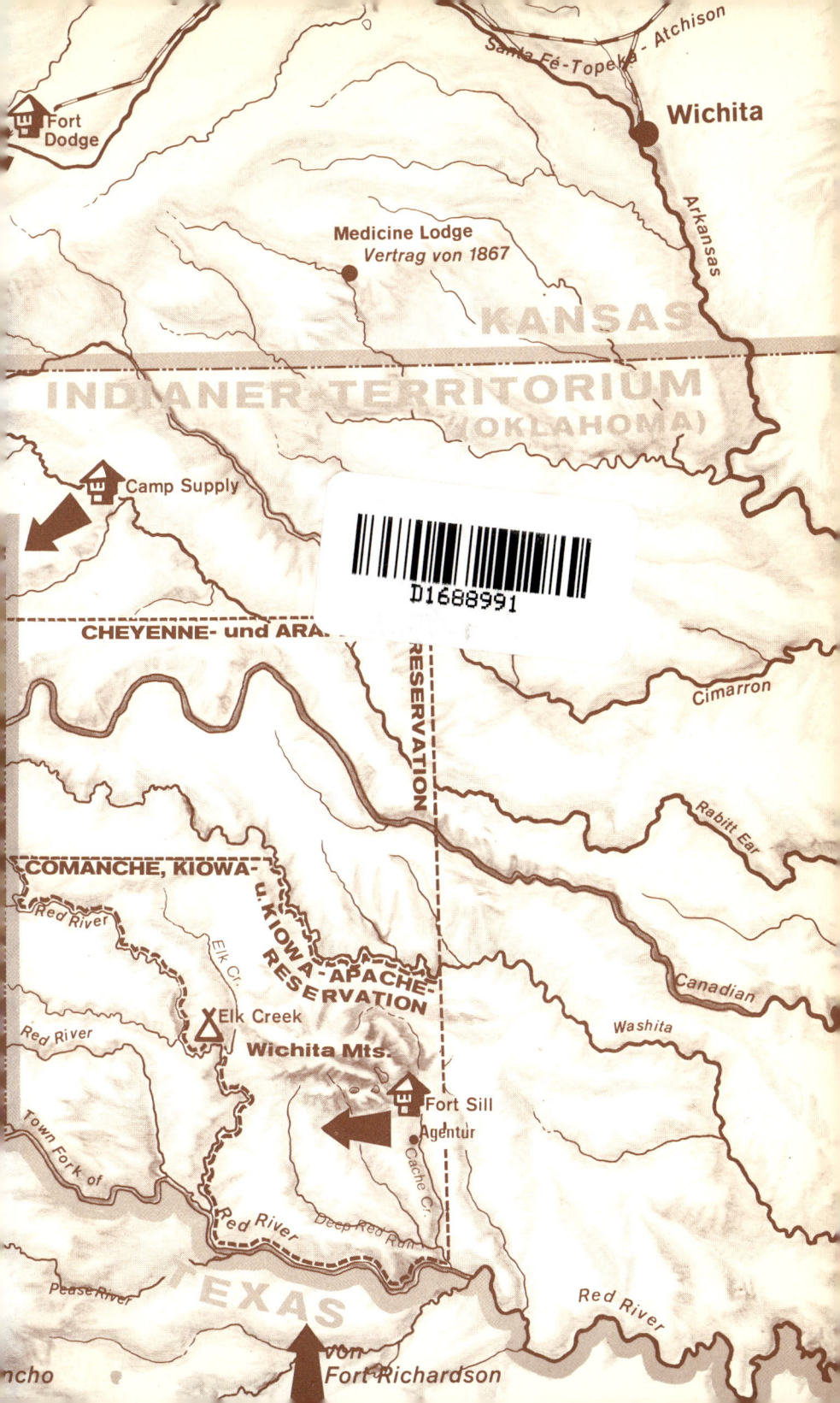

Santa Fé-Topeka - Atchison

Wichita

Arkansas

Medicine Lodge
Vertrag von 1867

KANSAS

INDIANER-TERRITORIUM
(OKLAHOMA)

Camp Supply

CHEYENNE- und ARA...

Cimarron

Rabitt Ear

COMANCHE, KIOWA-
u. KIOWA-APACHE-
RESERVATION

Red River

Elk Cr.

Elk Creek

Wichita Mts.

Fort Sill
Agentur

Canadian

Washita

Red River

Town Fork of

Red River

Deep Red Run

Cache Cr.

Pease River

TEXAS

Red River

von Fort Richardson

Werner J. Egli

Im Sommer als der Büffel starb

Roman
um den Untergang der Comanchen

C. Bertelsmann Verlag

Danksagung:

Überall in Canada, Mexico und den USA, aber auch in Deutschland, gibt es Leute, die mehr oder weniger zur Entstehung dieses Buches beigetragen haben. Mein Dank geht vor allem an Crawford R. Buell, Ex-Präsident des Santa Fé Corral, Santa Fé; Gillett Griswold, Museumsdirektor in Ft. Sill, Oklahoma; John D. Gilchriese, Historiker, Tucson, Arizona; Dr. Keith H. Basso, Prof. für Anthropologie an der Univ. von Arizona; Harald G. Stearns, Präsident der Montana Hist. Society, Harlowtown, Montana; Edgar Perry, Director of White Mountain Apache Culture Center, Ft. Apache, Arizona; Fred Banashley sr., White River, Arizona; Richard C. Cooley, Kinishba Ruins, Arizona; Willford und Mary Ellen Woosypiti, Gracemont, Oklahoma; Tom und Helen Parker, Apache, Oklahoma; Fred Lefthand, Tribal Secretary, Crow Agency, Montana; Fam. Wallimann, Denver, Colorado; Hillario und Ginger Gutierrez, San Antonio, Texas; Douglas and Evi Weeks, Pacific Palisades, California; Bud und Hannah Armstrong, Billings, Montana; Merril und Ruth Brown, Tucson, Arizona; Mrs. Katharine Lisk, Tucson, Arizona; Don C. Talayesva und Myron Polequaptewa, Old Oraibi, Arizona; Regina Conradt für drei Tage abenteuerlicher Schwerarbeit und H. J. Stammel, der mir sein umfassendes Archiv zeitgenössischer Berichte und sein Bildmaterial zur Verfügung gestellt hat.

© 1974 Verlagsgruppe Bertelsmann GmbH/
C. Bertelsmann Verlag, München, Gütersloh, Wien
Gesamtherstellung Mohndruck Reinhard Mohn OHG, Gütersloh
ISBN 3-570-00024-9 · Printed in Germany

Inhalt

1 Dodge City, Gomorrha der Prärie 9

2 Kriegsgeflüster 27

3 Durch das Niemandsland 39

4 Schüsse im Schneetreiben 63

5 Das große Sterben 81

6 Männer im Sturm 97

7 Comancheros 109

8 Ein Fetzen vom Paradies 127

9 Das Lied vom Tod 149

10 Der Medizinmann 159

11 Der Zweikampf 177

12 Auferstehung 185

13 Quanah Parker 201

14 Der schlanke Otter 211

15 Tipikriecher 225

16 Der Weg der Krötenechse 239

17 Skalpjäger 261

18 Die Unversöhnlichen 271

19 Regentage 285

20 Der Traum vom Glück 299

21 Satanta 313

22 Am Elk Creek 327

23 Sonnentanz 337

24 Fort Sill, Vorposten der Zivilisation 355

25 Kanone oder Bibel 373

26 Weibergeschichten 395

27 Billy Blue 411

28 Adobe Walls 421

29 Die Nacht vor dem Angriff 437

30 Sonntagmorgen, wenn andere zur Messe gehen 447

31 Sonnenuntergang 467

32 Ein Sieg für Mackenzie 479

33 Tausch der Welten 495

Nachwort 506

Quellennachweis 510

»Leben ist das Aufglühen einer Feuerfliege in der Nacht. Es ist der Atem eines Büffels in der Kälte des Winters, und es ist der dünne Schatten, der durchs Gras läuft und sich im Licht des Sonnenunterganges verliert.«

Crowfoot, Schwarzfuß (1821–1890)

Für Paula und Steve und Jeannie
You know why

1
Dodge City, Gomorrha der Prärie

An einem Tag im Sommer 1876 erreichte eine westwärts ziehende Wagenkarawane Fort Dodge.
    Nach dem Abendessen gingen W. S. Tremaine, der Feldarzt, und einige seiner Offiziersfreunde zu den Wagen, um die neuesten Nachrichten aus dem Osten zu erfahren. Die von der langen Fahrt arg mitgenommenen Wagen, voller Kugellöcher und Pfeilspitzen, standen verlassen. Die Leute mußten die Hölle hinter sich haben. Aber als die Offiziere die Wagen passierten, sahen sie staunend, wie die Westwanderer sich in der Prärie versammelt hatten, barhaupt, knieend und mit gesenkten Köpfen, während ihr Priester vor ihnen stand und betete:
    »O Gott, wir beten zu dir, beschütze uns mit deiner mächtigen Hand. Während unserer langen Fahrt hast du uns nie im Stich gelassen. Wir überlebten Gewitter, Hagelstürme, Überschwemmungen, heftige Windstöße, Durst und versengende Hitze, und auch Angriffe von Banditen und wilden Indianern!
    Aber jetzt, o Gott, jetzt droht uns die größte Gefahr. Dodge City liegt knapp vor uns und wir müssen durch. Wir flehen dich an, o Gott, hilf uns und rette uns, Amen!«

Stanley Vestal, DODGE CITY, QUEEN OF THE COWTOWNS, 1952

Wie eine staubfarbene Narbe zog sich der Santa Fé Trail durch die Prärie. Achthundert Meilen lang, von Independence nach Santa Fé. Tausende von Ochsenhufen und eisenbereiften Wagenrädern hatten den Boden gepflügt, meilenbreit und von Jahr zu Jahr tiefer. Eine Fahrt für die von Ochsen gezogenen Wagen dauerte vom Frühjahr bis zum Herbst, und die Chancen, Santa Fé zu erreichen, waren nicht sehr groß, denn der Trail führte quer durch ein Gebiet, das von Millionen Büffeln und einigen tausend Indianern bevölkert wurde.

Reiterstämme. *Kosaken der Prärie* wurden sie genannt. Comanchen, Cheyenne, Kiowas und Pawnees. Ihnen gehörte das Land, in dem es keine Grenzen gab. Ihnen gehörten die welligen, schier endlosen Prärien, die Flüsse und die wenigen bewaldeten Gebiete. Sie kannten die entlegensten Wasserlöcher, wußten, wann die Büffelherden den Cimmaron River entlangzogen und fühlten sich in den windgeschützten Schluchten und Tälern zu Hause, wo sie jeden Winter erneut ihre Lager aufschlugen, das Büffelfleisch zu *Pemmikan* verarbeiteten und die Häute gerbten.

Die ersten Weißen, die den Santa Fé Trail befuhren, trafen auf *großmütige, gastfreundliche und hilfsbereite Rothäute*. Das änderte sich aber sehr schnell, als die Indianer merkten, daß die *Wagenstraße* durch ihr Land immer mehr dieser seltsamen, bleichgesichtigen Geschöpfe brachte, die taten, als ob sie das Land gepachtet hätten. Sie fingen an, in den Flüssen ihre Biberfallen auszulegen. Sie schossen Büffel, Antilopen, Coyoten, Wölfe und ... Indianer. Und die Wagen brachten mehr Fallen, mehr Pulver und mehr Blei. Bald kam kaum ein Wagenzug unbehelligt in Santa Fé an. Verkohlte Wagentrümmer, Skelette von Ochsen und Pferden, Nähmaschinen und Hausrat, aber auch frische Erdhügel, in denen Kistenbretter steckten, zeichneten den Santa Fé Trail fast auf seiner ganzen Länge.

Eilig richtete die Regierung entlang des Trails einige weit auseinandergelegene Militärstationen ein, und auch dem letzten Indianer wurde klar, daß jetzt die Weißen nicht nur durchziehen, sondern bald auch bleiben würden.

Von den Westwanderern, die auf dem Santa Fé Trail Fort Dodge passierten, dachte keiner daran, in diesem von heftigen Winden gepeitschten Meer aus Büffelgras den Wagen länger anzuhalten, als um die Zugtiere zu füttern und zu tränken. Aber als im Norden die Union Pacific die *transkontinentale* Eisenbahn baute, entstanden plötzlich scheinbar völlig unmotiviert mitten in der Wildnis »Städte«. Für die Büffeljäger, die für die Bautrupps der Eisenbahngesellschaften Frischfleisch einbrachten, für die Soldaten des Forts und für die ersten Abenteurer, die am Ufer des Arkansas hängenblieben, wurden diese kleinen Niederlassungen zu

Zentren in der Wildnis, in dem sie sich nach harter Arbeit vergnügen konnten.

Die Jäger verbrachten die Winter in der eisklirrenden Wildnis, schossen die Büffel reihenweise nieder und transportierten die Hinterschenkel und Zungen in ihren Frachtwagen zum Schienenstrang. Bei Temperaturen bis zu vierzig Grad unter Null konnte das Frischfleisch *tiefgefroren* verladen und auf dem schnellsten Wege in den Osten gefahren werden. Sobald es Frühling wurde und im *Salbeigestrüpp der Saft stieg*, verstummten die schweren Sharpsgewehre der Jäger, und die meisten von ihnen versammelten sich in den Städten am Schienenstrang, wo es *alles gibt, was ein Männerherz zum Jubeln bringt*.

Dodge City wurde zum größten Anziehungspunkt für alles, *was die Zivilisation ausspuckte*. Schon nach wenigen Monaten war ein Tag ohne Tote für diese Stadt fast ein Tag ohne Leben.

Im Herbst 1873 kam Benjamin Clintock nach Dodge City.

Man sah ihm an, daß er Monate im Sattel verbracht hatte. Er saß vornübergebeugt auf einem löwengelben Hengst und ließ die Beine neben den Steigbügeln herunterhängen.

Er war müde, abgemagert und durstig. Eine Staub- und Schweißkruste bedeckte sein Gesicht und seine Augenlider waren entzündet.

Er kam von den Verladecorrals heraufgeritten. Hinter ihm war der Himmel gelb. Staub quoll zwischen sich unruhig drängenden Rindern hervor, durch ein Gewirr von Hörnern, hob sich in Wolken über die Verladerampen und über eine Reihe von Viehwagen, wurde vom Westwind erfaßt und stand wie eine schmutzige Nebelwand zwischen Himmel und Erde. Darüber stand die Sonne, blaß und kraftlos, manchmal jäh aufglühend, wenn ein Windstoß den Staub für einen Moment aufriß.

Es hatte seit Monaten nicht mehr geregnet. Wo der Wind die von Rinder- und Pferdehufen zerstampfte Erdkruste nicht weggetragen hatte, war das Gras verbrannt, die wenigen Büsche dürr. Nur am Ufer des Arkansas bedeckte ein Hauch von Grün die steilen Böschungen.

Benjamin Clintock zügelte sein Pferd, als der durchdringende Ton einer Dampfpfeife das Gebrüll der Rinder und Kälber übertönte. Er warf einen Blick hinüber zum Abstellgleis, wo eine Taunton-Lok unter Dampf stand, schwarz, wuchtig und furchterregend; ein von Menschenhand erschaffenes, feuerspeiendes Ungetüm. Benjamin Clintock duckte sich etwas, und er spürte, wie sein Hengst unruhig wurde, als sich die Lok in Bewegung setzte. Die Erde schien unter den heftigen Stößen zu erzittern, mit denen die Maschine arbeitete. Metall rieb sich an Metall und machte ein häßliches Geräusch. Weichen wurden gestellt, und auf dem Tender schaufelte ein rußgeschwärzter Mann Kohle. Der Lokführer beugte sich aus dem Seitenfenster und brüllte ein paar neben der Lok herlaufenden Kindern zu, ja vorsichtig zu sein, um nicht unter die Räder zu kommen.

Benjamin Clintock beobachtete die Lok, jede Bewegung, die sie machte, jede Einzelheit an ihr. Sie sah neu aus. Messing glänzte. An der Seite der Führerkabine stand in goldenen Buchstaben ATCHISON-TOPEKA & SANTA FE. Darunter die Zahl 8. Funken tanzten im Qualm, der aus dem Schlot quoll, zu Wolken geballt und über dem Tender vom Wind zu Fetzen gerissen. Die Lok fuhr am Stationsgebäude vorbei auf das andere Geleis, kam zum Stehen und rollte langsam rückwärts gegen die Wagenkette, wurde noch etwas langsamer und rutschte mit blockierten Rädern gegen den ersten Wagen. Puffer prallten aneinander, und durch die Wagenkette ging ein gewaltiger Stoß.

Benjamin Clintock sah, wie O'Rourkes Pferd mit allen vieren in die Luft sprang. Sid Robertson, ein Cowboy, der bei der Zählschleuse arbeitete, ging hinter dem Corralzaun in Deckung, und selbst Chris Tucker, der Vormann, machte ein paar Schritte rückwärts, als mit einem durchdringenden Zischen eine Dampffontäne aus dem Überdruckventil schoß. Der Lokführer betätigte ein paar Hebel, zog noch einmal an der Dampfpfeife und sprang vom Führerstand herunter.

Benjamin Clintock schob den Hut in den Nacken und wischte sich mit dem Handrücken den Schweiß vom Gesicht. Er warf einen langen Blick in den Himmel, der über den Dächern von Dodge City von einem tiefen Blau war, ohne Staub und ohne Rauch und Dampf. Die Straße führte an einigen Lagerschuppen vorbei hinauf zur Front Street. Dodge City zeigte sich ihm von der besten Seite. Holzfassaden, mit der buntbemalten Frontseite nach Süden gerichtet, säumten die Hauptstraße und verbargen die dahinter liegenden Hütten. Eine Reihe von dicht gedrängten Saloons, Tanzhallen und Spielsälen. Dazwischen einige Geschäfte, klein, nüchtern und unscheinbar, so als wären sie für die Stadt ohne Bedeutung.

Dodge City, Gomorrha der Prärie. Die verrückteste kleine Stadt von Amerika. Hölle der Plains.

Benjamin Clintock zog den Hut wieder in die Stirn, hob die Zügel und drückte die Schenkel an.

»Los, Cracker Jack, du hast 'ne Stange Kandis verdient«, sagte er, und der Hengst, mager, mit einem narbigen Fell, das von Staub und Schweiß bedeckt war, trottete weiter, den Kopf hängend an den Zügeln, die ihm Ben lang ließ. Ohne ihn schon einmal gegangen zu sein, schien Cracker Jack den Weg zu kennen. Immerhin hatte ihm Ben seit langem eine Stange Kandis versprochen, sollten sie einmal Dodge City erreichen.

Er wußte nicht, wie weit ihn Cracker Jack getragen hatte. Er wußte nicht einmal wie lange es her war, seit sich die Rinderherde im Lampasas

County in Bewegung gesetzt hatte. Es war an einem Montag im Sommer gewesen, und es schien Ben, als wären Jahre vergangen. Wesley Cornwall war im Red River ertrunken, als sein Pferd von einem Wirbel erfaßt und flußabwärts getrieben worden war. Irgendwo, etwa fünfhundert Meilen zurück, war Gustav Erlanger von einem Blitzschlag getroffen worden, als er während eines Gewitters Herdenwache hielt. Am Cimmaron war Shorty plötzlich gestorben. Einfach so. Keiner wußte, warum. Er ritt als Schleppreiter im Staub und kippte plötzlich aus dem Sattel. Wenn Ben sich nicht zufällig im Sattel gedreht hätte, wäre Shorty wahrscheinlich nicht einmal begraben worden. Kurz vor Dodge hatte ein Bulle mit einem seiner yardlangen Hörner Sid Robertsons Pferd den Bauch aufgeschlitzt, und Sid hatte sich beim Sturz den Fuß ausgerenkt. Dann war nichts mehr passiert, und jetzt waren sie in Dodge, erschöpft, mit bleischweren Knochen. Und sie arbeiteten seit Sonnenaufgang an der Verladerampe, im heißen Staub. Sie trieben die Longhorns durch die Corrals, in die Zählschleuse und auf die Verladerampe, und von dort in die Viehwagen. Abwechselnd machten sie Pause und ritten in die Stadt, um den Staub aus der Kehle zu spülen. Dann kamen sie zurück und machten weiter.

Ein Hundeleben, dachte Ben. Und doch, da hinten schaufelte ein Mann Kohle und ein anderer zeigte den Kindern den Führerstand seiner Lok. Benjamin Clintock hätte nicht mit ihnen tauschen mögen, nicht jetzt, wo Dodge City ihm und seinen Freunden gehören sollte. Noch war es früh am Nachmittag, und die Stadt schien sich unter der Hitze zu ducken. Vor Zimmermanns Eisenwarenhandlung lag ein Hund, der alle viere von sich gestreckt hatte. Die Fensterscheiben des Long Branch Saloons blitzten in der Sonne. Ochsen standen regungslos in den Corrals hinter den Pelzhandlungen, neben denen sich Berge von Büffelhäuten türmten, zusammengerollt und mit Arsen bepudert, um Hautkäfer davon abzuhalten, sie zu ruinieren. Neben LeCrompts Fellhandlung arbeitete ein Neger. Sonst schien niemand etwas zu tun. Es war beinahe zu heiß, einen Finger krumm zu machen, und vielleicht krachten deshalb keine Revolverschüsse.

Benjamin Clintock sah die vier Männer, die auf dem überdachten Gehsteig vor Charles Raths Handlung hockten. Einer lehnte an der Hauswand und hatte den Hut über das Gesicht gelegt, die Beine weit von sich gestreckt und die Hände im Schoß gefaltet. Ein junger Bursche mit einem schiefen Pferdegesicht und abstehenden Ohren stand auf und weckte den Schläfer mit einem Tritt. Der sah aus, als wäre er vor einem Jahr daheim weggelaufen und hätte sich seither nie mehr umgezogen oder gewaschen. Rostrotes Haar hing ihm in fettig glänzenden Strähnen über die Schultern. Er trug einen Schlapphut, der das schmutzige Gesicht beschattete, als er in die Sonne trat. Von den schmalen Hängeschultern hing ihm ein gestreiftes Baumwollhemd über die Lederhose, die unter den Knien in engen Stiefelschäften endete. Er trug einen Waffengurt und zwei Revolver. Der Hirschhorngriff eines Bowiemessers ragte aus einer mit indianischen Perlstickereien verzierten Scheide. Als er vom Vorbau trat, die Oberlippe zurückzog und ein paar unsichere Schritte machte, standen die anderen auf.

»He, Tex!« rief er und kniff die Augen etwas zusammen.

Benjamin Clintock zügelte Cracker Jack in der Mitte der Straße und richtete sich im Sattel auf. Sein Rücken war steif. Die Kehle brannte und er wünschte sich nichts mehr, als ein Glas Bier zu 50 Cents, wie es auf dem Aushängeschild des Long Branch Saloons angepriesen wurde, auf einen Zug auszutrinken.

»Ich will ein Bier, Bruder«, sagte Ben heiser. »Ich bin hundemüde und ich habe Durst.«

Aus der Seitentür von Raths Store kam ein Mann, der keinen Hut trug und die Augen mit der Hand beschattete, als er von der Sonne geblendet wurde. Er war ein großer Mann mit einem verwilderten Vollbart, in dem graue Haare wie Silberdrähte glänzten. Das verwitterte Gesicht war fast so dunkel wie die Holzwand des Hauses. Etwas krumm ging er zu einem der großen Frachtwagen, die auf dem Platz standen, wo die Häute gelagert wurden. Beim ersten Wagen blieb er stehen, tat, als suche er am Vorderrad nach einer gebrochenen Speiche, und richtete sich auf, als der Bursche, der Ben angerufen hatte, zu einem seiner Freunde sagte, daß hier gleich etwas los wäre. »Tex, ich habe mit meinen Freunden gewettet, daß ich jeden Texas Cowboy in einem Meilenrennen schlagen kann. Sieh dir meinen Gaul an, Tex! Heute morgen stand er noch am Coon Creek. Ich hab ihn zwanzig Meilen scharf geritten.«

Sein Pferd, ein grauer Hengst, stand mit hängendem Kopf am Holm, einen alten Sattel auf dem Rücken, die Brust von einer Schaumkruste bedeckt, und das rechte Hinterbein angezogen. Beide Flanken waren blutverkrustet und trugen tiefe Narben. Ben warf einen Blick auf die Stiefel des Burschen. Er trug mexikanische Radsporen.

»Versorg erst einmal dein Pferd!« sagte Ben und hob die Zügel. Als er Cracker Jack etwas herumziehen wollte, duckte sich der Bursche und zog seinen linken Revolver.

»Tex, wenn du kneifst, schieße ich dich aus dem Sattel!« zischte er wütend.

Der alte Mann beim Wagen schüttelte den Kopf. »Laß den Cowboy in Ruhe, Bud!« sagte er. »Der hat tausend Meilen hinter sich.«

»Nicht an einem Tag, Keeler!« schnappte Bud. Einer seiner Freunde löste die Zügel, mit denen der Graue am Holm festgebunden war. Ben sah sich um. Die Straße war leer. Vor dem Long Branch Saloon standen zwei Sattelpferde.

Bud schwang sich in den Sattel, den Revolver jetzt in der Rechten.
»Runter zur Station. Zweimal. Das ist ungefähr eine Meile.« Er lachte auf, als er dem Grauen die Sporenräder in die Flanken trieb. Das Pferd stieg grunzend und schlug mit den Vorderhufen aus. Cracker Jack wich instinktiv aus, noch bevor Ben reagieren konnte.
»Bereit, Tex?« rief Bud. »Zwanzig Bucks, wenn du das Rennen gewinnst!«
Cracker Jack stand bockstill, und Ben nahm die Zügel kurz. Der Revolvergriff drückte gegen seine rechte Hüfte und er senkte langsam die Hand, aber darauf schien Bud nur gewartet zu haben. Er schob das Kinn vor und lachte herausfordernd. Die Mündung seines Revolvers hatte er genau auf Bens Bauch gerichtet. Der alte Mann beim Wagen schüttelte den Kopf und sagte: »Söhnchen, er ist besoffen genug, dich kaltblütig abzuknallen, und gegen ihn hast du nicht einmal den Schatten einer Chance.«
»Misch dich nicht 'rein, Keeler!« sagte einer der Burschen, die auf dem Vorbau standen. »Das ist nicht deine Sache!«
Bud kicherte. »Versuchs, Tex! Natürlich hast du 'ne Chance. Komm, zeig uns, wie gut du bist, Tex!«
»Den Gefallen tu ich dir nicht, verdammt!« sagte Ben und seine Stimme zitterte vor Erregung. Er hätte gegen diesen Bud wirklich keine Chance gehabt. Er hatte hart gearbeitet. Seine Handflächen waren von Schwielen und Hornhaut bedeckt. Über den Rücken der rechten Hand zogen sich alte und neue Lassonarben. Außerdem hätte er den Revolver erst aus dem Holster ziehen müssen, während Bud nur noch abzudrücken brauchte.
»Er kneift«, sagte einer der jungen Burschen enttäuscht.
»Er will kein Meilenrennen machen und er will sich nicht mit dir schießen, Bud!« rief ein anderer. »Er ist ein richtiger Schnarchsack!«
Ben zog Cracker Jack zur Seite und drückte die Schenkel an. »Ich gehe jetzt ein Bier trinken. Und wenn du mit dem Grauen noch mal ein Meilenrennen gewinnen willst, gib ihm erst mal was zum Saufen! Außerdem sollten die Wunden behandelt werden!«
»Mistkerl!« rief Bud. »Stop, du Mistkerl!«
Keeler bewegte sich plötzlich und sprang auf den Bock des ersten Wagens. Buds Revolver krachte, und Ben spürte, wie Cracker Jack getroffen wurde. Noch bevor Cracker Jack stolperte und in den Vorderbeinen einknickte, hatte sich Ben aus dem Sattel fallen lassen, und Keeler hatte ein Sharpsgewehr in den Händen. Cracker Jack stürzte schwer. Staub wirbelte auf. Der Revolver krachte ein zweites Mal, und die Kugel riß Cracker Jack den Hals auf. Ben sprang hoch, riß den Revolver aus dem Holster und lief aus dem Staub heraus, als Keeler abdrückte und vom Rückschlag des Sharpsgewehres gegen die Bocklehne gestoßen

wurde. Bud flog aus dem Sattel und zwischen die Beine seiner Freunde, überrollte sich und krachte gegen die Hauswand. Verkrümmt lag er auf den Brettern, die Augen weit aufgerissen, die Beine von sich gestreckt und den Revolver in der rechten Hand. Sein Pferd trottete über die Straße und hinunter zum Stationsgebäude. Ben hatte den Revolver auf die drei Burschen gerichtet. Sie standen regungslos, mit unbewegten Gesichtern. Einer von ihnen sagte leise: »Es war seine Sache, Cowboy!« und er hob die Hände etwas an. Keeler kletterte vom Wagenbock und massierte seine rechte Schulter, als er zum Gehsteig ging und Bud mit dem Stiefel anstieß. »Idiot!« sagte er krächzend. »Gottverdammter Idiot, du hättest es besser wissen müssen!« Er hob den Kopf und blickte auf die Straße hinaus, wo Cracker Jack im Staub lag. »Tut mir leid für dein Pferd, Söhnchen. Die Sharps war hinter der Bocklehne angehakt und ich kriegte sie nicht schnell genug los.« Er zog die Hose hoch. »Sag mal, wie kommst du dazu, ihm den Rücken zuzudrehen?«

»Ich wollte nichts als ein Bier trinken«, sagte Ben heiser. »Ich versteh' das einfach nicht. Ohne Grund schießt kein Mann einem anderen das Pferd unter dem Sattel weg.«

»Er schon«, sagte Keeler. »Er war stinkvoll. Ein übler Bursche. Wir hatten ihn im letzten Winter für kurze Zeit bei uns im Camp. Er erschoß einen Burschen aus Carolina. Haßte Jungs aus den Südstaaten wie die Pest. Weiß der Teufel, wo er den Krieg verbracht hat und was ihm da alles passiert ist. Seid ihr Freunde?«

Der Kerl, der den Grauen losgemacht hatte, schüttelte den Kopf. »Er kam so gegen Mittag und hatte drei Sattelpferde bei sich, die er Meyers verkaufte. Mit dem Geld stürmte er den Long Branch Saloon, gab drei Runden aus und soff eine halbe Flasche Schnaps leer. Den Rest des Geldes verbrauchte er mit Scarface-Lillie vom Lady Gay. Er hat nicht mal das Geld für 'nen Sarg in der Tasche.«

»Und da wollte er sich zwanzig Bucks verdienen«, sagte ein bleichgesichtiger Bursche. »Er war sicher, daß der Graue deinen Gaul geschlagen hätte, Tex.«

Ben schüttelte den Kopf. »Der Graue läuft keine Meile mehr«, sagte er. »Verdammter Schänder!«

Keeler hakte die Daumen hinter die Hosenträger, als ein Mann mit einem Blechstern am Hemd über die Straße kam. Ihm folgten einige Männer, unter ihnen ein Arzt, der eine randlose Brille auf der Nase hatte und sich beeilte, denn pro Totenschein kassierte er immerhin zweieinhalb Dollar. Vor dem Lady Gay Saloon versammelten sich ein paar Schaulustige. Aus einem der Fenster im oberen Stockwerk beugte sich ein Mädchen mit flammend rotem Haar und rief, daß sie alles gesehen habe. »Wenn Old Man Keeler ihn nicht erschossen hätte, wäre der Cowboy tot.«

Der kleine Arzt richtete sich auf, nachdem er den Toten kurz untersucht hatte. Er nahm die Brille von der Nase, wischte sich mit dem Handrücken den Schweiß aus der Stirn. »Genau in der Mitte durchgeschossen«, sagte er trocken. Der Mann mit dem Stern am Hemd nahm Old Man Keeler am Arm. »Ich muß schon was aufschreiben, Old Man. Kommst du mit?«

»Erst geh ich auf 'nen Drink, Bill. Der Schreck ist mir in die Glieder gefahren, das kannst du mir glauben. Er ist der erste, außer ein paar Rothäuten. Aber jetzt, wo er so schön friedlich daliegt, ist mir schon wohler. Er war eine Ratte, Bill!«

»Pssst, man soll über Tote nichts Schlechtes sagen«, sagte der Stadtmarshal und musterte Ben. »Falls du mit deinen Freunden heute abend in dieser Stadt den Teufel reiten willst, kriegt ihr es mit mir zu tun. Ist das klar, Cowboy?«

»Ich kam, weil ich Durst hatte!« sagte Ben wütend. »Ich wollte keinen Streit, zum Teufel!«

»Das sagt ihr immer, wenn ein paar von uns und ein paar von euch auf der Straße liegen«, sagte der Marshal.

Ben drehte sich auf den Absatz und ging auf die Straße hinaus. Cracker Jack war tot. Sein Kopf lag im knöcheltiefen Staub der Straße. Ben hatte Mühe, den Sattel unter dem Körper des Pferdes wegzuziehen, und als er sich aufrichtete und den Sattel auf die Schulter nahm, hatte er Tränen in den Augen. Er ging auf einen der Saloons zu und bevor er den Gehsteig erreichte, holt ihn Old Man Keeler ein.

»Söhnchen, ich hab den drei Burschen gesagt, daß sie dein Pferd wegbringen sollen. Runter zum Fluß.«

Ben nickte. »Ich habe ihn gern gehabt«, sagte er. »Vier Jahre lang waren wir zusammen. Vier höllische Jahre, und seit Wochen habe ich ihm versprochen, daß er 'ne Stange Kandis kriegt, wenn wir Dodge City erreichen.«

Vom Fenster des Long Branch Saloon aus sah Benjamin Clintock zu, wie Cracker Jack von zwei Ochsen von der Straße geschleift wurde, hinunter zum Fluß. Cracker Jack hatte Ben vier Jahre kreuz und quer durch ein Stück der Welt getragen, in der ein Mann zu Fuß schlechter dran war als ein Beinamputierter im Sattel. Ben hätte Cracker Jack um keine Summe weggegeben, selbst wenn er dafür zehn Pferde hätte kaufen können. Cracker Jack gehorchte zwar nicht auf Pfeifsignale, war aber trotzdem ein Pferd mit Manieren und Verstand – Rinderverstand. Ein einziges Mal war er von einem Bullen mit der Hornspitze an der Brust erwischt worden, und lange hatte es ausgesehen, als ob er nicht durchkommen würde. Aber was Cracker Jack nicht fällen konnte, machte ihn zäher, und Ben hatte sich blindlings auf seine Schnelligkeit, auf seine Reaktionsfähigkeit und auf seine Instinkte verlassen können.

Cracker Jack hatte eigentlich nur eine Unart gehabt, die ihm nicht auszutreiben war. Er fraß zur Winterszeit alles, was ihm zwischen die Zähne kam, mit Vorliebe aber alte, schweißgetränkte Filzhüte.

Als sich der Staub auf der Straße wieder gelegt hatte, verscheuchte Ben die trüben Gedanken und wandte sich der Theke zu, die sich an einer Längswand des Saloons entlangzog.

Old Man Keeler stand am Ende der Theke zwischen Männern, die sich nicht darüber einig werden konnten, ob sie es riskieren wollten, südlich des Arkansas Büffel zu jagen. Es waren fast alles junge Burschen, viele von ihnen kaum älter als zwanzig. Old Man Keeler hob sein Whiskyglas, kniff ein Auge zu und sagte: »Darauf, daß dein Gaul in den Pferdehimmel kommt, Junge! Er sah aus, als ob er es sich verdient hätte.«

Ben nickte. »Einmal schlug er einer Klapperschlange den Kopf ab, grad bevor sie in meine Bettrolle kriechen konnte.« Ben hob sein Glas und trank es auf einen Zug leer. Der Schnaps brannte in seiner Kehle, und als er es absetzte, schnappte er nach Luft. Den nächsten Drink bezahlte Ben und sie machten sich bekannt. Dann verließ Ben den Long Branch Saloon. Die Häuser warfen schräge Schattenbalken in die Straße hinaus. Vor Raths Store wurden Frachtwagen entladen. Ben überquerte die Straße und ging hinunter zu den Verladecorrals, wo auch die Reservepferde standen, um eines seiner Ersatzpferde zu holen. Der Staub wälzte sich dick und träge von den Schienen her zur Front Street. Inzwischen waren an die fünfhundert Rinder verladen worden. Als Ben beim Pferdecorral ankam, sah er O'Rourke aus dem Staub auftauchen. Er wurde von Sid Robertson und Hank Taylor begleitet. Ben legte den Sattel am Corralzaun nieder, nahm das Lasso hoch und schüttelte die Schlinge aus. Er entdeckte Smoky, einen rostfarbenen Wallach, den er auf dem Trail als Ersatzpferd geritten hatte. Ben kletterte durch den Zaun, fing ihn ein und begann ihn aufzuzäumen, als O'Rourke, Robertson und Taylor ihre Pferde zügelten.

O'Rourke war der kleinste und älteste von ihnen, und es gab keinen Mann in keiner Mannschaft von Texas, der mehr von Rindern verstand als O'Rourke. Das behauptete er wenigstens von sich selbst und wahrscheinlich hatte er sogar recht. O'Rourke war ein Old Timer und man sah es ihm an, besonders wenn er auf seinen säbelkrummen Beinen stand. Wenn er nicht im Sattel saß, sah er aus wie eine Mißgeburt. Alles an ihm war verbogen und krumm, seit sich das Rheuma in ihm *festgekrallt hatte wie der knorpelige Wurzelstock einer Eiche.* Zwanzig Jahre im Sattel hatten ihn arg zugerichtet. Nächte, in denen er sich *irgendwo auf den Rücken legte und mit dem Bauch zudeckte.* Tagelang bis auf die Haut durchnäßt in Gewitterstürmen, Monate, in denen es so kalt war, daß Sättel barsten. Blizzards, in denen selbst zähe Longhornbullen erfroren. »Ein Mann, der zwanzig Jahre Cowboy war, für den ist die Hölle eine Erholung«, hatte O'Rourke gesagt. Und er war der einzige, der es wirklich wußte, denn Ben kannte außer ihm keinen, der älter als vierzig war und noch ein Rindertreiben nach Dodge geschafft hätte. Die meisten Cowboys waren junge Burschen wie Ben, manche sogar Knaben von gerade zwölf Jahren.

Sid Robertson war achtzehn und Hank Taylor behauptete, zwanzig zu sein. Er sah auch so aus, war aber erst siebzehn. Er spuckte einen Zigarettenstummel über den Corralzaun, und Sid Robertson stieg ab, hob Bens Sattel vom Boden auf und hängte ihn über die Torstange.

»Sie haben dir Cracker Jack abgeknallt, was!« knurrte Robertson und sah verwegen aus mit seinem schwarzen Kraushaar und der Hasenscharte. »Ben, hast du etwas dagegen, wenn wir jetzt alle hochreiten und diesen Pfeffersäcken mal ein bißchen Feuer unter dem Hintern machen?«

»Der Mann, der Cracker Jack getroffen hat, ist tot«, sagte Ben. »Und damit hat es sich. O'Rourke, du weißt, wie die Stadt ist. Sag ihnen, was ihnen dort blühen kann.«

Das verwitterte Gesicht von O'Rourke verzog sich. Er zeigte einen einzelnen, gelben Zahn. »Ich bin nicht die Mutter einer Affenbande«, sagte er krächzend. »Wir dachten, daß du vielleicht Hilfe brauchst.«

»Zusammen können wir die Stadt hochnehmen«, sagte Hank Taylor und hustete Staub. »Wir wissen doch, wie es ist! Wenn einer von uns allein ist, wird er in die Zange genommen. Wenn wir zusammen kommen, verbarrikadieren sie sich und beten die Nächte hindurch!«

»Der Mann, der Cracker Jack umgebracht hat, ist tot!« wiederholte Ben. »Von einem Büffeljäger aus dem Sattel geschossen, als er auf mich zielte.« Ben schwang sich in den Sattel und ritt zum Corraltor, das ihm von Robertson geöffnet wurde. »Ich such mir vielleicht 'nen Job bei 'ner Büffeljägermannschaft«, sagte er. »Einen richtigen Winterjob.«

Sie staunten. Sid Robertson fielen fast die Augen aus dem Kopf. O'Rourkes Gesicht barst förmlich, als er krächzend auflachte, und Hank Taylor schob den Hut in den Nacken und sagte andächtig: »Gott o Gott, steh ihm bei, denn er weiß nicht, auf was er sich da einlassen will.«

»Schlächter!« knurrte Sid Robertson geringschätzig. »Mensch, du hast 'nen Winter lang Blut an den Händen und du stinkst nach faulendem Fleisch und Büffelmist! Das ist doch kein Job, Ben! Das ist 'ne Strafe für jeden anständigen Menschen. Lieber geh ich da unten als arbeitsloser Cowboy vor die Hunde, als daß ich so etwas tun würde!«

»Das sind doch lauter Yankees«, sagte Hank Taylor.

Sie versuchten Ben davon abzubringen, das Lasso gegen ein Häutermesser, die Winchester gegen eine Sharps und den Sattel gegen den

Wagenbock einzutauschen. Sie folgten Ben wie hungrige Hunde einem Metzgerburschen die Corrals entlang und zur Front Street hoch. Sie redeten auf ihn ein, als gelte es, Ben vor einer Todsünde zu bewahren. O'Rourke behauptete, daß er noch nie im Leben so enttäuscht worden wäre wie gerade eben, wo er sich doch alle Mühe gegeben habe, vier Jahre lang so etwas wie ein Vorbild zu sein.

»Wenn du mit uns zurückkommst, füttern wir dich gemeinsam durch den Winter. Wir sorgen für dich, als ob du mit uns verwandt wärst«, sagte O'Rourke. »Ich werde dir wie ein Vater sein, und Sid braucht nur noch die Haare etwas länger wachsen zu lassen, dann wirst du bis zum Frühjahr nie merken, daß er nicht deine Mutter ist.«

»Ich schenke dir die Wollmütze, die mir Millie gestrickt hat«, sagte Hank Taylor. »Und meinetwegen kannst du in der Hütte auch den Platz neben dem Ofen haben. Du kriegst nie kalte Füße, Ben, das verspreche ich dir.«

»Ihr könnt mich alle mal kreuzweise«, sagte Ben. »Seit ich euch kenne, hockt ihr im Winter da unten herum und macht den Himmel dafür verantwortlich, daß ihr nichts zum Saufen, nichts zum Fressen und keine Mädchen habt, die euch den Bauch warm halten!«

»Wir hatten immer, was wir brauchten. Erinnerst du dich an letzte Weihnachten? Da organisierte ich fünf Flaschen Hostetterbrandy und eine Flasche Champagner, und Sid brachte ein Kalb, das sich verlaufen hatte, und Les hatte plötzlich Erdnüßchen und Bonbons. War das 'ne Weihnacht oder nicht, Ben?«

»Am Heiligen Abend erfror Billy Jones keine halbe Meile von der Hütte entfernt«, sagte Ben. »Und Sylvester erwischte man Tex und Ross mit ein paar Rindern, die ihnen nicht gehörten, und falschen Brandeisen unter den Mänteln. Sie wurden von Männern aufgehängt, mit denen sie einen Sommer lang Steigbügel an Steigbügel geritten waren. Da habt ihr geflucht und gebetet, und der Boden war so hart gefroren, daß wir Tex und Ross erst eine Woche später begraben konnten. Nein, Amigos, wenn ich hier 'nen Job kriege, bleibe ich, und das ist so sicher wie das Amen in der Kirche!«

Am Abend war der Teufel los. Dodge City kochte. Es waren nur knapp zwei Dutzend Texas Cowboys in der Stadt, aber sie machten Lärm für zweihundert. In Hoovers Saloon, in dem nicht gespielt werden durfte, schoß ein Mann den Texasstern in die Saloonwand und bot jedem, der das nachmachen konnte, eine Flasche Whisky. Ein Frachtwagenfahrer versuchte es und hatte schon zwei Zacken fertig, als der Keeper fünfzehn Mann Verstärkung holte. Der Texaner versprach sofort, artig zu sein, aber der Frachtwagenfahrer wollte sich seine Flasche verdienen. Sie ließen ihn noch einmal zielen, aber bevor er abdrücken konnte, überwältigten sie ihn und warfen ihn auf die Straße hinaus. Fünf Minuten später kam er wieder herein, den Revolver gezogen. Er brüllte: »Zur Hölle mit Texas!« und schoß einem Mann aus Kentucky eine Kugel in den Bauch. Der Mann brach mit einem ungläubigen Ausdruck im Gesicht zusammen, zog einen Revolver aus der Hosentasche und leerte die Trommel, während er starb. Vier von sechs Kugeln trafen den Frachtwagenfahrer, und er war um Sekunden früher tot, als der Mann aus Kentucky. Der Texaner schüttelte den Kopf und sagte: »Heiliger Rauch, warum habt ihr ihn nicht auch 'nen Stern in die Wand schießen lassen!«

Es war kurz vor Mitternacht, als Benjamin Clintock sich an Old Man Keeler heranmachte und ihn fragte, ob eine der Büffeljägermannschaften vielleicht noch nicht komplett sei. Keeler, mit ziemlich rotem Gesicht und glasigen Augen, tippte Ben gegen die Brust. »Cowboy – hupp – bleib im Sattel!« sagte er. »Es hat – hupp – mehr Jäger – hupp – auf den Plains als – hupp – Büffel.«

Ben trank mit ihm den Rest einer Flasche und verließ den Saloon auf wackeligen Beinen.

Auf dem Gehsteig kniete ein Mann und bohrte mit einem Messer in den Holzplanken. Neben ihm lag eine Wünschelrute und er kicherte, während er fieberhaft arbeitete. Ein Mann, der über die Straße kam, blieb stehen.

»Bist du wieder mal auf eine Goldader gestoßen, Joe?« fragte er.

Joe hob den Kopf. »Eine Bonanza, Mister Mooar!« flüsterte er und legte den Zeigefinger gegen die Lippen. »Nicht weitersagen!«

»Bestimmt nicht«, versprach der Mann, der über die Straße gekommen war. »Das tut er seit Jahren«, sagte er zu Ben. »Bißchen verrückt, aber wer weiß, vielleicht hat er mal Glück.«

»Er sollte in Kalifornien suchen«, sagte Ben. »Sie sind Wright Mooar, nicht wahr?« Es war mehr eine Feststellung als eine Frage. »Ich hörte, daß Sie eventuell südlich des Arkansas River auf die Jagd gehen?«

Wright Mooar, ein hagerer Mann mit einem scharfgeschnittenen Gesicht, hob die Brauen und musterte Ben von Kopf bis Fuß. »Cowboy, was?« Ben nickte. »Also, Cowboy, meine Mannschaft ist komplett und ich weiß noch nicht mal, ob ich tatsächlich das Risiko eingehen will, dort in diesem Winter meinen Skalp zu verlieren. Wir unterhalten uns morgen erst mal mit Colonel Dodge im Fort. Das Gebiet im Süden gehört den Rothäuten. Irgendwann haben ein paar Idioten von der Regierung einen Vertrag aufgesetzt, der es uns Weißen untersagt, südlich des Arkansas zu jagen.« Wright Mooar wiegte den Kopf. »Es würde sich lohnen, sage ich. Da unten grasen einige Millionen Büffel, während im Norden die Prärien leergefegt sind. Verstehst du was vom Abhäuten, Cowboy?«

»Kaninchen, Pronghorns und Kälbern habe ich schon die Haut abgezogen. Aber ich kann mit dem Gewehr umgehen.« Ben grinste. »Naturtalent. Mit der Winchester treff ich auf dreihundert Yards 'ne Bratpfanne.«

»Jeder glaubt, schießen zu können«, sagte Wright Mooar. »Aber Büffel sind keine Bratpfannen. Kommst du auf einen Drink mit, Cowboy?«

»Danke, ich habe genug«, sagte Ben. »Ich such meine Freunde.«

»Die sind im Peacocks Saloon dabei, den Deckel zur Hölle aufzustoßen. Wenn du dich beeilst, kommst du gerade rechtzeitig, um einige von ihnen sterben zu sehen.« Wright Mooar tippte an den Hut. »Wie war noch dein Name, Cowboy?«

»Clintock. Benjamin Clintock aus dem Lampasas County, Texas.«

»Frag mal die Cator-Brüder oder Wheeler. Die brauchen vielleicht noch 'nen Burschen, der schon mal Kaninchen abgehäutet hat.«

»Schon als ich fünf war!« sagte Ben giftig. »Und ich krieg 'nen Job, verlassen Sie sich darauf, Mooar!« Er drehte sich um und stiefelte mit klirrenden Sporen den Gehsteig hoch zu Peacocks Saloon, wo sich Hank Taylor und Sid Robertson anstrengten, ihren Lohn zu verlieren und dafür eine Kugel zu kassieren. Sie spielten gegen drei bleichgesichtige, schmalschultrige Kartenhaie. Hank Taylor war bereits achtundachtzig Dollar los und Sid Robertson gewann mit zwei Paaren sieben Dollar, hatte aber vorher die Hälfte seine Einkommens für die letzten drei Monate verloren, ziemlich genau fünfundvierzig Dollar.

Rund um den Tisch herum standen Cowboys mit grimmigen Gesichtern. Tucker, der Trailboß, lehnte an der Theke und winkte Ben, ruhig zu bleiben. Ben ging hinüber zu O'Rourke, der auf einem Ende seines Schnurrbartes kaute.

Am anderen Ende der Theke standen Männer, die alle zwei Revolver trugen und gefährlich aussahen. Einer der beiden Keeper schwitzte, obwohl er im Moment nichts zu tun hatte, und der Pianospieler schlief über den Tasten des Klaviers. Es lag etwas in der Luft. Gefahr. Schon wieder. Ben wurde allmählich nervös. Immerhin war er nicht hergekommen, um auf dem Stiefelhügel begraben zu werden.

Als einer der Spieler neue Karten austeilte, sprang Sid Robertson plötzlich auf und rief: »Jetzt hab ich aber genug, Mann! Das ist das zweite Mal, daß ich genau gesehen habe, wie du für deinen Freund da von unten gegeben hast!«

»Du schielst vielleicht, Cowboy«, sagte der Spieler, der austeilte. »Ja, tatsächlich, du schielst!«

Sid Robertson warf den Stuhl um, zog seinen Revolver und schoß drei Kugeln ab, die den Spieler alle verfehlten, obwohl sie nur einen runden Tisch zwischen sich hatten. Einer der Männer am Ende der Theke zog seinen Revolver. Er drückte ab, bevor Sid Robertson die vierte Kugel abfeuern konnte, und er traf den Cowboy von der Seite in die Brust. Sid Robertson wurde herumgestoßen und fiel über den Stuhl. Hank Taylor feuerte unter dem Tisch hindurch und traf den Kartenverteiler in den Unterleib. Benjamin Clintock sah, wie der schwitzende Keeper unter die Theke griff. Als die Doppelmündung einer Schrotflinte hochkam, sprang Ben über die Theke und knallte dem Keeper die Faust mitten ins Gesicht. Flaschen und Gläser fielen aus dem Regal. Es regnete Scherben. Ben entwand dem Keeper die Schrotflinte, wirbelte herum und brüllte:

»Das genügt, verdammt!« Er hatte die Mündung einfach in den Raum hineingerichtet. »Wenn das Ding losgeht, kriegt jeder von euch was ab!«

Hank Taylor stand auf. »Er hat Sid umgebracht!« schnaufte er, den Revolver schußbereit in der Hand. »Ben, er hat Sid getötet, der Hund!«

O'Rourke, der sich über Sid gebeugt hatte, hob den Kopf. »Er lebt!« sagte er scharf. »Heiliger Rauch, er lebt! He, Keeper, er braucht 'nen Doc!«

»Schweinehund!« schrie Hank Taylor, dunkel im Gesicht. »Der hat falsch gespielt! Die ganze Zeit hat er falsch gespielt und wir haben verloren!«

»Keiner von uns hat gesehen, daß er falsch gespielt hatte«, sagte einer der Männer an der Theke. »Du und dein Freund, ihr habt 'ne Pechsträhne gehabt und das ist alles!«

»Er hat von unten gegeben«, sagte Tucker, der Trailboß. »Ich hab's gesehen!«

»Von unten oder von oben, wenn zwei sich schießen wollen, können sie hinausgehen! Aber hier gibt es kein Massaker, verdammt!« Ben ging rückwärts, bis zum unteren Ende der Theke, so daß er auch die beiden Keeper im Auge hatte. Rechts von der Tür blieb er stehen, als Männer hereinkamen, Gewehre und Revolver in den Händen. Der Marshal richtete seine Winchester auf Ben und fragte, was hier los sei.

»Der Cowboy dort behauptete, Charlie habe von unten gegeben«, sagte der Keeper und zeigte auf Sid Robertson. »Er zog blank, schoß dreimal daneben. Faro hat ihn mit dem ersten Schuß getroffen, und da schoß der dort unter dem Tisch hindurch Charlie in den Bauch.« Der Keeper zeigte auf Hank Taylor. »Ich hätte die Sache mit zwei Saupostenladungen geregelt, aber der Junge dort war schneller. Hinterlistiger Bursche, Billy. Tat, als könnte er kein Wässerlein trüben, und bevor ich mich versah, hatte ich ihn auf dem Buckel.« Der Keeper wischte sich Blut von der Nase und vom Mund.

»Ich hab dir schon am Nachmittag gesagt, daß du Ärger kriegst, wenn ihr Sattelaffen hier Zirkus macht!« knurrte der Marshal.

»Es war nicht meine Schuld, das weiß jeder! Ich wollte nur nicht, daß er meinen Freunden die Sauposten in den Rücken knallt!«

»Er will Büffeljäger werden, der Kleine!« schnappte Hank Taylor. »Und jetzt weiß er nicht mehr genau, auf welcher Seite er steht.«
»Mann, ich hätte dich im nächsten Moment in der Mitte durchgeschossen«, sagte der Keeper. »Du kannst dem Jungen die Füße küssen!« Jemand kam mit dem Doc. Der Spieler, den Hank Taylor in den Unterleib getroffen hatte, war tot. Sid hatte die Kugel in der Brust, lebte aber noch. »Macht den Tisch frei!« sagte der Arzt. »Heißes Wasser! Los, steht nicht rum, ihr Narren! Gibt es hier ein sauberes Tuch?«

»Die Vorhänge sind letzte Woche gewaschen worden«, sagte der Keeper, riß einen Vorhang vom Fenster und breitete ihn über dem runden Tisch aus. Zwei Spieler und Chris Tucker hoben Sid Robertson hoch und legten ihn auf den Tisch, so daß sein Kopf und der Körper auflagen, während die Beine über die Tischkante hingen. Hank Taylor hatte den Revolver eingesteckt, und Ben übergab dem Keeper die Schrotflinte. Sid Robertson erwachte, stöhnte leise und schlug die Augen auf. »Du hast eine Bleikugel in der Brust, Cowboy«, sagte der Arzt und langte nach einer Schnapsflasche, die auf der Theke stand. »Ich hoffe, es geht noch was in dich rein!« Tucker hob Sid Robertsons Kopf, und der Arzt hielt dem verletzten Cowboy die Flasche gegen den Mund. »Trink!« sagte er hart und goß fast eine halbe Flasche voll Schnaps in Sid Robertson hinein, bevor er die Ärmel hochkrempelte und seine schwarze Tasche öffnete. »Das ist wieder mal ein Tag ohne Ende«, seufzte er, und es störte ihn nicht, daß sich der Saloon bis auf den letzten Platz füllte, während er operierte.

2
Kriegsgeflüster

»Diese Büffeljäger haben während der letzten zwei Jahre mehr dazu beigetragen, das ärgerliche Indianerproblem zu lösen, als die gesamte US-Armee in dreißig Jahren. Sie sind dabei, das indianische Versorgungssystem zu vernichten, und es ist eine altbekannte Tatsache, daß eine Armee ohne Verpflegungsnachschub keine Chance hat. Schickt diesen Männern Pulver und Blei, so daß sie um eines dauerhaften Friedens willen töten, schlachten und die Häute verkaufen können, bis die Büffel ausgerottet sind!«
General Phillip H. Sheridan, Oberbefehlshaber für das Departement des Südwestens, vor dem Senat von Texas.

»Ich wurde in der Prärie geboren, wo der Wind frei weht und nichts das Licht der Sonne brechen kann. Ich wurde geboren, wo es keine Grenzen gibt und jedermann frei atmen kann. Dort will ich sterben und nicht eingeschlossen zwischen Mauern und Zäunen! Ich kenne jeden Fluß zwischen dem Rio Grande und dem Arkansas. Ich habe in diesem Land gelebt und gejagt. Ich lebte wie meine Vorfahren und genau wie sie war ich glücklich. Warum verlangt ihr von uns, die Flüsse, die Sonne und den Wind zu verlassen, um irgendwo in Häusern zu wohnen? – Verlangt nicht, daß wir den Büffel gegen das Schaf tauschen!«

Ten Bear, Yamparika-Comanche, bei den Vertragsverhandlungen am Medicine Lodge Creek, 1867.

Im Jahr 1864 hatte es dieses Dodge City noch nicht gegeben. Die Soldaten, die den Santa Fé Trail entlangzogen, am Arkansas Halt machten und ihre Zelte aufschlugen, hatten dort ein Fort errichtet.

Fort Dodge, ein paar Adobe-Lehmhütten und ein Haus aus Quadersteinen, am Nordufer des Arkansas, der im Juni, nach den Frühjahrsstürmen, zu steigen begann, vier Fuß hoch bis zum August, so daß er an dieser Stelle von Wagen und Reitern nicht passiert werden konnte.

Fort Dodge, zu Ehren von Colonel Richard Irving Dodge. Zwanzig Meilen vom nächsten Baum entfernt, inmitten von *sterilem und unproduktivem Land*.

Es gab hier viel Gras für die Pferde. Viel Wind für das Sternenbanner am Fahnenmast, so daß es tagaus, tagein nie zur Ruhe kam. Viel Frischfleisch. Büffelfleisch. Büffelzunge. Büffelleber. Büffel konnten von der Haustür aus geschossen werden. Manchmal war die Prärie schwarz von Büffeln. Und es gab viele Indianer. Umgeben von Gras, von Büffeln und von Indianern, wurde Fort Dodge zu einem isolierten Vorposten der Zivilisation, eine Oase am Santa Fé Trail, wo den Westwanderern noch einmal versichert werden sollte, daß sie von Amerika nicht im Stich gelassen würden. Eine Versicherung, die nichts taugte.

Am Anfang war Fort Dodge eine armselige Station, in der oft weniger als vierzig blutjunge unerfahrene Burschen hofften, am Leben zu bleiben. Sie fühlten sich allein gelassen und betrogen. Im Osten wurden große Bürgerkriegsschlachten geschlagen. Im Osten war Ruhm und Soldatenehre zu gewinnen. Hier aber, am Arkansas, hatte man die Indianer als Gegner, die Einsamkeit, die Wanzen und Läuse, den Wind und die Hitze, Staubstürme und Gewitter von unglaublicher Gewalt. Hier gab es weder für Soldaten noch für Offiziere Lorbeeren zu holen, und ausruhen konnte man sich auch nicht, denn die Indianer, aufgescheucht und um ihre Zukunft besorgt, als plötzlich mitten in ihrem Land ein paar Häuser standen, waren auf dem Kriegspfad. Es war die große Zeit der Reiterstämme. Während sich im Osten die Weißen gegenseitig bekämpften, und nur wenige Soldaten für den Grenzdienst entbehrt werden konnten, zogen indianische Kriegerbanden durch die Plains, stießen weit in die besiedelten Gebiete von Texas vor und beobachteten den Santa Fé Trail fast auf seiner ganzen Länge durch Kansas und den östlichen Teil von New Mexico. Sie überfielen die Wagenkarawanen immer dort, wo sich gerade keine Soldaten aufhielten, und waren meistens spurlos verschwunden, wenn die ersten Hornstöße erklangen.

Den ganzen Sommer hindurch zogen die Frachtwagen der Händler und die mächtigen Planwagen der Einwandererfamilien vorbei, Staub hinter sich herziehend, bis sie irgendwo zwischen Himmel und Erde in flirrenden Hitzeschleiern verschwanden. Oft blieben Verwundete zurück. Manchmal wurden Wagen repariert. Der Fortarzt zog einem Deutschen, der nur *Gott verdammt* auf englisch sagen konnte, eine Pfeilspitze aus dem Rücken. Eine Frau mit einem hageren Gesicht, der man die Anstrengungen vieler Wochen ansah, gebar einen vier Pfund schweren Knaben und nannte ihn Ted, während am Little Coon Creek sechzig Frachtwagenfahrer campierten und bei einem kräftigen Frühstück saßen, als Little Turtles Sioux-Krieger plötzlich angriffen. In wenigen Minuten war alles vorbei, und die Leichen der Fahrer lagen zwischen den rauchenden Wagentrümmern, verstümmelt und skalpiert. Der Armeekundschafter Dodds aus Fort Larned fand zwei Überlebende, von denen einer starb. Der andere, ein Knabe noch, kroch blutüberströmt durch die Büsche. Er hieß Robert McGee und später erzählte er, daß ihn ein paar Indianer überwältigt und zu Häuptling Little Turtle gebracht hätten. Der Häuptling schlug ihn mit einem Speer nieder, schoß ihm einige Pfeile in den Rücken und schnitt ihm die Kopfhaut weg. Aber McGee rührte sich immer noch und Little Turtle stieß ihm zweimal die Lanze in den Leib, schlug ihm zweimal den Tomahawk über den Schädel, schnitt ihm eine Rippe aus der Brust und *nagelte* ihn mit zwei Pfeilen am Boden fest. Als Dodds ihn fand, hatte er sich befreit, aber er war am Ende seiner Kräfte. Dodds brachte ihn nach Fort Larned zum Feldarzt und Robert McGee überlebte! Ein Wunder nannte man es, und die Rekruten fröstelten, wenn sie daran dachten, daß sie eine große Chance hatten, *auf Indianerart zu sterben.*

Larned, das Nachbarfort von Fort Dodge, etwa achtzig Meilen im Nordosten, wurde von Satantas Kiowas überfallen. Am Walnut Creek, ganz in der Nähe von Fort Zarah, starben zehn Frachtfahrer beim Abendessen, und wenig später gerieten vier junge Soldaten keine vier Meilen von Fort Larned entfernt, am Ash Creek, in einen Hinterhalt. William H. Mackay, der mit einem Detachement zuerst am Ort des Überfalles eintraf, rapportierte: »Drei Meilen östlich des Forts fanden wir den ersten Leichnam, buchstäblich gespickt mit Pfeilen. Etwa zwei Meilen weiter fanden wir einen anderen Körper, ebenfalls voller Pfeile, die Hände abgehackt, die Füße abgehackt, das Herz herausgerissen und der Kopf skalpiert. Den dritten Toten fanden wir 500 Yards von der Furt des Ash Creek entfernt...«

Ein Tag und eine Nacht in Dodge City genügten Benjamin Clintock, um am nächsten Morgen das Gefühl zu haben, als wäre er wieder einmal um ein paar Jahre älter geworden. Sid Robertson lebte noch und schlief in einem Hinterzimmer des Saloons zwischen Kisten mit Whiskyflaschen und Bierfässern. Hank Taylor hatte die ganze Nacht bei ihm gewacht, nachdem er dem Marshal eine Strafe von zwanzig Dollar bezahlt hatte und Tucker für den im Saloon angerichteten Schaden aufkam. Der Spieler wurde schon früh am Morgen zu Grabe getragen, von wenigen Freunden begleitet. Bei den Corrals warteten die Cowboys auf den nächsten Zug, um einen anderen Teil der Herde zu verladen. Tucker bat um Hilfe, da ihm Taylor und Robertson fehlten, und Ben arbeitete den ganzen Tag hindurch im Staub. Am Abend war er hundemüde, kam aber doch noch rechtzeitig zum *Meeting*, das die Büffeljäger in Raths Lagerschuppen abhielten. Nach einer kurzen Diskussion schlug Wright Mooar vor, General Dodge, den Fortkommandanten, aufzusuchen. Die anderen waren einverstanden, und kurz vor Sonnenuntergang ritten Wright Mooar und Steel Frazier aus der Stadt. Benjamin Clintock folgte ihnen und holte sie ein, als sie gerade die letzten Häuser hinter sich gelassen hatten.

»Ich hab dir doch gestern schon gesagt, daß wir komplett sind«, sagte Wright Mooar, nicht unfreundlich.

»Kennen Sie Old Man Keeler?« fragte Ben.

»Sicher! Wer kennt Old Man Keeler nicht.«

»Ich krieg vielleicht 'nen Job bei Lane und Wheeler«, sagte Ben. »Und da dachte ich, daß ich vielleicht mal mitkomme.«

»Spionieren, was?« sagte Steel Frazier, ein junger Mann mit einem harten Gesicht und pulvergrauen Augen. »Das kann ja gut werden, wenn wir uns da unten gleich von Anfang an mit Greenhorns herumschlagen müssen!«

»Er hat mit fünf zum ersten Mal ein Kaninchen abgehäutet«, sagte Wright Mooar spöttisch. »Und er trifft auf dreihundert Yards mit der Winchester eine Bratpfanne.«

Steel Frazier zügelte sein Pferd, zeigte auf einen kleinen Prickly-Pear-Kaktus, der vielleicht zweihundert Schritte entfernt war. »Du hast einen Schuß, Clintock!«

Ben zog die Winchester aus dem Scabbard, der Gewehrtasche, die jeder Cowboy am Sattel hatte. Er legte an und drückte ab. Die Kugel zerriß den obersten Teller des Kaktus. Ben nahm das Gewehr herunter, stieß die leere Hülse aus, steckte es in den Scabbard zurück und grinste breit.

»Ich hab doch gesagt, daß ich ein Naturtalent bin«, sagte er und trieb sein Pferd an. Mooar und Frazier hatten nichts mehr dagegen, daß sie von ihm begleitet wurden. »Aber halt die Klappe, wenn wir mit dem Colonel reden!« sagte Steel Frazier. Ben versprach, kein Wort zu sagen, es sei denn, er würde etwas gefragt.

»Die Unterredung ist verteufelt wichtig«, sagte Wright Mooar. »Es ist möglich, daß wir offiziell die Erlaubnis kriegen, südlich des Arkansas zu jagen, wenn sich ein Mann wie Colonel Dodge bei der Regierung dafür einsetzt.«

»Dann wird da unten der Teufel los sein!« sagte Steel Frazier grimmig. »Da wimmelt es von Rothäuten. Besonders im Frühjahr, Sommer und

Herbst. Und bevor die zulassen, daß wir ihnen die Steaks zwischen den Zähnen wegschießen, werden sie uns eine Menge Ärger bereiten.«

Sie erreichten Fort Dodge und ritten geradewegs zum Hauptquartier.

Colonel Richard Irving Dodge empfing Wright Mooar, Steel Frazier und Benjamin Clintock, der es vorzog, sich etwas im Hintergrund zu halten, nachdem er bereits am ersten Tag in Dodge ziemlich bekannt geworden war. Ein rotbärtiger Mastersergeant stellte Steel Frazier und Benjamin Clintock vor. Wright Mooar kannte der Colonel schon, der selbst ein passionierter Freizeitjäger war und auch schon einige hundert Büffel erlegt hatte. Der Colonel klopfte dem Büffeljäger auf die Schulter, bevor er ihm den ausgestopften Schädel eines Albino-Büffelbullen zeigte, der im Nebenzimmer an der Wand hing. Ein mächtiger Schädel, schneeweiß und mit einem dicken Pelz von fast goldenem Kraushaar über der Stirn und den schwarzen Hörnern.

»Hab ich in Leavenworth ausstopfen lassen«, sagte der Colonel. »Phantastische Arbeit, Wright. Ist Ihnen schon mal so ein weißer Büffelbulle begegnet?«

Wright Mooar verneinte und sagte, daß die Albinos recht selten wären. Er wüßte nur von einem oder zwei, die erlegt worden wären, hätte aber schon mehrere *tausend* Geschichten von Männern gehört, die einen Albino gejagt haben wollten.

»Lungenschuß«, sagte Colonel Dodge. »Er machte nur noch einen Schritt, dann brach er zusammen. Ich hab ihn vom Führerstand einer Lok geschossen, knapp fünf Meilen vom Fort entfernt. Ein Prachtexemplar, nicht wahr?«

Steel Frazier erzählte, daß er zwar noch nie einem weißen Büffelbullen begegnet sei, wohl aber einem Kalb, das tot in einem Wassergraben gelegen habe, zerfleischt von Wölfen und Coyoten. »Wolfers hatten das Kalb geschossen, den Kadaver aufgeschlitzt und mit Strychnin vergiftet. Als ich kam, fand ich fünfzehn abgehäutete Coyoten und vier Büffelwölfe.«

»Eine scheußliche Sache«, sagte Colonel Dodge. »Man müßte ein Gesetz erlassen, das den Gebrauch von Gift für Jäger verbietet. Das hat doch überhaupt nichts mehr mit Jagd zu tun. Das ist eine Schweinerei, meine Herren.«

»Mit einem Pfund Strychnin kann ein Wolfer ein paar hundert Felle machen, ohne eine einzige Kugel abzugeben«, sagte Wright Mooar. »Wenn nur Coyoten und Wölfe draufgehen würden, hätte ich nichts dagegen. Aber die Vögel krepieren auch, und die bringen keinen Cent.«

Auch dort, wo Ben herkam, wurden Coyoten und Büffelwölfe mit vergifteten Kadavern erlegt. Ben hatte selbst schon *Strychninfallen* ausgelegt, nachdem Wölfe in Rudeln einige Dutzend Longhornkälber gerissen hatten und es auf den Weidegebieten von Coyoten wimmelte. Strychnin hatte den Vorteil, daß es todsicher wirkte, im Gegensatz zu den Schnappfallen und den Drahtschlingen. Oft traten Coyoten mit einem Bein in eine Schnappfalle und befreiten sich, indem sie sich die eingeklemmte Pfote vom Bein bissen, und überlebten. Ausgelegte Drahtschlingen wurden von den Coyoten meistens als solche erkannt und umgangen. In Gebieten, die von Wolfsrudeln und Coyoten heimgesucht wurden, kannten die Farmer und Rancher kein Erbarmen, und es ging ihnen nicht um den kleinen Fellpreis, sondern um den Schutz ihrer Herden. Daß auch Bussarde, Adler, Krähen und Elstern an den vergifteten Kadavern zu Grunde gingen, störte weder die Viehzüchter noch die Farmer.

Auch Colonel Dodge, ein Gentlemanjäger, stieß sich nur daran, weil er wollte, daß die Jagd – ob Sport oder Arbeit – ein richtiges Männerabenteuer bleiben sollte. Er sagte, daß man sich mal an den Tierschutzverein wenden sollte, eine Organisation, die auch gegen die Abschlachtung der Büffel protestierte, im Osten durch Zeitungsartikel und Protestschriften einige Unruhe stiftete, hier im Westen aber kaum Gewicht hatte.

»Verstehen Sie, Wright«, sagte Colonel Dodge und streichelte das Kraushaar des ausgestopften Büffelkopfes. »Es geht mir wirklich nur um die Art, wie es gemacht wird. Strychnin ist eine scheußliche Sache!«

»Da bin ich Ihrer Meinung, Colonel«, sagte Wright Mooar, und Steel Frazier meinte, daß für die Wolfer sowieso auch bald nichts mehr übrigbleibe, als sich woanders umzusehen, denn in den Kansas- und Nebraska-Prärien würde man bald nur noch Klapperschlangen, Krötenechsen und eifrige Sonntagsjäger finden.

»Sie kommen von Texas hoch, nicht wahr?« fragte Colonel Dodge Benjamin Clintock. »Chaps und Sporen. Für welchen Brand reiten Sie?«

»Wir hatten eine Herde von drei verschiedenen Ranches«, sagte Benjamin Clintock. »Zweieinhalbtausend Longhorns aus dem Lampasas County.«

»Kein Zuckerlecken, der Trail nach Dodge«, sagte der Colonel, dessen Namen das Fort und die Stadt trugen. Er war ein verdienter Offizier, General des Bürgerkrieges, und sein von Falten durchzogenes Gesicht trug die Zeichen eines ereignisreichen Lebens. »Jetzt suchen Sie nach einem Winterjob, wie?«

»Lane und Wheeler brauchen einen Mann«, sagte Ben. »Das heißt, sie stellen nur eine Mannschaft zusammen, wenn südlich des Arkansas gejagt werden darf.«

Colonel Dodge hob die Brauen. Er sah Wright Mooar an. »Haben Sie sich etwa dazu entschlossen, Wright?« fragte er.

»Wir reden uns seit Wochen die Köpfe rauchig«, sagte Wright Mooar. »Hier gibt es nicht mehr genug für alle. Da unten aber weiden einige Millionen Zottelköpfe. Das sind mehr, als die Indianer je brauchen, um satt zu werden, ganz abgesehen davon, daß hungrige Indianer nicht die Kraft hätten, Krieg zu machen. Die Frage ist, was wir vom Gesetz zu erwarten haben, wenn wir in das Büffeljagdgebiet der Comanchen, Cheyenne, Kiowas und Arapahoes vordringen. Wir haben uns mit einigen Ihrer Offiziere unterhalten. Die meisten nehmen an, daß überhaupt nichts passiert, daß die Regierung zweitausend Meilen weit weg ist und ihre Gesetze nur durch die Armee vertreten könnte, wenn sie es wollte. Die Armee aber ist mit der Bewachung des Santa Fé Trails und mit den Indianern in anderen Gebieten beschäftigt. Ich bin da, um Ihre Meinung zu hören, Colonel.«

»Meine Meinung?« Colonel Dodge lächelte hintergründig. »Meine Meinung zählt kaum, Wright. Ehrlich gesagt, wenn ich ein Büffeljäger wäre und Büffel jagen wollte, würde ich es dort tun, wo es Büffel gibt!«

Benjamin Clintock hielt für einen Moment den Atem an. Er hörte, wie Steel Frazier neben ihm die Zähne zusammenpreßte. Wright Mooar hatte seine Unterlippe zwischen die Zähne genommen und rieb sich mit der Hand über den Nacken.

»Überrascht, Wright?« fragte der Colonel, der keine Ahnung zu haben schien, daß er mit seinen Worten einen mörderischen Existenzkampf für Büffeljäger und Indianer heraufbeschwor, dem er selbst mit einigen tausend Soldaten ein gewaltsames Ende bereiten würde.

»Ich bin überrascht«, gab Wright Mooar zu. »Was glauben Sie, wie groß wird der Ärger sein, den wir kriegen könnten?«

»Von den Indianern oder von uns?«

»Mit den Rothäuten werden wir fertig«, sagte Steel Frazier. »Aber falls uns die Armee im Nacken sitzt, haben wir einige tausend Dollar investiert und sind womöglich im nächsten Frühjahr pleite. Es geht nicht nur um uns Jäger. Es geht um das ganze Geschäft. Charles Rath, Meyers, Hanrahan und andere überlegten sich, ob sie irgendwo im Panhandle von Texas eine Handelsniederlassung gründen sollen. Das lohnt sich natürlich nur, wenn wir dort unten jagen dürfen. Es ist Jagdgebiet der Indianer. Darüber gibt es einen Vertrag mit den Comanchen, den Kiowas und anderen Stämmen. Wenn wir da runter gehen, brauchen wir jemanden, der unser Vorgehen bei der Regierung unterstützt.«

»Was ihr braucht, sind Gewehre, Pulver, Blei und eine gehörige Portion Selbstvertrauen!« sagte Colonel Dodge und zeigte auf eine Landkarte, die über einer Kommode an der Wand hing. Sie zeigte einen großen Teil des Südwestens zwischen dem Rio Grande, dem Arkansas und dem Mississippi. Alle Militärstationen, der Santa Fé Trail, die Atchison-Topeka-Railroad und Gebirge und Flüsse waren eingezeichnet.

Ben hatte noch nicht oft in seinem Leben eine Landkarte gesehen und er stellte sich links neben den Colonel, während Steel Frazier auf der anderen Schreibtischseite die Karte verkehrt vor sich hatte. Aber das machte auch keinen Unterschied, denn Steel Frazier wußte mehr über ein Land, wenn er es einmal durchritt, als einer, der jahrelang über einer Landkarte gebrütet hatte. Staatsgrenzen existierten für ihn sowieso nur auf dem Papier und alles, was für ihn wichtig war, hatte Colonel Dodge längst gesagt.

Ben hörte dem Colonel aufmerksam zu, obwohl dieser jetzt weit ausholte und Geschichten von Expeditionen erzählte, die er durch das Land der Comanchen geführt hatte, »als es im Umkreis von tausend Meilen nichts gab außer Rothäute, Büffel, Antilopen und Wölfe«. Damals sei das noch ein richtiges Abenteuer gewesen, aber heute wäre alles längst nicht mehr so schlimm, nachdem ja überall schon Forts ständen und auch schon die Missionare den Indianern vom Himmel erzählt hatten. »Früher war das noch anders, meine Herren. Da mußte man Tag und Nacht auf der Hut sein. Einmal schüttelte ich einem Comanchenhäuptling die Hand und wir umarmten uns, und als ich mich umdrehte, was glauben Sie, da hat dieser Schuft versucht, mir ein Messer zwischen die Rippen zu setzen! Ich ahnte es irgendwie, drehte mich blitzschnell um, erwischte sein Handgelenk und drehte ihm den Arm hoch, so daß er die Klingenspitze unterm eigenen Kinn hatte. Da sagte er, daß er nur Spaß gemacht hätte, und ich ließ ihn laufen. Ich war niemals ein Unmensch, Wright. Ich habe immer versucht, mich in ihre Lage zu versetzen.«

An der Karte zeigte er dann: »Also, hier ist Fort Dodge. Der Arkansas bildet eine natürliche Grenze und südlich der Grenze darf nicht gejagt werden, denn das ist Indianerjagdgebiet, in dem wir nichts zu suchen haben. So ist es wohl beim Medicine-Lodge-Vertrag mit den Rothäuten abgemacht worden. Zufällig weiß ich, daß es aber nicht im Vertrag festgehalten wurde.«

»Man hat es ihnen mündlich zugesagt«, sagte Steel Frazier. »Das hat uns Charles Rath gesagt, und der hat sich erkundigt.«

»Richtig. Da wurde eine ganze Menge geredet. Das war 1867, vor sechs Jahren. Der Bürgerkrieg war kaum zu Ende, überall Unordnung. Da konnte es sich die Regierung nicht erlauben, gegen die Comanchen, Kiowas und Cheyenne einen Krieg zu machen. Seither hat sich aber einiges geändert und heute steht hier Fort Sill, da Camp Supply, Fort Larned, Fort Zarah, Fort Concho im Süden, Richardson, Bascom und Fort Union. Genau in der Mitte liegt das Gebiet der Indianerstämme der südlichen Plains. Was glauben Sie, Wright, wie lange wir brauchen würden, um das ganze Gebiet zu säubern?«

»Zwei Monate, vielleicht«, sagte Wright Mooar.

»Kaum. Vielleicht drei Wochen. Mehr nicht. Man müßte es nur richtig anfangen. Die Lage der Forts garantiert eine schnelle Einkesselung. Wenn alle Truppeneinheiten sich gleichzeitig in Bewegung setzen würden, wäre der Krieg in drei Wochen gewonnen.«

Benjamin Clintock fragte, welcher Krieg denn überhaupt gemeint sei. »Entschuldigen Sie, Colonel, aber ich hatte keine Ahnung, daß hier irgendwo Krieg ist«, sagte er höflich, als sich Colonel Dodge aufrichtete.

»Krieg, junger Mann, Krieg haben wir vorläufig keinen. Aber ich könnte mir denken, daß wir einen bekommen werden.« Der Colonel lachte in sich hinein. »Mit dem Frieden ist das so eine Sache. Im Frieden weiß man nie so genau, woran man ist, schon gar nicht, wenn man eine Uniform trägt. Krieg hingegen schafft meistens klare Verhältnisse. Deshalb brauchen wir Kriege. Sie sind notwendig. Man muß wissen, woran man ist. Habe ich recht oder nicht, Wright?«

Wright Mooar hob die Schultern. »Krieg oder Frieden, mir geht es darum, Büffel zu jagen. Da unten sind mehr Büffel, als die Rothäute zum Leben brauchen. Hier oben gibt es kaum mehr genug, um Sonntagsjäger anzulocken. Wir haben viel Geld in unser Geschäft investiert. Da muß man zusehen, daß es sich auch lohnt.«

»Wenn es zu einem Krieg zwischen den Rothäuten und der Armee kommt, hängen wir mittendrin«, sagte Steel Frazier. »Was meinen Sie, was passiert, wenn wir mal über den Winter da runter gehen und unsere Wagen füllen?«

Colonel Dodge zog die Stirn in Falten, als ob er sich wirklich anstrengen müßte, eine Antwort auf Steel Fraziers Frage zu finden. Dabei war sich selbst Ben klar darüber, daß die Indianer versuchen würden, die Büffeljäger davon abzuhalten, die riesigen Herden abzuschlachten.

»Im Winter habt ihr nicht viel zu befürchten«, sagte Colonel Dodge schließlich. »Das ist die Zeit, wenn die Ponys mager sind. Die meisten Indianer verbringen den Winter in ihren Reservationen, wo sie von der Regierung verpflegt werden, wo sie Decken kriegen und das Vaterunser lernen. Im Frühjahr aber, wenn es warm wird und die Ponys wieder frisches Gras fressen, dann habt ihr einige hundert Krieger auf dem Buckel. Man darf sich da nichts vormachen, meine Herren. Im Frühjahr und Sommer kriegt ihr Schwierigkeiten, und es ist wohl nicht abwegig, zu behaupten, daß einige von euch ins Gras beißen werden. Und das ist genau das, was wir brauchen, denn dann haben wir doch immerhin einen Grund, wieder mal ein bißchen Krieg zu machen und klare Verhältnisse zu schaffen. Sie verstehen, was ich meine, junger Mann?«

»Sehr wohl, Sir!« sagte Benjamin Clintock. »Die Indianer werden ein paar Büffeljäger umbringen, Farmen und Ranches überfallen, vielleicht sogar ganze Ansiedlungen, und dann schreitet die Armee ein und es gibt einen kleinen Krieg. Danach wissen die Rothäute wieder, wo sie hingehören, und alles ist vorbei.«

»Richtig«, sagte Wright Mooar. »So ungefähr wird es sein, und ich bin verteufelt froh, daß ich kein Blaubauch bin.«

Colonel Dodge begleitete die drei Männer zur Tür. »So, dann wünsch ich euch viel Glück! Ich wollte, ich könnte dabei sein mit meiner Sharps. Hier oben gibt es wirklich nicht mehr viel zu holen.«

Der Sergeant, der bei der Tür stand, klappte die Absätze zusammen, und Colonel Dodge trat hinter Wright Mooar, Steel Frazier und Benjamin Clintock auf den Vorbau hinaus. Sie gaben ihm die Hand, stiegen auf die Pferde und ritten über den Paradeplatz zur Straße, die nach Dodge City führte. Steel Frazier strahlte.

»Wir haben Dodge im Rücken!« sagte er. »Und das ist fast ebensogut, als wäre dein Onkel der Präsident.«

Wright Mooar wiegte den Kopf. »Ich weiß nicht, wie der Colonel oder selbst der Präsident uns davor bewahren könnten, einen Pfeil in den Rücken zu kriegen.«

»So schlimm wird es nun auch wieder nicht sein«, sagte Ben. »Im Winter sowieso nicht. Da sind die Ponys mager.« Er grinste. »Und im Sommer bin ich wieder daheim, das steht fest.«

»Nur mal schnell ein kleines Abenteuer erleben, was?« sagte Steel Frazier. »Junge, da kannst du aber dem Teufel leicht in die Bratpfanne fallen, bevor du richtig gewürzt bist!«

»Ich kann auf mich aufpassen«, sagte Ben. »Das habe ich früh lernen müssen.«

»Genau wie das Abhäuten von Kaninchen, was?« sagte Wright Mooar und lachte. »Clintock, die Jagd ist alles andere als ein Spaß!«

Benjamin Clintock lachte. »Das, Mister Mooar, das hoff ich schwer! Ich bin nicht hergekommen, um mich zu amüsieren!«

3
Durch das Niemandsland

In den Jahren 1872 und 1873 transportierten die Eisenbahngesellschaften alles in allem etwa 1 250 000 Büffelfelle in den Osten.

Als im Jahre 1873 die Heuschreckenschwärme Kansas heimsuchten und die Felder der Farmer verwüsteten, hatte man mehrere Armeekompanien in die Plains geschickt, um für die hungernden Familien Büffel zu erlegen. Als die Soldaten aber die Jagdgründe erreichten, stellte sich bald heraus, daß für sie nur sehr wenig Fleisch übriggeblieben war, denn die Büffeljäger hatten die riesigen Herden fast bis zum letzten Tier abgeschlachtet. Die meisten großen Büffeljägertrupps hatten im westlichen Kansas operiert, aber schon im Frühjahr des Jahres 1872 waren einige von ihnen zum Canadian weitergezogen.

Die Indianer wollten aber nicht zulassen, daß die Büffel auf ihrem Jagdgebiet ebenfalls abgeschlachtet werden sollten, und die weißen Jäger mußten froh sein, wenn sie ihre eigene Haut in Sicherheit bringen konnten. Im Herbst versuchten sie es erneut und zogen südwärts durch eine unberührte Wildnis mit Herden von Antilopen und Rudeln von Wölfen.

E. Douglas Branch, THE HUNTING OF THE BUFFALO, 1929

Als die spanischen Conquistadores Cabeza de Vaca und Francisco Vasquez Coronado auf ihren Expeditionen durch die Randgebiete der südlichen Plains zogen, erzählten sie in ihren Reiseberichten von immensen Büffelherden. Ihre Ausführungen klangen wie typische Entdeckermärchen. Allerdings wurden sie von späteren Reisenden bestätigt.
1533 war Cabeza de Vaca in jenem Teil der USA, aus dem später Texas wurde. Er nannte die Büffel *Indianer-Kühe* und schrieb stolz, er habe von ihrem Fleisch gegessen, und es habe ihm ausgezeichnet geschmeckt.»Für meinen Geschmack finde ich das Fleisch besser und kräftiger als das unserer Kühe daheim.« Drei Jahre später begegnete auch Coronado auf seiner Expedition dem Büffel. Er versuchte einen Bullen zu schießen, und die ganze Herde geriet in Stampede. Dabei wurden drei der spanischen Pferde zu Tode getrampelt, weil sie zu langsam waren. Pedro de Castenada, der für Coronado den Reisebericht schrieb, widmete der Beschreibung des Büffels einen langen Abschnitt: »Zuerst muß man bedenken, daß beim Anblick eines Büffels jedes Pferd sofort die Flucht ergreifen möchte, denn die Büffel haben ein schmales, kurzes Gesicht, die Brauen zwei Handbreiten über den Augen quer durch die Stirn, die Augen an den Seiten herausragend, so daß sie beim Rennen sehen können, von wem sie verfolgt werden. Sie haben lange Bärte, wie Ziegen, und wenn sie laufen, werfen sie ihren Kopf zurück und schleifen ihren Bart über den Boden. Um die Mitte ihres Körpers ist eine Art Gürtel von langem und rauhem Haar wie das eines Kamels. Sie haben einen riesigen Buckel, größer als der eines Kamels. Die Hörner sind kurz und dick, so daß man von ihnen über dem Haar nicht viel sehen kann. Im Mai verlieren sie von der Körpermitte an nach hinten ihr Fell, was waschechte Löwen aus ihnen macht. Sie reiben sich an kleinen Bäumen in den trockenen Flußbetten, um ihren Winterpelz loszuwerden, bis nur noch nackte Haut übrigbleibt. Sie haben einen kurzen Schwanz mit einem Haarbüschel am Ende. Wenn sie laufen, tragen sie ihn steil aufgerichtet wie ein Skorpion.« Pedro de Castenada war überwältigt vom Aussehen des Büffels, und er schrieb außerdem, daß ein Büffel aus weiter Entfernung aussähe wie vier Pinienbäume, da man zwischen den Beinen hindurch meistens den Himmel sehen könne.

Die Teilnehmer der ersten amerikanischen Expeditionen erzählten später etwas nüchterner von den Büffeln, aber alle waren sich darüber einig, daß es von ihnen unglaublich viele geben mußte. Captain Benjamin Bonneville kletterte 1832 auf einen Hügel und *hielt den Atem an*: »So weit das Auge reichte, schien das Land schwarz von ungezählten Büffelherden.« J. K. Townsend schrieb nur drei Monate später von einem ähnlichen Anblick. »Das ganze Gebiet war bedeckt mit einer enormen Masse von Büffeln. Von unserem Hügel aus konnten wir mindestens zehn Meilen weit ins Land hinaussehen, und auf dieser gesamten, riesigen Ebene, vom Flußufer bis zu den Hügeln mindestens acht Meilen breit, bewegten sich so viele Büffel, daß es unmöglich war, ihre Zahl zu schätzen.«

Colonel Richard Irving Dodge schätzte eine Herde, die er 1871 zwischen Fort Zarah und Fort Dodge entdeckte, auf 500 000 Büffel. William T. Hornaday schrieb, daß Büffelherden schätzungsweise bis zu 12 000 000 Büffel gezählt haben mochten, bevor die weißen Jäger damit anfingen, die Büffel abzuschlachten.

Bis zum Herbst 1871 waren die Büffel nur wegen der Steaks und Zungen erlegt worden. Danach erst wurde die Brauchbarkeit der Büffelhaut entdeckt. J. N. DuBois, ein Pelzhändler aus Kansas City, dem ein paar Büffelfelle in die Hände gerieten, schickte diese nach Deutschland, denn in Amerika kannte er keine Gerberei, die in der Lage war, die harte, dicke Haut des Büffels strapazierfähig und trotzdem geschmeidig zu gerben. Das gelang jedoch in Deutschland, und im Sommer 1871 flatterten die ersten Inserate von J. N. DuBois über die Prärien des Westens. Das Angebot des Pelzhändlers war verlockend. Er garantierte dem Büffeljäger pro Haut einen guten Preis, der wenig später von Lobenstein, einem Pelzhändler in Leavenworth, noch überboten wurde. Lobenstein bezahlte pro Fell eines Bullen $ 1.75 und für das einer Büffelkuh $ 1.25. Und von dem Moment an fand die Jagd auf den amerikanischen Büffel mit dem ersten Wärmeeinbruch kein Ende mehr. Die großkalibrigen Büffelgewehre, *Sharps Buffalo-Guns*, donnerten durch alle vier Jahreszeiten. Was in Deutschland möglich gewesen war, schaffte man auch in England und schließlich im eigenen Lande. Wer im Winter 1872 in Boston, New York oder Philadelphia hustend und mit tropfender Nase durch die verschneiten Straßen ging, ohne einen Büffelfellmantel zu tragen, galt als ausgemachter Narr. Lobenstein bezahlte jetzt bereits zwischen drei und vier Dollar pro Haut, egal ob von einem Bullen oder einer Kuh, und in den Prärien nördlich des Arkansas versuchten sich die zielsicheren Büffeljäger gegenseitig den Rang abzulaufen. Wright Mooar, zum Beispiel, einer der erfolgreichsten Büffeljäger, brachte es in neun Jahren auf über 20 000 Abschüsse. Übertroffen wurde er nur noch von Doc Carver, der nach eigenen Angaben während seiner Karriere als Büffeljäger über 30 000 Tiere getötet haben will, davon 5700 in einem Winter. Aber nicht nur die erfahrenen Büffeljäger waren es, die die Kansas- und Nebraskaprärien zu einem blutigen Schlachtfeld werden ließen. Aus allen Himmelsrichtungen strömten Männer in die Büffelgebiete und schossen auf alles, was sich bewegte. Sie streiften in Gruppen oder einzeln, mit Wagen und Pferden oder auch zu Fuß durch die endlosen Weiten. Sie waren schlecht ausgerüstet und hatten vom Büffeljagen keine Ahnung. Sie waren mit vorsintflutlichen Gewehren bewaffnet, mit Vorderladern, Revolvern und Vogelflinten.

Im Jahre 1873, also knapp zwei Jahre nachdem die ersten Büffelhäute verkauft werden konnten, stapelten sich die gerollten Felle auf den Verladerampen und den Straßen von Dodge City zu Bergen, die von einem Ende der Stadt zum anderen reichten. Die *Überschwemmung* des amerikanischen Fellmarktes hatte einen abrupten Preisfall zur Folge, und die professionellen Jäger kriegten jetzt für eine Büffelhaut bester Qualität nur noch zwischen einem und zwei Dollar. Dabei wurde es selbst für die erfahrenen Büffeljäger und ihre Häuter immer schwieriger, nördlich des Arkansas einen Büffel vor die Mündung zu kriegen. Die großen Herden existierten nicht mehr. Einzelgänger und kleinere Herden wurden von den Sonntagsjägern regelrecht abgeschlachtet. Bald gab es in diesem Gebiet mehr Jäger als Büffel, und die Jagd, an der sich Abenteurer, Sportschützen, arbeitslose Schienenleger, Saloonwirte, Handwerker, Gesetzesbeamte und Cowboys beteiligten, wurde zu einem sinnlosen und verschwenderischen Spiel.

Wer nur wußte, was bei einem Gewehr hinten und vorne war, wollte seinen Spaß haben. Überall lagen die Kadaver, an denen sich nur Coyoten und Geier gütlich taten. Schwärme von Fliegen trieben wie tiefhängende Gewitterwolken über das Land, und der Verwesungsgestank wurde vom Westwind bis zu den Vorposten der Zivilisation getragen.

Mr. William Blackmore, ein Sportjäger aus England, machte im Jahre 1873 einen Jagdausflug den Arkansas River entlang und brachte es angesichts einer schockierenden Szene nicht fertig, einen einzigen Schuß abzufeuern. »Da war eine meilenlange, ununterbrochene Reihe von faulenden Kadavern. Die Luft war getränkt vom Dampf des Blutes und bestialischer Gestank breitete sich über der Prärie aus. Am Ufer des Flusses hatten die Jäger eine Linie von Camps aufgeschlagen. Sie töteten die Büffel pausenlos, bei Tag und bei Nacht. Ich zählte auf einem Fleck, nicht größer als ein Hektar, 64 Kadaver.«

O'Rourke und die anderen wollten nach Texas zurück, als sie von Dodge City genug hatten. O'Rourke war der einzige, der noch etwas von seinem Lohn übrig hatte. Dreizehn Dollar und fünfundsiebzig Cents. Davon wollte er sich eine Bettflasche kaufen und eines der neuen Mittelchen gegen Rheuma. Die anderen waren blank. Hank Taylor hatte sogar zwei Monatslöhne im voraus verbraucht, und der einzige, der wirklich ein Andenken aus Dodge City mit nach Texas zurückbrachte, war Sid Robertson, in dem der Arzt vergeblich nach der Bleikugel gesucht hatte. Robertson sah aus wie sein verzerrtes Spiegelbild in vom Wind gekräuseltem Wasser, aber er hockte wieder im Sattel und behauptete, daß es ihm sofort bessergehen würde, wenn er erst einmal wieder texanische Erde unter sich hätte.

43

Es war ein lieblicher Tag Anfang September, als sie davonritten, ein müder Haufen auf ausgeruhten Pferden. Keiner von ihnen drehte sich um. Sie hatten Dodge City im Rücken und Texas vor Augen. Freckless Smith trug unter den Chaps nur noch seine rostrote Unterhose. Die Jeans hatte er im letzten Spiel verwettet. Am Straßenrand standen einige der Mädchen in bunten Kleidern, Federn im Haar, mit gepuderten Gesichtern und die Geldscheine der Cowboys in ihren Strumpfbändern.

Scarface-Lillie rief Chris Tucker zu, daß sie auf ihn warten würde. »Nächstes Jahr heiraten wir, Liebling!« Emporia Belle, blond, mit einem Porzellangesicht und fünf Reihen Perlen um den langen Hals gehängt, hatte sich bei Old Man Keeler untergehakt und sagte mit rauchiger Stimme: »Da reiten sie, Opa, und wenn sie das nächste Jahr wiederkommen, haben sie keine Ahnung mehr, wo bei 'nem Mädchen unten und oben ist!« Old Man Keeler spuckte einen Strahl Tabaksaft über die Gehsteigbretter in den Staub hinaus und behauptete, daß ein richtiger Cowboy eben nur wissen müsse, was bei 'ner Kuh hinten und vorne ist. »Und das ist relativ einfach an den Hörnern zu erkennen und am Schwanz.«

Little Dot und Hop Fiend Nell, die vor dem Lady Gay standen, schwenkten ihre Taschentücher, und Miß One Fin hatte gar eine Träne im linken Auge, die sie sich verstohlen wegwischte, als Benjamin Clintock aus dem Long Branch Saloon kam, um seinen Freunden nachzusehen. »Ja, da ist ja noch einer!« sagte Little Dot, ein bulliges Mädchen, beinahe kugelrund und immer mit frischen roten Wangen. Sie zeigte mit ihrem dikken Finger zu Benjamin Clintock, der den Gehsteig verließ und über die Straße ging. Er trug noch immer seine Lederchaps und die Sporen, und er sah jetzt etwas kräftiger aus als noch vor einer Woche. »Oh, der hat doch nur Augen für Pearl«, sagte Pünktchen und folgte Ben mit den Blicken über die Straße zu A. C. Meyers' Handlung, wo zwei Männer damit beschäftigt waren, Büffelhäute aufzurollen. »Ausgerechnet Pearl!« sagte Pünktchen. »Bei der sind fünf Bucks schlecht investiert.«

»Sie ist sauber«, sagte One Fin und kratzte sich in der Achselhöhle. »Sie sieht immer so . . . so frisch aus, und für einen Burschen wie ihn ist das genau das richtige. Ich glaube, er geht jeden Tag und nimmt ein heißes Bad. Als er das letzte Mal an der Theke stand, roch er nach Veilchen. Stellt euch vor, ein Cowboy, der nach Veilchen riecht! Das ist wie wenn eine Kuh plötzlich Zimtfladen scheißt.«

»Wenigstens hat der nicht die Syphilis«, verteidigte Pünktchen den jungen Cowboy. »Der hat noch nicht mal die Krätze. Der ist gut, der Junge. Mit dem möcht ich mal baden gehen.«

»Halt dich an die, die du hast«, sagte Hop Fiend Nell, steckte das Tüchlein in den Ausschnitt ihres Kleides und rief einem Spieler zu, daß sie jetzt Lust auf einen Whisky hätte. Der Spieler, ein von der Sonne kaum je berührtes Pickelgesicht, nickte lässig, und Hop Fiend Nell ging mit ihm.

Old Man Keeler verabschiedete sich von Emporia Belle mit Handkuß und schlurfte durch den Straßenstaub. Bei Tom Nixon's Shop, wo einer von Mooars Frachtwagen auf Holzböcken stand, holte er Benjamin Clintock ein.

»Traurig, Söhnchen?« fragte er. »Hör mal, vielleicht wäre es doch besser, wenn du mit ihnen reitest. Wenn du im Winter Heimweh kriegst, bist du übel dran, weil dir dann selbst die schönsten Träume einfrieren.«

»Ich habe sechzehn Winter in Texas verbracht«, sagte Ben. »Die letzten beiden waren die schlimmsten. Keine Arbeit, nichts zu essen, und andauernd O'Rourke in der Nähe. Da geht man kaputt dran. Man steht einander auf den Füßen rum. Man geht einander auf die Nerven. Immer nur in der Hütte herumhocken und warten, bis einer kommt, der vielleicht 'was zum Futtern hat. Letzten Winter hat es zwischen Bill Sanderson und Link Morgan Streit gegeben. Sie waren Freunde. Plötzlich schlugen sie wie Verrückte aufeinander ein. Bill tötete Link mit einem Schürhaken. Dann ging er hinaus und schoß sich selber eine Kugel durch den Kopf. Und jedes Mal sagen sie, daß sie es den nächsten Winter alles anders machen wollen. Es war Hank Taylors Idee, mal hier oben zu bleiben und Büffel zu jagen. Es war nicht meine Idee, aber ich dachte, daß man es mal versuchen könnte. Und als ich es ihnen sagte, da ist Hank Taylor fast aus den Stiefeln gekippt. So als hätte er nie selbst daran gedacht, als Büffeljäger durch den Winter zu kommen.«

»Kein Job für Cowboys, wie?« Old Man Keeler blieb stehen und zeigte auf ein paar Männer, die vor Raths Store standen. »Die Mannschaft der Mooar-Brüder. Wrights Bruder ist von New York gekommen. Sie wollen morgen aufbrechen.« Old Man Keeler spuckte einen zerkauten Tabakklumpen aus und biß ein neues Stück von der Stange. »Wilde Jungs, die dort. Kein einziges Greenhorn dabei. Mit denen könnte man in die Hölle reiten und dem Teufel das Feuer unterm Arsch ausblasen, Söhnchen.«

Ein paar von denen, die vor Raths Store standen, sahen wirklich so aus. Alle trugen Revolver und Sharpsgewehre und Messer. Einige von ihnen, obwohl kaum über zwanzig Jahre alt, hatten Gesichter wie aus Leder. Nun, Lane und Wheelers Mannschaft konnte sich auch sehen lassen. Benjamin Clintock war der einzige, der von der Büffeljagd keine Ahnung hatte, aber das störte ihn selbst am wenigsten. Er hatte längst seine Winchester gegen eine Sharps eingetauscht und am Fluß geübt. Die *Sharps-Big-Fifty*, ein schweres Gewehr mit einem langen Lauf, war die von den erfahrenen Büffeljägern bevorzugte Waffe, und nachdem Ben ein paar Schüsse abgefeuert hatte, wußte er, warum. Auf über fünfhundert Meter hatte er eine alte Radnabe mit einem Schuß getroffen, und als er hinging, um nach ihr zu sehen, fand er nur noch ein paar Holzsplitter. Für die Sharps hatte er fünfzig Dollar und seine Winchester geben müssen, aber der Waffenschmied bot ihm an, die Sharps im Frühjahr wieder für sechzig Dollar zurückzukaufen, »falls du den Lauf nicht weichgeschossen hast, Junge«. Benjamin Clintock fühlte sich beinahe schon nicht mehr als Neuling, nachdem er ein paar Tage unter Büffeljägern und Häutern verbracht und ihren phantastischen Geschichten gelauscht hatte. Besonders Mike McCabe, ein Ireländer, der sich unter jedem Türrahmen hindurch bücken mußte, war ein großer Erzähler. Obwohl er innerhalb von einer Woche mindestens fünfzig Geschichten erzählte, hatte Benjamin Clintock noch keine zweimal gehört.

Mike McCabe saß in Meyers' Handlung auf einem Mehlfaß und war gerade dabei, Mister Lane zu erzählen, wie er im Winter vor zwei Jahren mit drei gefesselten Indianern geschlafen habe, um nicht zu erfrieren. »Die haben mich zuerst höllisch ins Schwitzen gebracht, die Jungs, bis ich sie dann überwältigt hatte. Es waren immerhin fünf. Zwei hatte ich getötet, aber die anderen drei, die machten keinen Mucks, als ich sie fesselte und in die Höhle legte. Und immer, wenn einer 'nen kalten Bauch hatte, hab ich ihn einfach umgedreht. So hab ich drei Tage und drei Nächte verbracht, und draußen erfror der verdammte Grizzly, dem die Höhle gehörte.«

Mister Lane, ein großgewachsener, hagerer Mann, sagte, daß er Mike McCabe schon allein wegen der Geschichten mitnehmen würde, aber Charlie Meyers meinte, daß man davon nicht leben könnte. »Wenn man sie in Häute einwickeln könnte, ja, dann ließe sich was machen, Mike.«

»Meine Geschichten frieren nicht«, sagte Mike McCabe. »Hoh, da ist ja unser Küken, der Texas-Cowboy! Sag mal, hast du es dir noch nicht anders überlegt?«

»Nein.«

»Weil's unten in Texas auf den Ranches keine Arbeit gibt«, sagte Old Man Keeler. »Den Winter über halten die Rancher meistens nur ihre Stammannschaften. Ein paar Jungs genügen, um auf die Kühe aufzupassen. Aber im Frühjahr, beim Round Up, ist er wieder dabei.«

»Falls er dann noch die Haare auf dem Kopf hat«, sagte Mike McCabe. »Die Mooars sind bereit, nicht wahr? Die haben eine verteufelt rauhe Mannschaft beisammen.«

»Vier Wagen und zehn Häuter«, sagte Lane. »Wright und John übernehmen das Schießen.« Er beugte sich über den Ladentisch. »Also, streichen wir den Zucker von der Liste«, sagte er zu Charlie Meyers. »Der Kaffee wird kohlschwarz und gallenbitter getrunken, meine Herren.« Lane hatte einen englischen Akzent. Im Gegensatz zu seinem Partner Wheeler war er ein ruhiger, ausgeglichener Mann, der so schnell nicht aus der Fassung zu bringen war.

»Zucker! Wir wären die ersten, die Zucker mitnehmen«, sagte Mike McCabe geringschätzig. »Was wir brauchen, sind blaue Bohnen, Boß. Da unten kriegen wir es mit den Rothäuten zu tun, das ist so sicher wie das Amen in der Kirche. Und wenn es mir nicht gelingt, in meiner typischen Manier mit ihnen Freundschaft zu schließen, dann hilft es auch nichts, wenn wir ihnen Zucker um die Ohren blasen.«

»Wir nehmen keinen Zucker mit«, sagte Lane. »Und Munition haben wir mehr als genug, McCabe. Außerdem sagt man, daß du nur tote Indianer zu Freunden hast.«

»Verleumdung!« brüllte Mike McCabe und sprang auf die Beine. »Wer hat das gesagt? Ich steck dem Kerl die Adlerfeder in den Arsch, die mir Häuptling Finkbein von den Pawnees geschenkt hat, als ich Ehrenmitglied von einer Kriegervereinigung wurde und den Namen *Mann mit Feuer auf dem Haupt* kriegte!«

»Reg dich nicht auf«, grinste Old Man Keeler, und sein Gesicht zersprang in tausend Falten. »Wir wissen doch alle, daß du die Häuptlingstochter geschwängert hast und nachher ein Baby auf die Welt kam, das brandrotes Haar hatte.«

»Jawohl! Und der Medizinmann rannte mit einem Eimer Wasser ins Tipi, weil er glaubte, das Baby brennt.« McCabe nahm Benjamin Clintock am Arm. »Die Rothäute sind auch Menschen, Junge. Laß dir das von einem sagen, der sich auskennt. Wenn du einem begegnest, behalt ihn nur immer im Auge, dann passiert dir nichts. Hast du eigentlich schon mal 'nen richtigen Indianer aus der Nähe gesehen?«

»Einmal kam einer zur Weidehütte und wollte seine Friedenspfeife verkaufen, weil er beim Rauchen immer husten mußte.«

»Ha, du bist gut, Junge! Du gefällst mir. Wenn wir da unten Rothäuten begegnen, halt dich nur immer an meiner Hand fest. Ich werde dich schon beschützen. Die anderen, die haben sowieso keine Ahnung von nichts. Die geben nur groß an.« Mike McCabe zeigte auf Old Man Keeler. »Der da auch. Der behauptet zwar, daß er schon mit Rothäuten zusammen Pferderennen gemacht hat, aber das waren so ein paar ausgetrocknete Reservationsindianer. Weißt du, Deckenindianer sagen wir zu denen, die da um die Agenturen herumhocken und die Decken bis unter die Nase hochgezogen haben. Einem richtigen Comanchen ist Keeler noch nie begegnet, sonst würde er nämlich nicht mehr ohne Hut spazierengehen. Hast du mal einen Mann gesehen, dem die Kopfhaut fehlt?« Mike McCabe nahm seine Mütze vom Kopf und verbeugte sich. Über den Ohren hatte er nur noch einen dichten roten Haarkranz, der eine ovale Stelle umgab, wo die Haut durchsichtig und runzelig war, so als hätte er einmal versucht, auf glühender Kohle einen Kopfstand zu machen. »Das war ein Kwahadi-Comanche. Ich habe gehört, daß er unter den indianischen Experten für seinen roten Skalp berühmter ist als für den grauen Bart, den er einem Armeeoffizier vom Gesicht gezogen hat.«

»Frag ihn doch mal, wie es kommt, daß die Rothaut noch lebt, die ihm den Skalp abgezogen hat«, schlug Charlie Meyers vor. »Junge, dein Freund Mike McCabe ist auf Nachtwache eingeschlafen und als er erwachte, rannte der Comanche mit dem Skalp davon. So war es doch, McCabe?«

»Nicht ganz. Aber davon erzähl ich dem Jungen später, sonst kauft er sich einen Hut aus Gußeisen.« Mike McCabe ging zur Tür und stülpte seine Mütze über die kahle Stelle auf seinem Kopf. »Junge, wenn du Mumm in deinen Knochen hast, reitest du mit dem da. Das ist Billy Dixon. Der will runter bis zum Palo Duro Canyon, um sich dort mal umzusehen.« Meyers und Lane gingen zum Fenster. »Für die ist selbst die Hölle nur lauwarm«, sagte Meyers. Draußen ritten drei Männer von Tom Nixon's Shop hinüber zu Raths Store. Sie waren alle drei bis an die Zähne bewaffnet. Einer von ihnen, ein magerer Bursche, trug Hose und Jacke aus Büffelkalbleder. Die Nähte waren ausgefranst und die Hosenbeine glänzten speckig. Das war Billy Dixon. Die anderen beiden, Bat Masterson und Harry Armitage, waren kaum älter als zwanzig. Vor Raths Store zügelten sie ihre Pferde, und Billy Dixon schwang sich aus dem Sattel. »Jung, aber zäh wie Büffeldärme«, sagte Old Man Keeler. »Die haben den letzten Winter am Pawnee verbracht. Dixon wurde von 'nem Blizzard erwischt und keiner dachte, daß er vor der Schneeschmelze wieder auftaucht, aber er kam kurz nach Weihnachten mitten aus dem Sturm in unser Camp und brachte eine Flasche Brandy mit. Da haben wir ihn auf den Schultern getragen.«

»Bat Masterson ist auch nicht von schlechten Eltern«, sagte Meyers. »Aus dem wird noch mal was, sag ich euch. Das ist ein kaltschnäuziger Bursche. Ich kenne einen, der schuldet ihm dreihundert Dollar für eine Arbeit. Hat mal 'nen Frachtwagen gefahren oder so. Der andere, der ihn bezahlen sollte, ist abgehauen, aber ich wette ein Biberfell gegen 'nen Waschlappen, daß Bat ihn mal erwischt. Der guckt in jeden Zug, der hier vorbeifährt.«

»Gibt es hier eigentlich auch ein paar normale Leute?« fragte Ben.

»Das kommt drauf an, was du unter normal verstehst«, sagte Meyers.

»Einfache Leute. Solche, die nicht auffallen. Solche, denen man nicht schon auf den ersten Blick ansieht, daß sie die Hölle selbst mit einem Eimer Wasser angreifen würden. Einfache Leute, die nicht auffallen und nicht nach Pulverrauch riechen.«

»Da war mal einer«, sagte Lane. »Erinnert ihr euch? Letztes Jahr im März oder so. Er kam, trank am Stationsbrunnen Wasser, ging für einen Spaziergang am Fluß entlang und begegnete Kirk Jordan, den er bat, ihm die genaue Zeit zu sagen. Kirk Jordan sagte ›Fünf Minuten vor Torschluß‹, und der Fremde rannte los und verpaßte den Zug.« Lane sah Mike McCabe an. »Erinnert ihr euch?«

»War das wohl der, der sich am Gehsteigrand vor der Schmiede den Fußknöchel verstauchte und dann schrie, als hätte er sich das Kreuz gebrochen?«

»Das war ein anderer.«

Old Man Keeler verkniff sein Gesicht. »Ich weiß nur von dem, der in den Long Branch Saloon kam und fragte, ob jemand wisse, wo er hier einen Schwarztee mit Milch trinken könne. Aber das war im Frühjahr, kurz bevor Slick Porter von Billy Brooks erschossen wurde.«

Meyers legte Benjamin Clintock die Hand auf die Schulter. »Nein, Clintock, hier gibt es zur Zeit außer dir keinen, der sich nicht für einen großen Helden hält.«

Ben nickte, ließ sich von Meyers eine Auswahl Häutermesser zeigen, und Mike McCabe beriet ihn beim Kauf. Old Man Keeler ging in den Lagerschuppen und suchte nach seinem kleinen Hund, der seit zwei Tagen verschwunden war, und Lane schrieb noch etwas auf die Liste. Als Ben mit seinem neuen Messer im Gürtel auf die Straße trat, standen Billy Dixon und Bat Masterson in der Mitte der Straße, und Dixon hatte eine Blechtasse auf dem Kopf. Vor der Waffenschmiede standen Wright und John Mooar und Raymond, der an Wright Mooars Sharps den Hammer repetiert hatte. Er übergab das Gewehr an den Jäger, und Wright Mooar nahm den Schaft an die Schulter. Ben hielt den Atem an. Die Entfernung zwischen Billy Dixon und Wright Mooar betrug ungefähr hundert Meter. John Mooar stellte sich vor seinen Bruder, damit dieser den Lauf auf der Schulter aufstützen konnte. Wright Mooar drückte ab. Es gab einen furchtbaren Knall, der sich an den Holzfassaden brach. Die Tasse flog von Billy Dixons Kopf und bevor sie den Boden berührte, wurde sie von einer Kugel aus Bat Mastersons Revolver noch einmal getroffen und hochgewirbelt und fiel etwa dreißig Schritte von Ben entfernt in den Staub.

Man erzählte sich zwar allerhand über die Schwierigkeiten und Gefahren, die südlich des Arkansas lauerten, aber eigentlich wußte niemand, wie es wirklich war. Haarsträubende Geschichten machten die Runde, von Indianern, die ihren Opfern das Herz aus dem Leib schneiden und es verspeisen, vom Cimmaron River, der so wild sei, daß nur der Teufel darin baden würde, von Gebieten, in denen es mehr Klapperschlangen als Steine gäbe, und von Nachtgespenstern, die aus den Tiefen der Schluchten steigen und einsamen Reisenden auflauern, um ihnen die Köpfe abzuschlagen.

Scheußliche Märchen, in denen manchmal doch ein Funken Wahrheit steckte, unbemerkt für den, der nicht aufmerksam zuhörte. Mike McCabe hatte den Arkansas schon dreimal überquert, war aber nie weiter als zehn Meilen in den Süden vorgestoßen. Dirty-Face Jones behauptete, er sei schon einmal am Palo Duro Canyon gewesen und habe dort mit Comanchen um Biberfelle gehandelt. Mike Welch sagte, er sei dem Canadian entlang zu Bents altem Fort gezogen, lange nachdem die Kiowas dort unten einen Armeetrupp mit Kit Carson festgenagelt hätten. Manche von den Geschichten, die Ben zu Ohren kamen, waren so furchterregend, daß er schon von Alpträumen heimgesucht wurde, bevor die Mooar-Mannschaft Dodge City verließ. Kurz danach zogen die Cator-Brüder mit ein paar Häutern südwärts. Sie waren die einzigen, die schon einmal am Palo Duro Creek gejagt hatten und trotzdem keine außergewöhnlichen Geschichten zu erzählen wußten.

Drei Tage nachdem die Mooar-Brüder mit ihrer Mannschaft aufgebrochen waren, standen auch die vier Frachtwagen von Lane und Wheeler zur Abfahrt bereit. In der Nacht wurde noch einmal tüchtig gefeiert. Um Mitternacht, bei einem ungewöhnlich hellen Dreiviertelmond, rannte Harry Armitage zum Spaß splitternackt vom Lady Gay zu Raths Store und zurück. Dafür gewann er eine Flasche Whisky und die letzte Nacht mit Pünktchen. Mike McCabe kam mit einem Maultier in den Long Branch Saloon geritten und hängte sich wie ein Affe an das Rohr des Kanonenofens. Mike Welch und Dutch Henry hielten sich aneinander fest, fielen aber trotzdem mitten auf der Straße hin, und nur Welch kam wieder hoch, erreichte den Gehsteig und fiel Ben vor die Füße.
Ben kam mit Pearl aus dem Lady Gay, um »ein bißchen frische Luft zu schnappen«. Er hatte eine halbe Flasche Schnaps im Bauch und fühlte sich nicht besonders gut. Obwohl es keineswegs unhöflich war, betrunken zu sein und trotzdem ein Mädchen auszuführen, gab er sich Mühe, geradezustehen, sicher aufzutreten, beim Reden nicht mit der Zunge anzustoßen und nicht laut herauszulachen. Pearl hatte darauf verzichtet, mit einem Schnapsvertreter aus Kentucky ins Bett zu gehen, ging auch nicht auf die Vorschläge anderer Männer ein und kümmerte sich hingebungsvoll um Ben. Es war die letzte Nacht vor der Abfahrt, und sie saßen mal im Long Branch am Tisch, mal im Lady Gay, ließen sich von den anderen nicht herausfordern und auch nicht stören und wollten lange nach Mitternacht, als es Ben kaum mehr fertig brachte, nüchtern zu wirken, noch einen Spaziergang machen. »Das wird dir guttun«, hatte Pearl gesagt. »Und mir auch.« Als Mike Welch ihnen vor die Füße fiel, entschuldigte sich Ben. »Es ist sonst nicht seine Art«, sagte er, obwohl er Mike Welch kaum kannte. »Nüchtern ist er ein prächtiger Kerl.«

»Sicher, Ben«, sagte Pearl, und sie gingen zum Bahnhof hinunter, die Corrals entlang, die jetzt leer standen. Kein Staub. Kein Gebrüll, kein Hufgetrappel, kein Zischen der Dampflok, keine Cowboys. Die Holzverschläge warfen Schattengitter über den Boden. Es war sehr still da unten, und Ben erzählte von Texas, von seinem alten Freund O'Rourke, dem ältesten Cowboy, den er kannte, von seinem Vater, der im Krieg ein Bein verloren hatte und seither versuchte, sein Selbstmitleid im Whisky zu ersäufen. Und von Onkel George, der im Krieg die Tapferkeitsmedaille dafür gekriegt hatte, daß er bei einem Nachtangriff über einen toten Yankee stolperte und sich dabei selbst eine Kugel in den Kopf schoß. Auch von seiner Mutter, die zwei Jahre nach Kriegsende an der Schwindsucht gestorben war. Pearl hörte meistens zu, sagte hin und wieder etwas und hatte auch nichts dagegen, als Ben vorschlug, jetzt ins Bett zu gehen.

»Wir fahren morgen früh«, sagte er, und es klang fast wie eine Entschuldigung. »Vor Sonnenaufgang.«

»Natürlich, Benjamin«, sagte sie, strich das blonde Haar aus dem Gesicht und hängte sich an seinen Arm. Sie war leicht, klein und sie mußte zwei Schritte machen, um auf gleicher Höhe zu bleiben. »Ich hab den ganzen Abend von mir geredet«, sagte er. »Und von dir weiß ich nur gerade, daß du Pearl heißt.«

»Ich heiße Betsy«, sagte sie. »Betsy Meyers.« Sie lachte. »Das klingt nicht gut genug, nicht wahr, Ben?«

»Warum nicht? Das ist doch idiotisch. Du bist . . . nun, ich meine, du bist schön und alles.« Er blieb stehen. Sie sah zu ihm auf. »Ja, du bist schön«, sagte er noch einmal und jetzt brauchte er sich keine Mühe mehr zu geben, um nicht mit der Zunge anzustoßen. Er lachte. »Ich glaube, jetzt bin ich wieder nüchtern, Betsy.«

»Ja«, sagte sie. »Jetzt bist du wieder nüchtern, Ben. Und sag niemandem, daß ich Betsy Meyers heiße, ja?«

»Natürlich nicht.«

»Ehrenwort.«

»Ja! Ja.«

»Gut.« Sie stellte sich auf die Zehenspitzen und küßte ihn. Auf den Mund. »Vielleicht bin ich doch besoffen«, dachte Ben. »Sie hat mich geküßt. Himmel, Arsch und Zwirn, das ist der lange Ritt hierher wirklich wert gewesen.«

»Du bist so lieb, Ben«, sagte sie. »So nett und so dumm«, sagte sie. »Küß mich.«

Er küßte sie und umarmte sie, und obwohl ein kalter Wind ging, war ihm plötzlich ziemlich warm, ja heiß, und sein Mund war trocken und an seinen Schläfen hämmerte der Puls und sein Herz ging wie verrückt, und außerdem hatte er plötzlich wieder weiche Knie. Er löste sich von ihr. »Ich . . . morgen fahren . . . was ist denn . . .« Er gab es auf, rieb mit seinen Händen das Gesicht und lachte leise, dann laut, und er nahm sie bei der Hand und rief: »Weißt du, so was ist mir noch nie passiert! Ich meine, daß mich ein Mädchen einfach geküßt hat.«

»Komm«, sagte sie. »Komm, gehen wir!« Und dann hüpften sie zusammen die Straße hoch, aber je näher sie dem Lady Gay kamen, wo Betsy Meyers wohnte, desto schwerer wurden Ben die Beine.

Als Benjamin Clintock wach wurde, war es draußen noch dunkel. Er schlug die Vorhänge vor dem Fenster des kleinen Zimmers zurück und sah auf die Straße hinunter. Auf dem Gehsteig neben dem ersten Wagen lag Old Man Keeler mit seinem Hund. In Meyers' Store ging das Licht an. Die Tür wurde geöffnet und Meyers kam heraus, eine Zipfelmütze auf dem Kopf. Er hängte die Laterne an den Gehsteigpfosten und weckte Keeler. Auf Zehenspitzen schlich Benjamin Clintock durch das Zimmer und nahm die Kleider vom Stuhl. Aus der geblümten Decke hingen ein paar dunkelblonde Haarsträhnen und unten war ein schmaler Fuß zu sehen. Leise zog sich Benjamin Clintock an. Es war ziemlich kühl im Zimmer und er fröstelte, als er zur Tür ging.

Auf der Straße zog er die Jacke an, schlug den Kragen hoch und kam gerade richtig, um Wheelers ersten Wutanfall mitzukriegen. Wheeler hatte überall nach Mike Welch gesucht und fand ihn schließlich hoffnungslos betrunken vor der Hintertür des Lady Gay Saloons liegen. Wheeler kippte ein Wasserfaß über ihm aus, und Mike Welchs erste Reaktion bestand darin, verzweifelte Schwimmzüge zu machen. Als er wieder Luft kriegte, kroch er ein Stück weiter auf trockenen Boden und schnarchte weiter. Da verlor Wheeler die Geduld und er packte Welch, zog ihn hoch und trug ihn über die Straße zu den Wagen, wo er ihn in den Kasten des hintersten Wagens warf, ohne daß Welch aufwachte.

Bei Sonnenaufgang hatte Old Man Keeler, der als Koch angestellt war, den Kaffee für zwölf Männer fertig. Es gab dazu Sauerteigbrötchen. Benjamin Clintock saß mit Mike McCabe und einem kleinen, drahtigen Burschen namens Bermuda Carlisle in Meyers' Store, als die Tür aufflog und Pearl hereinkam, zerzaust, noch nicht ausgeschlafen, aber trotzdem frisch aussehend. Bermuda Carlisle ließ bei ihrem Anblick fast die Kaffeetasse fallen, und Mike McCabe hätte beinahe seine Mütze gezogen, erinnerte sich aber im letzten Moment an den unschönen Anblick, den sein skalpierter Schädel bot.

»Pearl, Mädchen!« sagte Meyers und kam um den Ladentisch herum. »Einen schönen . . .« Er verstummte, als sie eine wegwerfende Handbewegung machte und auf Benjamin Clintock zuging. Ben hatte gehofft, sie würde erst aufwachen, wenn er jenseits des Arkansas wäre, aber wieder einmal hatte er sich in ihr geirrt. Sie blieb vor ihm stehen, sah ihn an, daß ihm ein Stück von seinem im Kaffee aufgeweichten Sauerteigbrötchen im Hals steckenblieb, und sagte mit Inbrunst: »Schuft!« Dann drehte sie sich um und ging hinaus.

Benjamin Clintock hörte, wie Mike McCabe neben ihm aufatmete. Old Man Keeler, der am Ladentisch stand, kicherte, und Lane meinte, daß Pearl schon ein prächtiges Mädchen sei. Ben schluckte erst mal den Klumpen, trank die Tasse leer und ging hinaus. Sie hatte schon die Straße überquert, aber bevor sie im Haus verschwand, hatte er sie eingeholt.

»Du, ich dachte, du schläfst so schön, und da wollte ich dich nicht aufwecken«, sagte er außer Atem und hielt sie am Handgelenk zurück. Sie warf den Kopf in den Nacken. »Laß mich los!« sagte sie hart, und er grinste. Da trat sie ihm auf die Zehen, und gleichzeitig stieß sie ihm die geballte Faust in die Magengrube. Er ließ sie los, taumelte rückwärts, hatte Tränen in den Augen und konnte sie nur noch verschwommen sehen. »Paß auf dich auf«, sagte sie. Dann drehte sie sich um und verschwand im Haus.

Auf der anderen Straßenseite stand die ganze Mannschaft von Lane und Wheeler, außer Mike Welch. Und von Raths Store kamen Billy Dixon, Bat Masterson und Harry Armitage herübergeritten. Einen Moment stand Ben auf ziemlich weichen Beinen. Dann gab er sich einen Ruck und überquerte die Straße.

»Los, ihr Affen! Wir fahren in zehn Minuten!« sagte Wheeler. »Ihr könnt unterwegs von Bens Mädchen träumen.«

Eine Stunde nach Sonnenaufgang knallte Mike McCabe, der den ersten Wagen fuhr, mit seiner langen Treiberpeitsche, und die vier mausgrauen Maultiere legten sich erschreckt ins Geschirr. Vor dem ersten Wagen ritten Wheeler, Lane und von der Dixon-Mannschaft Harry Armitage. Neben Mike McCabe hockte Old Man Keeler auf dem Bock, schwenkte seinen alten Schlapphut und krächzte den Leuten, die gekommen waren, um sie abfahren zu sehen, »einen schönen Sonntag, Ladys und Gentlemen!« entgegen. Ein Mädchen mit langen, rostroten Zöpfen riß sich von der Hand seiner Mutter los, um zum Vater auf der anderen Straßenseite zu laufen, und geriet beinahe unter die Hufe der Maultiere, die den zweiten Wagen zogen. Dutch Henry gelang es, den Wagen im letzten Moment anzuhalten. Er sprang vom Bock, ging zu dem Mädchen hin und gab ihm ein Stück Kandiszucker. »Paß auf, Mädel«, sagte er mit hartem Akzent. »So früh am Morgen fressen Maultiere auch kleine Kinder, die keine Augen im Kopf haben.«

»Ich hab doch Augen im Kopf, Mister, und deine Maultiere können fressen, was sie wollen. Mich kriegen sie bestimmt nicht.«

Wheeler kam zurückgeritten und brüllte, daß jetzt endlich gefahren werde. »Los, Dutch, alles, was dir von jetzt ab in die Quere kommt, wird überrollt! Klar?«

»Sehr wohl, Herr Wheeler«, rief er auf deutsch, gab dem Mädchen noch einmal einen Klaps und kletterte auf den Wagenbock. Neben ihm saß Pat Barker, ein ehemaliger irischer Schwellenleger von Jack Cassements Eisenbahnbautrupp. Er riß einen Knopf von seiner Jacke und warf ihn einer der *Schönen*, die vor dem Lady Gay Saloon standen, zu. »Wenn ich zurück bin, nähst du mir ihn wieder an!« rief er.

»Wo dran?« rief das Mädchen zurück. Schallendes Gelächter begleitete Barker. Als dritter Wagen folgte der von Billy Dixon. Bat Masterson, der neben dem Wagen ritt, hatte zwei Tage zuvor mit vorgehaltenem Revolver endlich das Geld kassiert, das ihm sein ehemaliger Boß schuldete. Seither war er recht gut gelaunt und hatte für all die neuen Freunde, die er plötzlich hatte, immerhin zweihundertfünfzig Dollar in Schnaps aufgehen lassen. Mit fünfzig Dollar in Raths Safe war er noch einer der wohlhabendsten Männer, die an diesem Sonntag Dodge City verließen, um im Büffeljagdgebiet der Comanchen den Kopf zu riskieren.

Benjamin Clintock ritt auf Smoky am Schluß und schluckte wieder einmal den Staub aller anderen. »Du warst Schleppreiter, nicht wahr?« hatte Wheeler gefragt. »Also, Junge, dann machst du die Nachhut.«

»Allein?«

»Du brauchst nur 'nen guten Schutzengel, Clintock. Und wenn was passiert, rufst du so laut, daß wir es auch vorn hören können.«

Mit Dixons Wagen waren es fünf, die vor ihm den Arkansas durchfurteten. Das Wasser war kaum ein Fuß hoch und stank. Auf der anderen Seite fing die Gefahrenzone an, und Benjamin Clintock war auf der Hut. Seine Augen begannen zu brennen. Er hatte wieder eine Kruste von Staub und Schweiß im Gesicht. Wenn er sich abends hinlegte, knirschte Sand zwischen seinen Zähnen, und wenn er am Morgen aufwachte, knirschte immer noch Sand zwischen seinen Zähnen. Meistens war seine Kehle trokken und schon nach wenigen Tagen hatte alles an ihm wieder die Farbe der Erde.

Am Abend des zweiten Tages erreichten sie die Staatsgrenze von Kansas. Im Süden lag ein Streifen, der zum Indianer-Territorium gehörte. Man nannte es das *Niemandsland*, da der Landstreifen weder Texas noch Kansas angeschlossen war. Ben wußte nur, daß es hier keine Ortschaften, keine Forts, keine Handelsposten, keine Farmen und keine Ranches gab. Es war ein Landstreifen, der offensichtlich von der Regierung vergessen worden war, ödes, schroffes Hochland, dann wieder Präriestreifen, Schluchten und das weite Tal, durch das der Cimmaron River floß.

Obwohl Wheeler Ben einschärfte, von nun an äußerst wachsam zu sein, da sie sich jetzt mitten unter ein paar tausend Rothäuten befänden, entdeckte Ben in den ersten Tagen nicht die geringsten Anzeichen dafür, daß noch jemand anders in dieser trostlosen Gegend umherstreifte. Es passierte nichts.

Die Jagd war eigentlich die einzige Abwechslung.

Bat Masterson schoß einmal einen Büffelbullen, der sich verirrt hatte, und Benjamin Clintock erlegte einen Pronghornbock, dem ein Wolf die Seite aufgerissen hatte. Niemand schoß auf die Kaninchen, von denen es in dieser Gegend Millionen zu geben schien, und man ließ auch die Präriehunde in Ruhe, die manchmal aus ihren Löchern kamen, sich auf die Hinterbeine setzten und mit den kleinen Schwänzchen wedelten.

Schließlich erreichten sie den Cimmaron. Man nannte ihn manchmal auch *Fluß ohne Wiederkehr*. Man nannte auch den Canadian *Fluß ohne Wiederkehr* und den Red River. Mike McCabe, der mal in den Rocky Mountains Biberfallen ausgelegt hatte, behauptete, daß er mindestens noch vier andere Flüsse kannte, die auch *Fluß ohne Wiederkehr* genannt würden. »Wenn mal einer zufällig in 'nem Wässerchen ersäuft, kriegt es gleich den Namen Fluß ohne Wiederkehr, aber ich kenne nur einen Fluß, der es wirklich verdient, so zu heißen. Das ist der Snake River im Norden. Ein Ungetüm, sag ich euch!« Und sofort fing er mit einer Geschichte an, die von einem Trapper erzählte, der im Snake River seine Fallen ausgelegt und beim Einholen das Gleichgewicht verloren hatte. Sieben Tage später wurde er im Pacific von einem Haifisch gefressen, obwohl ihm Schwimmhäute zwischen den Zehen und den Fingern gewachsen waren und er drei Stunden lang ohne Luft unter Wasser auskommen konnte.

Der Cimmaron war ein trübes, stinkendes Bächlein, das leise gurgelnd durch eine schmale Rinne inmitten eines weiten Flußbettes ostwärts floß. Selbst eine Ameise hatte gute Chancen, von einem Ufer zum andern zu kommen. Für die Maultiere war es überhaupt kein Problem, bis Pat Barkers Wagen plötzlich einsackte und bis zum Kastenboden im Sand versank.

»Triebsand!« rief Pat Barker und machte einen Satz vom Bock des Wagens. Er landete auf einer harten Stelle. Sofort wurden die Maultiere an den anderen Wagen ausgeschirrt und mit vereinten Kräften gelang es, Pat Barkers Wagen herauszuziehen.

Am Cimmaron, wo am südlichen Ufer das erste Lager aufgeschlagen wurde, kamen die Cator-Brüder und sagten, daß es im Westen nur so von Büffeln wimmeln würde.

Benjamin Clintock war gespannt.

Wenn es stimmte, was die Cators sagten, gab es unweit des Lagerplatzes genug Büffel für alle.

Bat Masterson und Wheeler verließen das Lager an einem schönen, aber kalten Morgen und kehrten am Mittag zurück. Sie erzählten, die Cator-Brüder hätten innerhalb von drei Stunden zusammen hundertfünfundzwanzig Büffel abgeschossen, als Jim Cators Sharpsgewehr plötzlich explodierte. Der Knall und Cators Gebrüll hatten ausgereicht, um die Herde in Stampede zu versetzen, und als Wheeler und Bat zur Senke kamen, waren nur noch die Häuter an der Arbeit.

Bis Weihnachten blieb die Lane-und-Wheeler-Mannschaft am Cimmaron. Der Winter hatte nur wenig Schnee gebracht, aber es war so kalt, daß sich Benjamin Clintock nicht darüber gewundert hätte, wenn ihm eines Morgens ein Eispfropfen aus der Nase in die Kaffeetasse gefallen wäre. Old Man Keeler empfahl ihm, das Ersatzhemd um den Kopf zu wickeln.»Sonst hast du in wenigen Tagen ein Gesicht wie eine löcherige Bratpfanne, Kid«, meinte er.

Sie hatten über vierhundert Felle gemacht, die von Dirty-Face Jones abgeholt und nach Dodge City transportiert wurden. Wright Mooar befand sich mit seiner Mannschaft am Palo Duro Creek, etwa hundert Meilen südlich von ihnen. Am ersten Tag des neuen Jahres fuhren Lane und Wheeler mit den vier leeren Wagen und ihrer zehnköpfigen Mannschaft südwärts, um Wright Mooars Mannschaft ein bißchen Konkurrenz zu machen.

Sechs Meilen vom Mooar-Lager entfernt, im Windschatten einer steilen Uferböschung, schlugen sie ihre beiden Zelte auf. Sie waren jetzt in Texas, aber hier sah alles anders aus als dort, wo Benjamin Clintock herkam.

Links und rechts des Palo Duro Creek breitete sich eine flache, mit zähem Büffelgras, verkrüppeltem Salbeigestrüpp und verschiedenen Kakteenarten bewachsene Hochebene aus, über die ein brettharter Nordwester brauste, der Tag für Tag an Kraft zu gewinnen schien. Es war ein eiskalter Wind, der so scharf blies, daß er die Gesichtshaut der Männer erglühen ließ, dürre Dornbüsche entwurzelte, um mit ihnen zu spielen, und an den Wagen- und Zeltplanen zerrte, so daß Old Man Keeler fluchend immer neue Stricke spannen mußte. Was man aus der Hand legte, ohne es festzumachen, flog früher oder später mit dem Wind südwärts. So Benjamin Clintocks alter Filzhut, der ihm plötzlich vom Kopf gerissen wurde, hoch in die Luft segelte, träge und trotzdem mit Leichtigkeit über die Wellen des Flusses hinwegtanzte. Nach einigen Saltos bekam er plötzlich Auftrieb und entschwand den Blicken der Männer, die lachend und brüllend zusahen, wie Benjamin Clintock vergeblich hinter dem Hut herritt. Er kam erst am Abend zurück mit steifgefrorenen Ohren und zerzaustem Haar. Mike McCabe gab ihm eine alte Schottenmütze, die er sich nach einem Zweikampf mit einem Schotten namens McDonald als Siegestrophäe aufbewahrt hatte.

Bis Mitte Februar waren drei Wagen voll.

Billy Dixon, Harry Armitage und Bat Masterson, die sich einige Wochen zuvor von ihnen getrennt hatten und weiter südwärts gezogen waren, kamen vom Palo Duro Canyon zurück. Sie erzählten von breiten Präriestreifen, die deutlich gezeichnet wären von großen Büffelherden, die wahrscheinlich im Sommer auf ihrem Futterweg durchgezogen waren, und Billy Dixon hatte sich vorgenommen, im nächsten Sommer dort unten auf die Jagd zu gehen. »Indianer hin oder her!« sagte er. »Wir haben die ganze Zeit keine rote Nase gesehen.« Er drehte sich nach Ben um. »Immer noch froh, nicht daheim zu hocken und mit deinen Cowboyfreunden auf den Osterhasen zu warten, Kid?«

»Steig ihm vom Buckel, Dixon!« sagte Old Man Keeler. »Der Junge macht sich.«

Benjamin Clintock sah jetzt aus, als hätte er das ganze Leben in der Wildnis verbracht. Und er fühlte sich auch danach. Trotzdem nannten ihn die anderen immer noch *Kid*, was ihn keineswegs ärgerte.

Die Bartstoppeln an seinem Kinn waren lang, die Lippen aufgeplatzt und die Gesichtshaut brüchig wie dünnes, ausgetrocknetes Leder. Außerdem hing Blut- und Verwesungsgeruch in seinen Kleidern, woran er sich allerdings schnell gewöhnt hatte, nachdem er Old Man Keeler vergeblich nach Seife gefragt hatte.

Benjamin Clintock hatte zwei mittlere Schneestürme hinter sich und ein Wettrennen mit einem Büffelbullen, der von Mike McCabe auf ihn losgehetzt worden war. Manchmal wickelte er sein Ersatzhemd wie einen Turban um den Kopf und führte den anderen zur allgemeinen Abendunterhaltung einen indischen Schlangenbeschwörertrick vor, bei dem er seine Hosenträger aus einem Wassereimer kriechen ließ. Bat Masterson meinte, daß der Trick gut genug sei, in einem Zirkus aufgeführt zu werden, und man freute sich jedesmal erneut, wenn Benjamin Clintock den Turban aufsetzte und seine Hosenträger zusammenrollte. Seit Old Man Keelers Geige nur noch drei Saiten hatte, waren die Abende ziemlich langweilig. Man träumte von warmen Mädchen, warmen Betten, warmen Socken und einer Badewanne voll warmem Wasser. Und ab und zu dachten sie sich Streiche aus, mit denen sie Benjamin Clintock ärgern konnten. Er war der jüngste unter ihnen und eben doch ein waschechtes Greenhorn. Dann kam der Tag, an dem Bat Masterson und Billy aufgeregt zum Lager geritten kamen und berichteten, sie wären auf frische Spuren unbeschlagener Pferde gestoßen.

»Wahrscheinlich Comanchen«, meinte Mike McCabe. »Es wird Zeit, daß wir die Revolver ölen.«

Bat Masterson zog seine Winchester aus dem Scabbard. Er klopfte gegen den Schaft. »Kommst du mit, Kid?« fragte er herausfordernd. »Wir wollen es uns genauer ansehen.«

Seit drei Tagen war Benjamin Clintock damit beschäftigt, die eingebrachten Büffelfelle über der Uferböschung mit der Innenseite nach oben aufzuspannen. Seine Hände waren von aufgerissenen Blasen bedeckt, und jeden Morgen brauchte er länger, sich gerade aufzurichten. Er überlegte nicht zweimal, sattelte sein Pferd und folgte Billy und Bat durch das vereiste Flußbett. Unweit des Lagers stießen sie wirklich auf Pferdespuren.

»Es sind nicht viele«, meinte Billy Dixon. Er wandte sich an Benjamin Clintock. »Wenn drei Männer auf eine Spur stoßen, sollten sie sich sofort trennen und zangenförmig weiterreiten.«

»Zangenförmig, eh?« Benjamin Clintock hob die Schultern. »Und wenn sie uns auflauern?«

Bat Masterson wiegte den Kopf. »Wir beide, Billy und ich, wir machen die Flanken, Kid. Du bleibst in der Mitte und etwas zurück. Falls sie uns auflauern, haben wir sie auf jeden Fall in der Zange.«

»Hm.«

»Nichts hm. So wird es immer gemacht. Sei froh, wenn wir dir diese Dinge beibringen. Es könnte mal sein, daß dein Leben davon abhängt, ob du beim Anblick einer Pferdespur sofort die richtige Entscheidung triffst. Klar, Kid?«

»Klar. Und wenn trotzdem was passiert?«

»Angst?« Billy Dixon lachte. »Mach dir nur nicht in die Hosen, Benjamin.«

Sie trennten sich und zuerst verschwand Bat Masterson hinter einem Hügel. Billy Dixons roter Wollschal war noch eine Weile zu sehen. Er zügelte an der Uferbank kurz sein Pferd und gab Benjamin Clintock das Zeichen, anzureiten.

Jenseits des Hügels hielt der Junge vergeblich nach seinen zwei Begleitern Ausschau. Vor ihm lag eine schmale Senke, durch die sich ein krummer, vereister Graben zog. Dahinter ragten Büsche aus einigen glattgestrichenen Schneewehen. Rauch stieg zwischen den Büschen hoch und wurde vom Sturm in Fetzen gerissen.

Benjamin Clintock ritt ein Stück in die Senke hinein. Dann hielt er an und zog das Gewehr aus dem Scabbard.

»Bat!« rief er leise.

Keine Antwort. Alles blieb ruhig. Der Wind trieb das leise Knistern des Feuers herüber. Ein Harzknoten zersprang zischend in der Glut. Funken tanzten über den Büschen.

Plötzlich krachten Gewehrschüsse, und in das Echo hinein fielen gellende Kriegsschreie. Für einen Moment erstarrte Benjamin Clintock im Sattel. Dann trieb er das Pferd hart an und jagte durch die Senke auf die Büsche zu. Beim Feuer riß er das Tier jäh zurück. Keine fünfzig Schritte vor ihm lag Billy Dixon auf dem Bauch, Arme und Beine weit von sich

Comanchen-Krieger

gestreckt. Bat Masterson taumelte durch die Büsche, seinen Revolver in der Hand, und er schoß zum Graben hinüber.

»Hau ab, Kid!« rief er heiser. »Das sind Comanchen!« Dann fiel er in die Knie. Benjamin Clintock zögerte einen Moment. Als er sah, daß Bat Masterson mit dem Gesicht in den Schnee fiel, riß er sein Pferd herum und jagte zurück. Hinter ihm krachten Schüsse und er glaubte, den Luftzug der Kugeln spüren zu können. Triumphgebrüll folgte ihm aus der Senke hinaus und er ritt, als säße ihm der Teufel im Nacken, zum Lager. Die Männer kamen ihm entgegen. Mike McCabe hatte sein Sharps in den Händen.

»Indianer!« brüllte ihnen Benjamin Clintock zu. »Comanchen. Bat und Billy sind tot! Es sind mindestens hundert!« Er zügelte sein Pferd und sprang aus dem Sattel. »Boß, sie werden das Camp angreifen!« keuchte er, als er auf Wheeler zuging.

Wheeler, ein untersetzter, breitschultriger Mann mit einem Stiernakken, kam vom Feuer herüber.

»Bist du sicher, daß du nicht geträumt hast, Junge?« fragte er nicht unfreundlich.

»Ich hab's genau gesehen!« stieß Benjamin Clintock hervor. »Wir stießen auf eine Fährte. Dann haben wir uns getrennt. Wir ritten zangenförmig weiter. Plötzlich konnte ich Bat und Billy nicht mehr sehen. Vor mir war eine Buschsenke mit einem Graben. Ein Lagerfeuer brannte und dann krachten die Schüsse. Als ich die Büsche erreichte, lag Billy tot in einer Schneewehe und Bat schoß, aber es hatte ihn erwischt, und er fiel auf das Gesicht. Er rief mir noch zu, das Camp zu warnen. Das ist alles, Boß!«

Pat Barker, ein mächtiger Mann mit einem flammendroten Bart, trat vor. »Hör mal, Kid, wir haben hier keine Schüsse gehört. Du bist aber mit dem Wind geritten, nicht wahr. Wir hätten also die Schüsse hören müssen.«

Harry Armitage, ein drahtiger Bursche aus Billy Dixons Mannschaft, legte Benjamin Clintock den Arm um die Schultern. »Ich glaube, man nennt das Halu ... Halu ... Haluzionen, Kid. Das ist normal bei Greenhorns. Darüber brauchst du dir keine Gedanken zu machen. Wenn du mal den ersten Indianerangriff hinter dir hast, ist alles erledigt.«

»Halluzinationen, Harry«, korrigierte Wheeler. »Das sind Sinnestäuschungen. Hier draußen in der Einsamkeit dieses gottverlassenen Landes erliegen manchmal selbst erfahrene Männer Sinnestäuschungen.«

»Es ist keine Sinnestäuschung, zum Teufel!« rief der Junge. »Herrgott, ich hab doch Augen im Kopf!«

Mike McCabe schüttelte traurig den Kopf. »Trink doch erst mal 'ne Tasse Kaffee, Kid. Wir haben ein paar üble Wochen hinter uns. 'ne Tasse Kaffee ist immer gut.«

»Ich hab ja immer gesagt, daß der Junge noch verrückt wird!« krähte Old Man Keeler vom Küchenzelt herüber. Der Wind zerrte an seinem eisgrauen Bart. »Das ist doch kein Leben für einen Cowboy aus Texas. Es ist ein Wunder, daß er nicht schon früher durchgedreht hat.« Benjamin Clintock nahm die Unterlippe zwischen seine Zähne. Vor seinem geistigen Auge sah er Billy Dixon im Schnee liegen und Bat Masterson taumeln. Er hörte den Widerhall der Schüsse deutlich. Und das Krieggeheul!

Bermuda Carlisle, ein kleiner Mann mit einem verwitterten Gesicht, grinste von einem Ohr zum andern. »Du brauchst dich nicht zu ärgern, Kid. Das kann dem besten Texascowboy mal passieren.«

»Ich hab's gesehen!« stieß Benjamin Clintock wütend hervor. »Ich gehe jede Wette ein, daß . . .«

»'ne Flasche Bourbon, falls wir uns mal in Dodge treffen«, sagte Mike McCabe sofort. »Wenn Bat und Billy in einer halben Stunde nicht zurück sind, dann kriegst du 'ne Flasche Bourbon von mir. Einverstanden?«

»Sie sind tot!« Benjamin Clintock gab dem Iren die Hand. »Wir sollten auf jeden Fall versuchen, sie hierherzuschaffen, bevor die Wölfe kommen.«

Bermuda Carlisle lachte glucksend. Er blickte an Benjamin Clintock vorbei über den Uferhang hinweg. »Teufel, die kommen freiwillig zur eigenen Beerdigung!« Der Junge drehte sich auf dem Absatz. Über der Uferböschung waren zwei Reiter aufgetaucht. Sie kamen im Schritt heruntergeritten. Beide trugen Büffelmäntel. Deutlich konnte man den roten Wollschal sehen, der wie eine Fahne im Wind flog. Und Bat Masterson schwenkte seine Bärenfellmütze.

»Für zwei Tote sehen die aber verteufelt lebendig aus«, meinte Pat Barker und lachte schallend. Die Männer stießen Benjamin Clintock herum, und Harry Armitage erstickte beinahe vor Lachen, als Bermuda Carlisle in die Luft sprang und seinen Revolver abfeuerte. »Indianer!« schrie er heiser. »Paß auf, Kid, sonst wirst du deine Locken los!«

»Es sind vielleicht wirklich Comanchen, die sich Bats und Billys Kleider angezogen haben, um uns zu täuschen«, sagte Mike McCabe, und Old Man Keeler trommelte im Indianerrhythmus mit einem hölzernen Kochlöffel auf ein Pulverfäßchen.

Benjamin Clintock spürte, wie die Wut in ihm hochkam. Er ballte die Fäuste und blickte den beiden Reitern aus engen Augen entgegen.

»Jetzt ist er zornig!« sagte Harry Armitage. »Paß auf, Billy, gleich springt er euch auf den Buckel!«

Billy Dixon und Bat Masterson hielten ihre Pferde am Feuer an. An Bats Sattel hingen drei Kaninchen mit blutigem Fell. Er löste die Schlingen und warf die Kaninchen vor Old Man Keelers Kochtöpfe. »Hier, das ist alles, was wir erwischt haben«, sagte er.

Billy Dixon grinste. »Wir haben ein kleines Signalfeuer gemacht, damit du uns finden kannst, Kid. Dachten, daß du dich verirrt hast. Wir sind hier immerhin nicht im Lampasas County von Texas und du wärst nicht der erste Texaner, der sich außerhalb seines Küchengartens verirrt.«

»Ihr könnt mich mal kreuzweise, dann kommt ihr zweimal über die Mitte!« knurrte Benjamin Clintock. Er nahm sein Pferd und ging zum Corral hinüber. Der Spott der Männer folgte ihm, und als er den Sattel vom Rücken des Pferdes nahm, entdeckte er im Norden, etwa eine halbe Meile entfernt, einen Reiter, der sein Pferd auf einer Hügelkuppe angehalten hatte.

»Boß, hab ich nicht gesagt, daß Comanchen in der Nähe sind!« rief er über die Schulter zurück, und das Lachen erstarb auf den Lippen der Männer, als sie den Reiter sahen, der wenige Sekunden später hinter einem Hügel verschwunden war.

4
Schüsse
im
Schneetreiben

»Mein Herz ist wie ein Stein. Es gibt keine weiche Stelle in ihm. Ich habe dem Weißen Mann die Hand gereicht, weil ich hoffte, einen Freund zu finden. Aber er ist kein Freund. Die Regierung hat uns betrogen. – Washington stinkt!«

Kicking Bird, Kiowa-Häuptling, zu T. C. Battey im Winter 1873–74

Verärgert über die Unfähigkeit der amerikanischen Regierung, dem Büffelschlachten ein Ende zu setzen, entschlossen sich die Indianer, die Büffeljäger selbst zu vertreiben ...

Also ritten die Kriegerbanden aus, und manche von ihnen durchstreiften das ganze Gebiet bis zur Smoky-Hill-Region. Einige beobachteten die Kansas-Grenze, und andere überfielen neue Ansiedlungen und die Vermessungstrupps, die das Land verplanten, um für noch mehr Eindringlinge Platz zu schaffen. Weiße Männer starben, und viele von ihnen wurden nur von den Wölfen gefunden. Die Indianer waren hungrig. Der Agent für die Cheyenne und Arapahoes rapportierte, daß er von Neujahr bis April keine Rationen mehr ausgeben könne außer Rindfleisch. Kein Mehl, keinen Kaffee, keinen Zucker und andere notwendige Lebensmittel, die den Indianern in Friedensverträgen garantiert worden waren.

1873 stießen die Büffeljäger in das Kiowa- und Comanchen-Gebiet vor. Mit ihnen zog der Schatten eines drohenden Krieges über das Land, denn auch den Comanchen fehlten Kaffee und Zucker.

Mari Sandoz, THE BUFFALO HUNTER, 1954

Zivilisation war für die Indianer der südlichen Plains wie ein monströses Ungetüm, das viele Köpfe hatte und mit seinem Körper auf dem Land ruhte, in dem die Sonne aufging. In ihrem eigenen Gebiet hatten sie es nur immer mit den Köpfen zu tun, und sie schlugen jeweils auf denjenigen ein, der ihnen am gefährlichsten wurde. Und jedes Mal, wenn sie glaubten, dem Ungetüm einen Kopf zertrümmert zu haben, war da plötzlich ein neuer.

Am Anfang kamen die Spanier auf ihren andalusischen Rössern, in gleißenden Brustpanzern und polierten Eisenhelmen, bis an die Zähne bewaffnet. Sie suchten nach sieben goldenen Städten, und fanden nichts als die Lehmdörfer der Pueblo-Indianer. Sie schickten Missionare aus, Missionare mit Kreuzen und Peitschen bewaffnet, und die Pueblos, Maisbauern und friedfertige Menschen, bauten in Fronarbeit große Kirchen. Nach den Spaniern kamen die etwas hellhäutigeren Bleichgesichter. Amerikaner. Zuerst die Händler mit Pulver, Blei und Schnaps. *Indianer-Whisky*. Flußwasser, vermischt mit reinem Alkohol, Tabaksaft und Strychnin. *Feuerwasser*, nannten es die Indianer, und die Händler sagten, daß der Tabaksaft im Indianer-Whisky enthalten sein müsse, weil ein Indianer nur dann einen glücklichen Rausch hätte, wenn ihm anschließend hundeelend wäre. Und Strychnin, damit sie wild würden. Und die Indianer wurden wild genug, hin und wieder einem Händler das Fell über die Ohren zu ziehen.

Dann kamen die Westwanderer. Die *Neunundvierziger*, die 1849 nach Kalifornien zogen, um reich zu werden. Sie zerstückelten das Indianerjagdgebiet durch immer neue Straßen, denen alsbald die Siedler folgten, die Soldaten, die Schwellenleger, die Schienenleger, die Bäcker und Metzger, die Sattelmacher und die Wagner, die Drechsler und die Zimmermänner, die Saloonwirte und die Priester, die Ärzte und die Apotheker und alle anderen, die oft irgendwo im Osten Dinge zurückließen, an die sie nicht erinnert werden wollten. Und die fragten niemand danach, wem das Land gehörte. Sie ließen sich irgendwo nieder und sagten: »Von dem Baum bis zu dem Felsen und von jenem Hügel bis hinunter zum Fluß, das ist *mein* Land.« Eichenholzschwelle um Eichenholzschwelle, Ackerfurche um Ackerfurche. Von einem Zaunpfosten zum andern. Meile um Meile und vom Morgen bis zum Abend.

Fünf Indianerstämme, die Kiowas, die Comanchen, die Kiowa-Apachen, die Arapahoes und die südlichen Cheyenne, kämpften nicht um *ihr* Land, sondern um *das Land*. Um Mütterchen Erde. Um das, was die Erde zu sagen hatte. Um das Leben, das Mütterchen Erde gezeugt hatte. Um die Steine und um das Gras. Um die Bäume und um das Wasser. Sie kämpften wie Kinder, die ihre Mutter verteidigten. Hart, verbissen, gnadenlos. Die Comanchen zogen durch Texas und hinterließen eine Grauensfährte, vom Panhandle bis hinunter zum Golf von Mexico.

Die Cheyenne griffen in den besiedelten Gebieten von Kansas und Colorado Farmen, Ranches und kleine Ansiedlungen an. Die Kiowas stürmten gegen Palisadenzäune und zogen bis hinunter in die Grenzgebiete von Mexico. Sie schlugen auf die Köpfe des Monsters ein, und sie wußten, daß sie es nicht töten konnten. Und jedes Mal, wenn sie von ihren Kämpfen müde waren, kamen die Soldaten. Am Sand Creek, bei Beechers Island, am Washita, bei Summit Springs, am McClellan Creek. Die Soldaten waren die Zähne und die Krallen des Ungetüms, und jeder neue Kopf hatte mehr Zähne, jede neue Klaue mehr Krallen.

Der Kopf aber, der am gefährlichsten und am gefräßigsten war, wuchs dem Ungetüm im Herbst 1873, als die Büffeljäger aus Dodge City den Arkansas durchfurteten, den Cimmaron hinter sich ließen und im Panhandle von Texas anfingen, die Büffel abzuschießen, in jenem Gebiet, das den Indianern als letzter Jagdgrund geblieben war.

Büffelfleisch war das Hauptgericht des Prärie-Indianers, und er aß nicht nur die Zunge und die zarten Stücke, sondern auch Nieren, Herz und Leber. Das Fell des Büffels wurde zu seinem Bett. Der Mantel, den er in grimmiger Winterkälte trug, war aus Büffelfellen gemacht. Gegerbte Büffelhäute, zusammengenäht und über Zeltstangen gelegt, waren sein Obdach, das ihm bei brütender Hitze Schatten spendete und ihn vor Regen und Sturm schützte. Rohe Häute wurden gestreckt, gespannt und zu Kriegsschilden verarbeitet. Mit Seilen aus dünnen, aneinandergeflochtenen Rohhautstreifen fing er Wildpferde. Durch die Sohle seiner Büffel-Mokassins drang kein Kaktusdorn. Sein Bogen wurde mit einer Nackensehne gespannt, und verflochtene Rückensehnen bildeten das straffe Netz der Schneeschuhe. Büffelhaar wurde zu Gürteln verwoben, und das Büffelhorn diente ihm als Trinkgefäß. Selbst für die Knochen hatten die Indianer Verwendung. Kinder spielten mit geschnitzten Figuren, rasten auf Knochenschlitten verschneite Hänge hinunter, und Frauen trugen Schmuck, der in der Sonne leuchtete, als wäre er aus poliertem Elfenbein. Der Reichtum eines Indianers klingelte nicht in seiner Tasche, sondern hatte vier kurze, stämmige Beine, einen mächtigen, mit Kraushaaren bewachsenen Schädel, zwei Hörner und einen Buckel, fraß Gras und war kräftig, schnell, leicht reizbar und kurzsichtig.

Bevor die kommerzielle Abschlachtung der Büffel durch die Weißen ihren Anfang nahm, hatten die Prärie-Indianer kaum eine Hungersnot zu befürchten. Zweimal jährlich zogen die Büffeljägertrupps der verschiedenen Stämme aus, um so viele Büffel zu erlegen, wie der Stamm benötigte. Niemand brauchte ohne Fleischvorrat in den Winter zu gehen. Niemand brauchte zu frieren und sich nachts mit dem Sternenhimmel zuzudecken. Besonders die Comanchen, die ein riesiges Gebiet der südlichen Plains für sich beanspruchten, das vom Rio Grande bis weit nach Kansas und Colorado hineinreichte, konnten so sicher auf die alljährliche Wiederkehr gewaltiger Herden zählen, als hätten die Leitbullen Uhren eingebaut.

Im Herbst und Winter 1873/74 befanden sich die meisten Cheyenne, Comanchen, Kiowas, Kiowa-Apachen und Arapahoes in den Reservationen des Indianerterritoriums, die am Rande des Texas Panhandle gelegen waren. Winter war Reservationszeit. Die Ponys waren mager, die Krieger müde. Nur einige Banden der Kwahadis, eines Unterstamms der Comanchen, mißtrauten den Indianeragenten und den Soldaten, die sich in der Reservation aufhielten, um die Indianer den *Weg des weißen Mannes* zu lehren und ihnen dabei auf die Finger zu sehen. Diese Gruppen durchstreiften die Randgebiete der Staked Plains und die Canyons und Talniederungen im Panhandle. Wachsame Augen beobachteten die Büffeljägercamps, und der Geruch von Sauerteigbrötchen und Kaffee lockte nicht selten ein paar verwegene Krieger an. Daß meistens ein paar Vorsichtigere im Hinterhalt lagen und beobachteten, wie ihre Freunde um Kaffee, Zucker, Pulver, Blei oder Schnaps bettelten, ist zu verstehen, wenn man bedenkt, daß die Indianer ebensowenig Grund hatten, den Büffeljägern zu trauen, wie die Büffeljäger den Indianern.

Drei Tage lang sah es so aus, als würde es Schnee geben. Old Man Keeler behauptete sogar, es rieche danach, aber Mike McCabe sagte, in diesem gottverlassenen Land sehe immer alles anders aus, als es wäre.

Als am vierten Tag morgens die Sonne aufging und kein Wölklein zu sehen war, rechnete niemand mehr mit Schnee. Doch dann lag schon am Mittag eine weiche weiße Decke knöcheltief über dem Land, und der Himmel war grau wie Old Man Keelers Putzlappen, der steifgefroren von einer Zeltstange hing. Am Nachmittag kehrte Pat Barker mit einem Frachtwagen und nur dreißig Büffelhäuten zurück, denn es schneite immer noch, und die restlichen Kadaver mußten erst wieder auftauen. Gegen Abend wehte der Wind zwei Reiter aus dem Mooar-Camp in die Senke. Einer von ihnen war Jack Wheeler, Wheelers jüngerer Bruder, und der andere war ein pickelgesichtiger Engländer mit einem blauen und einem braunen Auge und zwei Revolvern, die in seinen Holstern festgefroren waren. Jack Wheeler sagte: »Ich bin der Weihnachtsmann und habe Geburtstag«, zauberte zwei Flaschen Whisky unter seinem Fellmantel hervor und entkorkte eine davon mit den Zähnen.

Bermuda Carlisle sprang auf, riß ein steifes Büffelfell vom Wagen, umarmte und küßte es, während er auf Jack Wheeler zuhüpfte. Harry Armitage kroch unter seinen Decken hervor und sang mit krächzender Stimme: »Happy birthday to you, happy birthday to you, happy birthday dear Jaaaack, happy birthday to you!« Und Mike Welch, der sich im Küchenzelt Old Man Keelers Zigarrenbildchensammlung nackter Mädchen angesehen hatte, taumelte hinter dem Ofen hervor und behauptete, er habe eben zum lieben Gott gebetet, er solle doch eine Flasche Whisky vom Himmel herunterfallen lassen, jetzt, wo doch genug Schnee liegt, damit sie beim Aufprall nicht kaputt geht.

»Ich dachte, du hast im August Geburtstag, Brüderchen«, sagte Wheeler, der im Schlafzelt gewesen war und mit einem Putzstock Bleirückstände aus dem Lauf seiner Sharps entfernt hatte.

Jack Wheeler setzte die Flasche ab, schwang sich vom Pferd und sagte, daß nur Mama Wheeler ganz genau wisse, wann sie ihn zur Welt gebracht hätte, aber so genau komme es ja auch wieder nicht darauf an.

Pat Barker rief Old Man Keeler zu, er solle jetzt mal seine Fidel hervorholen. »Los, Keeler, es ist Samstagabend im Lane-und-Wheeler-Lager! Die beiden hat uns doch der Himmel geschickt. Gelobt sei der Himmel mit seinen Wundern! Im Texas Panhandle schneit es Whisky!«

Bermuda Carlisle warf die Büffelhaut auf den Wagen, spuckte in seine Hände und machte vor Benjamin Clintock eine Verbeugung. Er hatte Eis in seinem Bart und Schnee auf dem Hut. »Ma'am, darf ich bitten«, sagte er, und als Old Man Keeler seiner Geige den ersten kreischenden Ton entlockte, sich für seine steifen Finger entschuldigte und behauptete, seine Geige friere an den Saiten, hüpften Bermuda Carlisle und Benjamin Clintock im Polkaschritt um das Feuer herum und Bermuda Carlisle rief: »Sie tanzen mächtig gut, Ma'am! So weich und gefühlvoll, so feurig und so geschmeidig, so . . . so . . . so . . .«

»Sir, geben Sie sich keine Mühe, ich bin vergeben«, hauchte Ben verschämt.

Mike McCabe holte eine Bratpfanne und schlug den Takt. Der Junge mit dem Pickelgesicht hatte eine Mundharmonika hervorgeholt, wärmte sie unter der Achselhöhle auf und blies aus vollen Backen hinein. An Old Man Keelers Geige platzten zwei Saiten beinahe gleichzeitig, aber er spielte auf der letzten weiter und rief mit krächzender Stimme:

»Ladys and Gentlemen, dies ist ein Texas Panhandle Special!« Er stampfte mit dem rechten Fuß im Takt den Schnee, und der Junge mit dem Pickelgesicht schien vor Eifer die Mundharmonika zu verschlucken, als Old Man Keeler rief: »Die Schwänze hoch, es wird getanzt, und haltet euch an den Röcken fest! – Die Gentlemen rechts, die Ladys links, ich glaub, in Billys Stiefeln stinkt's! Eins, zwei, links und rechts, hebt die Flossen jetzt im Takt! – Im Takt, Mike! Herrgott noch einmal, hast du kein Taktgefühl!? Eins, zwei, links und links. Jack, du bist ein Mädchen, zum Teufel! Zier dich nicht, das ist doch dein Bruder! Drei und vier, rechts herum und vorwärts, rückwärts, seitwärts und stop! Schwingt die

Ladys, ihr müden Affen, schwingt und schwingt und hoch die Ladys! Zwei und drei, rund herum und rund herum. Jawohl, seht euch mal Ben an! Aus dem wird noch mal eine richtige Schaubudentänzerin! Und zwei und drei und hoppla, wenn du dein Mädchen fallen läßt, zahlst du die nächste Runde, Wesley, und noch einmal und noch einmal rundherum, vorwärts zwei und drei, zurück und Wechsel!«

Die Flaschen machten die Runde, während sie im Schneegestöber herumhüpften und trotz bitterer Kälte ziemlich schnell ins Schwitzen kamen. Old Man Keelers Geige heulte wie der Sturmwind, und der junge Bursche hörte erst auf zu spielen, als sich seine Mundharmonika mit Eis füllte. Völlig außer Atem ließ sich Bermuda Carlisle plötzlich in den Schnee fallen und rief: »Ich habe mich verliebt! Ich habe mich verliebt!« Harry Armitage leerte die eine Flasche und leckte den letzten Tropfen vom Flaschenhals. Wheeler legte seinem Bruder den Arm über die Schulter, und Old Man Keelers rattenschwänziger Hund japste plötzlich, als wäre ihm ein Splitter von einem Büffelknochen im Hals steckengeblieben.

Old Man Keeler sah die Indianer zuerst. Sie tauchten jenseits des Flusses aus dem Schneegestöber auf. Keeler sagte leise: »Da kommen noch ein paar, die dir zum Geburtstag gratulieren wollen, Jack!«

Lane, der auf einer Werkzeugkiste hockte, sprang sofort auf die Beine. Bermuda Carlisle, der im Schnee kniete, kam hoch und ging langsam rückwärts bis zum Schlafzelt, in dem seine Waffen lagen. Jack Wheeler warf die zweite Flasche weg und sagte »Gott verdammt«, und der Junge mit der Mundharmonika legte die Hand auf den Schaft seines Gewehres, das aus dem Scabbard ragte.

»Comanchen«, sagte Lane dunkel.

Es waren zehn junge Krieger, die auf struppigen, mageren Ponys saßen. An den Büffelfellen, die von ihren Schultern herunterhingen, klebten Schnee und Eisklumpen. Ein paar von ihnen trugen Fellmützen, in denen Adler- und Truthahnfedern steckten. Sie trugen Mokassins und hatten ihre Beine mit Stoffetzen umwickelt. Regungslos saßen sie in den Sätteln und blickten herüber. Sie hatten alle Gewehre. Alte Sharps-Karabiner. Karabiner. Einige trugen Pfeil und Bogen.

»Was nun?« fragte Jack Wheeler und ließ keinen Blick von den Indianern. »Die sehen ziemlich mitgenommen aus, die Brüder!«

»Gefährlich sind sie trotzdem«, sagte Bat Masterson.

Die Indianer auf der anderen Seite des Flusses fingen auch an, sich zu unterhalten. Sie waren keine hundertfünfzig Meter entfernt, und es wäre für die Büffeljäger kein Problem gewesen, sie mit den 50er-Sharps aus den Fellsätteln zu schießen.

»Ihr wußtet, daß es unter den Rothäuten rumort«, sagte Billy Dixon. »Wir haben damit gerechnet, daß wir Besuch kriegen, früher oder später.«

»Warum nicht später!« sagte Mike Welch. »Ausgerechnet jetzt, wo wir gefeiert haben.«

Mike McCabe beobachtete die Indianer und die Hügel hinter ihnen. »Das sieht nicht gut aus«, sagte er. »Dort hinten sind wahrscheinlich noch ein paar andere. Zeigt ihnen nur nicht die Zähne! Nimm die Hand vom Gewehrschaft, Junge. So, jetzt wollen wir sie mal herkommen lassen. Bist du nervös, Kid?«

Benjamin Clintock schüttelte den Kopf. »Ich könnte jauchzen vor Freude darüber, daß wir Besuch kriegen!« sagte er grimmig, und er griff nach seinem Revolver, als drei der Indianer ihre Ponys antrieben und durch das Flußbett ritten. Am Rand der Senke, in der das Büffeljägerlager stand, hielten sie an, und der mittlere von ihnen, der einzige, der eine Winchester hatte, legte das Gewehr über den Sattel und hob beide Hände. Ben fiel auf, daß er trotz der Kälte keine Handschuhe trug.

»Heya, heya, wir sind Freunde! Freunde sind wir!« Er grinste von einem Ohr zum anderen und dabei verschwanden seine Augen beinahe zwischen Hautfalten. Er war ein untersetzter Bursche mit einer platten Nase und aufgeworfenen Lippen.

»Ob man ihm trauen kann?« fragte Benjamin Clintock leise.

»Man kann Rothäuten nie trauen!« knurrte Pat Barker. »Die haben was angestellt. Ich wette meine Nase gegen einen Tropfenfänger, daß die ihre Pferde in der Reservation geklaut haben.«

»Das geht uns natürlich nichts an«, sagte Bat Masterson. »Wir sind nicht dazu da, ihnen Feuer unter dem Hintern zu machen.«

»Die Frage ist, ob sie nicht hergekommen sind, um uns Feuer unter dem Hintern zu machen!« sagte Billy Dixon. »Wenn die hungrig sind, fressen sie alles.«

»Ich bin auf jeden Fall ungenießbar«, sagte Old Man Keeler. Er hatte langsam seine Geige weggelegt und suchte ohne große Aufregung im Mantel nach seinem Revolver.

»Was meinst du, Bruder, wollen wir jetzt nicht mit Schießen anfangen?« fragte Jack Wheeler. »So 'ne Gelegenheit kriegen wir vielleicht nicht so schnell wieder.«

»Wenn einer von uns schießt, dann sind wir bis morgen früh unsere Skalps los«, sagte Mike McCabe. »Bei mir ist das nicht so schlimm, es sei denn, da ist einer dabei, der sich für Bärte interessiert. Kid, bleib ruhig! Du auch, Jack. Man kann ihnen nicht trauen. Aber das gleiche glauben sie auch von uns.«

»Das klingt beinahe, als ob du ihr Freund wärst, McCabe«, sagte Mike Welch mit seinem harten Akzent.

»Ich bin nicht ihr Feind«, erwiderte Mike McCabe und hob seine Hände. »Laßt mich mal machen.« Er ging den Indianern entgegen. »Heya, heya, Freunde!« rief er ihnen zu und blieb stehen.

»Heya, heya!« rief der Anführer und lachte bellend, als er sein Pferd antrieb. Er nahm seine Hände nicht herunter und lenkte das Pony mit den Schenkeln.

Als Mike McCabe sich hinter dem Ohr kratzte, zügelten sie sofort die Pferde, als ob Kratzen hinter dem Ohr ein unmißverständliches Signal wäre. Benjamin Clintock hoffte, daß Mike McCabe wirklich wußte, was er tat.

Der Anführer der Bande beugte sich etwas vor. »Freunde!« rief er. »Tabak?«

»Wir sind kein Tabakladen«, sagte Mike McCabe freundlich. »Wir haben keinen Tabak.«

Der Indianer verzog sein Gesicht. Einen Moment lang sah er ziemlich unglücklich aus. Dann entblößte er seine Zähne und rollte die Augen.

»Vielleicht Schnaps«, sagte er und zeigte auf die leere Flasche, die aus dem Schnee ragte. »Schnaps, gluglugluglu!«

»Wir sind kein Whiskytransport, Bruder«, sagte Mike McCabe. »Tut mir leid. Wir haben die beiden letzten Flaschen leergetrunken.«

Das Gesicht des Comanchen verzog sich wieder und er sah jetzt nicht nur unglücklich, sondern regelrecht krank aus. So als hätte er plötzlich Bauchschmerzen bis in den Hals hinein.

»Geh zum Teufel!« sagte er. »Geh zum Teufel!«

Mike McCabe schien für einen Moment verwirrt. Er zog die Schultern hoch, rieb seinen Nacken und sagte, daß er ihm den Gefallen nicht tun würde. Er zeigte auf die anderen Indianer. »Du hast nicht sehr viele Freunde, Bruder.«

Irgend etwas an dem, was Mike McCabe gesagt hatte, war falsch. Der Anführer hatte plötzlich die Hand am Gewehr und die anderen beiden duckten sich etwas. Mike McCabe ließ langsam die Hände sinken. Ohne sich umzudrehen sagte er:

»Boß, nimm mal deine Sharps hoch und ziel dem Anführer auf den Bauch.«

Wheeler nahm das Gewehr hoch, und Mike McCabe fragte: »Hast du ihn im Visier, Boß?«

»Genau«, sagte Wheeler.

»Gut. Mach aber ein freundliches Gesicht dabei, Boß. Zeig ihnen ein Lächeln. Sei freundlich, Boß. Klar?«

»Ich hab ja gesagt, daß man ihnen nicht trauen kann!« knurrte Pat Barker, während er seinen Revolver zog und den Indianern einladend entgegengrinste.

Benjamin Clintock brachte es nicht fertig, den Indianern ein freundliches Gesicht zu zeigen, als er seinen Revolver zog. Er richtete den Lauf auf den Comanchen, der links vom Anführer auf seinem Pony hockte, das den Kopf hängen ließ. Als Ben den Hammer spannte, zog der Indianer den Kopf ein und Mike McCabe zuckte zusammen. »Bist du wahnsinnig, Kid! Verdammt, wenn wir Pech haben, geht das Ding jetzt auch noch los!«

»Nur keine Schwäche zeigen«, sagte Billy Dixon. »Sag ihnen, daß sie verschwinden sollen, bevor wir ihnen die gestohlenen Pferde abnehmen.«

»Die Pferde sind gestohlen, Bruder!« sagte Mike McCabe hart.

Der Anführer spuckte aus. »Geh zum Teufel!« rief er wütend. »Jesus Christus, geh zum Teufel! Pferde gut. Kinder Bauchweh vor Hunger und sterben viel schlecht. Alles Scheiße!«

»Wo hat der bloß die ganzen Wörter her?« fragte der junge Bursche, der die Mundharmonika in der Tasche hatte.

»Wohl aus der Bibel!« knurrte Lane, und damit hatte er nicht einmal unrecht, denn man las ihnen überall aus der Bibel vor.

»Ihr gottverdammten Schweinehunde und Lügner und Hurensöhne und gelbgestreiften Ratten!« sagte der Anführer und schwang sich vom Pferd.

»Jetzt hab ich aber bald genug!« sagte Wheeler und wie immer kurz bevor er explodierte, klang seine Stimme wie aus einem tiefen Loch heraus. Wer ihn kannte, richtete sich danach ein. Der Comanche aber hatte keine Ahnung, daß es jetzt lebensgefährlich war, Wheeler zu ärgern und ihm dabei auch noch in die Nähe zu kommen. Er ging an Mike McCabe vorbei zum Küchenzelt hinüber. Er begutachtete Old Man Keelers Geige, klopfte mit den Faustknöcheln gegen ein Mehlfaß, schüttelte den Kopf und hob den Deckel einer Kiste ab, die Pfirsiche in Büchsen enthielt.

»Jetzt ist Schluß mit dem Quatsch!« schrie Wheeler, warf sein Gewehr ins Zelt, nahm eine Treiberpeitsche vom Bock eines Wagens und rollte sie aus. »Verschwinde hier, Rotnase!« brüllte er den Indianer an, der eine Büchse aus der Kiste genommen hatte.

»Geh zum Teufel!« sagte der Indianer, und in diesem Moment platzte Wheeler der Kragen.

»Du!« schrie er, und Farbe stieg ihm vom Hals her ins Gesicht. »Du, Rotnase, geh selber zum Teufel!« Er holte mit der Peitsche aus, und bevor ihn Lane daran hindern konnte, schlug er dem Indianer die aus Rohhautstreifen geflochtene Peitschenschnur über den Rücken.

Der Indianer duckte sich, ließ die Büchse fallen und rannte durch den Schnee auf sein Pferd zu. Hinter ihm knallte Wheeler mit der Peitsche und Mike McCabe brüllte, daß niemand schießen solle. Aber Jack Wheelers Revolver krachte, und er traf einen Indianer in die Schulter.

Sie rissen ihre Pferde herum und keiner von ihnen feuerte einen Schuß ab. Wahrscheinlich hatten sie kaum mit einem derartigen Ausgang ihres Freundschaftsbesuches gerechnet, und vielleicht waren ihre Gewehre nicht einmal geladen, denn es war zur Zeit für sie schwierig,

Pulver und Blei zu kriegen. Sie behinderten sich gegenseitig, als sie auf das Flußbett zujagten, und Wheeler ließ es sich nicht nehmen, dem Anführer das Pferd unter dem Fellsattel wegzuschießen. Der Comanche blieb mit dem Fuß im Steigbügel hängen, und das getroffene Tier schleifte ihn über die Uferböschung, wo es zur Seite fiel und die Beine streckte.

Der Anführer hockte am Boden und umklammerte mit beiden Händen seinen rechten Fußknöchel, den er sich entweder verstaucht, ausgerenkt oder gebrochen zu haben schien. Er blickte mit schmerzverzerrtem Gesicht herüber, während die anderen das Ufer erreichten und im Schneetreiben verschwanden.

»Heya, heya, Freunde!« rief er mit gepreßter Stimme herüber und winkte mit der linken Hand. Mike McCabe ging auf ihn zu. Benjamin Clintock, Bat Masterson und Billy Dixon folgten ihm, die Revolver schußbereit in den Händen.

»Pech gehabt, Söhnchen«, sagte Mike McCabe zu dem Comanchen, der die Unterlippe zwischen den Zähnen hatte. Er beugte sich über ihn und zerschnitt die Steigbügelschlinge, während der Indianer stöhnte. Als sich Mike McCabe aufrichtete, verstummte der Indianer und zeigte ihnen seine weißen Zähne. »Geh zum Teufel«, sagte er etwas gepreßt und legte sich auf den Rücken. Schneeflocken fielen sanft auf sein Gesicht.

»Du auch«, sagte Mike McCabe. Benjamin Clintock nahm an, daß es sich so gehörte. Der Comanche freute sich offensichtlich, und er streckte Mike McCabe die Hand entgegen. McCabe half ihm auf das gesunde Bein, klopfte ihm kameradschaftlich auf die Schulter, und der Comanche sagte: »Geh zur Hölle, Bruder!«

»Gut«, sagte Mike McCabe und lächelte. »Sag allen deinen Freunden, daß sie zur Hölle gehen sollen. Dort kriegen sie eher was zu saufen als hier bei uns.«

»Hast du Geld?« fragte der Comanche.

»Ein bißchen. Viel ist es nicht. Warum?«

Der Comanche streckte die rechte Hand aus und grinste. »Medizin für den Fuß. Doktor in der Agentur. Nichts gut Doktor für viel Geld!«

»Nimm dir einen Medizinmann«, sagte Mike McCabe und gab dem Comanchen fast einen Dollar in Kleingeld.

»Vielen Dank! Du gutes Mann.« Er zeigte auf Wheeler, der zwischen den Wagen stand, die Peitsche über der Schulter aufgerollt. »Schlechtes Mann! Teufel wird kommen, viel schnell!« Er drehte sich um und humpelte durch den Schnee davon, drehte sich beim Ufer um, winkte zurück und stolperte über eine aus dem Boden ragende Wurzel eines Weidenbusches. Er fiel kopfüber in das Flußbett hinein, überrollte sich einige Male, und kam schließlich auf der dicken Eisdecke auf die Füße. Und trotzdem humpelte er plötzlich nicht mehr, als er die Böschung hinaufkletterte.

Er schien ganz gesund zu sein und lief auf beiden Beinen seinen Freunden entgegen, die aus dem Schneegestöber aufgetaucht waren, um ihn abzuholen.

»So, das wär's«, sagte Wheeler und hängte die Peitsche wieder über den Bremshebel des Wagens. Er sagte es, als wäre wirklich alles erledigt, und Benjamin Clintock ließ den Hammer seines Revolvers zurückgleiten. Bat Masterson legte ihm die Hand auf die Schulter. »Das waren richtige Comanchen, Kid«, sagte er wie ein Vater, der mit seinem Sohn einen Zoo besucht und vor einem Tigerkäfig steht.

»Es ist nicht das erste Mal, daß ich einen wilden Comanchen gesehen habe«, log Benjamin Clintock. »Ich war mal in Fort Griffin, und da haben sie einen aufgehängt.«

Mike McCabe war in das Schlafzelt gegangen. Als er zurückkam, hatte er ein Winchestergewehr in den Händen. Wheeler lachte. »Sorgen, Mike?« fragte er.

»Sie sind unberechenbar«, erwiderte Mike McCabe ruhig. »Außerdem hast du dich hinreißen lassen, Boß.«

»Soll das ein Vorwurf sein? Teufel, sie kamen her, um sich etwas zu ergaunern, und ich habe sie nicht eingeladen! Jetzt wissen sie wenigstens, woran sie sind!«

»Genau. Und das ist wahrscheinlich der Grund, weswegen sie hergekommen sind.« Mike McCabe wischte sich mit dem Handrücken Schneeflocken vom Bart. »Die zehn sind allein, aber früher oder später treffen sie mit Freunden zusammen und dann werden sie wiederkommen.«

»Das nächste Mal empfangen wir sie mit Blei!« Wheeler schüttelte den Kopf. »Man muß es ihnen zeigen, verdammt noch mal! Das weiß doch jeder, der mal etwas mit ihnen zu tun hatte. Die warten doch nur darauf, daß man sich vor ihnen verbeugt, damit sie sich nicht auf die Zehenspitzen stellen müssen, um einem den Skalp über die Ohren zu ziehen.«

Es klang vernünftig, was er sagte, aber Mike McCabe verzog sein Gesicht und benagte seine Unterlippe, während er an Wheeler vorbeiging und den Hügel hinaufkletterte. Oben blieb er eine Weile stehen. Dann kam er zurück.

»Nun?« fragte Wheeler.

»Niemand zu sehen. Aber wir müssen jetzt auf der Hut sein!«

»Sie könnten uns in der Nacht überfallen«, sagte Benjamin Clintock.

Billy Dixon schüttelte den Kopf. »Das werden sie bestimmt nicht tun. Wenn sie angreifen, kommen sie im Morgengrauen. Aber sie könnten versuchen, die Maultiere zu stehlen.«

»Wir sollten Nachtwachen aufstellen«, schlug Lane vor. »Je zwei Mann.«

»Das beste ist, wenn wir von jetzt an immer einen Mann auf dem Hügel postieren«, sagte Bat Masterson. »Nimm dein Gewehr und geh rauf, Kid. In einer Stunde ist es dunkel und dann ist es besser, wenn einer oben ist, der etwas davon versteht.«

»Es wäre nicht das erste Mal, daß ich Nachtwache halte, wenn es dunkel ist«, sagte Benjamin Clintock.

Pat Barker lachte. »Aber es ist etwas anderes, auf Pferdediebstahl spezialisierte Comanchen früh genug zu entdecken, als einigen hundert Kühen Schlafliedchen vorzusingen, Kleiner.«

Benjamin Clintock zog die Schultern hoch und holte sein Gewehr. Sie bildeten sich wirklich verteufelt viel ein, diese Burschen. Als ob er keine Augen im Kopf hätte. Als ob er einen anschleichenden Comanchen nicht ebenso früh entdecken konnte wie zum Beispiel Bermuda Carlisle, der seit vierzehn Tagen entzündete Augen hatte. Als Benjamin Clintock aus dem Zelt trat, war Wheeler dabei, eine Blechtasse mit heißem Kaffee zu füllen. Er stand über das Feuer gebeugt, die rußgeschwärzte Kanne in der linken Hand. Als er sich aufrichtete, bemerkte Benjamin Clintock eine schnelle Bewegung auf dem Hügel über den Frachtwagen. Vom Schneegestöber eingehüllt kniete ein Comanche neben einem Schiefersteinfelsen.

»Achtung!« brüllte Benjamin Clintock. Gleichzeitig krachte oben ein Schuß, und Wheeler wurde vom Aufprall der Kugel herumgestoßen. Sofort riß Benjamin Clintock seine Sharps an die Schulter und drückte ab. Der gellende Schrei des Comanchen ging im Widerhall des Schusses unter. Der Comanche richtete sich auf, und das Gewehr entfiel seinen Händen. Schwankend stand er im eisigen Wind, und er hob die rechte Hand. »Heya, heya, Freunde!« rief er, und Benjamin Clintock hatte genug Zeit, nachzuladen und genau zu zielen. Seine nächste Kugel traf den Indianer in den Kopf und er brach auf der Stelle zusammen.

Wheeler wälzte sich neben dem Feuer am Boden. Old Man Keeler und Jack Wheeler knieten neben ihm. Harry Armitage und Billy Dixon rannten ins Zelt, um ihre Gewehre zu holen. Mike McCabe lief den Hügel hinauf und warf sich oben in den Schnee. Benjamin Clintock lief hinterher und kniete sich neben Mike McCabe. Keine fünf Schritte vor ihnen lag der Comanche. Auf der anderen Seite des Hügels war niemand mehr zu sehen. Die restlichen Comanchen waren im Schneegestöber verschwunden.

Mike McCabe richtete sich auf und ging zu dem Comanchen, der lang ausgestreckt auf der Hügelkuppe lag. Er beugte sich über ihn und drehte ihn auf den Rücken.

»So sind sie, diese roten Burschen«, sagte Mike McCabe und stieß den Atem scharf durch die Nase. »Wenn man mal weiß, woran man mit ihnen ist, liegen sie einem tot vor den Füßen.«

Dann drehte er sich um. »Komm, wir gehen jetzt hinunter. Es hat Wheeler erwischt.«

»Und was passiert mit dem da?«

»Den werden sie in der Nacht holen, falls er unter seinen Begleitern Freunde hatte.«

Wheeler lag auf einigen Decken im Zelt. Die Kugel hatte ihn hoch in der rechten Brustseite getroffen und war unter seinem Schlüsselbein steckengeblieben. Old Man Keeler war dabei, seine Messerklinge über offenem Feuer zu erhitzen. Wheeler hatte die Zähne zusammengepreßt. Schweißperlen glitzerten auf seiner Stirn.

»Hast du ihn – erwischt, Kid?« fragte er gepreßt.

Benjamin Clintock nickte. »Kopfschuß«, sagte Mike McCabe.

»Dann hol dir seinen Skalp, Kid!« Wheeler grub die Zähne in seine Unterlippe. Benjamin Clintock spürte die Blicke der Männer auf sich gerichtet. Er senkte die Winchester und schüttelte den Kopf. »Ich will seinen Skalp nicht haben«, sagte er leise. »Ist es schlimm, Boß?«

»Die Schmerzen sind . . . ah . . . auszuhalten.«

»Bist du sicher, daß du da nichts Falsches tust, Keeler?« fragte Jack Wheeler. »Ich meine, du bist doch kein Doc.«

»Eigentlich wollte ich mal einer werden«, knurrte der Graubart. »Die Kugel muß raus, und die Wunde muß ausgebrannt werden. Sie beschmieren die Bleikugel mit Schmierfett. Da reicht ein Streifschuß, um den Gasbrand in die Wunde zu kriegen. Auf jeden Fall muß er schnellstens nach Dodge City gebracht werden. Wenn er den Gasbrand reinkriegt, geht er vor die Hunde.«

»Schöne Aussichten!« stieß Wheeler hervor.

»Mach mal den Mund auf, Boß!« Old Man Keeler schob ihm den Stiel eines Kochlöffels zwischen die Zähne. »Haltet ihn fest! So, jetzt versuch mal stillzuhalten, Boß!« Keeler beugte sich über ihn und führte das spitze, glühende Messer in den Schußkanal. Wheeler bäumte sich vor Schmerzen auf. Verbranntes Fleisch rauchte. Keelers Augen tränten, aber es gelang ihm, die Kugel aus der Wunde zu graben. »Fünfundvierziger. Wahrscheinlich von 'nem Sharps-Karabiner.«

Mike McCabe, der das Gewehr des Indianers mitgebracht hatte, nickte. Es war ein Sattelkarabiner der US-Armee, dessen Schaft mit silbernen Nägeln verziert war.

»So, mehr kann ich nicht tun. Du kriegst Laudanum und das Loch mit Salbe zugestrichen.«

Keeler verband die Wunde fachgerecht. Es war nicht das erste Mal, daß er eine *Notoperation*, wie er es nannte, ausführte. Allerdings konnte er keine Garantie geben. »Ich hab mal 'nem Burschen das rechte Bein amputiert, und zwei Monate später starb er an einem Fleischbrocken, der ihm in der Kehle steckenblieb«, sagte er mit krächzender Stimme, während er das blutige Messer abwischte. »Aber du hast 'ne feine Chance, Boß, wenn du rechtzeitig nach Dodge kommst.«

»Ich bringe dich morgen früh zum Mooar-Lager«, sagte Jack Wheeler. »Sie haben die Wagen voll und werden in zwei oder drei Tagen sowieso fahren.«

Lane nickte. »Wir sind hier genug Leute. Es ist wirklich besser, wenn sie dich nach Dodge fahren. In zwei, drei Wochen sind unsere Wagen auch voll, und wenn wir hochkommen, bist du wieder auf dem Damm.«

Wheeler hatte sich während der Operation die Unterlippe durchgebissen. Jack wischte ihm das Blut vom Kinn und den Schweiß von der Stirn. Mike McCabe schlug die Zeltplane zurück. Schneeflocken wirbelten herein. Draußen kletterte Billy Dixon vom Pferd. »Sie sind abgehauen«, sagte er. »Keine Spur von ihnen. Wahrscheinlich haben sie fürs erste genug.«

Nachtwachen wurden eingeteilt. Es war inzwischen dunkel geworden und es schneite dichter. Es war unwahrscheinlich, daß die Comanchen zurückkehren würden. Trotzdem hatten die meisten Männer eine unruhige Nacht. Nach Mitternacht gruben die Wölfe den toten Comanchen aus dem Schnee und schleppten ihn ein Stück weit weg. Manchmal wehte der Wind Geheulfetzen herüber. Die Maultiere und Pferde waren unruhig, aber solange die Wölfe sich mit dem toten Comanchen beschäftigten, konnten die Indianer nicht in der Nähe sein. Das meinte wenigstens Mike McCabe.

Wheeler kriegte Fieber. Manchmal stöhnte er, manchmal murmelte er wirre Sätze. Sie gaben ihm dünnen Kaffee mit Laudanum zu trinken, und erst gegen Morgen wurde er ruhig. Als endlich der Tag graute, schlief niemand außer Wheeler. Die Wölfe waren nicht mehr zu hören, und es hatte aufgehört zu schneien. Ein scharfer Wind fegte Schneestaub über den Hügel. An den Nordseiten der Wagen und Zelte hatten sich mannshohe Schneewehen gebildet.

Mike McCabe, Bat Masterson, Billy Dixon und Pat Barker verließen das Zelt mit ihren Gewehren. Bermuda Carlisle kauerte unter einem Wagen. Sein Gesicht war von einer Eiskruste bedeckt. Er hatte seine Winchester quer über den Knien liegen, und die erloschene Zigarette schien zwischen seinen Lippen festgefroren.

Nichts rührte sich. Es wurde langsam heller, und Mike McCabe arbeitete sich durch den kniehohen Schnee den Hügel hoch. Oben kauerte er nieder. Nach einer Weile richtete er sich auf und schwenkte beide Arme. Bermuda Carlisle kroch ächzend unter dem Wagen hervor und stolperte durch den Schnee zum Küchenzelt, in dem ein Feuer brannte.

Mike McCabe kam zurück.

»Nichts zu sehen«, sagte er. »Die Wölfe haben den Toten geholt. Mann, da oben reißt einen der Wind fast aus den Stiefeln!«

Keeler streckte den Kopf durch einen Schlitz in der Zeltplane. »Kann ich jetzt damit anfangen, Kaffee zu machen?« fragte er mit krächzender Stimme. »Niemand wird dich daran hindern, Alter.« Sie gingen zum Küchenzelt hinüber, wo Bermuda Carlisle vor dem Feuer herumtanzte und gegen seine Finger hauchte.

»Wie geht es Wheeler?« fragte Bat Masterson und streckte sich gähnend.

»Ohnmächtig«, sagte Old Man Keeler und gab Benjamin Clintock einen Holzeimer. »Du brauchst kein Loch ins Eis zu schlagen, Kid. Bring Schnee herein.«

»Vergiß nicht, das Gewehr mitzunehmen«, sagte Billy Dixon. »Von jetzt an würde ich jedem raten, den Donnerstock nicht mehr wegzulegen.«

Nach dem Frühstück sattelten Jack Wheeler und der andere Bursche vom Mooar-Camp drei Pferde. Benjamin Clintock half ihnen dabei, während die anderen Männer einen Transportwagen herrichteten und die Maultiere vorspannten, um die gestern unterbrochene Häuterarbeit wiederaufzunehmen. Billy Dixon hatte vom Hügel aus mehrere hundert dunkle Punkte entdeckt, die sich dem Palo Duro Creek von Osten her näherten. Harry Armitage spannte die Maultiere vor den Dixon-Wagen.

Lane und Pat Barker brachten Wheeler heraus. Sein Gesicht war eingefallen und bleich, die Augen rot. Er trug seinen Büffelfellmantel und eine Bärenfellmütze. Sie mußten ihn stützen und in den Sattel heben. Er hatte die Lippen fest zusammengepreßt.

»Kannst du dich im Sattel halten?« fragte Pat Barker. »Es sind sechs Meilen, und das ist eine ganz schöne Strecke für einen Mann, der ein Loch im Bauch hat.«

Wheeler schwankte im Sattel seines Pferdes, und sie banden ihn mit Hanfschnüren daran fest. Dann stiegen Jack Wheeler und der junge Bursche auf. Jack Wheeler nahm das Pferd seines Bruders an den Zügeln, während sein Freund die Winchester aus dem Scabbard zog und sie in die Armbeuge legte.

»Wir sehen uns in Dodge, Jungs«, preßte Wheeler mühsam zwischen den Zähnen hervor.

»Halt für uns einige Mädchen warm!« sagte Pat Barker. »Wir sind in einem Monat zurück.«

Sie ritten an und durchquerten das tief verschneite Flußbett. Die Männer sahen ihnen nach, bis sie hinter einer Bodenwelle verschwunden waren. Dann sagte Old Man Keeler, daß er vielleicht wirklich besser hätte Arzt werden sollen, und spuckte einen braunen Tabaksaftstrahl in den Wind.

Jack Wheeler und der Junge mit der Mundharmonika brachten Wheeler zum Mooar-Camp, wo sie ihm in einem der Frachtwagen ein Lager herrichteten. Wright Mooar löste den Verband und bestrich die Wunde erneut mit Salbe. Mehr konnte er nicht tun, und am nächsten Tag machte sich Jack Wheeler mit seinem Bruder auf den Weg nach Dodge City.

»Der Brand ist drin«, sagte der Arzt in Dodge City, entfernte entzündetes Fleisch, desinfizierte die Wunde und gab Wheeler Laudanum. Mit dem nächsten Zug wurde der Verletzte nach Wichita transportiert, wo er nach wenigen Tagen im Krankenhaus starb.

5
Das große Sterben

Die großen Armee-Generäle und ihre Vorgesetzten der amerikanischen Regierung erhielten den Ruhm für die Niederwerfung der nomadischen Prärie-Indianer! Aber das ist falsch! Die Büffeljäger besiegten die Indianer und zwar nicht, indem sie mit ihren Waffen direkt auf die roten Teufel zielten, sondern indem sie einfach die Büffel abschlachteten und die Indianer dadurch ihrer Lebensgrundlage beraubten. Sobald der Rote zum Hungern oder Betteln verurteilt war, brach sein stolzes Herz, und er rutschte vor uns auf den Knien herum und bat um Gnade. Solange die Büffelherden existierten, war der Rote reicher als ein Millionär. Er hatte die größten Generäle einer gewaltigen Armee herausgefordert und an der Nase herumgeführt, mußte sich aber am Ende dem unvermeidlichen Sieg des glorreichen Büffeljägers beugen.

Charles J. Jones (Buffalo Jones), BUFFALO JONES' FORTY YEARS OF ADVENTURE, 1899

»Ihr macht ein großes Theater und manchmal sogar Krieg, wenn ein Indianer den Ochsen eines Weißen Mannes tötet, um seine Frau und Kinder vor dem Hungertod zu bewahren. Was sollen meine Leute dazu sagen, wenn Weiße herkommen und uns die Büffel abschlachten, ohne daß sie hungrig sind?«

Little Robe, Cheyenne-Häuptling, zu Col. E. W. Wynkoop, 1873

Es war eine üble Sache, auf Büffel zu warten.

Die Mooar-Brüder hatten mehr Glück gehabt, dort wo sie ihr Lager aufgeschlagen hatten. Die Cators auch. Billy Dixon hatte von riesigen Herden am Canadian River gehört, und er wollte unbedingt im Sommer mit einer Mannschaft dort unten sein Glück versuchen, »ob das den Indianern paßt oder nicht!« Obwohl er erst zwanzig Jahre alt war, zählte Dixon zu den besten Büffeljägern. Im letzten Winter hatte er am Pawnee River in Kansas gejagt und war mit vollen Wagen nach Dodge City zurückgekehrt, als schon niemand mehr damit rechnete, ihm jemals wieder lebend zu begegnen. Mindestens zwei Dutzend andere Jäger und Häuter waren auf der Strecke geblieben. »Greenhorns«, meinte Dixon. Männer, die nicht wußten, wie gefährlich es war, in einem Eissturm spazierenzugehen. Männer, die schlecht ausgerüstet waren und vom Büffeljagen keine Ahnung hatten. Ein guter Schütze war noch lange kein guter Büffeljäger. Diejenigen, die vom Sattel aus schossen, waren Idioten, denn Pferde machten Büffel nervös, und wenn eine Herde schon beim ersten Schuß in Bewegung geriet, konnte man sich den zweiten Schuß sparen. Wer wirklich mit Büffelhäuten Geld machten wollte, durfte eine Herde nicht ziehen lassen, sondern mußte sie auf einem möglichst kleinen Gebiet vom ersten bis zum letzten Tier abschießen können, damit später die Häuter nicht von *heute bis morgen* mit ihren Wagen herumfahren mußten, um den zerstreuten Kadavern die Felle abzuziehen.

Auch Wright Mooar war einer der erfolgreichsten Büffeljäger. Seine Spitzenleistung waren 96 tote Büffel, die er von einer Stellung aus innerhalb von zwei Stunden tötete. Die Herde bewegte sich kaum, während er schoß. Kirk Jordan tötete von einem *Stand* aus 100 Büffel. Charles Rath schoß 107 von einem kleinen Erdbuckel aus, wo er einen Gabelstock in den Boden getrieben hatte, auf dem er seine Sharps auflegen konnte. Es gab kaum einen *alten* Jäger, der sein Gewehr nicht auflegte. Reighard, ein erfolgreicher Jäger, erzählte: »Ich begab mich jeweils auf einen Hügel, um eine Herde auszukundschaften. Ich kroch und kletterte und schob mich die Hänge hoch, nutzte jede Erdrille, jeden Busch, jeden Stein als Deckung, um nahe genug an die Herde heranzukommen. Ungefähr 200 bis 250 Meter war gerade die richtige Distanz. Je näher, je besser. Da legte ich mich dann hinter einem Seifenbusch, Kaktus oder Salbeistrauch flach auf meinen Bauch, warf einen Haufen Patronen auf den Boden, justierte die Kimme der Gewehre und war dann schußbereit. Meistens brachte ich eine Gewehrstütze mit, einen gegabelten Baumast, den ich unterwegs geschnitten hatte.«

Ohne den Lauf aufzulegen war es nahezu unmöglich, einen gezielten Schuß abzugeben. Der Rückschlag der Waffe war so gewaltig, daß die meisten Jäger dicke lederne Schulterschützer trugen. Oft wurden für die Sharps Papierpatronen selber hergestellt, in die man eine doppelte

Menge Schwarzpulver und manchmal zwei oder drei Bleikugeln eingerollt hatte. Jäger mit zwei Gewehren brauchten nicht zu fürchten, daß ihnen die Läufe vor dem Gesicht explodierten, da sie die Gewehre auswechseln konnten, wenn ein Lauf heiß wurde. Hugh Henry, ein Texas-Cowboy, der sich als Büffeljäger versuchte, verlor eine Hand, als ihm seine Sharps in den Händen explodierte. Jäger mit nur einem Gewehr pflegten den Lauf mit Wasser oder mit ihrem Urin zu kühlen. Jeder erfahrene Büffeljäger hatte seine eigene Art, Büffel zu schießen. Wright Mooar zum Beispiel schoß zuerst entweder den Leitbullen einer Herde oder eine alte Büffelkuh ab. Mooar bevorzugte den Lungenschuß, da Büffel, die in die Lunge getroffen wurden, meistens nur noch einen oder zwei Schritte machten, bevor sie umfielen. Bei Herz- oder Kopfschüssen rannten die zähen Tiere oft weiter und lösten eine Stampede aus.

Noch bevor das Echo eines Schusses verhallt war, schoben die Jäger eine neue Patrone in ihr Gewehr und beobachteten die Herde. Keine Bewegung entging ihren Augen, und ein Büffel, der durch den Schuß erschreckt worden wäre und sich unruhig zur Spitze der Herde zu drängen versuchte, würde das nächste Opfer.

»Einige heben den Kopf, brüllen und gehen zu denen, die blutend am Boden liegen, um am Blutdampf zu schnüffeln. Einer oder zwei versuchen vielleicht abzuhauen, und das sind die nächsten, die getötet werden müssen. Manchmal fängt eine ganze Gruppe an, nervös zu werden und davonzulaufen. Dann muß man verdammt schnell schießen und immer den Führer zuerst töten. Es geht einfach darum, eine Herde in einem möglichst kleinen Umkreis vom Stand abzuschießen, immer diejenigen zuerst, die sich am Rande der Herde aufhalten und weglaufen wollen. Für die Büffel ist das wahrscheinlich eine mysteriöse Sache. Alles, was sie sehen können, sind die weißen Pulverwölklein zwischen Büschen oder Steinen, aber darüber geraten sie kaum in Panik. Meistens bleiben sie stehen, schnauben und glotzen verwirrt umher, bis die meisten von ihnen tot sind«, schrieb Georg W. Reighard in einem Bericht über die Büffeljagd. Wright Mooar war einer der wenigen, die nie mit einer Gabelstütze schossen. Meistens ging er bis auf hundert Meter an eine Herde heran, hockte sich hin und stützte die Ellbogen auf seine angezogenen Knie oder legte sich auf den Bauch, spreizte die Ellbogen und suchte sich den Führer einer Herde aus. »Manchmal war er am Ende der Herde. Etwas Eigenartiges an ihm sagte mir, daß er es war, der die Herde führte. Manchmal aber waren zwei oder drei Führer in einer Herde, und hin und wieder gelang es mir nicht, sofort den richtigen auszumachen. Aber sobald ich das erste Mal geschossen hatte, wußte ich, welcher von ihnen wirklich der Leitbulle war. In dem Moment, in dem nach einem Schuß die Herde aufschreckte, konnte ich erkennen, ob ich den richtigen oder den falschen erwischt hatte. Wenn ich nicht den richtigen getroffen hatte, lud ich das Gewehr eilig nach und tötete den Führer mit dem nächsten Schuß. Sobald er fiel, kehrte Ruhe ein, und die anderen hörten auf zu laufen. Sie trotteten dann nur noch umher, schnaubten und pflügten den Grund und rochen am Blut der getöteten Tiere.«

Auf diese Art wurden innerhalb von drei Jahren die Prärien von Nebraska und Kansas leergefegt. Millionen Büffel starben unter wohlgezielten Schüssen aus den Sharps und den Springfield-Gewehren. In den ersten drei Monaten transportierte die Atchison-Topeka & Santa Fé Eisenbahngesellschaft 43 000 Büffelhäute und 1 436 290 Pfund Büffelfleisch von Dodge City nach Osten. Die Büffeljäger rechneten damit, daß bis in zwei oder drei Jahren auch die Texas-Herden ausgerottet sein würden, denn auch die *Greenhorns* übernahmen die Jagdsysteme der *Experten*, und bald herrschte überall im Westen ein mörderischer Wettbewerb, aus dem einige hundert *Buffalo Bills und Buffalo Jones'* hervorgingen, stolz auf ihre unübertrefflichen Rekorde.

Tage vergingen, an denen nichts geschah, obwohl Mike McCabe behauptet hatte, die Indianer würden zurückkehren. Lane, der nach Wheelers Mißgeschick das Kommando übernommen hatte, ließ weiterhin nachts Wachen aufstellen. Harry Armitage und Billy Dixon durchritten die Gegend auf der Suche nach Büffeln und Indianerspuren. Bat Masterson schoß einen Schneehasen und einen Coyoten. Im Lager standen sich die Männer gegenseitig auf den Füßen herum. Mike Welch und Dutch Henry kriegten Streit über die Behauptung von Bermuda Carlisle, er habe vor zwei Jahren einen Grizzly-Bären mit zwei Köpfen gesehen, und Hirma Watson riß sich mit einer Zange an den großen Zehen die eingewachsenen Nägel aus und konnte nachher einige Tage kaum mehr gehen. Benjamin Clintock tauschte seinen Whiskyanteil gegen Mike McCabes Taschenuhr, an der der große Zeiger fehlte, und Pat Barker fand unweit des Lagers das Skelett eines Menschen mit zertrümmertem Schädel und abgehackten Händen. Dutch Henry hatte plötzlich einen eiternden Backenzahn, und Hirma Watson, der mit der Beißzange gut umgehen konnte, nannte es ein Vergnügen, dem Deutschen den Zahn zu ziehen. Ab und zu spielten die Männer Poker. Old Man Keeler zeigte Benjamin Clintock seine Zigarrenbildchen mit den nackten Mädchen. Lane schrieb einen langen Brief an Wheeler, der längst tot war. Aber das konnte niemand wissen.

Als Billy Dixon sagte, daß er jetzt genug habe und mit seinem Wagen nach Dodge City zurückkehren wollte, beendete Lane den Brief. »Du hast nichts verpaßt«, schrieb er. »Keine Rothäute, keine Büffel, und wir gehen uns gegenseitig auf die Nerven. Ruh dich aus bis zum Frühjahr, Alter. Dann versuchen wir es noch einmal.«

Billy Dixon hatte seine Maultiere vor den Wagen gespannt, als Bat Masterson über den Hügel im Osten geritten kam und von einer riesigen Herde erzählte, die sich vom Wolf Creek her, genau zwischen dem Palo Duro Creek und dem Canadian River hindurch, westwärts bewegte. Lane freute sich wie ein Kind und versprach, in Dodge City eine Extrarunde auszugeben. Old Man Keeler öffnete zehn Pfirsichbüchsen, ließ den Saft herauslaufen und schüttete Schnaps über die Früchte, bevor er sie servierte. Billy Dixon nahm die Maultiere aus dem Geschirr, entlud den Wagen, schmierte die Räder und ölte sein Sharpsgewehr.

Die Herde war noch etwa zwanzig Meilen entfernt, und man konnte in aller Ruhe sämtliche Vorbereitungen für die bevorstehende Jagd treffen. Häutermesser wurden geschärft, Gewehrläufe entbleit und große Mengen der Patronen mit Schmierfett bestrichen, bevor sie in die Munitionstaschen gesteckt wurden. Lane, Bat Masterson, Billy Dixon und Dutch Henry sollten das Abschießen der Büffel besorgen.

Pat Barker, Mike McCabe, Bermuda Carlisle und der junge Hirma Watson würden den ersten Frachtwagen übernehmen, der am nächsten Morgen der Herde entgegenfahren sollte. Früh am nächsten Tag waren sie alle losgefahren.

Nur Benjamin Clintock wurde wieder einmal übersehen. Das bedeutete, daß er Old Man Keeler für einen Tag zum Boß haben würde. Küchendienst. Dafür kriegte er fünfzig Cents pro Tag, Waschfrauenfinger und ab und zu mal einen Tritt in den Hintern. Ansonsten verstand er sich mit Old Man Keeler ziemlich gut, und er war nicht ganz unglücklich darüber, im Camp bleiben zu dürfen, als er den Himmel an diesem Morgen ansah.

Old Man Keeler war unruhig. Das Geräusch des Windes, an das sich alle gewöhnt hatten, fehlte plötzlich. Über den Hügeln im Norden stiegen dunkle, schwere Wolken. Old Man Keeler hielt die Nase in die Luft und machte ein bekümmertes Gesicht. Am Mittag sank die Temperatur plötzlich um mehrere Grade, und Old Man Keeler massierte sein Kreuz. Benjamin Clintock, der den Ruß vom Dutchofen kratzte, beobachtete ihn. Keelers Verhalten war seltsam. Entweder war er plötzlich krank geworden oder er war übergeschnappt. Er spuckte überall herum und fing plötzlich an, Stricke hervorzuholen, mit denen er alles an Steckeisen festband, was lose herumlag. Als er selbst ein schweres Pulverfaß gegen das Rad eines zurückgebliebenen Wagens schnürte, hielt es Benjamin Clintock nicht mehr aus.

»Sag mal, erwartest du ein Erdbeben?« fragte er.

»Blizzard!« erwiderte Old Man Keeler, und das Wort klang, als hätte er eben die Posaunen des Jüngsten Gerichtes vernommen. »Weißt du, was ein Blizzard ist, Kid? Ein Blizzard ist ein Northern. Und ein Northern ist die Hölle! Es kommt alles plötzlich, und bevor man eigentlich richtig weiß, was passiert ist, erstickt man an einem Eisklumpen. Im letzten Winter habe ich einen Blizzard am Pawnee erlebt. Du kannst Dixon fragen. Der war auch dabei. Wenn ich nur daran denke, friert mir der Hintern ein.«

»Ich habe mal einen Northern auf einem Trail erlebt. Vor zwei Jahren im Frühling. Wir haben neunzig Rinder verloren und Blacky war spurlos verschwunden. Man erzählt sich, daß ihn ein Windstoß aus dem Sattel gezerrt und nach Mexico hinuntergeweht hatte, wo er steifgefroren im Hof einer Hazienda landete, wo gerade ein Mexikaner dabei war, auf einem heißen Stein Spiegeleier zu braten. Das ist wieder ein Märchen, aber auf auf jeden Fall hatte Blacky, als er wieder auftauchte, Frostbeulen im Gesicht und Brandblasen am Hintern.«

»Hilf mir mal, die Plane hier festzumachen, Kid!« Old Man Keeler hatte ein Stück der Zeltplane in beiden Händen, als plötzlich ein Windstoß über den Hügel fegte und ihm die Plane aus den Händen riß. Keeler verlor das Gleichgewicht und stürzte. Benjamin Clintock hatte Mühe, sich auf den Beinen zu halten. Die Maultiere und Pferde rissen an den Steckleinen, um sich zu befreien. Old Man Keeler taumelte auf die Beine und sprang nach der Zeltplane, die ihm sogleich knallend um die Ohren schlug.

»Bring die Pferde unter die Uferböschung!« brüllte er Benjamin Clintock zu, der sich am Rad des Wagens festhielt. Ben zögerte einen Moment. Dann stieß er sich ab und arbeitete sich tief geduckt gegen den Wind. Es gelang ihm irgendwie, die Maultiere loszumachen und sie in das schützende Flußbett zu bringen, wo er sie an den Weidenbüschen festband.

»Kid! Reite hinaus und sag ihnen, daß sie sofort aufhören und zum Camp kommen sollen! Da draußen haben sie keine Chance!«

»Ich dachte, ich bin das einzige Greenhorn hier!« rief Benjamin Clintock zurück. Old Man Keeler winkte ab und trug seine Pfannen in das Küchenzelt. Der Wind stieß ein Mehlfaß um und rollte es durch die Senke. Beim Ufer krachte es wuchtig gegen einen Steinbrocken und zerplatzte. Keeler fluchte und Benjamin Clintock holte seinen Sattel. Über den Hügeln drängten sich die Wolken zusammen. Der Himmel war beinahe schwarz. Keeler brachte den gußeisernen Dutchofen in Sicherheit und löschte das offene Feuer mit einem Eimer Wasser. Der Wind zerrte wuchtig an den Zelt- und Wagenplanen. Die Häute, die zum Trocknen aufgespannt waren, vibrierten wie Trommelfelle. Mit steifen Fingern sattelte Benjamin Clintock sein Pferd. Als er in den Sattel kletterte, stellte sich das Pferd gegen den Wind. Old Man Keeler kam mit der Winchester heraus und reichte sie dem Jungen.

»Paß auf, Kid! Es könnten Comanchen in der Nähe sein!«

»Sonst noch Ratschläge?«

»Sieh zu, daß du mit den Fingern nicht an den Gewehrlauf rankommst, sonst bleiben sie daran hängen.«
»Jawohl, Mom!«
»Und sag Lane, daß er keine Zeit hat, es sich noch lange zu überlegen!«
»Jawohl, Mom! Glaubst du wirklich, daß es schlimm wird? Es ist immerhin Februar.«
»Die Hölle kennt keinen Kalender, Kid! Sag Lane, daß morgen auch wieder ein Tag ist und er sofort zum Camp kommen soll, wenn er ihn erleben will!«
»Jawohl, Mom. Soll ich dir Erdnüßchen mitbringen oder Schlagsahne?«
»Das Lachen wird dir auch noch vergehen, Söhnchen! Das gibt einen Blizzard, wie man ihn nur alle zehn Jahre mal erlebt. Frag mich nicht, warum ich das weiß. Ich spür's einfach im Kreuz. Ein anderer kriegt Kopfschmerzen, und ich spür's im Kreuz!«
»Ich wußte schon immer, daß dein Verstand irgendwo in der Nähe deines Hintern steckt«, rief Benjamin Clintock. Keeler schlug dem Pferd die Hand auf die Kruppe und stieß einen krächzenden Schrei aus. Das Tier sprang mit allen vieren in die Luft, drehte sich halb herum und versuchte Benjamin Clintock aus dem Sattel zu bocken.
»Bleib im Sattel, Cowboy!« rief Old Man Keeler hinter ihm her, als Benjamin Clintock tief über den Hals des Tieres gebeugt aus der Mulde galoppierte und dem Flußbett entlang südwärts ritt.
Nach knapp einer halben Stunde erreichte er den Kamm eines flachen Hügelrückens. Unter ihm breitete sich eine Senke aus, die mit unzähligen toten Büffeln bedeckt war. Von drei leicht erhöhten Stellungen aus schossen Lane, Dutch Henry und Bat Masterson mit ihren 50er-Sharps in die Herde hinein, die in der Senke zum Stillstand gekommen war. Die Tiere drängten sich zu Gruppen zusammen. Kälber folgten den Muttertieren. Bullen, mit zottigem Winterfell behangen, sogen schnaubend und hustend den Blutdampf ein, der von den mächtigen schwarzen Leibern aufstieg und sich wie ein Schleier über das Land legte. Hin und wieder versuchten einige Bullen auszubrechen, aber sie kamen nie weit genug, um die Herde zur Flucht zu verleiten. Die Bleigeschosse aus den Sharpsgewehren trafen aus mehreren hundert Meter Entfernung immer und immer wieder die Bullen, die sich am Rande der Herde aufhielten. Kühe brachen zusammen. Kälber irrten blökend umher, und die Luft war getränkt mit dem penetranten Geruch sterbender Tiere, der hartgefrorene Boden überall dunkelrot vom Blut. In kurzen Abständen krachten die Gewehre der Jäger. Bat Masterson hatte vor seinem Schützenstand an die hundertfünfzig tote Büffel liegen. Unweit von ihm schoß Lane, der dem jungen Bat keineswegs nachstand, und von einem schmalen

Graben aus feuerte Dutch Henry Schuß auf Schuß in die Herde hinein. Fast eine Meile entfernt im Osten konnte Benjamin Clintock den Wagen sehen. Dort waren die Häuter am Werk.

Benjamin Clintock schwang sich aus dem Sattel und führte sein Pferd langsam den Hang hinunter auf Mastersons Stellung zu. Bat hatte etwa zweihundert Meter vor sich einen mächtigen schwarzen Büffelbullen, der ein halbes Dutzend Kühe anführte. Er war ein Ungetüm von einem Tier. Die Hornspitzen waren ihm über der Stirn beinahe zusammengewachsen. Das Fell hing ihm in Fetzen vom Buckel herunter. Er schwang seinen mächtigen Kopf hin und her und brüllte Bat Masterson entgegen, der sein Gewehr auf einem Gabelstock aufgelegt hatte.

Benjamin Clintock blieb kurz stehen. Bats Sharps brüllte auf, und der Rückschlag der schweren Waffe stieß die Schulter des großen Mannes hart zurück. Der Bulle röhrte und machte einige unsichere Schritte rückwärts. Blutiger Schaum tropfte von seinen Nüstern. Noch einmal warf er den Kopf hoch. Dann brach er zusammen, und die Kühe sahen sich ratlos um, so als suchten sie nach einem neuen Führer.

Bat Masterson hatte sich aufgerichtet. Die Sharps lag am Boden. Grinsend knöpfte er seine Hose auf und pinkelte über den heißen Lauf. Zischend verdampfte die Flüssigkeit.

»Wir haben genug, um zehn Wagen zu füllen«, sagte er und zeigte in die Ebene hinaus. »Mit Billy Dixon zusammen haben wir seit zehn Uhr am Morgen ungefähr vierhundert erwischt.« Er knöpfte die Hose zu, rieb seine Hände und blickte dann nach Norden. »Sieht aus, als ob es Schnee geben würde, Kid.«

»Old Man Keeler sagt, daß ihr aufhören sollt, wenn ihr es noch bis zum Lager schaffen wollt!«

»Sag das Lane! Der wird sich aber freuen.« Bat Masterson nahm seine Sharps hoch und lud sie auf. Dann schoß er eine der Kühe nieder. »Lungenschuß, Kid! Das ist die einzige Art, sie mit einer Kugel zu fällen. Wenn man sie in den Kopf trifft oder ins Herz, fangen sie an zu laufen, und die anderen Kühe rennen hinter ihnen her. Mit 'nem Lungenschuß kriegen sie Blut in die Nase und machen nur noch ein paar Schritte rückwärts.«

»Ist das Lane dort unten?« fragte Benjamin Clintock mit herausgepreßtem Atem.

»Nein. Das ist Dutch Henry. Lane ist dort drüben. Er ist wütend wie ein angeschossener Bulle. Seine alte Sharps ist ihm nach zweihundert Schüssen um die Ohren geflogen. Er schießt jetzt mit Mikes 45er. Kid, wenn du jetzt da runter gehst, löst du eine Stampede aus, und dafür würde dich Wheeler glatt erschießen!«

Der Wind war in der Senke viel schwächer, und es schien plötzlich wärmer zu werden. Die ersten Schneeflocken fielen. Bat Masterson

Büffel in den Wichita-Mountains

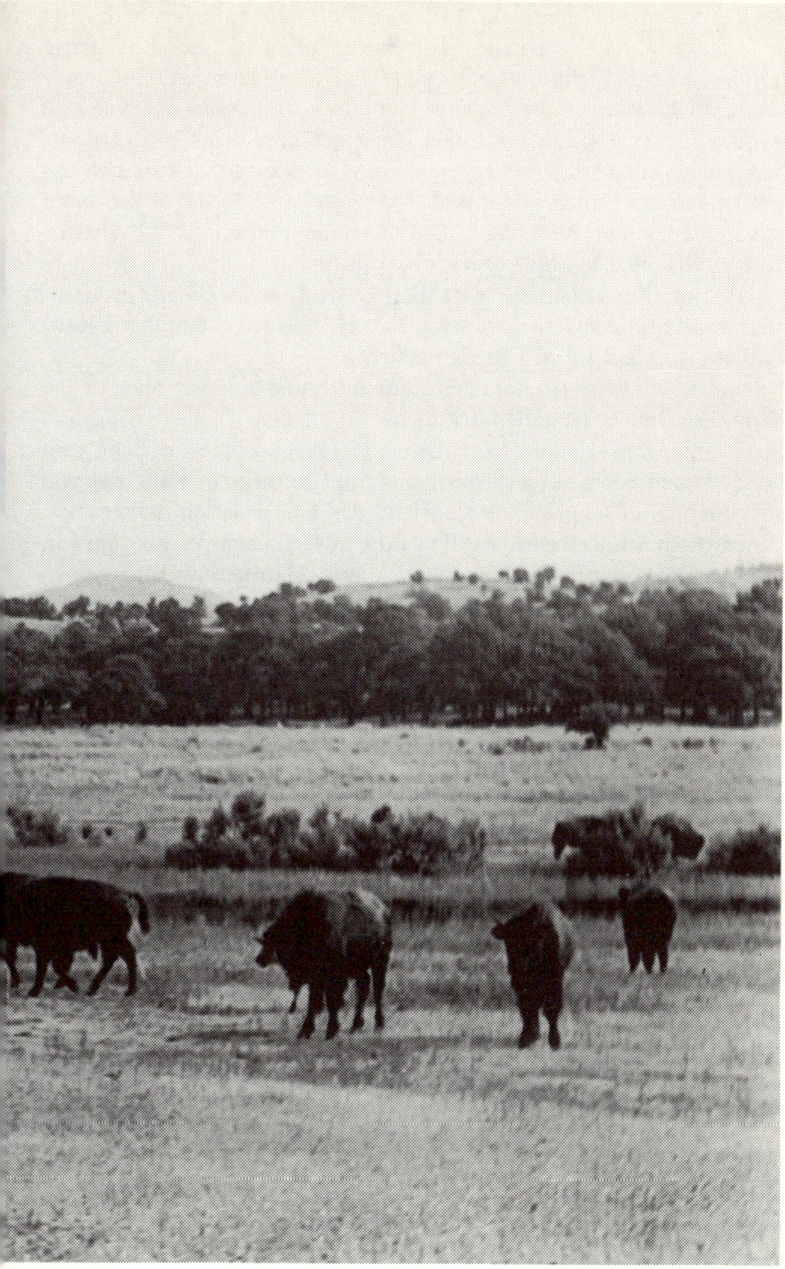

kniete hinter dem Gabelstock, auf dem er die Sharps aufgelegt hatte, und zielte auf eine Kuh, die neben dem toten Bullen stand und neugierig herüberblickte. »Blöde Biester!« sagte Bat Masterson. »Wenn man's richtig macht, kann man eine ganze Herde erledigen, ohne daß eine Kuh davonläuft.« Er schoß und traf. Die Kuh brach über dem Bullen zusammen. Helles Lungenblut lief aus dem zottigen Fell und mischte sich mit demjenigen des Bullen. »Hör mal, Kid, wenn du was tun willst, dann reite hinüber zum Häuterwagen. Die haben mehr zu tun, als sie schaffen können. Wir machen hier unterdessen fertig.«

»Old Man Keeler ist kein Narr, Bat. Er weiß, wenn Gefahr droht!«

»In zwei Stunden sind wir fertig, Kid. Hau ab jetzt! Sag den Leuten beim Wagen, daß sie sich beeilen sollen.«

Ben zog sein Pferd langsam den Hang hoch und kletterte oben in den Sattel. Es schneite jetzt ziemlich dicht. Er ritt den Hügel entlang ostwärts. Unter ihm schossen Lane, Dutch Henry und Bat Masterson weiter. Zwischen den Kadavern sah Benjamin Clintock ein Kalb, das von einer toten Kuh saugte. Eine Kugel riß das Kalb von den Beinen.

Im dichten Schneetreiben ritt Ben auf Umwegen zum Wagen, der von Mike McCabe gefahren und von einem Vierer-Maultiergespann gezogen wurde. Der Wagen schien unter seiner Ladung fast auseinanderzubrechen. Schwere, zusammengerollte Büffelfelle, an denen das Blut gefror, waren auf der Brücke bis weit über die Heck- und Seitenbracken aufgeschichtet. Bermuda Carlisle wuchtete eine der bis zu hundert Pfund schweren Häute hoch und warf sie auf den Wagen. An seinem Mantel hingen gefrorene Blutklumpen.

»Keeler sagt, es wird ein Unwetter geben!« rief Benjamin Clintock ihm entgegen, bevor er neben dem Wagen her zum nächsten Kadaver ging, wo Pat Barker mit einer rasiermesserscharfen und spitzen Klinge über dem dampfenden Leib eines Büffelbullen stand, der auf dem Rücken lag und alle vier Beine von sich gestreckt hatte. Barker grinste herüber. »Na, Kid, in ein paar Wochen hast du bloß vom Zuschauen gelernt, wie man's macht!«

»Immerhin hat er in zwei Monaten an die achtzig Büffel abgehäutet«, rief Mike McCabe. »Mach vorwärts, Pat. Wir werden sonst hier nicht mehr fertig, bevor die Mädchen auf den Wiesen tanzen und sich geflochtene Blumenkränze ins Haar stecken!«

»Mädchen? Ha, weißt du überhaupt noch, wie Mädchen aussehen?« Pat Barker stieß das Messer unter dem Kinn des Büffelbullen in das Fell. Der Wind zerrte an seinem Mantel. Er hatte die Füße fest gegen den Boden gestemmt und schlitzte das Fell von der Kinnlade her über den Hals und den Bauch bis zum Schwanz des Bullen auf. Dann richtete er sich auf, nahm einen Wetzstein aus einer Lederscheide und zog das blutige Messer daran ab, während Hirma Watson und Bermuda Carlisle sich über den Bullen hermachten. »Das ist doch kein Leben!« knurrte er in den Wind. »Also, wenn du mich fragst, Kid, so ist das schon gerecht, wenn uns hier die Arschlöcher zufrieren!« Er blickte über die Ebene. »Das sind mindestens dreihundert Büffel, die da herumliegen, und dort drüben haben sie einen anderen Teil der Herde abgefangen. Das gibt Arbeit für Wochen!«

»Der Wagen ist überladen!« rief Mike McCabe. »Ich habe hundertfünfzig Felle drauf. Das sind ungefähr sieben Tonnen. Wenn der Wind stärker wird, schaffen es die Maultiere nicht mehr.«

»Wir müssen weg hier!« Benjamin Clintock blickte zum Hügelkamm hoch. Die Wolkenwand hatte die Farbe von Kohlenstaub. Hirma Watson war dabei, die Haut mit seinem leicht gekrümmten Häutermesser an den Innenseiten der Hinterbeine hochzuziehen, während Bermuda Carlisle an den Vorderbeinen dem Hals zu arbeitete. Watson war zuerst fertig, und er holte das Pferd herüber, das mit dem Lasso am Wagen festgemacht war, und band die Haut in der Nackengegend am Ende des Lassos fest. Dann zog er das Pferd herum, und das Büffelfell wurde unter dem dampfenden Kadaver hervorgerissen und sofort von Bermuda Carlisle eingerollt und zum Wagen getragen.

»Ihr könnt aufhören!« brüllte Mike McCabe in den Wind. »Wenn Old Man Keeler meint, daß es schlimm wird, dann machen wir uns jetzt besser auf den Weg! Bat meint, daß ihr morgen weitermachen müßt.«

»Das kann ja interessant werden, wenn morgen hier der Schnee hüftenhoch liegt und die Kadaver erst einmal ausgegraben werden müssen. Wie stellt sich Lane das eigentlich vor? Wir kriegen nicht einmal die Hälfte der Felle auf unsere Wagen!« Mike McCabe spuckte einen Strahl Tabaksaft in den Wind. »Los, klettert auf den Wagen. Kid, sag Lane, daß wir schon zum Camp unterwegs sind. Aber beeil dich. Wenn du hier draußen von einem Blizzard überrascht wirst, taust du erst im Sommer wieder auf.«

Bermuda Carlisle, Hirma Watson und Pat Barker kletterten auf den Wagen und krallten sich an den inzwischen steifgefrorenen Büffelhäuten fest, als Mike McCabe seine Treiberpeitsche über den Rücken der Maultiere knallen ließ.

Benjamin Clintock ritt hinter dem schwankenden und knarrenden Wagen her bis zum Hügelkamm hoch. Die Wolkenwand stand jetzt über der gesamten Hochebene im Norden. An ihren Rändern zuckten gespenstische Lichtreflexe wie Wetterleuchten im Dämmerlicht. Innerhalb kürzester Zeit wurde es so kalt, daß den Maultieren der Atem vor den Nüstern gefror.

»Haltet euch fest, Jungs!« brüllte Mike McCabe. »Jetzt geht's quer durch die Hölle!«

Benjamin Clintock drehte sich im Sattel. Auf der Südseite des sanft abfallenden Hügels krachten noch immer in kurzen Abständen die Gewehre der Jäger. Selbst wenn die Cator-Brüder ihre Wagen hierherbrachten und Dirty-Face Jones von Dodge City herunterkam, konnten kaum alle Felle wegtransportiert werden.

Nach kurzem Zögern trieb Benjamin Clintock sein Pferd den Hang hinunter. Er wußte genau, was er machen wollte.

Links von ihm in einer schmalen Senke brachte er einen kleinen Teil der Herde sofort in Bewegung, als er sein Pferd zum Galopp anspornte. Drei oder vier Bullen, einige Jungstiere und etwa zwanzig Kühe senkten ihre Köpfe und rannten in panischer Flucht dem Senkenrand entlang westwärts. Der Rest der Herde schloß sich ihnen sofort an, und die Jäger versuchten, die Leitbullen zu Fall zu bringen. Aber die Herde ließ sich nicht mehr aufhalten. Als Benjamin Clintock Lanes Stellung erreichte, mischte sich das Donnern einiger hundert Hufe mit dem dumpfen, langsam anschwellenden Geräusch, das von Norden kam und klang, als streiche jemand anhaltend auf der Baßsaite einer Geige.

Lane hatte sich aufgerichtet.

»Gottverdammter Narr!« rief er und ließ seine Sharps sinken. »Du hast sie aufgescheucht! Es sind noch mindestens dreihundert Bullen und Kühe, die wir hätten abschießen können!« Sein Gesicht war vor Kälte dunkelrot und die Adern an seinen Schläfen waren zum Platzen geschwollen. Seine linke Hand lag in einem blutigen Verband.

»Lane, da drüben ist der Himmel schwarz wie die Hölle! Mike McCabe ist mit hundertfünfzig Fellen zum Camp unterwegs. Old Man Keeler sagt, daß wir hier draußen keine Chance haben und . . .«

»Wir unterhalten uns heute abend im Camp darüber, wer hier sagt, was zu tun ist und wann's gefährlich wird!« sagte Lane. Er sah sich nach den anderen um. Über dem Hügel tauchte jetzt der obere Rand der Wolkenwand auf. Bat Masterson zeigte hoch und brüllte etwas zu Lane hinüber, der aus seinem Graben kam und vom Wind beinahe umgerissen wurde.

»Das sieht wirklich nicht besonders aus«, knurrte Lane. »Aber wir hätten sie alle abschießen können. Alle! Dort laufen uns mindestens tausend Dollar davon, Kid.«

Die Herde war im Schneegestöber verschwunden. Bat Masterson holte die Sattelpferde aus einer Mulde. Billy Dixon kam von Osten her durch die Talsenke geritten. Der rote Wollschal flatterte wie eine Fahne auf seinem Rücken.

Plötzlich erstarb der Wind. Lane hob den Kopf und schnupperte gegen Norden.

»Man kann die Hölle riechen«, sagte er leise. Es war totenstill. Nur ein Büffelkalb, das den Abschuß verpaßt hatte, lief blökend zwischen den Kadavern herum. Dann kam Billy Dixon den Hang heraufgeritten.

»Verdammt, seid ihr verrückt?« schrie er in den Wind. »Mein Wagen ist im Camp. Schon seit 'ner Stunde! Da oben ist der Teufel los. Die Cators sind mit sämtlichen Wagen eingeschneit! Das ist kein Schneesturm. Das ist ein Blizzard!«

Bat Masterson brachte die Pferde herüber. »Meine Schulter ist kaputt«, sagte er. »Ich habe genau hundertvierzig Schüsse abgefeuert!« Er schob die Sharps in den Sattelschuh und kletterte mühsam auf das Pferd. »Kid, halt dich genau hinter mir. Wenn es dunkel wird, laß ich dich an meinem Lasso anhängen. Aber vielleicht schaffen wir es, bevor es richtig losgeht!«

Kaum hatte Bat Masterson ausgesprochen, brach der Sturm über sie herein. Lane war noch nicht im Sattel und versuchte vergeblich, sein Pferd an den Zügeln festzuhalten. Das Tier riß sich los und jagte den Hang hoch. Sekunden später war es in einer Eis- und Schneewand verschwunden.

Eine dichte Wolke von Eiskristallen fegte den Hügel hinunter. Benjamin Clintock fiel beinahe aus dem Sattel, als sein Pferd durch die Wucht des Sturmes herumgerissen wurde. Völlige Dunkelheit umgab ihn.

»Bat!« schrie er, aber er konnte seine eigene Stimme nicht hören. Für einen Moment tauchten die verschwommenen Umrisse eines Reiters auf. Es war Billy Dixon. Der Wind hatte ihm den Wollschal vom Kopf gerissen.

Kreischendes Heulen erfüllte die Luft. Ein wuchtiger Sturmstoß warf Bens Pferd noch einmal herum, und das Tier versuchte vergeblich, gegen den Wind anzugehen. Eis und Schnee prasselten wie Nadeln gegen Ben und schienen ihm die Haut auf dem Gesicht zu verbrennen. Er klammerte sich im Sattel fest und warf sich über die Mähne des Pferdes, das jetzt ausgebrochen war und mit dem Wind den Hügel hinunterraste. Es war so dunkel, daß er nicht einmal die Ohren seines Pferdes sehen konnte. Irgendwie gelang es ihm, im Sattel zu bleiben, aber er spürte, wie ihn die Kräfte verließen. Jeder Atemzug bereitete ihm tief in der Brust stechende Schmerzen. Seine Nasenlöcher froren zu. Dann legte sich Eis über seine Augen und er versuchte vergeblich, sie mit der Hand zu schützen. Der Wind trieb ihm jetzt die fingerlangen Eisnadeln gegen den Rücken. Das Pferd wurde plötzlich langsamer, und als er für einen Moment die Hand von den Augen nahm, sah er, daß es etwas heller geworden war. Der Heulton wurde dumpfer, und der Wind trieb jetzt einen weißen Schneeteppich über den Hügel hinunter. Die Kadaver der Büffel wurden innerhalb weniger Minuten vollkommen zugedeckt.

Das Pferd trottete mit gesenktem Kopf vorwärts, und Benjamin Clintock versuchte vergeblich, es mit dem Wind zu treiben. Eisige Kälte schlug ihnen entgegen. Der Wind kochte und brodelte wie siedendes Wasser. Nirgendwo konnte Benjamin Clintock eine Unebenheit im

Gelände entdecken, die ihm hätte Schutz bieten können. Die Büffelwannen, kleine Mulden, wo die Büffel die Erdkruste durchbrochen hatten, um sich im Staub zu wälzen, waren von Flugschnee überweht. Der Sturmwind hatte die wenigen Salbeibüsche und Dornsträucher entwurzelt. Es gab auf hundert Meilen Entfernung keinen Baum, und die kleinen Präriekakteen boten kaum einem Coyoten oder einem Präriewolf Schutz.

Obwohl es jetzt heller geworden war, konnte Benjamin Clintock keine zehn Schritte weit sehen. Der Wind schien etwas gedreht zu haben, und die Kälte war noch schlimmer geworden. Der Schnee fiel so dicht, daß schon nach wenigen Minuten der Boden mit einer weißen, fußhohen Decke überzogen war.

Benjamin Clintock hatte keine andere Wahl, als seinem Pferd den Kopf freizugeben. Das Tier stapfte immer mühsamer durch den Schnee. Eis hing in mächtigen Klumpen von seinen Nüstern und dem Fell. Das Tier atmete rasselnd, und es konnte nicht sehr lange dauern, bis es am Ende seiner Kräfte sein würde. An einigen Stellen lag der angewehte Schnee bereits kniehoch, und es mochte ungefähr eine halbe Stunde vergangen sein, als das Pferd plötzlich stehenblieb. Benjamin Clintocks Arme und Beine waren steif. Er hatte kein Gefühl mehr in den Händen und es schien ihm, als wäre er im Sattel festgefroren. Trotzdem versuchte er, das Tier noch einmal anzutreiben, aber er schaffte es nicht. Als er das Gewicht etwas verlagerte, um aus dem Sattel zu steigen, stieß ein heftiger Windstoß das Pferd regelrecht von den Beinen. Es stürzte schwer in eine Schneewehe hinein, und Benjamin Clintock flog aus dem Sattel. Mit zusammengebissenen Zähnen und brennendem Gesicht kroch er durch den Schnee und machte sich neben seinem Pferd klein. Er schob die Hände für eine Weile zwischen die Satteldecke und das Fell des Tieres, das vergeblich versucht hatte, noch einmal auf die Beine zu kommen. Es blieb ihm nichts anderes übrig, als das Pferd zu erschießen.

6
Männer im Sturm

Sie versuchten John Hunts Ranch zu erreichen, ein Treffpunkt am Büffeltrail, der ihnen Schutz vor dem Sturm geboten hätte. Aber nach zwei Stunden Marsch gegen den Wind blieb Richardsons Gespann plötzlich stehen, und Richardson rief den nachfolgenden Männern zu, daß anscheinend eines seiner Maultiere erfroren sei. Richardsons Gesicht war von einer dicken Eisschicht bedeckt, und er konnte nichts mehr sehen. John Mooar ging nach vorn und hauchte so lange gegen Richardsons Augen, bis das Eis schmolz.

Pat Barker erklärte sich bereit, den ersten Wagen weiterzufahren, falls es ihm überhaupt gelingen sollte, die störrischen Maultiere in Bewegung zu bringen. Aber obwohl er die Peitsche über ihren Rücken zerschlug, bewegten sie sich nicht von der Stelle. Pat Barker stampfte durch den Schnee und nahm das Führungstier am Kopfzeug. Als er mit aller Kraft zog und sich durch den Schnee arbeiten wollte, stieß er gegen eine Wand. – Die Maultiere hatten die Ranch erreicht und standen mit den Köpfen an der Tür eines Hauses, das im Schnee begraben war.

Wayne Gard, THE GREAT BUFFALO HUNT, 1968

In wenigen Sekunden waren wir steif vor Kälte. Ein Blizzard aus Schnee und Eis hatte uns überrascht. Wir nahmen in einem schmalen, ausgetrockneten Bachbett Deckung. Obwohl wir ein Paar Büffelfladen einsammeln konnten, gelang es uns nicht, ein Feuer in Gang zu halten. Während der endlosen Nacht hockten wir wortlos im Graben und schippten Schnee, um nicht bei lebendigem Leib begraben zu werden. Mit dem ersten Tageslicht nahm die Gewalt des Sturmes zu. Es gelang uns, ein kleines Feuer zu machen, das aber nur kurze Zeit brannte. Simpson war nicht so hart, wie er aussah. Seine Füße waren erfroren. Er stellte sich in die Glut und Asche des Feuers und weigerte sich, den Graben zu verlassen, als ich aufbrach und gegen den Wind einen Pfad durch den Schnee stampfte. Nach einer Weile hörte ich Simpson schreien, und ich ging zurück. Simpson saß im Schnee. Er hatte keine Sohlen mehr an den Stiefeln und seine Füße waren verbrannt...

Frank M. Lockard in BLACK KETTLE

Er hatte gelernt, mit dem Häutermesser umzugehen. Pat Barker hatte ihm gezeigt, wie man einem Büffelkalb den Leib aufschnitt, um die Leber rauszukriegen. Für Pat Barker war rohe Büffelkalbleber, warm, dampfend und mit einer Prise Pfeffer gewürzt, eine Delikatesse. »Hab ich mal ein paar Rothäuten abgeguckt, bevor ich ihnen das Abendessen mit Bleikugeln versalzte«, hatte Pat Barker gesagt, während ihm das Blut der Leber durch den roten Bart lief.

Bens Finger waren steif, und er führte das Häutermesser mit beiden Händen. Die spitze Klinge drang durch das helle Fell am Bauch des Tieres. Dampfendes Blut rann in den Schnee und gefror sofort. Er bildete sich ein, die Wärme zu spüren, als er mit dem Messer die Bauchmuskelstränge des Pferdes durchtrennte. Die schmierigen Eingeweide quollen heraus, und er wühlte im Leib des Tieres herum, bis ihm das Messer aus den glitschigen Händen fiel. Dampf hüllte ihn ein. Seine Handschuhe wurden weich vom Blut und von der Wärme der Innereien. Mit der Schulter schlug er den oberen Fellappen über die Bauchseite des Pferdes zurück. Der Wind war so kalt, daß der Fellappen sofort hart wie ein Brett wurde. Der Junge drehte sich um. Er hob die Füße zuerst in den Leib des Pferdes, krümmte sich zusammen und zwängte seinen Oberkörper nach. Auf der Seite liegend, die Stirn gegen die angezogenen Knie gepreßt und mit beiden Armen den Kopf schützend, legte er sich wie ein ungeborenes Füllen in den Bauch des Pferdes, das mit dem Rücken zum Wind lag und alle vier Beine über der Schneedecke ausgestreckt hatte. Dunkelheit umgab ihn, als er mit einer Hand den Fellappen herunterzerrte, so daß die kaum wahrnehmbare Körperwärme des toten Pferdes nicht mehr entfliehen konnte. Draußen heulte der Wind, und es vergingen nur wenige Minuten, bis sämtliche Öffnungen am Bauch mit Schnee und Eis geschlossen waren. Jetzt schien es warm zu werden. Das Eis auf seinem Gesicht schmolz. Mit der Zunge leckte er das Wasser von seiner Oberlippe, die sich anfühlte wie ein Stück kaltes Holz. Sein Mantel verlor die Steifheit, und nach einer Weile konnte er seine Zehen bewegen. Mit den Zähnen zerrte er die Handschuhe von den schmerzenden Fingern und rieb die Hände vor dem Gesicht gegeneinander. Obwohl er vollkommen eingeschlossen war, wurde es schnell kalt. Nicht so kalt wie draußen, aber kalt genug. Er zog die Handschuhe wieder an. Sie waren naß und klebrig. Alles an ihm war naß und klebrig und stank nach Blut und nach rohem Fleisch und nach Pferdemist. Die Luft wurde schnell schlecht. Er klopfte die Füße gegeneinander und klatschte in die Hände.

»Nur nicht aufgeben, Benjamin Clintock!« hörte er sich sagen. Die Stimme klang dumpf. Sein Magen verkrampfte sich und er glaubte, sich übergeben zu müssen.

»Wenn du den Blizzard durchstehst, bist du der Held des Tages!« sagte er. »Sie werden sich wundern! Bat Masterson wird Augen machen!«

Bat Masterson. Er war erst zwanzig Jahre und galt als ein erfahrener Büffeljäger. Die Alten achteten ihn. Seine Geschichten machten die Runde. Man sagte, daß er beinahe so gut sei wie Billy Comestock, und besser als Cody, der sich Buffalo Bill nannte und so großspurig tat, als wäre er der einzige, der jemals einen Büffel abgeschossen hatte.

Benjamin Clintock lachte. Immerhin etwas. »Vor einem Mann, der lachend stirbt, fürchtet sich selbst der Teufel!« hatte Mike McCabe einmal gesagt. Und auch Pat Barker mußte es wissen, denn er behauptete, schon dreimal dem Teufel begegnet zu sein. Benjamin Clintock zog den Büffelfellmantel über den Kopf. Er hatte die Nase zwischen seinen Knien, die noch immer eiskalt waren. Wie ging noch das Lied der Büffeljäger?

»It's now we've crossed the Arkansas, our troubles have begun«, sang er mit rauher Stimme.

»The first damned tail I went to rip, oh how I cut my thumb!
While killing the damned old stinkers, our lives they had no show,
for the Indians watched to pick us off, while skinning the buffalo.«

Seine Kehle schmerzte, und der Atem gefror am Fell seines Mantels. Die Innenseiten des Kadavers waren jetzt steif und mit einer Eisschicht überzogen. Die Bauchhöhle schien enger zu werden. Er stemmte die Füße und die Hände gegen die Pferderippen und es gelang ihm, sich ein bißchen zu drehen. Draußen heulte der Sturmwind. Die Bauchhöhle war erfüllt von einem dumpfen an- und abschwellenden Brausen.

»Wie geht das Lied? Herrgott, sing mit mir!
Our meat it was buffalo hump and iron wedge bread
and all we had to sleep on, was a buffalo robe for a bed,
the fleas and the greybacks worked on us – oh boys, it was not slow
I tell you there's no worse hell on earth than the range of the buffalo!«

Benjamin Clintock lauschte seiner Stimme nach. Er hatte die Zähne fest zusammengepreßt und die Augen geschlossen. Mit zitternden Händen versuchte er, an die Innentasche seines Mantels heranzukommen. Dort hatte er Streichhölzer. Und ein Stück Trockenfleisch, ein Sackmesser und Pat Barkers Uhr. Der Mantel war hart, und er brachte es nicht fertig, die obersten beiden Knöpfe zu öffnen. Mit dem Messer schlitzte er den Mantel auf. Die Streichhölzer lagen offen in der Tasche. Er spürte sie nicht. Er spürte überhaupt nichts mehr. Die Uhr tickte, und er erinnerte sich, daß er sie aufgezogen hatte, kurz bevor er das Camp verließ. Er schob die linke Hand zwischen die Knie und streifte den Handschuh ab. Es gelang ihm, ein Streichholz zwischen Daumen und Zeigefinger zu nehmen. Er versuchte, es an seinem Stiefelschaft anzureißen. Das Streichholz brach. Beim drittenmal leuchtete für eine Sekunde ein kleiner Funke auf, aber das Streichholz fing kein Feuer, und er gab es auf. Er zog die Uhr aus der Tasche und legte sie neben sein Ohr. Das Ticken beruhigte ihn. Es war, als wäre er plötzlich nicht mehr allein.

Ob man ihm glauben würde, wenn er zurückkam und seine Geschichte erzählte? Er, das Greenhorn, verbrachte einen Blizzard im Bauch seines Pferdes! Es war eine jener typischen Lagerfeuergeschichten, die man weitererzählte, weil eben Geschichten zum Weitererzählen da waren. Glauben würde ihm bestimmt kein Mensch, schon gar nicht Mike McCabe. Und sein Vater würde den Kopf schütteln, seine Flasche austrinken und vorwurfsvoll sagen: »Daheim wäre dir das nicht passiert.«

»Nein!« knurrte Benjamin Clintock. »Daheim wäre mir nie was passiert. Daheim gibt's keine Büffel. Daheim ist es im Winter warm, und wenn's mal kalt ist, hockt man sich auf die Ofenbank, bis der Hosenboden raucht!«

Seine Stimme ging im dumpfen Geräusch des Windes unter. Der Sturm hielt an. Stunden, vielleicht. Billy Dixon hatte im letzten Winter am Pawnee einen Sturm erlebt, der Tage gedauert hat. – Tage!

Es mochte Nachmittag sein. Vielleicht fünf Uhr. Die Zeit der Dämmerung. Die Zeit, wenn Mike McCabe seine erste Geschichte erzählte und der Duft von gebratenem Büffelfleisch zwischen den Wagen und den Zelten hing.

Ob sie es zum Camp geschafft hatten?

»Nur nicht aufgeben, Benjamin Clintock!«

Er preßte die Worte mühsam zwischen seinen harten Lippen hervor. Seine Augen brannten. Er sog die Luft mühsam aus einer vereisten Falte des Mantels. Müdigkeit befiel ihn, und die Kälte wich einer wohligen, einschläfernden Wärme. Einmal glaubte er, Stimmen zu hören. Old Man Keeler lachte klirrend. Dann hörte er das Donnern der Sharpsgewehre, und das Ticken der Uhr hämmerte in seinem Kopf.

Stunden waren vergangen.

Es mußte Nacht sein draußen. Das Geräusch des Windes war schwächer geworden. Er versuchte, mit der Schulter den Bauchlappen des Pferdes nach außen zu drücken. Aber das Fell ließ sich nicht bewegen. Vollkommen erschöpft gab Benjamin Clintock schließlich den Versuch auf, ins Freie zu kommen. Er versuchte ruhig und gleichmäßig zu atmen. Sein Kopf schmerzte. Feuer tanzte vor seinen Augen, und immer wieder hörte er Old Man Keelers Lachen.

»Nur nicht verrückt werden!« sagte er leise. »Reiß dich am Riemen!« Er kämpfte gegen die Müdigkeit an und summte leise ein Weihnachtslied.

Er wußte nicht, wie lange er krumm, den Kopf zwischen den Beinen und die Hände am Gesicht, im Leib des Kadavers gelegen hatte, als ihm plötzlich die Stille auffiel. Die Uhr tickte nicht mehr. Kein Geräusch war zu hören. Er lauschte angestrengt, wartete auf Old Man Keelers Lachen, aber es blieb alles still.

Er versuchte sich zu bewegen. Es gelang ihm, den Kopf hochzunehmen. Es war noch immer stockdunkel. Der Messergriff ragte aus einer Mantelfalte, und er bewegte den rechten Arm, der bleischwer zu sein schien. Er brauchte seine ganze Kraft dazu, mit den Fingern den Messergriff zu umklammern. Er bohrte die Spitze des Messers über sich in das steifgefrorene Fleisch zwischen den Rippen und grub darin herum, bis Eissplitter und ein bißchen Schnee hereinfiel und Tageslicht durch das Loch sickerte.

Die Nacht war vorbei. Der Sturm hatte sich gelegt. Frische Luft drang in die Bauchhöhle des Tieres und Benjamin Clintock drehte sich langsam herum und trieb die Klinge des Messers in die Bauchdecke des Tieres. Zu Eiskristallen gefrorener Schnee rieselte herein, und er griff mit der rechten Hand durch das Loch und grub im Schnee herum, ohne an die Oberfläche zu kommen. Dann versuchte er noch einmal, die Bauchfelllappen nach außen zu stoßen, aber so sehr er sich auch anstrengte, es gelang ihm nicht.

Das Messer in den kraftlosen und steifen Fingern haltend, vergrößerte er das Loch über seinem Kopf. Eisiger Luftzug traf sein Gesicht, aber die Anstrengung nahm ihm die anfängliche Steifheit. Krampfhaft hackte er auf die Bauchwand ein, bis er ein Stück des Himmels sah.

Blau! Leer. Keine Wolke.

Die Sonne war noch nicht aufgegangen, aber es war hell.

Benjamin Clintock wußte, daß er sich befreien mußte, wenn er überleben wollte. Aber der Kadaver war mit einer faustdicken Eisschicht überzogen und vom Schnee zugedeckt worden. Die Bauchhöhle des Pferdes war zu einem Gefängnis geworden, aus dem er sich ohne fremde Hilfe nicht befreien konnte. Zwar gelang es ihm, noch ein paar Löcher in die Bauchseite zu graben, aber dann fiel ihm das Häutermesser aus den Fingern. Mit aller Kraft stemmte er die Beine gegen die Rippen des Pferdes, aber er schaffte es nicht.

Stunden waren vergangen, als der erste Sonnenstrahl vom Eis in das Loch hineinfiel und ihn blendete. Er drehte den Kopf etwas zur Seite und vernahm ein Geräusch, das ihm in den letzten Monaten so vertraut geworden war wie früher das leise Schmatzen und Mahlen wiederkäuender Rinder. Ein Mann, der nach einer langen Sturmnacht vom ersten Sonnenlicht getroffen wird, sollte sich erst in den Hintern kneifen, um sicher zu sein, ein ersehntes Geräusch auch tatsächlich zu hören. Es gab genug Leute, die vor Enttäuschung darüber krepierten, daß sich ein vermeintlicher Brunnentrog in der Wüste als Fata Morgana entpuppte. Aber Benjamin Clintock war noch klar genug, das Klirren von Geschirrketten, das Knarren einer schwer beladenen Wagenbrücke und das Quietschen von Rädern nicht einfach als Sinnestäuschungen abzutun und zu überhören. Benjamin Clintock legte die Hände an den Mund und rief: »Heilige Dreifaltigkeit, ich bin hier!«

Ein Pferd schnaubte, und er konnte hören, wie Sattelleder knirschte. Dann sagte ein Mann mit dunkler Stimme, daß da doch eben jemand gerufen habe.

»Jawohl, Sir! Hier! Ich bin's, Benjamin Clintock!«

»He, wo bist du?« rief der Mann und dem Geräusch nach war der Wagen zum Stehen gekommen.

»Im Pferdebauch! Unterm Schnee!«

»Das könnte eigentlich nur der kleine Hügel dort drüben sein, Jack«, sagte eine helle Stimme. Jemand kicherte, und plötzlich fiel ein Schatten über das Loch. Eis klirrte. Schneeklumpen fielen Benjamin Clintock in den Nacken. Dann tauchte das Gesicht über ihm auf, faltig und zerklüftet wie die Hochebene des Niemandslandes. Bartstoppeln wucherten auf der fleckigen, von Wind und Wetter gegerbten Haut. Unter buschigen Brauen, an denen Eiskristalle glitzerten, lagen zwei farblose Augen wie Wassertümpel in tiefen Höhlen.

Erst glaubte Benjamin Clintock beim Anblick des Mannes, doch am Höllentor zu stehen und beim Pförtner Einlaß zu erbitten. Als sich die schmalen, verkrusteten Lippen öffneten und ein einzelner, schräg stehender langer Zahn sichtbar wurde, war er sogar davon überzeugt. Ein heiseres Kichern tropfte aus den Bartstoppeln in das Loch hinein.

»Hübsch hast du es hier, Kleiner! Ein bißchen eng, aber ganz hübsch. Wie lange wohnst du eigentlich schon hier?«

»Ich muß raus!« preßte Benjamin Clintock hervor. »Es ist ein Wunder, daß ich den Blizzard überlebt habe. Jetzt möchte ich aber raus.«

»Sachte, Kleiner, sachte«, kicherte der Mann. »Alles, was du brauchst, ist vielleicht noch ein kleiner Kachelofen. Wo kommst du her?«

»Palo Duro Creek!«

»Lane und Wheeler?«

Benjamin Clintock nickte.

»Pech für dich, Kleiner! Ihr habt keinen besonders guten Ruf in der Gegend. Wer Indianer mit der Peitsche züchtigt, darf sich nicht wundern, wenn ihm mal das Fell in Streifen geschnitten wird. Bist du der Junge, der Little Horse mit 'ner Winchester abgeschossen hat?«

»Er hat aus dem Hinterhalt Wheeler getroffen.«

»Kleiner, bleib drin und mach die Augen zu. Spätestens morgen früh hast du keine Sorgen mehr und ...«

»Ich will raus! Wer bist du überhaupt, zum Teufel?«

»Bob Hollis. Und ich bin der einzige Mensch, dem es gelungen ist, mit dem Teufel wirklich ein Abkommen zu treffen.« Er kicherte schrill. »Ich werde mindestens hundert Jahre alt und krieg nie einen Schnupfen. Ist das was oder nicht, Kleiner?«

»Mister, ich bin halb erfroren! Holt mich raus hier!«

»Hast du 'nen Revolver bei dir?«

»Nein. Er liegt im Schnee begraben.«

»Gut!« Hollis legte die Hände trichterförmig gegen den Mund und blies Benjamin Clintock ins Gesicht. »Spürst du das, Kleiner?«

»Nein!«

»Hm, das ist schlecht. Erfrorene Füße kann man amputieren, aber wenn ein Mann kein Gesicht mehr hat, ist er übel dran, weil er nie genau weiß, wo er sich die Wurst reinstecken soll.« Er lachte krächzend und richtete sich auf. »Jack, da ist einer drin, der fast erfroren ist, aber unbedingt raus möchte. Es ist der Junge, der Little Horse erwischt hat. Was meinst du, sollen wir den Comanchen einen Gefallen tun?«

Männer lachten, aber für eine Weile geschah nichts. Dann fiel wieder ein Schatten über das Loch und ein anderes Gesicht war zu sehen. Hager, mit scharf geschnittenen Zügen und schmalen, pulvergrauen Augen. Vom Kinn her zog sich eine zackige Narbe am linken Mundwinkel vorbei zur Schläfe.

»Morgen«, sagte der Mann. »Ich bin Gallagher. Jack Gallagher! Schon mal von mir gehört?«

»Ja. In Dodge.«

Er nickte und seine Mundwinkel zuckten einen Moment. Wahrscheinlich war er erfreut darüber, daß sein übler Ruf den Weg in einen Pferdebauch gefunden hatte.

Soviel Benjamin Clintock wußte, war Jack Gallagher zur Zeit einer der berüchtigsten Männer im Umkreis von einigen hundert Meilen. Man sprach wahrscheinlich nur von Buffalo Bill Cody etwas öfter als von Jack Gallagher.

»Wenn du raus bist, wird es nicht lange dauern, bis dich die Comanchen aufgabeln«, sagte Jack Gallagher, als wollte er einen guten Freund davon abhalten, eine Flasche Rattengift auszutrinken. »Aber wenn du unbedingt raus willst, können wir dir natürlich schon helfen. Wir sind schließlich keine Unmenschen.«

»Danke!« sagte Benjamin Clintock, und kurz darauf hackten sie mit Beilen auf den Kadaver ein und Bob Hollis riet ihm, den Kopf einzuziehen, aber das hatte er schon eine ganze Nacht lang gemacht, ohne daß es ihm jemand hätte sagen müssen. Die Minuten, während sie eine Bresche durch Schnee und Eis und Fell schlugen, wurden zu einer Ewigkeit, die plötzlich im glühenden Licht der Morgensonne schmolz. Männerhände zogen ihn aus dem Kadaver heraus, und Stücke seines Fellmantels blieben festgefroren an Fleisch und Blut hängen. Das Licht der Sonne schmerzte ihn, und er schloß geblendet die Augen.

»Bringt ihn in den Schatten des Wagens«, sagte Jack Gallagher. »Bring 'ne Decke raus, Tex! Los, steh nicht rum, Amigo! Mach mal 'ne Kanne Kaffee!«

»Danke!« sagte Benjamin Clintock und blinzelte in die Runde.

»Das hast du schon mal gesagt, Kid«, sagte Jack Gallagher. »Glaub nur nicht, daß es mir Spaß macht, als Lebensretter berühmt zu werden! Das paßt verdammt nicht zu meinem Ruf!«

William Martin, der meistens Tex genannt wurde, brachte eine Decke aus dem Wagen, während ein dicker Mexikaner in den zweiten Wagen kletterte, um Kaffee zu machen. Martin war ein mittelgroßer Bursche mit einem Patronengurt quer über seinem Oberkörper. Es waren Schrotpatronen, und als er die Decke in den Schnee geworfen hatte, nahm er eine Parker-Schrotflinte vom Wagenbock und ging durch den Schnee auf einen flachen Hügel, von wo er wahrscheinlich nach einem Ziel Ausschau hielt, das er mit einer Schrotladung zerfetzen konnte. Tex Martin war Benjamin Clintock vom ersten Anblick an unheimlich, im Gegensatz zu Robert Hollis, der trotz der Kälte nur eine dünne Wolljacke trug und sogar noch die Ärmel zurückgerollt hatte. Damit wollte er offensichtlich beweisen, daß sein Vertrag mit dem Teufel echt war.

»Erzähl mal!« sagte Jack Gallagher und ließ sich neben Benjamin Clintock auf die Absätze nieder.

»Hm. Da gibt es nicht viel zu erzählen. Wir wurden ungefähr fünf Meilen vom Lager entfernt von einem Blizzard überrascht. Mein Pferd hielt eine Weile durch und blieb dann in 'ner Schneewehe stecken. Ich erschoß es und machte ein Loch in den Bauch. Das ist alles.«

»Und die andern?«

»Keine Ahnung.«

»Wheeler ist unterwegs nach Dodge, was?«

»Ja.«

»Und die Mooars sind abgezogen?«

»Das stimmt.«

»Die Cator-Brüder sind auch unterwegs nach Dodge. Bleibt nur noch das Lane-und-Wheeler-Camp.« Gallagher stand grinsend auf und öffnete seinen Büffelfellmantel. Darunter kam an seiner rechten Hüfte ein großkalibriger Revolver zu Vorschein, dessen Griff aus einem zerkratzten Lederholster ragte. Neben dem Revolver steckte ein Bowiemesser in einer mit indianischen Perlenstickereien verzierten Scheide. Hinter der Gürtelschnalle aber steckte ein kleines schwarzes Buch, und Jack Gallagher zog es heraus, öffnete es und ging langsam um Benjamin Clintock herum, während er leise murmelnd las.

Bob Hollis kniete nieder und kicherte leise. »Paß auf, Kleiner, gleich wird er dir sagen, warum du verdient hast, von den Comanchen geviertteilt zu werden.«

»Ist er ... verrückt?« fragte Benjamin Clintock leise und starrte aus tränenden Augen auf Jack Gallagher.

»Ein bißchen schon, aber das macht ja nichts. Wer sich hier durchsetzen will, darf nicht alle Tassen im Schrank haben.«

Jack Gallagher blieb plötzlich stehen und nahm seinen Biberfilzhut vom Kopf. Er warf ihn auf den Bock des ersten Wagens. Braunes, struppiges Haar stand von seinem Schädel ab. Die Sonne zeichnete jetzt das hagere Gesicht scharf. Er richtete den Blick zum Himmel, und Benjamin Clintock sah, wie einige der Männer die Köpfe senkten.

»Herr, ich weiß, daß ich gegen die Gesetze verstoße und dafür von Soldaten, Sheriffs und US-Marshals gejagt werde wie ein Kaninchen von den Wölfen!« Er sagte es mit einer klangvollen Stimme. Dann hielt er einen Moment den Atem an und hob die Hände, als wollte er den Himmel stützen. »Aber es sind nicht deine Gesetze, die ich übertreten habe, sondern die Gesetze von Menschen, für die deine zehn Gebote keine Geltung haben, o Herr! Schon Petrus wurde verfolgt, geschlagen, verkehrt aufgehängt und gekreuzigt, und wenn es dein Wille sein sollte, daß mich die Häscher des Teufels erwischen, werde ich alle Qualen ohne mit der Wimper zu zucken entgegennehmen, so wie es sich für einen waschechten Märtyrer gehört! Aber bevor du es zuläßt, daß ich in Ketten gelegt oder womöglich sogar aufgehängt werde, gib mir Kraft und Zeit, deinen roten Kindern zu helfen, sich für das Unrecht zu rächen, das ihnen angetan wurde und noch angetan wird!« Jack Gallagher holte Luft, und seine Stimme hob sich ein bißchen. »Dieses Land war ein Paradies, wie es sonst nur Adam und Eva gekannt haben dürften. Die Prärien erblühten zur Frühlingszeit zu einem farbenprächtigen Meer, bevor die Sturmfluten einer schändlichen Yankeegesellschaft alles verwüsteten. Soldaten sind gekommen, die Tod und Verderben brachten. Das Feuerroß brachte den Abschaum einer Rasse, die kein Erbarmen kennt, wenn es um persönliche Macht und Reichtum geht. Jungfräulicher Boden wird gepflügt, damit der Lockruf des Satans besser zu hören ist. Und dieser Lockruf ist es, dem sie alle folgen.« Nun donnerte seine Stimme, und an seinem Hals schwollen die Adern zum Zerplatzen. »Menschen sind es, die sich als Missionare verkleidet haben und das Wort des Teufels predigen! Regierungsbeamte, die am Sonntag einen Dollar in den Opferstock werfen und am Montag durch ihre betrügerische Politik tausend Dollar verdienen! Generäle, denen es Spaß macht, gegen das erste Gebot zu verstoßen, weil ihnen ein Denkmal auf der Welt lieber ist als ein Platz im Himmel! Dieses Land, noch vor kurzem ein Paradies, wimmelt von Mördern, Dieben, Huren, Halsabschneidern und Lumpenpack! Dieses Land ist zu einem Sündenpfuhl geworden, o Herr! Einem Sündenpfuhl, der deine roten Kinder verschlingen wird, wenn sie nicht stark genug gemacht werden für den Kampf, der ihnen bevorsteht. Und es ist meine Aufgabe, o Herr, alles zu geben, was ich habe, um ihnen beizustehen, denn sie sind die einzigen, die es wert sind, daß die Sonne jeden Tag erneut aufgeht und des Nachts der Mond am Himmel hängt!«

Er ließ die Arme sinken und wandte den Kopf. Sein Gesicht war gerötet. Er grinste und entblößte für einen Moment seine Zähne, als sein Blick Benjamin Clintock traf. »Die Büffeljäger! Jawohl, o Herr, die Büffeljäger habe ich beinahe vergessen, obwohl sie die Schlimmsten sind! Obwohl ihnen selbst das irdische Gesetz verbietet, in diesem Land zu jagen, sind sie scharenweise hierhergekommen, um den Büffel, dieses wunderbare und paradiesische Tier, auszurotten! Sie wissen genau, daß das Leben unzähliger Frauen und Kinder davon abhängt, was ihre Ehemänner und Väter vor Pfeil und Bogen kriegen. Das Geschrei hungernder Menschen hebt sich zum Himmel, o Herr! Kannst du es hören? – Gut! Es soll gehört werden, bis es vom Geschrei der bestraften Schlächter übertönt wird, die in der Hölle schmoren werden bis in alle Ewigkeit, Amen!«

Jack Gallagher warf noch einen letzten Blick in den Himmel, spuckte dann einen Priem gegen die Wagenradnabe und steckte das schwarze Buch hinter seine Gürtelschnalle zurück. »Das wär's, Clintock«, sagte er. »Dafür, daß du gesündigt hast, wirst du wahrscheinlich schon in den nächsten Tagen vom Teufel geholt! Aber bevor dies geschieht, wirst du am Marterpfahl büßen, denn für einen Sünder wie dich brennt Gottes Fegefeuer im Comanchenland!«

»Amen«, flüsterte Bob Hollis und stand auf. »Kriegst du den Kaffee heiß oder soll ich mich auf den Topf setzen, Miguel?« rief er mit krächzender Stimme.

»Por Dios, ich bin dabei, Schnee zu schmelzen!« kam die Stimme des Mexikaners durch die Wagenplane.

Jack Gallagher hatte sich den Hut über den Kopf gestülpt, als etwa hundert Yards entfernt ein Coyote aus einem verschneiten Graben auftauchte und neugierig herüberblickte. Gallagher legte den Finger an seine Lippen und ging auf Zehenspitzen zu seinem Pferd, zog die Winchester aus dem Scabbard und legte sie über dem Sattel an. Das Gewehr peitschte auf, und der Coyote sprang in die Luft, überschlug sich und fiel in den Schnee. Gallagher repetierte die Winchester, steckte sie in den Scabbard zurück und rieb seine Hände gegeneinander. »Wetten wir, daß ich ihn genau in den Kopf getroffen habe, Bob?« fragte er.

Bob Hollis zuckte die Schultern. »Auf diese Entfernung hättest du einem Schneehasen ein Auge ausschießen können, Jack.« Aber Jack Gallagher gab sich nicht zufrieden und stampfte durch den Schnee zu dem Coyoten. Er drehte ihn mit dem Stiefel um und kam strahlend zurück. »Kopfschuß. Genau zwischen die Augen!«

7
Comancheros

Bösartige und gefährliche Männer aus New Mexico rüsteten die
Indianer mit Waffen und Munition aus. Die Indianer bezahlten dafür
mit gestohlenen Pferden und Vieh aus Texas. Diese Männer
verhöhnten die Indianer, die in den Reservationen lebten, und
stachelten sie auf, die weiten Prärien zu durchstreifen und bei
Überfällen in Texas reiche Beute zu machen, ohne dafür jemandem
Rechenschaft schuldig zu sein oder bestraft zu werden.

Lawrie Tatum, OUR RED BROTHERS, 1899

Jack Gallagher, Robert Hollis und William Martin waren die Anführer
einer Halsabschneiderbande, die das ganze Gebiet verseuchte. Sie
waren der Abschaum des Westens, gefährlich für die Weißen und die
Indianer. Es gelang zwar der Armee, Gallagher mit acht anderen
Männern zusammen festzunehmen, aber der US-Distriktsanwalt in
Topeka weigerte sich, die Gefangenen zu verurteilen. Auf dem
Transport nach Fort Dodge gelang Jack Gallagher die Flucht, und
begleitet von Robert Hollis kehrte er ins Indianerterritorium zurück.
Die beiden raubten einen Frachtwagen mit Gespann, stahlen ein Pferd
und ein Maultier von einem Caddo-Häuptling und ermordeten den
Kurier eines Vermessungstrupps, um dessen Pferd und Sattel zu
bekommen. Zwei Revolvermänner und mehrere Deserteure von Camp
Supply schlossen sich ihnen an. Zusammen überfielen sie eine
Postkutsche und raubten sämtliche Zugpferde. Als Gallagher und seine
Desperados im April 1873 von Amos Chapman und sechs ausgesuchten
Männern gestellt wurden, sagte Gallagher, daß ihm das Gebiet
allmählich sowieso zu heiß würde, und er zog südwärts, allerdings nur,
um mit vollbeladenen Wagen zurückzukommen.

Donald J. Berthrong, THE SOUTHERN CHEYENNES, 1963

Nicht allein die Ausrottung des Büffels, die hemmungslose Ausbeutung der Natur oder die durch die US-Armee verbrochenen Greueltaten wurden den Indianern zum Verhängnis. Ein großer Beitrag zur *Lösung des Indianerproblems* wurde von Männern geleistet, die im Schatten der Gesetze lebten und selbst die Regeln der Zivilisation mißachteten. Scharenweise strömten mit den europäischen Immigranten – den Siedlern und Goldsuchern und den Wellen der Zielstrebigen – verwilderte, ehemalige Soldaten aus dem Bürgerkrieg, entlassene Sträflinge, im Osten gesuchte Räuber und Mörder, verkrachte Existenzen aus Politik und Wirtschaft in den amerikanischen Westen. Städte wie Dodge City, Newton, Wichita und später Caldwell wurden zu Treffpunkten von Menschen, die alle irgendeinen Grund hatten, dem Laufgitter der Zivilisation zu entfliehen und in der Weite der amerikanischen Wildnis ihre eigenen Regeln zu prägen. Und aus der Wildnis entstand der sogenannte *Wilde Westen*, wo die Kirche und das Gefängnis aneinanderlehnten und sich Priester und Gesetzesbrecher gleichermaßen Mühe geben mußten, am Leben zu bleiben.

Daß Wright Mooars Büffeljägermannschaft hauptsächlich aus Männern bestand, *die versuchten, ihren eigenen Schatten loszuwerden*, ist eine Tatsache, die ebensowenig überrascht wie der Überfall auf die Medicine Lodge Valley Bank, der vom Stadtmarshal von Caldwell, H. N. Brown, und dessen Hilfsmarshal Ben Wheeler, einem ehemaligen Texas-Cowboy, verübt wurde. Kurz zuvor hatte A. M. Colson, der Bürgermeister von Caldwell, dem verdienten Stadtmarshal eine Winchester mit einer Silberplatte im Schaft geschenkt, auf der zu lesen stand: »Dem Stadtmarshal für seine wertvollen Verdienste an der Bürgerschaft von Caldwell, Kansas.« Damals war es schwieriger, Menschen zu katalogisieren. Cowboys waren nicht nur tollkühne Burschen, die vor den Ladys die Hüte zogen und den Yankees auf den Buckel sprangen, sondern es waren meistens junge Kerle, die mehr oder minder den Teufel tanzen lassen wollten und oftmals auch heimtückisch und kaltblütig die Chance nutzten, ihre verschiedenen Träume zu verwirklichen. Das gleiche gilt für Büffeljäger, Schienenleger, Pelzhändler, Soldaten, Spieler, Frachtwagenfahrer und Siedler. Männer wie Mike McCabe, Wright Mooar, Billy Dixon oder die Händler Charles Rath, Meyers, Lee und Reynolds wären kaum auf die Idee gekommen, sich selbst die Verantwortung für Gewalttaten und Gesetzeslosigkeit auf den südlichen Plains zuzuschieben.

Thomas C. Battey, Quäker-Lehrer in Kiowa-Camps der Reservation, erhob offene Anklage gegen die Büffeljäger und vor allem gegen die Händler: »An der Grenze von Kansas wurden viele Menschen ermordet, und man gab dafür den Indianern die Schuld. Ich aber weiß, daß einige dieser Verbrechen von weißen Desperados auf *Indianer-Art* begangen wurden. Mir fehlen zwar die Beweise für diese Behauptung, aber ich kenne einige dieser üblen Kerle, denen jedes Verbrechen gut genug ist, wenn sie dadurch ihr Ziel erreichen können. Eine Bande von solchen Halunken hat im Texas Panhandle ihr Camp aufgeschlagen, wo sie den Indianern Schnaps, Waffen und Munition gegen gestohlene Pferde und Rinder eintauschen.«

Auch im Winter 1873 trieben *fahrende Händler* überall ihr Unwesen. Allgemein wurden sie *Comancheros* genannt, aber sie machten nicht nur mit den Comanchen, sondern auch mit Cheyenne, Kiowas, Arapahoes, Caddos, Wichitas, Apachen, Utes und Pawnees Geschäfte. Ursprünglich handelte es sich bei den *Comancheros* um Mexikaner und Mischlinge, die Waffen aus Mexiko einschmuggelten und an die Indianer verkauften. Nach der Eröffnung des Santa-Fé-Handels beteiligten sich auch immer mehr Weiße am einträglichen Geschäft um Pelze, Rinder und Pferde. Die meisten von ihnen beluden ihre Wagen in den Dörfern des Rio-Grande-Tales in New Mexico, fuhren durch die nördlichen Randgebiete der Staked Plains in die Nähe der Indianerreservationen, übergaben den Indianern einen mörderischen, selbstgebrannten Schnaps, mit Kohlenpulver und Sägemehl gemischtes Schwarzpulver und alte Waffen aus den Beständen der mexikanischen Grenztruppen. Sie handelten dafür Büffelfelle, Biberfelle, gestohlene Rinder- und Pferdeherden, oftmals auch weiße Kinder ein, die von den Indianern auf ihren Raubzügen verschleppt worden waren.

Alkohol wurde zum schlimmsten Feind der Indianer und zum beinahe unschlagbaren Gegner für die Regierungsagenten und Missionare, die in den Reservationen versuchten, die Indianer zu zivilisieren. Diese *Decken-Indianer*, Caddos und Wichitas, oft selbst dem Feuerwasser ergeben, verstanden es, das Vertrauen der Missionare und Agenten durch ein auswendig gelerntes *Vaterunser* zu erlangen. Sie waren es, die den weißen Händlern die Möglichkeit gaben, Schnaps in großen Mengen einzuschleusen und auch unter den Plains-Indianern zu verteilen.

Caddo George Washington, den die weißen Reservationsleiter für einen zivilisierten, regierungstreuen und äußerst hilfsbereiten Indianer hielten, der bei Verhandlungen mit Plains-Indianern oft als Dolmetscher diente und gelernt hatte, den lieben Gott jeden Sonntag um Vergebung seiner Sünden zu bitten, war ein roter Schurke, der zu den treuesten Handlangern illegaler Schnapshändler gehörte. Sein Laden in der Nähe der Wichita-Agentur wurde zu einem Umschlagplatz für Feuerwasser, Pulver und Blei. Hätten die Reservationsleiter, die Quäker-Missionare, Agenten und Lehrer nicht immer bei den Indianern außerhalb der Reservation nach den Wurzeln des Übels gesucht, sondern einmal gesehen, daß gerade der Indianer, der Gott kennengelernt hat, am geschäftsmäßigen Betrug an der eigenen Rasse Gefallen findet, dann wären ihre

Caddo George Washington

zum Teil ehrlichen Bemühungen um fruchtbare Reservationspolitik vielleicht erfolgreicher gewesen.

Benjamin Clintocks Lebensretter waren eine solche Bande von *Comancheros*, die in diesem Winter 1873 durch den Texas Panhandle zum Canadian zog. Sie wurde von Jack Gallagher angeführt.

Es waren zwölf Männer mit zwei Frachtwagen, die von je sechs Maultieren gezogen wurden. Sie hatten Benjamin Clintock in einem der Wagen ein Lager gegeben. Er war schon einigen Galgenvögeln begegnet, aber was Jack Gallagher zu bieten hatte, war eine Mannschaft, die sich in einem Schreckenskabinett phantastisch ausgenommen hätte.

Außer Gallagher, Hollis und Martin waren noch zwei Weiße dabei. Sie nannten sich Dave Dudley und Tom Wallace. Beide behaupteten, sie wären nur unterwegs nach Dodge City, um sich einer Büffeljägermannschaft anzuschließen. Sie hätten einen Freund da oben, Joe Plummer, der etwas von der Jagd verstehe, und eigentlich hätten sie nur die Gelegenheit wahrgenommen, auf dem Weg noch ein kleines Geschäft zu machen. Sie nannten Jack Gallagher *Boß*.

Die anderen waren Mischlinge, Mexikaner und Indianer. Einer der Mexikaner war so mager, daß er neben zwei anderen auf dem Bock des ersten Wagens Platz hatte und bei jedem Windstoß beinahe heruntergefegt wurde. Er hustete oft und stark und spuckte andauernd Blut. Seine Gesichtshaut war gelb und beinahe durchsichtig, die Fingernägel fast schwarz. Er hatte keine Zähne mehr im Mund und seine Augenlider eiterten. Wahrscheinlich schleppte er die Syphilis oder die Schwindsucht mit sich herum, vielleicht auch beide zusammen. Flöhe hatten sie auf jeden Fall alle, aber zu jener Zeit war es direkt unanständig, keine Flöhe zu haben und sich trotzdem zu kratzen.

Der einzige unter ihnen, der wie ein Mensch aussah, war Napoleon Washington Boone, ein junger Neger, der jeden Morgen sein Gesicht mit Schnee einrieb und anschließend mit einem Handtuch trocknete. Er war kaum älter als siebzehn, trug eine zerrissene Armeejacke unter seinem Fellmantel und eine etwas hellere Hose, deren Beine in Kavalleriestiefeln steckten. Sein ganzer Stolz war ein Messinghorn, auf dem er hin und wieder den Zapfenstreich blies, weil sich Jack Gallagher darüber beklagte, daß in dieser Gegend alles so still wäre, daß man nie richtig wissen könne, ob man noch Ohren hätte.

Napoleon Washington Boone war ein Deserteur aus dem 10. US-Kavallerieregiment, und er behauptete, daß seine eigenen Kameraden auf ihn geschossen hätten, als er zusammen mit einem anderen Jungen geflohen sei. Eigentlich hätte er nie zur Armee gehen wollen, aber dann hatte er einen Deputy-Sheriff erschossen, der dabeigewesen war, einem anderen Negerjungen die Ohren abzuschneiden. Auf Umwegen sei er dann an einen Armeeaufkäufer geraten, der ihm einen Platz bei der 10. Kavallerie verschafft hätte, wo niemand Fragen stellte. Und da er schon immer ein musikalischer Junge gewesen sei und seine Seele sozusagen nur aus Musik bestünde, hatte er anstatt eines Gewehres ein Horn bekommen.

Benjamin Clintock wußte nicht viel von Soldaten und fast noch weniger von Negern. Sein Vater, sein Onkel und viele, die er kannte, waren zwar im Krieg Soldaten gewesen, aber er hatte eigentlich nie so recht gewußt, wofür sie gekämpft hatten. Seit der Krieg zu Ende war, gab es plötzlich Negersoldaten. »Baumwollpflückerjungs aus Carolina«, nannte sie O'Rourke. Von den Indianern wurden sie *Büffelsoldaten* genannt, weil auch für den phantasielosesten Indianer ein mit Kraushaar bedeckter Negerkopf unverkennbare Ähnlichkeit mit einem Büffelschädel hatte.

Am Abend kam Napoleon Washington Boone zum Wagen und fragte: »Wie fühlst du dich, Mann?«

Und Benjamin Clintock hob den Kopf ein wenig und sagte: »Saumäßig.«

Da brachte ihm der Neger etwas zu essen, und als Benjamin Clintock nicht wollte, sagte er: »Einen Löffel für Onkel Nap, einen Löffel für Onkel Jack, einen Löffel für Onkel Hollis und einen Löffel für Onkel Martin.« Als Ben gegessen hatte, holte er heißen Kaffee, blies in die Tasse und erzählte von einem Mädchen in Santa Fé, das er vielleicht besuchen würde, falls man ihn nicht vorher erwischte.

Benjamin Clintock war froh, Napoleon Washington Boone in der Nähe zu wissen. Obwohl er den Neger nicht länger kannte als die anderen, war ihm, als ob er sich im Notfalle auf ihn verlassen könnte. Im Notfalle? Hatten ihm Gallaghers Männer nicht das Leben gerettet? Wurde er nicht von ihnen gefüttert? Hatten sie ihm nicht ein Lager hergerichtet?

»Bilde dir darauf nur nichts ein, Mann«, sagte Napoleon Washington Boone schon am zweiten Tag zu ihm. »Du hast diesen Indianer abgeschossen, und falls wir Kwahadis begegnen, wirst du ausgeliefert. Darauf kannst du dich verlassen, Mann.«

»Und du? Warum bist du dabei, Nap?«

Napoleon Washington Boone zupfte an seiner Uniformjacke. »Ich wäre nirgendwo sicherer als hier bei ihnen. Mann, glaubst du, daß es irgendwo noch einen Platz für einen Nigger gibt, der desertiert ist?«

Am vierten Tag kreuzten sie die Spuren einiger Wagen und Pferde. Jack Gallagher ließ sofort anhalten und kam zum ersten Wagen zurückgeritten, in dem Benjamin Clintock zwischen Kisten und Fässern, in mehrere Wolldecken gehüllt, seinen Fieberträumen nachdämmerte.

Jack Gallagher zog die Plane zurück. »Deine Freunde sind längst abgezogen«, sagte er. »Ich würde also die nächste Nacht nicht daran denken, davonzulaufen. Außer uns ist niemand mehr in der Gegend. Nur noch Wölfe und Indianer.«

»Ich habe nicht die Absicht, davonzulaufen, Gallagher. Ich bin auch nicht in der Lage dazu.«

»Schön, Clintock!« Gallagher zeigte seine Zähne und Benjamin Clintock fürchtete schon, wieder einmal eine Predigt anhören zu müssen, aber er irrte sich. Gallagher schwang sich vom Pferd in den Wagen und setzte sich auf eine der Munitionskisten. »Wie fühlst du dich, Kleiner?« fragte er freundlich. Er hatte die Stirn in Falten gezogen. Sorge zeichnete sein Gesicht.

»Schlecht«, sagte Benjamin Clintock ehrlich. »Sauschlecht.«

»Fieber?«

»Ich habe das Gefühl, von innen her auszubrennen.«

»Das ist das Fieber. Wie sind deine Füße?«

»Besser.«

»Gut. Es ist ein Wunder, daß du sie überhaupt noch dran hast. Deck dich nur zu, Kleiner. Und wenn du was brauchst, ruf mich, ja? Aus bestimmten Gründen möchte ich nicht, daß du uns unter den Händen wegstirbst.« Benjamin konnte sich diese Gründe lebhaft vorstellen. »Keine Bange, ich werde auf die Beine kommen, und wenn sich die Gelegenheit dazu bietet, werde ich euch einzeln die Köpfe einschlagen! Ihr seid Halunken! Ausgemachte Halunken! Man sollte euch hängen. Der Blitz sollte euch treffen!« Benjamin Clintock keuchte vor Wut. »Tiere seid ihr. Gelbgestreifte Ratten! Aber eines Tages wird man dir das Handwerk legen!«

Gallagher zog die Augen für einen Moment zusammen. Dann lächelte er. »Sei nicht undankbar, Kleiner. Die Welt und der Himmel sind gerecht. Wir haben dir immerhin das Leben gerettet, und du kriegst jeden Tag heißen Kaffee und Laudanum. Sei nur nicht unzufrieden, Kleiner! Du solltest dem Allmächtigen danken, daß er uns zu dir geführt hat!«

»Verdammter Heuchler!« stieß Benjamin Clintock hervor. »Ihr habt mich nur mitgenommen, weil ihr mich den Comanchen ausliefern wollt!«

»Man sollte nicht über die Suppe schimpfen, bevor man sich die Zunge verbrannt hat, Kleiner. Willst du noch 'ne Decke haben?«

»Nein! Laß mich in Ruhe.«

»Gut. Wie du willst. Übermorgen sind wir bei den Adobe Walls, so Gott will. Falls wir bis dahin wirklich keinen Comanchen begegnen, besaufen wir uns, darauf kannst du dich verlassen.«

»Geh zum Teufel, Gallagher!«

»Ich glaube, du hast wirklich hohes Fieber. Aber das ist kein Grund, mir dumm zu kommen.« Seine Augen blitzten auf, und er beugte sich vor. »Denk daran, Clintock, es gibt keinen Grund, gegen Gallagher frech zu werden!« Er holte aus und Benjamin Clintock kam nicht dazu, der Faust auszuweichen. Sie traf ihn mitten ins Gesicht. Seine Oberlippe war aufgeplatzt und Blut lief ihm über das Kinn, als Jack Gallagher sich aufrichtete. »Das wärs, Kleiner«, sagte er. »Halt dich warm, ja!«

»Ich bringe dich dafür um, Gallagher«, schnaufte Benjamin Clintock mit schmerzverzerrtem Gesicht.

Gallagher nickte. »Es kommt nur auf den Versuch an, Kleiner. Denk mal darüber nach, was die anderen mit dir machen würden, wenn du mich umlegst.«

Gallagher sprang von der Heckbracke auf sein Pferd, schlug die Wagenplane herunter und ritt nach vorn. »Vorwärts! Wir schaffen noch vier Meilen, bis es dunkel wird!«

Sie schafften sechs, und als sie am Canadian Halt machten und das Nachtlager einrichteten, sagte Napoleon Washington Boone, daß er bald auf dem Zahnfleisch reiten würde, obwohl er seit einigen Gewalttritten bei der Armee eine Lederhaut am Hintern hätte. »Hart wie eine gußeiserne Bratpfanne«, sagte er zu Benjamin Clintock, der aus einem seiner wirren Fieberträume erwacht war. »Schön geschlafen, Ben?«

»Ich habe davon geträumt, daß Gallagher mit einer Zwölfpfünder-Haubitze durchs Land zog und behauptete, der liebe Gott habe ihm befohlen, den Indianern das Alphabet beizubringen. Der Lauf war voll Bleibuchstaben, und als die Indianer kamen, sagte er: ›Nun paßt gut auf, ihr lieben Kinder!‹ und drückte ab. Es war furchtbar!«

»Seltsamer Traum.« Nap nagte auf seiner dicken Unterlippe herum. »Wie geht es dir sonst?«

»Schmerzen im Rücken. Tief drin.«

»Beim Atmen?«

»Ja.«

»Wahrscheinlich 'ne anständige Lungenentzündung, die du dir da geholt hast. Ich hole dir mal etwas zu essen.«

»Ich habe keinen Hunger!«

»Natürlich hast du keinen Hunger. Aber essen mußt du trotzdem, Mann!« Nap sah sich verstohlen um. Dann beugte er sich vor. »Hör mal, wenn du wieder besser dran bist, hauen wir ab. Zusammen kommen wir durch, das steht fest. Ich habe ein Mädchen in Santa Fé. Wir können zusammen nach Santa Fé reiten und von dort weiter zu den Goldfeldern am Colorado. Da haben wir beide eine Chance, Mann!«

»Übermorgen sind wir bei den Adobe Walls«, sagte Benjamin Clintock. »Entweder kriegen mich die Comanchen oder Gallagher läßt sich was anderes einfallen.«

»Das heißt, daß wir wegmüssen! Mann, zusammen haben wir immer eine Chance! Ich will raus aus diesem Land. Weißt du, ich hatte schon immer eine teuflische Angst davor, skalpiert zu werden. Sonst wäre ich vielleicht in der Armee geblieben. Hätte mir sonst sogar Spaß gemacht. Immerhin, die haben mir ein Horn geschenkt, und ich wollte schon immer eins haben. Aber ich habe einige gesehen, die skalpiert wurden. Scheußliche Sache!«

Irgendwie war es Jack Gallagher aufgefallen, daß Nap und Ben die Köpfe zusammengesteckt hatten und sich ganz gut zu verstehen schienen. Deshalb schickte er Bob Hollis, um Ben seinen Teller mit Fleischbrocken und Bohnen zu bringen. Dazu eine Tasse Kaffee und die üblichen zwanzig Tropfen Laudanum. Davon ging zwar das Fieber etwas zurück, aber man kriegte Durchfall, und das war fast genauso schlimm, denn es war noch immer zu kalt, als das man seinen nackten Hintern gern über die Heckbracke des Wagens gehängt hätte.

Benjamin Clintock verbrachte eine ruhige Nacht. Die Hoffnung, vielleicht mit jemanden zusammen fliehen zu können, wirkte besser als das Laudanum.

Am nächsten Morgen ging es dem Canadian entlang ostwärts. Gegen Mittag wurde es plötzlich warm und der Schnee schmolz schnell. Die Maultiere hatten jetzt weit mehr Mühe, voranzukommen. Der Boden wurde weich, und die Wagenräder sanken an einigen Stellen bis fast zu den Naben ein.

An diesem Tag machten sie nur knapp zwölf Meilen, aber am Abend waren sie nicht weiter als acht Meilen von der alten Handelsfort-Ruine entfernt.

In der Nacht kam Nap von der Wache zurück, holte seine Bettrolle und kletterte zu Ben in den Wagen hinein. Gallagher und die anderen schliefen, außer William Martin, der die Wache übernommen hatte.

»Besser?« fragte Nap.

»Ein bißchen.«

»Du hast 'ne feine Chance, Ben. Wir sind jetzt fast eine Woche unterwegs und haben noch keine einzige Indianernase gesehen. Morgen sind es noch einmal acht Meilen bis zum Fort. Dann wird die Ware unter die Kiowas und Cheyenne verteilt, falls überhaupt welche dort sind. Sobald sie die Waffen und den Whisky los sind und die beiden Wagen voll Felle haben, muß Gallagher abhauen, wenn er keine Schwierigkeiten haben will. Wenn die Indianer erst herausgefunden haben, daß das Schwarzpulver zur Hälfte aus Kohlestaub besteht, dann holen sie sich die Felle zurück und obendrein noch ein paar Skalps. Darauf kannst du dich verlassen, Mann!«

»Das heißt, daß wir abhauen müssen, wenn sich die nächste Gelegenheit bietet.«

»Red nicht davon, Mann, sonst kann ich die ganze Nacht nicht schlafen«, knurrte Nap und wühlte sich in seine Bettrolle hinein, drehte sich auf die andere Seite und schnarchte kaum eine Minute später. Da war Ben sicher: Napoleon Washington Boone hatte Nerven wie Katzendärme.

Benjamin Clintock aber lag lange wach und schlief erst gegen Morgen ein. Als er von Bob Hollis geweckt wurde, war es ihm, als hätte er kaum fünf Minuten mit zehn Mädchen zusammen auf einer einsamen Südseeinsel verbracht. Nap lag nicht mehr neben ihm. Wahrscheinlich hatte er den Wagen verlassen, bevor es hell geworden und Jack Gallagher aufgewacht war. Das mußte sehr früh gewesen sein, denn Gallagher wachte jeden Morgen pünktlich auf, wenn es anfing, hell zu werden.

Sie brachen gleich auf, und es gab kein Frühstück. Benjamin Clintock hatte sein Laudanum in einer Tasse mit Flußwasser bekommen. Schon am Morgen, kurz nachdem die Sonne aufgegangen war, wurde es zum ersten Mal seit Monaten richtig warm, und gegen Mittag waren nur noch wenige Schneeflecken glitzernd wie weiße Porzellansplitter über dem Land verstreut.

Die Sonne stand hoch, als vor ihnen in einer Senke auf der Nordseite des Flusses endlich die Ruinen von Fort Adobe zu sehen waren. Auf der Wetterseite der zerfallenen Lehmmauern lag noch Schnee.

Fort Adobe war um das Jahr 1845 von William Bent als vorgeschobener Handelsposten gebaut worden, etwa eine Meile vom Canadian entfernt. Schon wenig später hatten Kiowas, Comanchen und Cheyenne William Bent dazu gezwungen, die kleine Lehmfestung aufzugeben.

Jack Gallagher ließ die Wagen auf einem kleinen Hügel anhalten, und Benjamin Clintock streckte seinen Kopf durch einen Schlitz der Wagenplane. Direkt unter ihnen, keine dreihundert Meter entfernt, warfen die Ruinen kurze Schatten. Ein paar Dutzend rothäutige Krieger hatten in der Senke ihr Lager aufgeschlagen. Drei Lagerfeuer brannten, und an einem schmalen, kristallklaren Bach weideten fast doppelt so viele Pferde wie Reiter da waren, unter ihnen auch zwei Dutzend Maultiere, die wahrscheinlich den US-Brand trugen.

Nap Boone, der zum ersten Wagen geritten war, machte Jack Gallagher auf einige Reiter aufmerksam, die auf einem flachen Hügelrücken im Norden von ihnen aufgetaucht waren, aber Gallagher winkte ab. »Die haben uns seit drei Stunden begleitet«, sagte er kühl und bewies wieder einmal, daß er im Sattel niemals schlief, obwohl es manchmal ganz danach aussah.

Die Indianer winkten herauf.

»Wir haben ungefähr zwei Wochen Verspätung«, sagte William Martin, nachdem er seine Finger als Kalender zu Hilfe genommen hatte. »Die sind bestimmt ganz schön ungeduldig.«

»Ungeduldig genug, um nicht lange zu palavern«, sagte Jack Gallagher. Er wandte den Kopf. »Clintock, da unten warten ein paar der größten Hundesöhne auf uns, die die Welt kennt. Satanta und Big Tree sind zwar nicht dabei, aber ich denke, daß Little Robe hier ist, ein äußerst verschlagener Cheyenne von der Dog Soldier Society, einer der berüchtigtsten Kriegerbanden. Und von den Kiowas wird Big Bow dabeisein, ein Schnarchsack, der einmal versprochen hat, jedem Weißen, dem er begegnet, das Herz aus dem Leib zu reißen, falls man Satanta und Big Tree nicht endlich freilassen würde.«

»Und? Hat man sie freigelassen?«

»Noch nicht. Aber was nicht ist, kann ja noch werden, und in der Zwischenzeit werden wir auf der Hut sein müssen, denn sie sind hinterhältig wie Klapperschlangen und gefährlich wie Wölfe.«

»Die jetzt auch noch neue Zähne kriegen werden«, kicherte Bob Hollis. »Wenn das nur gut ausgeht. Heiliger Jackson, wenn das nur gut ausgeht!«

Bob Hollis schien ehrlich besorgt, obwohl er den Vertrag mit dem Teufel abgeschlossen hatte, der ihm hundert schnupfenlose Jahre garantierte.

Unten schwangen sich einige der Indianer auf ihre Pferde. Obwohl es beinahe heiß war, trugen noch viele ihre Felle. Die Indianer, die zum Fuß des Hügels geritten kamen, besaßen alle Gewehre.

Vorsichtshalber hatte einer der Reiter einen hellen Stoffetzen an einen Gewehrlauf gebunden, was wahrscheinlich William Martin kaum daran gehindert hätte, ihn noch vor der Begrüßung mit einer Schrotflintenladung aus dem Sattel zu schießen. »Du willst sie doch nicht etwa heraufkommen lassen?« fragte er grimmig.

»Natürlich nicht!« Jack Gallagher grinste. »Ich reite allein hinunter, und wenn etwas passieren sollte, dann könnt ihr sie von hier oben alle bequem abschießen.«

Gallagher zog seine Winchester aus dem Scabbard, nahm sie an die Schulter und schoß eine Kugel vor die Pferde der fünf anreitenden Indianer, die sofort ihre Tiere zügelten. Ohne zu zögern ritt Jack Gallagher den Hang hinunter, und für einen Moment mußte Benjamin Clintock widerwillig seinen Mut bewundern.

Sie trafen sich auf halbem Weg. Jack Gallagher hatte das Gewehr eingesteckt und zog das schwarze Buch aus seiner Jackentasche. Der Wind trug seine Stimme den Hügel hoch, und man konnte einige Wortfetzen verstehen. »Hundesöhne seid ihr . . . Der Herr im Himmel . . . Jesus, Maria und die Jünger . . . Meuchelmörder . . . Skalpjäger . . . Moses hat schon gesagt . . . das Paradies auf Erden ist für euch vorbehalten . . . Mohrenköpfe, verdammt noch mal . . .«

Bob Hollis kicherte. »Dabei hat er immer ein unschuldiges Lächeln im Gesicht, und sie verstehen sowieso nur die Hälfte.«

Die Indianer nickten und lauschten angestrengt, machten dumme Gesichter, grinsten und unterbrachen Jack Gallagher kein einziges Mal in den zehn Minuten, in denen er so tat, als würde alles, was er sagte, in der Bibel stehen. Aber so wurde es immer gemacht. Auch bei Friedensverhandlungen. Die wenigen Leute, die englisch und einige Indianersprachen beherrschten, schmunzelten darüber. Die anderen zogen die Köpfe ein, wenn es plötzlich knallte, nachdem man stundenlang vom Frieden auf Erden gesprochen hatte.

Plötzlich aber zogen die Indianer ihre Tiere herum und ritten in die Senke hinunter. Jack Gallagher kam zurück und verlangte einen Schluck Wasser, weil er vom Reden eine rauhe Kehle gekriegt habe.

»Wie war's?« fragte William Martin.

»Alles bestens. Sie haben zwar einen dabei, der englisch kann, aber ein verrückter Siedler hat ihm vor einigen Wochen die Zunge abgeschnitten. In einer Stunde ist Konferenz beim mittleren Feuer. Nap, nimm dein Horn. Du kommst mit. Du auch!« Gallagher zeigte auf einen Mischling, der in seiner Ahnengalerie wahrscheinlich ein gewaltiges Durcheinander von Indianern, Negern und Weißen hatte.

Zu dritt ritten sie nach einer Stunde hinunter, und Jack Gallagher hatte als Geschenke zwei Dutzend kleine Taschenspiegel mitgenommen, die sehr begehrt waren, weil man bei Sonnenschein damit signalisieren konnte. Das Palaver dauerte fünf Stunden, und es wurde dunkel, als Gallagher, Napoleon und der Mischling zurückkehrten. Zwischendurch hatte Nap zweimal ins Horn geblasen. Jack Gallagher sah aus, als hätte er eben ein Millionengeschäft gemacht. »Alles läuft wie abgemacht«, verkündete er. »Morgen früh nach dem Frühstück fahren wir mit leeren Wagen hinunter und laden die Büffelhäute. Alles klar?«

Martin schüttelte den Kopf. »Wenn wir unten sind und sie hier oben mit dem ganzen Arsenal, hagelt es Blei, und sie verkaufen die gleichen Felle anschließend an andere.«

Martin schien ein äußerst scharfsinniger Realist zu sein. Gallagher versprach, am Morgen noch einmal zu verhandeln, und meinte, daß dies im umgekehrten Fall eigentlich keine schlechte Idee für das nächste Geschäft sein würde.

»Was hat er ihnen gesagt?« fragte Benjamin Clintock Nap nach dem Essen, als zwischen den Wagen ein Lagerfeuer brannte.

»Er hat ihnen gesagt, daß er vom Großen Geist geschickt wäre, weil er im Herzen ein Indianer sei und wahrscheinlich nur durch ein Mißverständnis der Natur eine weiße Haut habe. Dann intonierte ich bewegt einen Tusch, für den sie sich erfreut bedankten. Nachher sagte jeder von ihnen etwas, und es wurde geraucht und palavert, und dann hielt Gallagher wieder eine Rede, und er nannte sie alle Hundesöhne, aber Joe hat das natürlich nicht übersetzt, sie gaben Gallagher die Hand und ich blies den Zapfenstreich, der ihnen auch gefiel. Nachher wurde noch einmal palavert und zwischendurch aßen wir ein bißchen Pemmikan, wovon mir beinahe übel wurde. Schließlich zogen wir es vor, zurückzukommen, weil es langsam dunkelte. Dieser Gallagher ist ein verschlagener Schweinehund, Ben! Er erhandelt sich gegerbte Büffelfelle für mehrere tausend Dollar und gibt ihnen zusammengestohlene und von Mexiko hereingeschmuggelte Ware. Weißt du, seit ich Jack Gallagher kenne, bin ich verteufelt froh darüber, eine schwarze Haut zu haben!«

»Soll das heißen, daß ich mich schämen sollte?« fragte Benjamin Clintock beinahe giftig.

»Du vielleicht nicht, aber eine ganze Reihe anderer. Und es fängt bei Präsident Washington an und hört bei Jack Gallagher auf!«

Napoleon Washington Boone war gar nicht so dumm, und Benjamin Clintock spürte beinahe, wie ihm vom Hals her die Röte ins Gesicht kroch. Aber was hatte er mit dem Präsidenten zu tun? Oder mit Gallagher? Oder mit den Missionaren? Nein, so ging es natürlich nicht. Er war nicht verantwortlich für die Schweinereien, die in der Welt passieren. Nap schien das auch nicht so gemeint haben, denn er legte ihm den Arm um die Schultern und summte leise.

Jack Gallagher wies die Männer an, den zweiten Wagen zu entladen. Die kleinen Schnapsfässer wurden nebeneinander aufgereiht, und die Munitionskisten bildeten eine kleine, kurze Brüstung neben dem Wagen. Zwei Männer hielten jeweils für zwei Stunden zusammen Wache, und nach Mitternacht waren Nap Boone und Miguel, der Mexikaner, an der Reihe.

Napoleon Washington Boone hatte die Beine angezogen und hockte im Schatten eines Wagens im Gras. Miguel rauchte hinter vorgehaltener Hand, obwohl Jack Gallagher befohlen hatte, nur unter der Decke zu rauchen.

»Mir ist nicht viel wohl in meiner Haut«, sagte der Mexikaner.

»Wem ist hier schon wohl in seiner Haut, Amigo«, sagte Nap leise. »Gallagher vielleicht. Der hat Nerven wie Katzendärme.«

»Mir wäre wohler in meiner Haut, wenn wir nicht hier wären«, sagte Miguel. Er zog an der Zigarette und blies den Rauch in die Mündung seiner Winchester. Nap stand auf und warf einen Blick hinüber zum ersten Wagen, wo Gallagher und die anderen am Boden lagen. Ein Geräusch ließ Nap herumfahren.

»Da war was!« behauptete er. »Da war ein Geräusch!«

»Nichts Geräusch. Nur Wind, gottverdammt!« Miguel warf den Zigarettenstummel ins Gras und trat ihn aus. Wahrscheinlich war er einer von denen, die nachts die Bettdecke über den Kopf zogen, wenn sie ein Geräusch hörten. Miguel ging zum Rand des Hügels und setzte sich in der Nähe von Martin hin. Nap nahm sein Gewehr vom Wagen. Er hörte ein Brett knarren, und als er zur Heckbracke ging, sah er, wie ein Indianer vom Wagen sprang und auf die Büsche zulief. Er hatte einen der Tonkrüge, in denen reiner Methylalkohol war, unter dem Arm, war bis auf einen Lendenschurz nackt und bewegte sich flink wie eine Antilope. Hakenschlagend lief er den Hügel hinunter und Nap hätte ihn mit einem schnellen Schuß töten können, aber er dachte, daß er wegen einer Gallone Schnaps keinen Krieg entfachen wolle. Er ging hinüber zu Miguel und sagte ihm, daß ein Indianer mit einem Tonkrug voll Schnaps entkommen sei. Miguel grinste von einem Ohr zum anderen. »Schnaps!« sagte er leise. »Heiliges Mütterchen von Guadalupe, dieser Bursche wird sich wundern, sag ich dir, Amigo!«

Knapp eine Stunde später wurden die schlafenden Männer durch einen furchtbaren Schrei aufgeweckt. Benjamin Clintock erschrak und ging beim Wagen in Deckung. Jack Gallagher hatte beide Revolver schußbereit in den Händen, und Bob Hollis griff nach der Winchester. Zweimal knackten die Hähne von Martins Schrotflinte.

Unten, wo die Indianer lagerten, entstand im Lichtschein der Feuer Bewegung. Dunkle Gestalten liefen zu einer Mulde am Bach, aus der ein Mann taumelte, sich um die eigene Achse drehte und brüllend zu Boden fiel. Er wälzte sich auf der Uferbank, kroch durch den Sand, schrie und brüllte, kam auf die Knie und preßte beide Hände gegen den Leib.

»Was zum Teufel hat denn der Bursche?« fragte Jack Gallagher. »Hat sich wohl in ein Klapperschlangennest gesetzt, der arme Hund.«

Miguel kicherte leise. Nap stand beim zweiten Wagen und tat, als entdeckte er erst jetzt den Schlitz in der Plane. »Boß, da hat jemand wahrscheinlich einen von den Tonkrügen mitlaufen lassen. Mann o Mann, das ist . . .«

Jack Gallagher war etwas blaß geworden, als er auf den Wagen zuging und den Schlitz betrachtete. Tom Wallace zündete eine Hurricanlaterne an und leuchtete ins Wageninnere. »Wir hatten zwanzig Krüge«, sagte Hollis.

»Jetzt sind es noch neunzehn!« sagte Jack Gallagher und drehte sich langsam um. »Gott verdammt, der hat eine Gallone reinen Alkohol im Bauch und daß er krepiert, ist so sicher wie das Amen in der Kirche!« Gallagher richtete seine beiden Revolver auf Miguel. »Habt ihr gepennt, verdammt noch mal?«

»Natürlich nicht!« stotterte Miguel. »Por Dios, Boß, wir haben die Augen und die Ohren offengehalten. Beim Andenken an mein Mütterchen, es war niemand da, während wir Wache hielten, Boß. Wenn ein Krug verschwunden ist, dann ist das vorher geschehen. Vor Mitternacht!«

»Wir haben nichts gehört und nichts gesehen«, sagte Nap ruhig.

»Vor Mitternacht hatten Dave Dudley und Tiburcio Wache«, sagte Martin. »Ich trau dem Nigger nicht, Boß.«

Gallagher nickte. »Ich auch nicht«, stieß er hervor und ging zum Rand des Hügels. Unten beim Bach wälzte sich der Indianer heulend am Boden. Einer, der in den Uferbüschen herumgesucht hatte, schwang plötzlich einen Tonkrug. Die anderen holten ihre Waffen, und sie hoben den schreienden Mann vom Boden auf. Er krallte sich an ihnen fest, krümmte sich, schrie und tobte, während sie ihn den Hügel hochtrugen. Es waren drei Dutzend Cheyenne und Kiowas, und sie kamen lautlos durch das Gras, mit grimmigen Gesichtern, die Waffen schußbereit in den Händen.

»Wer einen nervösen Zeigefinger hat, soll ihn vom Drücker nehmen!« sagte Jack Gallagher. »Ein Schuß, und es gibt ein Massaker, das von uns keiner überleben wird!«

»Schöne Scheiße!« Bob Hollis spuckte einen Strahl Tabaksaft aus. »Das hat uns jetzt gerade noch gefehlt! Vergreift sich so ein Idiot ausgerechnet an den Tonkrügen!«

»Methylalkohol!« flüsterte Dave Dudley Benjamin Clintock zu. »Das dauert nicht lange, bis er tot ist. Höchstens noch ein paar Minuten, sage ich. Reiner Methylalkohol! Das verträgt kein Mensch!«

Tierisches Gebrüll schlug den Männern auf dem Hügel entgegen. Nur ein paar der Indianer hatten Schußwaffen. Die anderen waren mit Tomahawks, Bogen und Pfeilen, Kriegskeulen, Schildern und Lanzen bewaffnet.

»Mit zehn Schrotflinten wäre das im Nu erledigt«, sagte William Martin kalt.

»Wir haben keine zehn Schrotflinten!« erwiderte Gallagher. »Und wir haben auch keine Haubitze, verdammt! Den Kerl, der Wache hatte, als der Krug geklaut wurde, bringe ich morgen eigenhändig um, falls die Rothäute ihn nicht haben wollen!«

Als die Indianer den Rand des Plateaus erreicht hatten, ließen sie den brüllenden Mann zu Boden gleiten. Er wälzte sich in der aufgeweichten Erde, brüllte und heulte und stöhnte, zog sich zusammen und bäumte sich auf, von heftigen Schmerzen geschüttelt. Sein Gesicht war dunkel. Schaum quoll aus seinem Mund. Er hatte die Finger in den Bauch gekrallt und überrollte sich am Boden.

Plötzlich taumelte er auf die Beine, die Augen und den Mund weit aufgerissen. Er machte zwei drei Schritte auf Jack Gallagher zu, der zurückwich. Einer der Cheyenne folgte ihm und nahm ihn beim Oberarm, um ihn zurückzuziehen. Aber der Mann riß sich los, taumelte vorwärts und fiel in die Knie. Einige Minuten lang wurde er von heftigen Krämpfen geschüttelt. Er bekam fast keine Luft mehr. Sein Gesicht war dick angeschwollen, und plötzlich fuhren seine Hände zum Hals. Er würgte, übergab sich und fiel zur Seite. Als einer der Cheyenne sich über ihn beugte, streckte er sich am Boden aus.

»Tot«, flüsterte Dave Dudley. »Ich hab's ja gesagt!«

Das Knistern des Feuers war in der Stille plötzlich laut. Benjamin Clintock hielt den Atem an. Minuten verstrichen. Schweiß glänzte auf den dunklen Gesichtern der Indianer. Einer von ihnen bewegte sich, trat vor, nahm einem jungen Krieger den Tonkrug aus der Hand und hielt ihn mit der Öffnung nach unten über das Feuer. Ein einziger Tropfen funkelte sekundenlang am Hals, wurde lang und schwer, löste sich und fiel. Der Indianer warf den Tonkrug vor Gallaghers Füße. Gallagher bewegte sich nicht. Der Krug zerplatzte und der Indianer trat einen Schritt zurück.

Da hob Gallagher die Hand. Er war etwas bleich im Gesicht und seine Stimme zitterte ein bißchen, als er rief: »Freunde! Brüder! Wir sind eben Zeuge geworden, wie ein Mann für einen hinterhältigen Diebstahl bestraft wurde! Gelobt sei der Große Geist, unser Herr, der uns allen auf die Finger sieht, ob rot oder weiß oder gelb oder schwarz!« Er trat einen Schritt vor und zeigte auf den Toten. »Er hat die Dunkelheit der Nacht ausgenützt, um seine Freunde zu bestehlen, weil er sich seiner Tat bei Tage geschämt hätte! Dafür mußte er sterben! Jetzt steht ihr vor mir, als ob *ich* ihn umgebracht hätte! Gestern haben wir uns die Hand gegeben und miteinander geraucht. Und jetzt steht ihr vor mir, mit den Händen an den Waffen und dem Kriegsschrei auf den Lippen. Aber überlegt euch mal, wer schuld ist am Tod dieses Diebes! Ich oder ihr. *Ihr* seid schuld, die ihr nicht aufgepaßt habt! Du, Little Robe, und du auch, Big Bow! Bringt euren jungen Hüpfern Anstand und Manieren bei, bevor ihr über einen Mann richten wollt, der gekommen ist, euch zu helfen! Ich bin euer Freund, aber wenn ihr es anders haben wollt, könnt ihr es kriegen! Gott steh euch bei, wenn ihr *mich* zum Feind habt!«

»Amen«, sagte Bob Hollis wie fast jedes Mal, wenn sein Boß eine Rede beendet hatte. Jack Gallagher winkte ab. »Verdammt, die haben nichts verstanden! Joe, sag ihnen, daß der Große Geist diesen Krieger dort bestraft hat! Sag ihnen, daß . . .«

»Ich weiß«, sagte Joe mit kehliger Stimme und übersetzte Jack Gallaghers Rede in Cheyenne und Kiowa. Als er fertig war, palaverten die Indianer durcheinander, und ein paar Dutzend Hände machten allerhand Zeichen. Schließlich trat Little Robe vor.

»Gut«, sagte er. »Morgen Gewehre, Pulver und und Blei. Du Schnaps behalten. Wir nicht trinken Schnaps. Wir machen Krieg. Wenn Krieg, nix gut Schnaps!«

»Okay, alter Schurke«, sagte Jack Gallagher. »Aber wir kriegen kein Fell weniger, das steht fest! Und wenn du den Schnaps nicht willst, geht das auch in Ordnung. Aber wir kriegen alle Felle! Übersetz ihm das mal, Joe. Und dann sollen sie den Toten nehmen und verschwinden.«

Joe übersetzte. Die Indianer nickten. Sie wollten die Waffen und brauchten die Felle nicht mehr. Der Winter war vorbei und keiner wußte, ob er im nächsten Winter überhaupt noch ein Fell brauchen würde. Sie hoben den Toten auf und gingen. Bob Hollis kicherte hinter ihnen her. Das Geschäft wurde plötzlich unerwartet interessant. Daß dabei ein Cheyenne an einer Alkoholvergiftung gestorben war, beunruhigte ihn ebensowenig wie der Gedanke, daß er für diesen Vorfall einen Schuldigen brauchte, den er in Nap Boone zu finden gedachte. Als die Indianer abgezogen waren, ging er auf den Neger zu.

»Nap, der Indianer hat den Krug nicht vor einer und nicht vor zwei Stunden gestohlen. Kein Indianer stiehlt eine Schnapsflasche und hebt sie länger als ein paar Minuten lang auf, bevor er damit anfängt, sie leerzusaufen!« Seine Stimme wurde leise. »Hast du geschlafen, Nap?«

»Nein«, sagte Nap.

Gallagher nickte. »Gut. Wenn du nicht geschlafen hast, dann mußt du ihn gesehen haben, als er den Tonkrug holte.«

»Gallagher, ich . . .«

Jack Gallagher hieb Nap den Revolverlauf über den Kopf. Nap ging zu Boden, und Ben, der unter dem Wagen lag, mußte sich Mühe geben, nicht aufzuspringen und Jack Gallagher anzugreifen. »Bindet den Nigger am Rad fest!« befahl Jack Gallagher zwei Mischlingen. »Morgen wird er sich vielleicht erinnern. Lieber Gott, warum hast du diesen Nigger mit einem solchen Dickschädel auf die Welt gebracht?«

Tom Wallace half den beiden Mischlingen, Nap so am Wagenrad festzubinden, daß er weder liegen noch stehen konnte, sondern mit ausgestreckten Armen und durchgebogenen Beinen am Wagenrad hängen blieb. Dave Dudley füllte einen Wassereimer und goß ihn über Naps Kopf aus, und Ben wünschte, er hätte einen Revolver im Leibgurt.

Jack Gallagher teilte neue Wachen ein. Miguel hatte sich irgendwo verkrochen, und Martin legte sich wieder mit seiner Schrotflinte schlafen. Unten bei den Fortruinen sangen ein paar Cheyenne für den Toten. Gallagher schärfte Hollis und dem schwindsüchtigen Mexikaner ein, gut aufzupassen, bevor er sich in seine Decken legte. Für ihn war die Sache erledigt. Er hatte es wieder einmal fertig gebracht, eine drohende Gefahr rechtzeitig abzuwenden. Bevor er einschlief, betete er leise und bedankte sich bei der Heiligen Dreifaltigkeit für die Gabe, daß er die Menschen, die üble Absichten hegten, mit wenigen Worten und einer Portion Nächstenliebe eines Besseren belehren konnte. »Sonst hätten uns die Indianer glatt massakriert, o Herr. Vielen Dank! Und was den Nigger betrifft, so werde ich dir morgen die schmutzige Arbeit abnehmen und ihn eigenhändig in die Hölle befördern – Amen!«

8
Ein Fetzen vom Paradies

Man könnte meinen, Vater, daß du alle diese Soldaten hergeschickt hast, damit sie uns das Land stehlen, aber ich kann das einfach nicht glauben. Obwohl ich in euren Augen nichts anderes bin als ein einfacher und armseliger Indianer, so weiß ich doch, daß dieses Land nicht für eure Farmer taugt. Selbst wenn ich eure Herzen für schlecht genug hielte, um uns das Land wegzunehmen, bin ich nicht in Sorge, denn ich weiß, daß weniger Holz da ist, als ihr braucht. Ihr könnt euch eigentlich nur an den Flüssen niederlassen, wo es einige Bäume gibt, aus denen ihr eure Häuser bauen könnt. Wir aber finden überall im Land immer genug Holz für unsere Lagerfeuer.

Big Elk, Omaha, in: Walter Prescott Webb, THE GREAT PLAINS, 1931

Letztes Jahr war ich in Cleveland und kam mit einem *Nicht-Indianer* ins Gespräch über amerikanische Geschichte. Er sagte, er würde sehr bedauern, was den Indianern zugestoßen sei, aber es gäbe auch einige gute Gründe dafür. Schließlich habe der Kontinent ja bewirtschaftet werden müssen. Und er glaube, daß die Indianer dem Fortschritt nur im Wege gestanden hätten und deshalb entfernt werden mußten. »Was habt ihr denn damals mit dem Land angefangen, als es euch gehörte?«
Ich verstand nicht, was er meinte, bis ich später entdeckte, daß der Cuyahoga River, der durch Cleveland fließt, entzündbar ist! Es wird so viel brennbarer Giftmüll in den Fluß geworfen, daß die Bewohner der Stadt im Sommer besondere Vorsichtsmaßnahmen ergreifen müssen, um ihn nicht versehentlich in Brand zu setzen. Nachdem ich die Ansicht meines *Nicht-Indianer-Freundes* noch einmal überdacht hatte, entschied ich, daß er wahrscheinlich recht hatte.
Die Weißen hatten vom Land wirklich besser Gebrauch gemacht. Welcher Indianer wäre schon auf die Idee gekommen, einen brennbaren Fluß zu erschaffen?

Vine Deloria Jr., WE TALK, YOU LISTEN, 1970

So wie Benjamin Clintock Jack Gallagher und seine Getreuen einschätzte, war Naps Leben für sie keinen Pfifferling wert. Gallagher würde ihn bei Sonnenaufgang wohl mit der gleichen Kaltblütigkeit erschießen, mit der er den Coyoten abgeknallt hatte, und Ben entschied sich dafür, die Dunkelheit der Nacht auszunützen, um mit Nap zu entkommen. Allerdings fühlte er sich ziemlich schwach und elend. Außerdem kannte er das Land nicht, wußte nur, daß sie sich irgendwo im Texas Panhandle am Canadian River befanden, umgeben von einer unermeßlichen Wildnis und einigen tausend Indianern, weit ab von der nächsten Ansiedlung. Er würde von Naps Kraft und Ausdauer abhängig sein, wenn er sich einmal weiter von Gallaghers Wagen entfernt hatte, als eine Kugel fliegt. Aber er wußte nicht, ob Nap sich auskannte oder nicht. Er wußte nur, irgendwo im Norden war Kansas, und dort gab es Farmen und Ranches und Dörfer.

Ben lag unter dem Wagen, zwei Schritte hinter dem Rad, an dem Napoleon Washington Boone hing. Das Feuer war fast niedergebrannt. Bob Hollis, der eigentlich wach sein sollte, stand leicht hin und her schwankend bei den Schnapsfässern, das Gewehr in der Armbeuge und den Kopf in den Nacken gelegt. Da er sicher war, daß ihm während der nächsten hundert Jahre sowieso nichts passieren konnte, schlief er tief und schnarchte sogar leise. Hinter dem Wagen hockte der Mischling, der eine bunte Decke um die Schulter geschlagen hatte und ausdauernd in seiner Nase bohrte. Er war mindestens zehn Schritte entfernt und hob in einer Stunde nur einmal den Kopf, um zu gähnen.

Nap, der mit gestreckten Armen am Rad hing, war wach. Ben hörte manchmal seinen Atem. Als der Mischling etwas zusammensackte, drehte Nap den Kopf. Ein Schweißtropfen hing an seiner breitgedrückten Nase und er hatte die Oberlippe von den Zähnen gezogen. Zwei Stunden waren vergangen, seit sie ihn am Rad festgebunden hatten.

»Ich habe ein Messer im Stiefel!« flüsterte Nap, und Benjamin Clintock blieb beinahe das Herz stehen, als Hollis einen zufrieden klingenden Seufzer von sich gab. Ben wartete eine Weile und schob sich dann um das Wagenrad herum.

»Ich dachte die ganze Zeit daran, wie ich dich losmachen könnte«, sagte er leise und fing an, das linke Hosenbein von Nap hochzukrempeln.

»Rechts!« flüsterte Nap, und Hollis schnaubte fast wie ein Pferd. Ben fand das Messer im rechten Stiefel. Er zog es heraus. Es war nur ein kleines Kartoffelrüstmesserchen. Als Nap freikam, richtete er sich etwas auf. Beim Feuer drehte sich William Martin und streichelte im Schlaf seine Schrotflinte. Jack Gallagher hatte den Hut auf dem Gesicht, und der ausgemergelte Mischling hüstelte beinahe ununterbrochen.

»Wir brauchen Pferde«, sagte Ben leise, »und Waffen.«

Nap nickte, bedeutete Ben mit einer Handbewegung, hierzubleiben und zu warten. Dann kroch er durch das Gras, keine zwei Schritte von Hollis entfernt, zum Rand des Plateaus und auf die Büsche zu. Ben hielt den Atem an und nahm Naps Stellung ein. Unten, wo die Indianer lagerten, war alles ruhig. Der Wind hatte sich gelegt, und während Ben am Wagenrad lehnte, wünschte er sich beinahe, eine schwarze Haut zu haben. Nachts war der Neger einfach im Vorteil.

Bob Hollis kicherte plötzlich, als wäre er im Traum einem Witzbold begegnet. Der Mischling hatte die Decke über den Kopf gezogen und das Gewehr ins Gras gelegt. Fast eine Stunde verstrich, und Ben zweifelte schon fast daran, daß er Nap jemals wiedersehen würde, als es im Gras raschelte. Der Mischling hinter dem Wagen biß kleine Stücke von einer Kandisstange und machte dabei soviel Lärm unter seiner Decke, daß er Nap nicht hören konnte.

»Komm!« flüsterte Nap.

»Wohin?«

»Weg, Mann! Nichts wie weg!«

Benjamin Clintock kroch hinter Nap den Hügel hinunter zum Ufer des Baches. Dort, im Schatten einiger Cottonwoods, drehte sich Nap um. Er hatte das Messinghorn umgehängt, und aus seinem Leibgurt ragte ein Revolver.

»Was zum Teufel willst du mit dem Horn?« fragte Ben leise.

»Für den Notfall«, gab Nap zurück. »Komm!«

Auf der anderen Seite des Baches zwischen einigen Weidenbüschen stand ein Maultier, ohne Sattel, aber aufgezäumt. Als Ben sich ihm näherte, drehte das Maultier ihm den dicken Hintern zu und schlug grunzend aus. Ben wich zurück.

»Ein Maultier ohne Sattel!« stieß er hervor. »Obendrein auch noch ein Schläger!«

»Das ist alles, was ich auftreiben konnte«, erwiderte Nap. »Beklag dich nur nicht. Er beißt auch, und sein Name ist *Schneeschuh*, weil er weiße Strümpfe hat.«

»Du kennst ihn?« fragte Ben erstaunt.

»Natürlich!« sagte Nap. Es klang, als ob er sämtliche Maultiere der 10. US-Kavallerie mit Namen kennen würde. Nap ging vorsichtig an das mausgraue Maultier mit den weißen Strümpfen heran, und es gelang ihm irgendwie, auf dessen Rücken zu kommen. Er klopfte Schneeschuh gegen den Hals, sagte: »Sei lieb, Alter!« und nickte Ben aufmunternd zu. Ben machte einen weiten Bogen, löste die Zügelenden vom Ast und warf sie Nap zu. Schneeschuh stand wie ausgestopft, seit Nap auf seinem Rücken saß, und Ben hatte keine Mühe, hinter dem Neger aufzusteigen.

»Halt dich fest, Cowboy«, sagte Nap. »Manchmal bockt er.«

»Hat er sonst noch Unarten?«

»Eine ganze Reihe. Wenn er einen Hut erwischt, frißt er ihn. Und wenn Indianer in der Nähe sind, fängt er manchmal an zu kichern. Und wenn du ihm Pfeffer unter den Schwanz streust, verwandelt er sich in einen wahren Teufel. Er mag keine Sergeanten und ist nur zu verheirateten Frauen freundlich. Du kannst doch reiten, Ben?«

»Ich war vor kurzem noch Cowboy und komme aus Texas!«

»Das heißt noch lange nichts. Halt dich fest!« Nap kitzelte Schneeschuh hinter dem Ohr, und plötzlich machte das Maultier einen Sprung, bockte seitwärts, drehte sich zweimal um seine eigene Achse und blieb plötzlich wie angewurzelt stehen. »Das macht er zuerst immer«, behauptete Nap. »Aber jetzt ist er anständig.« Er schnalzte mit der Zunge, und tatsächlich trottete Schneeschuh gemächlich am Ufer des Baches entlang.

»Kennst du den Weg?« fragte Ben nach einer Weile.

»Westwärts. Immer nur westwärts, Mann. Wenn wir Glück haben, finden wir die sieben goldenen Städte, nach denen Coronado vergeblich gesucht hat.«

»Deine Sorgen möchte ich haben«, sagte Ben und warf einen Blick über die Schulter. Hinter ihnen blieb alles ruhig. Der Schein der Lagerfeuer tanzte über die Lehmwände. Auf dem Hügel hoben sich die Wagenplanen bleich vom sternenübersäten Himmel ab.

»Von jetzt an teilen wir die Sorgen, Mann«, sagte Nap. »Von jetzt an teilen wir alles, was wir haben, und das ist verdammt nicht viel. Ich kenne zwar in Santa Fé ein prächtiges Mädchen, aber das hält nicht viel von weißen Jungs.«

»Heißt das, daß du nach Santa Fé willst?«

Nap lachte. »Meine Mom wollte immer nach Washington D. C., um dem Präsidenten in die Suppe zu spucken. Sie hat es nie geschafft.« Nap versuchte, Schneeschuh schärfer anzutreiben, aber das Maultier behielt seinen holprigen knochenschüttelnden Trott bei. Erst am Ufer des Canadians gelang es Nap, Schneeschuh zu überreden, ein paar Galoppsprünge zu machen. Aber schon nach kurzer Zeit hatte das Maultier keine Lust mehr, und Nap fing an, Schneeschuh ein Stück aus seiner Lebensgeschichte zu erzählen. Er redete leise und mit monotoner Stimme, erzählte von Baumwollfeldern in Süd-Carolina, und dann von einem Deputy-Sheriff, der einem Negerjungen namens Pete die Ohren abschneiden wollte. Es war eine traurige Geschichte, die ihr Ende in einer kleinen, feuchten Zelle fand, wo Nap auf einer feuchten Pritsche saß und feuchtes Hartbrot kaute, an dem feuchte Schimmelpilze wucherten. Schneeschuh trottete den ganzen Tag hindurch am Canadian River entlang, ohne müde zu werden. Ben, müde und mit Schmerzen, die in seinem Bauch wühlten und sich über den Oberkörper ausbreiteten, klammert sich an Nap fest. Die Sonne brannte die Erde zu Staub. Am Nachmittag spürte Ben, wie er plötzlich Orientierung und Kraft verlor. Er rutschte vom Maultier, stürzte und war wieder klar, bevor Nap Schneeschuh angehalten hatte. Am Abend – sie hatten mindestens zwanzig Meilen zurückgelegt – machten sie an einer Krümmung des Flusses halt; Ben stellte müde fest, daß es hier aussah wie dort, wo sie am Morgen gewesen waren. »Kein Baum, kein Strauch«, sagte Ben. Nap drehte den Kopf. Sein Gesicht glänzte wie poliertes Mooreichenholz.

»Auch keine Indianer«, sagte er und zeigte seine Zähne.

»Welch ein großartiger Trost dafür, daß du keine Ahnung hast, wo wir sind.«

Es wurde schnell kühl, dann kalt, als die Sonne untergegangen war, und sie versuchten, im Dämmerlicht einen Katzenfisch zu fangen. Fröstelnd lagen sie am Ufer, sahen den Fisch, griffen zu, aber erwischten ihn nicht. Es war dunkel, als Benjamin Clintock die absurde Idee hatte, aus einem Buschast einen Speer zu schneiden, denn es gab weit und breit keinen Busch mit einem Ast, der länger war als zwei Fuß. Nap trug ein bißchen Gras zusammen, fand ein paar trockene Büffelfladen und schichtete sie in einer Mulde zwischen den Uferbänken auf. Er hatte Streichhölzer in der Hemdtasche, zwei Hufnägel, ein Ersatzmundstück für sein Horn und einen Fingerhut. Die ganze Nacht hindurch hockten sie an dem kleinen Feuer. Nap suchte in der Dunkelheit nach trockenem Holz und Büffelfladen, und Ben lauschte dem Klappern seiner Zähne. Früh am nächsten Morgen fing Nap doch einen Katzenfisch, schlitzte ihm mit dem Kartoffelrüstmesserchen den Bauch auf, entfernte die Innereien und zog ihm mit den Zähnen die Haut ab.

»Hast du wenigstens Hunger?« fragte er und hielt den Fisch mit einem kleinen Ast über das Feuer. »Auch wenn du keinen Hunger hast, mußt du ein Stück von dem Fisch essen, sonst bleibst du auf der Strecke.«

»Ich habe keinen Hunger«, sagte Ben. »Ich habe Schmerzen beim Atmen. Und ich habe Fieber.«

»Du bist wirklich krank, Mann. Dich hat es im Blizzard übel erwischt. Ich glaube, du bist verdammt krank, aber wenn es eine Lungenentzündung wäre, würdest du husten, das steht fest.« Nap zog den Fisch aus dem Feuer und zerteilte ihn. »Hier, iß was!«

Ben schob ein kleines Stück vom Fisch zwischen die Zähne und zerkaute es lustlos. Nap beobachtete ihn. »Iß, Mann, iß!« sagte er, aber Ben hatte keine Lust mehr, und Nap aß den Rest des Fisches. Als er damit fertig war, stand er auf, pinkelte über das Feuer und wischte die Hände an der Hose ab. Schneeschuh, der mit gespreizten Beinen am Flußufer stand und soff, warf plötzlich den Kopf hoch, pustete einen schrillen Laut durch die Nüstern und machte ein paar Bocksprünge rückwärts. Nap ging zum Fluß und beugte sich über die Uferböschung.

»Mann o Mann!« rief er plötzlich, »da kommt einer angeschwommen!« Er richtete sich auf und zeigte auf eine Gestalt, die mit dem Gesicht nach unten im sanft fließenden Wasser herantrieb, von einem Strudel erfaßt wurde und sich langsam im Kreis drehte, bevor sie am Wurzelstock eines angeschwemmten Busches hängenblieb. Aus dem Rücken der Gestalt ragten ein halbes Dutzend Pfeilschäfte; das schulterlange Haar bewegte sich wie ein dunkler Moosschleier in der Strömung.

Nap zog die Stiefel aus, krempelte die Hosenbeine hoch und watete durch das seichte Wasser. Er packte den Mann an der Schulter und zog ihn zum Ufer heran. Ben half ihm, die Leiche hochzuziehen.

»Mit sechs Pfeilen im Rücken schwimmt keiner zum Mississippi!« sagte Nap und drehte die Leiche auf die Seite. »Ein Büffeljäger. Armer Hund. Kennst du ihn?«

Benjamin Clintock schüttelte den Kopf. Das Gesicht des Mannes war aufgedunsen und wachsbleich. Er hatte die Augen halb geöffnet. Nap kniete nieder und durchsuchte die Taschen. Er fand ein paar aufgeweichte Chilibohnen, eine Handvoll Patronen, einen Tabakbeutel aus Rehleder und eine Fahrkarte der Santa-Fé-Eisenbahngesellschaft.

»Wichita – Dodge City, einfach«, sagte Nap und warf die Karte in den Sand. »Komisch ist, daß er keine Stiefel trägt. Sieht so aus, als hätten die Rothäute im Morgengrauen ein Büffeljägercamp überfallen, und der da rannte aus seinen Träumen mitten in die Hölle hinein.« Nap knöpfte das Hemd des Mannes auf und streifte ihm das Unterhemd über die rechte Schulter herunter. Oberarm und Schulter waren dunkel, wie bei den meisten unerfahrenen Jägern, die die großkalibrigen Sharpsgewehre benutzten.

»Hat wahrscheinlich seinen ersten Winter hinter sich«, sagte Nap. Er stand auf, zog seine Stiefel an und rollte die Hosenbeine herunter.

Benjamin Clintock nahm den Blick von dem Toten.

»Was denkst du, wie lange er tot ist?«

»Schwer zu sagen, bei 'ner schwimmenden Leiche«, sagte Nap stirnrunzelnd. »Vielleicht ein Tag. Vielleicht auch zwei.« Er bückte sich, hob die Fahrkarte auf und zerriß sie. »Mann, sieh mal her! Die Karte ist noch nicht einmal durch und durch naß!« Nap hob den Kopf und sah sich nach allen Seiten um. »Wir haben Rothäute in der Nähe, Ben! Dieser Mann wurde wahrscheinlich heute morgen getötet!«

Ben nickte. »Schöne Scheiße. Wenn die den Rauch unseres Feuers gesehen haben, kriegen wir Besuch. Komm, vom Hügel aus können wir sie vielleicht sehen.«

Es fiel Benjamin Clintock auf, daß Nap nicht nach dem Revolver, sondern nach dem Messinghorn griff, und er erinnerte sich an Naps Worte: »Für den Notfall«, hatte er gesagt, als ob er im Horn eine Dynamitstange versteckt hätte. Sie gingen den Hang hoch, und Benjamin Clintock kam keuchend oben an, als Nap längst auf dem Bauch lag und mit den Händen das Gras teilte.

»Das sind Krieger!« sagte er leise. »Comanchen oder Cheyenne.«

Benjamin Clintock legte sich neben Nap ins Gras. Der Schweiß brannte in seinen Augen und seine Kehle war trocken. Eine halbe Meile entfernt ritten etwa drei Dutzend Indianer über einen der flachen Hügel, die von der Ebene aus erst zu erkennen waren, wenn man direkt vor ihnen stand. Die Indianer hatten wohl zwanzig Pferde und Maultiere bei sich, viele von ihnen schwer beladen.

Die Reiterschar verschwand in einer Bodenwelle, tauchte nach einigen Minuten wieder auf und verschwand wieder. Staub blieb zurück. Und eine Fährte, die vom Hügel aus gut zu sehen war. Nap und Ben warteten eine Weile, bevor sie aufstanden. »Das waren die, die den Mann getötet haben«, sagte Ben. Nap stand auf. »Komm, wir reiten der Fährte nach. Vielleicht gibt es dort, wo sie die Büffeljäger abgemurkst haben, etwas, was wir brauchen können.«

Sie holten Schneeschuh und ritten auf der Fährte der Indianer. Am Mittag konnte sich Benjamin Clintock kaum mehr auf dem Rücken des Maultieres halten, obwohl er sich an Nap festklammerte. Seine Kehle war geschwollen, der Mund trocken, und die brennenden Schmerzen in seiner Brust waren schlimmer geworden. Er hatte jetzt Mühe beim Atmen und fühlte sich müde, taumelig und sehr krank. Immer öfter verlangte er von Nap, das Maultier anzuhalten, um das heiße Gesicht und die Hände im Flußwasser zu kühlen. Er trank fast ebensoviel Wasser wie Schneeschuh.

Die Sonne stand hoch über ihnen, als Nap das Maultier zügelte. »Siehst du die Vögel, Ben?«

Ben hob den Kopf. Die Sonne blendete ihn, aber er sah, wie knapp eine Meile entfernt einige Vögel über einer bestimmten Stelle kreisten, manchmal zu Sturzflügen ansetzten, aber sofort wieder flügelschlagend hochkamen.

»Aasgeier«, sagte Benjamin Clintock. »Da liegt ein Büffelkadaver.«

»Das sind Bussarde, und sie sind noch nicht satt«, sagte Nap. »Bussarde, die satt sind, fliegen hoch und lassen sich vom Wind treiben. Das ist wahrscheinlich der Ort, wo die Büffeljäger gelagert haben.«

Nap hatte recht. Nach knapp einer Stunde erreichten sie einen Hügel. In einiger Entfernung hingen dünne Rauchschleier zwischen den verkohlten Trümmern eines Frachtwagens. Rund herum waren Gras und Erdkruste verbrannt. Deutlich war an den Spuren zu erkennen, daß die Indianer das Lager von Westen und Norden her angegriffen hatten. Von den Wagentrümmern führten einige Spuren bis zu einem ungesattelten Pferdekadaver, der in der Nähe des Flusses lag. Die Spuren führten ein

Stück weit den Fluß entlang ostwärts. »Sie haben ihn wahrscheinlich rennen lassen, und als er im Fluß schwamm, haben sie ein Wettschießen veranstaltet. Das ist so ihre Art.«

Sie ritten hinunter und Nap zügelte Schneeschuh. Ben ließ sich vom Rücken des Maultieres gleiten, und als seine Füße den Boden berührten, wurde ihm schwindelig. Noch bevor Nap abspringen konnte, um ihn aufzufangen, schlug Ben mit dem Gesicht am Boden auf. Benommen stemmte er sich hoch, und Nap half ihm auf die Beine.

Zwischen den Büschen am Rand einer Mulde ertönte ein japsender Laut und Nap zog den Revolver aus seiner Hose, spannte den Hammer und duckte sich etwas. Klägliches Winseln. Sekunden später sahen sie den kleinen, schwarz-weiß gefleckten Hund, der aus den Büschen gekrochen kam. Er zog sein Hinterteil durch den Staub und versuchte einige Male, sich aufzurichten. Dann fiel er zur Seite. Blutiger Schaum tropfte von seinen Lefzen. In seinem Rücken steckte ein Pfeil. Er heulte und winselte leise, als Nap auf ihn zuging und die Mündung auf seinen Kopf richtete. Aber er schoß nicht. Sie hatten nur sechs Kugeln, und Nap ließ den sterbenden Hund liegen und ging zwischen die Büsche. Dort fand er die Leiche eines Mannes, der nackt in einem Dornbusch hing. Er mußte von mehreren Kugeln und Pfeilen getroffen worden sein. Die Indianer hatten die Pfeile herausgeschnitten und die Arme und Beine des Toten mit ihren Tomahawks in der typischen Art der Cheyenne verstümmelt. Blutiges Haar hing im verzerrten Gesicht des Toten. Auf dem Schädel fehlte ein handtellergroßes Stück der Kopfhaut.

Nap drehe sich um und ging zu Ben zurück, der mit hängenden Schultern und beinahe grauem Gesicht vor der Leiche eines anderen Mannes stand, dessen Füße verkohlt waren. Die Indianer hatten ihn am Morgen mit Drahtstücken an den glühenden Eisenreifen eines brennenden Wagenrades gebunden. Der Eisenreifen war jetzt kalt und der Mann tot. Sie fanden einen anderen Toten unweit der Trümmer in einem Erdgraben liegen. Ein paar abgeschossene Revolverpatronen lagen herum, und der Mann war nicht skalpiert und verstümmelt worden. Ein Stück von seinem Gesicht fehlte, und auf der linken Seite hinter dem Ohr hatte er ein faustgroßes Loch im Schädel.

»Der hat sich selbst umgebracht«, sagte Nap. »Dann werden sie meistens nicht skalpiert. Wer sich selbst umbringt, ist in den Augen der Indianer ein Feigling, und bei Feiglingen lohnt es sich nicht einmal, das Skalpmesser aus der Scheide zu ziehen.«

»Barbaren!« stieß Benjamin Clintock hervor. »Sie sind wilde Tiere, Nap! Bestien!« Benjamin Clintock hatte die Hände zu Fäusten geballt. Seine Augen glänzten fiebrig. Er schwankte etwas, als er zu den Trümmern zurückging. Ein paar rußgeschwärzte Töpfe und eine verbeulte Kaffeekanne lagen herum. Nap fand dort, wo die Wagen- und Sattelpferde festgemacht gewesen waren, ein Steckeisen, und er ging damit zu dem kleinen Hund und tötete ihn. Ben zerrte ein vierbeiniges Eisengestell aus den Trümmern. Dort, wo die Männer geschlafen hatten, lagen Stücke verbrannter Sattelbäume und die eisernen Sattelhörner und Packsattelbeschläge. »Büffeljäger«, sagte Benjamin Clintock und zeigte auf einen runden Schleifstein, der in der Hitze des Feuers geplatzt war. »Daran ziehen wir die Häutermesser ab. Wo liegt der andere Mann, Nap?«

»Dort drüben. An deiner Stelle würde ich nicht hingehen.«

»Vielleicht kenne ich ihn.«

Benjamin Clintock drehte sich um und schlurfte müde durch die Mulde. Er fand den Toten und der Anblick trieb ihm Tränen in die brennenden Augen. Er kannte den Mann nicht, aber er konnte trotz der Blutkruste erkennen, daß der Tote wahrscheinlich kaum älter als zwanzig gewesen war. Nap kam von den Trümmern herüber und legte Ben die Hand auf die Schultern. »Komm, Kleiner!« sagte er. »Komm, hier gibt es für uns nichts zu tun!«

Ben warf den Kopf hoch. »Wir werden sie begraben, Nap!« rief er heiser. »Ich gehe hier nicht weg, bis sie unter der Erde liegen! Wir haben schon den Mann am Fluß einfach liegen lassen!«

»Ben, wir gehen jetzt!« Naps Stimme klang scharf. »Sie sind tot! Mausetot, und sie spüren nichts mehr. Es ist ihnen verdammt egal, ob sie über oder unter der Erde liegen!«

»Und ich sage, daß sie begraben werden!« Benjamin Clintock stieß Naps Arm von der Schulter. »Wenn du weggehen willst, kannst du gehen. Nimm dein Maultier und hau ab! Hau ab, Nap! Hau ab!«

Nap legte den Kopf schief. Seine Augen wurden schmal. »Du kommst mit, Mann«, sagte er leise. »Du bist krank! Du kommst mit und machst mir jetzt keine Schwierigkeiten.«

»Hau ab!« rief Ben. »Ich bleibe und grab ihnen ein Loch! Das gehört sich für einen Christenmenschen! Hau ab! Verschwinde!«

»Du kannst dich kaum auf den Beinen halten. Du hast Fieber. Gottverdammt, es wäre Wahnsinn, hier Zeit zu verlieren und Tote einzuscharren!«

Benjamin Clintock schüttelte den Kopf. »Wenn es Nigger wären, würdest du ihnen mit bloßen Händen ein Grab schaufeln! Jawohl! So ist das mit euch, ihr rabenschwarzen Hurensöhne. Ich weiß, was ich sage. Ich kenne dich! Du gibst 'nen Dreck für 'nen Toten, der eine weiße Haut hat. Aber so geht das nicht, Nap. Wir sind keine verdammten Nigger! Bei uns werden die Leute begraben und nicht aufgefressen!«

»Du weißt nicht, was du sagst, Kleiner. Ich . . .«

»Der Teufel ist dein Kleiner! Nenn mich nicht Kleiner und nicht Trottel!« Benjamin Clintock riß die Mütze vom Kopf und schleuderte sie gegen Nap, der wie ein Pfahl zwischen den Büschen stand, das schwarze Gesicht im Schatten des Mützenschildes. Auf Bens eingefallenem Gesicht glänzte der Schweiß. Sekundenlang starrten sie sich in die Augen. Dann nickte Nap, drehte sich auf dem Absatz und ging dann steifbeinig auf Schneeschuh zu, der ihm entgegenschnaubte.

»Du bist nicht besser als die Rothäute, die das gemacht haben!« schrie Ben, und seine Stimme überschlug sich. Er stolperte hinter Nap her. »Der Teufel wird dich holen, Schwarzer! Los, hau ab! Geh mir aus den Augen, du Kannibale! Du bist ein . . . ein gottverdammter Nigger, bist du!«

Nap nahm die Zügel in die Hand und kletterte auf den Rücken des Maultieres. Wortlos wendete er und ritt im Schritt den Hang hinunter zum Fluß. Ben blieb keuchend stehen. Der Wind trocknete die Tränen auf seinen Wangen. Dann fing er an zu laufen. Er fiel hin, riß sich an den Steinen die Hose auf, kam wieder hoch, stolperte und taumelte hinter dem Maultier her zum Fluß hinunter. Nap zügelte Schneeschuh. Er stieg ab und setzte sich in den Schatten einer überhängenden Uferböschung, als Benjamin Clintock angeschnauft kam und neben ihm in das Gras fiel. »Lieber Gott, ich möchte dich umbringen!« stieß Ben hervor. »Ich kann kaum mehr stehen und du läufst mit dem Maultier davon! Dafür möchte ich dich umbringen!«

Nap stand auf und kniete am Fluß nieder. Er nahm das Horn vom Schulteriemen, preßte den Daumen gegen die Öffnung im Mundstück und füllte es mit Flußwasser. Er richtete sich auf und hielt den Trichterrand des Horns gegen Bens Lippen. »Hier«, sagte er. »Trink!«

Benjamin Clintock trank keuchend ein paar Schlucke und schüttelte dann den Kopf. Mit dem Handrücken wischte er das Wasser von seinem Mund und sah zu, wie Nap den Rest des Wasser trank und das Horn sorgfältig mit dem Hemdzipfel trocknete. Ihre Blicke trafen sich und Ben senkte für einen Moment die Lider.

»Entschuldige, Nap«, sagte er heiser.

Nap stand auf, hängte das Horn an den Schulterriemen und zog die Hose etwas hoch. Sein Schatten fiel über Ben, der seine Hände gegen das Gesicht gelegt hatte.

»Wir bleiben bis morgen früh hier am Fluß«, sagte Nap und blickte in die Ferne. »Dann reiten wir nordwärts nach Kansas. Ruhe dich aus. Leg dich in den Schatten und versuch zu schlafen!«

Benjamin Clintock hob den Kopf. Die Sonne blendete ihn. »Nap, du hast gesagt, daß Kansas voll von Soldaten ist und daß auf Deserteure geschossen wird!«

»Ich wüßte nicht, warum *du* dir gerade um mich Sorgen machen müßtest«, sagte Nap. »Westlich von hier ist die Wüste. Da hast *du* nicht einmal den Schatten einer Chance, so wie du dran bist!«

»Aber du! Herrgott, du willst doch nach Santa Fé!«

Nap nickte. »Ich komme schon noch mal nach Santa Fé.« Er drehte sich auf dem Absatz und ging den Hügel hoch. Benjamin Clintock sah ihm nach, und er fühlte sich so elend wie nie zuvor in seinem Leben. Nap fing an, mit dem Eisengestell des Schleifsteines die Trümmer auseinanderzureißen. Ruß und Rauchwolken hüllten ihn ein. Nach einigen Minuten tauchte er auf und schwenkte eine rußgeschwärzte Blechflasche und ein Spatenblatt.

Als Nap zurückkam, hatte er aufgeplatzte Schwielen an den Händen. Er warf das Spatenblatt und die Blechflasche auf die Sandbank und zog das durchschwitzte Hemd aus. Er war wirklich ein großer, muskelbepackter Neger, der eine schwärzere Haut hatte als alle andern, denen Ben bis jetzt begegnet war. Wahrscheinlich hatte Nap die Kraft, einen Longhornbullen an den Hörnern zu packen und aufs Kreuz zu werfen.

Nap kniete am Flußufer nieder und schwenkte das Hemd aus, bevor er sich damit das Gesicht und den Oberkörper abrieb. Dann trocknete er vorsichtig seine Hände, spuckte hinein und leckte die Blasen. Ben richtete sich etwas auf. Seine Lippen waren trocken und er fror.

»Hast du geschlafen?« fragte Nap, ohne den Kopf zu drehen.

»Wenig.« Ben lehnte sich gegen die Böschung. Die Sonne war hinter dem Horizont verschwunden. Kälte kroch in die Flußniederung und über dem Wasser bewegten sich dünne Dunstschleier. Nap hängte das Hemd an einen Weidenstrauch und fing an, Holz zusammenzutragen.

»Glaubst du, daß es vernünftig ist, ein Feuer zu machen?« fragte Ben und hauchte in seine Hände. Nap warf ein paar trockene Äste auf einen Haufen und richtete sich auf.

»Vernünftig wäre es gewesen, sofort weiterzureiten«, sagte er. »Vernünftig wäre es auch, wenn ich dich hier liegen lassen würde!«

»Ah? Und warum zum Teufel tust du es nicht?« schnappte Ben sofort.

»Weil ich ein Narr bin!«

»Hör mal, ich habe nicht verlangt, hier zu bleiben. Ich wollte nur, daß die Toten beerdigt werden, so wie es sich gehört. Das ist alles.«

Nap warf den Kopf herum. »Ich habe sogar gebetet! Jawohl, ich habe gebetet!« Er lachte auf. »Gott verdammt, ich wußte überhaupt nicht, daß ich noch beten kann. Wenn Mom davon wüßte, sie würde sich freuen.«

»Ich wollte nur, daß sie beerdigt werden!«

»Herr, habe ich gesagt, Herr, gib diesen Herrenmenschen einen Platz im Himmel, auch wenn sie ihn nicht verdient haben. Wenn ich sterbe, möchte ich ihnen nicht in der Hölle begegnen. Das habe ich gesagt!«

»Ich wollte nur, daß sie beerdigt werden!«

»Ich habe ein Loch geschaufelt. Fünf Fuß tief. Darüber werden sich die Coyoten aber ärgern!«

Nap bückte sich und brach dürre Äste von den Büschen. Obwohl es jetzt kalt wurde, glänzte Schweiß auf seinem Rücken.

»Ein Feuer kann man in der Nacht weit herum sehen«, sagte Ben.

»Von hier bis nach Louisiana, vielleicht. Und vielleicht kriegen wir so gegen Morgen Besuch. Vielleicht auch nicht. Ich brauche kein Feuer! Allein der Gedanke, daß ich mich mit dir herumärgern muß, hält mich warm. Aber du brauchst ein Feuer! Nachts brauchst du ein Feuer und am Tag einen Schattenplatz. Das heißt, daß wir uns eigentlich hier niederlassen können, und wenn du ein Mädchen wärst und 'ne schwarze Haut hättest, würde ich es vielleicht sogar tun!«

Benjamin Clintock zog sich an der Uferböschung hoch. Der Wind schlug ihm ins Gesicht. Am Himmel glitzerten die ersten Sterne. Wortlos fing er an, Brennholz zu sammeln, und als es ganz dunkel war, zündete Nap dürre Grasbüschel an und schob sie unter das Holz. Er zog das feuchte, kalte Hemd an und setzte sich ans Feuer. Der Flammenschein tanzte auf seinem Gesicht. Er schloß die Augen und ließ den Kopf hängen. Leise summte er ein Lied, während Ben an die Uferböschung gelehnt zum Himmel hochstarrte und den Kleinen Bären suchte.

»Nap!«

Napoleon Washington Boone hob den Kopf.

»Was willst du?« fragte er.

»Glaubst du, daß Gallagher nach uns sucht?«

»Gallagher? Wieso? Der ist mit den Fellen unterwegs nach Wichita und wenn er Pech hat, erwischen ihn die Soldaten und er wird aufgehängt. Vielleicht erwischen ihn auch ein paar Rothäute. Auf jeden Fall hat er kaum Zeit und Lust, nach uns zu suchen.«

Ben nickte. »Wahrscheinlich nicht, Nap. Warst du lange bei ihm?«

»Zwei Monate.«

»Und du wärst bei ihm geblieben, wenn das mit dem Schnaps nicht passiert wäre, oder?«

»Lieber Gott, was interessiert es dich, was mich bewegt? Du weißt, daß ich einen Deputy-Sheriff getötet habe und aus dem Gefängnis ausgebrochen bin. Du weißt, daß ich beim zehnten Kavallerieregiment Hornist war und desertiert bin. Genügt das nicht, Mann? Ich habe deine Toten beerdigt und ich bin bei dir. Ich singe dir ein Schlaflied, wenn du willst, und ich wiege dich in den Armen, damit dir warm ist und du einschlafen kannst. Aber laß mich mit deinen Fragen in Ruhe, Benjamin Clintock.«

Ben legte seine Hände gegen das Gesicht. »Entschuldige«, sagte er leise. »Entschuldige, zum Teufel noch einmal! Entschuldige, daß ich den gottverdammten Spleen hatte, dich vom Wagenrad loszuschneiden und mit dir zu kommen!«

»Du brauchst dich für nichts zu entschuldigen«, sagte Nap leise. »Es ist schon alles in Ordnung, so, wie es ist. Ich kann nur nicht verstehen, daß ich wirklich beten konnte. Das kann ich nicht verstehen, Ben. So eine Scheiße! Da gibt man sich ein Leben lang Mühe, anständig zu fluchen, wenn einem nach Beten zu Mute ist, und wenn es mal drauf ankommt, erinnert man sich an das, was Mom gesagt hat, wenn sie am Abend kam, um die Bettdecke glattzustreichen. Es war Krieg, damals. Und jemand sagte, daß die Yankees einen Krieg wegen uns machen. Damit die Sklaven befreit werden. Damit wir nicht mehr auf einem Podest stehen und unsere Zähne zeigen müssen, wenn die Leute kommen, um einen Baumwollpflücker oder einen Hausburschen zu kaufen. Und als der Krieg vorbei war, brauchten wir unsere Zähne nicht mehr zu zeigen, aber das, worum Mom wirklich gebetet hat, geschah nicht. Wir blieben schwarz wie die Nacht, und die ersten Yankees, die in unser Haus kamen, machten sich über Mom her und rissen ihr die Kleider vom Leib und kippten ein Mehlfaß über ihr aus. Mom starb in dieser Nacht, und sie war noch keine dreißig Jahre alt. Und seither habe ich nie wieder gebetet, Mann, nicht einmal, als man Mom beerdigte.« Nap legte den Kopf in den Nacken. »An deiner Stelle würde ich jetzt schlafen, Ben. Es lohnt sich nicht, über Dinge nachzudenken, die dich sowieso nichts angehen. Wir reiten zusammen nach Kansas hoch und dort wird man dir jedesmal, wenn du deine Geschichte erzählst, einen Drink ausgeben, und wenn du es richtig anfängst, kannst du dich ein Leben lang besaufen, ohne daß es dich einen Cent kostet. Du brauchst nur immer wieder deine Geschichte zu erzählen, wie du in einem Pferdebauch übernachtet hast und mitten durch eine Gegend von tausend blutrünstigen Rothäuten geritten bist. Daß dir dabei ein Nigger ein bißchen geholfen hat, brauchst du nicht zu erwähnen.«

»Wir sind noch nicht in Kansas, Nap. Wir sind hier mitten im Nirgendwo. Wer weiß, ob wir da überhaupt mal rauskommen.«

»Raus?« Nap schob ein paar Äste ins Feuer. »Was ist draußen? Sag mir, was da draußen ist, und ob da was ist, warum ich mich anstrengen müßte, hier wegzugehen? Was ist da draußen, Benjamin Clintock?«

»Die Welt! Verdammt, du weißt doch, was da draußen ist. Das Leben! Menschen. Betten mit Steppdecken. Waschschüsseln aus Porzellan. Kneipen! Bier! Mädchen!«

»Mädchen?« Nap verkniff das Gesicht. »Hast du irgendwo ein Mädchen?«

»Nein, aber ...«

»Gott verdammt, dann gib nicht so an, Cowboy! Du hast nirgendwo ein Mädchen. Wahrscheinlich warst du noch nicht einmal, ein einziges, gottverdammtes Mal, mit einem Mädchen zusammen im Bett. Wo solltest du auch ein Mädchen herkriegen? Die, die für euch gut sind, die kosten Geld. Und Geld hast du nie gehabt, Cowboy. Dreißig Bucks im

Monat. Dafür hast du die Drinks deiner Freunde bezahlt, damit sie dir nicht deine Pritsche verscheißen oder dir nicht die Steaks vom Teller klauen. Mit dem Rest von den dreißig Bucks hast du Poker gespielt und verloren. Und ab und zu hast du selbst auch mitgesoffen, weil sich das gehört, und damit jeder sehen kann, daß du ein Mann bist. Und vielleicht hast du dir mal ein Paar Socken gekauft. Ein neues Unterhemd. Du hast die Stiefel sohlen lassen, für fünf Bucks den Sattel flicken. Das war dein Leben, Mann! Erzähl mir nur nicht, daß das nicht stimmt. Du bist nicht der erste Texas-Cowboy, dem ich begegnet bin. Es ist dein Leben, Mann, und wahrscheinlich bist du ganz zufrieden damit gewesen. Ja, ich habe selten gehört, daß sich einer von euch beklagt. Frag mich nicht, woran das liegt. Ihr seid eben komische Brüder, und ihr könnt alle so schön träumen. Träum dir was Cowboy. Träum von Kansas. Aber wenn die Sonne aufgeht, solltest du die Augen öffnen!«

»Der Sattel ist ein zu hartes Kissen, um den Tag zu verschlafen«, sagte Ben.

»Komm, leg dich aufs Ohr. Versuch zu schlafen. Du siehst richtig krank aus. Ich passe auf das Feuer auf, und morgen reiten wir nordwärts, bevor es heiß wird. Und wenn wir Glück haben, finden wir bis zum Mittag einen Schattenplatz.«

»Ich brauche keinen Schattenplatz. Und du mußt nicht meinen, daß du auf mich Rücksicht zu nehmen brauchst. Hau ab, wenn du denkst, daß du allein mehr Chancen hast.«

Nap lachte. »Ich sing dir ein Lied, damit du einschlafen kannst. Soll ich dir ein Lied singen?«

»Meinetwegen kannst du auf dem Horn blasen!« stieß Ben hervor.

»Meinetwegen kannst du zur Hölle fahren. Aber eines solltest du noch wissen, verdammt! Ich hatte ein Mädchen in Wichita und eines in Dodge City, und ich habe mit ihnen geschlafen!«

»Dann hast du aber ein verteufeltes Schwein gehabt«, sagte Napoleon Washington Boone und stand auf. – Er ging zum Flußufer und sang leise:

»Ich hatte ein Mädchen in Wichita ...«

Benjamin Clintock sah ihm nach, bis er mit der Dunkelheit verschmolz und er ihn nur noch leise singen hörte.

Es war noch dunkel, als Benjamin Clintock erwachte. Das Feuer war niedergebrannt. Trotzdem spürte er Wärme, und sein Pulsschlag mischte sich mit dem dumpfen Schlag eines anderen Herzens. Ben hob den Kopf etwas an und sah in das Gesicht von Nap, über dem bleiches Mondlicht lag. Nap lag auf dem Rücken und atmete flach und regelmäßig. Die Hand, mit der er Bens Kopf über seiner Brust gehalten hatte, fiel zur Seite. Ben spürte Naps Körperwärme noch auf seinem Gesicht, als er sich langsam aufrichtete. Der Gedanke, daß Nap ihn in den Armen gehalten und gewärmt hatte, verwirrte ihn etwas. Nap trug nur das Hemd. Seine Jacke lag über Bens Beinen und Füßen. Ben nahm keinen Blick von Naps Gesicht, als er leise aufstand und zum Feuer ging. Ein Harzknoten zersprang zischend in der Glut, die noch immer in der Nähe ein wenig Hitze ausströmte. Ben riß einige Grasbüschel aus und warf sie in die Glut. Dann legte er Äste darüber und blies hinein, bis die Flammen durch das Gras züngelten und Licht sich in der kleinen Mulde zwischen den Uferbänken ausbreitete. Dann legte er die Jacke über Naps Schultern und setzte sich am Feuer hin. Die Hitze hüllte ihn ein wie eine mollige Decke, und die stechenden Schmerzen in seiner Brust schienen etwas nachzulassen. Schneeschuh stand auf einer grasbewachsenen Uferbank und warf einen langen Schatten durch den Sand am Ufer bis zum Wasser, in dem sich silbernes Mondlicht spiegelte.

Weit entfernt heulte ein Coyote, und es klang fast wie das schaurige Gelächter eines Irren. Als sich die Hitze in ihm ausgebreitet hatte, ging er zum Flußufer und trank von dem kalten Wasser. Seine Lippen, stark geschwollen und aufgeplatzt, brannten, und auf seinem Gesicht war die Haut hart und trocken wie eine dünne Lehmkruste. Ben ging zum Feuer zurück und wartete auf die Morgendämmerung. Nap schlief ruhig. Der Coyote war jetzt nicht mehr zu hören, und nur das leise Rauschen des Flusses mischte sich mit dem Geräusch des Windes, der plötzlich aufkam, als sich im Osten der Himmel verfärbte.

Morgendämmerung. Die Zeit der Indianer. Ben kroch an Naps Seite und nahm ihm den Revolver aus dem Hosenbund. Nap öffnete den Mund und sagte leise etwas, was Ben nicht verstehen konnte. Dann drehte er sich um und schlief auf dem Bauch weiter. Ben beobachtete Schneeschuh, der an einem Weidenstrauch festgebunden war und die Nacht im Stehen verbracht hatte. Schneeschuh blickte herausfordernd herüber, die langen Ohren hochgestellt.

Langsam wurde es hell und der Himmel im Osten wurde durchsichtig. Jenseits des Flusses breitete sich die Ebene aus, grau, ohne Leben. Ben beobachtete den flachen Hügelrücken im Norden, dort wo die verkohlten Trümmer des Wagens herumlagen und Nap die Toten beerdigt hatte. Nichts rührte sich. Alles blieb still, und dort, wo die Sonne aufgehen sollte, verfärbte sich der Himmel rot. Der Wind riß Funken vom Feuer, die über dem Fluß verglühten. Der Coyote kläffte und dieses Mal klang es, als wäre er in der Nähe.

Die Sonne ging auf. Groß und dunkelrot. Grashalme erglühten im ersten Licht, und der Mond, der sich im Fluß gespiegelt hatte, versank im Wasser. Die Sonne löste sich vom Horizont und verlor an Farbe. Das Licht kroch über die Uferbänke hinunter zum Wasser, dem jetzt der Himmel Farbe gab, und die Nebel, die über dem Fluß hingen, hatten nichts Gefährliches mehr an sich, als am andern Ufer zwischen den

Büschen der Coyote auftauchte. Er blieb stehen, blickte herüber und dachte wohl, daß der Mann mit dem Revolver nicht da war, um ihm guten Morgen zu sagen. Dann verschwand er im hüfthohen Gras auf der Suche nach einem Frühstück.

Ben steckte den Revolver ein.

»Nap!«

Nap erwachte sofort und sprang auf die Beine, als hätte er sich mit einer Klapperschlange schlafen gelegt.

»Was ist ... Mann, die Sonne!« Er verkniff sein Gesicht und blinzelte. »Es war doch eben noch dunkel und ich habe mich nur schnell mal ein bißchen hingelegt.«

»Das war vor ein paar Stunden, und du hast den Sonnenaufgang verpaßt, Nap«, sagte Benjamin Clintock, so als wäre die Sonne zum ersten oder zum letzten Mal aufgegangen. Nap rieb seine Augen aus, gähnte und streckte sich. Er sah sich kurz nach Schneeschuh um, nickte in die Gegend hinaus und meinte, daß es bald ziemlich heiß werden würde.

»Hast du jemanden gesehen?«

»Einen Coyoten auf der anderen Flußseite.« Ben nahm den Revolver aus dem Hosenbund und streckte ihn mit dem Kolben voran Nap entgegen. »Nimm ihn! Wenn ich ihn habe, muß ich immer daran denken, daß wir nur sechs Kugeln haben und es wahrscheinlich in diesem Land mindestens sechstausend Rothäute gibt, die sich unsere Skalps an die Gürtel hängen möchten.«

»Denk nur immer daran, daß Indianer grundsätzlich keine Feinde skalpieren, die sich selbst erschießen. Und mit sechs Kugeln dürfte es nicht schwirig sein, den eigenen Kopf zu treffen.« Nap nahm den Revolver und wog ihn in der Hand. »Mit so 'nem Ding habe ich den Deputy erwischt. Nackenschuß. Er fiel um wie ein Brett. Absoluter Glücksschuß. Im letzten Jahr war ich mit Captain Baldwin unterwegs. Kompanie E und I. Am einunddreißigsten August fiel am Pease River eine Comanchenbande über uns her, und ich hatte in einer Hand das Horn und in der anderen einen Revolver. Sie schossen mir das Pferd unter dem Sattel weg, und einer von ihnen, ein buckliger Kerl mit einem Streuselkuchengesicht, wollte meinen Skalp haben. Ich schmetterte ihm ein paar Töne um die Ohren und knallte den Rhythmus mit dem Revolver. Alle sechs Kugeln gingen fehl, und als er über mir war, zertrümmerte ich ihm mit dem Horn den Schädel. An deiner Stelle würde ich mich also nicht zu sehr auf Old Naps Schießkunst verlassen, Ben.«

»Immerhin hast du Erfahrung im Töten«, sagte Ben knapp. Es gefiel ihm nicht, mit welcher Selbstverständlichkeit Nap davon erzählte, wie er einen Deputy-Sheriff erschossen hatte. Das mit dem Indianer war etwas anderes.

»Der Deputy-Sheriff damals war der, der versucht hat, Pete die Ohren abzuschneiden«, sagte Napoleon Washington Boone, so als hätte er Bens Gedanken erraten. »Eigentlich wollte ich ihn nur erschrecken. Ich habe auf seinen Bauch gezielt und dachte, daß ich sicher an ihm vorbeischieße, weil ich im Zielen noch nie besonders gut war. Und als er umfiel und es aussah, als hätte ihm jemand den Kopf von den Schultern geschlagen, da hat sich vor allem Pete darüber gefreut. Vielleicht auch noch ein paar andere Schwarze, denn der Deputy-Sheriff war dafür bekannt, ein Schweinehund zu sein, der Niggerohren sammelt. Nun, es war ein reiner Glücksschuß.« Nap steckte den Revolver ein und legte die Hände gegen seinen Bauch. »Wir hätten gestern den Hund braten sollen, aber das kam mir erst in den Sinn, als er schon in der Grube lag, und ich war zu müde, ihn wieder auszubuddeln.«

Ben kniff die Augen zusammen. »Das meinst du doch nicht im Ernst, oder?«

»Mir ist absolut nicht danach zumute, dich zum Lachen zu bringen.« Nap nahm seine Jacke vom Boden auf, schüttelte sie aus und zog sie an. »Wie fühlst du dich heute morgen?«

»Nicht viel besser als gestern.«

»Hast du geschlafen?« – »Ja.«

»Gut. Dann wollen wir uns jetzt nicht mehr lange hier aufhalten.« Er ging zum Fluß, schwenkte noch einmal die rußgeschwärzte Blechflasche aus, füllte sie und wickelte ein feuchtes Hemd, das er einem der Toten ausgezogen hatte, um sie herum. Aus den Ärmeln machte er eine Schlaufe, so daß er die Flasche über seine Schulter hängen konnte. »Wir haben eine Viertelgallone Wasser, und das reicht bis zum Abend.«

»Wir reiten also wirklich nordwärts?«

»Kansas, Cowboy. Dort, wo das Leben ist. Kneipen. Bier. Mädchen.« Nap grinste. »Ich hatte ein Mädchen in Wichita . . .« Er holte Schneeschuh und summte leise vor sich hin. Schneeschuh schnappte nach ihm. »Na, alter Sack«, brummte Nap. »Du säufst dich jetzt randvoll, denn wer weiß, ob es in diesem letzten Rest des himmlischen Paradieses irgendwo noch einmal einen Schluck für Maulesel und Narren gibt. Aber in Kansas, mein Lieber, in Kansas gibt es Kneipen und Bier und Mädchen. Und wenn du uns hinbringst, kriegst du eine Stange Kandis für dich allein. Wenn du uns nicht hinbringst, dann hast du eben Pech gehabt, alter Sack.« Nap führte Schneeschuh zum Fluß, um ihn saufen zu lassen. Aber das Maultier hatte entweder keinen Durst oder keine Lust. Es steckte nur schnell die Zunge ins Wasser, pustete hinein und ließ ein paar Blasen platzen, bevor es Nap mit einer schnellen Drehung erwischte. Der Stoß traf Nap gegen die Brust, und er verlor das Gleichgewicht und plumpste in den Fluß. Schneeschuh stieg triumphierend, drehte sich um und bockte in die Ebene hinaus.

Ben lachte schallend, bis er keine Luft mehr hatte und sich auf der

Uferbank hinsetzen mußte. Nap stand im Fluß und die Kleider hingen schwer und naß an ihm herunter. Fluchend kam er zum Ufer und schüttelte das Horn aus. »Ich weiß überhaupt nicht, was es da zu lachen gibt!« rief er wütend. »Die Patronen sind naß und die Streichhölzer auch! Nur ein ausgemachter Trottel kann darüber lachen.« Er stampfte mit triefenden Kleidern hinter Schneeschuh her, der ihm entgegengrunzte und keine Anstalten machte, vor der drohenden Faust zurückzuweichen. Im Gegenteil, er kam Nap ein Stück entgegen, blieb dann stehen und entblößte seine langen, gelben Zähne.

»Du kriegst nicht mal 'ne Stange Kandis, wenn du uns nach Kansas bringst!« sagte Nap und ergriff die Zügel. »Mistvieh, blödes! Und wenn du jetzt auch noch zu beißen versuchst, zieh ich dir sämtliche Zähne, die du noch hast!«

Schneeschuh versuchte es nicht. Er war lieb und nett, ließ Nap aufsitzen und wartete, bis Ben kam und sich ebenfalls auf seinen Rücken schwang. Dann drehte er sich und trottete den Hang hoch.

Nordwärts. Es sah nicht danach aus, als ob Schneeschuh jemals seine Kandisstange kriegen würde, selbst wenn Nap auf sein erstes Angebot zurückgekommen wäre. Was sich vor ihnen ausbreitete, hatte Ben noch nie zuvor in seinem Leben gesehen. Gehört hatte er davon. Er erinnerte sich, daß der alte McIntosh mal davon erzählt hatte, wie er inmitten eines Grasmeeres gestanden hatte und zu klettern anfing, weil es rund um ihn herum aussah, als ob er sich in einem Trichter auf den Bauch gelegt hätte. Und genau so sah es aus. Goldgelbes, im Wind geneigtes Gras schien förmlich in den Himmel zu wachsen. Am Morgen, als die Luft noch kühl war und man die Horizontlinie genau erkennen konnte, schien es, als ob rund herum das Gelände sanft ansteigen würde, und gegen Mittag, als der Horizont in flirrenden Hitzeströmungen schwamm, hatten sie das Gefühl, als befänden sie sich im Inneren einer Kugel, die schräg über ihnen ein Loch hatte, durch das gleißendes Licht fiel. Nur an der eigenen Fährte hinter sich konnten sie erkennen, daß sie vorankamen. Es war ein langer und mühsamer Ritt, und erst am späten Nachmittag hatten sie die Ebene durchquert und erreichten ein Gebiet, das schlecht zu übersehen war.

Rund um sie herum waren Hügel, einige mit verkrüppelten Eichen und Mesquitesträuchern bewachsen, andere bis auf vereinzelte Kakteen, wenige Salbeibüsche und kleine Grasflecken kahl. Quarzadern, die verwitterte Granitfelsen durchzogen, glitzerten im Licht der untergehenden Sonne. Hinter ihnen schien die Ebene zu glühen, die sie durchritten hatten. Weit entfernt im Westen ließ sich ein Bussard vom Wind treiben, und als sie einem ausgetrockneten Flußbett folgten, das in ein schmales, von steilen Felswänden begrenztes Tal hineinführte, sah Ben knapp hundert Meter entfernt einen Pronghornbock, der herüberäugte, den

Kopf hochwarf und in einem der vielen tiefen Erdrillen und Gräben verschwand.

»Wenn da Antilopen sind, dann ist irgendwo Wasser in der Nähe«, sagte Nap mit rauher Stimme. »Und am Abend gehen sie hin, um zu saufen, und da kann ich vielleicht eine Kuh treffen, wenn ich nahe genug herankomme.«

Die erste Fährte, auf die sie stießen, ließ Nap vergessen, daß er seit dem Fisch nichts mehr gegessen hatte. Auf einem Grashang waren Spuren unbeschlagener Pferde, und Nap, der kurz abstieg und sie untersuchte, meinte, daß sie noch keine zwei Stunden alt waren.

»Wilde Pferde, vielleicht«, sagte Ben.

»Die schön in einer Reihe gehen und sich gegenseitig in die Schwänze beißen?«

»Dann sind es halt Indianer, und solange wir sie vor uns haben, können sie uns nicht in den Rücken fallen.«

»Deine Zuversicht möcht ich haben!« knurrte Nap. »Aber eines steht fest, Cowboy: Wir brauchen nur dieser Fährte zu folgen, und entweder erleben wir nicht mehr, wie der Mond aufgeht, oder wir können noch heute abend unsere Füße baden. Die wissen genau, wo es Wasser gibt.«

Sie ritten, bis es dunkel wurde, auf der Fährte der Indianer, und als der Mond aufging, gaben sie es auf. »Entweder haben sie genug Wasservorrat bei sich, oder die Fährte ist älter, als ich gedacht habe.« Nap ließ sich vom Rücken des Maultiers gleiten und half Ben herunter. Es war windstill, aber trotzdem kalt. Sie hockten sich nebeneinander in einer Felsnische hin und obwohl Naps Streichhölzer trocken waren, machten sie kein Feuer. Naps Magen knurrte ab und zu, und Ben trank den letzten Schluck aus der Wasserflasche.

»Wenn das ein Paradies sein soll, dann bin ich aber wirklich auf die Hölle gespannt«, sagte Nap nach einer Weile zähneklappernd. »Tagsüber ist es so heiß, daß einem die Spucke auf der Zunge eintrocknet, und nachts gefriert einem der Atem in der Nase.«

»Wir hätten vielleicht am Fluß bleiben sollen.«

Nap drehte den Kopf. »Kansas ist da oben, Cowboy.« Er zeigte nach Norden in die Nacht hinaus.

»Am Fluß hätten wir wenigstens Wasser.«

»Wir sind jetzt nicht am Fluß, und im Gegensatz zu dir bin ich nicht am Verdursten! Ich habe Hunger, Mann! Ich habe Bauchweh vor Hunger, und irgendein alter, grauer Nigger in Louisiana hat mir mal erzählt, daß mein Großvater in Afrika ein Menschenfresser war. Ich konnte das nie recht glauben, aber jetzt...« Nap zog die Schultern hoch. »Jetzt könnte ich einen Missionar fressen.«

Aus Naps Bauch kam ein Geräusch, als ob irgendwo Steine über einen Abgrund rollten und in der Tiefe zerplatzten. »Wir hatten bei der Kavallerie ein paar Tonkawa-Indianer als Kundschafter. Einmal erwischten sie einen Comanchen, und sie brieten ihn über einem Feuer, als wir hinzukamen. Er war schon fast gar, und sie wollten ihn nicht gegen die Bisquits tauschen, die wir ihnen offerierten, denn die muß man eine Stunde in den Kaffee tauchen, bevor sie weich werden. Aber was anderes hatten wir nicht. Nur die Bisquits. Es war nichts zu machen. Der Captain sagte ihnen, daß er sie in einer Stadt zu einem Abendessen mit allem Drum und Dran einladen würde. Bratkartoffeln, gefüllte Tomaten und Steaks, Wackelpudding zum Dessert. Aber sie wollten den Comanchen essen, und es war nichts zu machen.«

»Ihr habt sie den Comanchen essen lassen?«

»Wir haben nicht zugesehen, aber am Morgen war da nicht mehr viel von ihm übrig. Coyoten waren da und so konnte man nicht genau sagen, ob es wirklich die Tonkawas waren oder die Coyoten.«

»Das ist barbarisch, Nap!«

»Bei dir ist alles barbarisch, was dir nicht deine Mom beigebracht hat! Man beerdigt Leichen, auch wenn man dabei selbst in die Grube fällt. Und man frißt nur Tiere und Gemüse, aber keine Menschen, selbst dann nicht, wenn man sonst verhungern würde.«

9
Das
Lied vom Tod

Ich wünsche meinem Volk eine Nachricht zu geben: »Sag ihm, daß ich tot bin ... meine Knochen werden am Rand der Straße liegen. Ich wünsche, daß die Leute meines Stammes sie einsammeln und heimbringen.« Und er sang sein Todeslied:

I hahayo oya iya iya o iha yaya yoyo
Aheya aheya yaheyo ya eya heyo eheyo
Kaitsenko anaobahema haaipaidegi obaika
Kaitsenko anaobahema hadamagi obaika.

O Sonne, du bist ewig, aber wir Kaitsenko müssen sterben,
O Erde, du bist ewig, aber wir Kaitsenko müssen sterben.

Satank, Kiowa, in: Virginia Irving Armstrong, I HAVE SPOKEN, 1971

»Am Morgen, wenn die Sonne aufgeht, kommt die Kraft, weiterzumachen«, hatte Nap am Abend behauptet, als Benjamin Clintock, vom Fieber ausgebrannt, kaum mehr in der Lage war, aufrecht zu sitzen. Vor zwei oder drei Tagen – vielleicht waren inzwischen auch vier vergangen, ohne daß sie auf dem ziemlich erschöpften Schneeschuh durch das unwegsame Gebiet einer Niederung weiter als vierzig Meilen nach Norden gekommen waren –, da hatte Nap noch die beruhigende Feststellung gemacht, daß Ben, wenn er nicht hustete, kaum eine Lungenentzündung haben konnte. Seither hatte sich einiges geändert. Ben hustete, aber er war nicht mehr der einzige, der Schwierigkeiten hatte. Auch Nap sah müde und mitgenommen aus. Auch er hatte rotgeränderte Augen und Bläschen um die Lippen. Außerdem klagte er über wunde Füße, denn er hatte Schneeschuh zwei Tage lang an den Zügeln geführt, weil sich das Maultier grundsätzlich weigerte, ohne angemessene Verpflegung zwei Männer gleichzeitig durch eine Gegend zu tragen, die für Büffel und Indianer ein Paradies, für Maultiere und zivilisierte Menschen aber eine Hölle war.

Sie hatten Büffel gesehen. Mindestens zehntausend, und mindestens zehn Meilen entfernt. Nap hatte bei ihrem Anblick die Lippen geleckt und die Augen verdreht. Aber die Herde war zu weit entfernt und nur wie eine schwarze Mauer auszumachen, die Himmel und Erde trennte. Nap litt beinahe mehr unter dem Hunger als unter Durst, redete aber kaum je vom Essen. Jeden Abend versprach er Ben, am nächsten Morgen würde Schneeschuh bestimmt ein Wasserloch ausfindig machen. Schneeschuh habe ein Talent dafür, Wasser zu finden. Er sei besser als eine Wünschelrute, und eigentlich müßte man ihn nur gehen lassen, ohne ihn zu lenken. Aber Schneeschuh fand nur ein paar ausgetrocknete Löcher, in denen Nap herumgrub, ohne auf Wasser zu stoßen.

Als Ben an einem frühen Morgen sagte, jetzt hätte er alle Hoffnungen aufgegeben, schüttelte Nap den Kopf und zeigte in das Land hinaus. »Hügel. Grünes Gras und Erdfalten. Das sieht nach Wasser aus, Mann.« Nap rechnete fest damit, irgendwann im Laufe des Tages, mit etwas Glück vielleicht noch in den Morgenstunden, auf ein Wasserloch oder auf ein Flüßchen zu stoßen. Er behauptete, das schroffe Land vor ihnen sei eine typische Quellflüßchengegend, da sich hier das Regenwasser sammle, durch die feine Erdkruste sickerte und dann auf Lehm treffe, wo es nicht mehr weiter versickern konnte, sondern irgendwo, vielleicht zwischen Felsen oder in einer Spalte, aus dem Boden sprudle, frisch, kristallklar und kühl. Nap sagte, er wisse das vom Mississippi, der tausend Meilen weit entfernt, irgendwo im Norden, aus der Erde sprudeln würde.

Nap suchte aufmerksam über zwei Stunden lang die Umgebung ab und fand weder ein Flüßchen noch einen Wassertümpel, aber das sah man ihm kaum an, denn er war äußerst zuversichtlich. »Die Comanchen haben keine Meile von uns entfernt campiert«, sagte er. »Sieh mal, da hat einer glatt ein Schmuckstück vergessen.«

Er zeigte einen Anhänger, zwei mumifizierte Menschenfinger an einer Messingperlenschnur und eine große, goldene Medaille. »Echt Gold«, sagte Nap. »Bei Friedenskonferenzen werden solche Dinger verteilt. Hier steht: IN GOD WE TRUST und darunter sind zwei Hände, die sich festhalten, und auf der Rückseite steht: *PEACE FOR EVER*, und Washingtons Kopf ist abgebildet. Muß ein Häuptling gewesen sein, der das getragen hat.« Nap hängte sich das Schmuckstück um den Hals. Ben sagte müde, daß der Besitzer der Medaille vielleicht zurückkommen und nach ihr suchen werde. Und das könne Ärger geben. Aber Nap wollte den Anhänger unter keinen Umständen wegwerfen und auch nicht an einem Strauch festbinden, so daß ihn der Besitzer leicht wiedergefunden hätte. Im Gegenteil, er polierte die Medaille mit dem Jackenärmel sehr vorsichtig, um die dürren, runzeligen Finger mit den langen, gelben Nägeln nicht von der Kette zu reißen. »Im übrigen habe ich ein Loch entdeckt, in dem ein Dachs noch nicht gemerkt hat, daß es Frühling wurde. Wenn er aufwacht, guckt er vielleicht aus dem Loch, und...« Nap machte mit der rechten Hand blitzschnell eine Bewegung und grinste. »So ein Dachs, der den ganzen Winter über auf seiner faulen Haut gelegen hat, muß ganz schön zart sein.«

»Ein alter Dachs ist auch im Frühling nicht zart«, sagte Ben. »Im übrigen könnte ich nichts davon essen. Ich kann nicht einmal mehr schlucken. In mir ist es, als ob alles wund wäre.«

»Du siehst aber heute morgen nicht schlecht aus«, sagte Nap. »Komm, wir machen uns auf.« Er holte Schneeschuh. Er war an diesem Morgen anders als sonst. Freundlich. Fast nett und überhaupt nicht unmutig. So als hätte er vielleicht doch den Mississippi gefunden oder einen Wegweiser. Aber er hatte nur das Loch entdeckt und den Anhänger mit der Goldmedaille und den beiden Fingern dran. Nap führte Schneeschuh, auf dem sich Ben festklammerte, und er folgte der Indianerfährte, die im Schatten der Hügel verlief, hinunter in einen Graben, über dem sich Sandsteinfelsen in den Himmel hoben, scharf, düster und kühl gezeichnet und mit glühenden Rändern, wo das Sonnenlicht die Felsen traf.

Dort, wo die Indianer gelagert hatten, war das Loch, in dem der Dachs schlief, und Nap brach einen Ast von einem Dogwoodstrauch, trennte die kleinen, verzweigten Äste ab und ließ nur an der Spitze einen kleinen Wedel stehen, mit dem er den Dachs aus dem Schlaf kitzeln wollte. Er kitzelte fast eine Stunde im Loch herum, und Ben ließ sich unterdessen von der Sonne aufwärmen. Der Boden war von den Hufen der Indianerponys zertrampelt. In einer kleinen Mulde hatte ein Feuerchen gebrannt. Manchmal wurde die kalte Asche vom leichten Wind emporgewirbelt.

Nach einer Stunde kam Nap auf eine Idee. Noch immer schimmerte Zuversicht in seinem Gesicht, und er rieb seine Hände, nickte in das Loch hinunter und sagte: »Ich krieg dich schon, Väterchen! Ich werde ihn ausräuchern, den Burschen!« Er stand auf und fing an, Gras und Äste zusammenzutragen.

»Nap! So ein Dachsbau hat mindestens ein halbes Dutzend Ein- und Ausgänge«, sagte Ben vorsichtig. Er wollte Naps gute Laune nicht verderben, sah aber nicht ein, warum er die bevorstehende Enttäuschung nicht etwas lindern sollte.

Aber Nap lachte, stopfte Gras und Äste in das Loch und meinte, daß ein geräucherter Dachs vielleicht noch besser schmecke. Er riß ein Streichholz an, hegte die kleine Flamme mit den Händen, bis sie auf das Gras übersprang. Sofort fing er an, mit der Jacke vor dem Loch Wind zu machen, so daß der Rauch nicht hochkommen konnte. Falls in dem Loch wirklich ein Dachs schlief, würde er spätestens nach fünf Minuten einen Hustenanfall haben. Und nach zehn Minuten, als an drei Stellen zwischen Grasbüscheln, Salbeigestrüpp und von Winterstürmen verkrüppelten Feigenkakteen Rauch hochstieg, hätte der Dachs zumindest die Nase in den Wind strecken sollen.

Nap kam beim Wedeln ins Schwitzen, und wenn er kurz inne hielt, stieg schwarzer Rauch hoch, mit dem er den Indianern hätte mitteilen können, daß er den Anhänger gefunden hatte und einen anständigen Finderlohn erwartete. Und gerade, als Nap sich etwas deprimiert aufrichtete, raschelte es im Gestrüpp etwa zehn Schritte entfernt, und der Dachs, schwarzweiß weiß gestreift, den buschigen Schwanz über dem Rücken, setzte zur Flucht an. Nap ließ die Jacke fallen, und Ben sprang auf die Beine, obwohl er keinen Hunger hatte.

»Pack ihn, Nap! Pack ihn!« rief er hinter dem Neger her, der ziemlich schnell aufholte und den Dachs auf einige Felsbrocken zutrieb.

Dort stellte sich der Dachs und erwartete den Angriff, aber Nap hütete sich, ihm in die Nähe zu kommen. Aus fünf Schritten feuerte er eine Kugel ab und traf einen faustgroßen Stein, weitab vom Dachs.

»Ich habs ja gesagt! Es war ein Glücksschuß, damals!« heulte Nap. »Komm her, Benjamin! Komm her und schieß ihn ab! So ein Dachs hat Stinkdrüsen wie ein Skunk!«

»Bist du sicher?«

»Absolut. Komm! Tu mir den Gefallen. Aber ziel gut. Wir haben jetzt nur noch fünf Kugeln.«

Ben nahm den Revolver, zielte und traf den Dachs in den Nacken. Er war sofort tot, blutete wenig, und Nap nahm Bens Kopf zwischen die Hände und küßte ihn auf die Stirn. »Kleiner, dafür trag ich dich auf den Schultern, wenn Schneeschuh schlapp macht!« sagte er.

Vorläufig sah Schneeschuh zwar noch immer durstig, aber wieder kräftig genug aus, zwei Reiter durch einen weiteren heißen und staubigen Tag zu tragen. Nap, der am Morgen eine Hälfte des Dachses verzehrt hatte und die andere Hälfte für den Abend aufsparte, sagte gegen Mittag, als weit und breit kein Wasser und noch nicht einmal ein feuchter Sandfleck zu sehen war, daß die Indianer vielleicht absichtlich an den Wasserlöchern vorbeireiten würden, an denen sie sonst Halt machten.

»Immerhin ist Krieg«, sagte er. »Und sie müssen damit rechnen, daß Soldaten hinter ihnen her sind.« Dann erzählte Nap eine Geschichte aus seiner Dienstzeit als Kavalleriehornist. An der Spitze von zwei Kompanien war er neben einem Captain und einem Wimpelträger und noch vor dem Sergeanten den Spuren einer Mescalero-Apachen-Bande gefolgt. »Quer durch den Llano Estacado. Quer durch die Hölle. Und die Apachen gingen tagelang an kein Wasserloch und dann doch an eins, aber das hatten sie leergesoffen, als wir dort ankamen, und wir lutschten Kieselsteine, um die Speicheldrüsen anzuregen. Trotzdem kamen wir durch, aber auf dem Rückweg starb ein Junge aus Süd-Carolina an einem Sonnenstich, und ein paar Pferde krepierten. Obwohl die Apachen zu Fuß waren, kriegten wir nicht einmal den, der einen Klumpfuß hatte, wie man aus den Spuren feststellen konnte.«

Am Nachmittag spürte Ben, wie ihm taumelig wurde, und er hielt sich an Nap fest. Die Gegend, eine öde zerklüftete Hochebene, verschwamm vor seinen Augen, und Nap hielt Schneeschuh an.

»Ist dir nicht gut?« fragte er besorgt. »Sag's, wenn dir nicht gut ist. Sag's früh genug und bevor du runterfällst und dir das Gesicht aufschlägst.«

Bens Gesicht war sowieso ziemlich verschwollen und von der Sonne verbrannt. Schweiß und Staub hatten eine Kruste gebildet, seine Augenlider waren entzündet.

»Mach dir nur keine Sorgen, Nap«, sagte Ben.

»Ich mach mir aber Sorgen um dich. Kleiner. Wenn ich mir keine Sorgen machen kann, ist mir nicht wohl.«

»Red keinen Blödsinn, Nap. Komm, laß uns weiterreiten!«

»Dort, zwischen den Felsen, ist Schatten. Dort können wir Pause machen.« Nap trieb Schneeschuh an, und als das Maultier in den Galopp fiel, verspürte Ben ein Kribbeln, das durch seinen Körper lief. Gerade als Nap anfing, von dem Mädchen in Wichita zu singen und seine Stimme sich mit dem Rauschen in Bens Kopf mischte, landete Ben auf dem hartgebackenen Lehmboden im Schattengewirr eines Dornbusches. Nap sprang sofort vom Rücken des Maultiers.

»Ich hab dir gesagt, daß du schlapp machst, wenn du nichts ißt!«

»Ich habe einen Ekel, wenn ich nur ans Essen denke.«

»Du hast einen Ekel, weil du dir eingeredet hast, daß ein Dachs auch im Frühling zäh ist. Und Comanchen magst du auch keine. Deshalb

machst du schlapp. Deshalb bist du auf den Hund gekommen. Jetzt siehst du schön aus! Hockst am Boden und machst ein dummes Gesicht.«
Ben kam auf die Beine, schwankte und fand an Naps Arm Halt.
»Ich bin müde.«
»So siehst du aus.«
»Ich bin so müde, daß ich mich hinlegen und sterben könnte.«
»Jawohl. Genau so siehst du aus.«
Ben nickte. »Ich glaube, daß ich morgen einfach sterben werde.«
»Das ist nicht so einfach, Kleiner. Das ist ganz und gar nicht so einfach, wie du es dir in deinem umwölkten Gehirn ausdenkst. Es gibt Leute, die fangen schon mit jungen Jahren zu sterben an, und sie werden steinalt dabei. Wenn du mich fragst, dann ist das die reinste Niedertracht! Es gibt nichts Niederträchtigeres, als sterben zu wollen und am Leben zu bleiben!«
Ben setzte sich auf einen Steinbrocken, streckte die Beine und legte den Kopf in den Nacken. Nap warf den halben Dachs, der mit dem eigenen Fell umwickelt war, auf den Boden. Die Wasserflasche fiel neben dem Dachs hin und das Horn stellte er mit der Vorsicht eines Kindes, das eine Puppe mit einem Porzellangesicht gekriegt hatte, auf einen Stein. Dann band er Schneeschuh am Ast eines Busches fest.
»Willst du vielleicht jetzt etwas essen?«
»Nein.«
»Du willst nicht?«
»Nein! Ich kann nicht! Ich kann nicht essen, und ich kann dir nicht mehr zuhören!«
Nap hob den Kopf. »Hörst du was?«
»Den Wind.«
»Nein. Da ist was!« Nap drehte sich um. »Jetzt! Da! Hörst du's, Kleiner?«
Ben stieß den Atem durch die Nase. »Ich höre nichts!«
»Dann schnauf wenigstens nicht wie ein Affe und mach die Ohren auf!«
Lachen. Ja, Stimmen. Ben hob den Kopf, streckte den Hals und lauschte.
»Menschen!« sagte Nap. Er zog den Revolver aus dem Hosenbund, ergriff sein Horn und ging den Felsen entlang.
»Nap!« sagte Ben leise. »Nap! Paß auf!«
Nap duckte sich etwas, zögerte einen Moment und ging dann weiter. Er sah aus wie ein Raubtier, das auf zwei Beinen ging, und er machte kein Geräusch.
Jetzt kam der Wind auf und deutlich hörte Ben die Stimmen. Nap verschwand zwischen Gestrüpp und Felsen, und nach wenigen Minuten kam er zurück. Seine Augen waren hart.

»Werd jetzt nur nicht verrückt!« sagte er leise. »Zweihundert Schritte von hier ist eine Quelle, und unsere roten Freunde liegen bis zum Hals im Wasser und schrubben sich die Bäuche. So, wie es aussieht, sind es Jicarilla-Apachen und keine Comanchen.«

Ben kam fast mühelos auf die Beine, machte ein paar stolpernde Schritte und blieb stehen, ohne sich irgendwo festzuhalten. Für einen Moment wurde ihm schwarz vor den Augen, und Nap nahm ihn beim Arm und sagte, er habe ja gewußt, daß es in der Nähe Wasser gäbe. »Es sind fünf«, sagte er. »Fünf Jicarilla-Apachen.«

»Wir brauchen Wasser!« sagte Ben und fuhr sich mit der Zunge über die Lippen, die dick waren und aufgeplatzt und hart.

»Wir haben vier Kugeln und es sind fünf Apachen, Benjamin«, sagte Nap und zog seinen Revolver. »Ich wünschte, ich könnte gut schießen!«

»Warum? Wir brauchen nur zu warten. Die bleiben nicht ewig an der Quelle sitzen.«

»Nicht ewig, Mann. Aber länger, als wir warten können.«

»Bis zum Abend, vielleicht.«

»Vielleicht. Oder bis übermorgen. Vielleicht sind andere in der Nähe und sie warten. Diese Quellen sind ihnen allen bekannt. Vielleicht gehören sie einem Jagdtrupp an und sie warten, bis ihre Freunde kommen.«

»Ich glaube, ich könnte bis zum Abend warten«, sagte Ben.

»Gottverdammt, sie haben Pferde und alles, Mann!« Nap kniff die Augen zusammen. »Wenn ich so gut schießen könnte wie du, dann würde *ich* es tun!«

»Ich glaube nicht, daß ich sie töten könnte«, sagte Ben leise. Seine Kehle schmerzte. Die Augen brannten und er spürte, wie langsam die Kraft aus ihm wich.

»Du hast den Dachs mit einem Schuß getroffen. Ich war nie gut im Schießen, Mann. Den Deputy damals, den habe ich nicht einmal töten wollen. Mann, du willst leben, nicht wahr? Du willst nach Kansas zurück. Du hast ein Mädchen in Wichita, und du willst leben, jetzt, wo wir plötzlich Wasser hätten. Glaubst du, daß es mir Spaß macht, sie abzuknallen? Ich habe nichts gegen sie. Ich würde am liebsten hingehen und ihre Hände schütteln und mit ihnen im Tümpel herumplanschen. Aber so einfach ist das eben nicht, Mann. Wenn einer von ihnen an deiner Stelle wäre und du dort unten baden würdest, wärst du längst tot. Das ist das Gesetz der Wildnis. Wer am Leben bleiben will, muß töten können. Du kannst töten, Ben. Du bist ein ausgezeichneter Revolverschütze.«

»Da, schau meine Hände an. Schau, wie sie zittern! Wenn ich eine Kugel daneben schieße, Nap? Was ist, wenn ich nur einen von ihnen treffe?«

»Du triffst vier von ihnen. Komm, ich zeig es dir. Wir brauchen das

Zeug, das sie haben, und von den Felsen aus kannst du sie treffen.« Nap zog Ben mit sich, und sie krochen durch Gestrüpp, kletterten einen Felsgrat entlang und legten sich am Rande eines schmalen Plateaus nieder.

Unter ihnen, keine dreißig Schritte entfernt, standen fünf Pferde im Schatten einer Felswand, und in einer Mulde vergnügten sich fünf Jicarilla-Apachen, als wären sie zu Hause und hätten nichts zu befürchten. Sie waren nackt. Ihre Kleider lagen neben ihren Waffen an der Sonne. Sie tanzten im Wassertümpel herum, versuchten sich gegenseitig umzustoßen, spritzten sich an, lachten und lärmten wie Kinder, die auf dem Schulweg an einem Tümpel Halt gemacht hatten.

Jicarilla-Apachen. Braunhäutige, junge Burschen, keiner von ihnen älter als zwanzig. Langes schwarzes Haar hing in Strähnen über ihre Gesichter. Alle fünf waren mittelgroß und starkknochig gebaut, breit in den Schultern und Schenkeln. Einer von ihnen hatte eine lange, verkrustete Narbe auf dem Rücken, vom linken Schulterblatt hinunter zum Ende des Rückgrates.

»Sie haben alles, was wir brauchen«, flüsterte Nap.

Ben sah die beiden Sharpskarabiner, die neben den Kleidern lagen. Eine 66er-Winchester lehnte an einem Steinbrocken, und vom Ast eines Dogwoodstrauches hing ein Waffengurt mit einem Armeeholster, aus dem der Griff eines Revolvers ragte. Neben den Sätteln lagen Köcher mit Pfeilen, vier große Bogen, zwei Rohhautschilder, eine Lanze und eine Kriegskeule, und am Rande der Mulde, im Schatten der Felsen, lagen zwei Ziegenbälge und zwei Armeefeldflaschen und ein offener Packen aus Rohhaut, der wahrscheinlich Lebensmittel enthielt.

»Schieß, Ben!« flüsterte Nap. »Schieß!«

Ben ergriff den Revolver. Ein Luftzug strich an den Felsen hoch, hob Staub aus den Spalten und trocknete Bens Augen. Er senkte die Lider und als er sie wieder öffnete, kam der Apache mit der Narbe auf dem Rücken aus dem Tümpel, schüttelte seine nassen Haare aus und zeigte auf einen Bussard, der am Himmel weite Kreise zog. Er rief den anderen etwas zu.

»Schieß, Ben! Schieß!« sagte Nap leise und eindringlich.

Ben stützte die Ellbogen am Boden auf, umfaßte den Revolvergriff mit beiden Händen. Auf zwanzig Schritte Entfernung konnte er Flaschen treffen. Der Revolver sprang in seinen Händen, stieß gegen seine Unterarme, und durch den Pulverrauch hindurch sah er, wie der Apache mit der Rückennarbe in die Knie ging.

Und Ben schoß. In das Krachen der Schüsse schmetterte Nap ein Kavallerieangriffsignal. Der Revolver brüllte und schlug gegen Bens Hände. Einer der Apachen kam aus dem Wasser, und Ben schoß auf ihn, traf ihn, und er fiel rückwärts wieder in den Tümpel hinein. Pferde stiegen und Staub wälzte sich aus der Mulde an den Felswänden hoch. Naps

Hornstöße mischten sich mit dem Echo der Revolverschüsse, und dann fiel der Hammer auf eine leere Hülse.

Pulverrauch brannte in Bens Augen, und einer der Apachen kroch durch den Staub und fiel hin, bevor er die Gewehre erreichte, und der fünfte rannte davon, nackt, ohne Mokassins, mitten durch Dorngestrüpp, in die Ebene hinaus und in einen Graben hinein. Am Rande des Tümpels bewegte sich einer, hob seinen linken Arm, preßte die Hand gegen die Wunde an seiner Brust und kippte vornüber. Ein anderer lag in einem Sonnenstreifen und hob seinen Kopf. Die Revolverkugel hatte seinen Oberkörper durchschlagen und langsam, unendlich langsam, stemmte er sich hoch und drehte sich etwas, so daß er den Rand des Plateaus sehen konnte, auf dem Nap und Ben lagen. Nap nahm das Horn von den Lippen und Ben ließ den Revolver fallen.

»Lieber Gott«, sagte Ben leise. »Lieber Gott, laß ihn tot umfallen!«

Der Apache hatte seine Beine angezogen und kauerte krumm im Sand, das Gesicht vor Schmerzen verzerrt, und das Blut lief ihm über den Körper und tropfte in den Sand. Er sang. Leise. Man konnte es kaum hören, am Anfang klang es wie Wind, der durch Felsen streicht. Langgezogene, auf- und abschwellende Töne, die sich wiederholten. Singend kroch er vorwärts, zum Rand des Tümpels, in dem sich das Wasser rot verfärbt hatte, vom Blut des Toten, der darin trieb. Dort fiel er zur Seite und überrollte sich am Boden, blieb lang ausgestreckt auf dem Rücken liegen, und das Haar klebte in seinem Gesicht. Er sang ein Lied, das nur wenige Worte zu haben schien, und seine Stimme wurde schwach.

»Sein Totenlied«, sagte Nap leise und gepreßt.

Es klang schaurig. Ben fröstelte, und er nahm den Blick von dem sterbenden Apachen. »Warum stirbt er nicht!« schrie er heiser. »Herrgott, ich habe ihn gut getroffen!«

Nap hatte sich aufgerichtet und hängte sich das Horn um.

»Ich geh hinunter«, sagte er. »Bleib still liegen, Ben.« Er kletterte den steilen Hang hinunter. Geröll löste sich und rollte in die Mulde hinein. Die Apachenpferde bewegten sich nervös und Nap blieb am Rand der Mulde stehen. Der Indianer, der am Tümpel lag, hatte den Mund weit aufgerissen, und seine Finger gruben sich in den Boden. Langsam ging Nap durch die Mulde und hob die Winchester vom Boden auf. Er spannte den Hammer und ging auf den Apachen zu, und als sein Schatten über ihn fiel, hob der Apache noch einmal den Kopf. Seine Stimme brach und er starb, als sich Nap etwas vorbeugte. Nap blickte nach oben zum Plateau. »Komm!« rief er in die Stille hinein, die sich zwischen den Felsen ausgebreitet hatte. Aber Ben blieb liegen, und Nap nahm eine der Wasserflaschen und brachte sie hoch. Nap setzte sich neben Ben auf den Boden und hielt ihm die Flasche an die Lippen. Das Wasser war warm und schmeckte schal.

10
Der Medizinmann

»Nicht alle Medizinmänner, die wir hatten, waren etwas wert. Das gleiche gilt heute für Ärzte, unter denen es auch viele Kurpfuscher gibt. Medizinmänner waren aber für uns nicht nur Ärzte. Den meisten sagte man überirdische Kräfte nach. Sie standen mit Gott in Verbindung. Sie waren also wie die Priester, die wir heute haben. Ishatai allerdings war ein ausgekochter Schwindler, und ich glaube, daß es heute unter den Priestern auch welche gibt.«

Wilford Woosypiti, Comanche, Gracemont, Oklahoma, 1972

Wie es so oft in der Geschichte bedrängter Völker passierte, erhob sich ein Messias als Retter in der Not. Bei den Comanchen war es kein anderer als ein junger, kampfunerfahrener Krieger-Medizinmann namens Ishatai.
    Ishatai gab Zeugnisse starker Kraft. Er war kugelsicher – was allerdings keine außergewöhnliche Eigenschaft war, denn vor ihm besaßen eine Reihe großer Krieger über Jahre hinweg dieselbe Medizin. Eindrücklicher und neu war seine Behauptung, er habe »eine Reise hinter die Wolken« gemacht, wo er sich mit dem Großen Geist unterhalten habe.

Ernest Wallace und E. Adamson Hoebel, THE COMANCHES, 1952

Niemand weiß genau, woher er kam und was aus ihm wurde, als sich schließlich herausstellte, daß er nicht in der Lage war, eine abgeschossene Gewehrkugel davon abzuhalten, ihr Ziel zu treffen.

Sein Name war Ishatai. Man behauptete von ihm, daß er vor Zeugen einmal kräftig gerülpst hatte, eine Wagenladung Munition ausspuckte und sie wieder verschluckte. Dafür wurde er berühmt. Und während kurzer Zeit war er für einige tausend Comanchen, Kiowas und Cheyenne so etwas wie Jesus Christus, den man ihnen in der christlichen Form einfach nicht beibringen konnte, weil er so gar nicht zu ihnen paßte.

Bevor die Comanchen von Jesus, dem großen Erlöser, gehört hatten, war alles in Ordnung. Man lebte. Man jagte und man tötete und man stahl. Man lachte und weinte und man starb. Wenn man Glück hatte, starb man, bevor man alt und krank war und sterben zu einer Qual werden konnte. Leben und Tod waren keine getrennten Begriffe. Leben und sterben waren eins, gehörten zusammen wie essen und trinken. Zu leben und nicht zu sterben war undenkbar, denn sterben hatte so lange nichts Schreckliches an sich, wie die Indianer nichts vom Himmel und nichts von der Hölle wußten.

Aber dann kamen die Missionare, die Soldaten und die Siedler. Und sie alle kannten das Leben, fürchteten sich vor dem Tod und wünschten, in den Himmel zu kommen, während sie hofften, daß andere in die Hölle fahren würden. Und sie brachten die Kunde von Jesus, brachten das große, dicke Buch, in dem alles aufgeschrieben war, und erzählten von einem einzigen Gott, der alles sah, alles hörte und nichts vergaß. Sie brachten ihre Gesetze und Regeln. Und sie sagten, daß jeder Mensch mit einer schlimmen Sünde belastet sei, die er ein ganzes Leben mit sich herumschleppen müsse. Eine Sünde, das war etwas, das in grauer Urzeit von anderen begangen wurde. Der Tod war die Bestrafung für die Sünde. Plötzlich gab es für die Indianer den personifizierten Tod, eine knöcherne Gestalt in wallendem Umhang und mit einer Sense bewaffnet, kalt, hinterlistig und lautlos. Eine Schreckensgestalt, die in den Reihen der Indianer Verwirrung stiftete und Angst verbreitete. Die Weißen, die ihren Gott länger kannten, die mit ihrer Furcht Trost im Gebet fanden, und morden und plündern und schänden konnten, wenn sie nur bereit waren, dafür jeden Sonntag auf die Knie zu fallen und zu bereuen, bevor sie am Montag wieder weitermachten, die Weißen, die sich mit ihrem Gott eben auskannten, machten den Indianern klar, daß jede Rothaut von allem Anfang an schon eine einzige Sünde darstellte. Und die Verwirrung, die dadurch in die Tipilager der Comanchen gebracht wurde, machte sich Ishatai zunutze, als er sich entschloß, Wunder zu wirken und alle Indianer von dem Übel zu erlösen, das mit der Ausbreitung der Zivilisation über sie gefallen war.

Ishatai war ein junger Mann damals.

Seine Chancen waren gut. Die Zeit war richtig. Die Kiowas warteten darauf, daß Satanta, einer ihrer einflußreichsten Häuptlinge, aus dem Huntsville-Gefängnis entlassen wurde. Die Cheyenne trugen noch die Wunden, die man ihnen am Sand Creek und am Washita geschlagen hatte. Die Comanchen wußten viele ihrer Frauen und Kinder im texanischen Staatsgefängnis eingekerkert. Und sie alle sahen, wie in ihrem Jagdgebiet die Büffelherden abgeschlachtet wurden, während sie in den Reservationen darauf warteten, daß die versprochenen Lebensmittelrationen und Decken verteilt wurden.

Die jungen Krieger waren unruhig. Sie hatten Feuer im Blut. Die alten Männer waren schwach und müde geworden. Feuerwasser erhitzte die Gemüter der Jungen und machte die Alten krank. Das Ausbleiben der Rationen, Hunger und Elend überall, hatte im Frühjahr 1874 zu einer Massenflucht aus den Reservationen geführt. Die Comanchen hörten von dem jungen Kwahadi-Medizinmann, der Tote zum Leben erwecken konnte und *hinter den Wolken war*, um mit dem Großen Geist zu verhandeln. Auch Häuptling Horseback, einer der wenigen Kwahadis, die den Winter in den Reservationen verbracht hatte, führte seine Krieger hinaus und vereinte sich mit anderen Kwahadibanden, die aus dem Llano kamen. Viele der Reservationsindianer waren krank. Nicht nur Parry-o-coom, einer der Häuptlinge, hustete Blut. Viele husteten Blut und waren bis auf die Knochen abgemagert. Die Weißen nannten die Krankheit Schwindsucht. Kinder starben. Babys, die nur wenige Tage alt wurden, begrub man auf dem Weg zum Canadian. Auch Häuptling Horseback hustete und seine Gesichtshaut war gelb, beinahe durchsichtig.

Ishatai versprach Hilfe. Er machte Medizin und vollbrachte Wunder. Eines Tages war er auf einen Hügel gestiegen, hatte die Männer aus dem Rauchzelt rufen lassen und ließ sie für kurze Zeit in die Sonne blicken. Dann befahl er ihnen, langsam den Blick zu senken, und die alten Männer, geblendet vom grellen Licht, hatten dunkle, ineinanderfließende Gestalten vor Augen, die vom Himmel herunterschwebten auf den Hügel, auf dem Ishatai stand. Und die Gestalten verschmolzen mit dem Medizinmann, der den Männern zurief, jetzt langsam wieder die Blicke zu heben, hoch zum Himmel und gegen die Sonne. Und seine Stimme wurde dabei schwächer und schwächer, und plötzlich war er nicht mehr zu hören, und als die alten Männer die Hügelkuppe wieder klar erkennen konnten, war Ishatai längst verschwunden. Hinter den Wolken. In der Sonne. Drei Tage später tauchte er wieder auf und erzählte, daß ihm der Große Geist die Kraft gegeben hatte, sein Volk zu führen und die weißen Eindringlinge zu verjagen. Man glaubte ihm. Selbst die jungen Krieger.

Ishatai konnte sich von Anfang an vor allem auf die jungen Krieger verlassen, und nach und nach überzeugte er auch die älteren Häuptlinge, von denen viele ihr Kreuz unter die Verträge gemacht hatten, die ihnen von den Weißen vorgelegt worden waren. Einige von ihnen waren sogar in Washington gewesen. Washington D. C., beim Großen Weißen Vater, der ihnen Medaillen aus Gold gegeben hatte. Die Alten waren einflußreich. Erfahrung zählte bei den Comanchen mehr als jugendlicher Mut. Die Alten waren gegen den Krieg. Sie hatten ein Leben lang gekämpft. Sie wollten sterben, denn das war alles, was sie noch nicht erlebt hatten. Sterben. Aber wenn da die Hölle war? Wenn da ewiges Feuer brannte? Wenn man da unten immer nur Kohle schaufeln mußte, dann lohnte es fast nicht mehr zu sterben. Wenn es stimmte, was die Missionare sagten, dann war Sterben eine schreckliche Angelegenheit, auf die man sich nicht mehr freuen konnte. Sie waren alle verwirrt, und viele fürchteten sich, und es gab einige, die dachten, daß es vielleicht besser sei, wenn sie taten, was von den Weißen verlangt wurde.

Ishatai war anderer Meinung. Er sagte, daß die Weißen getötet werden müßten. Er sagte, daß er die Kraft habe, die Kugeln der Weißen abzulenken. Er sagte, daß die Büffeljäger zuerst getötet werden müßten, da dann der Große Geist seine riesigen Herden wieder auf den Prärien weiden lassen werde. Er sagte, daß die Zeit gut sei für den Kampf. Und er hatte die Cheyenne, die Comanchen, die Kiowas, die Arapahoes und die Kiowa-Apachen aufgerufen, alle zusammen an einem Tanz teilzunehmen, damit sie in seiner Medizin vereint wären, bevor sie in den großen Krieg gegen die Weißen ziehen würden.

Er war jung und ehrgeizig, und er dachte, daß dieser Jesus Christus, den er nie gesehen hatte, ein Gaukler gewesen sei und trotzdem die Weißen vereint hatte. Und da Ishatai flinke Finger, einen wachen Verstand, eine unglaubliche Phantasie und einige andere ausgeprägte Eigenschaften besaß, verdrängte er diesen Jesus für eine kurze Zeit aus den Köpfen der Stämme der südlichen Plains, und in den Reservationsagenturen ärgerten sich die Missionare, die sich doch soviel Mühe gegeben hatten und jetzt zusehen mußten, wie sich ihre Schäfchen einen anderen Leithammel aussuchten.

Ishatai wußte, daß die Verträge mit den Weißen zu nichts nütze waren, daß die christliche Religion Leben und Sterben für die Indianer unsinnig erscheinen ließ, und daß nur ein gewaltiger Kriegszug gegen die Weißen Furcht, Hunger und Krankheit beenden konnte, denn dann hätten wieder die Gesetze der Natur Geltung, und kein Indianer würde mehr auf die Idee kommen, sie nicht zu beachten.

Nap schleifte die Toten zwischen eng stehende Felsen und deckte sie mit den Fellen zu, die über den Sätteln gelegen hatten.

Seine Sorge galt dem Indianer, der entkommen war.

Er regte sich besonders darüber auf, daß er nicht einmal ein paar Fußabdrücke finden konnte. Der Indianer war spurlos verschwunden. Nap suchte lange nach ihm. Wenn er ihn gefunden hätte, hätte er ihn auch getötet, denn mit dem Gewehr war er besser als mit dem Revolver. Aber er fand ihn nicht, obwohl er fast den ganzen Nachmittag durch die Gegend kletterte, kroch und rutschte, immer mit der Nase am Boden und dem Finger am Abzug.

»Er ist zu Fuß so schnell wie wir mit den Pferden«, sagte Nap. »Und ich schaffe es nicht, eine Nacht lang wach zu bleiben.«

Die Jicarilla-Apachen hatten luftgetrocknete Streifen aus Büffelfleisch in den bemalten Rohhauttaschen, und Nap verzichtete darauf, am Abend den Dachsrest zu essen. Selbst Ben kaute, lustlos zwar und überhaupt nicht hungrig, auf einem der stark gewürzten, dünnen und brettharten Streifen herum. Nap freute sich. »Wenn du wenigstens ein bißchen ißt, hast du eine Chance.«

Ben übergab sich einige Minuten später. Nap sagte, daß vielleicht eine Brotsuppe das richtige wäre, den strapazierten Magen wieder zu beruhigen.

Sie machten kein Feuer, denn jetzt hatten sie ein paar Decken, in denen zwar Flöhe hausten, die aber trotzdem warm hielten. Nap hatte Tabak und eine kleine Stummelpfeife gefunden, und er rauchte und aß und rauchte, fuhr bei jedem Geräusch hoch und ließ den Finger nicht vom Abzug der Winchester.

Ben konnte lange nicht einschlafen. Coyoten heulten, und es war Vollmond. Die Felsen warfen lange Schatten durch die Mulde. Manchmal hoben sich Staubwirbel und tanzten lautlos um den Wassertümpel herum, wie die Geister der Toten, die in der Felsspalte lagen. Es war ein äußerst ungemütlicher Lagerplatz. Zwar gab es Wasser und dort, wo sie sich hingelegt hatten, war es windstill, aber die Toten ließen Ben erst spät zur Ruhe kommen.

Nap schlief tief und fest und traumlos und wachte erst auf, als Ben aus seinen Träumen hochschreckte, schweißgebadet, frierend und mit heftigen Bauchkrämpfen.

Die Pferde waren weg. Schneeschuh war nirgendwo zu sehen. Die Waffen, die keine vier Schritte von Nap entfernt am Boden gelegen hatten, waren verschwunden. Nur die Winchester, die Nap fest umklammert, und zwei Revolver, die er unter der Decke hatte, waren noch da.

Nap suchte herum und fand ein paar Spuren nackter Füße, über die er sich aber nicht mehr freuen konnte. Es half nichts, daß er fluchend gegen Steine trat und seine Fäuste schüttelte. Dann fing er an, herumzulaufen und nach Schneeschuh zu rufen. Aber er bekam keine Antwort. Dort, wo Schneeschuh gestanden hatte, lagen einige noch warme Maultieräpfel, und es konnte demnach noch gar nicht lange her sein, seit der Apache zurückgekommen war, um seine Sachen zu holen. Der Gedanke, daß er vielleicht noch zu erwischen sei, ließ Nap nicht zur Ruhe kommen. Immerhin war es möglich, daß Schneeschuh den Jicarilla-Apachen mit seinem Trick erwischt hatte. Vielleicht lag er gar nicht weit irgendwo mit einem Brummschädel am Boden, und Schneeschuh trampelte auf ihm herum.

Es war ein verwegener Gedanke, der Nap in die Nacht hinaustrieb. Er kratzte sich an Dornbüschen das Gesicht auf, und ab und zu hörte Ben ihn nach Schneeschuh rufen oder fluchen. Steine kollerten in die Schlucht hinein. Einmal klang es, als wäre Nap selbst irgendwo hinuntergefallen. Der Morgen graute, als er zurückkam, zerschunden, mit einer Schramme auf der Stirn und einem Kaktusdorn im Oberschenkel. Er lehnte die Winchester gegen einen Stein, ließ die Hose herunter und zog mit den Fingerspitzen den Dorn heraus, der mehr als einen Zoll lang und mit einem Widerhaken versehen war, stieß ihn in den Boden, trat mit dem Absatz darauf herum und zog die Hose hoch. Er fand den Tabakbeutel in seiner Decke, klopfte die Pfeife aus und stopfte sie.

»Glaubst du, daß du ein Stück weit gehen kannst?« fragte er. »Ich meine, wir sollten zumindest versuchen, ein Stück zu gehen.«

»Wohin?«

»Irgendwohin. Das Wasser versickert hier im Boden, aber ich denke, daß es irgendwo wieder rauskommt und zu einem Bach wird. Wir können einfach mal dem Graben nachgehen.«

»Ich bin sicher, daß ich ein Stück weit gehen kann«, sagte Ben. Er stand auf, machte zwei Schritte und fiel der Länge nach hin. Nap zündete die Pfeife an und blies den Rauch gegen den Himmel.

»Das habe ich mir gedacht«, sagte er.

Ben hockte am Boden und wartete, bis sich das Durcheinander in seinem Kopf etwas auflöste. Dann versuchte er es noch einmal. Er kam schräg hoch, sah, wie sich der Himmel verdunkelte, und fiel wieder hin.

»Warum zum Teufel stehst du so schnell auf? Wir haben Zeit, Kleiner. Wir können alles ganz gemütlich nehmen. Soviel Zeit, wie wir haben, brauchen wir nicht einmal.« Er hängte die Flasche über seine Schulter, nahm das Gewehr und kam herüber, die Pfeife zwischen den Zähnen und Rauchwolken durch die breite Nase blasend. »He, bist du wach?«

»Halb und halb«, hörte sich Ben sagen. »Wie seh ich aus, Nap?«

»Wie hingekotzt.«

»Mir ist, als wollte mir der Kopf platzen. Kannst du mir mal die Hand geben.«

»Langsam, Kleiner!« Nap beugte sich vor und packte Ben beim Arm. »So, jetzt kannst du aufstehen. Langsam!«

Es gelang Ben, sich mühsam an Naps Arm hochzuziehen, aber er spürte kaum, daß er die Beine unter dem Leib hatte. Die Sonne schien ihm ins Gesicht.

»Sachte, Kleiner«, sagte Nap. »Sachte.«

Sie gingen nebeneinander zum Tümpel, wo sich Ben auf die Knie niederließ. Mit den Händen schöpfte er von dem Wasser und klatschte es sich ins Gesicht und über den Nacken. Das Wasser war eiskalt, dort wo es aus der Spalte rann.

»Besser?« fragte Nap

»Gut«, sagte Ben mit herausgepreßtem Atem. Das Wasser kühlte sein Gesicht, und er trank einige kleine Schlucke, bevor er aufstand. Sie verließen die Mulde und gingen in einem sandigen Graben, der sich in vielen Krümmungen durch die Hügel zog. Schon nach kurzer Zeit blieb Ben stehen und ließ sich gegen den Grabenrand gleiten.

»Ich bin fix und fertig«, sagte er leise. »Ich schaff das nicht, Nap!«

»Trink einen Schluck.«

»Das nützt auch nichts. Weißt du was, Nap? Ich bin total fertig. Aus.«

Ben drehte den Kopf. Die Ränder seiner Augen waren stark entzündet. Sein Gesicht war eingefallen und hatte die Farbe der Lehmerde. Er atmete kurz und rasselnd. Nap nahm die Flasche von der Schulter, öffnete sie und hielt sie gegen Bens Lippen. Er trank einen Schluck, der aber sofort hochkam. Heftige Krämpfe ließen ihn in die Knie gehen. Er preßte die Arme an seinen Leib und starrte keuchend und aus tiefliegenden Augen zu Nap hoch, dem der Schweiß in dunklen, glitzernden Streifen über das Gesicht rann. Nap kniete nieder und nahm Bens Kopf zwischen seine Hände.

»Cowboy, jetzt kannst du nicht einfach aufgeben!« sagte er eindringlich. »Wir kommen aus diesem Gebiet raus. Siehst du die dunklen Stellen dort am Hang? Das sind Wacholderbüsche. Dort ist Wald! Und wo Wald ist, gibt es Wasser.«

»Ich will einfach nicht mehr«, sagte Ben leise.

»Das heißt noch lange nicht, daß du erledigt bist, verdammt noch mal! Du stehst jetzt auf, Kleiner! Du stehst jetzt auf und hältst dich an mir fest, und wir gehen zusammen bis zu jenen Wacholderbüschen, und dort machen wir Pause!«

»Das... das ist unmöglich! Ich spür nicht einmal mehr meine Beine.«

»Das macht dir die Sache angenehmer als mir!« knurrte Nap grimmig. Er strich mit gespreizten Fingern durch Bens Haar. »Komm! Tu mir den Gefallen und steh auf! Du bist noch nicht so schlimm dran, daß du aufgeben mußt, Ben!«

»Es gibt an meinem Körper keine einzige Stelle, die nicht schmerzt.«

»Das sind die Krämpfe, Kleiner. Wenn die mal nachlassen, dann ist das alles nicht mehr so schlimm. Schau, es ist nicht weit zu den Hügeln.«

»Meinst du?« Ben blickte den Graben entlang. »Eine Meile, Nap. Und wir sind noch nicht einmal zweihundert Meter weit gekommen, seit wir aus der Mulde raus sind.«

»Jetzt ist es nicht mehr weit«, sagte Nap. »Komm!« Er zog Ben hoch. »Halt dich an mir fest. Wenn die Krämpfe kommen, sagst du mir Bescheid. Fall mir nur nicht dauernd hin, Ben.«

Sie gingen weiter. Ben krallte sich mit seinen Blicken an dem Hügelhang fest, zu dem allmählich Hitzeschleier aufstiegen. Nach einer Weile sah es aus, als ob die von Wacholder bewachsenen Ränder am Himmel hängen würden.

Sie gingen fast eine Stunde. Dann blieb Ben stehen. »Nicht mehr weit, eh«, sagte er mühsam.

»Weiter!« sagte Nap. »Wir haben es schon fast geschafft. Es ist nur noch ein kleines Stück.«

»Wir kommen nie hin«, sagte Ben. »Nie!«

»Halt die Klappe, verdammt! Komm!« Nap zog Ben weiter durch den Graben, durch knöcheltiefen Sand. An den Grabenrändern wuchsen verholzte Kakteen, deren Dornen dunkelrot im Sonnenlicht glühten. Der Graben endete an einem Lehmhügel, der aussah wie ein blaugrauer Elefantenbuckel. Nap sah sich um und fand eine Stelle, wo sie aus dem Graben klettern konnten. Ben versuchte es zuerst und Nap stützte ihn, schob seine Schultern unter Bens Füße und hob ihn langsam hoch. Oben blieb Ben auf dem Bauch liegen und Nap kletterte ihm nach.

»Ich gehe jetzt nicht mehr weiter«, keuchte Ben. »Jetzt ist Schluß!«

Nap setzte sich neben ihm hin. Er war selbst todmüde. Er legte den Kopf in den Nacken und die Sonne schien ihm ins Gesicht, in dem Schweiß und Staub zu einer grauen Kruste geworden waren.

»Nap.«

»Ja?«

»Nap, laß mir den Revolver und geh allein weiter. Du hast allein eine Chance und ich . . .«

»Wenn du jetzt nicht den Mund hältst, kriegst du Prügel!« rief Nap wütend. Er strich sich mit der Hand über den Nacken.

»Reg dich nicht auf, Nap. Schau mich an und dann weißt du, daß du mit mir nicht mehr weiterkommst.« Ben sagte es ohne Bitterkeit. Obwohl er sich nicht einfach damit abfinden konnte, so sang- und klanglos vor die Hunde zu gehen, sah er keine Möglichkeit, es sich anders einzurichten. Er hatte Magenkrämpfe und sein Stuhl war dünn wie Wasser. Er hätte gern eine frische Hose angezogen und dem alten Clintock einen Brief geschrieben. Außerdem schuldete ihm Lane noch mindestens vierzig Dollar für die Häuterarbeiten, und das hätte für ein anständiges Begräbnis gereicht. Seine Geschichte hätte er gern in den Saloons herumerzählt, und besonders unten, wo seine alten Freunde waren und der Frühjahrsauftrieb wahrscheinlich längst in vollem Gang war, hätte er gern mit O'Rourke in der Weidehütte gesessen, um ihm von den Abenteuern zu erzählen, die er in der Fremde erlebt hatte. Aber daraus wurde jetzt nichts. Falls Nap durchkam, würde er wahrscheinlich ab und zu von einem weißen Knaben erzählen, der schlappgemacht hatte. Und seine Niggerfreunde würden lachen und sagen, daß weiße Knaben eben Milchgesichter und Pfeffersäcke wären. Und die Niggermädchen würden die Köpfe zusammenstecken und über die weißen Knäblein kichern, und alle würden sagen, daß eines Tages alle Weißen einfach schlappmachen würden, in hundert Jahren vielleicht oder etwas später.

»Wenn du denkst, daß du jetzt schlappmachen kannst, dann hast du dich gewaltig getäuscht, Mann!« sagte Nap plötzlich und beschattete sein Gesicht mit der Hand, blickte zu den Hügelrändern hoch und langte mit der rechten Hand nach seinem Horn. »Mir ist, als würde uns jemand zusehen.«

Ben hob den Kopf. »Zusehen? Nap, du bringst mich nicht mehr hoch. Auch nicht mit einem Trick!« Ben hustete.

»Wir werden bestimmt beobachtet, Kleiner!« sagte Nap leise und eindringlich. Er stand auf. Er hatte das Gewehr in der linken, das Horn in der rechten Hand. »Nimm den Revolver!« sagte er scharf. »Vorwärts, Kleiner! Steh auf! Man soll nicht denken, daß es leicht sein wird, uns die Haut über die Ohren zu ziehen!«

»Indianer?«

»Was sonst?« Nap stieß die Luft durch die Nase. »Herrgott, ich wünschte, ich hätte zumindestens 'nen roten Bauch!«

Ben kam auf die Beine und zog die beiden Revolver aus Naps Hosenbund.

»Wenn sie uns beobachten, warum schießen sie uns denn nicht einfach ab? Ich kenne mich mit den indianischen Sitten und Bräuchen nicht besonders gut aus. Ich könnte mir vorstellen, daß es unter ihnen auch ehrliche Burschen gibt, aber ich weiß nicht, warum sie uns nicht einfach erschießen.«

»Munition soll knapp sein, hat Gallagher gesagt.«

»Das stimmt. He, sieh mal! Da kommen sie!«

Auf einem Hügel tauchten etwa zwei Dutzend Reiter auf, die ihre Pferde auf einem Grat zügelten und keine Anstalten machten, herunterzureiten. Dort oben zerrte der Wind an ihren ausgefransten Jagdhemden, Federn und Skalphaaren. Lanzenspitzen und Gewehrläufe funkelten im Sonnenlicht. Pferde bewegten sich unruhig.

»Comanchen!« sagte Nap scharf.

Fünf waren zu Fuß. Sie kamen aus einem Erdgraben, rutschten einen Lehmhügel herunter, und einer von ihnen, ein junger Mann mit schmalen Hängeschultern, winkte. Er hatte drei Adlerfedern im Haar, und sein Gesicht war beinahe so schwarz wie das von Nap. Aber dort, wo die Farbe

Comanchen-Krieger

etwas verschmiert war, schimmerte rötlich die Haut durch. Seine vier Begleiter waren blutjung und hatten ihre Gesichter auch mit Farbe angestrichen. Sie besaßen alle Bogen und Pfeile, die allerdings noch in den Köchern steckten, Nap empfahl, den Finger vom Abzug zu nehmen, da es sowieso keinen Sinn hätte, fünf zu töten, während oben zwei Dutzend andere nur darauf warteten, einen Zirkus zu machen.

Nap nahm statt dessen das Horn an seine Lippen und blies ihnen den Zapfenstreich entgegen. Sofort wimmelte es rund herum auf den Hügeln von Pferden und Indianern. Die fünf, die zu Fuß kamen, blieben stehen. Der mit dem schwarzen Gesicht griff in sein Jagdhemd, das mit Halbmonden und Sternen aus Glasperlen verziert war. Er brachte eine Mundharmonika zum Vorschein, und als Nap keine Luft mehr hatte, spielte der mit der Mundharmonika den Yankee Doodle, und zwar ohne Fehler. Nap ließ die Winchester fallen, nahm das Horn unter den Arm und klatschte in die Hände. Hocherfreut steckte der Indianer die Mundharmonika wieder ein, sagte etwas zu seinen Begleitern und bekam böse Antworten. Auf jeden Fall schienen sie sich ein bißchen uneinig, was jetzt geschehen sollte, und einer von ihnen machte ein paar Zeichen zu den andern hoch. Er bekam sofort Antwort von einem Indianer, der auf einem löwengelben Pferd saß.

Der mit dem schwarzen Gesicht zeigte seine Handflächen zum Zeichen, daß er ein freundlicher Indianer sei, und er kam allein durch den Sand. Sie gingen ihm ein paar Schritte entgegen. Ben spürte, wie ihm übel wurde, und er fiel dem Comanchen glatt vor die Füße. Von unten her sahen Nap und der Indianer riesengroß aus, und Ben glaubte seinen Augen nicht zu trauen, als sich über ihm eine schwarze und eine braune Hand vereinten.

»Guten Tag«, sagte der Indianer mit einer warmen, freundlichen Stimme. »Ich bin Ishatai. Das sind meine Freunde.« Er zeigte auf seine Begleiter und dann zu den Hügeln hoch. »Wir sind Kwahadi-Comanchen und kommen vom Brazos her, wo wir eine kleine Auseinandersetzung mit weißen Soldaten hatten.«

Er sagte nicht Blaubäuche. Er sagte Soldaten, und Ben, der langsam auf die Knie kam, blieb der Mund offen stehen. Auch Nap fand für einen Moment keine Worte. Das Englisch des Indianers war einwandfrei. Er mußte lange unter Weißen gelebt haben.

»Napoleon Washington Boone«, sagte Nap und machte tatsächlich eine kleine Verbeugung. »Das ist mein Freund, Benjamin Clintock, und zur Zeit ist er ziemlich krank.«

»Das haben wir gesehen«, sagte Ishatai und der Blick, der Ben traf, war überhaupt nicht freundlich. Ben blieb nichts anderes übrig, als weiterhin am Boden zu knien, denn selbst Nap machte keine Anstalten, ihm auf die Beine zu helfen.

»Ich nehme an, du bist ein Deserteur der US-Armee«, sagte der Indianer. Nap grinste von einem Ohr zum andern.
»Richtig, Häuptling. Ich war bei der zehnten Kavallerie. Hornist.«
Der Comanche nickte. »Wo kommt ihr her?«
»Vom Canadian. Wir waren eigentlich nicht zu Fuß. Wir hatten ein Maultier, aber das ist uns abhanden gekommen.«
»Ich weiß.« Ein hintergründiges Lächeln flog über das schwarze Gesicht. »Wo wollt ihr hin?«
»Kansas. Das heißt, eigentlich haben wir kein Ziel. Aber mein Freund hier möchte nach Kansas. Es ist ihm zu einsam hier draußen.« Nap holte Luft. »Ein bißchen auf dem Kriegspfad, was?«
Ishatai grinste. »Ein bißchen«, sagte er. »Wir hatten Pech am Brazos. Da sind die Soldaten überall. Es wird immer schwieriger, Beute zu machen, ohne daß man sich die Finger verbrennt. Deswegen sind wir unterwegs nach Norden. Wir werden einen Sonnentanz machen. Mit den Kiowas zusammen. Dann werden wir die Büffeljäger töten.«
»Hm, da habt ihr euch viel vorgenommen«, sagte Nap. »Da oben sind auch Soldaten. In Fort Sill und in Camp Supply und überall.«
»Ich weiß. Wir haben alle große Schwierigkeiten. Es ist ein Elend.«
»Sag, hast du die Sonntagsschule besucht?« fragte Nap.
»So ist es«, Ishatai lachte. »Ich war eine Zeit bei Kicking Birds Kiowas. Da ist ein weißer Lehrer dabei. Er ist ein sehr guter Lehrer. Eigentlich wäre ich gern noch ein bißchen geblieben, aber die Zeit drängt. Ich bin zurückgekommen, um mit dem, was ich gelernt habe, meinem Stamm zu dienen.« Er zeigte auf Ben. »Wo hast du ihn gefunden?«
»Irgendwo.«
»Er war ein Büffeljäger, nicht wahr?«
»Er hat es nicht besser gewußt. Jetzt würde er es nicht mehr tun.«
»Bist du sein Freund?«
»Ja.«
»Wirklich?«
»Ja.«
»Du würdest ihn nicht töten?«
»Nein. Warum sollte ich?«
»Damit du selbst am Leben bleibst.«
»Nein!« Nap zögerte nicht. »Er ist mein Freund!«
»Wie lange bist du im Land?«
»Insgesamt zwei Jahre, ungefähr.«
»Hast du Comanchen getötet?«
Nap nahm die Unterlippe zwischen die Zähne.
»Einen? Zwei? Mehr?«
»Einen. Ich hab ihn mit meinem Horn erschlagen, weil ich keine Kugel mehr in meinem Revolver hatte.«

»Du hast keine Angst, nicht?«
»Wovor?«
»Daß wir dich töten könnten?«
»Bevor ihr das tun könnt, würde ich ein paar von euch töten.«
Der Indianer lachte. »Weißt du, was ich ihnen gesagt habe?«
»Wem?«
»Meinen Freunden. Ich habe ihnen gesagt, daß ich ein ganzes Jahr auf dich gewartet habe.«
»Wir sind uns überhaupt nie begegnet.«
»Doch. Du bist mir begegnet. In meinen Träumen. Ich habe meinen Freunden gesagt, daß du kommen wirst und daß sie es alle hören werden, weil du so laut kommen wirst wie ein Sturmwind, der durch die Knochenpfeife bläst. Willkommen, mein Bruder.« Er hob die Hände, blickte zum Himmel und fing an in seiner Sprache zu reden. Weder Nap noch Ben konnten ihn verstehen. Aber Ben, der am Boden kniete, erinnerte es sehr an die Zeit, als er für den Padre vor dem Altar den Ministranten gespielt hatte und sich das Evangelium anhören mußte. Das waren noch Zeiten gewesen. Und jetzt kniete er vor einem schwarzgestrichenen Wilden, der heidnische Symbole auf seinem mit Skalphaaren verzierten Hemd trug und mit seinen besonderen Worten und Gesten die Macht des Himmels herausforderte. Und Nap stand ganz andächtig daneben und nahm sogar seine Armeemütze vom Kraushaar, senkte den Kopf und sagte so leise, daß ihn nur Ben verstand: »Vater unser, der du bist im Himmel, geheiligt werde dein Name, und wir haben ein Affenschwein gehabt, Kleiner, denn dieser junge Bursche scheint ein Medizinmann zu sein, der es zu etwas bringen will, und dabei ist ihm jedes Mittel recht, seine Brüder und Schwestern davon zu überzeugen, daß er ein großer Seher ist ... und dein Wille geschehe, wie im Himmel, also auch auf Erden ... weil wir sowieso nicht in der Lage sind, irgend etwas anderes zu tun als das, was er von uns verlangt. Auf jeden Fall haben wir eine Chance ... gib uns heute unser täglich Brot ... und weiter weiß ich beim besten Willen nicht mehr. Bleib ruhig, Kleiner, und verlaß dich auf Onkel Nap, der sich immerhin ein bißchen auskennt ... Amen.«

Ishatai ließ die Arme sinken und wandte sich an einen seiner vier Begleiter, einen jungen Burschen, der keine einzige Verzierung und keine einzige Skalplocke an seinem etwas schäbigen Rehlederhemd hatte und dessen Haar zu zwei Zöpfen geflochten war. Er hatte ein etwas verhärmtes Gesicht und machte einen nicht besonders glücklichen Eindruck. Außerdem war er ein äußerst hellhäutiger Indianer, vielleicht sogar ein Mischling. Ishatai zeigte auf Ben und redete auf den jungen Burschen ein, dessen Augen jetzt aufleuchteten; seine rechte Hand fuhr zu dem Messer, das in einer Rohhautscheide steckte. Aber Ishatai legte ihm die Hand auf den Arm, schien ihn zu beruhigen, zeigte auf Nap und dann zum Himmel hoch, und dann auf Ben. Der junge Bursche nickte, zog das Messer aus der Scheide, holte aus und warf es vor Bens Knie, wo es leicht vibrierend in der Erde stecken blieb. Ishatai legte ihm die Hand auf die Schulter und lächelte anerkennend. Die anderen zogen sich etwas zurück, nahmen Pfeile aus ihren Köchern und legten sie auf ihre Bogensehnen.

»Dein Freund ist mir leider nicht im Traum begegnet«, sagte Ishatai zu Nap. »Er paßt nicht in meine Pläne.«

»Er ist ein guter Junge«, sagte Nap.

Ishatai nickte. »Wir werden sehen.«

»Was werden wir sehen?«

»Wir werden sehen«, sagte Ishatai. »Ich wünsche, daß du ihn tötest. Aber ich sehe in deinen Augen, daß du dazu nicht bereit bist. Dieser junge Krieger hier, sein Name ist Cuts-the-Buffalo-Tongue, das bedeutet: der die Büffelzunge durchschneidet, will versuchen, seinen ersten Skalp zu machen. Bis jetzt hatte er nie eine Gelegenheit dazu. Er war lange krank, und er war ein Gefangener der Utes, aber er ist ein guter Junge, der seine Chance kriegen soll.«

Ben langte nach dem Revolver, der ihm beim Sturz aus der Hand gefallen war. Aber Cuts-the-Buffalo-Tongue war mit seinem Fuß schneller als Ben mit seiner Hand. Er trat den Revolver zur Seite, und als sich Nap bücken wollte, um ihn aufzuheben, spannten die anderen drei ihre Bogen. Nap richtete sich sofort auf und zwang ein Grinsen in sein Gesicht.

»Der Junge sieht etwas schwächlich aus«, sagte er und zeigte auf Cuts-the-Buffalo-Tongue.

Ishatai nickte. »Er war lange krank«, sagte er. Dann gab er den anderen einen Befehl, und sie nahmen die Pfeile von den Bogen und sammelten alles ein, was Nap und Ben noch gehabt hatten. Nur das Kartoffelrüstmesserchen, den Tabaksbeutel und die Maiskolbenpfeife wollten sie nicht haben, obwohl Nap sie bereitwillig aufforderte, ihn zu durchsuchen. Auch das Horn durfte er behalten. »Das ist die Medizin, mit deren Hilfe wir den Feind vernichten werden«, sagte Ishatai. »Du kommst mit«, sagte er freundlich zu Nap. »Du bleibst!« sagte er unfreundlich zu Ben.

Nap schüttelte den Kopf. »Ich bleibe«, sagte er.

»Nein. Du kommst mit. Denk daran, daß dir nichts geschieht, denn du stehst unter meinem Schutz.«

»Ich würde mich darüber freuen, wenn ich dir trauen könnte«, sagte Nap. »Aber ich traue dir nicht.«

»Warum nicht?«

»Weil du die Sonntagsschule besucht hast.«

»Ich gebe zu, daß ich dort Lügen gelernt habe. Aber ich belüge dich nicht. Und ich traue dir, obwohl du ein Soldat warst. Was ist besser, die Armee oder die Sonntagsschule?«

»Ich denke, daß beides ungefähr aufs gleiche herauskommt.«

»Na also.« Ishatai lächelte. »Du tust, was ich will. Wir können uns verstehen und die anderen, die nicht englisch können, verstehen dich nicht. Das ist ein gewaltiger Vorteil, für dich und für mich.«

»Er ist ein Schwindler, Nap!« stieß Ben hervor. »Er ist ein Hokuspokusmann und ein gottverdammter Heide!« Ben ergriff das Messer und zog es aus dem Boden. »Geh nur mit ihm. Ich komme schon allein zurecht!«

»Da fällt mir aber ein Stein vom Herzen«, sagte Nap aufatmend. »Ich dachte schon, daß du dich nicht einmal wehren würdest.«

»Er wird kämpfen«, sagte Ishatai erfreut.

»Darauf kannst du dich verlassen!« schnappte Ben, mit Schmerzen in der Brust und im Rücken, mit Beinen, von denen er nicht wußte, ob sie ihn noch einmal tragen würden, mit brennenden Augen, vor denen die schwarze Visage eines Comanchen-Medizinmannes schwamm. »Wenn es mir auch eben noch gleichgültig war, ob ich leben oder sterben würde, so werde ich mich jetzt aber tüchtig wehren, besonders wenn es das letzte Mal sein soll!«

»Kleiner, ich dachte, du bist fix und fertig?« sagte Nap erstaunt über die Energie, die Ben aus der Furcht schöpfte, seinen Skalp zu verlieren. Es war ein typisches Comanchenspiel, das sich der rote Prophet Ishatai ausgedacht hatte. Einerseits hatte er seinen Schäfchen das Erscheinen eines nachtschwarzen Geistes versprochen, den man sogar anfassen konnte, und andererseits paßte Ben überhaupt nicht in sein Konzept.

Ben war ein Texaner. Und ein blonder Texanerskalp war für einen Comanchen mehr wert als zwei Uteskalps oder gar drei Apachenskalps, denn seit Jahren wurden die Comanchen vor allem von texanischen Siedlerfamilien, Ranchern und Cowboys, von Texas Rangers und in Texas stationierten Truppen hart bedrängt. Nap war lange genug im Südwesten gewesen, um zu wissen, daß Ben, selbst wenn er seinen Kampf gewinnen würde, keine große Chance hatte, am Leben zu bleiben. Als Texaner verkörperte er alles Schlechte, was die weiße Rasse zu bieten hatte.

»Schau mich nur an, Nap«, sagte Ben. »Du wirst dich noch wundern!«

»Warum jammert er?« fragte Ishatai. »Es ist eine Ehre, im Kampf zu sterben. Möchte er lieber verdursten?«

»Er will überhaupt nicht sterben«, sagte Nap. »Er ist jung.«

»Junge Krieger sterben leichter«, sagte Ishatai. »Sie kämpfen besser, und sie sterben besser. Es ist das Ziel jedes Kriegers, gut zu kämpfen und gut zu sterben. Aber er ist ein Texaner! Und deshalb jammert er!«

»Aus dem Lampasas County!« schnappte Ben. »Und ich bin stolz darauf!«

»Hast du nichts anderes, worauf du stolz sein könntest?« Ishatai schüttelte den Kopf. »Schrecklich! Was seid ihr nur für Geschöpfe.« Er nahm Nap beim Arm. »Komm jetzt! Ich werde dich Quanah vorstellen. Er ist noch nicht ganz davon überzeugt, daß ich übernatürliche Kräfte habe, aber das wird nun nicht mehr lange dauern.«

»Hast du übernatürliche Kräfte?« fragte Nap.

Ishatai kniff die Augen etwas zusammen. »Hätte ich sonst gewußt, daß du kommst?« fragte er, und Nap nickte, obwohl er davon überzeugt war, daß Ishatai noch heute morgen keine Ahnung gehabt hatte, daß er gegen Mittag einem ehemaligen Kavalleriehornisten begegnen würde. Aber Ishatai war ein Mann, der jede Situation schnell auszunützen verstand, und Nap sah nicht ein, warum er ihm seine Karriere als Medizinmann gefährden sollte. Früher oder später würde er ohnehin in den verkehrten Farbtopf greifen. Davon war Nap überzeugt, und er nahm sich vor, als Ishatais Jünger im Notfalle nicht anders zu handeln, als es Petrus getan hatte, als der Hahn dreimal krähte.

Es war eine Angelegenheit, der er sich nicht entziehen konnte, und das war eine äußerst gefährliche Situation. Nicht nur für Ben, der allein zurückblieb, im Staub kniend, das Gesicht verkrustet, den Mund aufgerissen, als hätte er Mühe, Luft zu kriegen, und der nicht wußte, was geschehen würde.

11
Der Zweikampf

Es kam manchmal vor, daß ein Mann, der lange krank und ohne Hoffnung auf Genesung war, oder wenn ein so schweres Mißgeschick ihn befallen hatte, daß er deshalb nicht mehr leben mochte, beschloß, sein Leben aufs Spiel zu setzen durch einen verwegenen Kampf gegen den Feind. Dies war zwar Selbstmord, aber die gesellschaftlich höchst anerkannte Art für einen Mann, sein Leben ehrenvoll zu beenden.

E. Wallace und E. A. Hoebel, THE COMANCHES, 1952

Benjamin Clintock blickte zum Hang hoch, der hinter den Lehmbuckeln sanft zum Himmel anstieg, bedeckt von gelbem Gras und wenigen Wacholderbüschen, Dogwoods und Salbeigestrüpp.

Dort oben war Bewegung. Sie kamen in Gruppen über den Kamm. Männer, Frauen und Kinder. Schwarzes Haar, Federn, helles, weichgegerbtes Rehleder, an dem Windböen zerrten. Alte Männer, buckelig und auf krummen, dünnen Beinen, mit grausträhnigen Zöpfen. Bemalte Gesichter. Frauen. Viele dicke Frauen, einige waren wohl schwanger, andere aufgedunsen. Babys in perlenbestickten Bündeln. Haar flog im Wind. Skalphaar und eigenes. Kinder rannten wie Wild. Sie waren fast alle nackt, und sie glänzten naß vom Wasser, mit dem sie sich beim Spiel gespritzt hatten. Und überall waren kläffende Hunde, räudige kleine Köter mit gelben Augen und Kampfnarben im Fell. Sie kamen zähnefletschend heruntergerannt, hungrig wie Wölfe, die einen Winter in der Eiswüste verbracht hatten, und sie wurden zurückgepfiffen und mit Steinen beworfen, wenn sie nicht gehorchten. Mehr Hunde als Menschen, schien es.

Alte Weiber bildeten eine Gruppe und alte Männer auch. Sie hatten ein Tom-Tom und Flöten mitgebracht.

Nap war jetzt mitten unter ihnen. Napoleon Washington Boone. Sein Horn leuchtete, als wäre es aus purem Gold. Er wurde gestoßen, geschoben, gedrängt, und er stieß und schob und drängte, um einen guten Platz zu erobern. Kinder rutschten durch staubgefüllte Gräben, und der Strom von Menschen und Hunden wälzte sich Ben entgegen, stockte, wurde von den Sträuchern und Büschen geteilt und lief gegen das Ende des Hanges hin aus. Staubschleier hängten sich an den Himmel, der um die Sonne herum weiß war und nur über den Hügelrändern Farbe hatte.

Und als sich dort oben ein Wacholderbusch im Wind neigte, traf die Sonne blondes Haar.

Ben kniff die Augen zusammen. Dort saß ein Mädchen mitten in einem Haufen von dicken, alten Weibern. Ein Rehlederkleid hing von den Schultern über die Knie und die Füße. Ein einfaches Rehlederkleid, dünn und weich, ohne Verzierungen, ohne Perlen und Elchzähne und Muscheln. Goldenes Haar, und Naps Horn sah dagegen stumpf und beschlagen aus.

Ob Nap gesehen hatte, daß ein weißes Mädchen unter ihnen war?

Nap, der krumme Hund! »Du kannst dich auf Onkel Nap verlassen«, hatte er gesagt. Verdammter Nigger! Jetzt hockte er inmitten von zwei- oder dreihundert Barbaren, und daß er noch keine Adlerfeder in der alten Armeemütze trug, war ein Wunder.

»Du wirst bestraft!« brüllte Ben. »Dafür wirst du eine Ewigkeit in der Hölle schmoren!«

Ben starrte zu dem Mädchen hoch, das sich mit den dicken Weibern unterhielt. Es lachte und strich sich mit der Hand Haare aus dem Gesicht. Eine der dicken Frauen beugte sich zu dem Mädchen herüber und küßte es, und das Mädchen legte ihre Arme um den Hals der dicken Frau, der die Brüste aus dem Kleid quollen, riesige, fette Brüste, die von ihrem breiten Hals herunterhingen und vom Kleid nicht gehalten werden konnten. Eine andere Frau nahm ein Bündel vom Rücken und legte es dem Mädchen in den Schoß, und das Mädchen wiegte ein braunhäutiges Baby.

Was sie alles mit den weißen Mädchen machten, die sie auf ihren Raubzügen gefangennahmen. Jeder wußte, was sie machten. Jeder kannte die Geschichten. Einige davon waren sogar in Zeitungen abgedruckt gewesen.

»Barbaren!« rief Benjamin Clintock. »Schänder!«

Seine Stimme ging im Lärm unter, und er hörte sich selbst nur schwach. Die Worte brannten in seinem Hals und die Krämpfe kamen, trieben ihm Tränen in die Augen, während sie sich durch seinen Bauch wälzten, in den Magen hinein; er spürte Blutgeschmack im Gaumen und blies ihn durch die Nase, die ihm Gallagher zerschlagen hatte. Schweiß durchbrach die Kruste auf seinem von der Kälte verbeulten und von der Sonnenhitze verbrannten Gesicht.

Ben umklammerte mit der rechten Hand den mit Lederstreifen umwickelten Hirschhorngriff des Messers. Es war ein großes Bowiemesser, das nicht aussah, als ob es oft gebraucht worden wäre. Ben drehte die Klinge gegen seinen Leib, in dem sich die Schmerzen festgeklammert hatten, und für einen Moment drängte sich ihm der Gedanke auf, einfach zuzustoßen und ihnen allen das Spiel zu verderben.

Langsam! Paß auf, Benjamin Clintock. Wenn du die Kraft hast, dich selbst umzubringen, dann könnte es dir auch gelingen, einen Comanchenjungen zu töten, der lange krank war.

Wenn er nur käme. Wenn er nur endlich kommen würde. Worauf wartete er? Wo war er überhaupt? Alle anderen waren gekommen. Wie Ameisen auf einem Ameisenhügel sahen sie aus. Der ganze Stamm war da.

Es war wie in einem Zirkus.

Benjamin Clintock, der *teuflische* Texaner in der Arena. Er mußte eine Attraktion sein.

Wenn er nur käme, dieser junge, krank aussehende Knabe!

Cuts-the-Buffalo-Tongue – ob das bedeutete, daß er mit dem Messer gut war?

Ben sah sich um. Einige Schritte von ihm entfernt lagen ein paar Sandsteinbrocken im Staub. Sie warfen Schatten. Leg dich in den Schatten. Es kann lange dauern.

Ben kroch in den Schatten. Es war ein guter Platz. Die Steine waren heiß, aber er konnte von seinem Platz aus das kleine Plateau gut übersehen. Falls der Comanche aus dem Graben kam, konnte er ihn früh genug entdecken. Und wenn er von hinten kam, würde er offen angreifen müssen, einen Lehmhügel herunterkommen, in dem Geröll steckte und Grasbüschel und blattlose Dornsträucher. Um die Steine herum war knöcheltiefer Staub und jedesmal, wenn er sich bewegte, hob sich Staub.

Ein schwarzgehörnter Käfer kroch aus einem Loch im Sand und erklomm einen kleinen Hügel, rutschte auf der anderen Seite hinunter und verschwand in einem ausgehöhlten Holzstück, das von Termiten durchlöchert war.

Ben wartete auf den Comanchen und auf die Krämpfe. Der Comanche kam nicht. Lange nicht. Und die Krämpfe blieben aus. Aber sein Herz ging schnell und laut und seine Handflächen waren naß vom Schweiß.

Nap würde sich wundern. Jawohl, Nap wird sich wundern. Und alle, die dort oben waren, würden sich wundern. Noch spürte er etwas Kraft in sich. Er konnte die Arme hochheben und hätte jetzt aufstehen können. Er wußte, daß er aufstehen konnte. Und er hatte das Messer fest in der Hand.

Ben sah, wie dort oben der schwarzgesichtige Medizinmann aufstand und seine Arme ausbreitete. Es wurde sofort ruhig. Selbst die Hunde schwiegen. Und das war vielleicht eines seiner Wunder. Nur ein Baby brüllte, nicht sehr lange. Er stand da oben in seinem weiten, hellen Gewand aus Rehleder. Die Haare fielen ihm über die Schultern. Seine Füße waren nackt.

Er hob die Hände und blickte zum Himmel hoch, und Nap stand auf, nahm das Horn an den Mund und erschreckte die Hunde. Ein langgezogener Ton rieb sich an den Sandsteinfelsen und kroch an den Lehmhügeln hoch. Ben fror. Der Ton endete in einem Quietschen, und Nap nahm das Horn vom Mund. Aufrecht, die Mütze auf dem Kopf, blieb er neben Ishatai stehen, der mit lauter Stimme eine Ansprache hielt, die fast eine halbe Stunde dauerte und ab und zu von den dumpfen Schlägen eines Tom-Tom begleitet wurde, das ein grauhaariger Mann zwischen seine Knie geklemmt hatte.

Als Ishatai mit seiner Rede fertig war, tauchte auf einem Topfhügel im Osten ein Reiter auf. Es war der junge Comanche, der sich seinen ersten Skalp holen wollte, Cuts-the-Buffalo-Tongue. Er saß auf einem schneeweißen Pony, dessen Schwanz- und Mähnenhaar zu Zöpfen geflochten und mit roten Stoffetzen und kleinen Federn versehen war. Die Schultern, Flanken und die Kruppe des Pferdes waren mit allerlei Zeichen bemalt, Ringen, Halbmonden, Sternen, Büffeln und Pfeilen.

Der junge Comanche selbst trug eine einzelne Feder im Haar. Es war eine Truthahnfeder. Er war bis auf seinen Lendenschurz nackt. Gesicht

Mumifizierter Shoshone-Krieger, der in Sitzstellung begraben wurde.

und Brust waren mit schwarzer, roter und gelber Farbe bestrichen. Er sah beinahe aus wie ein kleiner, häßlicher Dämon, den die Hölle ausgespuckt hatte. Er saß auf dem bloßen Rücken des Ponys und war nur mit einer Lanze und einem Skalpmesser bewaffnet. Er hob die Lanze über seinen Kopf und stieß einen gellenden Schrei aus, dem ein Echo aus etwa zweihundert Knaben- und Männerkehlen folgte. Schrille Pfiffe aus Adlerknochenpfeifen und das durchdringende Getriller der Frauen folgte dem Kriegsgebrüll. Naps Horn machte den Abschluß. Dann war es für einen Moment so still, daß man den Wind hören konnte.

Bens Augen brannten. Er starrte zu dem Reiter hoch, der keine hundert Schritte von ihm entfernt sein Pony steigen ließ. Der Comanche klemmte den Lanzenschaft unter seinen Arm, richtete die Stahlspitze auf Ben und trieb das Pony den Hang herunter. Staub wirbelte von den Hufen.

»Lieber Gott, steh mir bei . . .« sagte Ben. Und dann stand er.

Er stand neben den Steinbrocken und das Pferd jagte auf ihn zu. Der Comanche klebte auf dem Rücken, etwas zur Seite geneigt und nach vorn gebeugt. Das Pferd sprang über einen Graben, galoppierte durch eine Sandmulde und hinter ihm hob sich eine Wand von Staub. Ben warf sich zur Seite und die Lanzenspitze verfehlte ihn um fast einen Meter. Der Kriegsschrei des Comanchen hallte noch in Bens Ohren wider, als er aufsprang und in den Staub hineintaumelte. Er hörte das Pferd wiehern und einen Ruf der Entrüstung. Vom Hang her fielen Spottrufe über ihn, die ihn nicht störten, weil er sie sowieso nicht verstehen konnte. Der Staub brannte in seinen Augen. Die Sonne hing wie ein gelber Ball über ihm und die Strahlen brachen sich in den Staubwolken. Ben warf sich auf den Boden und wirbelte mit Händen und Füßen mehr Staub auf.

Er sah nichts und hörte nichts, aber er spürte die Nähe des Gegners. Ben richtete sich etwas auf. Sekunden verstrichen. Dann riß eine Windböe den Staub für einen Moment auf. Ben sah die magere Gestalt des Indianers, der vom Pferd gesprungen war und ihm lauernd halb die Seite zugewandt hatte, keine drei Meter entfernt. Ben brüllte auf, als er vorwärts sprang. Und er war der Schnellere. Mit dem linken Arm schlug er die Lanze des Comanchen zur Seite und mit der Rechten stieß er von unten herauf zu, langsam und beinahe kraftlos, und trotzdem spürte er, wie die Klinge dem Comanchen in den Leib drang. Und der Comanche sackte über Bens Arm zusammen, ein Staunen im Gesicht, die Augen weit aufgerissen und die Zähne zusammengepreßt. Die Lanze fiel ihm aus den Händen und zerbrach, als er über Bens Knie wegrollte und schwer über den Holzstiel fiel. Ben hatte nicht gleich die Kraft, sich von dem Comanchen zu lösen, und er stürzte halb über ihn, warmes Blut an der Faust und am Unterarm, Staub im Gesicht. Er brüllte auf, als er die Klinge mit einem Ruck aus dem Körper des Comanchen zog, sich zur

Seite drehte und rückwärts kroch, bis seine Füße an den Steinbrocken Widerstand fanden.

Ben versuchte, sich aufzurichten, wollte aufstehen und ihnen entgegenschreien, daß sie den nächsten herunterschicken sollten. Einen, der nicht geschwächt war und gut kämpfen konnte, aber er fiel vornüber und blieb liegen. Vor seinem rechten Auge kroch ein schwarzer, höckriger, zangenbewehrter Käfer aus einer Sandmulde und versuchte, sich an einem dürren Grashalm festzuklammern, fiel auf den Rücken und rutschte wieder in die Mulde hinein, die aussah wie ein riesiger Trichter mit zackigen Rändern, auf denen das Sonnenlicht glühte.

Der Comanche bewegte sich am Boden, und Ben hörte, daß er etwas sagte und angekrochen kam.

»Hör auf!« rief Ben. »Es ist genug! Hörst du, es ist genug!«

Aber der Comanche kam und wollte es noch einmal versuchen. Ben sah ihn fast über sich. Er hatte die Zähne in die Unterlippe gegraben, und Ben kam auf die Knie, bevor der Comanche mit dem Skalpmesser ausholte – eine langsame und müde Armbewegung über seinem Kopf –, und ehe die Faust mit dem Messer herunterkam, stieß Ben noch einmal zu. Und dieses Mal war es wirklich genug.

Ben kam auf die Füße, taumelte ein paar Schritte aus dem Staub heraus, sah zum Hang hoch, wo selbst die alten Frauen und Männer aufgestanden waren. Ben spürte nicht, wie das Messer seinen kraftlosen Fingern entglitt; er war ohnmächtig, als er lang in den Staub fiel, zwei, drei Schritte von dem Comanchen entfernt, den er getötet hatte.

12
Auferstehung

Es war an den Quellflüssen des Greasy Grass. Jedermann im Lager war gesund – auch Black Elk. Plötzlich aber hörte ich, daß Black Elk im Sterben läge und nur noch schwach atmen würde. Jedermann war aufgeregt darüber, und sie schickten nach Medizinmännern anderer Stämme, aber niemand wußte ihm zu helfen. Ich sah ihn während dieser Zeit. Er sah aus wie tot, und jedermann sprach von ihm. Dann war er plötzlich gesund, und jedermann staunte und redete darüber.

Standing Bear in: John G. Neihardt, BLACK ELK SPEAKS, 1932

Benjamin Clintock lag da wie tot. Nap und Ishatai waren herangekommen. Aber sah es nicht so aus, als hätte sich eben der kleine Finger an der linken Hand bewegt? Und zuckte nicht eben auch das rechte Augenlid? Aber Ishatai, der sich über ihn gebeugt hatte, richtete sich auf und sagte erfreut: »Tot. Dein Freund ist tot. Fix und fertig.«

Nap überlegte, ob er es sich erlauben konnte, seinen Gefühlen freien Lauf zu lassen und einfach loszuheulen, entschied sich aber, erst selbst mal nachzusehen. Er kniete nieder, hielt sein Ohr gegen Benjamin Clintocks Brust, und hörte nichts, obwohl er sich konzentrierte.

»Na, ist er tot oder nicht?« fragte Ishatai.

»Ich weiß nicht«, sagte Nap. »Er hat eben noch mit dem Auge gezuckt und den kleinen Finger bewegt. Mann o Mann, es würde mir weh tun, wenn er tot ist.«

»Er ist tot! Aber Ishatai kriegt ihn wieder auf die Beine.« Ishatai kicherte. »Ich werde ein Wunder vollbringen und ihn zum Leben erwecken.« Ishatai beugte sich etwas vor. »Wenn du willst, daß dein Freund lebt, dann steh auf und tu, was ich dir sage.«

»Lieber Heiland, wenn er tot ist, dann kriegst du ihn nicht wieder hoch«, sagte Nap müde. Er zeigte auf die Indianer, die heruntergekommen waren. »Die sollen sich zum Teufel scheren! Ich lasse nicht zu, daß sie ihn in Stücke schneiden, jetzt, wo er tot ist. Er war mein Freund.«

Die Comanchen standen am Fuß des Hügels. Junge Krieger mit finsteren Gesichtern. Sie wurden vom Halbbluthäuptling Quanah geführt, den die Weißen Quanah Parker nannten. Er war mit den jungen Kriegern aus dem Llano gekommen und wollte wissen, ob es stimmte, was sie über Ishatai gehört hatten. Oben auf dem Hügel saßen die Frauen, die Kinder und die alten Männer.

»Halt dich bereit!« sagte Ishatai. »Ich gebe dir ein Zeichen, wenn du mit dem Horn blasen sollst.« Ishatai warf plötzlich die Arme in die Luft, stand einen Augenblick erstarrt und stimmte ein schauriges Geheul an, bevor er anfing, von einem Bein auf das andere zu hüpfen. Nap starrte in Bens staubiges Gesicht, und erst als ihm Ishatai den Ellbogen wie zufällig in die Seite stieß, fing er an, hinter dem Medizinmann herzuhüpfen, von einem Fuß auf den anderen, Staub wirbelnd und das Horn an den Lippen. Und jedes Mal, wenn Ishatai ein Zeichen machte, blies er in das Horn, und er hätte alles getan, was man von ihm verlangt hätte, wenn dadurch Benjamin Clintock aufgestanden wäre.

Aber Ben rührte sich nicht. Ben lag lang und still im Staub.

Er war wohl wirklich tot. Genauso tot wie Cuts-the-Buffalo-Tongue. Nap kam ins Schwitzen. Und während er tanzte und schwitzte und in sein Horn blies, offerierte er dem Teufel seine Seele, wenn Benjamin Clintock dafür wieder die Augen aufmachen würde.

Plötzlich blieb Ishatai stehen und breitete die Arme aus. Der Schweiß rann ihm aus dem Haar über das schwarzgestrichene Gesicht. Er hatte die Augen geschlossen, drehte sich langsam im Kreis, bis sein Antlitz Quanah zugewandt war, der ein spöttisches Grinsen im Gesicht hatte. Ohne die Lippen zu bewegen, fing Ishatai an zu sprechen. Seine Stimme klang rauh, etwas gepreßt, und Nap erinnerte sich an einen Mann, den er in Louisiana auf einem Jahrmarkt gesehen hatte. Zusammen mit einer Stoffpuppe, die er auf dem Arm trug und die er sprechen lassen konnte. Bei dem Mann in Louisiana bewegte sich allerdings ab und zu der Adamsapfel, was man deutlich sehen konnte, wenn man durch den Schlitz in der Zeltplane guckte und nicht wie die anderen Zuschauer Eintrittsgeld bezahlte und dann doch nicht näher als auf zehn Schritte an die Bühne herangehen durfte. Bei Ishatai bewegte sich nichts, und das spöttische Grinsen fiel aus Quanahs Gesicht, als die Stimme ertönte:

»Ich bin die Stimme, die aus der Hölle des Weißen Mannes kommt. Ja, seht mich an! Ich liege hier am Boden. Tot, wie ein Fisch auf der Sandbank. Was ihr seht, ist nur noch die Hülle, die meinen Geist getragen hat. Ich, der ich zu euch spreche, ich bin der Geist. Quanah Parker, du traust der Sache nicht! Komm her, und leg dein Ohr auf meine Brust. Du wirst mein Herz nicht mehr schlagen hören. Komm her, Quanah Parker. Komm her! Komm!«

Ishatai schüttelte sich, riß die Augen weit auf und machte das Zeichen.

Nap blies furchtbar kräftig in das Horn und entlockte ihm ein paar Töne, die ihm selbst in den Ohren schmerzten. Ishatai wedelte mit einem Fächer vor seinem Gesicht herum, als wollte er ein paar böse Geister davon abhalten, ihn zu küssen. Und dann rief er Quanah etwas in seiner Sprache zu. Quanah sagte etwas, was nicht sehr freundlich klang, und Nap sah ihm an, daß er keine Lust hatte, einem Toten das Ohr auf die Brust zu legen. Ishatai machte ein paar einladende Gesten, zeigte immer wieder auf Ben, und schließlich ging Quanah hin, kniete nieder und legte Ben die Hand auf die Brust. Sein Gesicht verfinsterte sich, und nach einer Weile zog er die Hand zurück. Er stand auf, ging kopfnickend im Kreis herum und rief ihnen wohl zu, daß der Weiße wirklich tot sei.

Falls Ishatai grinste, konnte man das nicht sehen. Auf jeden Fall war er zufrieden, als er sich Nap zuwandte und mit seiner Bauchrednerstimme sagte:

»Jetzt ist es Zeit, ein Wunder zu machen.«

Nap nickte. Sollte es Ishatai wirklich gelingen, Ben zum Leben zu erwecken, wollte er ihm bis ans Lebensende dienen und seine Lehren überall verkünden, falls er welche hatte.

Ishatai ging um Ben herum. Er hatte den Kopf gesenkt, murmelte indianische Gebete und kniete plötzlich nieder. Er nahm ein bißchen Staub vom Boden auf und blies ihn von der Handfläche in Bens Gesicht.

Nap hielt den Atem an. Da war es deutlich zu sehen. Ben zuckte mit den Lidern. Dreimal, so als wollte er versuchen, die Augen zu öffnen.

Ishatai blies ihm ein bißchen mehr Staub ins Gesicht, und Ben rümpfte die Nase.

»Er lebt«, sagte Nap leise. »Gott sei Dank, er lebt!«

Ishatai hob den Kopf. »Bei welchem Gott hast du dich bedankt?« fragte er neugierig. »Wer ist dein Gott?«

Nap hob die Schultern. »Das weiß der Teufel«, sagte er. »Hauptsache ist, daß er lebt.«

»Er lebt noch nicht«, sagte Ishatai. »Aber bald.« Er strich Ben mit dem Federfächer über die Brust, der darauf einen Seufzer von sich gab. Nap ließ sich auf die Knie nieder. »Ben! Kleiner!« rief er. »Bist du wach?«

»Noch nicht!« sagte Ishatai beinahe ungeduldig. Er stimmte ein Lied an, warf Staub in den Wind und kitzelte Ben mit dem Federfächer unter der Nase.

Ben mußte niesen, und plötzlich schlug er die Augen auf. Ishatai sprang hoch, blickte aus feurigen Augen zu Quanah hinüber und rief, daß er den Texaner zum Leben erweckt habe.

»Ein Wunder ist geschehen!« rief Nap und küßte Bens zerschlagene Nase. Rundherum verbeugten sich Frauen und Krieger ehrfurchtsvoll vor dem jungen Medizinmann, der soeben bewiesen hatte, daß er wirklich vom Großen Geist ausgeschickt worden war. Quanah machte ein etwas verkniffenes Gesicht und war wohl nicht sicher, ob er nicht auch als Kriegshäuptling die Konkurrenz des Zauberers fürchten mußte, obwohl der bis jetzt noch nicht einen einzigen Skalp erbeutet hatte.

Nap, der am Boden kniete und Bens Hände hielt, weinte vor Freude.

Sie standen alle um Benjamin Clintock herum, und da kam der Medizinmann, dessen Augen in dem schwarzgestrichenen Gesicht blitzten und funkelten, und er sagte:

»Steh auf, mein Sohn!«

Und Nap schnupfte.

Ben drehte den Kopf und sah den jungen Comanchen, der lange krank war, im Staub liegen.

Alle waren still. Sie warteten und viele hofften, daß er aufstehen würde, und einige wünschten sicher auch, daß er nicht aufstände, sondern tot wäre. Aber er war nicht tot. Er konnte ihnen den Gefallen nicht tun. Er spürte die Schmerzen im Bauch und die Wärme der Sonne. Nein, er war überhaupt nicht tot.

»Kleiner!« sagte Nap, und die Tränen liefen ihm über das Gesicht. »Kleiner, du warst schon tot und ich dachte, daß du nicht mehr kommst.«

Ben holte Luft. Seine Lippen kribbelten, und das Blut pulste in seinen Schläfen.

»Ich . . . ich war wohl ein bißchen weg?« fragte er mühsam.

»Ja, Kleiner. Du warst weg. Fast eine Stunde warst du weg.« Nap grinste, während die Tränen über seine Wangen liefen und von seinem Kinn heruntertropften. »Du warst weg!«

Ishatai beugte sich vor und nahm Bens rechte Hand.

»Steh auf, mein Sohn!« sagte er auf englisch und dann wiederholte er es noch einmal in seiner Sprache, so daß ihn alle verstehen konnten. Er zog an Bens Hand. Nap wischte sich mit dem Handrücken die Augen aus, lachte plötzlich und schüttelte den Kopf. »Weißt du was, Kleiner? Sie werden dich nicht töten. Jetzt, wo Ishatai dich zum Leben erweckt hat, werden sie dich kaum töten, da sonst die ganze Arbeit für die Katz gewesen wäre.«

»Kaum«, sagte Ben. »Ich glaube, ich war nur ein bißchen ohnmächtig.«

Ishatai schüttelte den Kopf. »Wenn du leben willst, wirst du ihnen durch mich von der Hölle erzählen müssen! Ist das klar?«

»Er wird alles tun, was du von ihm verlangst, Meister«, sagte Nap sofort.

»Dann steh auf, mein Sohn«, sagte Ishatai noch einmal, und sie zogen Ben auf die Beine. Er stand schwankend zwischen ihnen, und wenn sie ihn nicht festgehalten hätten, wäre er hingefallen, denn er spürte seine Beine nicht, und von unten her war alles kalt und steif. Nap nahm das Horn vom Boden auf, und der Menschenkreis formte sich lautlos zu einer Gasse, die den Hang hochführte.

»Geh!« sagte Ishatai. »Geh, mein Sohn!«

Und Ben ging vorwärts, zog die Füße durch den Staub, zertrat dürres Gras, stolperte durch kleine, ausgetrocknete Sträucher und ging die Gasse hoch, ohne daß sie ihn festhalten mußten. Ishatai folgte ihm mit würdig gesenktem Haupt, und hinter dem Medizinmann ging Nap, die Tränen auf dem Gesicht eingetrocknet, das Horn in der Armbeuge, und ein Lächeln für jedermann. Ab und zu machte er Faxen für die Kinder, von denen ein paar kleinere erschreckt zurückwichen und nach den Röcken ihrer Mütter griffen. Den Mädchen zwinkerte er zu, und vor den alten, weißhaarigen Männern verbeugte er sich.

Benjamin Clintock wollte nicht gestützt werden, und als Nap ihm nach einer Weile den Arm anbot, knurrte er verhalten, daß er es schon allein schaffen werde. Nap zuckte die Schultern und Ishatai lächelte überlegen, während er zwischen dem Neger und dem Weißen den Hügelhang hochmarschierte.

Benjamin Clintock schaffte es tatsächlich, und als er den Hügelkamm erreichte, verhielt er zum ersten Mal den Schritt. Vor ihm breitete sich eine weite Senke aus, die von einem Bach durchflossen wurde. Ein Hauch von Grün zog von den Ufern her über die sanft ansteigenden Hänge, und in einer Mulde, zwischen Weidenbüschen, Yuccas und Dogwoodsträuchern, stand das Lager der Kwahadi-Comanchen.

»Neunundsiebzig Tipis!« sagte Ishatai stolz. »Die erbeuteten Armeezelte nicht mitgerechnet.«

Die Büffelhautzelte schwammen vor Benjamin Clintocks Augen, und für einen Moment schien sich der Himmel zu verdunkeln. Er stolperte vorwärts und wäre hingefallen, wenn Nap ihn nicht am Arm erwischt hätte. »Laß mich los, ja!« stieß Ben hervor. »Ich kann allein gehen!«

»Wie du willst, Mann«, sagte Nap. »Du mußt es wissen. Wie du willst.« Er ließ Ben los und zog die Schultern hoch. »Aber wenn du hinfällst, dann glauben die anderen, daß Ishatais Medizin nicht gut genug ist.«

Ben fiel nicht hin. Er ging etwas krumm, schwankte manchmal, als hätte er nur ein Seil unter den Füßen, hatte den Blick starr auf die Zelte gerichtet und folgte dem schmalen Trampelpfad, der ein Stück am Bach entlang führte.

Einige Kinder kamen ihnen entgegen. Ein halbes Dutzend alte Männer und Frauen traten aus dem Schatten einer Zeltplane, die an vier Ästen aufgespannt war. Zwischen dem Lager und dem Fluß weideten etwa zweihundert Pferde. Überall lagen Hunde herum. Rauch stieg von Feuerstellen auf, und vor einem der Büffelhautzelte lag ein alter Mann auf einem Fellbett und versuchte, den Kopf zu heben.

Benjamin Clintock trottete an den ersten Zelten vorbei zur Mitte eines Platzes und blieb im Schatten des größten Tipis stehen, leicht gegen den Wind gebeugt, der den Rauch von den Feuern riß und den Staub zwischen den Zelten bewegte.

Nap und Ishatai stellten sich neben ihn, und Nap sagte leise: »Na, Kleiner, du warst großartig! Du bist prächtig. Texas würde jubeln!«

Benjamin Clintock seufzte. Und jetzt, wo es schien, als ob ihm nichts mehr passieren könnte, wurde ihm schwarz vor den Augen.

»Halt mich, Nap«, sagte er rauh. »Halt mich! Wenn ich daran denke, daß ich todmüde bin, fall ich gleich um.«

»Denk nicht dran! Sieh die Leute. Sie haben ein Wunder erlebt. Sie sind noch ganz durcheinander vom Wunder. Der dort, das ist Quanah. Er ist ihr Kriegsführer, und soviel ich sehe, mag er Ishatai nicht. Und der mit der Knollnase, das ist kein Comanche. Das ist ein Mexikaner, der wie ein Comanche aussieht. Er heißt Sai-yan, und man hat mir gesagt, daß er die besten Sättel macht. Schau mal dort drüben! Mann o Mann, da wird mir warm ums Herz, wenn ich die nur ansehe! Mit der möcht ich's mal machen! Sieh nur, wie ihre Brüste tanzen, Kleiner! Ja, mit der möcht ich's mal machen.«

»Sie hat rote Farbe in den Ohren!«
»Das würde mich nicht stören.«
»Und sie hat Hände wie Schaufeln!«
»Aber die Brüste, Kleiner! Hast du jemals solche Brüste gesehen? Ich möchte wirklich wissen, wie man es bei den Comanchen anstellt, wenn man es mit einer machen will. Ob man einfach hingeht und es ihr sagt? Ob man ihr den Hof machen muß?«
»Bring ihr mal 'nen Blumenstrauß«, sagte Ben. Er hustete und wischte sich Blut von den Lippen. »Frag mal, ob ich mich setzen darf.«
»Verlang nur nicht zuviel, gleich am Anfang. Erst einmal abwarten und sehen, was sich tut. Ishatai meint, daß du vielleicht doch noch umgebracht wirst. Er hat keine Verwendung für dich. Er will nur mich haben, damit ich ihn mit dem Horn unterstützen kann.«
»Wenn ich gesund wäre, könnte ich ihm die Farbtöpfe nachtragen«, sagte Ben.
»Sei nur nicht vorlaut, Kleiner. Noch ist es nicht einmal sicher, daß sie dich nicht abmurksen.«
»Dann kann ich mich ebensogut hinsetzen!« sagte Ben, und er setzte sich auf den Boden, gerade als die Krämpfe anfingen. Er krümmte sich zusammen und stöhnte.
»Nimm dich zusammen, Kleiner«, sagte Nap besorgt.
»Ich habe Bauchschmerzen, verdammt!« preßte Ben hervor. »Wenn er einen Toten zum Leben erwecken kann, sollte er auch etwas gegen Bauchkrämpfe tun können.«
»Abwarten, Kleiner. Er ist tüchtig. Das steht fest. Er ist ehrgeizig und tüchtig. Er wird sich schon was einfallen lassen. Darauf kommt es doch an. Einer, der Phantasie hat und sich mal was Neues einfallen läßt, der ist ein gemachter Mann. Und er kann englisch. Er war in 'ner Klosterschule und das ist ein gewaltiger Vorteil. Er kennt die Bibel. Hab nur Vertrauen, Kleiner. Und reiß dich am Riemen, ja!«
»Hast du das blonde Mädchen gesehen?«
»Welches blonde Mädchen?«
»Da war ein blondes Mädchen mit dabei.«
»Wunschträume, was?«
»Nap, da war ein blondes Mädchen mit dabei, das sie gefangengenommen haben!«
»Ich habe nur Schneeschuh gesehen. Und dort drüben hängt der Jicarilla-Apache an einem Pfahl.«
Ben warf den Kopf hoch. »Wo?«
Nap zeigte zwischen einigen Tipis hindurch, und dort ragte ein verkrüppelter Eichenstamm aus dem Boden, an dem ein dunkelhäutiger Mann hing. Er war nackt, und sie hatten ihn skalpiert. Von seinem Kopf lief ihm Blut über das Gesicht und die Brust.

»Nap, das ist ...«

»Halt den Mund, Kleiner! Was sie mit dem Jicarilla machen, geht uns nichts an. Das ist nicht unsere Sache. Von mir aus können sie ihm bei lebendigem Leib die Haut abziehen. Von mir aus können sie ihn vierteilen und den Hunden zum Fraß vorwerfen. Uns geht das absolut nichts an, und wenn du nicht vernünftig genug bist, einzusehen, daß es besser ist, den Mund zu halten, dann darfst du dich nicht wundern, wenn du bald neben dem Jicarilla hängst!«

»Nap, mir wird übel!« sagte Ben.

»Schau nicht hin!« sagte Nap. »Das ist nicht unsere Sache.«

Ben wurde durch das Jammern einer Frau abgelenkt, die hinter dem weißen Pferd herging, auf dem Cuts-the-Buffalo-Tongue festgebunden war. Ein junger Comanchekrieger, der eine Lanze und einen Schild trug, führte das Pferd. Die Frau heulte wie ein Coyote. Sie war klein und dick und das grausträhnige Haar hing über ihr Gesicht.

Der junge Lanzenträger, der das Pferd zu einem Tipi führte, war Crowfoot. Er löste die Stricke, mit denen der Tote festgebunden war, und zwei andere Männer halfen, Cuts-the-Buffalo-Tongue herunterzuheben. Sie legten ihn auf eine Büffelhautdecke. Das Pferd wurde an einem Zeltpflock festgemacht, und die Frau verschwand in dem Tipi und brachte alle Sachen heraus, die dem Toten gehörten.

Ishatai ging kurz hinüber, sagte etwas zu der Frau und für einen Moment hörte sie auf zu jammern, zeigte auf Ben und rief mit schriller Stimme etwas, das den jungen Lanzenträger wütend machte. Er drängte sich durch die Leute und rief einigen anderen jungen Kriegern etwas zu. Ishatai wandte sich an die alten Männer und redete heftig auf sie ein, und einer von ihnen stellte sich Crowfoot in den Weg.

»Du hast dir einen Todfeind erworben, Kleiner«, sagte Nap. »Der Bursche scheint wild darauf zu sein, dich umzubringen.«

»Er ist wohl nicht der einzige«, sagte Ben.

»Er ist einer von Häuptling Horsebacks Söhnen und war der beste Freund des Toten«, sagte Nap.

Ishatai kam herüber. »Die Frau sagt, daß es ihr egal ist, ob du getötet wirst oder lebst«, sagte er zu Ben. »Ich werde jetzt mit dem Ältestenrat im Rauchzelt darüber beraten, was mit dir zu geschehen hat.«

»Könnte ich vielleicht etwas Wasser kriegen?« fragte Ben.

Ishatai verkniff das Gesicht. »Später«, sagte er. »Der junge Krieger mit der Lanze ist der Cousin des Toten, und es steht ihm zu, dich zu töten. Aber der alte Mann, der sein Vater ist, hat gesagt, daß es keine große Ehre sein würde, dich zu töten und daß er dich vielleicht nehmen würde, wenn du gesund bist. Du hast gute Zähne, und es scheint, daß du kräftig bist und einen starken Rücken hast. Und vielleicht könnte er dich verkaufen.«

Ishatai und die alten Männer, mindestens zwei Dutzend, verschwanden im Rauchzelt, nachdem sie alle ihre Mokassins ausgezogen und vor dem Eingang aufgereiht hatten. Nachdem Ishatai nicht mehr da war, zerstreute sich die Menge, und nur einige Gruppen junger Krieger blieben zurück. Ben hielt vergeblich nach dem blonden Mädchen Ausschau. Kinder rannten um den Pfahl herum, an dem der Jicarilla-Apache hing, und sie spuckten ihn an und schlugen mit Weidenruten nach ihm, bis seine Haut aufplatzte. Neben dem Tipi, in dem die alte Frau mit Cuts-the-Buffalo-Tongue gewohnt hatte, wurde der Tote für die Beerdigung vorbereitet. Man legte alle seine Sachen auf eine Decke. Einige Frauen, die hergekommen waren, um der trauernden Mutter zu helfen, säuberten den Toten von Blut, bevor sie ihm seine besten Kleider überstreiften. Seine Augenhöhlen wurden mit rotem Lehm vollgepflastert und sein Haar sorgfältig gekämmt und erneut zu zwei Zöpfen geflochten, die in Otterfellstreifen eingewickelt wurden. Dann wurde der Tote aufgerichtet. Man winkelte seine Beine und Arme an, so daß er im Schneidersitz auf der Büffelhautdecke hockte, und seine Mutter kniete neben ihm am Boden, heulend und jaulend, einen scharfen Flintstein in den Händen, mit dem sie sich Arme, Gesicht und Beine aufschnitt. Es war furchtbar, zusehen zu müssen, wie sie sich verstümmelte, und als sie an ihrer rechten Hand, an der sowieso schon zwei Finger fehlten, auch noch den Ringfinger abtrennte, hielt es Ben nicht mehr aus. Er schloß die Augen und hielt sich die Ohren zu. Nap, der neben ihm stand, blickte auf seine Stiefelspitzen nieder, während die Freunde des Toten zum letzten Mal an ihm vorbeigingen, leise klagend. Einige legten Kleinigkeiten auf die Decke, und der Lanzenträger der Wasserpferd-Bande tauschte seinen unbemalten Schild gegen den Schild des Toten, auf dem Bärenzähne und Bärenkrallen abgebildet waren. Am Spätnachmittag wurde der Tote auf das Pferd gehoben. Zwei Frauen bestiegen Pferde und ritten zu beiden Seiten des Toten, so daß sie ihn festhalten konnten. Ein paar Krieger schlossen sich der Mutter an, die blutüberströmt und schreiend hinter dem Pferd herging. Der kleine Trauerzug verließ das Lager.

Sie kamen nach einer Weile zurück, unterhielten sich, lachten und sahen überhaupt nicht aus, als ob sie von einer Beerdigung kämen. Nur die alte Frau fehlte, auch dann noch, als es dunkel war und das Tipi niederbrannte, in dem sie mit ihrem Sohn gelebt hatte. Vielleicht würde sie überhaupt nie mehr zurückkehren, meinte Nap.

»Ich mußte ihn töten«, sagte Ben zerknirscht. »Es gab keine andere Möglichkeit. Es war Notwehr.«

»Niemand macht dir einen Vorwurf. Im Gegenteil, man ist sich darüber einig, daß du verdammt gut gekämpft hast.«

Am Abend brannten überall Feuer, an denen die Frauen kochten. Kinder hatten Schildkröten hergebracht, und man gab sich keine Mühe,

Suppe daraus zu machen, sondern man warf sie lebend in die Glut des Feuers, bis die Panzer krachend barsten und der Inhalt nahezu verkohlt gegessen werden konnte. Sogar Nap verging der Appetit, obwohl sein Magen ab und zu hungrige Geräusche von sich gab, die auch am nächsten Feuer gehört wurden. Dort füllte eine Frau eine Lederschale mit Sten, das sie mit der Holzkelle aus einem großen, rußgeschwärzten Kupfereimer schöpfte. Sie brachte den Teller herüber, kicherte Nap an, gab ihm den Teller und ging zum Feuer zurück. Sie mochte ungefähr dreißig Jahre alt sein, hatte kurzgeschnittene, ungekämmte Haare und ein breites Gesicht. Nap pfiff leise durch die Zähne. »Nicht schlecht«, sagte er. »Dem Haar nach hat sie vor kurzer Zeit noch getrauert, und an ihrer rechten Hand fehlt der Zeigefinger. Wahrscheinlich eine Witwe.« Nap setzte sich, schlug die Beine übereinander und schnupperte an dem dampfenden Brei. »Man sagt, daß die Comanchen im Gegensatz zu den Sioux und den Cheyenne kein Hundefleisch essen. Hast du Hunger, Ben?«

»Nein!«

»Es riecht nicht übel.« Nap sah sich um. Da nirgendwo so etwas wie ein Besteck herumlag, wartete er, bis das Essen etwas abgekühlt war, bevor er mit den Fingern ein braunes Stück aus dem Teller nahm, es interessiert betrachtete und es schließlich zwischen seine Zähne schob. »Hm, das schmeckt wirklich nicht schlecht, Kleiner. Willst du nicht ...«

»Nein!« rief Ben. »Lieber verhungere ich!«

»So blöd kann nur ein Weißer sein«, sagte Nap verächtlich und er aß die Büffelhautschale leer, stand auf und brachte sie der Frau zurück. Er machte ihr ein paar Komplimente auf englisch, und die Frau lachte glucksend, und Nap lachte zurück. Sie schienen sich darüber einig zu sein, daß es ein gutes Essen war, und Nap verabschiedete sich von den anderen, die am Feuer herumsaßen.

»So macht man sich Freunde«, sagte er. »Sie sind alle nett zu mir. Hast du gesehen, wie sie gerülpst hat? Das bedeutet ...«

»Laß mich in Ruhe!« sagte Ben. »Diese Menschen verhalten sich wie Tiere. Das ist doch keine Art zu leben.«

»Mir macht es Spaß, mit den Händen zu essen«, sagte Nap.

»Weil du auch einen afrikanischen Wilden zum Großvater hattest.«

»Was war denn dein Großvater, Kleiner? Womöglich war dein Großvater jener mickrige Kerl, der in Louisiana gewohnt hat und seine Bluthunde mit Niggersklaven gefüttert hat. Jawohl, von so einem hat meine Mom oft erzählt. Er hatte Goldzähne im Mund und aß nur mit Silberbesteck. Er wohnte in einem weißen Palast, und meine Mom arbeitete für ihn. Das war noch vor dem Krieg. Mom mußte ihm die Füße waschen und wenn er am Morgen aus dem Haus kam, mußten alle Nigger die Hüte ziehen, und die Frauen mußten auf die Knie fallen. Eines Tages kaufte er einen neuen Bluthund, und er brachte ihn nach Hause, und der Bluthund pinkelte gegen seine Beine. Da hat er ihm einen Knochen gegeben, und weil der Bluthund anscheinend gern gegen Beine pinkelte, kaufte er einen alten Nigger auf dem Markt, der nur dazu da war, sich hinzustellen, wenn der Bluthund pinkeln wollte. Dann erwähnte meine Mom vor ihrem Herrn einmal, daß man auch einen Baum hinpflanzen könnte, wo der Hund hinpinkeln könne, denn es sei für Hunde normaler, an Bäume zu pinkeln, als einem Menschen über die Füße und an die Beine. Dafür bekam sie von dem Freund ihres Herrn, der selbst wie ein Bluthund aussah, einundzwanzig Peitschenhiebe auf den Rücken. Ja, mein Kleiner, dieser Mann könnte auch Clintock geheißen haben, nicht war? Und er aß nur mit Silberbesteck.«

»Das ist eine Lügengeschichte!« preßte Ben hervor.

»Ich glaube nicht, daß Mom jemals gelogen hat«, sagte Nap.

»Mein Großvater war ein walisischer Bauer!«

»Soso.« Nap lächelte. »Da hat ihm wahrscheinlich mal die Zivilisation die Mistgabel verboten und er ist nach Louisiana ausgewandert, wo er vergessen hat, daß er mal ein walisischer Bauer war.«

»Er war ein ehrenhafter Mann, mein Großvater! Und du kannst mich mal kreuzweise mit deinen Weisheiten.« Ben holte rasselnd Luft. »Ich möchte wissen, was es da drin so lange zu palavern gibt.«

»Man verhandelt über dein Schicksal.«

»Ich bin ein freier Amerikaner und niemand hat das Recht...«

»Du bist ein Stück der Zivilisation!« unterbrach ihn Nap.

»Was zum Teufel hast du plötzlich gegen Zivilisation?«

»Ich habe nichts gegen Zivilisation. Aber wenn es mir Spaß macht, möchte ich mit den Händen essen und nicht mit Gabel und Messer. Und wenn es mir Spaß macht, möchte ich nicht hinter einem Pflug hergehen und Erdschollen treten, sondern auf dem Bauch liegen und an einem Grashalm kauen. Nein, Kleiner, ich habe nichts gegen die Zivilisation, wenn Zivilisation Leben bedeutet. Aber wenn es so ist, daß sich Leute schinden, weil ihnen die Zivilisation wie eine Zentnerlast auf dem Buckel liegt, dann möchte ich das nächste Mal, wenn ich wieder auf die Welt komme, vor allem ein Mensch sein.«

»Sind das Menschen?« rief Ben. »Das sind doch keine Menschen! Das sind Barbaren! Heidnische Barbaren! Schon die Kinder. Hast du gesehen, wie sie dem Jicarilla die Haut in Fetzen geschlagen haben? Das sind kleine, blutrünstige Barbaren!«

»Soll ich dir erzählen, wie es damals am Sand Creek war, als Chivington mit seinen Soldaten einen ganzen Stamm abschlachtete?«

»Nein! Ich will deine Geschichten nicht hören. Dauernd erzählst du mir Geschichten. Warum gehst du nicht zu einem Feuer und erzählst den Barbaren deine Geschichten?«

Häuptling Horseback

»Weil ich ihre Sprache noch nicht kann.«

»Ein paar sind bestimmt darunter, die englisch können.«

»Ein paar vielleicht.« Nap hob die Schultern. »Vielleicht können sie Scheiße sagen und Jesus Christus.«

Als ob das sein Stichwort wäre, kam Ishatai heraus. Die anderen Männer folgten ihm und zogen ihre Mokassins an. Ishatai hatte am Zelteingang einen schweren Büffelhautlappen zurückgeschlagen, und Rauch quoll heraus, hing in den Kleidern der Männer, und es roch stark nach verbranntem Tabak. Die alten Männer gingen zu ihren Familien, um etwas zu essen, und Ishatai winkte Nap heran, und sie redeten leise, und Nap lachte plötzlich und sagte: »Mann o Mann, wenn das meine Mom sehen könnte!«

»Deine Mutter?« fragte Ishatai.

»Ja. Sie ist leider tot«, sagte Nap, und Ishatai fragte, warum er denn das Grab seiner Mutter einfach verlassen habe. Nap fragte, was er denn am Grab seiner Mutter die ganze Zeit hätte tun sollen. Daraufhin zuckte Ishatai die Schultern und sagte, daß die Mutter von Cuts-the-Buffalo-Tongue nicht mehr weggehe vom Grab ihres Sohnes und daß sie dort entweder verbluten oder verhungern werde, weil sie hier niemanden mehr hätte, zu dem sie gehörte. Sie sei eine einsichtige, nette alte Frau, die niemandem lästig sein wolle, und sie wäre glücklich, wenn sie dorthinkäme, wo ihr Sohn ist, nämlich ins *Land der Träume*, wo die Wiesen immer grün sind und die Luft nicht verpestet ist vom Gestank der Weißen.

»Alles Blödsinn!« rief Ben wütend. »Ihr kommt alle in die Hölle!«

Ishatai lächelte sanft und hielt Nap am Arm zurück, als dieser schon eine wütende Antwort auf der Zunge hatte. »Er weiß es nicht besser«, sagte Ishatai. »Er ist eben ein weißes Geschöpf.«

»Ich bin ein Christ!« rief Ben. Und er versuchte aufzustehen, aber jetzt hatte er nicht mehr die Kraft.

»Bring ihn zu Horseback«, sagte Ishatai. »Sei freundlich zu ihm und rauch mit ihm, wenn er dich einladen sollte. Hast du vielleicht ein Geschenk für ihn?«

»Einen Revolver könnte ich ihm abgeben«, sagte Nap.

»Er wird sich freuen«, sagte Ishatai. »Komm nachher zum Tanzkreis. Der Apache wird noch vor Mitternacht sterben.« Ishatai ging davon, und Nap gab Ben die Hand und zog ihn hoch.

»Warum hast du gelacht?« fragte Ben. »Wer ist Horseback?«

»Kleiner, weißt du, was du von jetzt an bist? Du bist der Sklave von einem ziemlich einflußreichen Häuptling! Ishatai hat gesagt, daß Häuptling Kiyou, der auf englisch Horseback heißt, gerne mit den Weißen einen dauerhaften Frieden schließen möchte, und deshalb denkt Ishatai, daß es gut ist, wenn du bei ihm bist. Wenn er dich ein bißchen

um sich hat, wird er wahrscheinlich schon nach kurzer Zeit seine Meinung ändern.«
»Dieser Medizinmann ist ein durchtriebener, hinterhältiger Hurensohn!« sagte Ben beinahe andächtig.
»Und du bist ein undankbares Geschöpf«, sagte Nap. »Er hat dir immerhin das Leben gerettet!«
»Dich freut's wohl, daß ich einem Heiden als Sklave dienen soll!«
»Meine Mom müßte das sehen«, sagte Nap. »Komm, ich trage dich.«
»Den Teufel wirst du! Ich kann gehen!« Ben keuchte neben Nap her über den Platz an den Feuern vorbei, wo die Menschen aufblickten. Hunde knurrten und Kinder lachten. Nap winkte nach allen Seiten, während er Ben am Hemd vorwärts zog zu einem der Tipis, vor dem ein Feuer brannte. Mindestens zwei Dutzend Frauen, Kinder und Männer hockten herum, und der Häuptling Horseback zeigte auf einen Platz neben dem Tipi, wo zwei Hunde lagen, die nicht angebunden waren. Nap nickte und stieß Ben hinüber. Die Hunde machten sich mit eingezogenen Schwänzen davon, als eine Frau mit der Schöpfkelle herüberkam.

Sie war groß und noch nicht sehr alt, hatte aber eine Narbe im Gesicht, als wäre sie von einem Bären geohrfeigt worden. Sie stieß Ben die Schöpfkelle in den Leib, und er setzte sich hin.

»Ishatai hat gesagt, ich soll ihn herbringen«, sagte Nap freundlich.
»Gutt«, sagte der Häuptling. »Gutt.« Er sagte etwas zu den Frauen, und ein Mädchen brachte eine Rohhautschale mit Wasser. Ben griff hastig danach und trank sie auf einen Zug leer. »Gutt«, sagte der Häuptling, holte eine Rohhautschlinge und zog sie über Bens Kopf. Das Ende der Schlinge machte er an einem Pflock fest.

»Was soll das?« fragte Ben rauh. »Ich bin kein Hund!«
»Hund. Gutt. Wauwau, gutt«, sagte der Häuptling und grinste von einem Ohr zum andern. Dann wandte er sich an Nap. »Du rauchen?«
»Sehr wohl, Sir ... Häuptling. Hier, das habe ich mitgebracht. Peacemaker-Colt vom Kaliber vierundvierzig-vierzig.«
»Friede gutt«, sagte der Häuptling. »Immer gutt, Friede.«
»Aber er knallt«, sagte Nap und übergab den Revolver dem Häuptling, der ihn einer der Frauen reichte. Dann zeigte er zum Feuer und forderte Nap auf, Platz zu nehmen. Eine Frau brachte eine Pfeife aus Seifenstein und einen perlenbestickten Tabakbeutel, von dem lange Lederfransen herunterhingen. Der Häuptling stopfte die Pfeife, und eine Frau füllte einen Teller mit Fleisch. Nap aß noch einmal, rülpste in die Runde und rauchte anschließend mit Horseback die Pfeife.

Und Ben hockte am Boden, mit finsteren Gedanken, und für einen Moment beneidete er Nap, der am Feuer saß und sich so wohl fühlte, als wäre er ein Comanche.

13
Quanah Parker

»Ishatai machte große Sprüche, damals. Er sagte: ›Der Große Geist sagt mir, daß wir einen Haufen Weiße töten werden. Ich werde die Kugeln ihrer Gewehre aufhalten. Die Kugeln können unsere Hemden nicht durchlöchern. Wir werden alle Weißen einfach töten, so als ob sie alte, blinde Weiber wären!‹ Bevor Ishatai große Sprüche machte, war er kein schlechter Medizinmann.«

Es war eine schlechte Zeit. Kriegerbanden, die von Streifzügen zurückkehrten, brachten meistens nur wenig Beute und kaum je einen Gefangenen mit. Überall in Texas lauerten Soldaten auf herumstreichende Kriegerbanden. Die Farmer hatten Steinhäuser mit kleinen Fenstern und dicken Bohlentüren gebaut, und die meisten von ihnen besaßen jetzt mehrschüssige Revolver und Gewehre.

Früher war das alles anders gewesen. Früher zogen Einwanderer mit ihren Planwagen durch das Comanchengebiet, als hätte ihnen der liebe Gott einen Garantieschein für den Weg nach Westen mitgegeben. Sie hatten nur die Bibel, manchmal ein altes Gewehr oder eine Pistole, und das Nachladen dauerte meistens so lange, wie ein Krieger brauchte, um fünf oder sechs Pfeile abzufeuern. Früher hatten sie nur kleine Hütten gebaut, oft ohne Türen und mit Fenstern aus Ölpapier, und die Kinder hatten weit vom Haus entfernt am Bach gespielt, und die alten Männer hatten sich auf der Veranda von der Sonne bescheinen lassen, und die Männer und Frauen arbeiteten auf dem Feld und dachten nicht daran, ihre Gewehre mitzunehmen. Und eine Kriegerbande konnte tausend Meilen weit reiten, ohne je einem Blaubauch zu begegnen. Da war es einfach gewesen, Gefangene zu machen. Es war einfach, Väter und Mütter zu töten und die Kinder mitzunehmen. Man konnte in aller Ruhe die Häuser, die Wagen, die Schuppen anzünden, und dann gemütlich heimreiten.

Es war einfach gewesen, das Mädchen mit den langen Zöpfen gefangenzunehmen, das später Quanahs Mutter werden sollte.

Cynthia Ann Parker.

Am Morgen des 18. Mai 1836 belauerten einige hundert Comanchen und Kiowas die kleine Ansiedlung, die von den Weißen Fort Parker genannt wurde.

Farmer aus Illinois waren drei Jahre zuvor mit vollbeladenen Planwagen westwärts gezogen und hatten sich am Navasota River niedergelassen. Die Gemeinschaft aus neun Familien hatte in John Parker, dem Oberhaupt der Parker-Familie, ihren Patriarchen, und nach seinen Plänen entstanden einige Häuser, die von einem Palisadenzaun umgeben wurden.

Es war Indianerland, damals. Comancheria. Kiowas, Lipan-Apachen, Caddos, Wichitas und manchmal sogar Mescalero-Apachen aus New Mexico durchstreiften die Wildnis, in der die Weißen aus Illinois ihr Glück versuchen wollten. Die legten Felder an, bewässerten Trockenland, hoben Brunnen aus und fühlten sich ziemlich sicher.

So sicher, daß die Männer auch an dem Morgen, an dem die Comanchen und die Kiowas kamen, die Waffen daheimgelassen hatten, als sie auf die Felder zogen. Nur ein paar hatten ihre Vorderlader in den Wagen liegen, aber sie kamen kaum zum Schießen und töteten nur zwei oder drei Indianer, aber es waren Hunderte, die angaloppiert kamen und ihre Pfeile abschossen. General Geo F. Alford schrieb: »Dann begann der Karneval des Todes. John Parker, Silas M. Parker, Ben F. Parker, Sam M. Frost und Robert Frost wurden vor den Augen der von Horror befallenen Familien getötet und skalpiert. Mrs. John Parker, Großmutter Parker und Mrs. Duty wurden schwer verletzt und für tot gehalten, und die folgenden Personen wurden in eine Gefangenschaft verschleppt, die nur schlimmer sein konnte als der Tod: Mrs. Rachel Plummer, James Pratt Plummer, ihr zweijähriger Sohn, Mrs. Elisabeth Kellogg, Cynthia Ann Parker, neun Jahre alt, und ihr Bruder John, der sechs Jahre zählte. Beide waren Kinder von Silas M. Parker. Einige anderen entkamen, und nach einem Leidensweg, auf dem sie sogar Skunks essen mußten, um nicht zu verhungern, erreichten sie schließlich Fort Houson ...«

Was mit den Gefangenen geschah, beschreibt General Alford ebenfalls. Von Mrs. Kellogg weiß man, daß sie kurz darauf von den Comanchen an die Keechi-Indianer verkauft wurde, die sie sechs Monate später an einige Delawaren verkauften. Die Delawaren brachten Mrs. Kellogg nach Nacodoches und erhandelten für sie 150 Dollar von General Sam Houston, der die Frau anschließend zu ihrer Familie zurückbrachte. Über die Plummers schreibt Alford in seinem Bericht: »Während der Zeit von Mrs. Plummers Gefangenschaft gebar sie ein Kind. Nachdem das Kind sechs Monate alt war, wurde es ihr von einem Comanchekrieger entrissen, weil ein Kind sie bei ihrer harten Sklavenarbeit behinderte. Der Comanchekrieger band ein Lasso um den Körper des Kindes, sprang auf sein Pferd und galoppierte, das Kind hinter sich herschleifend, um das Indianerlager herum ...« und Alford beschreibt bis fast zum letzten Blutstropfen genau, was Mrs. Plummer da alles mitgemacht hatte. Daß Alford mit den Grausamkeiten, von denen die Gefangenen berichtet haben sollen, zu entschuldigen versuchte, was später mit Cynthia Ann Parker geschah, ist wahrscheinlich. Mrs. Rachel Plummer wurde nach 18 Monaten Gefangenschaft an den Santa-Fé-Händler William Donahue verkauft, der sie nach Independence brachte, von wo sie dann nach Texas zurückkehrte. Ihr Sohn, James Pratt Plummer, wurde erst nach acht Jahren in Fort Gibson gegen Lösegeld freigegeben.

John und Cynthia Ann Parker haben die Geschichte, wie sie sie erlebt haben, nie erzählen können. Tatsache ist, daß John Parker bei den Comanchen zu einem jungen Krieger heranwuchs, der dann eine schöne mexikanische Gefangene namens Donna Juanita Espinosa heiratete, später genug vom Comanchenleben hatte und sich im Bürgerkrieg zur konföderierten Armee meldete. Er wurde während des Krieges mehrfach für seine Tapferkeit ausgezeichnet und ließ sich nach dem Bürgerkrieg als Farmer am Rande des Llano Estacados nieder, wo er weder von den Comanchen noch von den Kiowas je belästigt wurde.

Johns Schwester, Cynthia Ann Parker, wurde von Häuptling Pahauka als sein persönliches Eigentum betrachtet. Im Jahre 1840 versuchte der Texaner Len Williams, den Comanchen das Mädchen abzukaufen. Während der Verhandlungen saß Cynthia Ann Parker auf der Wurzel eines Baumes und sagte die ganze Zeit kein Wort. Die Weißen erzählten ihr von ihren Verwandten, die in Sorge waren, und von ihren Freunden, aber Cynthia Ann Parker blieb still, und Len Williams zog mit seinen Leuten wieder ab, erzählte eine haarsträubende Geschichte, wonach die Comanchen das Mädchen zum Schweigen gezwungen hätten, aber Alford schrieb in seinem Bericht: ». . . und ohne Hoffnung, freigegeben zu werden, hatte sie Angst, auch nur Trauer zu zeigen . . . aber ihre Gedanken wurden verraten durch das Zittern ihrer Lippen . . .«

Wenige Jahre später, als Cynthia Ann Parker zu einer hübschen und begehrenswerten jungen Frau herangewachsen war, wurde sie die Frau von Petanocona, einem berühmten und berüchtigten Häuptling, der den Weißen unter dem Namen Big Foot bekannt war. Sie gebar ihm drei Kinder. Sie schüttelte nur heftig den Kopf, als fünfzehn Jahre später ein Trupp weißer Jäger, der ein Comanchenlager besuchte, sie fragte, ob sie nicht doch lieber zurückkehren wollte. Alford schrieb: »Sie schüttelte ihren Kopf, zeigte auf drei kleine, nackte Barbaren, die sich ihr zu Füßen tummelten, und dann auf den dicken, faulen Häuptling, der im nahen Schatten schlief, eine Reihe frischer Skalps von seinem Gürtel herunterhängend, und sie sagte: »Ich bin glücklich verheiratet. Ich liebe meinen Mann und meine Kinder, die auch seine sind, und ich kann sie nicht verlassen.«

Aber die Weißen gaben keine Ruhe. Eines ihrer Mädchen, glücklich mit einem Indianer verheiratet und Mutter dreier Kinder! Das paßte nicht zu den grauenvollen Geschichten von der Barbarei der Indianer. Das paßte überhaupt nicht zu dem, was man als Begründung brauchte, um Angriffe auf Indianerlager zu rechtfertigen. Und so kam der 18. Dezember 1860. Fast fünfundzwanzig Jahre waren vergangen, seit Cynthia Ann Parker bei den Comanchen lebte. Captain L. S. Ross marschierte mit sechzig Soldaten und an die siebzig Zivilisten den Peace River entlang westwärts und stieß am Rande eines Sandhügels auf frische Indianerspuren. Wenig später, von einem Hügelrücken aus, sahen sie vor sich keine zweihundert Yards entfernt ein Tipilager. Ross teilte sofort seine Männer ein und ließ unverzüglich angreifen. Hier sein Bericht:

»Der Angriff kam für die Indianer so plötzlich, daß eine große Anzahl von ihnen getötet wurde, bevor sie sich zur Verteidigung einrichten konnten . . . Der Häuptling, ein Krieger von großem Ruf namens Petanocona, floh auf seinem Pferd, mit einem Indianermädchen hinter sich auf dem Pferderücken. Neben ihm galoppierte Cynthia Ann Parker, seine Squaw, ebenfalls auf einem Pony und mit einem Kind von etwa zwei Jahren in ihrem Arm. Lieutenant Tom Kelliheir und ich verfolgten sie, und nach ungefähr einer Meile holte Kelliheir Cynthia Ann Parker ein und war dabei, sie zu erschießen.« Zu seiner Entschuldigung gab er später vor, sie für einen Mann gehalten zu haben. Der Bericht fährt fort:»Sie hielt ihm das Kind entgegen und zügelte das Pferd. Ich ritt allein hinter dem Häuptling her, mein Pferd zur Höchstleistung antreibend, und ungefähr eine halbe Meile später, aus einer Entfernung von 20 Metern, schoß ich zum ersten Mal mit meinem Revolver und traf das Mädchen, das ich auch für einen Mann hielt, weil es wie ein Mann ritt und über dem Büffelfellumhang nur der Kopf zu sehen war. Die Kugel durchbohrte den Körper des Mädchens nahe am Herzen und tötete es auf der Stelle. Die gleiche Kugel hätte wohl beide getötet, hätte der Schild des Häuptlings, der über seinem Rücken hing, die Kugel nicht aufgehalten.«

Der Bericht von Ross ist voller Unglaubwürdigkeiten und Widersprüche. Er behauptet, das tote Mädchen habe beim Sturz vom Pferd seinen Vater mitgerissen, aber: »Der Häuptling landete auf seinen Füßen und bevor er richtig stand, schoß er einen Pfeil auf mich ab, der mein Pferd traf, als es in voller Geschwindigkeit angaloppierte und ihn schon fast über den Haufen gerannt hatte.«

Comanchen, insbesondere ein Häuptling, der für seine kämpferischen Qualitäten berühmt ist, hätten sich zweifellos und unter allen Umständen auf dem Rücken ihres Pferdes halten können. Viel glaubwürdiger erscheint es, daß der Häuptling sofort vom Pferd sprang, als seine Tochter stürzte, um sie vor dem heranreitenden Ross zu schützen. Immerhin schoß er den ersten Pfeil ab, bevor er richtig stand. Und er traf. Und hier macht Captain Ross auf seine Art weiter, schreibt, wie er auf seinem bockenden und ausschlagenden Pferd saß und alle Mühe hatte, im Sattel zu bleiben und von mehreren, schnell hintereinander abgeschossenen Pfeilen nicht getroffen zu werden. Ross schoß, während er sich mit der linken Hand am Sattelhorn festklammerte, und da er auf dem tobenden Pferd im Nachteil war, hätte der Häuptling ihn zweifellos getötet, wenn er ihn nicht vorher getroffen hätte. Die Kugel zerschmetterte den rechten Arm des Häuptlings und machte ihn völlig kampfunfähig. Ross schreibt weiter: »Danach wurde mein Pferd etwas ruhiger und ich schoß dem Häuptling zweimal durch den Körper, wonach er zu einem kleinen Baum ging, dem einzigen weit und breit. Und während er am Stamm lehnte, sich mit einer Hand festhaltend, fing er einen verrückten, wilden Song zu singen an – sein Todeslied . . .«

Zufällig will Captain Ross dann plötzlich seinen mexikanischen Diener in der Nähe gehabt haben, der einige Zeit bei den Comanchen in Gefangenschaft gewesen war. Der Mexikaner und der Häuptling unterhielten

Quanah »Parker«

sich angeblich fließend, und als Ross schon glaubte, er würde sich ergeben, soll der Häuptling einen wilden Versuch gemacht haben, ihn mit seiner Lanze zu durchbohren, die er immer noch in der linken Hand hatte. Was dieser Häuptling mit einem zerschmetterten Arm und zwei Kugeln im Leib nicht noch alles konnte: Bogenschießen, Lanzenstechen, und sich gleichzeitig an einem Baumstamm festhalten. Nun, Ross schrieb weiter: »Ich konnte ihn trotzdem nur bemitleiden und gleichzeitig bewundern, denn seine Situation war hoffnungslos. Ohne die geringste Chance einer Flucht, sein Arm ganz kaputt, seine Frau und sein Kind in Gefangenschaft, sah er dem Schicksal, das ihn erwartete, unerschrocken entgegen. Und da er den Tod dem Leben vorzog, befahl ich meinem mexikanischen Diener, dem Elend ein Ende zu bereiten, indem er eine Saupostenladung aus seiner Schrotflinte abfeuerte. Der mutige Wilde, der für lange Zeit den Schrecken und Terror über Texas brachte, schwebte in das Land der Schatten, wo er mit seinen Vätern ruhen darf.«

Damit versuchte Ross zu verdecken, daß es sich um einen gemeinen Mord handelte, indem er den Tod Petanoconas mit tränenrührender Heuchlerei umgab, die ihn zum *Erlöser* machte. Er ließ dem Häuptling die Kleider ausziehen, beraubte ihn aller seiner Sachen, um sie schließlich im Staatsarchiv von Austin deponieren zu lassen. Erst später, so behauptete Ross, habe er erkannt, daß es sich bei der Squaw des Häuptlings um eine weiße Frau handelte. Er brachte Cynthia Ann Parker nach Camp Cooper und informierte ihren Onkel, Colonel Isaac Parker. Obwohl Cynthia Ann Parker sich sträubte, kaum ein Wort englisch sprach, und sich um zwei ihrer Söhne sorgte, die beim Angriff geflohen waren, wurde sie nach Austin, der Hauptstadt von Texas, gebracht. Dort wurden sie und ihre zweijährige Tochter Little Prairie Flower von Dan Parker, einem Bruder von Cynthia, abgeholt.

E. E. White, ein Freund von Dan Parker, schreibt darüber: »Colonel Parker nahm seine unglückliche Schwester in seinem komfortablen Haus auf... Aber Cynthia Ann Parker, ihrem Verhalten und ihrem Aussehen nach eine waschechte Indianerin, so als wäre sie tatsächlich als Indianerin geboren worden, nahm jede Gelegenheit zum Fluchtversuch wahr, um zu ihrem Stamm zurückzukehren. Sie mußte jede Minute streng bewacht werden. Vier Jahre später, völlig verwirrt und nach vergeblichem Flehen und Betteln, daß man sie freilassen würde, starben Cynthia Ann Parker und ihre Tochter als Gefangene der Zivilisation.«

Einer ihrer beiden Söhne, Quanah, wuchs bei den Comanchen als Vollwaise auf, entwickelte sich rasch zu einem hervorragenden Krieger und wurde zu einem der jüngsten Kwahadi-Kriegshäuptlinge, obwohl er von keiner Stammesfamilie gefördert werden konnte und als Einzelgänger gegenüber den Söhnen einflußreicher Sippen stark benachteiligt war. Quanah hatte nichts dagegen tun können, daß seine Mutter geraubt und sein Vater und seine Schwester ermordet wurden. Zu der Zeit, als Ishatai von der Rückkehr der Büffel predigte, wurde Quanah von einem grenzenlosen Haß gegen die Weißen getrieben. Er führte Abteilungen seiner Kwahadis auf Raubzügen durch Texas und nach Mexico hinein, war einer der wenigen, die über den Winter nicht die Reservationen aufsuchte, sondern sich mit seinen Getreuen im Llano Estacado aufhielt, inmitten eines unwegsamen Gebietes, aus dem er sporadisch Armeepatrouillen, Farmen und Ranches überfiel. Sich einem gleichaltrigen Medizinmann, der als Krieger unerfahren war, unterzuordnen, behagte ihm nicht, und Ishatai hatte Mühe, Quanah von seiner *großartigen Medizin* zu überzeugen.

Quanah schien auch von der Auferstehung Benjamin Clintocks wenig beeindruckt, und noch am gleichen Tag traf er die Vorbereitungen für einen Kriegszug, bei dem er einige Dutzend seiner Getreuen anführen wollte. Ishatai ärgerte sich darüber, ließ sich aber nichts anmerken, sondern versprach einigen jungen Kriegern, die sich Quanah anschließen wollten, daß er sie mit seiner Medizin beschützen werde. Falls Quanah also seinen Raubzug mit Erfolg abschloß, würde auch Ishatai daran beteiligt sein. Falls Quanah und seine Krieger aber in Schwierigkeiten gerieten und Soldaten in die Hände fielen, würde Ishatai daran erinnern, daß nur Krieger, die sich ihm unterstellten, durch seine Medizin geschützt waren. Er konnte also mit sich und der Welt zufrieden sein, aber Quanahs Starrköpfigkeit ärgerte ihn trotzdem.

Quanah selbst wußte, daß er große Chancen hatte, die Nachfolge von Parry-o-coom, dem todkranken Kwahadi-Oberhäuptling, anzutreten, falls dieser endlich starb. Seit Monaten zerfiel der Greis an Lungentuberkulose, die er sich während des Reservationswinters geholt hatte. Auch um Häuptling Horseback stand es nicht gut. Er hustete seit einiger Zeit Blut und verlor schnell an Gewicht. Den einzigen Konkurrenten hatte Quanah in Ishatai, dem Medizinmann, obwohl dieser als Krieger unerfahren war.

Ishatai redete den Leuten die Köpfe heiß. Er versprach viel. Er versprach, die Weißen zu verjagen. Er versprach die Rückkehr des Büffels und Immunität gegen die Kugeln der Soldaten. Und er machte fast täglich ein kleines Wunder. Er konnte reden und den Geist der Zuhörer mit sich in das *Land der Träume* nehmen. Er konnte einen Ochsenfrosch verstummen lassen, der eine Meile entfernt quakte. Er konnte einen Mann bei hellichtem Tage einschlafen lassen, indem er ihm tief in die Augen sah. Demgegenüber hatte Quanah nur seine Kraft und seine Kampferfahrung. Die jungen Krieger liebten, bewunderten und respektierten Quanah als Kriegsführer. Doch während er mit ihnen auf Kriegszügen war, bearbeitete Ishatai die Frauen, die Kinder, die Alten und die Schwachen.

14
Der schlanke Otter

Sain-toh-oodie wuchs unter den Kiowas auf, heiratete einen Häuptling namens Goombi, gebar ihm einige Kinder und erfuhr erst in hohem Alter, daß sie Millie Durgan hieß und aus Texas stammte. So kehrte sie zurück, um ihre Verwandten zu besuchen ... Sie bestaunte das Regierungsgebäude in Austin und setzte sich in Gouverneur Dan Moodys Stuhl, da dieser zur Zeit verreist war. Als Moodys Sekretär sie fragte, was Texas denn für sie tun könne, sagte sie, daß sie nichts anderes wünsche, als so schnell wie möglich zu ihrem Stamm zurückkehren zu dürfen.

Mildred P. Mayhall, THE KIOWAS, 1962

Es war eine Nacht, in der die Alpträume Wirklichkeit wurden.

Die Comanchen töteten den Jicarilla-Apachen.

Feuer brannten noch lange nach Mitternacht.

Männer tanzten, Schweiß auf den Gesichtern. Die Schläge der Tom-Toms rollten in die Nacht hinaus, wo irgendwo eine Frau am Grabe ihres Sohnes starb. Nap sang und tanzte. Rauch hüllte die Gesichter der alten Männer und Frauen ein, die im Kreis saßen. Junge Krieger holten ihre Mädchen zum Tanz.

Ben sah Crowfoot, der das Mädchen mit den blonden Haaren an den Händen hielt. Sie tanzten um ein Feuer herum.

Lange nach Mitternacht wurde es ruhig. Nur die Hunde kämpften in einer Grube, in die man den toten Jicarilla-Apachen geworfen hatte. Dort stritten sie sich kläffend und bellend und jaulend und fauchend.

Ben lag am Boden und schrie nach Nap. Und er betete und er brüllte, aber Nap kam nicht. Der Wind zerrte an den Rauchklappen der Tipis, an den zum Trocknen aufgespannten Büffelhäuten und an den Pferdeschwänzen, die von den Tipistangen herunterhingen. Die Feuer brannten nieder, und die Kälte breitete sich im Lager aus. Hunde, die sich sattgefressen hatten, rollten sich zusammen. Ein Baby weinte, hörte auf, weinte wieder und schwieg für den Rest der Nacht, in der Benjamin Clintock sterben wollte. Als der Tag graute, war er ohnmächtig.

Kinder kamen und stießen ihn an. Horsebacks Frau holte ihre Schöpfkelle und jagte die Kinder fort. Sie schickte eines ihrer Mädchen, um Wurzeln auszugraben, und sie machte einen grünen, klebrigen Brei daraus, der erbärmlich stank. Und sie zog Ben die Stiefel aus und wickelte seine Füße in nasse Tücher. Sie holte Decken und breitete sie über ihn aus. Sie hockte sich neben ihn und wischte den Schweiß von seinem Gesicht.

Ihr Sohn Crowfoot kam aus seinem kleinen Tipi, das neben dem seiner Eltern und seiner Geschwister stand. Er war alt genug, ein eigenes Tipi zu haben, und er hatte Schwestern, die nur wenig jünger waren. Deshalb wohnte er in einem eigenen Tipi. Er kämmte sein Haar, flocht es zu Zöpfen und bestrich sein Gesicht mit Farbe. Dann holte er seine Waffen, und sein kleiner Bruder zäumte einen Pinto auf, sattelte ihn und brachte ihn zur Tränke, während Crowfoot durch das Lager ging, um Freunde abzuholen.

Horseback, der alte Häuptling, schnarchte noch, als die Sonne aufging. Quanah und zwei Dutzend Krieger verließen das Lager. Ishatai, der Medizinmann, ging zum Tipi von Parry-o-coom, dem alten Kwahadi-Häuptling, der die ganze Nacht hindurch gehustet hatte.

Dann kam Nap. Er trug ein paar alte Mokassins, die er beim Würfelspiel gewonnen hatte. In seinem Leibgurt steckte das Kartoffelrüstmesserchen, und er hatte das Horn angehängt.

Die Frauen und Mädchen sahen ihm nach, tuschelten über ihn, kicherten und lachten. Nap winkte ihnen zu, zeigte seine weißen Niggerzähne, zwinkerte mit den Augen und grüßte nach allen Seiten mit: »Guten Morgen, meine Verehrteste«, oder mit: »Na, gut geschlafen, mein Kätzchen? Schöner Tag, heute.«

Kinder hüpften hinter ihm her, und er drehte sich um und schüttelte lachend seine Fäuste. Sie griffen ihn an. Sie stürmten die große, schwarze Festung, und er hatte einige Knaben an sich hängen, ging zu Boden, wälzte sich mit ihnen im Staub, schüttelte sie ab und teilte ein paar sanfte Fußtritte aus. Ein Knabe hängte sich an seinen Arm, und Nap hob ihn auf seine Schultern.

Ben setzte sich mühsam auf und bekam fast keine Luft mehr, als sich die Schlinge an seinem Hals zusammenzog. Die Frau durchschnitt die Rohhautleine, die ihr Mann um Bens Hals gelegt hatte, und Nap kam herüber, nachdem er den Knaben abgesetzt hatte.

Ben sah schlecht aus. Sein Gesicht war gelb. Er hatte sich die Unterlippe zerbissen. Die Frau versuchte, ihn ruhig zu halten, aber er warf sich hoch, und als sich Nap über ihn beugte, öffnete er seine entzündeten Augenlider.

»Nap!« keuchte er. »Nap, hilf mir!«

»Sachte, Kleiner«, sagte Nap. »Ich bin da. Hörst du, ich bin bei dir.«

Bens Finger krallten sich in Naps Arme. Er hob den Oberkörper, und die Frau legte ihm die Hand auf die Stirn.

»Heiß«, sagte Nap. »Er hat Fieber, Mütterchen.«

»Nix gutt«, sagte die Frau. »Nix gutt heiß.« Sie füllte ihren Mund mit dem Brei, zerkaute ihn gründlich und spuckte ihn in eine Lederschale. Dann bedeutete sie Nap mit einigen Handzeichen, daß Ben den Brei zu essen habe.

»Kleiner, du mußt den Brei essen«, sagte Nap. »Hörst du, Kleiner, die Frau hat dir eine Medizin gemacht.«

»Niemand hilft mir«, keuchte Ben mit flatterndem Atem. »Lieber Heiland, hilf mir!«

Nap nahm den zerkauten Brei mit den Fingern aus der Schale. Ein penetranter, säuerlicher Geruch stieg ihm in die Nase. »Mach den Mund auf!« Die Frau zerkaute noch mehr von dem Brei, bis er so dünn war, daß er zwischen Naps Fingern hindurchlief und von Bens Lippen tropfte. Nap hielt Ben die Lederschale an den Mund. Ben schluckte krampfhaft, würgte und übergab sich. Nap sah die Frau an. Sie nickte ihm kauend zu und Ben kriegte mehr von dem Brei. Er übergab sich noch einmal, und Nap stützte ihn, hielt ihn aufrecht und flößte ihm erneut von dem Brei ein. Und jetzt würgte Ben nicht mehr. Die Frau lächelte über das breitflächige Gesicht, das von der Narbe entstellt wurde.

»Danke, Mütterchen«, sagte Nap, und er sah ihrem Gesicht an, daß sie ihn verstehen konnte. Sie bedeutete Nap mit ihren knorpeligen Händen, Ben hochzuheben und in das Tipi zu tragen.

»Ben, Kleiner, die Mutter ist gut«, sagte er. »Sie ist eine prächtige Frau. Sie ist gut. Sie wird dich heilen.« Er hob Ben vom Boden auf und brachte ihn in das Tipi, wo Horseback erwachte und große Augen machte. Er schrie seine Frau an, und sie schrie zurück. Da sprang er aus dem Bett und gab einem Holzeimer einen Fußtritt. Die Frau zeigte auf den Eingang und fauchte ihn an, und als Horseback durch die Öffnung hinauskroch, lachte das kleine Mädchen, das auf einer Decke saß und mit einer Stoffpuppe und einem Taschenspiegel spielte.

Nap legte Ben auf Horsebacks Bett.

»Wie fühlst du dich, Kleiner?«

Ben bewegte den Kopf. »Sie . . . sie haben den Apachen getötet«, sagte er leise.

»Mach dir deswegen nur keine Gedanken, Mann. Sieh zu, daß du auf die Beine kommst. Die Frau wird dich pflegen.«

»Wo . . . wo ist das Mädchen?« fragte Ben.

»Irgendwo. Himmel, denk jetzt nicht an das Mädchen und auch nicht an den Apachen! Denk daran, daß du auf die Beine kommen willst.« Nap grinste. »Du willst doch auf die Beine kommen, nicht wahr, Kleiner? Du wirst mich doch nicht einfach im Stich lassen?«

»Du brauchst mich nicht«, keuchte Ben.

»Blödsinn! Du weißt überhaupt nicht, wie verdammt einsam ich ohne dich wäre. Ich war immer einsam, Mann. Ich hatte nie 'nen richtigen Freund. Nicht mal Pete war mir ein richtiger Freund, obwohl ich den Deputy abgeschossen habe, der ihm die Ohren abschneiden wollte. Aber du bist mein Freund, Kleiner. Mann, du bist ein wahrer Freund.«

Horseback kam herein, brachte einen Eimer mit Wasser, warf seiner Frau einen wütenden Blick zu und nahm seinen Pfeifensack und ein paar Spielwürfel, bevor er wieder hinausging.

»Die Frau mag dich, Kleiner. Sie wird dich behüten. Sie wird auf dich achtgeben und es wird dir nichts passieren.«

»Ich bin müde, Nap.«

»Schlaf. Komm, mach die Augen zu und schlaf. Schlaf!« Nap legte Ben seine Hand über die Augen und er fing leise zu singen an.

Hold your light, brother Benjamin,
Hold your light,
Hold your light on Canaan's shore.
What make ole Satan for follow me so?
Satan ain't got notin' for do wid me.
Hold your light,
Hold your light,
Hold your light on Canaan's shore.

Comanchen-Tipi

Nap stand auf, als Ben eingeschlafen war. Nap nahm die Hand der Frau und drückte sie einen Moment, aber sie schüttelte den Kopf, zeigte auf die Zeltöffnung, und was sie zu ihm sagte, klang ziemlich genau wie das, womit sie ihren Mann weggejagt hatte. Nap gab dem Eimer ebenfalls einen Fußtritt und schlüpfte durch die Öffnung hinaus. Hinter ihm lachte die Frau.

»Gott verdammt, Mütterchen, sei nett zu Onkel Nap!« knurrte er und nahm einen Knaben an den Handgelenken, schwang ihn im Kreis herum und ließ ihn einfach fliegen. Der Knabe rollte sich gut ab, sprang auf die Beine, und Nap wurde sofort von zwei Dutzend Kindern attackiert. Dieses Mal zog er es vor, davonzulaufen, und er rannte zwischen den Tipis hindurch, verfolgt von Kindern und Hunden, schlug zwischendurch einen Purzelbaum und versteckte sich hinter einem Büffelfladenhaufen, der so sorgfältig aufgeschichtet war wie ein Brennholzstapel hinter einem Armeeküchenzelt.

Auf der Wiese zwischen dem Lager und dem Bach spielten die Mädchen von zwei verschiedenen Stammesabteilungen Fußball. Die Mädchen der *Wasserpferd-Bande* gegen die Mädchen der *Leberesser-Bande*. Die *Wasserpferd-Mädchen*, alle schlanker und graziler gebaut, leichtfüßig und geschickt in der Führung des grasgefüllten Stoffbeutels, schienen das Spiel zu gewinnen.

Das blonde Mädchen hüpfte auf dem linken Bein über hundert Meter weit und kickte dabei mit dem rechten Fuß den *Ball* mindestens fünfzig Mal, ohne daß er den Boden berührte.

Nap, der am Spielfeldrand stand, bewunderte die Leichtigkeit und die Anmut, mit der sich das schlanke, großgewachsene Mädchen bewegte. Es mochte vielleicht sechzehn Jahre alt sein. Kaum älter. Das goldfarbene Haar war in der Mitte gescheitelt und der Scheitel mit dunkelroter Farbe bestrichen. Das Mädchen hatte ein schmales, sauberes Gesicht, das nach dem Rekordlauf leicht gerötet war.

Sommersprossen. Blaue Augen. Nap dachte, daß Ben vielleicht früher wieder gesund sein würde, wenn . . .

Das Mädchen tanzte am Spielfeldrand und klatschte in die Hände, als das Spiel aus war. Die Mädchen von der Wasserpferd-Bande hatten gewonnen. Der Rekordlauf des blonden Mädchens war nicht mehr überboten worden, und die Sieger und Verlierer feierten zusammen, während die Zuschauer, meistens Frauen und Kinder, heftig applaudierten.

»He, Miß!« rief Nap dem blonden Mädchen zu.

Das Mädchen wandte den Kopf. Der Wind wehte Haarsträhnen über sein Gesicht, und es warf den Kopf in den Nacken und ging mit einigen Freundinnen hinunter zum Bach. Nap sah ihnen nach.

»Ben würde schnell wieder auf die Beine kommen«, sagte er nachdenklich. »Er braucht nur die richtige Krankenschwester.«

Einem weißen Jungen wie Ben gefielen nun einmal dünne, langbeinige Geschöpfe mit blonden Haaren. Die sahen so sauber aus. Wie Engelchen. Und so zerbrechlich. Wie aus Porzellan. Und so kühl wie ein Bergsee. So ein weißer Junge wie Ben, der keine Ahnung hatte von den Weibern, brauchte eine saubere und kühle Krankenschwester, damit er wieder auf die Beine kam. Die Hände in den Hosentaschen, schlenderte Nap durch das Lager, blieb da und dort stehen, schaute einer dicken Frau zu, die mit einem Knochenschaber die Innenseite eines Antilopenfelles bearbeitete, und ertappte zwei Knaben dabei, als sie die Mokassins der alten Männer vor dem Rauchzelt mit Kieselsteinen füllten.

So gegen Mittag kam Ishatai aus seinem Tipi gekrochen. Er hatte sein Gesicht sorgfältig bemalt, aber die schwarze Farbe schien ihm ausgegangen zu sein. Er trug heute blau und rot und weiß, die Farben des Sternenbanners.

Als er Nap bemerkte, kam er sofort herüber.

»Guten Morgen, Chef«, sagte Nap. »Gut geschlafen?«

Ishatai kniff die Augen etwas zusammen. »Du warst beim Fußballspiel der Mädchen?« fragte er.

»Ja. Gutes Spiel. Übrigens, wer ist das blonde Mädchen?«

»Tomanoakuno.«

»Ah. Und was heißt das genau?«

»Tomanoakuno? Der schlanke Otter.«

»Seltsamer Name für ein Mädchen.« Nap grinste. »Da wird sich der Kleine aber wundern. Ist Tomanoakuno schon lange bei euch?«

»Was interessiert dich das Mädchen?« fragte Ishatai etwas ärgerlich.

»Nur so«, sagte Nap. »Einfach so. Es fällt auf unter den anderen Mädchen. Von wegen dem blonden Haar.«

»Es ist ein schönes Mädchen«, sagte Ishatai. »Viele junge Krieger begehren es.«

»Und?«

»Nichts und.« Ishatai nahm Nap beim Arm. »Sei vorsichtig. Die Männer mögen dich nicht. Die Frauen sehen dir nach und kichern. Es wird sehr bald Streit geben, wenn du nicht vorsichtig bist.«

»Wieso? Ich will keinen Streit! Ich will mit niemandem Streit. Mir gefällt es ausgezeichnet hier. Warum kichern die Frauen?«

»Weil du neu bist. Und weil du schwarz bist. Du bist anders, verstehst du. Und du hast keine Frau.«

»Ah.« Nap nickte. »Hm, da werde ich eben vorsichtig sein müssen.« Zwei Frauen, die vorübergingen, lachten herüber, und Nap wurde etwas unruhig. »Was soll ich tun, wenn sie kichern?«

»Nichts. Sei nur vorsichtig. Es wird nicht lange dauern, da werden sie zu dir kommen. Viele sind die Frauen von anderen Männern. Manchmal sind es die Zweitfrauen oder sogar die Drittfrauen. Es kann Eifersüchteleien geben, und wenn sie erwischt werden, gibt es Totschlag. Es ist das Recht eines Mannes, seine Frau zu töten, wenn sie mit einem anderen etwas hat.«

»Ich werde vorsichtig sein«, versprach Nap. »Ich möchte wirklich nicht, daß Frauen totgeschlagen werden, weil sie mit mir etwas haben. Ich will überhaupt nicht, daß Ehefrauen zu mir kommen. Wenn ich die Wahl habe, ziehe ich ein Mädchen vor, das noch nicht verheiratet ist, oder eine Witwe, vielleicht.«

»Du hast keine Wahl«, sagte Ishatai, und es klang wie die Prophezeiung, daß eines Tages die Welt untergehen würde. »Es sind die Frauen, die zu den Männern gehen, um mit ihnen zu . . .« Ishatai zog die Stirn in Falten. »Wie heißt es bei euch? Liebe machen oder so?«

»Dafür gibt es eine Menge Wörter«, sagte Nap. »Fromme Christenmenschen sagen, daß sie *sich vereinen*. Aber das ist nicht gebräuchlich.«

»Also, bei uns sind es die Mädchen und Frauen, die zu den Männern gehen, um sich zu *vereinen*. Das kann Schwierigkeiten geben. Du mußt aufpassen!«

»Du kannst unbesorgt sein. Ich will nicht mit einer verheirateten Frau schlafen. Ich habe es mal mit der Frau von meinem Lieutenant getrieben, und es ist nie rausgekommen. Aber hier würde ich das nicht tun.«

»Du hast keine Wahl. Sie kommen in der Nacht, und sie geben sich nicht zu erkennen. Sie kommen einfach und wollen sich vereinen. Das ist so. Sie kriechen unter deine Decke, und wenn du dich mit ihnen vereint hast, verschwinden sie wieder. Und manchmal kommt es vor, daß der Mann draußen auf der Lauer liegt. Es kam auch schon vor, daß der Mann gerade dazu kam, wenn seine Frau es mit einem anderen Mann gemacht hat, und er hat gleich seine Frau und den Liebhaber umgebracht. Einfach so. Mit der Streitaxt oder mit der Kriegskeule.«

Ishatai schien wirklich besorgt zu sein, und die Falten über seiner Nasenwurzel verschwanden erst, als Tomanoakuno mit einem Arm voll Büffelfladen über den Platz lief, wo sie von der alten Frau empfangen wurde. Ishatai wurde unruhig und Nap entschied, sich zurückzuziehen. »Ich geh und mach bei einem Würfelspiel mit«, sagte er, aber Ishatai hörte längst nicht mehr zu und schritt etwas eckig über den Platz auf das Feuer zu, wo Tomanoakuno die Büffelfladen aufgeschichtet hatte. Ishatai sprach mit der Frau, und das Mädchen verschwand im Tipi, kam wenig später mit einer Lederschale heraus und bot dem Medizinmann zu trinken an.

Nap hob die Schultern. Es war nicht seine Sache. Sollte Ben selbst zusehen, wie er das Mädchen den Comanchen abluchsen konnte, falls das überhaupt möglich war. Was Ishatai ihm gesagt hatte, klang gefährlich, und er nahm sich vor, in nächster Zeit den Mädchen und Frauen nicht mehr zuzuzwinkern. Er wollte nicht, daß in seinem Tipi ein Blutbad angerichtet wurde. Es war noch nicht einmal sein Tipi, sondern Ishatais Familie hatte es ihm zur Verfügung gestellt.

Nap ging hinüber und schaute den Männer beim Würfeln zu. Einer von ihnen, ein großer, knochiger Mann mit einer mächtigen Adlernase, gewann fast die ganze Zeit. Neben ihm lagen Mokassins, Armspangen, Spiegelscherben, eine Hurricanlaterne, ein Hemd, ein Derringer-Colt, fünfzehn Patronen, ein Kupferkessel, eine US-Armee-Gürtelschnalle, ein Stäbchenkorsett, eine randlose Brille mit einem zerschlagenen Glas und ein Paar alte, knöchelhohe Damenschuhe, in denen ein paar Papierblumen steckten. Sie spielten mit drei Holzwürfeln, deren Seiten je eine andere Farbe hatte. Wer bei dreimaligem Würfeln dreimal die gleiche Farbe stehen lassen konnte, hatte gewonnen.

Einer der Spieler, der zuletzt eine Taschenuhr verloren hatte, stand auf und sagte wohl, daß er daheim noch etwas zu erledigen habe. Die anderen lachten, ließen ihn aber gehen; einer von ihnen, ein untersetzter Mann mit einem Bulldoggengesicht und Triefaugen, forderte Nap auf, Platz zu nehmen. Nap schüttelte etwas verlegen den Kopf. »Ich habe nichts, was ich verlieren könnte. Tut mir leid, Gentlemen.«

»Jesus Christus«, sagte der untersetzte Mann mit dem Bulldoggengesicht. Er wollte unbedingt, daß Nap mitspielte. Ob er vielleicht auch eine Zweit- oder Drittfrau hatte, die nachts in die Tipis kroch, um mit anderen Männern zu liegen? Vielleicht hatte er eine Tochter. Er war etwa fünfzig Jahre alt und konnte gut einige Töchter zwischen zehn und dreißig haben. Vielleicht war eine drunter, die kein Bulldoggengesicht und keine Triefaugen hatte. Nap setzte sich und zog das Kartoffelrüstmesserchen aus dem Gürtel. »Das ist alles, was ich habe.« Er legte es auf die Decke. »Es ist ein gutes Messerchen aus der Armeeküche.«

Sie achteten nicht darauf, was er sagte. Das Messerchen schien ihnen recht zu sein. Man konnte damit allerlei machen. Man konnte unter den Fingernägeln schaben und man konnte eben Kartoffeln schälen, obwohl die Indianerkartoffeln eine etwas dickere Haut hatten.

Nap würfelte und ließ dreimal Rot stehen. Das war nicht zu überbieten. Der Mann mit dem Bulldoggengesicht hatte eine Lanzenspitze gesetzt, die einen Fuß lang und leicht angerostet war. Nap legte die Lanzenspitze neben sich und würfelte zweimal Gelb. Er verlor sein Rüstmesserchen an den Mann mit dem Bulldoggengesicht. Dann verlor er die Lanzenspitze an den Mann mit der Adlernase, der schon die ganze Zeit gewonnen hatte. Nap zog seine Mokassins aus und verlor sie an den Mann mit dem Bulldoggengesicht. Dann setzte er den Armeeleibgurt und gewann mit dreimal Grün sein Rüstmesserchen zurück. Er verlor es anschließend, gewann es wieder und verlor es abermals.

Er ging barfuß nach Hause und zog die Stiefel wieder an, nahm einen zweiten Revolver mit und setzte ihn gegen das Kartoffelrüstmesserchen. Er gewann. Dann würfelte er wieder dreimal Rot und bekam eine Halskette mit Elchzähnen dran. Diese setzte er gegen seine Mokassins, gewann, zog die Stiefel wieder aus, streifte die Mokassins über die Füße und setzte die Stiefel, die den Indianern nicht viel wert waren. Der Mann mit dem Bulldoggengesicht setzte eine chinesische Münze, die Nap gewann. Er warf dreimal hintereinander Rot und bekam einen Kupferkessel, einen ausgebleichten Hasenschädel mit roten Ringen um die Augenhöhlen und ein Büffelhorn, das als Trinkgefäß diente.

Wer dreimal hintereinander Rot warf, war entweder ein Hexer oder hatte eine gute Medizin.

Nap wollte es nicht übertreiben. Er gewann noch einen goldenen Fingerring und einen Silberdollar. Dann packte er seine Sachen zusammen, aber sie wollten ihn nicht gehen lassen. So spielte Nap weiter. Er gewann alles, was der Mann mit dem Bulldoggengesicht hatte, und die Hälfte von dem, was der Mann mit der Adlernase besaß. Sie halfen ihm, die Sachen in das Tipi zu tragen, und nach langem Hin und Her verstand Nap aus Worten und Handzeichen, daß sie ihn zu einem neuen Spiel am nächsten Tag herausforderten. Besonders der Mann mit dem Bulldoggengesicht war wild darauf, eine Revanche zu erhalten. Nap versicherte ihnen, daß er gerne dazu bereit sei, und lud sie ein, mit ihm zu rauchen, und während draußen die Frauen das Abendessen zubereiteten, hockten sechs Comanchen in Naps Leihtipi und rauchten aus der Maiskolbenpfeife, die einem Jicarilla-Apachen gehört hatte.

Zum Abendessen war Nap bei der Familie des Mannes mit dem Bulldoggengesicht zu Gast. Es gab Antilopeneintopf.

Nap schlug sich den Bauch voll und hörte erst auf zu essen, als er ein Stück zwischen die Zähne kriegte, das den Geruch von Kuhmist hatte. Er schluckte es trotzdem, rülpste in die Runde, und der Mann mit dem Bulldoggengesicht lachte und klopfte ihm auf die Schulter.

Er hatte eine große Familie. Zwei Frauen und zwölf Kinder. Die drei ältesten Knaben waren mit Quanah unterwegs. Seine älteste Tochter hatte auch schon zwei Kinder und die zweitälteste Tochter hatte sein Gesicht geerbt und war zwanzig Jahre alt, unverheiratet und wahrscheinlich noch Jungfrau. Nap bedankte sich für den netten Abend, rauchte noch eine Pfeife mit dem Mann, schaukelte ein Baby auf den Knien, das auf seine Hosen pinkelte, und war froh, als Ishatai, vollkommen farblos, über den Platz kam und nach ihm rief.

»Man sagte mir, daß du dir Freunde gemacht hast«, sagte er.

»Ich habe ein bißchen gespielt.«

»Gut. Mach dir Freunde! Wir brauchen Freunde, verstehst du?«
Nap nickte. »Natürlich. Was hast du eigentlich vor?«
»Krieg«, sagte Ishatai. »Die verdammten Weißen müssen ausgerottet werden, bevor sie die ganze Welt kaputtmachen!«
»Ah. Da bin ich mit dir einer Meinung«, sagte Nap. »Kann ich etwas für dich tun?«
»Sei vorsichtig mit den Frauen«, sagte Ishatai. »Das ist alles, was ich dir sagen wollte.«
Ishatai schien äußerst besorgt zu sein, und es gelang Nap nicht, ihn zu beruhigen, obwohl er ihm versprach, keine verheiratete Frau zu verführen. »Ich bin freundlich mit allen. Das ist der beste Weg, Freunde zu gewinnen. Ich will ein Comanche werden, verstehst du. Ich bin hier zu Hause.«
»Warum willst du ein Comanche werden?«
»Weil ich es satt habe, ein Nigger zu sein. In Afrika wäre ich gern ein Nigger. Aber hier will ich ein Comanche sein.«
»Das ist nicht so einfach. Es ist vielleicht einfach, Soldat zu werden, aber ob aus dir jemals ein Comanche wird, das ist schwer zu sagen.«
»So. Denkst du?« Nap zog die Schultern hoch. »Ich weiß nicht, was ich alles tun muß, aber ich schaffe es. Ich spüre es innen drin.« Er legte die Hand auf seine Brust. »Ich werde mir einen Bogen zulegen und ein Pferd anschaffen. Vielleicht kriege ich sogar Schneeschuh zurück. Er gehört doch dem Mann mit dem Bulldoggengesicht.«
»Der Mann ist Big-Eagle-Tail-Feather, und dein Maultier gehört seinem ältesten Sohn, der mit Quanah unterwegs ist.«
»Mit Schneeschuh könnte ich versuchen, einen Skalp zu machen«, sagte Nap.
Ishatai schmunzelte. »Du wirst abwarten müssen. Noch ist es nicht an der Zeit für dich, einen Skalp zu machen. Aber du wirst bald eine Kriegerschar in die Schlacht führen. Du wirst neben mir an der Spitze eines Heeres reiten, mit dem wir die Büffeljäger und die Soldaten aus dem Land jagen werden. Dann bist du vielleicht ein Comanche. Aber es ist nicht leicht.«
Nap besuchte noch schnell Ben, den man wieder ins Freie getragen hatte. Er lag unter einem Berg von Decken und Fellen in der Nähe des Feuers und klagte darüber, daß man seinen Oberkörper mit heißem Lehm bepflastert habe.
»Ich bin nackt und hilflos wie ein Baby«, sagte er, und seine Augen glänzten fiebrig. »Und die Alte hat mich gezwungen, einen Brei aus Kakteenknollen zu essen. Der Teufel weiß, was das für ein Giftzeug ist. Ich habe ein Gefühl in mir, als hätte ich glühende Kohle verschluckt.«
»Und die Krämpfe?«
»Weg. Dafür habe ich jetzt Ohrensausen.«

»Besser Ohrensausen als Bauchschmerzen«, grinste Nap. »Übrigens, dein Mädchen heißt Tomanoakuno.«
»Mein . . . was? Bist du übergeschnappt? Ich habe kein Mädchen, verdammt noch mal. Ich habe Hunger, aber ich kriege nur Brei zu fressen! Außerdem wird der Lehm so hart, daß ich mich nicht mehr bewegen kann. Und die Decken sind voller Flöhe und Läuse und wenn es so weitergeht . . .« Ben blieb der Mund offen stehen. Er hob den Kopf etwas an und seine Augen wurden schmal. »Sag das noch einmal, Nap!«
»Dein Mädchen heißt Tomanoakuno.«
»Noch mal!«
»Tomanoakuno. Das bedeutet: der schlanke Otter.«
»Du meinst doch nicht etwa das Mädchen mit den blonden Haaren?«
»Genau das meine ich. Im übrigen hat sie heute beim Fußballspiel alle ihre Gegnerinnen übertroffen. Über hundert Yards und mindestens fünfzig Mal den Ball gekickt, ohne daß er den Boden berührte. Und alles auf einem Bein. Das Mädchen ist Klasse, Mann. Schade, daß sich Ishatai in den Kopf gesetzt hat, sein Herz zu gewinnen.«
»Du meinst . . . Nap, ich bin krank! Ich bin hilflos. Aber wenn ich wieder gesund bin, schlag ich dir die Niggerzähne ein, wenn du mich jetzt auf den Arm nehmen willst!«
Nap seufzte. »Warum sollte ich dir was vormachen? Das Mädchen heißt in Gottes Namen Tomanoakuno, der schlanke Otter. Schlank ist sie auf jeden Fall. Für meinen Geschmack sogar recht dünn. Sie hat das Fußballspiel gewonnen, während du im Tipi geträumt hast, und als ich Ishatai nach ihr fragte, wurde er etwas nervös. Er hat gleich die Familie des Mädchens besucht. Im übrigen gehören sie der Wasserpferdbande an, wie Horsebacks Familie auch.«
»Sie ist eine Weiße!«
»Das sehe ich auch.«
»Sie ist eine Gefangene!«
»Nein. Das ist sie bestimmt nicht. Ich glaube, sie kann nicht einmal Englisch. Ich habe nach ihr gerufen, sie hat nur kurz herübergesehen und ist dann zum Bach gelaufen, um Büffelfladen zu sammeln. Wahrscheinlich wurde sie als Baby geraubt, Mann. Da ist sie längst keine Gefangene mehr.«
»Willst du damit sagen, daß sie ein Comanchenmädchen ist?« fauchte Ben.
»Ja.«
»Sie ist weiß und sie hat blondes Haar!«
»Ishatai hat gesagt, daß ihr alle jungen Krieger nachlaufen.«
»Nap, warum willst du mich ärgern?«
»Ich will dich nicht ärgern, Kleiner. Ich will, daß du auf die Beine kommst, bevor Ishatai oder ein anderer mit ihr was anfängt. Wenn es

mal rauskommt, daß das Mädchen zu einem Mann gegangen ist, ist alles aus. Du hast also nur die Chance, Tomanoakuno zu kriegen, wenn du auf die Beine kommst und sie für dich gewinnst!«

»Wenn ich auf die Beine komme, nehme ich die erstbeste Gelegenheit wahr, mit dem Mädchen abzuhauen!« sagte Ben und legte den Kopf zurück. »Ich komme schon auf die Beine. Ich fresse alle Breichen. Ich komme auf die Beine, Nap. Und dann kriegt das Mädchen eine Chance, diesem Barbarenleben zu entkommen. Ich werde das Mädchen befreien. Ich werde es mitnehmen und zu seiner Familie zurückbringen. Das werde ich tun, Nap!«

»Du bist ein Narr. Wenn du das Mädchen befreien willst, mußt du es dazu kriegen, mit dir zu schlafen. Und dagegen werden einige junge Krieger etwas einzuwenden haben, aber vielleicht kannst du es schaffen, wenn du wieder auf den Beinen bist. Ich werde in der Zwischenzeit versuchen, mehr über das Mädchen zu erfahren und . . .«

»Du läßt die Finger von ihm! Hörst du, laß nur die Finger von dem Mädchen, sonst sind wir die längste Zeit Freunde gewesen. Du mit deiner verdammt schnodderigen Art! Nimm dir die Dicke mit den fetten Brüsten. Aber laß die Finger von dem Mädchen!«

»Sie ist mir zu mager.«

»Sie ist nicht zu mager!«

»Mir ist sie zu mager, verdammt! Übrigens habe ich ein Tipi für mich allein und im Würfelspiel habe ich allerhand Kram gewonnen. Ishatai geht morgen weg, um Medizin zu machen. Irgendwo in den Hügeln will er fasten und in einem Dampfzelt schwitzen. Wenn er zurückkommt, zieht der Stamm ostwärts. Es tut sich etwas, Kleiner. Die Cheyenne haben die Reservation verlassen, und die Kiowas sind auch unterwegs. Und sie haben genug Waffen, einen Krieg anzufangen.«

»Dann haben wir eine Chance. Wenn wir in die Nähe von Siedlungen kommen, können wir abhauen.«

»Ich bleibe«, sagte Nap. »Und ich glaube, du bleibst auch.«

»Den Teufel werde ich! Ich bin kein Barbar. Ich bin ein Christ!«

Nap nickte. »Schlaf jetzt, Kleiner. Und reg dich nicht immer gleich auf. Schlaf jetzt und denk mal darüber nach, wie du Ishatai das Mädchen abluchsen könntest.«

»Geh zum Teufel, Nap!«

»Für einen Christenmenschen hast du verdammt fromme Wünsche, Kleiner«, grinste Nap. »Kionoyata.«

»Was heißt das?«

»Gute Nacht. Auf jeden Fall klingt es so. Könnte aber auch was anderes heißen.« Nap tippte gegen den Schirm seiner Armeemütze, drehte sich um und ging davon. Ben zerquetschte einen Fluch zwischen den Zähnen und wartete auf die Frau, die ihm den Brei bringen sollte.

15
Tipikriecher

Ich trat an ihr Lager und legte mich nieder. Zu meiner Überraschung zog sie sich völlig aus, half mir aus den Kleidern und schmiegte sich eng an mich. Das hatte bisher kein Mädchen getan, und nie hatte ich so viel weiches, warmes Fleisch mit dem meinen verbunden gefühlt. Sie hatte sogar die Schamhaare ausgezogen, was, wie man sagt, die Hopifrauen früher alle getan haben. Ich glaubte zu spüren, daß ich nie aufhören könnte sie zu lieben, und bat sie augenblicklich, meine Frau zu werden, obwohl sie Louis' Mädchen war.

Einige Tage später unterhielt ich mich mit Louis über Frauen und fragte ihn, ob sich jemals ein Mädchen völlig für ihn entkleidet hätte. Er sagte »nein« und stellte mir die gleiche Frage. »Ja«, sagte ich, ohne ihm einen Namen zu verraten, lächelte aber in meinem Herzen darüber, daß ich mehr über sein Mädchen wußte als er selbst. Später schenkte ich ihr einen Ring für fünf Dollar.

Don C. Talayesva, SUN CHIEF, 1942

Nachdem Quanah und seine Kriegerschar das Lager verlassen hatten, vergingen Tage des Friedens und der Ruhe. Ein Jagdtrupp kehrte mit zwei Pronghornantilopen zurück, und die jungen Krieger erzählten von Kiowas, die unterwegs waren, um in Mexico Beute zu machen. Einer von Ishatais Onkeln ritt mit ein paar Kwahadis hinter den Kiowas her, um sich ihnen anzuschließen. Am Tag darauf warf Horsebacks gelbe Stute ein Fohlen, das in der Nacht von Coyoten gerissen wurde, ohne daß die Stute versucht hätte, das Fohlen zu verteidigen. »Es war krank«, sagte Ishatai. »Coyoten töten nur kranke Tiere.« Das Kwahadi-Lager an dem kleinen Nebenfluß des Palo Duro Creeks wurde von einer durchziehenden Kompanie der 10. US-Kavallerie nicht entdeckt, obwohl die Soldaten von Caddo- und Wichita-Indianern geführt wurden. Horseback schickte ein paar junge Burschen aus, um die Soldaten zu beobachten, und Ishatai hielt sich vier Stunden lang in einem Schwitzzelt auf. Die Frauen trugen ihm im Feuer erhitzte Steine in das kleine Zelt und übergossen ihn mit kaltem Wasser. Als Ishatai herauskam, sah er ziemlich ausgelaugt aus, hatte aber immer noch Farbreste hinter den Ohren.

Nap hatte sich nach kurzer Zeit so gut eingelebt, daß er schon richtig erholt aussah, als Ben noch immer über Bauchschmerzen klagte. Nap verstand es, sich schnell Freunde zu machen, obwohl er am Anfang nichts besaß außer seinem Horn. Die Leute mochten ihn. Die Männer kamen bei einem Spiel nur dann richtig in Fahrt, wenn Nap sich daran beteiligte. Er gewann oft, verlor hin und wieder absichtlich Dinge, die er nicht brauchte, und galt schon nach wenigen Tagen als ein relativ reicher Mann. Er besaß immerhin zwei Tipis, mindestens vier Reservationswolldecken, drei Büffelhäute, einen Taschenspiegel und eine leere Tabakbüchse.

Aber auch Ben machte Fortschritte. Die Leute gingen ihm aus dem Weg, aber einige Hunde mochten ihn, weil er für sie immer einen Rest von dem übrigließ, was er zu essen kriegte. Wenn Nap kam, um ihn zu besuchen, war er meistens mürrisch. Einmal sagte er, daß er wünsche, Gallagher nie verlassen zu haben. Ein anderes Mal behauptete er, die Bauchschmerzen kämen von den Gerichten, die ihm vorgesetzt würden. »Niemand kümmert sich um mich. Ich lebe hier nicht besser und nicht schlechter als ein Hund!«

»Aber du lebst, Mann«, sagte Nap darauf. »Du lebst, und das ist mehr, als du erwarten konntest, als du mit der Nase im Staub gelegen hast.«

Ben kriegte sein Essen. Die Frau kümmerte sich um ihn, als wäre er ihr Sohn.

Horseback hatte zunehmend Mühe beim Atmen. In kalten Nächten hustete er oft stundenlang, und am Morgen war sein Gesicht grau und eingefallen.

Parry-o-coom ging es noch schlechter. Er hatte ein schmales Gesicht, über dem die runzelige, fleckige Haut lag wie eine Landkarte aus Ölpapier. Er hatte nur noch einen Zahn im Mund und sah aus, als wäre er mindestens hundert Jahre alt. Er hatte nicht die Kraft, aufrecht zu sitzen. Tagsüber wurde er von den Frauen in die Sonne hinausgetragen. Nachts legte man ihm Lederbeutel mit heißen Steinen auf die Brust. Seine Augen waren von einem milchigen Blau, hell und trüb, und Ishatai sagte, daß er nicht einmal mehr die Hand vor dem Gesicht sehen könne. Daß er noch lebte, war fast ein Wunder. Cut Nose, ein Medizinmann von vielleicht vierzig Jahren, der Parry-o-coom Großvater nannte, pflegte den kranken Häuptling, tanzte für ihn, schwitzte für ihn und fastete für ihn. Er wachte Nächte hindurch am Lager seines Patienten. Man wußte, daß er nicht viel von den Qualitäten Ishatais hielt, denn Cut Nose machte nie ein Hehl daraus. Er konnte es sich leisten, nicht an Ishatais Tänzen teilzunehmen, denn im Laufe vieler Jahre hatte er bewiesen, daß er große Heilkräfte und eine starke Medizin besaß. Es gab unter den Comanchen kaum jemanden, dem Cut Nose nicht schon einmal geholfen hätte. Von allen Heilern und Sehern der Kwahadi-Comanchen war er der erfolgreichste, der schweigsamste und freundlichste. Ishatai sah in ihm den einzigen, wirklich ernst zu nehmenden Gegner, denn man verehrte ihn und man respektierte ihn. Es gab noch einige andere Männer unter den Kwahadi-Comanchen, die sich mit Krankheiten und Wundpflege auskannten. Ein paar ältere von ihnen galten auch als Seher und Schamanen, aber seit Ishatai seine Stimme erhoben hatte, galten sie nicht mehr viel. Sie wurden gerufen, wenn jemand Bauchschmerzen hatte, wenn ein Kind nachts schrie und einen fiebrigen Kopf hatte, wenn sich Knaben beim Kriegsspiel verletzt hatten und wenn es galt, seltsame Träume zu deuten. Jeder von ihnen hatte eine eigene Medizin und war für ganz bestimmte Krankheiten zuständig. Jeder kannte seine Aufgabe und seine Fähigkeiten genau und keiner versuchte, sich in das Fachgebiet eines anderen einzumischen. Einer, dessen Medizin gut war gegen Gelenkschmerzen, hatte selten auch ein Mittel gegen Fieberkrämpfe von Kleinkindern. Cut Nose, zum Beispiel, galt als Spezialist für Schwindsucht und fiebrige Phantasieträume älterer Männer. Ein junger Bursche, der als Kind einen furchtbaren Fieberkrampf gehabt hatte, in dem er zwei Tage wie tot im Tipi lag und beim Erwachen aussah, als wäre er ein alter Mann, war für jene Krankheiten zuständig, die die Comanchen befielen, wenn sie ein Tabu verletzt hatten.

So wurde er gerufen, als ein junger Mann kurz vor einem Jagdausflug mit Bärenfett in Berührung kam und knapp zwei Stunden später, von Krämpfen geschüttelt, im Tipi herumkroch. Der Medizinmann rasselte ihm etwas vor, legte ihm feuchte Lederstücke auf den Bauch, tanzte für ihn zwei Stunden lang und ging erst weg, als der Kranke schweißgebadet, aber ruhig auf seinen Decken lag und schlief.

Ishatai hatte sich um ein Kind gekümmert, das an einer rätselhaften Krankheit litt. Aber das Kind starb, und die Mutter trauerte tagelang, brachte sich immer neue Schnittwunden an Armen und Beinen bei, riß sich das Haar aus und blieb ohne Essen oder Wasser drei Tage am Grab des Kindes hocken. Als sie zurückkam, konnte sie sich kaum mehr auf den Beinen halten. Sie hatte so viel Blut verloren, daß die anderen Frauen um ihr Leben fürchteten. Cut Nose wurde gerufen, aber er sagte, er könne jetzt auch nicht helfen, weil Ishatai versagt hätte. Daraufhin wurde Ishatai wütend und ließ Nap zu sich rufen. Ishatai hockte im Schneidersitz auf einem Büffelfell und sagte »Gott verdammt!«, als Nap eintrat. »Gott verdammt, ich muß ihnen wieder einmal zeigen, was in mir steckt!« Er sagte, daß er drei oder vier Tage hinter die Wolken gehen werde. »Morgen, bei Sonnenaufgang. Da geht es am besten.« Er öffnete seinen Medizinbeutel und entnahm ihm einen kleinen, runden Taschenspiegel. »Ich werde zurückkommen, wenn die Sonne untergeht. Jedes Mal, wenn die Sonne untergeht, wirst du jenen Hügel dort beobachten.« Er zeigte mit dem Daumen über seine Schulter und Nap wußte, welchen Hügel er meinte. »Ich werde dreimal blinken. Wenn du das Signal siehst, wartest du, bis die Sonne unten ist. Dann bläst du wie verrückt auf deinem Horn und alle werden dich fragen, warum du auf dem Horn bläst, und du wirst ihnen sagen, daß Ishatai zurückkommt von dort oben, und dann bläst du noch einmal das Horn und siehe da, – ich bin auf dem Hügel. Was hältst du davon?«

»Gute Idee. Und was versprichst du dir davon?«

»Die Entscheidung«, sagte Ishatai. »Ich werde eine Medizin vom Großen Geist mitbringen. Ich werde ihnen sagen, daß der Große Geist wünscht, daß alle Comanchen und alle Kiowas und alle Cheyenne sich verbünden, und daß alle gemeinsam gegen die Weißen kämpfen. Und es ist der Wunsch des Großen Geistes, daß ich der Führer bin.«

»Aha«, sagte Nap und wußte nicht recht, ob Ishatai selbst glaubte, was er sagte. Am nächsten Morgen verschwand Ishatai bei Sonnenaufgang, und vom Fuß des Hügels sah es wirklich aus, als würde er direkt zur Sonne hochschweben. Als Ben vernahm, daß Ishatai weg war, um Medizin zu machen, hellte sich sein Gesicht auf und er fragte Nap, ob er nicht ein Rendezvous mit Tomanoakuno arrangieren könnte. »Ich bin doch nicht lebensmüde, Mann!« sagte Nap. »Ishatai kommt zurück, und er vertraut mir. Mißbrauche nie das Vertrauen eines Freundes, Mann! Erstes Gebot bei Leuten, die mehr Feinde als Freunde haben.«

Ishatais Abwesenheit schien sich auf Bens Genesung trotzdem günstig auszuwirken. Er hatte seine erste Schildkrötensuppe gegessen und behauptete, daß sie ihm sogar geschmeckt habe. Tagsüber hockte er in der Sonne, und nachts lag er neben dem Tipi unter den Decken und Fellen, zusammen mit einer lehmfarbenen Hündin, der er alles zu fressen gab, was ihm zuwider war. Horseback, sein eigentlicher Herr und Meister, der ein paar Brocken Englisch und ein bißchen Spanisch konnte, sagte ihm, daß er ihn gegen Lösegeld ausliefern würde, wenn sie mal in die Nähe von Fort Sill kämen, denn dort habe er in Kahlkopf Tatum, dem Indianeragenten, einen Freund. Ben war froh darüber. Horseback schien ein vernünftiger Mensch zu sein, der keine Schwierigkeiten haben wollte. Er hatte Söhne und Brüder im Krieg verloren und er meinte, daß der Weg des Weißen Mannes vielleicht nicht so schlecht sei, wenn man sich die richtigen Schuhe anziehen würde. Nap brachte ihm daraufhin seine Stiefel, und seither ging Horseback in Naps Kavalleriestiefeln spazieren. Jeden Abend bestrich er sie mit einem Lappen und Spucke, und wenn er zum Rauchzelt ging, stellte er seine Stiefel etwas abseits von den Mokassins. Die Kinder füllten sie ihm einmal mit Wasser, und seither ließ er sie immer zu Hause, wenn er zum Rauchen ging.

Es war am Tag bevor Ishatai zurückkehrte, als Tomanoakuno zum ersten Mal zum Zelt von Horsebacks Familie kam, um für ihre Mutter eine Schale Zucker auszuleihen. Ben fielen fast die Augen aus dem Kopf, als das Mädchen an ihm vorbeihüpfte und im Zelt verschwand. Er hörte die Mädchen lachen, und die Frau sagte etwas. Ben spürte, wie ihm heiß wurde.

Ben hielt den Atem an, als das Mädchen herausgekrochen kam, mit dem Hintern voran. Es hatte eine Schale mit Zucker in der Hand, und als es sich aufrichtete, beugte sich Ben vor:

»Du, komm mal her«, sagte er mit kratzender Stimme. Seine Worte löschten das Lachen, das über dem Gesicht des Mädchens lag. Es duckte sich etwas.

»Komm her«, sagte Ben leise. »Komm, du brauchst keine Angst zu haben. Ich tue dir nichts.« Er winkte dem Mädchen zu und bedeutete ihm, näher zu kommen. Es zögerte. Neugier breitete sich in dem schmalen Gesicht aus. »Lieber Gott, ist sie schön!« sagte Ben leise.

Das Mädchen kam näher und blieb vor ihm stehen. Und er sagte: »Gib mir Wasser. Ich bin durstig.«

Er konnte nicht erkennen, ob Tomanoakuno seine Worte verstand. In ihrem Gesicht rührte sich nichts. Scheu blieb sie vor ihm stehen und blickte aus großen, blauen Augen auf ihn herunter. Sie war wie ein Engel. Ja, sie war ein Engel mitten unter Dämonen. Ihr Gesicht war glatt und sauber. Über den Augen hatte sie Streifen von blauer Farbe und dort, wo das Haar gescheitelt war, schimmerte die Kopfhaut dunkelrot. Sie war groß und schmal, und sie hatte kleine Hände und kleine Füße.

»Gib mir Wasser«, bat Ben. Er wollte, daß sie sich niederbeugte. Er wollte ihr Gesicht aus der Nähe sehen. Er wollte ihre Hand nehmen und sie halten.

Sie bückte sich, nahm eine Wasserschale auf, und einen Moment sah es aus, als ob sie davonlaufen wollte, aber dann kam sie näher, und sie gab ihm die Schale. Er hielt sie am Handgelenk fest. »Du bist weiß!« flüsterte er.

Die Augen des Mädchens weiteten sich. Ärger und Angst mischten sich in seinem Gesicht. Es versuchte, die Hand loszureißen, aber Ben hielt die Finger fest geschlossen. »Verstehst du Englisch?« fragte er schnell. »Kannst du mich verstehen?«

Tomanoakuno schrie auf, und er ließ ihr Handgelenk los. Sie warf ihm die Schale mit dem Zucker an den Kopf, sprang auf und lief schreiend einigen Frauen entgegen. Männer, die beim Würfelspiel waren, sprangen auf. Krieger kamen aus den Tipis. Frauen wetterten und stürzten mit Stöcken auf Ben, der am Boden saß und die rechte Hand noch immer erhoben hatte. Neben ihm lag die leere Zuckerschale, und er hatte Zucker in den Augen und im Mund. Horseback kam aus dem Tipi und sah verwirrt um sich. Die Frau folgte ihm, und sie rief den Frauen, die ihre Stöcke schwangen, etwas zu. Ein Knabe warf einen Steinbrocken herüber, der Ben auf die Brust traf. Hunde kläfften die Hündin an, die mit gesträubtem Nackenfell neben Ben stand und leise knurrte.

»Ich habe ihr nichts getan!« rief Ben, aber die Frauen mit ihren Stöcken drängten Horseback zur Seite und sie fingen an, auf Ben einzuschlagen, und sie warfen mit Erdschollen und Steinen nach ihm. Er schützte den Kopf mit den Händen, aber die Stockhiebe trafen ihn auf den Rücken und über die Arme und an den Beinen. Die lehmfarbene Hündin hatte sich im Rehlederkleid einer Frau verbissen, und ein Mann nahm seine Kriegskeule und schlug der Hündin den Schädel ein, während die Frau auf Ben einschlug. Sie waren wie von Sinnen, und wahrscheinlich hätten sie Ben totgeschlagen, wenn nicht Naps Horn plötzlich ihre Arme gelähmt und ihr Geschrei zum Verstummen gebracht hätte.

Napoleon Washington Boone, wieder einmal der Retter in höchster Not, stand in der Mitte des Platzes vor dem Rauchzelt, das Horn an den Lippen, mit zwei großen, schwarzen Kugelbacken, die zu bersten schienen, als er den höchstmöglichen Ton aus seinem Horn stieß. Cut Nose, der Medizinmann, stürmte aus Parry-o-cooms Tipi, schüttelte seine Wedel und schrie, daß die Hornstöße seine Medizin zerschlagen hätten und der ganze Stamm demnächst von großem Unglück heimgesucht würde, wenn man den Nigger nicht zum Schweigen bringen könne. Aber Nap ließ sich nicht beirren. Er blies Ishatais Lieblingsstück, den Yankee Doodle, und als sich ihm von allen Seiten Krieger mit grimmigen Gesichtern näherten, aufgestachelt durch Cut Nose, ließ er sich auf die Knie nieder, blies den Yankee Doodle zu Ende und rief etwas kurzatmig:

»Ishatai ist zurück!«

Horseback übersetzte Naps Ruf. Für einen Moment kehrte Ruhe ein.

Nap zeigte zum Himmel. »Ishatai ist zurück!« rief er. »Er bringt gute und starke Medizin!«

Sie suchten am Himmel nach dem Medizinmann, und als sie ihn nirgendwo entdecken konnten, lärmten sie durcheinander, und Cut Nose schüttelte ein Band, an dem kleine Messingglöckchen hingen, wie sie von den fahrenden Händlern oft an Indianer verkauft wurden. Ein paar ältere Männer zogen es vor, im Rauchzelt zu verschwinden, und Horseback redete auf Cut Nose ein, als wollte er ihm klarmachen, daß noch nicht aller Tage Abend war und Ishatai schon noch kommen würde. Unterdessen verloren die Frauen das Interesse an Ben, dem Blut aus dem aufgeschlagenen Kopf lief. Die Hunde machten sich über die tote Hündin her und zerrten sie aus dem Lager. Nap, der immer noch am Boden kniete, war von den Indianern umgeben und versprach ihnen, daß Ishatai zurückkommen und ihnen die Nachricht vom Großen Geist überbringen werde. Er hatte keine Ahnung, ob ihn die Indianer verstehen konnten. Horseback übersetzte zwar alles, was er verstand, doch er wurde oft von Zwischenrufen unterbrochen.

Nap ließ genau eine Stunde verstreichen, bevor er noch einmal auf seinem Horn blies, und dieses Mal – die Sonne war hinter dem Horizont verschwunden – kam Ishatai über den Hügel geritten, bis auf seinen Lendenschurz nackt, mit einem Wacholderkranz auf dem Haar.

Die Wirkung war verblüffend. Cut Nose, zum Beispiel, zog den Kopf ein und verkroch sich in seinem Tipi. Einige Krieger warfen die Hände hoch und stießen gellendes Kriegsgebrüll aus. Alte Männer verneigten sich ehrfürchtig, und die Frauen strahlten Nap an, der mit seinem Horn die Rückkehr von Ishatai prophezeit hatte. Vergessen schien der Ärger, den man mit Horsebacks Sklaven gehabt hatte. Mädchen tanzten lachend, und die Knaben, die schon reiten konnten – also von zwei Jahren an aufwärts –, sprangen auf die Rücken der Ponys und jagten Ishatai entgegen, der dort auf dem Hügel noch ein wenig Sonnenlicht erwischte, so daß es beinahe aussah, als würde er selbst hell strahlen, bevor er im Schatten wieder zu einem Geschöpf aus Fleisch und Blut wurde.

Ishatais Rückkehr wurde gebührend gefeiert. Er selbst ließ die alten, weisen Männer zum Rauchzelt kommen, und die Versammlung dauerte bis weit nach Mitternacht. Bei den Feuern wurde getanzt, denn jedermann wußte, daß Ishatai vom Großen Geist die Macht bekommen hatte, die weißen Eindringlinge zu vernichten. Als ob Ishatai einen Privatkrieg gewonnen hätte, führten die Frauen und Mädchen einen Skalptanz auf, und Napoleon Washington Boone war sicher, daß Ishatai jetzt selbst die letzten Zweifler davon überzeugt hatte, daß er ein Gesandter des Himmels war.

Nap ging nur einmal kurz hinüber zu Ben, dem Horseback die Hände zusammengebunden hatte, so daß er nicht mehr nach Mädchen haschen konnte. Ben hockte neben Horsebacks Tipi und machte einen recht niedergeschlagenen Eindruck. Ein Stockhieb hatte ihm die linke Augenbraue aufgeschlagen, und er behauptete, daß man ihm den Rücken gebrochen habe.

»Du kannst froh sein, daß man dich nicht totgeschlagen hat«, sagte Nap und setzte sich neben Ben auf den Boden. »Mann, du mußt dich daran gewöhnen, daß du als Sklave nicht das Recht hast, Mädchen unter den Rock zu greifen.«

»Ich habe ihr nur gesagt, daß sie weiß ist.«

»Das ist noch schlimmer!«

»Nap, wir müssen das Mädchen befreien!«

»Einmal kam ein großer, schwarzer Mann zu uns, und er schaukelte mich auf den Knien und versprach mir, daß er meine Mom und mich befreien würde. Er war auch ein Sklave und eines Nachts, als er sein Versprechen halten wollte, schnappten sie ihn und legten ihn in Ketten und ließen ihn im Keller einer Zuckermühle verhungern. Kleiner, ich habe Ishatai versprochen, daß du keinen Blödsinn machst. Du wirst dir Mühe geben und keinen Blödsinn mehr machen. Das nächste Mal würden dich die Frauen wahrscheinlich wirklich totschlagen.«

Ben stieß den Atem durch die Nase. »Eines Tages werde ich wieder frei sein«, sagte er. »Und ich werde nicht eher ruhen, als bis diese Barbaren, diese teuflischen Wilden, für alles bestraft werden, was sie mir angetan haben!«

»Du willst sie dafür bestrafen, daß sie dich aufgenommen haben, nachdem du dazu bereit gewesen bist, einfach vor die Hunde zu gehen? Schön, Benjamin Clintock! Ich weiß nicht, was in deinem Kopf vorgeht. Möglicherweise hast du dich wirklich bis über beide Ohren in das Mädchen verliebt und du ...«

»Ich bin nicht verliebt! Ich bin geschlagen und ich bin wütend! Außerdem weiß ich, seit mein Kopf klar ist, daß diese Barbaren ausgerottet werden müssen, bevor noch mehr Unheil angerichtet wird. Dieser Medizinmann ist der Teufel, Nap! Er bringt Unglück und Verderben. Er lästert Gott und alles, was uns heilig ist. Weißt du, wo Quanah mit seinen Kriegern hingeritten ist? Zum Brazos! Sie werden entlegene Farmen überfallen. Sie werden Mütter und Väter töten und kleine Kinder! Sie werden einige Dutzend blutige Skalps mitbringen. Diese Teufel haben nichts anderes im Sinn, als Skalps zu machen! Sie wollen nichts anderes tun, als Weiße töten! Das ist ihr Leben! Töten! Nichts als Töten! Nap, manchmal, wenn ich dich mit ihnen sehe, wird mir übel. Jawohl! Ich könnte kotzen, wenn ich sehe, wie du vor diesem Hokuspokusmann auf den Knien herumrutschst, als ob er Jesus wäre!«

Nap stand auf. »Und wenn er Jesus wäre?« fragte er ruhig. »Wenn er für diese Rothäute wirklich Jesus wäre?«

»Er ist ein Teufel!«

»Das sagst *du*! Du mit deinem Jesus. Aber was ist denn mit diesen Leuten hier, verdammt? Sie haben nie einen Jesus gehabt. Was ihnen die Schwarzröcke brachten, war eine Geschichte, mit der sie nichts anfangen konnten! Sie haben ihn nie gesehen. Es sagt ihnen nichts, daß er Tote zum Leben erweckt hat und aus Wasser Wein gemacht hat. Und wenn Ishatai ein Hokuspokusmann ist, dann war dein Jesus auch ein Hokuspokusmann! Wenn aber dein Jesus ein Erlöser war, dann laß auch Ishatai diesen Leuten hier wenigstens Hoffnung geben! Hoffnung zu leben und Hoffnung, gut zu sterben. Mehr wollen sie nicht! Ist das denn so schwer zu begreifen?« Nap beugte sich vor und packte Ben an den Schultern. Du bist ein weißer Junge, der seinen Erlöser hat, und trotzdem hast du eine gottserbärmliche Angst davor, plötzlich zu sterben! Ben, Kleiner, die Leute hier haben nicht unsere Angst vor dem Sterben.«

»Laß mich los, Nap! Du bist verrückt! Du bist vom Teufel besessen. Ich habe geglaubt, du bist ein Christ, aber du bist ein schwarzer Teufel!«

Nap richtete sich auf, holte tief Luft und kratzte sich im Nacken. »Ben, ich glaube, dein Jesus hat sich die falschen Herzen ausgesucht, um darin zu wohnen. Und das war sein größter Fehler.«

»Du weißt nicht, was du sagst!« Bens Stimme zitterte. »Du und diese Leute hier – ihr seid Heiden. Für euch bleibt nur die Hölle!«

»Und für dich der Himmel. Mann o Mann, wie gerne geh ich in die Hölle, wenn der Himmel voll ist von Yankees!«

»Ich bin kein Yankee!«

»Ich weiß: Du bist ein Christ und du kommst aus Texas. Zur Zeit aber bist du ein Sklave, Benjamin Clintock. Und wenn du hier noch einen einzigen Fehler machst, wirst du dich bald wundern, wie schnell sich ein Christ aus Texas an der Türklinke zum Himmel die Finger verbrennt! Schlaf gut.« Nap drehte sich um und ließ Ben allein zurück. Zum ersten Mal setzte er sich nicht an eines der Feuer, an denen getanzt wurde. Er ging zu seinem Tipi, zog die Mokassins aus und massierte seine Füße, bevor er sich hinlegte, um zu schlafen.

Irgendwann in der Nacht, es war stockdunkel, erwachte Nap. Der Wind zerrte am Fellappen beim Eingang, und durch die Luke in der Spitze des Tipis fiel bleiches Mondlicht.

Nap setzte sich auf und griff nach der Schale, die er vor dem Schlafengehen gefüllt hatte. Als er die Schale hob, traf ein kalter Luftzug sein Gesicht. Er kam nicht von oben aus der Luke, sondern von unten her, strich über seine nackten Füße und blähte die Decken auf, unter denen er lag. Nap stellte die Schale auf den Boden und zog die Beine etwas an.

Squaws

Seine Füße waren eiskalt. Er benetzte die trockenen Lippen mit der Zunge und entdeckte die Gestalt, die neben dem Eingang am Boden kauerte, von einer dunklen Felldecke umhüllt.

»Jesus Christus, was ist nun schon wieder los?« sagte Nap leise.

Die Antwort war ein glucksendes Lachen, und die Gestalt bewegte sich auf ihn zu. Nun wußte Nap, daß es eine Frau war, und er hoffte, sie würde keinen Mann haben. Er konnte ihr Gesicht nicht sehen. Den Umrissen nach war sie groß und kräftig. Haarsträhnen hingen aus einer Deckenfalte. Sie hob die Felle an, kroch an seinen Beinen entlang, und er spürte, wie kühle, nackte Haut ihn berührte. Er wollte ihr die Decken wegziehen, aber sie umschlang ihn mit den Beinen und warf sich über ihn. Er drehte sich unter ihr, und sie kicherte und wälzte sich mit ihm herum. Sie war ganz nackt, und er kriegte ihre großen Brüste zu fassen und drückte sie. Sie warf sich herum, hockte über ihm, zerrte an seiner Hose und lachte, als er sie am Haar packte und herunterzog. Keuchend rangen sie unter den Decken und Fellen. Hitze staute sich, und sie war naß vom Schweiß. Sie war stark wie ein Bär, und ihre Fingernägel gruben sich in seinen Rücken. Er umschlang sie mit beiden Armen, und sie überrollten sich mit heißen Leibern, die aneinander klebten. Nap hatte keine Chance, und das war ihm keineswegs unlieb. Sollte sie ihren Spaß haben, und falls sie später Ärger kriegte, war es zumindest nicht seine Schuld, denn er hatte sich wenigstens am Anfang Mühe gegeben, die Hose anzubehalten. Dann sprangen die Knöpfe auf, und sie riß den Leibgurt aus den Schlaufen und warf ihn weg. Jetzt war sie richtig wild, und sie drängte ihre Brüste gegen ihn und biß ihm in die Schulter und umklammerte ihn mit ihren Beinen, als er sich über sie warf, zwischen ihre dikken Schenkel und in sie hinein und hinein. Sie lachte und schrie, als er in sie eindrang, und ihre Beinmuskeln wurden hart, und sie lag jetzt unter ihm, den Kopf in den Nacken gelegt, den Mund weit offen, und sie lag, ohne sich noch einmal zu bewegen, während sie kurz und schnell atmete. Keuchend stemmte sich Nap hoch und warf die Decken zurück. Aber bevor das Mondlicht ihr Gesicht treffen konnte, stieß sie ihn zur Seite, rollte sich unter ihm hinweg und in ihre Decke hinein.

Nap streckte sich aus. Der kalte Luftzug kühlte ihn kaum ab. Auf seinem Rücken brannten die Striemen, die sie ihm mit ihren Fingernägeln gezogen hatte. Er hob die Arme und versuchte tief durchzuatmen. Mondlicht floß an den Tipistangen herunter. Ein einzelner Stern funkelte am Rand der Luke.

Die Frau wickelte die Decke um sich und kroch auf allen vieren zum Ausgang. Lautlos verließ sie das Tipi, und Nap lauschte besorgt. Nichts geschah. Alles blieb ruhig. Kein Geschrei. Keine Hiebe. Nur der Wind rieb sich leise an den Büffelhäuten des Tipis. Vielleicht war ihr Mann mit Quanah unterwegs. Vielleicht war sie eine Witwe. Das müßte sich an den Kratzspuren auf dem Rücken feststellen lassen. Wenn sie noch alle fünf Finger hatte, dann war sie bestimmt keine Witwe. Nap setzte sich auf und wischte sich mit seiner Hose den Schweiß vom Gesicht und vom Oberkörper. Dann kroch er leise zum Tipieingang. Draußen knurrte ein Hund im Schlaf. Sonst war nichts zu hören. In Parry-o-cooms Tipi brannte ein Feuer. Alle anderen Zelte waren dunkel, und die Feuer im Freien waren niedergebrannt. Dort drüben lag Benjamin Clintock unter seinen Fellen und Decken. Ein Haarbüschel schimmerte hell im Licht des Mondes, der genau über dem Rauchzelt hing. Nap schöpfte Wasser aus dem Büffelbuckelsack, der an einem Stangengestell hing, und klatschte es sich gegen das Gesicht und an die Brust. Er rieb sich mit seiner Hose ab, kroch wieder ins Zelt und machte ein bißchen Ordnung. An seiner Hose fehlten zwei Knöpfe und seine lange, rostrote Unterhose war zerrissen. Er rollte sie zusammen und verstaute sie unter dem anderen Kram. Dann schlüpfte er in seine Hose, kroch unter die Decken und war schon beinahe eingeschlafen, als ihn ein Kichern hochschreckte.

Eine Gestalt kam durch den Eingang gekrochen, verschnürte den Felllappen hinter sich und ließ eine Decke zu Boden gleiten. Den Umrissen nach war es nicht die Frau von vorher. Sie war kleiner, und sie bewegte sich schnell, als sie auf ihn zukroch. Nap rieb sich die Augen aus und seufzte. »Mütterchen, du kommst ein bißchen spät«, sagte er leise. »Ich hatte schon Besuch von einer deiner Freundinnen.«

Sie sagte etwas, lachte, und ihre Stimme war hell und klar. Dann kroch sie unter seine Decken, und sie lag neben ihm, und er tastete sie ab. Sie war zweifellos jünger als die andere, auch dünner, aber keineswegs mager. Ihr Haar war nur schulterlang und sauber. Sie lag ruhig, während er sie streichelte, und er spürte, wie ihre Brüste sich unter seinen Händen hoben und senkten.

»Mädchen, Mädchen«, sagte Nap leise und zog seine Hose wieder aus, denn er wollte am nächsten Morgen nicht auch noch die anderen drei Knöpfe suchen.

16
Weg der Krötenechse

»Mein Vater, Häuptling Quanah, erzählte mir davon. Früher, bevor die Büffel von weißen Jägern abgeschlachtet wurden, brauchte niemand Büffelmedizin zu machen. Das war nicht nötig. Überall weideten Büffel, und wenn mal keine in der Nähe waren, konnte man die Krötenechse fragen, und sie rannte genau dorthin, wo es Büffel gab. Oder man konnte auf den Raben warten. Wenn ein Rabe kam und viermal über dem Lager kreiste, mit dem Kopf nickte und dabei krächzte, holten die Jäger ihre schnellsten Ponys und folgten dem Raben, der davonflog und ihnen den Weg zum Büffel zeigte.

Aber im Sommer, als der Büffel starb, war es selbst für die Raben schwierig, große Herden zu finden, und die Krötenechse war auch ganz durcheinander, denn wo sie auch hinging, bleichten nur noch Knochen in der Sonne.«

Tom Parker, 1972

Nap brachte Ben eine Hose aus Rehleder und ein altes Hemd. Er hatte beides im Würfelspiel gewonnen. Er spielte oft, und er gewann fast immer. Und weil sie nicht glaubten, daß er nur immer gewinnen konnte, forderten sie ihn zu neuen Spielen heraus, und wenn er gewann, wollten sie nicht mehr aufhören, bis sie nur noch ihre Frauen und Kinder zu verlieren hatten und das, was sie auf dem Leib trugen. Aber da sie auch untereinander spielten, hatten sie immer wieder Dinge, die sie verlieren konnten, und es machte ihnen nichts aus, daß Naps Extratipi voll war mit allerlei Kram, mit dem er nichts anzufangen wußte. Früher oder später würde man ohnehin aufbrechen, und dann war derjenige, der viel Kram hatte, in Schwierigkeiten. Deshalb fing Nap absichtlich an zu verlieren, und bei einem *Give-Away-Tanz*, bei dem die Geburt eines Knaben gefeiert wurde, verschenkte er viele seiner Sachen unter die Leute, die wenig hatten, aber zu stolz waren, um im Dorf umherzugehen und zu betteln.

Nachdem jetzt jede Nacht Frauen zu ihm kamen, war alles, was Nap noch haben wollte, ein Schild, ein Bogen und Pfeile. Er wußte, daß der Vater des einen Mädchens, das ihn jetzt drei Nächte hintereinander besucht hatte, ein Bogenmacher war. Der beste weit und breit. Die anderen Bogenmacher gingen zu ihm, wenn sie Probleme hatten, und er war sozusagen ihr Lehrmeister. Er besaß die schönsten Bogen in seinem Tipi, und ab und zu, wenn ein Knabe zum Krieger wurde, schenkte er ihm einen davon. Aber die besten, die er hatte, lagen in seinem Tipi, eingewickelt in weiches Rehleder.

Der Bogenmacher behauptete von seiner Tochter, sie wäre mindestens vier erstklassige Reitpferde wert, und mit zehn Pferden noch immer nicht überbezahlt. Deshalb wurde er sie so schnell nicht los. Interessenten gab es zwar genug, und eine Reihe von Häuptlingssöhnen und Medizinmannssöhnen hatten ihre Angebote gemacht, ohne offenbar den wirklichen Wert des Mädchens zu erkennen. Sie hieß Kianceta, daß bedeutet Wiesel. Sie mochte ungefähr neunzehn Jahre alt sein. Vollschlank und vollbusig und voll von natürlicher Fröhlichkeit. Sie aß gern und viel, spielte schlecht Fußball. Sie verliebte sich in Napoleon Washington Boone, obwohl dieser bereits mit dem recht gefährlichen Ruf behaftet war, ein außergewöhnlicher Liebhaber zu sein.

Ishatai, um das Wohlwollen seines Schützlings und Jüngers besorgt, nannte es eine Katastrophe, als er erfuhr, daß Nap von den Frauen *Der-Mann-mit-dem-großen-schwarzen-Ding-zwischen-den-Beinen* genannt wurde. Aber die Männer wußten nichts davon.

Kianceta war drei Nächte hintereinander zu ihm gekommen und hatte mit ihm geschlafen, ohne sich zu erkennen zu geben. In der vierten Nacht schlief sie ein, verschlief den Sonnenaufgang und erwachte, als draußen der Ausrufer meldete, daß heute ein Büffeltanz stattfinden würde. Sie gab sich keine Mühe, ihr Gesicht zu verhüllen, als Nap aufwachte. Sie saß neben ihm, nagte auf der Unterlippe und sagte: »Nix gut, Sonne scheint.«

»Jaja«, sagte Nap. »Man wird dich erwischen.«

Aber man erwischte sie nicht, denn sie blieb den ganzen Tag in seinem Zelt, und erst als es dunkel wurde und der Bogenmacher zum Büffeltanz ging, schlüpfte sie hinaus, lief auf Umwegen zum Bach und kam gemächlich zum Lager spaziert. Sie behauptete frech, den Tag in den Hügeln verbracht zu haben, und der Bogenmacher sagte darauf, daß er doch gern wissen möchte, wer von den jungen Kriegern an diesem Tag ebenfalls gefehlt habe.

Sie war ein fröhliches Geschöpf. Am Abend, beim Büffeltanz, hängte sie ihrem Vater eine Schöpfkelle an die Hose, ohne daß er etwas davon merkte. Die Frauen kicherten und lachten, wenn der Bogenmacher tanzte, und die anderen Männer wußten nicht, ob die Schöpfkelle am Tanzgewand des Bogenmachers nicht vielleicht eine verborgene symbolische Bedeutung hatte.

Während des Tanzes sah sie Nap nie an. Nach dem Tanz ging sie in das Tipi, das sie mit ihrer Großmutter, einer ihrer Stiefmütter, zwei jüngeren Schwestern und einer Tante bewohnte.

Sie kam diese Nacht nicht in Naps Tipi, weil es sich wohl herumgesprochen hatte, daß sich Ishatai auf die Lauer gelegt hatte. Niemand kam zu Naps Tipi, und am Morgen sah Ishatai ziemlich müde und durchfroren aus, und die Mädchen kicherten über ihn und machten Scherze.

»Wenn du Pech hast, wird dich ein gehörnter Ehemann kastrieren«, sagte er zu Nap, der sich in dieser Nacht gut erholt hatte.

Schöne Aussichten, dachte Nap, und er ging mit gemischten Gefühlen zum nächsten Würfelspiel.

Die Männer waren freundlich, lachten mit ihm, verloren oft und erzählten Nap von ihren Frauen und Kindern. Sie waren alle seine Freunde. Er hatte nicht das Gefühl, daß ihm einer der Männer mißtrauen würde oder gar böse auf ihn wäre. Nap schenkte dem Bogenmacher ein Messer mit Hirschhorngriff, das er im Spiel gewonnen hatte, und brachte einer seiner Frauen eine Halskette aus Perlen und kleinen Muscheln.

Ein Jagdtrupp, der nach dem Büffeltanz weggeritten war, kehrte nach vier Tagen zurück. Die jungen Krieger hatten nicht einen einzigen Büffel gesehen, und sie waren ziemlich mißgelaunt. Für eine kurze Zeit herrschte Unruhe im Lager. Die Vorräte waren seit langem knapp. Die letzten Reste Pemmikan wurden verteilt. Horseback übernahm die Aufsicht über den Vorrat. Familien mit Kindern kriegten jeden Tag, was sie benötigten. Niemand wäre auf die Idee gekommen, eigene Vorräte zu verstecken und bei den Verteilungen mehr zu verlangen, als unbedingt notwendig war. Man schränkte sich ein. Man aß wenig und hoffte auf bessere Zeiten. Einem jungen Burschen gelang es, drei Kaninchen zu schießen. Das Fleisch wurde an die Kinder verteilt. Dann kam einer von Cut Noses Söhnen mit einem alten Pronghornbock zurück, der von Wölfen gerissen worden war. Der Kopf und ein Stück vom Bauch fehlten, und der Bock hatte ein Geschwür an der Schulter, das entfernt werden mußte. Das Fleisch wurde an die Leute verteilt, die sich meldeten. Es gab für alle ein paar kleine Stücke. Nap schoß mit seinem Revolver ein Präriehuhn, das er der Familie des Bogenmachers schenkte. In der Nacht schlüpfte Kianceta in sein Zelt und brachte ihm ein Stück Pemmikan und er wußte, daß sie selbst auf ihren Anteil verzichtet hatte.

Cut Nose, der Medizinmann, der Parry-o-coom, den todkranken Häuptling, betreute, hatte am nächsten Tag ein Gesicht, und er erzählte im Rauchzelt davon. Demnach sei Quanah auf seinem Kriegszug recht erfolgreich gewesen, und er käme zurück, um die Cheyenne und Kiowas aufzufordern, die Reservationen zu verlassen und gemeinsam mit ihm und den Comanchen auf den Kriegspfad zu gehen. Ishatai sagte zu Nap, daß es Quanahs Position erheblich verstärken würde, falls er tatsächlich viel Beute heimbringen würde. Deshalb müßte er als Medizinmann Quanah davon überzeugen, daß ihm als einem Kriegsführer die Medizin fehle, um gegen alle Weißen einen Krieg zu gewinnen. »Quanah braucht mich und ich brauche Quanah. Wenn wir zusammenarbeiten, dann gewinnen wir den Krieg.«

»Ich dachte, ihr wollt nur die Büffeljäger aus dem Land jagen.«

»Das werden wir zuerst tun. Aber dann kommen die Soldaten. Und wenn die Soldaten kommen, dann ist Krieg.«

Wahrscheinlich hatte Ishatai recht. Es würde sicher zu einer Auseinandersetzung zwischen den Indianern und Soldaten kommen. Der Gedanke behagte Nap nicht. Obwohl die Vorräte knapp waren und er darunter litt, nur einmal am Tag so viel zu Essen zu bekommen, daß er danach anständig rülpsen konnte, erinnerte er sich an keine Zeit seines Lebens, die er glücklicher verlebt hätte, als die Wochen bei den Kwahadi-Comanchen. Aber er war lange genug Soldat gewesen, um zu wissen, daß die Indianer in einem Krieg keine Chance hatten. Allein in Fort Sill stand ein ganzes Kavallerieregiment zum Einsatz bereit. In verschiedenen Forts von Texas warteten mehrere Regimenter darauf, daß sich endlich etwas tat. In New Mexico und Kansas allein gab es genug Kavallerie, Infanterie und Artillerietruppen, um mit den müden, hungrigen und schlecht bewaffneten Indianern fertig zu werden.

Und so bedauerte Nap es im Gegensatz zu Ben sehr, daß es möglicherweise bald mit dem friedlichen Leben aus sein würde.

Während Nap daraufhin seiner Zukunft ziemlich besorgt entgegensah, glaubte Ben, Grund zur Freude zu haben, als Nap ihm sagte, daß möglicherweise bald scharf geschossen würde.

»Wird Zeit, daß sich die Armee einschaltet«, sagte er. »Wo kämen wir denn hin, wenn wir einfach zulassen würden, daß die Indianer gegen den Strom schwimmen und jeden Versuch, das Land zu kultivieren, zum Scheitern bringen? Man hat ihnen doch Reservationen zur Verfügung gestellt. Dort können sie leben, Nap.«

»Sie kennen die Reservationen. Sie kennen die Bestimmungen. Sie wissen, daß die Versprechen, mit denen sie in die Reservationen gelockt wurden, nicht gehalten werden können. Sie wollen in Freiheit leben. Das ist alles, was sie wollen. Ist das denn so verdammt schwer zu verstehen, Mann?«

Ben ließ sich nicht auf eine Diskussion ein. Für ihn war die Sache sonnenklar. Die Indianer standen der Zivilisation im Wege. Sie verachteten die Gesetze der Weißen, lebten von der Jagd und vom Raub, waren zu faul, um zu arbeiten, und zu dumm, um einzusehen, daß ihre Zeit vorbei war. Ben fühlte sich wesentlich besser. Er wurde allerdings nachts wieder festgebunden, obwohl er versprochen hatte, nicht wegzulaufen. Er hatte eingesehen, daß es für ihn nur dann Hoffnungen gab, wenn er sich ruhig verhielt, tat, was man von ihm verlangte, und gute Miene zum bösen Spiel machte. Tagelang saß er ruhig in der Sonne. Manchmal kamen ein paar Knaben und würfelten mit ihm. Einmal nahm ihn Horsebacks Frau mit zum Wurzeln graben. Am nächsten Tag durfte er sich den Frauen und Kindern anschließen, die eine Senke im Norden durchstreiften und Büffelfladen sammelten. Die trockenen *Buffalochips* wurden zum Lager getragen und zwischen den Feuern aufgeschichtet. Holz war knapp, und es gab auch nicht mehr viel Büffelfladen in der Umgebung.

Eine Horde von Kiowakriegern, die das Lager passierte, brachte schlechte Nachrichten: In der Cheyennereservation waren die versprochenen Rationen nicht angekommen, und viele Cheyennefamilien hatten daraufhin ihre Sachen gepackt und waren nordwärts gezogen, um am Washita mit anderen Cheyenne zusammenzutreffen, die sich für einen Kriegszug durch Kansas vorbereiteten. Die Kiowas waren zwei Wochen unterwegs und hatten vergeblich nach einer Büffelherde gesucht. Sie verließen das Comanchenlager am nächsten Tag, zogen südwärts und wollten versuchen, mit Quanahs Kwahadi-Comanchen zusammenzutreffen.

Das beunruhigte Ishatai.

»Wir verpassen noch den Krieg, wenn wir uns nicht beeilen!« prophezeite er, hielt täglich Reden, die zum Aufstand aufriefen, tanzte und rauchte. »Wir können nicht mehr auf Quanah warten. Der Große Geist sagt, daß wir uns beeilen müssen!«

Obwohl Cut Nose dagegen war, wurde beschlossen, nur noch einen Tag zu warten und dann aufzubrechen. Dieser Tag verging mit Vorbereitungen für den Abmarsch. Krieger rüsteten ihre Sachen. Frauen räumten ihre Tipis aus. Nap verschenkte allerlei Kleinkram unter Kindern, tauschte einen alten Revolver, dem die Kolbenbacken fehlten, gegen einen Packsattel ein und bekam von der Tochter des Bogenmachers einige Rohhauttaschen, die schön bemalt waren.

Ben war dabei, einen Kochkessel mit Sand auszureiben, als Nap zum Bach kam, um seine besten Decken zu waschen. Sie wurden ihm von der Tochter des Bogenmachers abgenommen, und Ben, der im Sand kniete und den Kessel ausrieb, beneidete Nap. Er verrichtete Frauenarbeit, während Nap kaum einen Handstreich tun mußte. Nap setzte sich neben Ben in den Schatten eines Weidenbusches. Etwas oberhalb der Stelle, an der Ben arbeitete, kniete Tomanoakuno am Ufer und schwenkte einige Tücher aus. Ab und zu strich sie die Haare aus dem Gesicht und blickte verstohlen herüber. Andere Mädchen und ein paar Frauen kamen, und sofort erhob sich Geschrei. Tomanoakuno wurde in den Bach gestoßen, tauchte unter, kam lachend hoch und packte ein Mädchen beim Rock und zerrte es über die Uferbank.

Ben vergaß seine Arbeit. Er schaute den Frauen und Mädchen zu und ließ Sand durch seine Finger rieseln. Der Topf, den er zwischen den Beinen hatte, glänzte, als hätte er den halben Tag am Fluß verbracht, um ihn zu putzen.

»Du hast es noch nicht aufgegeben, nicht wahr, Kleiner?« fragte Nap.

Ben warf den Kopf herum. Die Narben in seinem Gesicht waren gut verheilt und er hatte nur noch wenige verkrustete Stellen um seinen Mund herum. Seine Wangen waren voller geworden, und er hatte zugenommen. Nap dachte, daß er schon fast wieder wie ein Mensch aussah, sonnengebräunt und kräftig genug, den harten Ruß von einem alten Topf zu scheuern.

»Ist sie nicht schön, Nap?« fragte er. »Sag, findest du nicht, daß sie wunderschön ist?«

Nap hob die Schultern. »Mann, für dich mag sie wunderschön sein, aber ich könnte mit ihr wenig anfangen. Sie ist mir zu blaß, verstehst du. Schau dir doch mal meine Verehrerin an. Gut gebaut und dunkelhäutig wie ein Niggermädchen. Sieh nur, wie sie an die Decken 'rangeht. Da ist Feuer drin, Kleiner. Du kannst es nachts in ihren Augen sehen, wenn sie ins Tipi gekrochen kommt. Dann wird es richtig hell und warm. So sind sonst nur Niggermammies, Kleiner. Wie ein verstecktes Feuer. Man braucht nur die Decke anzuheben. Dann kann man sich daran den Bauch wärmen.«

»Ist sie eine von denen, die zu dir kommen, wenn es dunkel ist?«

Nap nickte. »Sie ist meine Mammie. Mein Kätzchen. Sie hat mir ein Hemd genäht. Ein wunderschönes Hemd. Ich werde es anziehen, wenn ich meinen Namen kriege. Ishatai wird mir heute abend einen Schild überreichen, und alle werden dasein zum Tanz. Und ich werde zwei meiner Pferde verschenken, die ich gewonnen habe. Eines an den Bogenmacher und das andere an Sai-yan, der mir einen schönen Sattel gemacht hat. Sai-yan ist der Mexikaner. Ein feiner Bursche, Ben. Er ist seit zwanzig Jahren bei den Comanchen. Vorher war er bei den Apachen, und die haben ihn den Kiowa-Apachen verkauft. Und die Kiowa-Apachen haben ihn an die Comanchen verkauft. Er hat vier Tonkawa-Skalps und drei Ute-Skalps gemacht.«

»Und wie viele Weiße hat er getötet?«

»Das weiß er nicht so genau. Vielleicht acht oder neun. Er ist ein hervorragender Lanzenträger und ein gefürchteter Zweikämpfer. Und er macht die besten Sättel weit und breit. Vor einem Jahr wollte ihn der Missionar in Fort Sill den Comanchen wegnehmen. Man hat ihn zu einem großen Essen eingeladen. Sie haben ihm gesagt, daß irgendwo seine Eltern bittere Tränen um ihn weinen, weil sie denken, er sei tot. Man versprach ihm, daß er in einer Schule Lesen und Schreiben lernen würde und später einmal nach Washington gehen könne, um mit dem Großen Weißen Vater zu plaudern. Man zeigte ihm Schnürschuhe und silbernes Besteck und ließ ihn an Parfüm riechen. Und die Frau des Missionars drückte seine Hände, und sie hatte Tränen in den Augen. Da sagte er dem Dolmetscher, daß er lieber Büffelmist als Parfüm rieche und daß Weiber, die beim Essen weinen, ihm den Appetit verderben. Und er sprang auf, schlug die Kerzen vom Tisch, überrannte zwei Wachtposten vor dem Haus, stahl einem Lieutenant das beste Pferd und jagte davon. Seither hat er zwei Weiße getötet. Einen Vermessungsbeamten in Kansas und einen Farmer, der zwei Kiowa-Ponys abgeschlachtet hatte. Den Skalp des Farmers trägt er an der Hose und den des Vermessungsbeamten hängt er an die Lanze. Er hat beide im Zweikampf getötet.«

»Barbaren und Mörder. Du hast wirklich feine Freunde, Nap.«

»Sie sind mir gut genug«, sagte Nap. »Und ich bin ihnen gut genug. Weißt du, manchmal habe ich das Gefühl, als wäre ich erst jetzt auf die Welt gekommen.« Nap lächelte.

»Du bist glücklich, wie?«

Nap nickte. »Ich würde glücklich sein, wenn nicht die Angst da wäre, die mir sagt, daß das alles sehr schnell zu Ende gehen wird.« Nap legte seinen Arm um Bens Schultern. »Du bist besser dran, Kleiner. Für dich ist es wie ein böser Traum. Du wünschst dir, aufzuwachen. Für mich ist es wie die Stunde vor dem Gewitter, wenn die Luft klar ist und man die Sonne umarmen kann, während dort drüben der Himmel dunkel wird und die ersten Blitze aufzucken.« Nap verzog sein Gesicht. Nun, wir werden sehen, Kleiner. Ishatai hat große Pläne und große Zauberkräfte.«

»Du weißt, daß es unmöglich ist, die Weißen aus diesem Land zu vertreiben, Nap. Du weißt, daß Ishatai die Büffel nicht herzaubern kann.

Du weißt, daß Ishatai hinter den Hügeln Medizin macht und nicht hinter Wolken!«

»Wie willst du das so genau wissen, Kleiner?« Nap schüttelte den Kopf. »Ich will mich nicht wieder mit dir streiten. Aber ich denke, daß niemand wissen kann, wieviel Kraft in ihm ist. Er hat dich auf die Beine gebracht, als du so gut wie tot warst, nicht wahr? Das dürfen wir nicht vergessen.«

»Ich mag ihn nicht«, sagte Ben. »Er läuft dem blonden Mädchen nach. Ich habe ihn mehrere Male beobachtet. Er stellt ihm nach. Das fällt sogar Horseback auf, und er hat schwache Augen. Er will Tomanoakuno haben, der Dreckskerl! Nap, wenn er nicht seine Finger von ihr läßt, passiert was, das verspreche ich dir!«

»Das Mädchen wird die Entscheidung selber treffen, Kleiner. Auch Horsebacks Sohn, der mit Quanah unterwegs ist, will Tomanoakuno zur Frau haben. Er ist mit Quanah gegangen, um Pferde zu erbeuten, die er seinem zukünftigen Schwiegervater geben wird. Er hat große Chancen. Er ist ein guter Krieger und der Sohn eines Häuptlings. Parry-o-coom ist sein Onkel und Lone Wolf von den Kiowas ist auch sein Onkel. Er hat eine einflußreiche Sippschaft hinter sich. Ishatai wird sich etwas Besonderes einfallen lassen müssen, wenn er sie kriegen will.«

»Er kriegt sie nicht! Er kriegt sie nicht und Horsebacks Sohn auch nicht! Dafür werde ich schon sorgen.«

»Auf die Art, die dir fast das Leben gekostet hat?«

»Nein!« Ben beugte sich über den Topf und rieb mit dem Sand das blanke Metall. »Was meinst du, warum ich ohne Widerrede Büffelfladen sammle und Kochtöpfe sauber mache und morgen der Frau helfen werde, das Tipi abzubrechen? Horseback will mich an den Indianeragenten verkaufen und bis das geschieht, halte ich es hier aus. Ich tue alles, was man von mir verlangt. Ich werde morgen mit den Weibern gehen und Packen tragen. Ich knurre, wenn sich nachts jemand Horsebacks Tipi nähert, und schäle Kartoffeln und Wurzeln, bringe Feuerholz heran und sehe den Weibern beim Nähen zu. Aber wenn mich Horseback verkauft, werde ich dafür sorgen, daß Tomanoakuno ebenfalls befreit wird. Und wehe dem, der ihr in der Zwischenzeit auch nur ein Haar gekrümmt hat!«

Nap lachte. »Mann, du bist wirklich in das Mädchen verliebt. Weiß deine Mom, ich meine Horsebacks Frau, etwas davon?«

»Ich weiß nicht, Nap. Sie hat gestern Tomanoakuno zum Abendessen eingeladen. Es gab Schildkröten aus der Schale und Hasenbraten vom Spieß. Tomanoakuno kam mit ihrer Mutter. Die Frauen haben lange gequatscht, und ein paarmal war die Rede von mir. Horseback sagte mir nachher, daß die Mutter von Tomanoakuno vorgeschlagen hat, mich zu kastrieren, wie man das früher oft mit den Gefangenen gemacht hat. Aber Horsebacks Frau war dagegen.«

»Hast du was mit ihr?«

»Bist du verrückt? Sie ist an die fünfzig Jahre alt!«

»Das heißt noch lange nicht, daß du nicht . . .«

»Nap, die Frau behandelt mich gut. Ohne sie wäre ich kaum so schnell auf die Beine gekommen. Manchmal . . . manchmal ist sie richtig lieb zu mir und ich . . .« Ben biß sich auf die Unterlippe und kippte den Topf, füllte ihn mit Wasser und betrachtete sein Spiegelbild darin.

»Manchmal ist sie dir wie eine richtige Mutter, nicht wahr, Ben?«

»Sie ist gut!« sagte Ben scharf. Er schwenkte den Topf aus und stand auf. »Ich bringe ihr jetzt den Topf. Ich glaube, der war noch nie so sauber wie jetzt.«

»Sie wird sich freuen«, sagte Nap. Sie sahen, daß Tomanoakuno auf dem Weg zum Lager von Ishatai angehalten wurde. Er sagte etwas zu ihr, und sie lachte. Bens Gesicht rötete sich etwas. »Wenn er sie anfaßt, bring ich ihn um!« stieß er hervor. Er meinte es ernst.

Ben verfolgte die Zeremonie, bei der Nap ein Rohhautschild überreicht wurde, von Horsebacks Tipi her. Es war ihm nicht gestattet, im Kreis der Zuschauer Platz zu nehmen. Horseback hatte ihm das Versprechen abgenommen, sich nicht von der Stelle zu rühren, sonst hätte er ihn festbinden müssen.

Wie immer dauerten die Tänze bis weit nach Mitternacht, und obwohl Nap todmüde war, kam er noch schnell herüber, um Ben den Schild zu zeigen. Es war ein auf einem Holzrahmen aufgespanntes Stück Rohhaut, kreisrund und von innen her mit Federn und Pferdehaar gepolstert. Der Schild war ungefähr anderthalb Fuß im Durchmesser und aus einer Entfernung von fünfzig Meter mit Pfeilen und Kugeln beschossen worden. Die Kugeln hatten nur ein paar kleine Dellen hinterlassen, und die Pfeile waren von der straff gespannten, fingerdicken Haut abgeprallt, ohne sie zu ritzen.

Am Rand des Schildes hingen ein paar Messingringe und einige mit Glasperlen verzierte Bänder. Er war noch nicht bemalt, aber Nap wollte unbedingt ein gelbes Horn drauf haben und vielleicht noch den Kopf eines Schwarzbären. »Ich werde den Schild morgen tragen, darf ihn aber erst bemalen, wenn ich vom Großen Geist dazu beauftragt werde. Das kann noch Tage dauern. Ishatai meint, daß ich mal allein ein Stück weit weggehen soll und dann würde ich das Zeichen schon kriegen.«

»Vielleicht fällt dir Gabriels Posaune auf den Kopf«, sagte Ben etwas spöttisch. »Oder du kriegst von einem Schwarzbären eine Ohrfeige. Laß dir nur was Besonderes einfallen, Nap. Man wird deinen Schild noch einmal im Museum ausstellen.«

»Einen Schild tragen zu dürfen, ist eine besondere Ehre. Ein Schild ist die Visitenkarte eines Comanchen. Die abgebildeten Bärenklauen bedeuten zum Beispiel, daß der Träger ein erfolgreicher Jäger ist, und wer Skalps aufgemalt oder angehängt hat, der ist ein ...«

»Berüchtigter Mörder.« Ben gähnte. »Vielleicht malst du doch lieber ein paar Spielwürfel oder dein Dings da drauf, damit jedermann gleich Bescheid weiß. Den Namen dazu hast du doch schon. *Der-Mann-mit-dem-großen-schwarzen-Ding-zwischen-den-Beinen.*«

»Das ist nur vorübergehend.« Nap grinste. »Ich habe mich entschlossen, Kianceta zu heiraten.«

»Heiraten? Was hast du?« Ben fuhr hoch. »Du bist doch nicht verrückt genug, eine Comanchen-Squaw zu heiraten?«

»Ich habe mich entschlossen, Kleiner«, sagte Nap gewichtig. »Ishatai hält es für eine gute Idee. Wenn ich 'ne Frau habe, bin ich automatisch ein Comanche. Demnächst werde ich den Bogenmacher besuchen und ihm meine Aufwartung machen. Ich denke, daß er mit zwei Pferden zufrieden ist. Vielleicht beteilige ich mich vorher noch an einem kleinen Überfall, so daß ich ihm etwas Anständiges schenken kann. Einen Wecker, vielleicht. Er hatte einen Wecker, den er immer in der Tasche mit sich herumtrug. Einmal, als er gerade ein Utelager beschlich, ging der Wecker los und die Utes schossen ihm drei Pfeile in den Leib. Er hat den Wecker in den Fluß geschmissen und behauptet heute noch, daß das Wasser tagelang gekocht habe. Jetzt will er wieder einen Wecker, weil er felsenfest davon überzeugt ist, daß er darauf Kaffee kochen könnte.«

»Du würdest doch nicht im Ernst an einem Überfall teilnehmen?«

»Wer einen Schild hat, ist ein Krieger, Kleiner.« Nap legte die Hand auf seine Brust. »Ich würde es mir nicht zweimal überlegen.«

»Das sagst du nur, um aufzuschneiden, verdammt. Stell dir mal vor, du hast einen deiner Freunde von der zehnten Kavallerie vor der Mündung. Oder einen alten Farmer, der sich mit seiner Frau und seinen Kindern in einer Hütte verbarrikadiert hat!«

»Bei der zehnten Kavallerie habe ich keine Freunde. Falls ich mal die Gelegenheit kriegen sollte, die Kerle, die bei meiner Flucht auf mich geschossen haben, vor die Mündung zu kriegen, würde ich abdrücken. Da sind auch noch ein paar andere dabei, bei denen ich nicht zögern würde.«

»Weiße?«

»Nein. Nigger. Das Schlimme dran ist nur, daß die Nigger alle Kraushaare haben. Und Kraushaare taugen nicht viel zur Dekoration. Hast du jemals einen Comanchen gesehen, der Kraushaare angehängt hat? Nein. Die suchen sich die besten Stücke aus. Langes, gerades Haar, das schön herunterhängt und eventuell zu einem Zopf geflochten werden kann. Dein Haar würde einen perfekten Skalp abgeben, Kleiner. Du hast geradezu ideales Haar für einen Skalp.«

»Halt dich ja zurück, Nap! Such dir woanders einen Skalp!«

»Ich brauche drei für den Schild und mindestens ein Dutzend für mein Hemd. Die krieg' ich vielleicht, wenn wir die Büffeljäger angreifen.«

»Welche Büffeljäger?«

»Die Büffeljäger, die überall herumziehen und alle Büffel abschießen! Seit Wochen macht der Kiowa-Medizinmann Büffelmedizin. Überall wird getanzt und gesungen und gebetet. Aber alles ist vergebens. Keine Spur von Büffeln. Dabei hat Cut Nose einen strengen Winter vorausgesagt. Wenn wir nicht bald die Büffeljäger vernichten, werden im nächsten Winter Hunderte von Comanchen, Kiowas und Cheyenne verhungern.«

»Die sollen arbeiten, Nap! Die sollen Mais anbauen und Rinder züchten und so! Dann brauchen sie nicht zu verhungern. Sie sollen mit dem Rauben und dem Morden aufhören und sich wie anständige Christenmenschen benehmen! Nap, wenn sie Büffeljäger töten, nützt das ihnen überhaupt nichts. Dann kommen die Soldaten. Und dann wird man sie jagen und stellen. Und viele von ihnen werden getötet. Frauen und Kinder.«

»Schnell zu sterben ist immer noch besser als langsam zu krepieren«, sagte Nap und öffnete sein Hemd. Der Schein des Feuers traf seine Brust und er zeigte mit dem Finger auf die leicht angeschwollenen Umrisse eines tätowierten Horns, das senkrecht über seinem Nabel stand. »Na, Kleiner, was sagst du dazu?«

Ben seufzte. »Wenn du mit dem Nabel den Zapfenstreich blasen könntest, würde ich sagen, daß es sich gelohnt hat. Aber so...« Ben schüttelte den Kopf. »Weißt du, Nap, an deiner Stelle würde ich mal darüber nachdenken, was passiert, wenn es zu Kämpfen mit den Soldaten kommt. Du wirst töten müssen, und wenn du Glück hast, kriegst du eine Kugel in den Kopf geschossen und bist deine Sorgen los. Wenn du Pech hast, erwischen sie dich und stellen dich als Deserteur an die Wand. Wenn du aber endlich mal vernünftig wirst und mir dabei hilfst, mit dem Mädchen abzuhauen, werden sie dir eine Chance geben.«

»Wer?«

»Die Regierung. Die Armee.«

»Meine Chance ist, wie ein Comanche zu sterben, Mann!« sagte Nap hart. »Und das ist mehr, als ich nach einigen lausigen Niggerjahren erwarten konnte. Außerdem werde ich wirklich Kianceta heiraten, Ben.«

»Du weißt, was ich davon halte.«

»Ja, ich weiß, was du davon hältst, Mann.« Nap spuckte aus. »Gute Nacht.«

»Gute Nacht«, sagte Ben, zog die Decken hoch und drehte sich auf die Seite. »Gute Nacht!«

Nap drehte sich um und ging zu seinem Tipi. Der Wind kühlte seinen

Bauch. In seinem Kopf war ein Durcheinander, und er fühlte sich nicht besonders gut, aber er fand den Zelteingang, kroch unter seine Decken und war nicht überrascht, Kianceta vorzufinden. Er zeigte ihr den Bauch und sie nickte verständnisvoll, als er ihr bedeutete, daß er viel lieber schlafen wollte. Sie war wirklich eine prächtige Frau. Sie tat alles, um ihn glücklich zu machen, und er nahm sie in die Arme, küßte ein bißchen herum, streichelte sie und sagte ihr ein paar Dinge auf englisch, die er sonst noch niemandem gesagt hatte. Und sie flüsterte ihm Dinge in die Ohren, die er zwar nicht verstehen konnte, aber es klang sehr gut und lieb, und Napoleon Washington Boone war ein glücklicher Mann, als er einschlief.

Am nächsten Morgen trommelte der Ausrufer das Dorf wach. Es war noch nicht Tag geworden. Feuer brannten. Frauen rollten die Tipis zusammen. Stangen wurden gebündelt und die Knaben brachten die Pferde herauf. Der Ausrufer, ein älterer und etwas heiserer Mann, ging trommelnd auf und ab und erzählte den Leuten, wie schön es sein würde, weiterzuziehen, der aufgehenden Sonne entgegen. Dorthin, wo die Prärien noch voll wären von Büffeln und Antilopen, und wo die Brüder und Schwestern der Kiowas und Cheyenne warteten. Es würde ein großes Wiedersehen geben und man würde stark sein für den Kampf gegen die Blaubäuche und Büffeljäger.

Man beeilte sich. Mädchen und Frauen arbeiteten fieberhaft. Trotzdem gab es kein Durcheinander. Es wurde nicht herumgeschrien. Alle kannten ihre Aufgabe. Wer fertig war, half anderen Leuten. Die Männer hockten dazwischen und machten sich zurecht. Farbtöpfe wurden ausgekratzt, Haare gebürstet und zu Zöpfen geflochten, Waffen bereitgelegt. Die Knaben brachten die Pferde herauf. Die Packtiere wurden beladen, Babys in den Tragekrippen verstaut und verschnürt, so daß sie nicht herausfallen konnten und es trotzdem bequem hatten, denn es war ein weiter Weg dorthin, wo die Sonne aufging. Die Tipistangen wurden gebündelt und an den Pferden festgebunden, so daß ihre schmalen Enden sich über den Schultern der Tiere kreuzten und die anderen Enden am Boden nachgeschleift wurden. Diese Travois wurden beladen. An die vierhundert Reit- und Lastpferde standen zum Abmarsch bereit, als die Krieger aufstiegen, Frauen und die Greise auf den Travois Platz nahmen. Kinder kletterten auf die beladenen Pferde. Parry-o-coom, groß, aber von vielen Wintern gekrümmt, wurde auf einem der Travois in Felle und Decken gebettet. Sein Pferd war ein schöner, langbeiniger Apfelschimmel mit breiter Brust und einem zierlichen Kopf. Parry-o-cooms Sohn, der zur Zeit mit Quanah unterwegs war, hatte diese Vollblutstute einem Lieutenant der US-Armee abgenommen.

Die Frauen und die jungen Mädchen gingen zu Fuß, schwere Lasten tragend, Krippen auf dem Rücken und Kinder an den Händen. Die Knaben führten die schwer beladenen Maultiere. Die Krieger saßen fein herausgeputzt, mit farbenprächtigen Gewändern und Federn im Haar, in den Sätteln ihrer schnellen Büffelponys, kleinen, zähen Pferden, gegen die selbst Parry-o-cooms Vollblutstute in einem Meilenrennen keine Chance hatte.

Ben, als Sklave ein Fußgänger, kam nicht darum herum, die Art zu bewundern, mit der die Comanchen ihre Pferde beherrschten. Schon drei- und vierjährige Knaben schienen mit den Ponys verwachsen und hatten selbst mit einigen halbwilden Mustangs keine Mühe.

Tomanoakuno führte ein Pferd, auf dem zwei kleine Mädchen und eine alte Frau saßen. Sie trug ein einfaches, knielanges Rehlederkleid. Sie hatte das Haar in der Mitte gescheitelt. Um die Augen herum hatte sie sich mit roter Farbe bemalt, und um den Hals trug sie ein Band aus Muscheln und Büffelknochen.

Kurz bevor die Sonne aufging, waren die Kundschaftergruppen vorausgeritten. Ishatai, Cut Nose und Parry-o-coom, der hustend auf dem Travoi lag, machten die Spitze der Kolonne. Etwa fünfzig Krieger folgten ihnen. Dann kamen die alten Männer, die Lastpferde, die Frauen und Mädchen und eine Nachhut von dreißig jungen Burschen.

Nap, dem die Frauen die Tipis auseinandergenommen und die Pferde beladen hatten, wußte vorerst nicht, wo er hingehörte. Er saß auf Schneeschuh und trug seine Leggins. Am linken Arm hing der unbemalte Schild. Er trug Leggins, aber sein Oberkörper war nackt und man konnte die Tätowierung auf seiner schwarzen Haut nur dadurch erkennen, daß sie noch immer angeschwollen war. Seine drei Pferde, alle schwer beladen, wurden von drei kleinen Knaben geführt, die zur Familie des Bogenmachers gehörten. Der Bogenmacher selbst saß auf einem gescheckten Pferd, hatte einen vollen Köcher auf dem Rücken und einen Bogen aus Büffelhorn in einer fransenverzierten Rehlederhülle. Es war sein bestes Stück, an dem er Monate gearbeitet hatte. Der Bogen bestand aus verleimten Büffelhornstreifen, die in Wasser und Dampf gestreckt und zurechtgebogen worden waren.

Nap rutschte auf seinem Sattel unruhig hin und her. Die Armeemütze saß schief auf seinem Kopf, und als ihm Kianceta zuwinkte, grüßte er, wie er es in den Jefferson Baracken gelernt hatte.

Ishatai kam den Zug entlang zurückgeritten. Er musterte Nap von Kopf bis Fuß, nickte befriedigt und sagte, daß eigentlich nur die Mütze nicht recht paßte. Nap versprach ihm, das Haar lang wachsen zu lassen und die Mütze gegen ein paar Federn zu tauschen, wenn er sich dazu bereit fühlte.

»Du wirst bald Gelegenheit haben, dich auszuzeichnen«, sagte Ishatai.

Sie ritten nebeneinander nach vorn. Nap sah Benjamin Clintock mit einem großen Packen auf dem Buckel zwischen den Frauen stehen. Er machte zwar wieder einen recht kräftigen Eindruck, aber Nap zweifelte daran, daß er mit dem Packen weiter als fünf Meilen kommen würde. Ben senkte den Kopf, als Nap vorbeiritt, und Nap verzichtete darauf, ihm zuzuwinken.

Als die ersten Strahlen der Sonne Ishatais Lanzenspitze trafen, blies Nap zum Abmarsch, und der Zug setzte sich in Bewegung. Staub hob sich und wurde vom Wind nordwärts getragen. Hunde rannten kläffend in der Gegend herum. Kinder hüpften und lärmten, wurden aber mit der Zeit ruhiger. Die Frauen redeten miteinander, ohne ihre Schritte zu verlangsamen. Mütter stillten ihre Babys ohne von den Pferden abzusteigen. Alte Frauen, die auf den Travois saßen, ließen kleine Mädchen aufspringen und erzählten ihnen Geschichten von langen Reisen in ferne Länder, wo die Bäume so dicht standen, daß darunter keine Sonnenblumen wachsen konnten, von Bergen, die immer weiße Kappen tragen, und von schäumenden Flüssen und tiefen, engen Schluchten, von Sandbuckeln und Lehmhügeln, auf denen der Wind keinen Grashalm zum Spielen finden konnte, und von fremden Menschen, die ihr Haar mit Bibermist einrieben und Hunde aßen.

Und wenn Ben die Augen schloß, kam er sich beinahe vor wie auf dem Herdenauftrieb, mit dem Unterschied nur, daß er jetzt selbst zu den Stieren und Kühen und Kälbern gehörte. Der Staub kitzelte in der Nase und das Gras, das sich nach einem langen Winter aufgerichtet hatte, schlug gegen die Beine seiner Rehlederhose. Seine alten Stiefel schienen ihm enger geworden zu sein, und er spürte die Steine durch die löcherige Sohle dringen, während die Indianer in ihren Mokassins ohne mit der Wimper zu zucken stachelige Kakteen zertraten und über scharfkantige Steine und holperige Erde wanderten. Hinter ihnen blieb ein breiter dunkler Streifen zurück und Schleier von Staub, in denen der Wind wühlte.

Über ihnen war der Himmel schier endlos und ohne Wolken. Die Sonne stieg und nahm ihm auf ihrer Bahn die Farbe, wärmte den Boden und brannte auf den gebeugten Rücken der Frauen, die im Staub der voranreitenden Männer gingen.

Dieser Nap durfte reiten! Darüber ärgerte sich Benjamin Clintock am meisten. Der war nie ein Cowboy gewesen. Der wußte überhaupt nicht, wie niederschmetternd es für einen Cowboy war, von unten her in das Gesicht eines Mannes zu sehen. Scheiß-Nap! Besaß drei Pferde und ein Maultier, das eigentlich sowieso ihnen beiden gehörte. Außerdem trug er Mokassins mit dicken Rohhautsohlen. Ben konnte ihn sehen, wenn er den Hals streckte. Er ritt vorn mit Ishatai und Cut Nose, wiegte sich in seinem Indianersattel. Manchmal redete er mit Ishatai. Wahrscheinlich machten sie zusammen Pläne für den Sonnentanz, zu dem die

Comanchen von den Kiowas eingeladen worden waren. Nap hatte nur wenig davon erzählt. Irgendwo am Red River wollten sie einen Büffel töten und Medizin machen und tanzen. Das war in der Nähe der Reservationsgrenzen. Ein weiter Weg lag vor ihnen.

Die Kwahadi-Comanchen zogen am Nordufer des Canadian River entlang ostwärts, langsam, manchmal Umwege machend, denn man hoffte darauf, daß man irgendwann, irgendwo, doch noch auf eine Büffelherde stoßen würde. Aber die Tage vergingen. Sie waren schon über eine Woche unterwegs, machten einen großen Bogen und kreuzten die alten Trails der Büffelherden, die im Herbst von Westen nach Osten gezogen waren. Sie fanden nur ein paar Gerippe von Büffelkühen, die noch vor dem Winter von Indianern erlegt worden waren, und erreichten den Canadian River an einer Stelle, wo Wagenfährten von Norden kommend nach Westen abschwenkten.

»Frachtwagen«, sagte Ben zu Horseback, dem der lange Ritt arg zusetzte. »Das waren Büffeljäger.«

Kundschafter untersuchten die Spuren, ritten ihnen nach und kamen tags darauf mit der Kunde zurück, daß sich beim alten Handelsfort Adobe Walls einige Dutzend Weiße aufhielten, neue Gebäude aufrichteten und Palisadenzäune zogen. Einige junge hitzige Indianer wollten sofort hinreiten und den Handelsposten angreifen. Aber Ishatai sagte, daß es noch nicht die Zeit sei, Krieg zu machen. Außerdem müsse alles genau überlegt sein, und man wolle besser warten, bis Quanah mit seinen Kriegern zurück sei, und dann richtig losschlagen, so daß keiner der Weißen entkommen würde. Am Canadian, ungefähr drei Meilen von den Wagenfährten entfernt, stießen sie noch einmal auf Spuren von Rädern und beschlagenen Pferden, die ziemlich frisch waren. Die Kundschafter suchten die Gegend ab, sagten, daß die Weißen den Fluß im Osten durchquert hatten und wahrscheinlich zu den Wichita-Bergen unterwegs waren.

Der Marsch wurde unterbrochen, und in einer geschützten Mulde schlug man ein Lager auf, ohne aber die großen Familientipis aufzustellen. Kleine Büffelhautzelte, die meistens unterwegs und bei Jagdausflügen benutzt wurden, schnell aufgezogen und noch schneller wieder abgebrochen waren, standen in einem engen Doppelring. Es gab wenig zu essen, und schon früh lag das Comanchenlager schlafend in der Senke.

Ben war müde, hatte offene Wunden an den Füßen und hoffte, daß die Comanchen von Büffeljägern oder Soldaten entdeckt würden. Nap hatte sich während des Marsches kaum um Ben gekümmert, sondern hatte sich Kundschaftergruppen angeschlossen und sorgte sich als zukünftiger Schwiegersohn hingebungsvoll um die Familie des Bogenmachers.

Plains-Indianer bei einer Büffelbeschwörung

Er ließ Kinder auf Schneeschuh reiten, versuchte, alte Armeewitze in der Comanchensprache zu erzählen, und schoß mit einem ausgeliehenen Bogen wieder einmal ein Präriehuhn. Es war nur ein Glücksschuß, aber der Bogenmacher sagte Nap eine große Zukunft als Bogenschütze voraus.

Am nächsten Tag durchzogen sie eine Ebene, auf der über zweihundert Skelette von Büffeln lagen. Knaben sammelten Patronenhülsen, und ein Mädchen fand die Leiche eines Mannes, der am Flußufer begraben und von Coyoten freigescharrt woren war. Zweifellos handelte es sich um einen Weißen, denn die Füße steckten in alten Armeeschuhen. Der Rest der Leiche war verstümmelt, von mumifizierten Fleisch- und Hautfetzen behangen, der Schädel blank und mit eingedrückter Decke. Das Mädchen fand eine Gürtelschnalle und ein Messer, dessen Klinge in der Mitte abgebrochen war. Als das Mädchen von seinem Fund berichtete, machten die Comanchen einen großen Bogen um die Stelle, wo der Tote lag. Das Mädchen hatte ein Tabu verletzt und mußte sich ausziehen, seine Kleider verbrennen und anschließend fast eine Stunde lang bis zum Hals im Flußwasser stehen, bevor es von einem Medizinmann mit einem Yuccaweddel *gesäubert* wurde. Das Mädchen mußte drei Nächte in ein Wolfsfell eingewickelt allein schlafen, durfte am vierten Tage zum ersten Mal an die Sonne und war erst am fünften Tage frei von jeglicher Schuld, aus der ihm oder der Familie, oder sogar dem ganzen Stamm, schwerer Schaden hätte entstehen können.

Die Arbeit des Medizinmanns kostete die Familie eine Travoisstute, aber das war wenig im Vergleich zu dem, was hätte passieren können.

Dann kam der Tag, an dem zwei junge Kundschafter, die einer Vorhut angehörten, eine kleine Büffelherde entdeckten.

Ishatai ließ den Zug sofort anhalten. Aufregung entstand, und Napoleon Washington Boone kam mit strahlendem Gesicht zurückgeritten und rief Ben zu, daß es jetzt endlich wieder einmal etwas Anständiges zu essen geben würde.

»Büffel!« rief er. »Co-bay, ein Kundschafter, ist einer Kusetemini nachgegangen und sie hat ihn geradewegs zu den Büffeln geführt.«

»Wer ist Kusetemini?«

»So nennen die Comanchen die Krötenechsen, Kleiner. Das heißt: Frag-sie-nach-dem-Büffel. Wenn man Krötenechsen nach dem Büffel fragt, führen sie einen hin.«

»Feiner Comanchenwitz, was?« Ben lachte, aber Nap schüttelte beinahe mitleidig den Kopf und sagte, daß man schließlich am Ende des Regenbogens auch schon Gold gefunden habe. Er ritt zu seinen Packpferden, die von den Knaben in eine Mulde geführt worden waren, wo die Frauen anfingen, sie zu entladen. Überall entkleideten sich junge Krieger bis auf den Lendenschurz und vereinzelte Federn.

Co-bay, der die Krötenechse gefragt und die Büffel entdeckt hatte, wählte sechs junge Burschen aus, die alle ziemlich klein waren. Andere, etwa zwei Dutzend, sattelten ihre besten Ponys ab. Die alten Männer gaben Anweisungen.

Nap wühlte in seinen Packen herum und zerrte zwei Wolfsfelle heraus, die er am Boden ausbreitete. Er zog sich bis auf die Mokassins und die Unterhose aus und trottete mit den Fellen hinüber zu Ishatai, der sich mit einigen Kriegern unterhielt. Nap ließ sich auf alle viere nieder und warf die Wolfsfelle über seinen breiten Rücken und zog sie über den Kopf. Die Männer lachten ihn aus und redeten auf Ishatai ein. Nap stand auf, fluchte und klemmte die Wolfsfelle unter den Arm. Ishatai klopfte ihm tröstend auf die Schultern und zeigte auf die jungen Burschen, die sich je ein Wolfsfell übergestreift hatten, so daß der obere Teil des Wolfsschädels auf ihren Köpfen ruhte und sie vollkommen unter den Fellen verschwanden, wenn sie sich niederkauerten.

Da die Frauen anfingen, die Tipistangen aufzurichten, nahm Ben an, daß hier für längere Zeit Halt gemacht wurde. Ein paar Mädchen waren dabei, Messer abzuziehen. Die Knaben führten die Pferde und Maultiere in einen Canyon. Kundschafter ritten davon, um die Gegend zu inspizieren.

Nap hatte seine Hose wieder angezogen. Ben ging zu ihm hinüber.

»Was soll der Zirkus, Nap?« fragte er.

»Sie wollen mich nicht dabei haben!« sagte Nap wütend. »Sie glauben, daß ich zu groß für einen Büffelwolf bin, und das stimmt auch. Aber die Büffel sind kurzsichtig, und ich hätte bestimmt einen erwischt!«

»Was soll das? Warum reiten sie nicht einfach hin, wählen sich einen Stand und schießen die Herde ab? So wird es gemacht, Nap. Ich habe selbst gesehen, wie drei Männer in kürzester Zeit zweihundert Büffel abschossen.«

»Sie brauchen nicht zweihundert Büffel. Sie brauchen genug Fleisch, um die Bäuche voll zu kriegen und etwas Vorrat auf die Seite zu schaffen. Sie wollen nicht die ganze Herde abschießen, Mann.«

»Das macht doch keinen Unterschied. Wenn sie genug haben, dann . . .«

»Es sind Weiße in der Nähe. Büffeljäger und Wolfers. Co-bay hat Kadaver entdeckt, die mit Arsen vergiftet sind. Überall liegen tote Coyoten, Büffelwölfe und Vögel herum. Es könnten auch Soldaten in der Gegend sein. Deshalb wollen sie es auf die alte Art machen. Die jungen Burschen dort versuchen, in ihren Wolfsfellen so nahe an die Herde heranzukommen, daß sie die Büffel mit ihren Pfeilen töten können.«

Nap stand auf, nahm seine Wolfsfelle und trug sie hinüber, wo Kianceta mit anderen Frauen zusammen Naps Tipi aufstellte. Auf dem Hügel im Osten tauchte ein berittener Kundschafter auf. Er drehte sein Pferd dreimal im Kreis, ließ es steigen und galoppierte dann über den Hügelrücken.

Es mußte jetzt alles sehr schnell gehen. Normalerweise hätte man zuerst getanzt und sich in aller Ruhe auf die Jagd vorbereitet. Aber ein langer Winter war vergangen, ohne daß die Comanchen einen Büffel erlegt hatten. Seit Wochen hatten sie die Gegend nach einer Herde abgesucht, waren mehr als hundert Meilen kreuz und quer durch das Land gezogen und hatten nur einige tausend Büffelkarkassen entdeckt, ausgebleichte Knochen und Schädel von Büffeln, die im Herbst von den Mooars, den Cators und der Lane-und-Wheeler-Mannschaft abgeschossen worden waren.

Die jungen Burschen mit den Wolfsfellen waren bereit, als der Kundschafter zum zweiten Mal auf dem Hügel auftauchte und sein Pferd im Kreis drehte. Es war das Zeichen dafür, daß die Herde noch im Canyon war. Die Jäger warteten auf die Treiber, die sich frische Pferde ausgesucht hatten. Von den Treibern war keiner älter als vierzehn oder fünfzehn. Sie saßen auf dem bloßen Rücken ihrer Ponys und ließen die Jäger hinter sich aufspringen, um sie zum Canyonrand zu bringen. Die Jäger hatten ihre mit Jagdpfeilen gefüllten Köcher umgehängt. Sie waren nur mit einem Bogen und einem Messer bewaffnet und trugen außer dem Wolfsfell nur noch den Lendenschurz und die Mokassins. Ishatai berührte jeden von ihnen mit dem Medizinstab.

Ben sah Nap mit hängenden Schultern über den Platz gehen. Nap wäre zu gerne mit seinem Freund Co-bay auf die Jagd gegangen, und Ben mußte sich eingestehen, daß ihm die Sache selbst aufregend genug erschien, um sein Hemd gegen einen Wolfspelz zu tauschen, obwohl er so müde war, daß Horsebacks Frau das Tipi allein aufstellte.

Die Frauen und Mädchen winkten dem Jagdtrupp, Väter riefen ihren Söhnen die letzten Ratschläge nach, und selbst Parry-o-coom fand noch einmal die Kraft, sich aufzurichten, um den Jägern nachzusehen.

Alle waren ziemlich zufrieden an diesem Tag, an dem Co-bay den Weg der Krötenechse entdeckt hatte und sie auch wirklich auf Büffel gestoßen waren. Horsebacks Frau sang ein Lied, während sie die Büffelhäute über die Tipistangen zog.

Ben sah Mädchen, die zum Fladensammeln ausgezogen waren, fröhlich am Flußufer herumhüpfen, und die alten Männer rauchten ihre Pfeifen noch bevor das Rauchzelt aufgestellt war.

Nap kam von seinem Tipi herüber und setzte sich neben Ben ins Gras. Er schien die Enttäuschung darüber überwunden zu haben, daß er als Büffeljäger zu groß und zu unerfahren angesehen wurde. Wahrscheinlich hatte Kianceta dazu beigetragen. Inzwischen trafen sie sich auch am hellichten Tage, und im Lager munkelte man bereits von einer bevorstehenden Hochzeit. Nur der Bogenmacher, seit einiger Zeit immer in Naps

Nähe, schien noch nicht besonders angetan von der Tatsache, daß seine einzige Tochter im heiratsfähigen Alter ausgerechnet jenen Burschen zum Mann haben wollte, der nicht in der Lage war, nach Comanchen-Art eine Familie zu ernähren. Er machte sich Sorgen und trieb den Preis für seine Tochter um zwei Pferde in die Höhe. Er lernte von Nap ein bißchen Englisch mit Louisiana-Akzent, und Nap machte gewaltige Fortschritte mit der Sprache der Comanchen.

Nap sah gut aus. Seine Gesichtshaut war in den letzten Wochen noch um einen Schein dunkler geworden. Er hatte vielleicht etwas an Gewicht verloren, wirkte aber dadurch nur kräftiger und zäher. Er behauptete, daß er sich nie zuvor im Leben besser gefühlt hätte als jetzt, wo er von Indianern umgeben war und von einem Mädchen geliebt wurde, das ihm mehr bedeutete als alles, was die Welt sonst noch zu bieten hatte.

»Sie ist schön und gut«, sagte er zu Ben, während sie zusahen, wie Kianceta ein Feuer in Gang brachte. »Sie kocht ausgezeichnet und in ihrem Gesicht gibt es nie eine Spur von Traurigkeit. Ich glaube, sie kann gar nicht traurig sein.«

»Wenn sie Grund dazu hätte, traurig zu sein, dann würde sie heulen«, sagte Ben. »Aber sie hat dich und sie ist glücklich. Das kann ich sehen.«

»Ihre beiden Brüder, Zwillinge, sind letztes Jahr in Texas getötet worden«, sagte Nap. »Und ihre Großmutter starb im Winter. Eine Schwester von ihr wurde vor zwei Jahren bei einem Überfall von Mackenzies Truppen gefangengenommen und starb im Gefängnis. Sie hat mir davon erzählt. Sie hat nicht geweint. Sie hat niemandem Vorwürfe gemacht. Sie hat nur gesagt, daß alles richtig ist, wie es kommt, und daß es immer eine gute Zeit ist, wenn man geliebt wird. Das hat sie gesagt, Mann, und das, was kommt, kann gar nicht so schlimm sein, wie Cut Nose behauptet.«

»Das hat nichts miteinander zu tun«, sagte Ben.

»Wenn wir uns lieben, geht alles Bösartige an uns vorbei, Ben. Was immer auch geschieht, wir beide, Kianceta und ich, wir beide werden vom Bösen nicht berührt werden.«

»Gefühle sind ein schlechter Schild gegen Kugeln«, sagte Ben.

»Du glaubst auch, daß es Krieg gibt.« Nap verzog das Gesicht. »Ich glaube nicht, daß ich gern sterben würde, Mann. Nicht jetzt, wo ich glücklich bin. Und trotzdem, es gibt keine bessere Zeit zu sterben, als die glückliche. Früher habe ich immer gedacht, daß es schlimm sein muß, wenn man bei Sonnenschein stirbt, und wenn draußen auf den Wiesen die Mädchen tanzen und sich Blumenkränze ins Haar flechten. Jetzt denke ich, daß es schlimm ist, im Regen zu sterben. – Ishatai wird sich durchsetzen, Ben. Und dann werden wir alle kämpfen müssen. Ich möchte nur, daß die Sonne scheint, wenn es mich erwischt. Das ist alles, was ich will.«

»Und ich will weg hier«, sagte Ben leise. »Ich will dahin zurück, wo ich herkomme, und ich will Tomanoakuno mitnehmen, denn sie gehört nicht hierher.«

Nap lachte und zeigte auf Tomanoakuno, die mit einer Ladung Büffelfladen vom Fluß heraufkam. Ihr Gesicht war etwas gerötet, und sie ging vornübergebeugt, mit etwas eckigen Bewegungen und festem Schritt. Einen Moment versuchte Ben, sie sich in einem knöchellangen Sonntagskleid aus meergrüner Seide vorzustellen, mit Hütchen und einem kleinen Täschchen am Arm. Das Gesicht bepudert und die Haare in goldenen Rollen, die sich über dem Nacken gegenseitig bedrängten und steif waren vom Zuckerwasser, mit denen ihnen Halt gegeben wird.

»Heute ist ein besonderer Tag, Benjamin Clintock. Sieh dir die Leute an. Sie sind alle glücklich.«

Ben nickte. »Ich bin froh, daß Co-bay die Büffel entdeckt hat«, sagte er.

Nap grinste. »Das ist schon etwas, Mann. Ich werde Horseback fragen, ob du heute abend mit uns essen kannst. Es wird frische Büffelkalbsleber geben, und Kianceta würde sich freuen, wenn du mit uns ißt.«

»Mach dir keine Unannehmlichkeiten, Nap«, sagte Ben. »Ich bin ein Gefangener und ich werde hier nie etwas anderes sein. Wenn die Büffel erlegt sind, werde ich mit den Frauen hinausgehen und arbeiten. Vielleicht kriege ich ein Häutermesser.«

Nap zog die Schultern hoch und ging zu einem Platz, wo etwa zwei Dutzend Männer im Kreis hockten und sich unterhielten. Er setzte sich neben Horseback, zog seine Pfeife aus dem Hemd und rauchte mit den Männern.

Am Mittag kamen die Kundschafter zurück und sie brachten einen jungen Burschen, der von einem Büffelbullen überrannt worden war. Er hatte ein Bein gebrochen und eine Wunde an der linken Hüfte, wo er vom Horn des Büffels getroffen worden war. Das Wolfsfell war blutig, und sie legten den Jungen auf ein Lager. Eine alte Frau wurde gerufen, die eine gute Medizin gegen Jagdverletzungen hatte.

Ishatai sagte, daß es ein schlechtes Zeichen sei, aber man glaubte ihm nicht, denn die Jäger hatten viele Büffel getötet, und die Kundschafter sagten, daß keine Soldaten in der Nähe wären.

17
Skalpjäger

Vor zehn Jahren hatte ich eine Frau und drei kleine Knaben. Sie wurden kaltblütig von Indianern ermordet. Ich erwischte einige von ihnen und falls es mir vergönnt ist, kriege ich noch ein paar mehr, bevor ich sterbe ...

Vor zehn Jahren war ich glücklich, wie es ein Mann nur sein kann. Seither bin ich es nur noch, wenn ich im Hinterhalt liege, Indianer erschieße oder skalpiere ... Bis jetzt habe ich 46 Skalps in meiner Hütte am Chicolite, aber ich bin erst zufrieden, wenn ich ein rundes Hundert beieinander habe, bevor ich sterbe. Und die krieg' ich, so wahr ich Jeff Turner heiße!

John C. Duval, THE ADVENTURES OF BIG FOOT WALLACE, 1936

Vielleicht habe ich einen oder zwei Indianer getötet, wer weiß. Daß ich es tat, wird niemals jemand beweisen können, denn ich besitze keine Indianerskalps und hoffe, daß dies von jedermann zur Kenntnis genommen wird. Ich muß allerdings gestehen, daß ich zu jener Zeit einen Indianer mit derselben Leichtigkeit getötet hätte wie eine Klapperschlange.

Charles Jesse Jones, BUFFALO JONES, 1899

Die Jäger hatten achtzehn Büffel erlegt, der Rest der Herde hatte sich einem Leitbullen angeschlossen, der, von einem Pfeil gestreift, plötzlich aus dem Canyon herausbrach und über eine Ebene hinwegjagte, auf der Co-bay und zwei andere Comanchen gewartet hatten. Co-bay tötete den Büffelbullen, und die anderen beiden Comanchen erwischten noch je eine Kuh. Dann war die Herde vorbei.

Co-bay holte Nap und schenkte ihm seinen Büffelbullen. Es war ein mächtiges Tier, das in einem Erdgraben lag. Dunkle Winterfellfetzen hingen von seinem Buckel. Die Wucht von Co-bays Pfeil war so stark, daß er den gewaltigen Körper glatt durchschlagen hatte, und dort, wo der Bulle gestorben war, war der Sand dunkel vom Blut.

Kianceta und zwei andere Frauen gingen mit einer Travoisstute den Erdgraben hinauf. Benjamin Clintock ging hinter ihnen her. Er hatte von Horseback kein Häutermesser bekommen, aber er durfte den Frauen beim Aufladen helfen.

Nap und Co-bay warteten am Rand des Arroyos. Beide saßen auf Pferden, und als Nap Ben und die Frauen kommen sah, ritt er ihnen ein Stück den Graben entlang entgegen.

Co-bay war mächtig stolz, den größten Bullen erwischt zu haben. Sein Lendenschurz war blutverschmiert, sein Gesicht staubig. Er hatte das Wolfsfell über seine Schulter gehängt und trug den Bogen in der rechten Hand. Nap war mit einem Gewehr bewaffnet. Er grinste breit und rief den Frauen etwas zu. Kianceta lachte und reichte ihm eine Wasserflasche. Nap trank einen Schluck und gab sie an Co-bay weiter.

Ben blieb stehen und drehte sich um. Am Rande der Ebene, etwa eine halbe Meile entfernt, zog eine Gruppe von Frauen, Hunden und Kindern einen Arroyo entlang zum Ende des Canyons, wo die meisten Büffel lagen. Auf dem Weg hatte er Tomanoakuno mit einigen anderen Frauen am Fuße eines Topfhügels gesehen, wo sie dabei waren, zwei Büffelkühe abzuhäuten und Fleisch zu machen.

»Versuch nur nicht wegzulaufen«, sagte Nap. »Auf dem Hügel sind ein paar Krieger, die scharfe Augen haben.«

»Was zum Teufel soll ich hier tun?« knurrte Ben.

»Arbeiten«, sagte Nap. »Mehr nicht.«

»Dann gib mir ein Häutermesser, und ich zieh dem Bullen das Fell ab.«

»Das machen die Frauen. Die verstehen was davon.«

Während der nächsten halben Stunde sahen Co-bay, Nap und Ben zu, wie die drei Frauen dem Büffelbullen das Fell abzogen. Es war harte Arbeit und die Frauen kamen ins Schwitzen. Sie hatten den mächtigen Körper auf den Bauch gedreht und zogen ihm das Fell von beiden Seiten gegen den Rücken hoch, während Ben bei Lane und Wheeler gelernt hatte, den Büffel auf den Rücken zu drehen und ihm das Fell vom Bauch her gegen den Boden abzuziehen. Die Frauen arbeiteten schnell und geschickt, zogen das Fell über den mächtigen Buckel hinweg und schälten es von der Stirn des Bullen, so daß das Kraushaardreieck zwischen den Hörnern am Körperfell hängen blieb. Kianceta machte den letzten Schnitt. Dann hoben die drei Frauen das blutige Fell hoch, zogen es mit der Hautseite nach unten durch den Staub, und Co-bay half ihnen, das Fell aus dem Graben zu ziehen. Oben rollten sie es zusammen und Nap legte es über sein Pferd. »Paß auf mein Mädchen auf«, sagte er zu Ben, bevor er aufstieg. Als er sein Pferd drehte, kam ein junger Krieger über den Hügel geritten. Er zügelte sein Pferd auf der anderen Seite des Arroyos und machte ein paar Handzeichen. Co-bay antwortete ihm mit den Händen und sagte etwas zu Nap.

»Frische Spuren beschlagener Pferde«, sagte Nap zu Ben.

»Soldaten?«

»Wahrscheinlich Büffeljäger.« Nap drehte sein Pferd. »Ich bring das Fell zum Lager. Halt die Augen offen, Mann! Das kann gefährlich werden.«

Co-bay stieg auf und trieb sein Pferd durch den Arroyo und ritt hinter dem jungen Krieger den Hügel hoch. Nap winkte den Frauen zu, schärfte Ben noch einmal ein, wachsam zu sein, und ritt zum Lager. Ben rief ihm nach, daß er ein Gewehr haben müßte, falls etwas passiert.

Während der nächsten Stunde passierte nichts. Hin und wieder tauchten auf dem Hügel Comanchenkrieger auf, und ein Hund rannte kläffend hinter einem Hasen her, der sich in einem Erdloch in Sicherheit brachte. Als der Travois vollbeladen war, nahm eine der Frauen die Stute an der Leine und ging zum Lager zurück. Kianceta und die andere Frau arbeiteten weiter und legten Fleischstücke in den Schatten des Grabenrandes. Ein Kriegertrupp kam vom Lager herübergeritten. Er wurde von Sai-yan angeführt, dem mexikanischen Sattelmacher. Sie hielten kurz an, unterhielten sich mit Kianceta und ritten weiter.

Es war heiß an diesem Nachmittag. Der Himmel über ihnen war fast weiß. Ben kauerte im Schatten eines Busches und suchte mit den Augen die Gegend ab. Hin und wieder sah er Frauen, die mit ihren Fleischladungen zum Lager zogen. Bussarde trieben im Wind, und die Hunde jagten ihre Schatten. Spät am Nachmittag, die Sonne stand tief über dem Horizont, waren weder Nap noch die Frau mit dem Travois zurückgekommen. Ben stand auf und sagte zu den beiden Frauen, daß er auf den Hügel gehe, um sich umzusehen. Er sagte es auf englisch, und er zeigte zum Hügel. Er wußte nicht, ob ihn die Frauen verstanden hatten. Sie bestaunten seine Handzeichen, zuckten die Schultern und arbeiteten weiter. Ben sagte, daß er nicht weiter als bis auf den Hügel gehen würde, trank einen Schluck aus der Wasserflasche und trottete davon, obwohl er sich mehrmals geschworen hatte, keinen Schritt mehr zu tun, als von ihm verlangt wurde. Aber er wußte Tomanoakuno auf der anderen Seite des Hügels, und die Hoffnung, ihr einmal allein zu begegnen, trieb ihn durch die Erdspalten und Arroyos, den steilen Hügel hoch. Und oben angekommen, hielt er an, warf einen Blick zurück und sah, daß die beiden Frauen am Grabenrand hockten und sich ausruhten. Er winkte ihnen, und sie winkten zurück, und da dachte er, daß er ebensogut noch ein Stück weitergehen könnte. Er sah ein paar Frauen beim Canyonende und ein paar am Rande eines Geröllfeldes, und er rutschte in einen Graben hinein, lief geduckt den Hügel hinunter und entdeckte Tomanoakuno am Rande einer Senke. Ben ging im Schatten einiger Büsche zu einem breiten Arroyo, der die Senke von Osten nach Westen durchzog. Er kletterte am steilen Rand des Arroyos hoch und beobachtete sie.

Sie führte ein hellgraues Pferd, das ein vollbeladenes Travois zog, und sie folgte einem frischen Pfad, der am Fuß des Hügels entlangführte, den Arroyo durchquerte und sich mit den Schleifspuren von anderen Travois traf. Ben lief zu der Stelle, wo der Pfad den Arroyo kreuzte, und kauerte sich zwischen einigen abgestorbenen Büschen nieder. Hier war keine Sonne mehr, denn der Hügel warf einen langen Schatten in die Senke hinein. Der Sand war kühl. Käfer krochen durch die Risse der Erdkruste. Etwa zweihundert Yards entfernt hüpften Bussarde auf den Resten eines Büffelkalbes und stritten sich um die Eingeweide.

Sie kam auf den Arroyo zu, im typischen Gang der Indianerfrauen, etwas schwerfällig und vornübergeneigt, den Kopf gesenkt und das Pferd an der Leine führend. Auf dem Hügel tauchte ein Reiter auf. Es war ein Comanche. Er zügelte sein Pony und blickte herunter. Tomanoakuno konnte ihn nicht sehen, da sie ihm den Rücken zuwandte. Ben machte sich klein. Sie ging geradewegs auf eine Stelle zu, wo der Rand des Arroyos eingebrochen war. Ben lief hinüber und kauerte in einer Nische nieder. Hier war der Sand kalt, zu kalt für eine Klapperschlange, die ein paar Schritte entfernt unter einem Strauch hervorkroch und in einer Erdspalte verschwand, in der wahrscheinlich noch ein letzter Hauch der Tageswärme nistete. Sand rieselte über Bens Nacken. Er hob den Kopf. Über ihm turnte eine Eidechse an einem Wurzelknorpel hoch und erwischte einen Käfer mit durchsichtigen Flügeln, der in einer Bö taumelte. Er flog der Echse sozusagen geradewegs ins offene Maul, und sie brauchte nur noch zu schlucken, bevor sie am überhängenden Rand der Nische durch das Büschelgras zischelte.

Ben blickte zu dem Comanchen hoch, der vornübergebeugt auf seinem Pferd saß, hinter ihm der Himmel blutrot, während über ihm die ersten Sterne aufglühten und sich langsam vom dunkler werdenden Himmel zu lösen schienen. Plötzlich trieb der Comanche sein Pferd an und verschwand hinter dem Hügel. Er ritt wohl zum Zeltlager, wo sicher schon die frischen Büffelzungen gebraten wurden.

Tomanoakuno führte das Pferd ein Stück weit den Graben entlang. Der Wind zerrte an ihrem Haar und ihr Gesicht war gerötet. Die Travoisstangen bogen sich unter dem Gewicht der Fleischladung, und die Enden zogen tiefe Furchen durch den Boden. Staubfetzen jagten vom Boden hoch. Am Rand des Arroyos hielt sie kurz an, warf einen Blick auf die Ladung und sagte etwas zu dem Pferd, das beide Ohren zurückgelegt hatte. Dann zog sie das Tier über die Böschung und in den Graben hinein. Ben rutschte aus der Nische und blieb mit dem Fuß an einer Wurzel hängen. Er verlor das Gleichgewicht und fiel einige Schritte von ihr entfernt in den Sand. Das Pferd blähte die Nüstern auf, schnaubte und versuchte auszubrechen. Tomanoakuno hing an der Leine, stürzte und wurde durch den Sand geschleift. Ben rannte durch den Graben und erwischte das Tier am Mähnenhaar und am Ohr. Zu zweit gelang es ihnen, das erschreckte Pferd zu halten. Ben ergriff die Leine und klopfte ihm gegen den Hals.

»Ruhig, Alter«, sagte er leise. »Nur ganz schön ruhig!«

Tomanoakuno hatte die Leine losgelassen. Ihr Atem ging schnell. Sie war jetzt ziemlich dunkel im Gesicht, und für einen Moment sah es aus, als ob sie erneut losschreien würde, bis die Weiber mit ihren Stöcken kämen und die Kinder mit Steinen und eine Meute kläffender Hunde. Ben legte den Finger an die Lippen. »Du brauchst nicht zu schreien«, sagte er. »Wenn du willst, daß ich weggehe, gehe ich weg! Ich wollte dich nur einmal wieder aus der Nähe anschauen!«

Sie blickte ihn an. Sie verzog keine Miene. Sie schaute ihn nur an und der Wind wehte Haare in ihr Gesicht.

»Tomanoakuno«, sagte er leise, und er hätte nie gedacht, daß ihm der Name so leicht, so geschmeidig und weich über die Lippen kommen würde. Ihre Augen weiteten sich etwas. Sonst geschah nichts in ihrem Gesicht. Ben ging einen Schritt auf sie zu. Er spürte, wie seine Ohren heiß wurden.

»Ich gehe, wenn du willst«, sagte er.

»Nein«, sagte sie. »Nein, geh nicht weg.«

Ben hielt den Atem an. Welch eine Freude! Sie verstand englisch. Sie konnte reden! Ben lachte. Und er hätte tanzen und singen mögen.

»Das Pferd ist jetzt ruhig«, sagte Ben. »Hat es dir weh getan?«

»Das Pferd ist gut«, sagte sie. »Es ist das Pferd meines Bruders.«

»Du kannst gut englisch«, sagte Ben.

Sie lächelte. »Nein«, sagte sie. »Nein, ich kann nicht gut englisch. Ich kann ein bißchen englisch. Wir hatten einen Mann hier, der konnte gut englisch, und deshalb kann ich ein bißchen englisch. Nicht sehr gut.«

Sie lächelte. »Ich habe keine Angst mehr vor dir. Die Frau von Horseback hat gesagt, daß du gut bist. Ich weiß nicht, ob du gut bist. Sie hat es gesagt. Aber du hast Büffel getötet. Du bist ein Texaner. Das sagt man auch. Man sagt, daß man dich töten wird, wenn Quanah zurückkommt. Vielleicht beim Tanz. Wer weiß.«

»Wer sagt das?«

»Die Männer und die Frauen.«

»Horseback wird mich nach Fort Sill bringen«, sagte Ben. »Dann werde ich frei sein und nach Hause gehen. Und ich werde dich mitnehmen.« Er nahm sie bei der Hand. »Ich werde dich mitnehmen! Du gehörst nicht hierher. Sie haben dich deinen Eltern weggenommen.«

Sie warf den Kopf in den Nacken, versuchte aber nicht, ihm die Hand zu entziehen. Sie sah zu den Sternen hoch. Ihr Kleid flatterte. Ihre Hand war kalt.

»Wirst du mit mir kommen, wenn wir in Fort Sill sind?« fragte er.

»Nein«, sagte sie. »Ich gehöre hierher. Hier sind meine Eltern. Hier bleibe ich.«

Frauenstimmen waren zu hören. Ben kletterte den Grabenrand hoch. Eine Gruppe von Frauen und Männern näherten sich mit vier Pferden, die vollbeladene Travois zogen.

»Leute«, sagte er. »Komm!« Er zog das Pferd an der Leine hinter sich her. Tomanoakuno folgte ihm und sie versteckten sich, bis die Frauen und Männer vorbei waren. Sie kauerten dicht beisammen am Grabenrand, und Ben hatte dem Pferd die Hand auf die Nüstern gelegt. Tomanoakuno atmete schnell. Sie hatte die Augen geschlossen und den Mund zusammengepreßt. Er spürte, wie sie leise zitterte.

»Du hast Angst«, sagte er und strich ihr durch das Haar. »Du hast Angst, daß sie uns zusammen sehen, nicht wahr?«

»Ja«, sagte sie. »Es wäre nicht gut für dich.«

»Und für dich?«

»Auch nicht. Ich gehe jetzt.« Sie stand auf. »Man wird auf mich warten.«

»Ja, es ist besser, wenn du jetzt gehst«, sagte Ben. »Denkst du daran, daß ich dich mitnehmen will, wenn wir nach Fort Sill kommen?«

»Ich weiß nicht«, sagte sie.

»Kennst du den Namen deiner Eltern?« fragte Ben drängend.

Sie schüttelte den Kopf und lachte. »Du kennst meinen Namen«, sagte sie.

»Tomanoakuno«, sagte er leise und nahm ihr Gesicht zwischen seine Hände.

Sie errötete leicht und lächelte. »Ich spiele gut Fußball«, sagte sie. Dann zog sie den Kopf aus seinen Händen, nahm das Pferd bei der Leine und ging davon.

Minuten kauerte Ben noch am Boden. Kalter Wind strich über sein Gesicht. Als er aufstand, sah er sie hinter einer Bodenwelle verschwinden. Ben holte tief Luft und warf einen Blick in den Himmel. Sterne glitzerten über dem Hügel. Die Dämmerung kroch durch den Canyon und breitete sich über der Senke aus. Niemand war zu sehen. Nur die Bussarde waren da und die Coyoten kamen. Er konnte einen von ihnen hören. Er machte Lärm für zwanzig. Ben kletterte aus dem Arroyo und blickte zum Canyon hinüber. Die Felsen waren dunkel. Dort, wo Tomanoakuno verschwunden war, ging noch ein wenig Staub über dem Rand der Senke. Er hätte ihr nachlaufen wollen. Er hätte sie an der Hand nehmen und mit ihr weggehen wollen, aber er wußte, daß er keine Chance hatte. Nicht jetzt. Nicht, solange er ein Gefangener war. Er besaß kein Pferd und keine Waffen und er wußte, daß sie ihn töten würden. Ben ging den Arroyo entlang und den Hügel hoch, und erst als er den Kriegertrupp sah, der vom Lager her zum Canyon ritt, fiel ihm ein, wie gefährlich es für ihn werden konnte, wenn sie ihn allein hier draußen erwischten. Ben fing zu laufen an. Ein beklemmendes Gefühl trieb ihn an. Er erreichte die Hügelkuppe, und der scharfe Nordwestwind riß ihn beinahe von den Beinen. Er blieb stehen, lehnte sich gegen den Wind und sah unter sich, jenseits des Geröllfeldes, vier Reiter, die ihre Pferde scharf antrieben und auf die Mündung eines Canyons zugaloppierten. Es waren Männer, die Hüte trugen. Weiße! Für einen Moment hoben sie sich scharf gegen einen schmalen Himmelsstreifen ab, der weit im Westen, über dem Horizont, noch Licht hatte. Wo Ben stand, war es jetzt nahezu dunkel, und er rannte den Hügel hinunter, erreichte den Graben und rief nach den beiden Frauen. Sie waren nirgendwo zu sehen.

Ben lief kreuz und quer in der Gegend herum, stolperte durch Dornbüsche, fiel in Gräben hinein, verstauchte sich dabei den linken Fußknöchel, schlug sich das Gesicht auf und sah, wie auf dem Hügel die berittenen Comanchen auftauchten.

Fast zweihundert Meter von der Stelle entfernt, wo der Kadaver von Co-bays Büffelbullen lag, fand Ben schließlich die Frau, die mit Kianceta gearbeitet hatte. Ben blieb stockstef stehen, und für einen Moment hatte er das Gefühl, als würde sein Herz aussetzen. Sie lag am Boden. Fahles Mondlicht sickerte durch das Geäst eines dürren Strauches und warf ein Schattengeflecht über den Körper der Frau. Ben machte einen Schritt auf sie zu, und alles in ihm verkrampfte sich. Sie sah schlimm aus. Ein paar Fetzen ihrer Kleider hingen an ihrem Hals. Auf dem Kopf fehlte ein großes Stück Haut und Haar. Ein Arm ragte seltsam verkrümmt von ihrem Körper ab. Sie lag auf dem Gesicht und Ben bückte sich, drehte sie zur Seite. Sie hatte mehrere Stichwunden im Magen und eine Schnittwunde am Hals.

Ben richtete sich auf, drehte sich um und blickte einen Erdgraben entlang. Zwanzig Schritte von ihm entfernt machte der Graben einen scharfen Knick. Ben ging hinüber, rutschte über den Graben, taumelte im knietiefen Sand und sah Kianceta. Sie hing zwischen zwei Büschen, an denen man sie mit Streifen ihres Rehlederkleides festgemacht hatte. Sie war nackt. Man hatte sie skalpiert und ihr die Brüste abgeschnitten. Fetzen von ihrem Kleid lagen herum. Der Boden war aufgewühlt. Sie hatte sich gewehrt. Sie hatte gekämpft. Ben ging in die Knie. Der Schock raubte ihm beinahe den Verstand. Er hatte die Hände zu Fäusten geballt, und er kniete im Sand, den Kopf in den Nacken gelegt. »Nap!« brüllte er und seine Stimme überschlug sich. »Nap.« Der Ruf verlor sich im Gewirr der Erdspalten und Gräben. Ben beugte sich vor, berührte das Gesicht von Kianceta und zog die Finger jäh zurück. Das Gesicht war warm, beinahe heiß.

»Nap!« schrie Ben noch einmal, und er taumelte auf die Beine. »Lieber Gott im Himmel, das darf doch nicht wahr sein!« Er drehte sich um, setzte sich auf einen Steinbrocken und lehnte den Rücken gegen die Grabenwand. Seine Augen brannten. Oben machte der Wind Lärm. Hier unten war es totenstill. Nur ab und zu fand ein Windstoß einen Weg in den Graben hinein. Coyoten schlichen umher. Vögel warteten bei den Felsen. Ben löste Kianceta von den Büschen. Dann kletterte er aus dem Graben und lief den Reitern entgegen, die die Gegend nach ihm und den beiden Frauen absuchten. Unten, wo das Lager stand, war die Senke von den Feuern hell erleuchtet. Der Wind wehte den Geruch von gebratenem Fleisch herüber.

Es war der erste Abend seit Wochen, an dem sie alle genug zu essen haben würden. Es war ein Abend, auf den sie lange gehofft hatten.

Ben schwenkte seine Arme. Jemand entdeckte ihn. Ben sah Napoleon Washington Boone, der Schneeschuh aus einem Arroyo heraustrieb. Einige Reiter kamen vom Hügel herübergeritten. Nap rief nach Kianceta. Ben blieb stehen und wartete, bis sie ihn eingekreist hatten. Nap zügelte Schneeschuh und brüllte einen Comanchen an, der seine Lanzenspitze gegen Bens Rücken hielt.

»Mann, was zum Teufel ist hier . . .« Nap verstummte, als er Bens Gesicht sah. Einen Moment saß er steif auf dem Rücken des Maultiers. Dann sah er sich um, drehte sich im Sattel, gehetzt, suchend, und er hatte den Mund weit offen, aber kein Laut kam über seine Lippen. Ben fror plötzlich, fror erbärmlich. Er duckte sich etwas, hob die Hände.

»Nap, es ist . . . ich . . . ich . . . Nap! Es tut mir schrecklich leid!«

»Leid! Was tut dir leid?« Nap riß Schneeschuh herum und ritt hinüber zum Graben. Ben lief ihm nach und die Comanchen versuchten nicht, ihn daran zu hindern.

Nap hatte sie gefunden. Er kniete im Staub, preßte die Hände gegen sein Gesicht und schrie auf, als wäre er von einer Kugel getroffen worden. Ben näherte sich ihm zögernd, blieb stehen, als Nap den Kopf hob.

»Ich wußte es«, sagte er leise. »Als das blonde Mädchen zum Lager kam, wußte ich es.« Naps Hände wühlten im Staub, und er sah zum Grabenrand hoch, wo die Comanchen standen. »Was wollt ihr, Hurensöhne!« brüllte er sie an. »Verschwindet! Los! Weg!« Er warf Sand nach ihnen und sie bestiegen ihre Pferde und ritten davon. Nap drehte sich um. »Ich wußte, daß du weggehst«, stieß er hervor. Auf seinem Gesicht glitzerte Schweiß.

»Ich war nicht lange weg«, sagte Ben mit herausgepreßtem Atem. »Lieber Gott, ich dachte, daß einer von euch zurückkommt! Ich dachte, daß ihr auf die Frauen aufpaßt. Ich hatte keine Waffe. Ich hätte nichts tun können. Es waren vier. Ich sah sie davonreiten. Herrgott, ich konnte nichts tun, Nap! Ich hätte sie nicht beschützen können! Ich wollte, ich hätte sie beschützen können! Ich wollte, daß ich geblieben wäre! Es ist meine Schuld. Ich weiß, es ist meine Schuld, Nap.«

»Ich könnte dich umbringen dafür!« sagte Nap.

»Das ... das kannst du den anderen überlassen. Wenn sie erfahren, daß ich weg war, werden sie es ohnehin tun.«

»Niemand weiß, daß du weg warst«, sagte Nap. Er strich mit den Fingerspitzen über das blutverschmierte Gesicht von Kianceta. Er streichelte sie, und Tränen liefen durch den Staub in seinem Gesicht. »Niemand weiß, daß du weg warst«, sagte er leise. »Was habe ich dir neulich erzählt, Clintock? Sterben, wenn die Sonne scheint ...«

Ben kniete nieder und legte Nap die Hand auf den Arm. »Nap, ich weiß ...«

»Einen Dreck weißt du, Kleiner! Nimm die Hand von meinem Arm!«

Ben zog die Hand zurück, und Nap stand auf, wischte sich die Tränen vom Gesicht und schüttelte sich. »Mach dein Gesicht sauber!« sagte er hart, drehte sich um und kletterte aus dem Graben. Er holte Schneeschuh herunter und hob Kianceta in den Sattel. »Komm!« sagte Nap zu Ben. »Komm, Kleiner! Nimm die Zügel.«

Ben griff nach den Zügeln, und er führte Schneeschuh die steile Böschung hoch. Nap ging neben dem Maultier, und er hielt Kianceta fest, so daß sie nicht herunterrutschen konnte. Und während sie auf das Lager zugingen, sagte Nap leise: »Mir ist, als wäre ich tot.«

Vom Lager her kamen die Indianer. Frauen fingen zu heulen an, und Ishatai fragte Nap nach der anderen Frau. Nap beschrieb ihm den Weg. Dann kam die Familie des Bogenmachers, und eine der Frauen nahm Ben die Zügel aus der Hand.

Nap nahm Ben am Arm. »Bleib immer in meiner Nähe«, sagte er. »Bleib immer neben mir, bis sie sich etwas beruhigt haben. Ich werde es ihnen erklären. Du brauchst keine Angst zu haben.«

Ben nickte. »Es waren vier, Nap. Ich hätte nichts machen können.«

Nap sagte, daß er die Mörder von Kianceta töten werde. Er sagte es ruhig, aber seine Finger, mit denen er Bens Handgelenk festhielt, verkrampften sich.

18
Die Unversöhnlichen

Lieutenant Charles L. Hudson, mit 41 Soldaten unterwegs auf einem Erkundungsritt, traf auf die Pferde der Indianer, die zu Fuß einen Raubzug nach Mexico hinein gemacht hatten. Er erhielt von Fort Clark aus den Befehl, die Indianer anzugreifen. Beim anschließenden Gefecht wurden neun Indianer getötet und ein Soldat verletzt. Die Soldaten erbeuteten 50 Pferde. Einige bekannte Kiowas wurden getötet. Beim Rückzug der Indianer wurde Tau-ankia, Lone Wolfs Sohn, schwer verwundet, und sein Cousin Guitan eilte zurück, um ihm zu helfen. Beide wurden getötet. Auch Ishatais Onkel starb. Die Todesnachricht erreichte die Kiowas am 13. Jan. 1874, und der gesamte Stamm begab sich in Trauer. Lone Wolf schnitt sein Haar kurz, verbrannte sein Hab und Gut und schwor, den Tod seines Sohnes zu rächen ...

Er stellte einen Kriegstrupp zusammen, um die in Texas begrabenen Leichen von Tau-ankia und Guitan zu bergen. Mamay-day-te führte die Kriegerschar. Sie verlangten nach Rache für ihre Toten und die dadurch eingebüßte Ehre. Die Texaner aber waren gewarnt und erwarteten die Kiowas. Major William Bankhead und zwei Kompanien der 4. Kavallerie verließen Fort Clark. Sie überraschten den Kriegstrupp. Die Indianer beerdigten die beiden eben erst ausgegrabenen Toten erneut, bevor sie in die Staked Plains flüchteten. Major Bankhead verfolgte sie etwa 240 Meilen weit und erreichte die El-Paso-Straße 28 Meilen nördlich von Fort Concho. Hier griffen die Indianer eine Kompanie der 9. Kavallerie an, töteten einen Soldaten und erbeuteten einige Pferde, bevor sie sich zurückzogen.

Mildred P. Mayhall, THE KIOWAS, 1962

Es war eine Nacht, die Nap nie vergessen würde.

Kiancetas Mutter zerschnitt sich Gesicht, Brüste, Unterarme und Beine. Ihre Schwestern verstümmelten sich ebenfalls und selbst entfernte Verwandte rissen sich Haarbüschel aus. Der Bogenmacher ging hin und schnitt seine beiden Zöpfe ab. Andere Frauen warfen sich zu Boden und gebärdeten sich wie Tiere. Viele Frauen zerfetzten ihre Kleider, während sie Totenlieder singend langsam ein Feuer umkreisten, gespensterhaft, manchmal laut herausschreiend und heulend. Die alten Männer hatten sich im Rauchzelt versammelt. Lautes Wehklagen erfüllte die Senke, in der das Lager stand. Krieger waren ausgeritten, um nach den Mördern zu suchen. Einige von ihnen kamen schon bald zurück, denn die Nacht war schwarz und kalt.

Die beiden toten Frauen wurden gewaschen. Man bestrich ihre Gesichter mit Zinnober, und die Augenhöhlen wurden mit dunkelroter Lehmerde vollgepflastert. Man zog ihnen die Tanzkleider an und richtete sie in sitzender Stellung auf und bog ihre Beine gegen den Oberkörper, bevor die Wärme aus ihnen gewichen war. Man schlug Büffelhautdecken um sie, schnürte sie zusammen, so daß nur noch die Köpfe herausragten. Die Stelle, wo sie skalpiert worden waren, wurde mit einem kleinen Stück Büffelfell abgedeckt.

Nap saß die ganze Zeit am Feuer, während Kianceta für die Beerdigung hergerichtet wurde. Ben, der im Windschatten von Horsebacks Tipi am Boden kauerte und fror, ging schließlich hinüber. Er erschrak über die Wärme des Feuers. Erst jetzt merkte er, wie kalt ihm war. Er war eiskalt, durch und durch. Er zitterte am ganzen Körper, als er am Feuer stand, neben Nap, der am Boden hockte, die Hände auf den Knien und den Kopf gesenkt.

»Was willst du?« fragte Nap mit einer Stimme, die Ben fremd war.

»Mir ist kalt«, sagte Ben. Er ließ sich auf die Fersen nieder und hauchte gegen seine Hände. Das Licht des Feuers huschte über die eingehüllten Körper der toten Frauen. Am Feuer nebenan tanzten Frauen und Männer. Der eintönige, ab und zu von gellenden Schreien durchbrochene Totengesang ließ die Nacht noch kälter werden. Niemand schlief. Ältere Kinder schlichen herum. Kleine Kinder lagen bei den Feuern. Auf den Hügeln patrouillierten Wachen. Der Bogenmacher brachte die Habseligkeiten seiner Tochter heraus und verteilte sie an Frauen und Mädchen. Morgen, in aller Frühe, würde man die beiden Frauen beerdigen. Die Familien wollten nichts zurückbehalten, was an die Toten erinnert hätte. Für Verwandte und Freunde würde morgen alles vorbei sein. Für die Mütter und Väter nicht. Die körperlichen Schmerzen, die sie sich selbst zufügten, würden sie noch lange trauern lassen.

»Ich werde sie töten«, sagte Nap plötzlich und hob den Kopf. Das Knistern des Feuers ließ Naps Worte aufglühen wie Wetterleuchten in der

Nacht. »Sie haben mir etwas weggenommen, das ich nicht entbehren kann. Dafür werde ich sie töten!«

»Es sind vier Männer, die wahrscheinlich einem Büffeljägertrupp angehören«, sagte Ben. »Wüßten wir, wer es war, könnten wir in Fort Sill dem zuständigen Armeeoffizier und dem Regierungsbeamten alles erzählen. Man würde alles daran setzen, daß die Mörder bestraft werden.«

Nap nahm einen glühenden Ast aus dem Feuer.

»Ishatai hat gesagt, daß ein Mann, der seine Frau nicht beschützen und vor Unglück bewahren kann, sich entweder selber umbringt oder daß er hinausgeht und die Mörder tötet.«

»Wer sind die Mörder?«

»Weiße.«

»Kennst du ihre Namen?«

»Nein.«

»Weißt du, wie sie aussehen?«

»Nein.«

»Nap, du kennst die Mörder nicht. Niemand kennt sie. Es ist nicht damit getan, daß du hinausgehst und den nächsten Weißen umbringst. Nap, ich war bei Lane und Wheeler. Wir waren mehr als ein Dutzend Burschen dort. Sie sind Büffeljäger und keine Frauenmörder. Nap, du kannst jetzt nicht einfach durchdrehen. Ich weiß, wie es in dir . . .«

Nap warf den Kopf herum und schleuderte den Ast in das Feuer zurück. Ein Funkenpilz hob sich und verglühte zwischen ihnen. »Nein, du weißt nicht, wie es in mir ist, Ben! Du hast keine verdammte Ahnung! Du hättest nicht einmal eine Ahnung, wenn sie dein Mädchen geviertelt hätten. Nach Fort Sill gehen und dem Regierungsbeamten die Geschichte erzählen! Mann, man könnte meinen, du hast noch nie was vom Sand-Creek-Massaker gehört. Da wurden Frauen und Kinder reihenweise abgeschlachtet. Von Soldaten!«

»Ich weiß nicht, ob das stimmt«, sagte Ben. »Nap, es gibt eine Gerechtigkeit. Ich verspreche dir, daß ich nicht eher Ruhe gebe, als bis die Mörder bestraft werden!«

»Darauf brauchst du nicht lange zu warten«, sagte Nap. »Ihre Pferde haben Spuren hinterlassen. Ich habe gelernt, eine Fährte zu halten. Man hat es mir in den Jefferson-Baracken beigebracht. Morgen hole ich mir ihre Skalps, und niemand wird mich daran hindern können.«

Bevor die Sonne aufging, hob man die beiden Toten auf die Pferde, und Nap kam aus seinem Tipi, begleitet von Ishatai, der für ihn Medizin gemacht hatte.

Ben erkannte Nap erst, als er in den Lichtschein eines Feuers trat. Sein

Schädel war kahlgeschoren. Er trug einen Lendenschurz und seine Mokassins. Eine Büffelhautdecke hing von seinen Schultern, gab aber die Brust frei, auf der zwei gelbe Ringe und ein paar weiße Punkte leuchteten. Die untere Hälfte seines Gesichtes war mit blutroter Farbe bestrichen, während er über beide Augenhöhlen weiße Striche gemalt hatte, die sich in der Mitte seiner Stirn kreuzten. Nap trug einen Köcher auf dem Rücken und einen Bogen in der Hand. In seinem Gurt steckten ein Bowiemesser und ein 45er-Trommelrevolver. Auch seine Oberschenkel waren mit weißen und gelben Streifen bemalt. Das Armeehorn hing über seiner rechten Schulter.

Als er aus dem Tipi kam, wichen die anderen beinahe ehrfürchtig vor ihm zurück. Ishatai ließ es sich nicht nehmen, eine Schau zum besten zu geben. Er umtanzte Nap für eine Weile, machte allerlei Verrenkungen und überreichte ihm den Rohhautschild, auf den Nap in aller Eile ein Horn gemalt hatte. Darunter waren ein Stern und ein Halbmond zu sehen. Nap nahm den Schild mit beiden Händen, hob ihn über seinen Kopf und stieß einen Schrei aus, bei dem Benjamin Clintock vor Schreck den Kopf in seine Decken zurückzog. Nap sah wild aus. Und er war es auch. Er hatte den Rest der Nacht mit Ishatai und einigen der älteren Männer verbracht. Er hatte sich mit einem Messer die Haut über der Brust aufgeritzt. Seine Augen glitzerten. Wahrscheinlich hatte er Peyote gekaut. Ben zog es vor, ihm aus dem Weg zu gehen, und Nap machte keine Anstalten, sich von ihm zu verabschieden. Er bestieg ein Pferd, das ihm der Bogenmacher zur Verfügung gestellt hatte. Es war ein häßliches Tier mit einer Rammnase und narbigem Fell.

Begleitet von Ishatai und dem Bogenmacher folgte Nap dem Trauerzug. Da sich auch Horseback anschloß, stand Ben auf. Er vermummte sich mit einer Decke und trottete mit den Frauen und Kindern, ohne daß es jemandem auffiel. In einem der Canyons wurde zuerst die andere Frau beigesetzt. Ihre Angehörigen verließen den Trauerzug, der sich weiterbewegte durch den Canyon, in dem es noch dunkel war, hinauf zu einer Hügelkuppe, auf der in der Nacht ein Gerüst errichtet worden war. Zwei Frauen hoben Kianceta vom Pferd auf die Plattform. Zwei Pferde wurden getötet, und man hängte die Köpfe und Schwänze an die Stangen, legte kleine Geschenke auf das Gerüst und gab der Toten alles mit, was sie auf ihrer langen Reise brauchen konnte. Nap legte ihr einen Beutel auf die Plattform. Ein Kürbis, der mit Wasser gefüllt war, wurde vor sie hingestellt. Jemand brachte eine Handvoll Pecannüsse und ein Häutermesser. Der Bogenmacher legte ein paar Fellmokassins neben ihre Füße, falls sie vom Winter überrascht werden sollte, und ihre Mutter brachte einen Kupferkessel, der bis zum Rand mit Büffelfladen gefüllt war. Daneben wurden ein paar dürre Äste aufgeschichtet.

Ishatai hielt eine kurze Ansprache, bei der die Frauen lautstark mitheulten. Dann trat Nap vor und blies auf seinem Horn. Tränen liefen über sein schwarz-weiß-rotes Gesicht, während er dem Horn leise, beinahe zarte Töne entlockte. Ben spürte, wie ihm die Kehle eng wurde, und er zog die Decke fester um sich.

Als Nap fertig war, kam ein Kundschafter im Galopp den Hügel hochgeritten. Ziemlich erregt und außer Atem redete er auf Ishatai ein, der ihm entgegengegangen war. Ishatai wandte sich an Nap.

»Er hat ein Lager entdeckt«, sagte er. »Zwei Männer. Sie haben den Skalp deiner Frau an einer Stange hängen. Die anderen zwei sind zum alten Fort geritten.«

»Ist er sicher, daß sie den Skalp haben?« fragte Nap.

Ishatai nickte. »Er hat die Augen eines Falken«, sagte er. »Er wird dich hinbringen.«

»Gut.« Nap drehte sich um. Einen Moment blieb er noch vor dem Gerüst stehen. Dann schwang er sich auf das Pferd, das ihm ein Knabe bereithielt. Benjamin Clintock machte einen oder zwei Schritte auf Nap zu, als dieser das Pferd im Kreis drehte. Nap hob seinen Schild und den Bogen, stieß einen Kriegsschrei aus und ritt hinter dem Comanchen her den Hügel hinunter. Staub schluckte sie, als sie die Ebene erreichten.

Der Wagen stand am Ufer eines Baches, den die Weißen *Chicken Creek* nannten. Es war einer der Frachtwagen, mit denen Jack Gallagher die Waffen und den Schnaps transportiert hatte. Nap erkannte ihn sofort. Der Wagen hatte zwei rostrote und zwei blaue Räder. Die Plane trug die verwaschene Aufschrift: SANTA FE OR BUST.

Die Maultiere waren ausgeschirrt und weideten am Ufer des Baches, der an einigen Stellen weite Senken überspült und eine Decke von Morast zurückgelassen hatte. An der hochgestellten Wagendeichsel hingen zwei Skalps zum Trocknen. Neben dem Wagen brannte ein kleines Feuer, über dem ein rußgeschwärzter Kaffeetopf hing. Ein Mann lag noch unter dem Wagen, einen Schlapphut über dem Gesicht.

Der andere Mann trug einen Revolver. Sein Gewehr lag hinter ihm im Gras. Das Gewehr des andern, eine 66er-Winchester, lehnte am blauen Wagenrad. Von den Ästen eines Mesquitebusches flatterten rostrote Unterhosen, zwei Hemden und ein paar Wollstrümpfe.

Es war früh am Morgen. Sonnenlicht floß über die Hügel in die Senke hinein bis zum Bach, über dem sich hauchdünne Nebelschwaden bewegten. Der eine Mann ging zum Bach hinunter. Er begann zu pinkeln, und Nap sah, daß er ein Monogramm in den Staub pinkelte. Zwei ineinanderverschlungene D's.

»Dave Dudley!« stieß Nap hervor. Der Kundschafter duckte sich, als hätte Nap mit einem Hammer nach ihm geschlagen.

»Das ist Dave Dudley«, sagte Nap leise. »Ein alter Bekannter.«
Der Kundschafter hatte längst einen Pfeil auf der Bogensehne und blickte beinahe gierig ins Tal hinunter. Die Entfernung betrug hundert Meter. Für einen sicheren Bogenschützen war das gerade richtig.
Dave Dudley rückte seine Hose zurecht und pfiff ein Liedchen, als er zum Campfeuer zurückging. Er guckte in den Kaffeetopf, holte Geschirr aus dem Wagen und stieß seinen Freund mit dem Fuß an.
Der Mann unter dem Wagen war Tom Wallace; er fuhr hoch und knallte mit dem Kopf gegen das Wagenrad. In beiden Händen hatte er einen Revolver. Die Mündungen zeigten genau auf Dave Dudley, der zurückwich und die Blechteller fallen ließ. »He, Tom!« rief er. »Ich dachte, daß du mit mir Kaffee trinken willst!«
Der Mann unter dem Wagen fluchte, steckte die beiden Revolver in seinen Leibgurt und kroch unter dem Wagen hervor. Es war ein schiefgesichtiger Bursche, bis auf einen Wollschal und den Waffengurt nackt. Er kippte die Stiefel, bevor er sie anzog, um ganz sicher zu sein, daß darin keine Skorpione, Taranteln oder Klapperschlangen die Nacht verbracht hatten. Er sagte etwas zu Dave Dudley, der die Teller aufgehoben hatte und beim Feuer kniete. Dann ging er zwischen die Büsche und pinkelte auch. Er schaute nach, ob seine Sachen trocken waren, fluchte wieder und wärmte am Feuer seinen blanken Hintern, während er Kaffee schlürfte.
»Ja, jetzt ist es Zeit«, sagte Nap zu dem Kundschafter. Er bedeutete ihm, hier zu warten und nur im Notfall einzugreifen. Der Kundschafter verkniff sein Gesicht, hob die Schultern und spuckte an den Ohren seines Pferdes vorbei. »Sie gehören mir!« sagte Nap noch einmal. Dann ritt er um den Hügel herum zum Bach. Als er ihn erreichte, sah er in der Ferne Staub aufsteigen. Er zügelte sein Pferd und wartete eine Weile. Ein Reiterzug tauchte über einem Hügelrücken auf. Indianer. Sie waren ungefähr eine Meile entfernt, und Nap entdeckte zwei Kundschafter, die aus einem Arroyo geritten kamen. Als sie ihn sahen, rissen sie ihre Pferde herum und jagten davon. Nap sah, wie die Reiterschar sofort im welligen Gelände verschwand, und er vermutete, daß es sich um Comanchen handelte, die von Ishatai ausgeschickt worden waren, damit er im Notfall Hilfe bekommen könnte. Nap ritt den Bach entlang, passierte den Hügel, auf dem der Kundschafter auf seine Chance wartete, und erreichte einen Mesquitebuschgürtel, knapp hundert Schritte vom Wagen entfernt. Der Wind trug ihm den Geruch des Kaffees zu. Sein Pferd blähte die Nüstern und legte die Ohren zurück. Nap nahm den Bogen in die linke Hand und kletterte aus dem Sattel. Gebückt arbeitete er sich durch das Gestrüpp. Links von ihm schnaubte ein Pferd, und Dave Dudley drehte sich um.
»Ich habe ein komisches Gefühl in der Magengegend«, sagte Dave Dudley. »Wenn die Rothäute unseren Spuren gefolgt sind, dann könnten sie jetzt hier sein.«

Tom Wallace winkte ab. »Die wissen haargenau, daß hier mindestens hundert Büffeljäger unterwegs sind. Hast du schon mal von Rothäuten gehört, die ihren Skalp riskieren, wenn es nicht eine todsichere Sache ist?«

»Wahrscheinlich hast du recht«, sagte Dave Dudley und biß in eine große Scheibe Trockenfleisch. »Wenn nur Joe bald mit dem Proviant anrückt. Himmel, Arsch und Zwirn, da hocken wir jetzt seit Wochen herum und die einzigen Büffel, die wir bis jetzt gesehen haben, wurden von Indianerweibern abgehäutet.«

»Den anderen geht es nicht besser. Dixon hat ein paar kleinere Herden erwischt, das ist alles. Aber laß es erst einmal Sommer werden, Dave. Dann haben wir nicht einmal genug Wagen, um die Felle zu transportieren. Zweifünfzig pro Fell! Spätestens in einem Jahr sind wir gemachte Leute. Das ist doch was anderes als Gallaghers Kuhhandel. Mit Gallagher bist du nie sicher gewesen, wer dir 'ne Kugel aufbrennt. Soldaten oder Rothäute. Hier wissen wir wenigstens, woran wir sind. Wenn du 'ner Rotnase begegnest, brauchst du gar nicht erst zu fragen, sondern du drückst einfach ab.«

»Daß die beiden Weiber draufgehen mußten, gefällt mir nicht«, sagte Dave Dudley.

»Wer hat sich denn über die Kleine hergemacht wie ein Wahnsinniger? Du hattest die Hose unten, bevor sie die Beine auseinander hatte, Dudley. Du warst der erste. Gut, ich habe die Alte umgelegt. Teufel, sieh dir mein Gesicht an! Sie hätte mir glatt die Augen ausgekratzt. Da hab ich ihr halt die Kehle durchgeschnitten. Aber du hast doch die Kleine gestochen, Dudley. Und Joe und Billy haben sie festgehalten. Und als sie dir in die Gurgel gebissen hat, da hast du ihr den Hals zugedrückt, bis ihr die Luft wegblieb.«

»Sie war nicht tot«, sagte Dave Dudley. »Sie lebte noch.«

Tom Wallace lachte. »Sie lebte noch ein bißchen. Aber sie taugte nichts mehr, und da wollte ich wenigstens 'nen Skalp haben. Wäre sie dabei nicht aufgewacht, wär ihr nichts weiteres passiert. Aber du hast selbst gesehen, wie gefährlich sie war. Hatte plötzlich das verdammte Häutermesser in der Hand und erwischte Billy an der Schulter. Da hat er es ihr gegeben und du weißt, wie Billy ist, wenn er einmal Blut riecht. Dann dreht er durch. Er hat's ihr gegeben, Dave. So war es doch, oder?«

»Verdammter Germane«, sagte Dave Dudley. »Hat ihr glatt die Brüste runtergeschnitten. Kann noch nicht einmal anständig auf englisch fluchen, der verdammte Germane. Bevor der richtig englisch fluchen lernt, wird er...«

Nap ließ den Pfeil fliegen.

Fünfzig Schritte. Ein kurzes, zischendes Geräusch. Die zurückschnellende Sehne riß Naps Unterarm auf. Der Pfeil traf Tom Wallace in den

Unterleib. Dave Dudley brach mitten im Satz ab und sprang zwei Schritte zurück. Tom Wallace brüllte auf und torkelte vorwärts. »Ich bin getroffen!« rief er. »Dave, ich bin getroffen!«

Und er taumelte und schwankte und dachte wohl überhaupt nicht mehr daran, daß er zwei Revolver mit sich herumschleppte, zwei mächtige Dinger, mit denen man nicht nur Krach machen konnte. Das Blut lief ihm über den Bauch, der aufplatzte, als er in die Knie ging und versuchte, sich aufzufangen. Immer und immer wieder schrie er, »ich bin getroffen!« und konnte gar nicht begreifen, was geschehen war. Es war alles so überraschend gekommen, nachdem Dave Dudley gesagt hatte, daß er ein flaues Gefühl in der Magengegend habe. Tom Wallace hatte nie daran gedacht, daß es so plötzlich geschehen könnte, früh am Morgen, am Tage, nachdem er die Indianerskalps erbeutet hatte. Es kam ihm nicht einmal in den Sinn, sich hinter dem Wagen zu verkriechen. Auch Dave Dudley brauchte Sekunden, bis er begriff, was passiert war, und inzwischen hatte Nap den zweiten Pfeil auf der Sehne, spannte den Bogen, zielte und ließ die Sehne schnellen, als Dave Dudley endlich zu seinem Gewehr laufen wollte. Der Pfeil flog tief und bohrte sich in Dave Dudleys linken Oberschenkel. Dave Dudley konnte sich nicht auf den Beinen halten. Er fiel, überrollte sich am Boden und griff zum Gewehr, als vom Hügel her der Pfeil des Kundschafters kam, vom Rücken eines galoppierenden Büffelponys aus abgefeuert. Der Pfeil traf Dudley in die rechte Brustseite und es sah aus, als würde Dudley gegen den Boden genagelt. Er brüllte und versuchte trotzdem, das Gewehr herumzunehmen, aber er schaffte es nur halb und der Schuß traf eines der eigenen Maultiere in den Hals.

Nap hatte den dritten Pfeil auf dem Bogen und trat aus den Büschen. Der Kundschafter kam den Hügel heruntergejagt, vornübergebeugt auf seinem kleinen struppigen Pony, den Bogen schwingend. Er durchritt die Senke, beugte sich weit aus dem Sattel und schlug Dave Dudley den Bogen über den Kopf. Beim Wagen riß er sein Pferd herum und stieß einen Schrei aus, der Tom Wallace zur Besinnung brachte. Eine Hand am Leib, richtete er sich etwas auf und es gelang ihm sogar, den einen Revolver aus dem Leibgurt zu nehmen. Sein Gesicht war beinahe blau, und er hatte den Mund weit aufgerissen, als er den Lauf hochbrachte. Nap ließ ihn einmal abdrücken, sah, wie der Kundschafter sich aus dem Sattel fallen ließ, und schoß Tom Wallace einen Pfeil von hinten in den Hals. Tom Wallace' zweiter Schuß zerschmetterte sein eigenes Knie, aber davon spürte er wahrscheinlich nichts mehr, denn er sackte zusammen und war schon tot, als der Comanche über ihn sprang und ihm sein Bowiemesser bis zum Heft in den Rücken stieß.

Mit einem Triumphschrei auf den Lippen sprang der Comanche auf die Beine und lud Nap ein, den Toten zu skalpieren. Nap, der am Rande der Senke stand, spürte, wie ihm plötzlich der Schweiß aus den Poren brach. Seine Knie zitterten, als er hinüberging. Tom Wallace lag auf dem Gesicht.

»Nimm seinen Skalp!« sagte der Kundschafter und packte Tom Wallace am Kragen. »Hier, es ist dein Skalp, Bruder!«

Nap zog sein Messer und legte den Bogen weg. Er kniete nieder und packte Tom Wallace am Haarschopf. Das Haar war staubig und etwa handlang. Kein besonderer Skalp, aber immerhin. Nap machte den Kreisschnitt und riß ein handtellergroßes Stück Haut und Haar vom Kopf des Mörders. Der Kundschafter brüllte für ihn und schlug ihm anerkennend auf die Schulter. Nap wußte nicht recht, ob er sich wirklich freuen sollte, aber dann dachte er daran, daß sein Schild verziert werden mußte. Er hängte den Skalp an seinen Gürtel, wischte das Messer an Wallace' Wollschal ab und sah sich nach Dave Dudley um, der eben leise aufgestöhnt hatte. Dudley war dabei, aus seiner Ohnmacht aufzuwachen. Er hatte einen Pfeil im Oberschenkel und einen in der Brust. Da er angezogen war, konnte man wenig Blut sehen.

»Töte ihn!« sagte der Kundschafter.

»Hätte ich ihn nur besser getroffen, den Scheißkerl«, dachte Nap. »Ich muß üben. Ich habe genau auf seine Brust gezielt und ihn in den Oberschenkel getroffen, Wallace in den Bauch und Dudley in den Oberschenkel. Das nächste Mal muß ich höher halten!«

»Töte ihn!« sagte der Comanche und stieß Dudley mit dem Fuß an, trat ihm in den Bauch und brüllte ihm einen Kriegsschrei ins Gesicht.

Dudley öffnete die Augen und sagte: »Oh . . . oh, was habe ich denn falsch gemacht, ich kann doch . . . oh . . .«

Er war noch nicht ganz da, merkte plötzlich, daß er getroffen war und Schmerzen hatte und sah den Indianer, der erwartungsvoll über ihm stand, das blutige Messer in der Hand.

»Nein!« stieß er hervor. »Jesus Christus, hilf mir!«

»Da ist niemand, der dir helfen könnte«, sagte Napoleon Washington Boone.

»Du bist es!« rief Dave Dudley. »Nap! Der Nigger!« Er lachte. Er schüttelte sich vor Lachen und Tränen quollen au seinen Augen. Er hob die Hand und suchte Naps Arm. Nap trat einen Schritt zurück und zog seinen Revolver.

»Ihr habt meine Frau getötet!« sagte Nap scharf.

»Deine Frau! Nap, Junge, ich bin verrückt. Ich bin wahnsinnig!« Er griff nach dem Pfeil, der in seiner Brust steckte, und fing zu weinen an. Der Comanche schüttelte den Kopf und fuhr sich mit dem Zeigefinger über die Gurgel.

»Töte ihn!« sagte er scharf.

Nap spannte den Hammer, als die Indianer über den Hügel herunterkamen. Es waren zwei Dutzend Kiowas. An ihrer Spitze ritt ein mittelgroßer Mann, der alt genug schien, im Rauchzelt zu sitzen, während seine Söhne Krieg machten. Er hatte ein verwittertes Falkengesicht mit breiten, stark hervortretenden Backenknochen und einem schmalen Mund. Als er sein Pferd zügelte und Nap in seine stechenden schwarzen Augen sah, fürchtete er für einen Moment, daß es ihm gleich ebenso ergehen würde wie Dave Dudley, der im Gras hockte, leise wimmerte und langsam ausblutete.

»Guipago«, sagte der Comanche ziemlich ehrfürchtig und wirkte dabei sogar etwas verlegen. Der Indianer auf dem Pferd schien ein berühmter und berüchtigter Mann zu sein, denn auch Dave Dudley stöhnte einige Male hintereinander: »Lieber Gott, steh mir bei!«

»Kennst du ihn?« fragte Nap Dudley, der vor Schmerzen die Zähne tief in seine Unterlippe gegraben hatte.

»Guipago, Lone Wolf«, preßte er hervor. »Lieber Gott, sie werden mich umbringen!«

Nap nickte. »Ja, das werden sie bestimmt tun«, sagte er und steckte den Revolver ein. Er trat einen Schritt vor. Die Indianer hatten einen Halbkreis gebildet. Ihre Pferde waren staubig, ihre Gesichter von den Anstrengungen eines langen Rittes gezeichnet. Als Nap auf Lone Wolf zutrat, hoben einige von ihnen die Waffen. Ein hagerer Mann mit einigen Federn im Haar und großen Ohrringen sagte etwas zu dem Comanchen, der sofort auf Tom Wallace zeigte und dann auf den blutigen Skalp, der an Naps Gürtel hing. Mit Handzeichen und wenigen Worten schilderte der Comanche, was passiert war. Nap verstand einiges, was er sagte. Der Comanche meinte, daß die beiden Skalps dem Mann mit dem Horn gehörten.

Lone Wolfs Gesicht blieb die ganze Zeit ohne Ausdruck. Er musterte Nap von Kopf bis Fuß, sagte etwas zu Mamay-day-te, der große Ohrringe trug, und dann fiel der Name Gallagher. Die Kiowas wurden unruhig. Sie waren eine wilde Bande, die von einem unbarmherzigen Mann geführt wurden. Lone Wolf hatte vor wenigen Monaten seinen Sohn und seinen Neffen verloren. Er trug sein Haar kurz bis auf eine dünne Skalplocke, die ihm über den Rücken herunterhing. Auf seiner Brust glänzte eine handtellergroße Medaille, die den Kopf eines Präsidenten der USA zeigte. Frisch vernarbte Wunden auf seinen Unterarmen und Handrücken zeigten deutlich, was der Zug in seinem Gesicht nur ahnen ließ. Er war verbittert, trug zwar noch die Medaille, hatte aber die Skrupel abgelegt, die man ihm bei einem Besuch in Washington beigebracht hatte. Er war jetzt bereit, bedingungslos zu kämpfen, zu töten und zu sterben. Er kannte keine Gnade, verlangte nicht nach Kriegerehren, besaß längst eine komplette Sammlung verschiedener Skalps und verzichtete trotzdem darauf, im Reigen der alten Männer von einer Zukunft zu

Häuptling Lone Wolf

träumen, die sich im Rauch der Friedenspfeifen auflöste, ohne je eine Form anzunehmen.

Lone Wolf hielt sich abseits, als die Kiowas den Wagen plünderten, Kaffee tranken, Zigaretten drehten und rauchten und darauf warteten, daß Nap endlich hingehen würde, um sich seinen Skalp zu nehmen.

»Hilf mir, Boone!« flehte Dave Dudley, dem das lange Haar in welligen Strähnen vom Kopf herunterhing. »Hilf mir, ich verblute sonst.«

»Wer war mit euch, als ihr die beiden Frauen umgebracht habt?« fragte ihn Nap.

»Joe Plummer und Billy Blue. Tom hat sie umgebracht. Und Billy Blue, ein Germane. Verfluchter Germane!« Dave Dudley faltete die Hände. »Hilf mir, Boone! Wir sind doch keine Barbaren! Wir sind Christenmenschen!«

»Wo finde ich die beiden?«

»Wie soll ich das wissen, Boone?« sagte Dave Dudley gepreßt. »Der Germane gehörte nicht zu uns. Er sagte, er wäre von Billy Dixon gekommen. Plummer, Tom und ich, wir wollten Büffel jagen.«

Die Tränen liefen über Dave Dudleys Gesicht, das von Schmerzen und Angst entstellt war. Seine Augen fanden keine Ruhe. Er beobachtete die Kiowas, die den Wagen plünderten. Ein paar kamen herüber. Sie rauchten und lachten und sie tranken Kaffee. Dann kam Mamay-day-te und riß Dave Dudley hoch und warf ihn vor Naps Füße. Der Pfeil, der in Dudleys Brust steckte, brach. Dudley brüllte vor Schmerzen und kniete vor Nap, hob die Hände und bettelte um Gnade. Der Comanche forderte Nap auf, endlich den Skalp zu nehmen. Nap zog das Messer. Er zögerte nur einen Augenblick. »Wehr dich, verdammt!« sagte er scharf. Aber Dave Dudley hatte nicht mehr die Kraft, und Nap skalpierte ihn, riß den Skalp hoch und stieß den Comanchen-Kriegsschrei aus. Die Kiowas wußten seinen schnellen Entschluß zu schätzen. Sie klatschten in die Hände und tanzten herum. Nap wurde ein bißchen übel. Nur wenig. Er spürte es in der Kehle. Er schwenkte den Skalp und seine Blicke trafen Lone Wolfs Gesicht. Der Häuptling hatte sich etwas aufgerichtet. Für einen Moment glaubte Nap zu erkennen, wie ein kaltes Lächeln seinen Mund umspielte. Aber die Augen blieben schmal und ohne Ausdruck. Mamay-day-te zerrte Dave Dudley, der ohnmächtig geworden war, zum Feuer. Dort töteten sie ihn auf ihre Art. Sie trieben einen zugespitzten Holzpflock durch seinen Unterleib in den Boden. Sie schnitten ihm die Ohren ab und kastrierten ihn. Dann banden sie seine Hände am herausragenden Ende des Pflockes fest und legten ihm die Ohren und die Hoden hinein. Sie schoben ihm ein Kissen aus Dornbuschzweigen unter den Kopf und befestigten ihn so, daß er ihn nicht wegdrehen konnte. Dave Dudley starb langsam und qualvoll. Sie weckten ihn immer wieder mit brennenden Ästen, und wenn er die Augen aufschlug, konnte er den

Pflock sehen, der aus seinem Unterleib ragte, seine Hände und die im Feuer liegenden Füße. Er schrie, bis seine Stimme versagte. Und als er endlich tot war, schnitten sie ihm die Kehle durch.

Die Kiowas nahmen die Maultiere und ein Sattelpferd mit. Alles andere ließen sie zurück. Mamay-day-te und Lone Wolf führten die Kriegerschar zum Camp der Comanchen, während sich Nap nicht aufhalten ließ, wenigstens den Versuch zu machen, Joe Plummer und Billy Blue zu erwischen. Der Comanche begleitete ihn, obwohl er gerne heimgeritten wäre, um mit seiner Geschichte ein bißchen aufzuschneiden. Er hieß Tasa-va-te, und in Naps Begleitung fühlte er sich so sicher wie in Abrahams Schoß, denn Nap trug eine gute und starke Medizin auf seinem Rücken, das gelbe Horn, dessen Stimme vom Allmächtigen, der hinter den Wolken lebte, nicht überhört werden konnte.

Selbst Lone Wolf hob für einen Moment die rechte Hand zum Gruß, als Nap und Tasa-va-te an ihm vorbeiritten, und Mamay-day-te schwenkte seine Lanze. Nap winkte ihnen zu. Die schon etwas verlaufene Farbe auf seinem Gesicht brannte in seinen Augen. An seinem Gürtel pendelten die beiden Skalps, und Tasa-va-te, der neben ihm ritt, versuchte den Zapfenstreich zu pfeifen.

Am Nachmittag überzog sich der Himmel, und es sah nach Regen aus, aber es fing erst am Abend an, als sie von einem Hügel aus auf die neu errichteten Gebäude von Adobe Walls hinuntersahen. Aus einigen der schießschartenähnlichen Fenster fiel Licht. Zwischen den Palisaden standen achtzehn Frachtwagen. Pferde und Maultiere standen im strömenden Regen. Vom Canadian her kam ein Büffeljägertrupp mit leeren Frachtwagen.

Tasa-va-te erkundigte sich vorsichtig, ob Nap vielleicht gedenke, hinunterzugehen, um ein paar Pferde zu stehlen. Nap ließ sich aber nicht darauf ein. Er war nicht unterwegs, um Pferde zu stehlen. Er war hier, um die Mörder von Kianceta zu töten.

19
Regentage

»Ich liebe diese Menschen, die mich jederzeit willkommen heißen, die ehrlich sind, ohne daß ihnen Gesetze Ehrlichkeit vorschreiben. Die keine Gefängnisse haben und keine Armenhäuser, die nie den Namen Gottes mißbrauchen, die Gott ehren, ohne die Bibel zu kennen, und die, so glaube ich, auch von Gott geliebt werden, die frei sind von religiösem Fanatismus und Haß, die nie eine Hand gegen mich erhoben oder mich bestohlen haben, obwohl es hierfür auch keine Gesetze zur Bestrafung gibt, die nie gegen die Weißen eine Schlacht geschlagen haben außer auf ihrem eigenen Grund und Boden... und, oh, wie ich ein Volk liebe, dessen Leben nicht die Liebe zum Geld ist!«

George Catlin, 1835

Es regnete ununterbrochen. Tage und Nächte hindurch mit der zähen Gleichmäßigkeit eines Dauerregens, der nicht mehr von oben kam, sondern sich einfach über der Erde ausbreitete, sich zu einem nassen Nebel auflöste, der durch die feinsten Nahtstellen der Tipis drang und die langen Pinienstangen aufquellen ließ. Schwer, seifig und aufgedunsen hingen die sonst straffgespannten Häute von den Stangen und man konnte jetzt deutlich erkennen, welche Frauen sich beim Gerben Mühe gegeben und welche einfach gehofft hatten, daß es in der nächsten Zeit nicht so ausdauernd und ausgiebig regnen würde.

Schon nach einer Woche schien die kurze Hitzewelle, in der sie aufgebrochen waren, der Urzeit anzugehören. Es war wieder kalt, nicht so kalt wie im Januar, aber dafür war es naß und grau, manchmal beinahe noch am Mittag dunkel.

Sie hatten das Lager am McClellan Creek aufgeschlagen. Der Himmel kroch in gespensterhaften Fetzen an den Lehmhängen herunter, an denen die stark verkrüppelten Wacholdersträucher mit ihren freigespülten Wurzeln lange noch Erdklumpen und Steinbrocken umklammerten, bevor sie weggerissen wurden und mit den Wassermassen in die Tiefe stürzten. Alte Arroyos füllten sich, liefen über und wurden von angeschwemmten Lehmmassen zugeschüttet. Neue Erdspalten taten sich auf. Rinnsale schwollen zu Flüssen an. Talmulden wurden zu schmutzigen braunen Seen. Manchmal mischte sich leises, langatmiges Donnergrollen mit dem Gurgeln der Brühe, die sich talwärts bewegte, mit dem Rauschen des Regens und dem Poltern stürzender Felsen und Lehmtürme. Die Canyonwände veränderten sich von Stunde zu Stunde. Tobende Wassermassen formten bizarre Gebilde, in denen Quarzadern funkelten. Die Ränder des Canyons wurden zu Silhouetten märchenhafter Städte, Schlösser und Burgen, die in einem Wetterleuchten entstanden und im nächsten zerfielen.

Es war ein scheußliches Wetter, das vor allem Cut Nose Kopfzerbrechen machte, denn sein Patient, der alte Häuptling Parry-o-coom, meinte schon am ersten Regentag, daß es vielleicht besser wäre, wenn man ihn jetzt einfach in aller Ruhe sterben lassen würde. Aber gerade der Regen war es, der Cut Noses Ehrgeiz erneut aufstachelte. Er hatte ein paar besondere Kräuter für Regenperioden, mit denen er den ausgemergelten Körper des Patienten einrieb. Er gab ihm verschiedene Breis zu schlucken, wickelte seine ausgelaugten Füße in eine mit Schildkrötenfett imprägnierte Wolldecke und stopfte ihm Pfropfen aus aufgeweichtem Büffelmist in die Nasenlöcher.

Genau wußte eigentlich niemand, was Cut Nose alles tat, um Parry-o-coom am Leben zu erhalten. Auch in den anderen Zelten husteten Greise und Kinder, geschwächt durch den langen Winter und die plötzliche Hitzewelle, die ebenso plötzlich vom Regen weggespült wurde. Horsebacks Frau bekam Fieber, Triefaugen und eine aufgequollene Nase. Horseback selbst hustete bellend die Tipihäute an und wunderte sich darüber, daß seine Füße einfach nicht warm werden wollten. Das Holz, das die Mädchen noch während trockener Tage gesammelt hatten, rauchte mehr als es brannte.

Es gab nur noch wenige Familien, die einen kleinen Vorrat an trockenen Büffelfladen hatten. Die anderen holten sich ihr Brennholz von den Canyonhängen und aus den überfluteten Flußsenken, schichteten es rund um ihre kleinen Feuer herum auf und schoben immer nur die Äste hinein, die einigermaßen trocken waren.

Man sah selten einen Mann im Regen arbeiten, dafür aber Frauen und Mädchen mit schwer herunterhängenden Kleidern, triefendem Haar und lehmbedeckten Beinen. Die kleineren von ihnen blieben manchmal einfach im Morast stecken und mußten von den Größeren herausgezogen werden. Selbst die Pferde und Maultiere hatten Schwierigkeiten, sich zu bewegen.

Rund um die Zelte herum mußten immer wieder die Wassergräben nachgezogen werden. Eine schwere und schmutzige Arbeit, die Ben nur widerwillig tat. Aber er hatte keine Wahl. Ganz klar hatte ihm Horseback zu verstehen gegeben, daß er ihn eigenhändig in einem Tümpel ertränken würde, wenn er sich weigerte, gerade jetzt, wo jedermann mithelfen mußte, für sein Essen zu arbeiten. So stand Ben meistens bis zu den Knien im Dreck und arbeitete sich mit einem alten Armeespaten Schwielen an die Hände, während der Regen auf seinen Rücken heruntertrommelte und Nap in seinem Tipi hockte und darüber brütete, wie er wohl Billy Blue, den Germanen, erwischen könnte, ohne selbst in die Hände von Soldaten oder Büffeljägern zu fallen. Eine Woche lang war er mit seinem neuen Freund durch die Gegend geritten, ohne die beiden letzten Mörder von Kianceta zu finden. Die Skalps hatte er an sein Schild gehängt, sie waren noch nicht ganz trocken, stanken aber längst nicht mehr, nachdem er sie für ein paar Tage in den Rauch eines Gewürzfeuers gehängt hatte. Seit er zurück war, hatten Ben und er nur wenige Worte gewechselt. Ishatai hatte zwar zu Naps Ehren einen großen Tanz veranstaltet, an dem auch Lone Wolfs Kiowas teilnahmen, aber eigentlich erwarteten die Comanchen von Nap mehr Ausdauer. Trotz des Regens. Trotz der Schwierigkeiten, die ein noch recht ungeübter Bogenschütze hatte. Eine Woche lang war Nap fortgewesen. Als er zurückkam, hatte der Regen längst die Farbe von seinem Gesicht gewaschen. Er war etwas hagerer geworden, besonders im Gesicht. Außerdem war sein Schädel schon wieder von Haarstoppeln bedeckt, und kurz nach seiner Rückkehr ging das Gerücht um, daß Tasa-va-tes Schwester, ein noch nicht achtzehnjähriges Mädchen, mehrmals heimlich versucht hatte, Nap während feuchtkalter Nächte zu besuchen. Ob Nap mit dem Mädchen etwas hatte oder nicht, wußte eigentlich noch niemand so genau, aber immerhin war Tasa-va-te Naps bester Freund, der Steigbügel an Steigbügel mit ihm geritten war und nicht unwesentlich dazu beigetragen hatte, daß Nap zwei Skalps besaß.

Das Mädchen hieß Bärenklaue, und es trug eine Halskette mit zwei mächtigen rot gefärbten Bärenklauen dran. Eines Tages hob Ben mit dem Mädchen einen Graben aus und als es ausrutschte und sofort im Morast versank, half er ihm auf die Beine. Zum Dank bekam er von Bärenklaue eine Handvoll Dreck ins Gesicht, aber das störte ihn auch nicht besonders. Er war schon allerhand gewöhnt, wartete eine Weile und stellte ihr ein Bein, als sie davongehen wollte. Sie fiel wieder in den Dreck, und er half ihr noch einmal hoch. Dieses Mal zog sie es vor, mit ihm zusammen ein närrisches Gelächter anzustimmen, und als Tomanoakuno aus dem Tipi kam, waren Ben und Bärenklaue dabei, sich gegenseitig in den Dreck zu stoßen.

Andere Mädchen, die an Gräben arbeiteten oder vom Holzsammeln kamen, stürzten sich auf Ben und Bärenklaue, und im Nu balgten sich alle im strömenden Regen. Ben erwischte Tomanoakuno am Haar, langte zwischen den Beinen einer anderen Frau hindurch, packte kräftig zu und ließ sich fallen. Tomanoakuno fiel mit ihm, und sie klatschten eng umschlungen in den Morast, rollten aus dem Knäuel heraus und durch den Graben, sich aneinander festkrallend, übelriechenden Brei im Gesicht, als sie sich schnell küßten, ohne daß es auffallen konnte.

So war es.

Niemand sah, daß sie sich geküßt hatten. Trotzdem sprang Tomanoakuno etwas verwirrt auf und stürzte sich sofort wieder in das Getümmel. Ben hinterher, mitten hinein, und sie stürzten erneut, überschlugen sich und küßten sich. Das taten sie mehrere Male. Und es fiel nicht auf. Erst als Ben aus Versehen ein anderes Mädchen erwischte und mit ihm durch den Morast rollte, flogen die ersten Holzstücke und Lehmklumpen, und sie fielen alle über ihn her, Tomanoakuno voran, eifersüchtig wie eine betrogene Ehefrau. Sie hoben ihn hoch, schwangen ihn und warfen ihn in hohem Bogen durch den Regen in einen Tümpel, und als er hochkam und nach Luft schnappte, waren sie wieder da, lehmbehangene Gestalten, die alle gleich aussahen. Sie hoben ihn wieder hoch und schwangen ihn lärmend, bis der Regen sein Gesicht freigewaschen hatte, und dann warfen sie ihn wieder in den Tümpel. Die Fellappen an den Tipieingängen wurden hochgeschlagen, und das ganze Lager schaute zu, wie zwei Dutzend Mädchen sich an einem neuen Spiel erfreuten.

Schließlich gelang es Ben, dem Ansturm auszuweichen, und er rannte mit mächtigen Sprüngen durch den Morast, die Mädchen hinter ihm her. Erschöpft erreichte er einen Buckel, der wie ein Inselchen aus dem Brei ragte. Dort versteckte er sich, bis sie die Suche aufgaben.

Aufgespannte Büffelhaut

Am Abend meinte Horseback, daß er eigentlich nichts dagegen habe, wenn Ben in Naps zweitem Tipi schlafen würde, da der Platz in seinem eigenen Zelt durch den Einzug einer Nichte von Parry-o-coom jetzt doch etwas knapp würde. Ben hatte natürlich auch nichts dagegen. Im Gegenteil, er suchte sofort Nap auf, der in seinem Tipi hockte und sein Feuerchen unterhielt. Man sah ihm an, daß er Kiancetas Tod noch nicht überwunden hatte. Er sah müde aus. Übernächtigt. Älter. Und er hatte einen neuen Namen: *Black Medicine*.

Er hob den Kopf, runzelte die Stirn und holte Luft. »Mach zu, es kommt kalt rein«, sagte er.

Ben schlug den Lappen zurück. In Naps Tipi roch es nach Pinienharz und Rauch. Das kleine Feuer verbreitete ein wenig Licht. Der Boden war feucht. Naps Dinge lagen unordentlich herum. Der Schild mit den beiden Skalps hing am Bogen, der gegen eine Tipistange gelehnt neben dem Eingang stand. Ben warf einen kurzen Blick darauf.

»Sind das die Haare der Mörder?« fragte er.

Nap nickte. »Was willst du sonst noch?«

»Horseback schickt mich.«

»Gut. Ich dachte, du seist durchgebrannt.«

»Von einem Tipi zum andern, was? Darf ich mich irgendwo hinsetzen oder wäre das gegen die Sitten und Bräuche der Comanchen?«

»Wenn du die Adlerfeder dort nicht anfaßt, kann dir nichts passieren«, sagte Nap. »Setz dich auf die Decke. Trinkst du einen Kaffee mit?«

»Du hast Kaffee?«

»Haben wir aus einem Frachtwagen geholt«, sagte Nap. »Bei Adobe Walls.« Er grub in seinen Sachen und fand eine Büchse mit Kaffeebohnen. Irgendwann hatte er im Spiel auch eine Kaffeemühle gewonnen. Er füllte sie, nahm sie zwischen die Knie, und das knirschende Geräusch war fast noch verlockender als der Duft der zermahlenen Kaffeebohnen. Ben hängte einen Topf über das Feuer. »Du warst also bei dem alten Handelsfort?« fragte er. Nap hatte ihm bis jetzt kaum etwas über seinen Abstecher erzählt. Nur daß er zwei der Mörder getötet habe. Dave Dudley und Tom Wallace, an die sich Ben kaum mehr erinnern konnte, obwohl er sie bei Gallagher gesehen haben mußte.

»Sie haben dort ein paar Häuser gebaut und einige Corrals«, sagte Nap. »Ich glaube, du würdest dort einige deiner Freunde finden. Billy Dixon ist in der Gegend. Bat Masterson. Die Mooar-Brüder mit einer Mannschaft.« Nap stellte die Kaffeemühle auf den Boden und hob den Kopf. »Mit vierhundert Comanchen hätten wir sie alle dort erwischen können. Es sind mindestens hundert dort und etwa hundert, die in der Gegend herumziehen und nach Büffeln suchen. Bis jetzt hatten sie wenig Glück, und wenn es so weiterregnet, ziehen sie sich vielleicht aus lauter Wut gegenseitig die Haut ab.«

»Nap, diese Männer haben nichts mit dem Tod von . . .«

»Was willst du, Kleiner?« fragte Nap und machte eine ungeduldige Handbewegung. »Ich hörte, daß du dich mit dem Mädchen herumgebalgt hast?«

»Ich habe Tomanoakuno geküßt«, sagte Ben. »Keiner hat es gemerkt.«

Nap hob die Brauen. »Ah«, sagte er. »Und was versprichst du dir davon, Mann?«

Ben seufzte. »Ich werde sie heiraten, Nap.«

»Soso. Einfach so?«

»Natürlich nicht. So einfach ist das sowieso nicht. Ich brauche den Rat eines erfahrenen Freundes, verstehst du? Deshalb dachte ich, daß Horseback nichts Besseres einfallen konnte, als eine Cousine oder Enkelin von Parry-o-coom bei sich aufzunehmen. Da wird es etwas eng im Tipi, und bei dem Regen kann ich nicht draußen schlafen. Horseback meint, daß ich vielleicht in deinem Tipi schlafen könnte.«

»In meinem Tipi?«

»Du hast zwei, Nap!«

»Ja, natürlich. Das zweite steht nur nicht, und außerdem glaube ich kaum, daß ich jemand finde, der es für mich aufstellt. Mann, die Häute sind alle naß und zentnerschwer. Da gibt es niemand, der jetzt noch ein Tipi aufstellt, da wir doch in ein paar Tagen sowieso wieder aufbrechen müssen.«

»Könnte ich da nicht vielleicht in deinem Tipi vorübergehend einen Platz finden?«

Nap wiegte den Kopf. »Du hast sie also geküßt, was?«

»Es ging alles so schnell. Plötzlich fielen sie über mich und Bärenklaue her und da stürzten Tomanoakuno und ich in den Dreck, und da haben wir uns geküßt.«

»Im Dreck?«

»Ja.« Ben holte Luft. »Ich glaube, sie mag mich, Nap. Ich werde sie heiraten!«

»Wann?«

»Wenn wir frei sind.«

»Das ist ja interessant. Sag mal, glaubst du im Ernst, daß das Mädchen von seiner Familie weggeht?«

»Darauf kommt es nicht an.«

»Worauf dann?«

»Darauf, daß wir uns lieben.«

Nap kniff die Augen zusammen. Dampf stieg aus dem Topf. Das Wasser gurgelte und Nap schüttete den Kaffee hinein. Durch den Dampf hindurch musterte er Ben, der ein fast siegesgewisses Lächeln im Gesicht hatte, obwohl er noch meilenweit vom nächsten Traualtar entfernt war, noch nicht einmal in der Nähe von Fort Sill oder Camp Supply oder irgendeiner Niederlassung. Hier gab es noch nicht einmal ein einziges Blockhaus oder eine Lehmhütte. In der Nähe war ein Schlachtfeld, daß die Comanchen mieden. Vor etwas mehr als einem Jahr hatte dort Colonel Ranald S. Mackenzie die Kwahadi-Comanchen überrascht. Er kam mit einigen Kavalleriekompanien aus den bewaldeten Hügelhängen jenseits des Flusses, tötete dreißig Krieger und Frauen und Kinder, nahm mehr als hundert gefangen und erbeutete die gesamte Ponyherde von über zweitausend Tieren. Anschließend ließ er alles, was von den Indianern zurückblieb, niederbrennen und wunderte sich darüber, daß die Comanchen in der Nacht sämtliche Pferde zurückholten und verschwanden, bevor sich seine Soldaten den Schlaf aus den Augen reiben konnten. Das war noch nicht so lange her. Nicht lange genug, um die Gefallenen zu vergessen und das Schlachtfeld wieder zu betreten, aber lange genug, um unbekümmert wie damals in einem Canyon zu lagern, der leicht zu einer Falle werden konnte. Ishatai behauptete zwar, daß die Comanchen in seiner Gegenwart absolut sicher wären und daß die Soldaten irgendwo im Regen herumirrten, geblendet von Blitzen, die er ihnen entgegengeschickt habe.

Nap und Ben tranken schwarzen, ungezuckerten Kaffee, musterten sich gegenseitig, dachten über verschiedene Dinge nach und lauschten dem Regen, den man nach dem ewigen Rauschen nur noch hören konnte, wenn man sich darauf konzentrierte.

»Ihr liebt euch also«, sagte Nap nach einer Weile. »Bist du sicher?«
»Absolut.«
»Hm, ich traue der Sache nicht.«
»Warum nicht? Ich muß es doch wissen, oder?«
»Man kann sich leicht täuschen«, sagte Nap etwas eingebildet. »Du glaubst gar nicht, wie man sich da täuschen kann. Das kommt nicht darauf an, daß ihr dein Kuß schmeckt und sie sich in deinen Armen rekelt. Ich hatte mal ein Mädchen, mit dem habe ich ein halbes Jahr herumgeknutscht, und dann kam Rattenschwanz-Tom vom Dorf auf der anderen Seite des Flusses und er hat nur mal kurz mit dem Auge gezwinkert, und schon hat sie von ihm ein Kind gekriegt. Du vergißt bei Tomanoakuno einfach, daß mindestens ein halbes Dutzend Burschen auf eine günstige Gelegenheit warten, darunter einer der besten Lanzenstecher, der Häuptlingssohn Crowfoot, ganz zu schweigen von Ishatai, der eigentlich nur mal 'nen richtigen Sieg braucht, um zum begehrtesten Junggesellen unter den Kiowas, den Cheyenne und Comanchen zu werden. Im Gegensatz zu ihm hast du kaum etwas zu bieten. In Stöckelschuhen bricht sie sich das Genick. In der Kirche wird sie Weihwasser saufen und in einem Federbett kriegt sie noch in der ersten Nacht das Kotzen. Wenn du mit ihr unter die Leute gehst, wird man sie fragen, ob sie auch schon

Menschen gegessen hat, und im Generalstore wird man ihr Kandiszucker als Gewürzstangen verkaufen.«

»Ich könnte auf 'ner Ranch arbeiten und Reverend Duncan, ein alter Freund unserer Familie, könnte sich am Anfang etwas mit ihr befassen, bis sie . . .«

»Ich zweifle nicht daran, daß Reverend Duncan das liebend gern tun würde«, sagte Nap auflachend. »Gott verdammt, an deiner Stelle hätte ich sie nicht geküßt, Kleiner. Aber jetzt ist es passiert und der Teufel weiß, daß ich kein Schweinehund bin.«

»Soll das heißen, daß ich bei dir einziehen kann, Nap?«

Nap rümpfte die Nase. »Ich will keinen Ärger, hörst du! Du kannst einziehen, aber ich will keinen Ärger. Und sobald der Regen aufhört, schläfst du draußen. Ist das klar?«

»Völlig klar. Ich hole schnell meine Sachen.« Ben sprang auf.

»Noch etwas, Kleiner. Falls du dir einbildest, daß aus meinem Tipi ein Liebesnest wird, so hast du dich getäuscht! Das ist kein Bordell, sondern die Behausung eines nicht unbedeutenden Comanchen-Kriegers, der Ishatai zum Freund hat und ihm Loyalität schuldig ist, falls du überhaupt weißt, was das bedeutet, Mann!«

»Wir werden schon zurechtkommen, Nap«, versprach Ben, bevor er hinausschlüpfte, um seine Sachen zu holen.

Irgendwann zwischen Mitternacht und Morgengrauen war Napoleon Washington Boone überzeugt davon, daß er zu weichherzig war.

Seit Stunden schon wanderte er völlig durchnäßt im Windschatten der Canyonwand umher, kauerte in den Nischen nieder, rieb die Hände gegeneinander, hauchte seine steifen Finger an und schlug die Arme um seinen Leib. Zwischendurch machte er Kniebeugen, zerkaute das Mundstück seiner längst erloschenen Pfeife und schaute zu, wie die Senken des Canyons mehr und mehr überflutet wurden und das Wasser an der Erhöhung nagte, auf der die Zelte standen.

Durch die Büffelhäute der Tipis, in denen noch Feuer brannte, fiel schwacher Lichtschein. Sein eigenes Zelt war dunkel, obwohl seine Gäste kaum eingeschlafen sein würden.

Seine Gäste. – Falls Ishatai, von Gedanken geplagt wieder einmal keine Ruhe fand und auf die Idee kam, in Naps Tipi eine Tasse Kaffee zu trinken und dabei die Pläne für den bevorstehenden Sonnentanz zu besprechen, würde es ohne Zweifel zu einem Skandal kommen. Nap schauderte bei dem Gedanken und allein die Furcht, als Kuppler am Marterpfahl zu enden, trieb ihn durch den Regen zurück zum Tipi. Er wußte nicht, wie lange er gelitten hatte. Seine Haut war beinahe so weich und aufgedunsen wie die Rehlederleggins und das Rehlederhemd. An seinen Hosenbeinen klebte der Lehm in Klumpen und irgendwo war sein linker Mokassin steckengeblieben. Bei diesem Wetter war Horseback in Naps Stiefeln schon besser dran, aber Geschenke konnten auch unter Comanchen nicht wieder zurückverlangt werden, obwohl dies von den Weißen behauptet wurde.

Vor dem Tipi zögerte Nap einen Moment. Aber ein Windstoß fegte ihn beinahe durch den Eingang, und so kam es, daß Nap, tropfnaß und halb erfroren, in sein eigenes Tipi hineinstolperte und von einem erschreckten Ausruf empfangen wurde, dem ein Fluch im Texasslang folgte.

»Was wollt ihr eigentlich noch?« knurrte Nap bissig. »Ich hab zwei Stunden im Regen gestanden, ihr Schnarchsäcke! Mach mal Licht, Mann! Ich will mir jetzt die Finger wärmen!«

Es raschelte und knisterte und jemand huschte im Tipi umher. Schließlich flackerte eine kleine Flamme auf und beleuchtete die Gesichter von Benjamin Clintock und Tomanoakuno. Zwei äußerst unfreundliche Gesichter, dachte Nap und zog sein Rehlederhemd aus. Zwei äußerst undankbare Geschöpfe! »Schnarchsäcke!« sagte er leise, während er verwundert feststellte, daß nicht einmal die Decken zerwühlt waren und Ben das Hemd noch bis zum Hals zugeknöpft hatte.

»Du hättest dich wenigstens anmelden können!« sagte Ben.

»Soso! Anmelden. Ist das mein Tipi oder nicht?! Bist du hier mein Gast oder ich deiner? Anmelden! Ich hab dir gesagt, daß das hier kein Bordell ist und daß ich hier zu Hause bin.« Nap öffnete die Hose. »Was ist los? Seid ihr euch jetzt endlich einig oder habt ihr im Dunkeln nur ein bißchen Händchen gehalten?«

»Ich glaube nicht, daß du zwei Stunden lang weg warst«, sagte Ben. »Es waren höchstens zehn Minuten.«

»Du bist wohl einer von denen, die achtzig Jahre alt werden und immer noch nach Milch lärmen, wenn sie einer Amme begegnen«, knurrte Nap. »Geh heim, jetzt!« sagte er zu dem Mädchen. »Los, ich will hier keinen Ärger. Hau ab! Wenn du dich wieder mit ihm treffen willst, dann verkriecht euch in den Büschen. Ich hab heute nur mal 'ne Ausnahme gemacht, verstanden. War ein Freundschaftsdienst. Aber es ist mir verdammt nicht wohl dabei. Geh heim jetzt!«

Tomanoakuno zog ihre Decke über den Kopf. Ben griff nach ihrer Hand, aber sie entwischte ihm und kroch an Nap vorbei zum Eingang. Dort drehte sie den Kopf. »Ich gehe jetzt«, sagte sie und ging. Nap zog die Hose aus. »Ist noch Kaffee im Topf?« fragte er. Ben nickte und hängte den Topf über das Feuer.

»Wie war's?« Nap hängte die Hose an ein Rohhautseil, das quer durch das Tipi aufgespannt war. »Hast du was mit ihr gemacht?«

Bens Gesicht rötete sich. »Wir haben über die Zukunft geredet.«

»Ah. Und was ist dabei herausgekommen?«

»Wir lieben uns.«

»Das hast *du* schon vorher gewußt, du Narr.«

»Sie will nicht weggehen.«

»Das habe *ich* schon vorher gewußt, du Trottel!« Nap schlug eine Decke um sich und klapperte mit den Zähnen. »Da steh ich zwei Stunden lang im Regen herum, um euch ungestört miteinander schlafen zu lassen, und ihr redet von der Zukunft! Mann, wenn ich nicht wüßte, daß ihr Kuhjungs aus Texas einen etwas eigenartigen Ehrenkodex habt, würde ich mir jetzt glatt selbst in den Arsch beißen. Da hast du die verdammte Chance, mit deinem Mädchen zu schlafen, während dein Freund draußen im Regen steht, und du schaffst es nicht einmal!«

»Das geht dich alles nichts an, Nap«, sagte Ben scharf. »Du hast selbst gesagt, daß dies kein Puff ist, nicht wahr? Und du willst doch keinen Ärger haben, oder?«

»Du hast 'ne einmalige Chance verpaßt, Cowboy«, sagte Nap, während er die Hände rieb und sich schüttelte.

»Hör auf damit, ja. Es genügt doch, daß wir uns lieben, nicht wahr? Es genügt doch, daß wir zusammensein konnten. Wer weiß, wie oft wir noch Gelegenheit dazu haben. Wer weiß, wie lange das alles noch dauert. Sie sind alle wild darauf, Krieg zu machen, seit Lone Wolf hier war. Sogar Horseback wird ungeduldig. Morgen schon könnte es zum Kampf kommen. Jedermann weiß, daß überall Soldaten sind. Es gibt kaum noch einen Platz, wo die Comanchen in Sicherheit sind.«

»Und sie sind hungrig, Mann! Darauf kommt es an. Wer um seine nackte Existenz kämpfen muß, gibt sich nicht mit Versprechungen zufrieden. Hat sie dir nicht gesagt, daß sie Krieg machen werden?«

»Ja, das hat sie gesagt.«

»Na, also. Ishatai wird ihnen die Büffel zurückbringen. Sie haben sich längst entschieden. Wenn Quanah kommt, dann geht es los. Wenn Quanah kommt, dann wird getanzt und getrommelt. Mindestens tausend Indianer werden mit Ishatai gehen. Cheyenne, Kiowas, Arapahoes und Comanchen. Da werden sich aber die Herren Generäle gehörig was einfallen lassen müssen, denn jetzt geht es nicht mehr um Skalps und Pferde. Jetzt geht es auch nicht darum, Frauen und Kinder zu füttern! Jetzt geht es um weiß oder rot.«

»Ich weiß, Nap. Teufel, ich weiß, worum es geht. Ich hab ihr gesagt, daß ich es weiß. Und ich hab ihr gesagt, daß die Indianer hungrig sterben werden, wenn sie Krieg anfangen. Die einzige Chance, die sie haben, ist die, sich in den Reservationen anzusiedeln und Mais zu pflanzen. Vom Mais wird man wenigstens satt.«

»Es gibt Krieg!« sagte Nap hart.

»Es scheint fast, als würdest du dich darauf freuen, Nap?«

»Freuen? Nein, ich war Soldat, Mann. Ich war ein gottverdammter Blaubauch und ich weiß, wie der Krieg ist. Aber ich habe meine Seite gewählt, Mann! Ich weiß jetzt, wo ich stehe. Wenn es Krieg gibt, werde ich neben Ishatai und Quanah an der Spitze reiten und das Horn blasen, und es ist ganz gut möglich, daß ich auch noch einmal satt werde, bevor ich sterbe.«

»Ich will nicht, daß Tomanoakuno stirbt!« Ben goß zwei Tassen voll Kaffee. »Sie ist erst siebzehn Jahre alt, Nap.«

»Für Comanchen kommt das Sterben nie zu früh«, sagte Nap.

»Sie ist weiß, verdammt noch mal! Sie ist keine Indianerin.«

»Falls sie das wirklich einmal merkt, bringt sie sich glatt selber um«, sagte Nap und schlürfte den heißen Kaffee. Ben saß ihm gegenüber und benagte seine Unterlippe. Der Regen trommelte gegen die Tipiwände. Nap blies in den Kaffee. Die Wunden auf seiner Brust waren verkrustet. Er sah müde und niedergeschlagen aus.

»Wirst du uns helfen, wenn wir abhauen?« fragte Ben plötzlich.

Nap schüttelte den Kopf. »Nein, Ben. Das wirst du allein tun müssen.«

20
Der Traum vom Glück

»Ich liebe das Land und die Büffel und ich werde mich nicht von dem trennen, was ich liebe. Ich will, daß ihr gut zuhört und versteht, was ich sage. Schreibt es auf Papier...

Ich will keine Schulen und Kirchen in diesem Land. Ich will, daß die Kinder so aufwachsen, wie ich aufgewachsen bin...

Satanta, Kiowa, 1867

»Die Schule wurde am 20. Februar 1872 eröffnet. Nur ein paar Schüler kamen. Heute sind es einunddreißig. Sie sind nett, folgsam, wißbegierig und vertrauensvoll... Dreiviertel von ihnen finden auf der Landkarte die Staaten, Hauptstädte, Berge und viele der Flüsse der Vereinigten Staaten und die Ozeane, die Buchten, die Meeresströme usw. der westlichen Welt. Ich bin davon überzeugt, daß jeder, der die Wahrheit liebt, Freude hätte, an diesen Bibellektionen teilzunehmen, die jeden Samstag von einem Lehrer abgehalten werden, dessen innigster Wunsch es ist, den Indianern den Weg der Erlösung zu zeigen, so daß sie in Jesus ihren wahren Retter erkennen werden.«

Lawrie Tatum, Quäkeragent der Comanchenreservation, Juni 1872

»Es gelang uns nicht, die Cheyenne zu bewegen, ihre Kinder zur Schule zu schicken. Sie sagen, daß die Schule vielleicht für Arapahoe-Kinder gut genug sei, aber Cheyenne müßten nicht in die Schule gehen, um zu lernen, wie man Büffel erlegt. Als man ihnen sagte, daß es bald keine Büffel mehr geben und daß die Schule ihnen zeigen würde, ohne Büffel zu leben, war ihre Antwort, daß sie nicht danach trachteten, weiterzuleben, wenn die Büffel ausgerottet wären.«

J. D. Miles, Quäkeragent der Cheyennereservation, Rapport von 1874

In der nächsten Nacht sagte Nap, daß er nach genau dreißig Minuten zurück sein werde. Er nahm eine Zeltplane mit. Ben hatte keine Ahnung, wie kurz eine halbe Stunde sein konnte, aber genau in dem Moment, als Tomanoakuno ihm in die Unterlippe biß, stürzte Nap in das Tipi und behauptete, daß er sich wie ein ausgemachter Narr vorkomme. Ben nahm seine Hand unter Tomanoakunos Kleid hervor und hoffte auf besseres Wetter.

Aber es regnete weiter. In der dritten Nacht kam Tomanoakuno nicht, weil Ishatai mit Nap einen neuen Plan besprach. Er wollte Cut Nose, seinem ärgsten Widersacher und gefährlichsten Rivalen, durch einen Blitzschlag die Erleuchtung bringen. Mit Hilfe von Schwarzpulver ließ Ishatai am nächsten Abend Cut Noses Tipi in Flammen aufgehen, gerade als dieser dabei war, Parry-o-coom mit Wacholdersaft einzureiben. Vorher hatte Ishatai natürlich das Unglück prophezeit, aber man glaubte ihm erst, als die Stichflamme aus der Rauchluke stach und die nassen Büffelhäute zu dampfen anfingen. Cut Nose gebärdete sich wie ein Wahnsinniger, denn einige seiner Medizinbündel, -pfeile, -federn, -rasseln und sein Büffelmedizinstock verbrannten mit einigen breigefüllten Töpfen und einem Sack voll gedörrter Kräutern. Doch danach war Cut Nose ein gebrochener Mann, und Parry-o-coom starb jeden Tag ein bißchen mehr. Selbst die *Verkehrten*, die Comanchen nannten sie *Pukutsi*, konnten Cut Nose nicht aufheitern. Sie gaben sich alle Mühe und tanzten im strömenden Regen, sangen Lieder, rollten sich im Dreck und taten so, als ob die Sonne scheinen würde. Es waren zwei verrückte Burschen, kräftig und gewandt. Sie gehörten zu denen, die alles verkehrt herum machten. Sie gingen meistens rückwärts, saßen mit dem Gesicht zum Pferdeschwanz im Sattel, wuschen sich mit Staub und trockneten sich im Fluß. Nicht jeder konnte ein *Pukutsi* werden. Es brauchte eine gehörige Portion Mut dazu, behauptete Ishatai, der mit Nap und Ben zusammen im Tipi saß und bei Kaffee und Pemmikan den gelungenen Handstreich feierte.

»Man kann über sie lachen, wenn sie herumtollen, um die Leute aufzuheitern. Das tun sie nicht oft. Cut Nose ist ein Freund von ihnen. Ich wollte früher auch mal ein *Verkehrter* werden, aber ein Medizinmann lebt besser und vor allem ungefährlicher. Im Kampf tragen sie einen langen Rehlederschal über den Schultern. Mitten im Gefecht spießen sie das eine Ende des Schals mit einem Pfeil am Boden auf, während sie sich am anderen festhalten. Sie singen und schütteln ihre Rasseln, aber sie kämpfen nicht. Sie singen so lange, bis der Sieg erkämpft ist oder sie von den Feinden getötet werden. Falls einer sich aus Angst zu früh befreit, wird er von seinen Freunden getötet. Falls es danach aussieht, als ob der Kampf verlorenginge, kann ein *Pukutsi* nur von einem Freund befreit werden. Ich bin froh, daß ich kein *Verkehrter* geworden bin.«

Ben hätte Ishatai gern gesagt, daß er als Betrüger wohl früher oder später auch am eigenen Schal aufgeknüpft würde, aber er ließ es bleiben. Er war Naps Gast und noch immer Horsebacks Eigentum, obwohl er schon so etwas wie Narrenfreiheit zu besitzen glaubte. Auf jeden Fall ließen sie ihn sogar unbeachtet zwischen den Büschen verschwinden, wenn er sein Geschäft zu verrichten hatte, und da er tagsüber freiwillig mit den Mädchen Holz sammelte und die Wassergräben nachzog, nahm man wohl an, daß er sich seinem Schicksal ergeben hätte. Aber das täuschte. Seit Tagen fieberte Ben dem ersten Sonnenstrahl entgegen, denn dann wollte der Stamm aufbrechen, um sich irgendwo auf einem alten, jedermann bekannten Lagerplatz mit den Cheyenne und Kiowas zu treffen. Dort, nach Tomanoakunos Aussagen ganz in der Nähe der Reservation, wollte er die Flucht versuchen.

Zwar weigerte sie sich, auch nur daran zu denken, ihre Familie zu verlassen, aber Ben nahm sich vor, seine ganze Überredungskunst und alles andere, was er besaß, einzusetzen, um sie davon zu überzeugen, daß das Paradies dort war, wo sein Vater am Holzbein schnitzte und Reverend Duncan jeden Sonntagmorgen zum Gottesdienst seine Taube um den Kirchturm fliegen ließ. Reverend Duncan würde sie trauen. Die Mannschaften der Hackmesser- und der Schaukelstuhlranch würden dabeisein. O'Rourke würde Trauzeuge sein. Und Jennifer Cowley. Smoky Rutledge würde sein bestes Schwein schlachten, und Charlie Bowers, der Saloonwirt, würde eine Runde Champagner ausgeben.

In der vierten Nacht überließ Nap Ben sein Tipi noch einmal. Es regnete nicht mehr so stark, und es schien auch etwas wärmer. Als er von der Zeltplane eingehüllt hinauskroch, brummte er, daß er das Lager genau viermal umrunden und dann zurückkommen würde. »Viermal, Mann. Keine Runde länger. Und wenn du es heute nicht schaffst, dann könnt ihr mich morgen Nacht beide kreuzweise, während ich davon träume, Billy Blue den Skalp über die Ohren zu ziehen!«

Er war wirklich immer noch wild darauf, den Germanen zu erwischen. Sein Skalpmesser war geschliffen, und an seinem Schild war Platz für Billy Blues Haarbüschel. Blondes Haar eines Germanen. Nap war überzeugt davon, daß er Billy Blue begegnen würde. Irgendwo zwischen dem Canadian und dem Arkansas. Irgendwann.

Als Nap draußen war, löschte Ben das Feuer. Er wartete. Er konnte Tomanoakuno nicht sehen, als sie kam. Aber er spürte sie. Ihr Haar war naß, ihr Gesicht kalt. Er nahm sie in die Arme, und sie krochen zusammen unter die Decken und küßten sich. Ihr Atem ging schnell. Sie legte den Kopf gegen seine Brust, und er preßte sie an sich. Sie zitterte und ihre Finger tasteten nach seinem Gesicht.

»Nap bleibt vier Runden lang weg«, sagte Ben leise. »Und ich liebe dich.«

»Ja«, sagte sie. Regenwasser lief aus ihrem Haar an seinem Hals herunter. Er streichelte ihr Gesicht, und ihre Finger suchten seinen Mund. Er küßte ihre Finger und sie umarmten sich, lagen still unter den Decken.

Er glaubte, ihr Herz schlagen zu hören. Ja, er spürte es, und seine Hand glitt an ihr herunter über das weiche, etwas feuchte Rehleder, den Falten entlang bis zum Saum, und sie drängte sich an ihn, als seine Hand ihre Haut berührte. »Benjamin«, flüsterte sie gegen sein Ohr und ihre Lippen zitterten an seiner Wange, weich und warm, und er drehte den Kopf zur Seite, nasse Haarsträhnen über dem Gesicht, den Geruch von Rauch in der Nase.

Für Sekunden überkam ihn ein Gefühl des Zweifels. Nur für Augenblicke, und er legte die Lippen gegen ihr Ohr, wollte ihr sagen, daß er Angst hatte, Angst es zu tun, Angst vor dem Moment, ein Streichholz anzuzünden, vor Nap, der nach vier Runden zurückkommen würde, und Angst davor, daß es Tag würde und der Regen nie mehr aufhören würde. Aber alles, was er ihr sagen wollte, vergaß er, und alles, was um ihn herum war, zählte nicht mehr, und er zog ihr das Kleid aus, und er spürte ihre Brüste, fest und kalt, und er drängte sich zwischen ihre Beine. Ihre Hände glitten an seinem Rücken hinunter und alles an ihr war hart und gespannt und sie atmete schnell, als ob er sie verletzt hätte. Er streichelte ihr Gesicht und ihr Haar, und er küßte sie auf die Augen und auf den Mund und ihre Finger gruben sich jäh in seinen Rücken, als er in sie eindrang. Den Aufschrei erstickte er mit seinem Mund, ein Schrei, der tief aus ihrem Körper kam, dort, wo er war, behutsam, sachte zuerst, dann härter und schnell und tief.

Er lag auf ihr, und er war noch immer in ihr, und sie bewegte sich, legte den Kopf in den Nacken, leise, flüsternde Worte auf den Lippen, und ihre Hände glitten an seinem Rücken hoch, über seine Schultern zum Hals und in sein Haar.

»Mein Mädchen«, sagte er leise. Und er nahm ihren Kopf sanft in seine Hände und küßte ihre heißen, trockenen Lippen.

»Du . . . du liebst mich, Benjamin?« fragte sie leise.

»Gott, ich hab's dir gezeigt, Liebes. Ich hab's dir gezeigt, nicht wahr? Du mußt es gespürt haben.«

»Ja, doch, ja, Benjamin, es war . . . ich weiß nicht . . . es war wie neues Leben.« Sie zog seinen Kopf herunter. »Ich bin glücklich, Benjamin. Ja, ich bin sehr, sehr, sehr glücklich.«

»Willst du immer glücklich sein?«

»Ja. Ja, wenn es das ist, was glücklich heißt, will ich die ganze Nacht bleiben. Ich will die ganze Nacht bleiben! Ich will hier sein. Ich will glücklich sein. Die ganze Nacht und den ganzen Tag. Immer und immer und immer!«

Als er sie küßte, dachte er wieder an das Streichholz, an Nap und daran, daß es Tag werden und weiterregnen würde. »Wir müssen weggehen, wenn wir glücklich sein wollen«, sagte er, und sie hielt für einen Moment den Atem an. Er legte seine Hände gegen ihre Wangen. »Der Tag wird kommen, an dem wir weggehen müssen.«

»Nein. Denk nicht daran. Komm, küß mich. Komm!«

Sein Mund war trocken, als er sie küßte und er spürte, wie sie ihn nicht mehr loslassen wollte, aber da war das Streichholz und das Feuer und Nap. Sie umklammerte ihn und sie küßte ihn und alles fing noch einmal an, genau wie zuvor, nicht weniger. Es ging lange, länger als das erste Mal, eine Ewigkeit, immer wieder mit einem Anfang und einem Ende und einem neuen Anfang.

Und dann war da das Geräusch. Wie ein Donnerschlag aus leerem Himmel. Eisiger Luftzug blähte die Decken auf. Ben warf sich hoch. Licht blendete ihn. »Nap?« fragte er. »Bist du das, Nap?«

Das Licht tanzte. Schatten huschten an den Tipiwänden hoch. Tomanoakuno lag unter den Decken und bewegte sich nicht.

»Hast du Angst, Tejano?« fragte eine Stimme. Es war Ishatai, der gekommen war. Ben spürte, wie sich sein Herz verkrampfte. »Ich ... ich dachte, es ist mein Freund«, sagte er. »Was willst du?«

Ishatai lachte leise. »Ich konnte nicht einschlafen. Zu viele Gedanken wirbeln in meinem Kopf herum. Da dachte ich, daß ich mit Black Medicine zusammen eine Tasse Kaffee trinke.«

»Er ist draußen«, sagte Ben. »Komm ich mache dir Kaffee.«

»Mit dir trinke ich keinen Kaffee«, sagte Ishatai. »Nicht mit dir.« Er bückte sich und blies die Hurricanlaterne aus, die ihm Nap geschenkt hatte. Ben atmete auf, als der Lappen zurückfiel. Er nahm Tomanoakuno beim Arm. »Du mußt gehen!« sagte er eindringlich. »Er würde uns töten, wenn er dich hier entdeckt! Siehst du, hier ist es gefährlich, glücklich zu sein.«

Er hörte, wie sie das Kleid überstreifte und die Decke um sich wickelte. Lautlos huschte sie aus dem Tipi, und Ben riß jetzt das Streichholz an und machte Feuer. Er war froh, als Nap zurückkam.

»Acht Runden!« sagte Nap und ließ die Plane von den Schultern gleiten. »He, du siehst aus, als ob du es endlich geschafft hättest, Leuchtauge.« Nap schlüpfte unter seine Decken und hüstelte. »Um dir 'ne Freude zu gönnen, habe ich mich erkältet. Es regnet nicht mehr stark. Morgen abend könnt ihr euch irgendwo einen trockenen Platz suchen.«

»Ishatai war hier«, sagte Ben. Unruhe plagte ihn. Er war nicht sicher, ob Ishatai nichts gemerkt hatte. Vielleicht hatte er draußen gelauert und Tomanoakuno gesehen. Nap gähnte. Er schien nicht zugehört zu haben. Ben schob ein paar angetrockneten Äste in das Feuer. »Ishatai kam. Er wollte mit dir Kaffee trinken.«

Nap warf die Decken zurück. »Hat er das Mädchen gesehen?« fragte er rauh. »Mann, wenn er das Mädchen gesehen hat, dann...« Nap nahm seine Unterlippe zwischen die Zähne und stöhnte. Was er noch alles hätte sagen können, war in seinem Gesicht zu lesen. Er hatte zwei Falten in der Stirn, die Ben noch nicht kannte.

»Ich glaube nicht, daß er sie gesehen hat«, sagte Ben. »Er kam nur schnell, leuchtete herein und sagte, daß er nicht schlafen könne.«

»Wenn er deine Augen gesehen hat, weiß er, daß du mit einem Mädchen zusammen gewesen bist«, sagte Nap. »Das ist eine gottverdammte Scheiße, Mann! Du machst mir hier noch alles kaputt mit deiner urwüchsigen Liebe, die dich plötzlich befallen hat. So 'ne gottverdammte urwüchsige Liebe kann alles kaputt machen. Da bleibt am Ende nur noch der Teufel, der sich ins Fäustchen lacht. Jawohl, Mann, an deiner Stelle würde ich kaum grinsen!«

»Ich grinse nicht.«

»Doch! Eben hast du gegrinst! Weißt du, was du bist? Du bist ein Kaputtmacher! Aber du kannst nichts dafür. Du bist eben einer von denen, die alles kaputt machen, ohne daß sie es wollen. Such dir für die nächste Nacht 'nen trockenen Platz, zum Teufel. Und wenn Horseback keinen Besuch mehr hat, ziehst du um!«

»Ich dachte, wir sind Freunde, Nap.«

»Wenn wir Freunde wären, würdest du dir endlich einen anständigen Sonnenbrand holen, damit du mal wie ein Mensch aussiehst. Aber so...« Nap schüttelte den Kopf. »Du bist durch und durch bleich, Mann. Alles, woran du denkst, ist, wie du es schaffen könntest, mit dem Mädchen abzuhauen. Ob sie dabei draufgeht oder nicht, ist dir egal! Es kommt dir nicht mal drauf an, ob sie will oder nicht. Hauptsache, daß du dich mit deinem verrückten Gedanken wohl fühlst, einen Menschen aus ihr zu machen! Du hast doch Augen im Kopf, verdammt! Du kannst doch sehen, wie es hier aussieht und dort, wo du hergekommen bist!«

»Ich glaube nicht, daß ich jemals vergessen könnte, wie es dort ist, wo ich herkomme, Nap. Ich bin ein zivilisierter Mensch, verstehst du. Meine Gefühle sind zivilisiert. Ich weiß, wo ich zu Hause bin. Ich weiß, daß für mich irgendwo ein Platz ist. Dorthin will ich gehen. Dort will ich... Wurzeln schlagen. Die Leute hier werden vom Wind hin und her getrieben. Mal sind sie da, mal sind sie dort. Wenn die Büffel ausbleiben, hungern sie. Wenn ein Fluß Hochwasser führt, bleiben sie an einem Ufer und warten, bis er trocken ist. Wenn es regnet, schlafen sie Tage und Nächte hindurch, und wenn die Sonne scheint, warten sie auf den Abend, bevor sie sich bewegen. Ich habe nichts dagegen, daß man Tiere frei herumziehen läßt. Ich habe nichts dagegen, daß die stärkeren Wölfe die schwächeren auffressen. Ich habe auch nichts dagegen, daß Bären keine Häuser bauen. Aber ich habe etwas dagegen, wenn Menschen dahinvegetieren und langsam sterben, ohne etwas dagegen zu tun! Reverend Duncan hat immer gesagt, daß auf dieser Welt keine Fortschritte erzielt werden, wenn man im Schatten herumliegt und sich vom Wind den Bauch streicheln läßt.«

»Du weißt nicht, wovon du redest! Und dein Reverend hat sein Kissen wahrscheinlich mit dem Geld aus dem Opferstock vollgestopft, damit er es klingeln hört, wenn in der Nacht der Teufel kommt und an seinem Bett rüttelt. Wenn dein Gott Fortschritt gemeint hätte, als er das Paradies erschuf, wären Adam und Eva in Palästen aufgewachsen!«

»Komm mir nur nicht mit Adam und Eva. Das ist alles schon so lange her, daß kein Mensch mehr genau wissen kann, wie es wirklich war.«

»Dann träum nicht vom Paradies, Benjamin Clintock! Himmel, Arsch und Zwirn, sag mir einen einzigen Grund dafür, warum es auf dieser Welt nur für dich einen Platz gibt, nicht aber für mich oder für Co-bay oder für dein Mädchen? Weil du dich breit machst und nie genug kriegst! Weil du mehr haben willst, als gut für dich ist! Weil du dir einbildest, daß man das Paradies, von dem dein Reverend predigt, erst erschaffen muß! Weil es für dich nur zwei Worte gibt, mit denen du über Menschen urteilen kannst: kultiviert und primitiv. Du bist kultiviert, Mann! Ha, du bist wirklich ein kultiviertes Arschloch, weil alles, was nicht in deinem kultivierten Hirn Platz hat, primitiv ist!«

»Reg dich nicht auf, Nap.« Ben kroch unter seine Decken. Der Geruch von Tomanoakuno war da. Vielleicht hätte er ihr von Reverend Duncan erzählen sollen. Vom Gaslicht und von der großen Uhr am Bahnhofsgebäude. Oder von McDuffs Sägewerk. Vom Zirkus, vom Wandertheater. »Weißt du, was ich tun werde, wenn ich heimkomme, Nap? Ich werde zwei, drei Jahre wie ein Kuli schuften, und dann werde ich irgendwo ein kleines Haus bauen und Rinder züchten. Das werde ich tun, Nap.«

Nap wälzte sich auf die andere Seite. »Schlaf jetzt und halt die Klappe, Mann! Ich bin verschnupft und hundemüde. Und ich bin wütend. Wenn ich wütend bin, kann ich ungemütlich werden!«

»Wenn du wütend bist, hältst du Vorträge«, sagte Ben. »Gute Nacht.«

»Gute Nacht«, sagte Nap.

»Gute Nacht.« Ben zog den Kopf ein. Er würde Tomanoakuno von einem grünen Tal erzählen und von einem kleinen weißen Haus mit drei Zimmern. Die Nähmaschine würde unter dem Fenster stehen, wo immer genug Licht war. Und in der Küche würde es nach Maiskuchen riechen und nach Steaks und Hühnerbrühe. Und am Abend würde die Sonne unter dem Verandadach hindurch scheinen, und er würde im Schaukelstuhl sitzen, die Pfeife rauchen und zusehen, wie die Kinder sich im Schatten des Cottonwoods balgten, mit dem Hund, der die Coyoten davon abhalten würde, Hühner zu stehlen. Und am Sonntag würden sie alle zusam-

Tipi-Lager

Kriegstrupp unterwegs

men in die Stadt fahren, zur Messe und zum Erntedankfest, und zum Jahrmarkt am 4. Juli. Im Herbst würden in den Corrals die Kälber gebrändet, und die Nachbarn würden herkommen mit Kind und Kegel, und man würde ein Rind am Spieß braten und tanzen, und Papa Jackson würde auf seiner Fidel spielen. Im Winter, wenn es draußen so kalt war, daß die Sättel krachten, würde sie auf der Ofenbank sitzen und den Kindern aus dem Märchenbuch vorlesen, von Riesen und Zwergen und von guten Feen und bösen Hexen und ...

»Hörst du was, Ben?« fragte Nap plötzlich.

Ben lauschte. Es war totenstill.

»Hörst du nichts?« fragte Nap. Er hatte sich aufgerichtet.

»Nein«, sagte Ben. »Nein, es ist alles still.«

»Es regnet nicht mehr!« sagte Nap. »Gute Nacht.«

Ben lauschte. Es hatte wirklich aufgehört zu regnen.

Viele der Comanchen wollten sofort aufbrechen, als ein paar Cheyenne zufällig auf ihr Lager am McClellan Creek stießen. Es waren sechs hagere, ausgemergelte Männer und ein junger Bursche, der Hippi hieß und mit herausfordernder Gelassenheit die Uniformjacke eines Sergeanten der Artillerie trug, dessen roter Haarschopf von einer langen Lanze herunterhing. Obwohl sie aussahen, als wären sie um die halbe Welt geritten, ohne einmal zu essen, waren sie nur wenige Tage unterwegs gewesen. Aber dort, wo sie herkamen, dort, wo sie den Winter verbracht hatten, gab es seit Wochen auch nichts mehr zu essen, außer dem Fleisch der eigenen Pferde und wurmstichige Armeebrötchen, manchmal auch etwas Futtermais.

Nur Hippi schien in der Reservation einige Verbindungen gehabt zu haben. Im Gegensatz zu den andern sah er beinahe prächtig aus, mit vollen Wangen und gesundem Zahnfleisch. Er war am Sand Creek dabeigewesen, sagte er. Und am Washita. Er kenne die Bleichgesichter. Er würde nie etwas unterschreiben. Er könne überhaupt nicht schreiben, aber dafür sei er gut im Sergeantentöten. Er zeigte den Haarschopf und die Goldwinkel an seiner Uniformjacke. Es sei an der Zeit, alle Blaubäuche und Büffeljäger und überhaupt alle Weißen zu töten, besonders diejenigen, die den Boden pflügten und Häuser bauten. Aber auch die Agenten und die Missionare und die Männer, die den Weg des Feuerrosses machten, und diejenigen, die den *Sprechenden Draht* ziehen. Er war ein ungestümer Bursche, dieser Hippi. Er hatte Feuer in seinen Mandelaugen und während er redete, ging er herum und schüttelte seine Fäuste und die Lanze. Die anderen, die mit ihm gekommen waren, hielten sich etwas zurück. Einer von ihnen war Stone Calfs Sohn, ein hagerer junger Kerl mit einem knochigen Gesicht. Er war als Krieger nicht unbekannt. An seinem Hemd hingen einige Haarbüschel. Wahrscheinlich war er flink und zäh. Er ritt ein gutes, rostbraunes Pferd und trug die farbenprächtigsten Mokassins, die Ben je gesehen hatte. Ansonsten waren sie lausig bekleidet. Zwei trugen verwaschene, aufgetragene Hosen, und einer hatte seinen Oberkörper in ein Stäbchenkorsett gezwängt, an dem einige Antilopenzähne und Muscheln hingen.

Stone Calfs Sohn hatte eine Adlerfeder im Haar. Er sagte nur, daß alle Comanchen und Kiowas und Cheyenne zusammenkommen würden. Daß sein Vater und ein paar andere bekannte Häuptlinge die Reservation verlassen hätten. Man müsse sich jetzt endlich entscheiden, sonst würden sie alle in den Kerkern der Weißen verkommen und sterben wie die Fliegen. Da der Boden noch weich war, entschieden die Ältesten im Rauchzelt, noch ein wenig zu warten, und die Cheyenne ritten weiter, um andere Kriegerbanden zusammenzutrommeln.

Drei Tage lang schien die Sonne. Ben erzählte Tomanoakuno beim Holzsammeln von seinem Tal. Aber seit die Cheyenne gekommen waren, hörte Tomanoakuno nur noch mit halbem Ohr zu.

Ishatai trieb zur Eile an. Er wollte Medizin machen. Er wollte die Weißen aus dem Land verjagen, das den Comanchen und den Kiowas und den Cheyenne gehörte. Er versprach, daß die Kinder nie mehr hungrig sein würden und daß keine Schildkröten mehr gegessen werden müßten, wenn das Blut der weißen Eindringlinge erst einmal im Boden versickert wäre und die Sommersonne ihre Knochen zu Staub brennen würde. Dann würde die Prärie wieder voll von Büffeln sein und die Weißen, die dort lebten, wo die Sonne aufgeht, würden sich hüten, mehr Blaubäuche zu schicken, denn ihre Kugeln würden nicht treffen. Ishatai hetzte die Jungen auf, und die Alten ließen sich anstecken. Man tanzte zwei Nächte hindurch, und Ben traf sich mit Tomanoakuno außerhalb des Lagers.

»Ich habe lange nachgedacht«, sagte sie zu ihm. »Ich glaube, daß es so wird, wie Ishatai sagt. Wir werden alle Weißen, die hier sind, und alle, die herkommen, töten. Dann ist alles wieder gut. Dann ist es so, wie es die Geschichten sagen, die mein Vater erzählt.«

»Herrgott, laß dich nicht verwirren!« sagte Ben eindringlich. »Hast du vergessen, wie es ist, glücklich zu sein?«

Er wollte sie umarmen, aber sie wich aus und lief einfach weg. Ben suchte nach ihr, während die anderen tanzten. Er fand sie nicht, und als er Nap sagte, daß sie weggelaufen war, hob dieser die Schultern. »Warum kümmerst du dich nicht um deinen eigenen Kram, Kleiner? Du hast doch irgendwo deinen Platz, nicht wahr?«

»Ich liebe sie!« sagte Ben heftig. »Verstehst du das denn nicht, Nap?«

»Und wie ich das verstehe, Mann. Sie ist ein Engel.« Mehr sagte Nap nicht dazu. Er war beim Tanz gewesen und konnte kaum mehr stehen.

Während der Regenzeit hatte er sich nicht oft bewegt und war deshalb etwas aus der Übung gekommen.

Am nächsten Tag wurde das Lager abgebrochen, und so gegen Mittag waren sie unterwegs. Richtung Elk Creek. Pferde, Maultiere und Hunde. Männer, Frauen und Kinder. Parry-o-coom auf dem Travois. Mehr tot als lebendig. Ishatai führte den Zug auf einem schneeweißen Pony. Immer dem Nordarm des Red River entlang, der Hochwasser führte. Man umging kleinere Flüsse. Der Canyon wurde breit und eben. Vor ihnen hoben sich verwitterte Sandsteingebilde in den wolkenlosen Himmel. Meilenweit war kein Baum mehr zu sehen. Der Boden war dünn mit Büschelgras bewachsen. Überall hatte der Regen Spalten und Rillen zurückgelassen, in denen das Wasser schnell wieder versickert war. Die Felsen waren vom Wetter zernagt, unterhöhlt, blankgewaschen. Es war eine trostlose Gegend mit wenig Kakteen und Dornbüschen. Erst als sie den Sweet Water Creek erreichten, fanden die Pferde genügend Gras. Man lagerte am Oberlauf des Baches, ohne die Tipis aufzustellen. Kundschafter durchstreiften die Umgebung. Zwei Antilopen wurden erlegt, und ein Knabe traf mit einem Pfeil ein rennendes Kaninchen. Der Knabe war stolz darauf, und man machte ihm zu Ehren einen kleinen Tanz, und er bekam den Namen *Der-Kaninchen-tötet*. Aber Ishatai behauptete, seine Medizin würde durch das Töten von Kleintieren arg geschwächt, und der Knabe versprach, keine Kaninchen mehr zu töten, bevor man die Bleichgesicher nicht ausgerottet hätte.

Am zweiten Tag stießen sie auf einen deutlich sichtbaren Pfad. Travoisspuren folgten dem Buffalo Creek. Aus allen Richtungen liefen Fährten zusammen. Die Hufeindrücke zeigten südwärts. Hunderte von Ponyhufen hatten die Erde zerstampft. Die Hunde hoben an jedem Grasbüschel und an jedem Strauch das Hinterbein. Kalte Feuerstellen wurden passiert. Zwischen dem Cache Creek und dem Nordarm des Red River stießen sie auf ein niedergebranntes Tipi, und sie machten einen weiten Bogen darum herum. Bei dem Tipi lagen zwei erschossene Pferde und allerlei Kram. Indianer, die vor ihnen zum Elk Creek unterwegs waren, hatten entweder einen Sterbenden oder einen Toten zurückgelassen und sein Hab und Gut angezündet.

Je näher sie dem Elk Creek kamen, desto mehr Spuren vereinten sich. Es wäre für eine Armeepatrouille ein leichtes gewesen, diesen Fährten zu folgen, aber die Comanchen hielten es jetzt nicht für nötig, Kundschafter auszuschicken.

In Ben wuchsen Spannung und Unruhe. Er wußte, daß sie sich nur etwa fünfzig Meilen westlich von Fort Sill befanden, hart an der Grenze der Comanchen-und-Kiowa-Reservation. Ishatai hielt das für eine verwegene Herausforderung, mit der er seine Macht eindrucksvoll demonstrieren konnte. Er fieberte dem Moment entgegen, die großen Häuptlinge zu treffen. Immer wieder ritt er dem Zug weit voran, aber erst am Mittag des dritten Tages tauchten auf den Hügeln die ersten Gestalten auf. Kundschafter anderer Stämme. Ishatais Zug wurde beobachtet, und als vor ihnen über den Büschen die ersten Tipistangen zu sehen waren, ließ Ishatai Nap in sein Horn blasen.

Zur allgemeinen Überraschung hatten Naps Hornstöße ein deutliches Echo. Ben, der auf seinem schmerzenden Rücken einen mächtigen Pakken mit Hausrat aus Horsebacks Tipi trug, wurde förmlich hochgerissen, als von den Tipis her ein Antwortsignal ertönte. Die Frauen und Mädchen um ihn herum duckten sich, und ein gehetzter Ausdruck grub sich in das Gesicht von Tomanoakuno, die auf einem Pferd saß und ein Bündel in der Armbeuge wiegte.

Selbst Ishatai war für einen Moment verwirrt, aber dann tauchte vor ihnen eine Reiterschar auf, die von einem grobschlächtigen, wüst aussehenden Indianer angeführt wurde, der kräftig in ein Horn blies.

Es war Satanta, der Kiowa-Häuptling.

21
Satanta

»Ich glaube, daß die Indianer nicht im Sinne haben, während dieses Sommers hier in der Reservation Schwierigkeiten zu machen, aber nachdem, was ich so gehört habe, werden sie ihre Raubzüge durch Texas weiterführen. Ich glaube, daß sich die Lage verschlimmern wird, bis man die Indianer härter anpackt. Ich kenne keinen Grund dafür, daß die Indianer für Gesetzwidrigkeiten nicht genauso behandelt werden sollten wie die Weißen. Es ist nicht richtig, sie zu füttern und zu kleiden, obwohl sie in Texas straflos plündern, rauben und morden. Hiermit frage ich, ob mir das Komitee erlaubt, Indianer, die Morde begangen haben, zu verhaften und sie den zuständigen Behörden von Texas auszuliefern, damit ihnen der Prozeß gemacht werden kann.«

Lawrie Tatum, am 22. Mai 1871.

»Ja, ich habe diesen Raubzug geführt. Ich hatte wiederholt um Waffen und Munition gebeten – ohne Erfolg. Ich hatte viele andere Forderungen gestellt, denen allen nicht stattgegeben wurde. Ihr habt nicht gehört, was ich euch sagte. Ihr plant, eine Eisenbahn durch unser Land zu bauen, und das erlaube ich euch nicht! Vor einigen Jahren habt ihr uns an den Haaren hierhergezogen, in die Nähe von Texas, und wir müssen kämpfen, um zu leben. Vor kurzer Zeit wurde ich grundlos von Soldaten verhaftet und für mehrere Tage eingesperrt. So geht es jetzt nicht mehr weiter. Es wird nie mehr vorkommen, daß Kiowa-Krieger eingesperrt werden. Ich will, daß ihr euch an meine Worte erinnert!«

Satanta, zu dem Quäker-Agenten Lawrie Tatum.

Satanta hatte sich durch 44 Jahre gekämpft, als er der Einladung der Comanchen Folge leistete und zum Elk Creek kam, um am Sonnentanz teilzunehmen.

Er war ein großer, bullig wirkender Mann mit einem dicken Eierkopf, eng zusammenstehenden Augen und einer höckrigen, vernarbten Gesichtshaut. Das strähnige Haar war in der Mitte gescheitelt, und in seiner Skalplocke trug er eine einzelne Adlerfeder.

Zu jener Zeit, im Jahr 1874, galt Satanta als einer der einflußreichsten Führer des Stammes. Während Kicking Bird der Reservationspolitik der Regierung mit nahezu grenzenloser Kompromißbereitschaft den Weg ebnete, trat Satanta ihr mit der Ablehnung eines Mannes entgegen, der ein Leben lang betrogen, beraubt und geschlagen wurde. Satanta hatte von frühester Jugend an gelernt, daß Zivilisation für seinen Stamm nur den Untergang bedeuten konnte. Satanta kämpfte mit Worten und mit Waffen. Er galt als einer der gewandtesten Redner der Kiowas.

Im Jahre 1867, am 1. Mai, war er bei Friedensverhandlungen in Fort Larned mit General Hancock zusammengetroffen, dem Kommandanten des Departements von Missouri. Während der Konferenz hatte sich klar herausgestellt, daß Satanta die Gefahr einer Ausbreitung der Zivilisation im Südwesten kannte. Er hatte darauf hingewiesen, daß mit dem Bau der Eisenbahn, die damals quer durch Kansas führte und bereits Hays City erreicht hatte, die Besiedlungswelle nicht mehr aufzuhalten war. Er erklärte sich bereit, mit seinem Stamm südwärts zu ziehen, forderte aber gleichzeitig, daß keine Eisenbahnen südlich der Smoky-Hill-Route gebaut würden. Gegen eine Wagenstraße den Arkansas River entlang hatte er keine Einwände. Er hatte darauf aufmerksam gemacht, daß am Arkansas und den anderen Flüssen im südlichen Kansas bereits die meisten Bäume gefällt worden waren und daß in den Kansas-Prärien die Büffel bald ausgerottet sein würden. »Es gibt keine Büffel mehr hier in der Gegend und kaum mehr genug Wild, das wir erlegen könnten, um zu leben, aber ich versuche jetzt, dem Frieden entgegenzugehen, und ich möchte nicht, daß das, was ich gesagt habe, falsch aufgefaßt wird, denn ich sage nichts als die reine Wahrheit.«

Satanta bot bei der Verhandlung mit General Hancock ein klassisches Beispiel für seine Begabung, die Lage objektiv zu beurteilen. Er gab sich Mühe, die Interessen der Weißen zu verstehen, versuchte aber gleichzeitig, die Rechte seines Stammes in Erinnerung zu rufen. Er scheute nicht, die ihm auferlegten Pflichten im Interesse eines Friedens zu akzeptieren, versprach, nichts unversucht zu lassen, um die Hitzköpfe unter den Kriegern seines Stammes zur Ruhe zu bringen und die anderen Häuptlinge daran zu erinnern, daß er in ihrem Namen das Versprechen gegeben habe, den Frieden zu wahren.

»Ich habe nichts Böses in meiner Brust verborgen. In mir ist alles in

Ordnung. Aber ich hörte, daß viele Soldaten hierher unterwegs sind, um die Cheyenne zu schlagen ... Ich glaube nicht, daß die Cheyenne Krieg machen wollten, aber ich hörte, daß ihr die Dörfer der Cheyenne niedergebrannt habt. Ich glaube nicht, daß das richtig war.«

Satanta wies darauf hin, daß der kürzlich verstorbene Kiowa-Häuptling Little Mountain ebenfalls alles getan habe, um Frieden in das Land zu bringen, aber die Weißen hätten ihm laufend soviel Böses angetan, daß er im Elend gestorben sei. Und Satanta wollte wissen, warum er und sein Stamm die versprochenen Rationen nicht erhalten habe:

»Ich habe nie böse über euch gesprochen, und ich will es auch jetzt nicht tun. Aber ich möchte ganz einfach den Grund erfahren, warum ich die Rationen nicht bekommen habe. Lone Bear, Heap of Bears, Stumbling Bear, Little Heart und andere, sechs Häuptlinge mit kleinen Kiowabanden, haben alle ihre Rationen bekommen, während die Leute meines Stammes – obwohl sie zahlreich sind wie das Gras – die Rationen nicht einmal zu sehen kriegten. Ihr könnt uns durchsuchen, damit ihr seht, daß wir nichts von den Rationen haben. Das wenige, was wir besitzen, haben wir gekauft und bezahlt. Wir sind alle arm, und ich glaube, daß die Rationen, die uns zustanden, andere bekommen haben. Aber laßt sie die Sachen nur behalten. Ich will Frieden.«

Wenige Monate nach der Verhandlung in Fort Larned war Satanta mit seinen Kiowas am Medicine Lodge Creek mit über 5000 Comanchen, Kiowas, Kiowa-Apachen, Cheyenne und Arapahoes zusammengetroffen. Die Stämme der südlichen Plains waren zu Vertragsverhandlungen mit einer Friedens-Kommission der US-Regierung eingeladen worden. Journalisten aus dem Osten und dem Westen, Dolmetscher, Händler, Indianeragenten, Kundschafter und fünfhundert Soldaten, die eine große Wagenkolonne eskortierten, hatten sich auf dem Konferenzplatz versammelt. Alfred A. Taylor, später Gouverneur von Tennessee, beschrieb das Bild, das sich seinen Augen bot. Als er nach langer Fahrt aus dem Ambulanzwagen der Armee kletterte, »... konnte man Tausende berittener Krieger sehen, die sich zu einem Keil formierten, dessen Spitze auf uns zeigte. In dieser Formation und in voller Kriegsausrüstung, Pferde und Reiter mit grellen Farben bemalt, mit schönstem Federschmuck angetan, kamen die Krieger auf uns zu, die Pferde zum gestreckten Galopp antreibend, bis sie ungefähr auf eine Meile an uns herangekommen waren. Dann verwandelte sich der Keil jäh zu einem gewaltigen Ring, der von fünf genau erkennbaren Reihen dieser wilden, ungeschulten und doch unnachahmlichen Reiter gebildet wurde. Dieser Ring, der sich mit der Präzision eines Uhrwerkes drehte, kam mit jeder Drehung näher an uns heran. Mit atemraubender Geschwindigkeit bewegte sich das mächtige Rad auf uns zu, bis es wenige Meter vor uns plötzlich zum Stillstand kam.«

Bei den anschließenden Verhandlungen traten nacheinander die berühmtesten Häuptlinge der verschiedenen Stämme vor und hielten ihre Reden. Satana, der große Kiowa, der in Frieden leben wollte und noch keine Ahnung davon hatte, daß seine Worte zwar aufgeschrieben wurden, aber daß man nie auf sie hören würde, sprach als erster:

»Ihr, die Abgeordneten, ihr seid einen langen Weg gekommen, um unsere Beschwerden zu hören. Mein Herz ist froh, und ich werde euch nichts verheimlichen. Ihr seid hergekommen, um uns zu sehen. Ich bin weggegangen von denen, die Krieg machen wollen, und ich kam auch einen langen Weg, um euch zu sehen. Die Kiowas und die Comanchen haben sich nicht an den Kämpfen hier oben beteiligt. Wir waren weit im Süden, als wir hörten, daß ihr uns zu sehen wünscht.

Es waren die Cheyenne, die hier gegen euch gekämpft haben. Sie kämpften bei hellichtem Tage, so daß alle sie sehen konnten. Wenn ich gekämpft hätte, hätte ich es auch bei Tag und nicht bei Nacht gemacht, so daß ihr mich hättet sehen können. Es sind zwei Jahre her, seit ich mit den Generälen Harney, Sanborn und mit Colonel Leavenworth am Little Arkansas River Frieden geschlossen habe. *Diesen Frieden habe ich nie gebrochen!*

Als im Frühjahr das neue Gras wuchs, marschierte eine große Anzahl Soldaten den Santa Fé Trail entlang in unser Land. Da ich nichts Schlechtes tat, brauchte ich keine Angst zu haben. Alle Häuptlinge der Kiowas, Comanchen und Arapahoes sind heute hier versammelt: Sie sind gekommen, um die Wahrheit zu hören. Wir haben eine lange Zeit ausgeharrt, um euch zu sehen, und wir werden allmählich müde. Das ganze Land südlich des Arkansas River gehört den Kiowas und den Comanchen, und ich will davon kein Stück weggeben. Ich liebe das Land und die Büffel und will weder das eine noch das andere weggeben. Ich will, daß ihr versteht, was ich euch sage! Schreibt es euch auf! Laßt es den Großen Vater in Washington lesen und laßt mich hören, was er dazu zu sagen hat. Ich will auch, daß ihr versteht, daß die Comanchen und die Kiowas sich nicht mit euch bekriegen wollen. Ich habe nicht gekämpft, seit ich mein Versprechen abgegeben habe, aber ich höre oft viel schönes Gerede von den Gentlemen, die der Große Vater in Washington hierherschickt. Aber sie halten nie, was sie versprechen.

Ich will keine von euren Schulen und Kirchen in diesem Land haben. Ich will, daß die Kinder aufwachsen, wie ich aufgewachsen bin.

Wenn ich Frieden mache, dann ist es ein langer und andauernder Friede, der kein Ende hat.

Wir danken euch für eure Gegenwart. Alle unsere Führer und Krieger sind glücklich. Sie werden tun, was ihr von ihnen verlangt, denn sie wissen, daß ihr euer Bestes gebt. Ich und sie werden ebenfalls unser Bestes geben. So, wie ich euch sehen kann, seid ihr alle große Häuptlinge. Des-

Satanta, der Weiße Bär

> *and all the rights and privileges in Nebraska, and on the Republican Fork of the Smoky Hill River, secured to us by said treaty.*
>
> *Provided — That we do not surrender any right of occupation of the country situated in Nebraska, North of the Divide, which is south of and near to the Niobrara River, and West of the 100th Meridian; but desire to retain that country for future occupation and use.*

Little his×mark Wound,	Taopi Chikila	Chief
Pawnee his×mark Killer	Stili kte	Sub-Chief
Black his×mark Bear	Mato Sape	Sub-Chief
Iron his×mark Horse	Ta sunkamaza	Soldier
Quick his×mark Bear	Mato luza	Sub-Chief
Red his×mark Dog	Kunkaluta	Chief
High his×mark Wolf	Kunkamanite wakante	Chief
Conquering his×mark Bear	Mato yui	Head Soldier
White Crane his×mark Walking	Pahasa mani	Head Soldier
Tail his×mark Lance	Wahukeza wakatu	Soldier
Bears his×mark Robe	Mato ha sina	Soldier
Red his×mark Leaf	Harpexa	Chief
Day his×mark	Ampa ha	Chief
Yellow his×mark Hair	Pehizizi	Head Soldier
White his×mark Tail	Sin tu ska	Sub-Chief

Mit Kreuzen unterschrieben Indianer Verträge, die sie nicht lesen konnten. Meistens wurden sie ihnen durch Regierungsdolmetscher falsch interpretiert.

halb schlafe ich ruhig und ohne Angst, wenn ihr da seid. Aber ich hörte, daß ihr versucht, uns in Reservationen anzusiedeln. Ich will mich nicht niederlassen. Ich liebe es, frei zu leben. Die Prärie ist es, wo ich mich frei und glücklich fühle. Wenn wir uns niederlassen, bleicht unsere Haut und wir sterben.

Ich habe meine Lanze, meinen Bogen und mein Schild weggelegt, und trotzdem fühle ich mich in eurer Gegenwart sicher. Ich habe euch die Wahrheit erzählt. Ich habe nicht einmal eine einzige kleine Lüge über mich und mein Volk erzählt. Ob das wohl bei euch, ihr Abgeordneten, auch so ist? Seid ihr so ehrlich und sauber, wie ich es bin?

Vor langer Zeit gehörte dieses Land unseren Vätern. Jetzt, wenn ich zum Fluß gehe, sehe ich Soldatenlager an seinen Ufern. Diese Soldaten schlagen das Holz. Sie töten meine Büffel. Und wenn ich dies alles sehe, glaube ich, mein Herz müßte zerspringen. Es tut mir leid! Ich habe gesprochen.«

Das war Satanta, 1867, am Medicine Lodge Creek. Auch er hatte sein Kreuz auf den Vertrag gemacht und glaubte für kurze Zeit, daß damit der von ihm angestrebte Friede gesichert sei. Ein ewiger Friede, wenn es nach ihm gegangen wäre. Die Kiowas zogen in die Reservation. Einige Comanchen folgten ihnen. Jährlich ritten sie zur Jagd in den Texas Panhandle und in das *Niemandsland* des Indianerterritoriums. Nur die Kwahadi-Comanchen, die noch wenig mit den Weißen in Berührung gekommen waren, zogen es vor, in den Randgebieten des Llanos zu bleiben und so weiterzuleben, wie es ihre Väter und Vorväter getan hatten. Sie zogen durch die besiedelten Gebiete von Texas hinunter nach Mexico, und in die Täler von New Mexico. Sie raubten, plünderten und töteten, wurden beraubt, gejagt und niedergemetzelt. Das war Leben, wie sie es für richtig hielten, und sie zeigten kein Verständnis für die Kiowas, Comanchen, Arapahoes, Cheyenne und Kiowa-Apachen, die in den Reservationen die Freiheit aufgegeben hatten, und dadurch der Willkür des Weißen Mannes ausgeliefert waren.

Satanta merkte spätestens dann, als die Eisenbahnlinie den Santa Fé Trail entlang westwärts durch sein Land gebaut wurde, daß er seine Lanze, den Bogen und seinen Schild zu früh weggelegt hatte. Der Friedensvertrag vom Medicine Lodge Creek wurde von den Weißen glatt übergangen. Alles, was Satanta und die anderen Häuptlinge gesagt hatten, waren Worte, die bei den Weißen keinen Widerhall gefunden hatten. Im Süden, im Osten und im Norden entstanden immer neue Forts. Die Eisenbahn brachte Scharen von Menschen, die Holz schlugen und Häuser bauten. Weiße Jäger töteten alles, was sich auf der Prärie bewegte. Satanta fand nur eine Antwort auf diesen Vertragsbruch der Weißen: Krieg! Und davon verstand er ebensoviel wie vom Reden. Satanta hatte schon als Zwanzigjähriger eine Horde von Kiowas quer durch Texas und nach Mexico hineingeführt, eine blutige Fährte ziehend, die bis nach Durango tief in Mexico reichte.

Jahrelang hatte er mit seinen Kriegern Wagenzüge auf dem Santa Fé Trail überfallen, Armeepatrouillen aufgelauert. Er hatte es gewagt, Fort Larned anzugreifen. Satanta war es, bei dem die Cheyenne nach dem Sand-Creek-Massaker Hilfe fanden. Er führte Comanchen und Kiowas gemeinsam hinunter bis zum Golf von Mexico und scheute auch nicht davor zurück, Städte wie Fredericksburg zu überfallen. Er durchritt mit seinen Kiowas Kansas, kämpfte gegen Soldaten, gegen Pawnees, gegen Utes und Lipan-Apachen gleichzeitig.

Im Herbst 1868, knapp ein Jahr nach Abschluß des Medicine-Lodge-Vertrages verließ Satanta mit einigen Unterhäuptlingen und Kriegern die Reservation, zog zum Washita River und wurde von Häuptling Black Kettle als Gast bei den Cheyenne aufgenommen. Die Cheyenne hätten bestimmte Pläne, so hatte er gehört. 1864 war Black Kettles Cheyennelager am Sand Creek von Chivingtons Truppen überfallen worden. Hunderte von Frauen und Kindern starben in einem fürchterlichen Gemetzel. Aber Black Kettle sagte Satanta, daß er mit seinem Stamm keine kriegerischen Absichten hege, sondern weiterhin versuche, in Frieden zu leben, obwohl er für diesen eigenartigen Frieden schwer hätte bezahlen müssen.

Satanta hatte mit seinen Kiowas das Lager etwa zwei Meilen vom Cheyennedorf entfernt aufgeschlagen. Genau vier Jahre nach dem Sand Creek griff Custers Kavallerie eines Tages im Morgengrauen erneut Black Kettles Dorf an. Black Kettle und Little Rock, zwei bekannte Cheyenne-Häuptlinge, fielen. Erneut gab es ein blutiges Gemetzel, die Schlacht am Washita wurde es später genannt, aus dem Custers Soldaten als Sieger hervorgingen. Satanta floh mit seinen Kiowas, stellte sich später Custers Regiment, das nach Fort Cobb zur Comanchen-und-Kiowa-Reservation unterwegs war. In Fort Cobb wurde Satanta festgenommen.

Den Winter 1868–69 behielten sie Satanta im Fortgefängnis, im Sommer war er wieder frei, machte Krieg, und im nächsten Winter kam er nach Fort Dodge, wo er sich mit Schnaps warmhalten wollte. Die Enttäuschung über den Frieden, der nie einer war, der Überfall auf das friedliche Cheyennedorf am Washita und die anschließende Zeit, die er als Gefangener verbringen mußte, obwohl er sich keiner Schuld bewußt war, hatten aus Satanta einen Trinker gemacht, der für das Feuerwasser des Weißen Mannes zwar seine Seele, nicht aber die Freiheit seines Stammes verkauft hätte. Er trank, wenn er Schnaps kriegen konnte, 24 Stunden am Tag. Er bettelte bei den Soldaten, bei den Frachtwagen- und Postkutschenfahrern um Schnaps. Er verrichtete Dreckarbeiten für Schnaps. Er tanzte auf nackten Füßen im Schnee – für Schnaps. Er war immer durstig, auch an jenem Morgen, als ein Postkutschenfahrer eine Flasche voll Medizin mischte, die er einem kranken Maultier einflößen wollte. Der Postkutschenfahrer schüttelte sein Gebräu kräftig durch, stellte die Flasche ab und sah nach dem Maultier.

Satanta schlich sich heran, erwischte die Flasche und leerte sie auf einen Zug. Er wurde zuerst weiß, dann grün in seinem vernarbten Gesicht, übergab sich, taumelte hoch, und als er über den Paradeplatz zum Haus eines Offiziers torkelte, hatte er auch die Hose voll. Aber er bat, man möge ihm doch einen Schluck Alkohol geben, damit er den schlechten Geschmack im Mund loswerde, der sein Herz krank mache.

Vom Frühjahr an war Satanta wieder auf dem Kriegspfad, tötete und plünderte und ging, als sich der nächste Winter meldete, in die Reservation, um sich auszuruhen. Auch in der Reservation trank Satanta. Illegal eingeschleuster Schnaps war leicht zu bekommen, wenn man ihn bezahlen konnte.

Der Quäker-Agent Lawrie Tatum beschrieb Satanta als einen ruhelosen, mißtrauischen und leicht reizbaren Mann. Der Quäker-Missionar und Lehrer Thomas C. Battey, der in Kicking Birds Kiowa-Lager Unterricht gab, schrieb: »... er war ein notorischer Räuber, ein großer Liebhaber von Whisky, nicht ohne gute Charaktereigenschaften und ausgeprägte Fähigkeiten.«

Seine ausgeprägteste Fähigkeit stellte Satanta im Frühjahr 1871 erneut unter Beweis, als er mit seinen Getreuen in Texas einen Maistransport überfiel, bei dem sieben Frachtfahrer getötet wurden. Einen von ihnen fesselten die Kiowas an ein Wagenrad und hängten ihn über ein Feuer. Zurück in der Reservation, wurde Satanta nach einer Unterredung mit Lawrie Tatum aufgefordert, im Hauptquartier bei Colonel Grierson, zur Zeit Kommandant in Fort Sill, vorzusprechen. Satanta kam der Aufforderung ohne Zögern nach und wurde sofort verhaftet.

Gleichzeitig gelang es den Soldaten, die Häuptlinge Satank und Big Tree festzunehmen. Beide waren am Überfall auf den Maistransport beteiligt, und nachdem Lawrie Tatum die Einwilligung der Regierung erhalten hatte, für Morde verantwortliche Indianer an die zuständigen Behörden auszuliefern, wurden Satanta, Satank und Big Tree von Colonel R. S. Mackenzie, Kommandant der 4. US-Kavallerie, in Fort Sill abgeholt. In Ketten gelegt wurden die drei Häuptlinge in zwei verschiedenen Wagen festgehalten. Der alte Satank wehrte sich verzweifelt, und Mackenzie befahl zwei Soldaten, ihn zu bewachen. Knapp eine Meile außerhalb von Fort Sill rief Satank plötzlich nach dem Caddo-Indianer George Washington, der neben dem Wagen ritt und als Dolmetscher fungierte. Satank sagte zu ihm: »Ich möchte meinem Volk durch dich eine kleine Botschaft überreichen. Sag meinem Volk, daß ich tot bin! Sag ihm, daß ich schon am ersten Tag, nachdem wir Fort Sill verlassen haben, gestorben bin! Meine Knochen werden am Rande des Weges liegen. Ich wünsche, daß mein Volk die Knochen zusammenträgt und heimbringt.«

Dann fing Satank an, sein Totenlied zu singen. Plötzlich riß er die Hände aus den Stahlfesseln, an denen Fetzen seiner Haut hängenblieben. Mit einem Fleischermesser, das er bei sich trug, obwohl man ihn zweimal nach Waffen durchsucht hatte, griff er sofort die beiden Wächter an, die vorn im Wagen saßen. Satank verwundete einen von ihnen am Bein, riß eines ihrer Gewehre an sich und war im Begriff, die Waffe durchzuladen und den anderen zu erschießen, als einige Soldaten auf ihn feuerten. Tödlich getroffen brach er zusammen und starb am Wegrand, »nach zwanzig Minuten in wilder Agonie«.

Satanta und Big Tree wurden in Jacksonborough in Texas vor Gericht gestellt und für Mord ersten Grades zum Tode durch den Strang verurteilt. Auf Einwirken von Lawrie Tatum, dem Quäker-Missionar, »weil ich im Prinzip gegen die Todesstrafe bin und mir dachte, daß es uns sowieso mehr Vorteile bringen würde, sie lebenslänglich gefangenzunehmen«, wurde das Todesurteil aufgehoben und in Lebenslänglich umgewandelt.

Mit Satanta als Gefangenen konnte Tatum die Kiowas zur Herausgabe von Geiseln und von Beutegut aus verschiedenen Überfällen erpressen. Das war der Grund, weshalb Tatum gegen eine Freilassung der Häuptlinge eintrat, als die Quäker-Kommission nach jahrelangem Drängen des Stammes nachgeben wollte. Die Kiowas versprachen, nicht mehr an Raubzügen teilzunehmen, wenn Satanta und Big Tree freigelassen würden, aber Tatum sah in Satanta als Gefangenem den einzigen stichfesten Trumpf, die Kiowas im Zaum zu halten. Tatums Einspruch wurde übergangen, und die beiden Häuptlinge kehrten nach zwei Jahren Kerker im Herbst 1873 in die Reservation zurück, wurden vorerst im Fortgefängnis untergebracht und schließlich auf freien Fuß gesetzt. Tatum schrieb: »Die Freilassung von Satanta, einem gefährlichen und tollkühnen Häuptling, ist für das Land hier wie eine schwarze, sich am Westernhorizont ballende Wolke.«

Als am 6. Oktober 1873 die Zellentüren im Fortgefängnis geöffnet worden waren und Satanta herauskam, war er noch immer ein großer Mann, aber schwer gezeichnet von dem Leben hinter Gittern. Seine Gesichtshaut war fahl, die Nase aufgedunsen und das Haar schmutzig und ohne Glanz. Bei einer anschließenden Versammlung versprach Satanta, nicht mehr zu rauben, zu plündern und zu töten. Er sagte, daß er versuchen werde, seine Krieger im Zaum zu halten. Er versprach, alles zu tun, was man von ihm verlangte und dem Frieden zu dienen. Aber Satantas Stimme klang kalt, und in seinem Gesicht rührte sich nichts. Seine Augen blieben schmal und beinahe ausdruckslos. Er sagte, was er

Satank, Kiowa-Häuptling

schon mehrmals gesagt hatte, aber dieses Mal dachte er anders. Zwei Jahre lang hatte er gelernt, Bibeltexte zu lesen und wie ein Zellenwächter zu fluchen. Er hatte den Geschmack von Saubohnen und Pökelfleisch im Mund. Zwei Jahre immer nur Saubohnen und Pökelfleisch aus dem Blechnapf, und die Stimme des Wächters: »Guten Appetit, großer Häuptling!«

Man hatte ihn geschlagen und getreten. Auf seinem Rücken brannten Peitschen- und Stockhiebe, und an seinen Handgelenken trug er die Narben der Stahlfesseln. Er war nicht zurückgekommen, um Frieden zu halten – er wollte kämpfen.

Für wenige Wochen blieb Satanta in der Reservation. Er beteiligte sich nicht an den Raubzügen der Comanchen. Er wartete seine Zeit ab. Und sie kam, als die Cheyenne, die Comanchen und die Kiowas zum Elk Creek zogen, um den Sonnentanz zu machen. Da verließ auch Satanta die Reservation, und Lawrie Tatum, der Quäker-Agent, der inzwischen seinen Rücktritt bekanntgegeben hatte und von einem Mann namens Haworth ersetzt wurde, sollte recht behalten:

Satanta war gefährlicher als je zuvor.

22
Am Elk Creek

»Zu jener Zeit war ich ein junger Mann und wußte verteufelt gut zu kämpfen. Einen Monat lang versuchte ich die Comanchen dazu zu überreden, mit mir auf den Kriegspfad zu gehen ... Dann ging ich zum Elk Creek, um die Kiowas zu treffen, und dann besuchte ich auch die Cheyenne. Viele von ihnen rauchten mit mir die Kriegspfeife ...

Sie fragten mich: ›Wann wirst du Krieg machen, Quanah?‹

›Vielleicht morgen, vielleicht übermorgen. Zuerst wollen wir tanzen‹, sagte ich.«

Quanah Parker zu General Winfield Scott

Nun waren sie also am Elk Creek angekommen.

Als Satanta mit seinem Horn die Frauen und Kinder zu Tode erschreckte und selbst Nap, etwas verwirrt, nur noch falsche Töne erwischte, tat sich vor ihnen eine große, dreieckige Ebene auf, die auf zwei Seiten von schroff ansteigenden, rötlich schimmernden Sandsteinhügeln begrenzt wurde und im Westen an einer Furche endete, die der Nordarm des Red River durch das Hügelland gegraben hatte. Ein Teil der Senke war in der Regenzeit überschwemmt gewesen, und die Uferböschungen sahen aus, als wären sie mit einem eisernen Besen geschrubbt und gefegt worden.

Jetzt, nach fünf trockenen Tagen, floß der Elk Creek schon wieder manierlich und kristallklar in seinem normalen Bett. Er wich in weiten Biegungen den Erdbuckeln und Buschinseln aus, durchfloß die Senke und mündete in die bräunlichrote, leicht salzige Brühe des Red River, mit dem vereint er an den schroffen Uferbänken zerrte, um sich einen neuen Weg zu erzwingen.

Am Ende der Senke, im Windschatten der Felswände, standen einige hundert Tipis, alle mit den Eingängen nach Osten, wo die Wichita-Berge, mächtige, ineinandergeschobene und vom Wetter kahlgefegte Granitbuckel, den Himmel trugen. Mindestens zweitausend Pferde weideten auf den Hängen. Überall brannten Feuer. Aufgespannte Büffelhäute trockneten in der Sonne. Pferdeschwänze, die an den Tipistangen hingen, bewegten sich im Wind. Einige hundert Hunde waren dabei, sich auf ihre Weise aneinander zu gewöhnen. Irgendwo kämpften ein paar Rüden gegen einen großen, schwarzen Neufundländer, der schon zwei seiner Gegner totgebissen hatte. Hündinnen kläfften einander wütend an, und Horsebacks Bastarde führten die ganze Meute der Comanchenhunde in den Kampf gegen die Kiowahunde und die Cheyennehunde, und es entstand ein riesiger Knäuel aus schwarzen, weißen, roten, braunen und gefleckten Hunden, und nur diejenigen, die sich von früher kannten, beschnupperten und umwedelten einander. Co-bays Rüde versuchte sofort eine Hündin zu besteigen, von der Seite her, so daß er nicht erreichen konnte, was er suchte, und die Hündin wurde wütend und biß ihm in den Hals; Co-bays Hund zog den Schwanz ein und trottete um die Hündin herum, die bockstill stand und dann auf den Rüden zutanzte, die Nase in den Staub stieß, hochsprang, sich wie wahnsinnig um die eigene Achse drehte und sich rückwärts gegen den eingeschüchterten Rüden drängte, dem die Lust vergangen war.

Ishatai erregte mit seinen Comanchen ziemlich großes Aufsehen, und Ben zog doch den Kopf etwas ein, als die Kiowas kamen, um den nachtschwarzen Geist, den Ishatai von *hinter den Wolken* mitgebracht hatte, zu sehen, aber auch für Ben großes Interesse zeigten. Horseback erklärte allen, die herkamen und zum Spaß den Weißen ein wenig herumboxen wollten, daß er sein Eigentum sei, und Ben teilte auch einige Fußtritte aus, damit sie gleich einmal wußten, woran sie mit ihm waren.

Aber nicht nur Kiowas kamen zum Elk Creek. Etwas abseits von ihrem Tipiring lagerten die verschiedensten Stämme und Unterstämme der Comanchen, die Wurzelesser-Comanchen, die Honigesser-Comanchen, die Büffelfleischesser-Comanchen, die Steilkletterer-Comanchen, die Schnellstecher- oder Wespen-Comanchen, die Leberesser-Comanchen und ein paar kleinere Unterstämme wie die Waldleute, die Wanderer, die schlechte Camps machen, und die Gastfreundlichen. Auch Quanah war mit seinen Kwahadikriegern zum Elk Creek gekommen, nachdem sie im Südwesten ein bißchen herumgeräubert hatten.

Alle hatten von Ishatai gehört, dem jungen Medizinmann, der in die Zukunft sehen konnte und vor der letztjährigen großen Dürre gewarnt hatte, der eine Wagenladung Patronen ausspucken und wieder verschlucken konnte, der Tote zum Leben erweckte, Kranke gesund werden ließ und aus Büffelmist Kuchen backen konnte, und der ein Rezept haben sollte, die Weißen zu vertreiben. Deshalb hatten sie alle den langen, mühsamen Weg zum Elk Creek gemacht. Sie wollten sich jetzt davon überzeugen, ob das alles stimmte, was von Ishatai erzählt wurde, und es war das erste Mal überhaupt, daß alle Comanchen und Kiowas auf einem Haufen zusammen waren.

Ein imposantes Bild für Ben, dem beim Anblick des riesigen Lagers die Ohren zu brennen anfingen. Er spuckte den Kieselstein aus, an dem er schon den ganzen Tag gelutscht hatte, und stolperte hinter Horsebacks Familie her, hinunter in die Ebene, die dem Fluß entlang mindestens zwei Meilen breit und trotzdem schon ziemlich übervölkert war. Er gab sich keine Mühe, die Tipis zu zählen. Allein die Kiowas waren mit mindestens vierhundert bemalten Büffelhautzelten vertreten. Es fiel ihm auf, daß die Kiowas überhaupt um einiges farbenfroher waren als die Comanchen.

Irgendwo blieb Horsebacks Frau stehen und sagte, daß dies ein guter Platz sei. Die Tipis wurden in aller Eile aufgestellt, und das Comanchenlager war jetzt riesengroß und viele Kiowakinder kamen herüber und staunten sich fast die Augen aus dem Kopf, da sie bis jetzt immer gedacht hatten, zum größten und mächtigsten Indianerstamm zu gehören.

Von den Cheyenne war zur Zeit nur eine kleine Gruppe im Lager. Sozusagen als Beobachter. Die Hauptmacht lagerte am Washita River, und dort wußte man noch nicht recht, ob man Ishatai trauen konnte oder nicht. Zwar vertrat Stone Calf die Ansicht, daß selbst ein verlorener Krieg immer noch besser sei als eine gewonnene Maisernte, aber die Cheyenne hatten in den letzten Jahren im Kampf gegen die Weißen wenig Glück gehabt.

Arapaho-Krieger in der Cheyenne-Arapaho-Reservation

Cheyenne-Tipi-Lager im Niemandsland

In der großen Zahl der versammelten Indianer sah Ishatai für sich die besten Aussichten, zum berühmtesten Indianer aller Zeiten zu werden oder wenigstens so berühmt, daß sein Name im gleichen Atemzug mit dem von Tecumseh oder Pontiac genannt würde.

Schon am ersten Abend hatte Ishatai angefangen, durch den Rauch der Feuer in die Zukunft zu blicken. Seine Anziehungskraft war gewaltig. Es mochten weit über tausend Leute sein, die sich um ihn herumdrängten, während er mit dröhnender Stimme von Prärien erzählte, die zuerst rot würden vom Blut der Weißen und dann schwarz von Büffeln, so weit das Auge blicken könne. Es war Ishatais erste Ansprache vor so vielen Menschen. Er hatte zwei Stunden gebraucht, um sich herzurichten, und starkes *Lampenfieber* gehabt, als er, nackt bis auf einen Lendenschurz, von den Zehen bis zu den Haarwurzeln mit knallgelber Farbe bestrichen, aus seinem Tipi gekommen und etwas steifbeinig in den Feuerschein getreten war. Was Ishatai den Kiowas, den Comanchen und den wenigen Cheyenne vorsang und um die Ohren brüllte, wußte Ben nicht genau, aber als der erste Beifallssturm durch das Lager brauste, war ihm klar, daß Ishatai nicht mehr aufzuhalten sein würde.

Während sich die Gemüter der Krieger an den feurigen Reden des Medizinmannes erhitzten, suchte Ben nach Tomanoakuno. Er trug eine Decke, die ihm vom Kopf über die Schultern bis zu den Füßen herunterhing, und gab sich Mühe, den Gang müder Indianerinnen nachzuahmen. Überall an den Feuern hockten Frauen und Kinder. Hunde bellten ihn an und schnüffelten an seiner Decke herum. Kleine Mädchen hatten in einer Mulde ein Miniaturindianerlager errichtet und spielten im Licht des Feuers und unter den wachsamen Augen ihrer Mütter.

Ben sah Tomanoakuno mit zwei kleinen Mädchen und einer alten Frau an einem Feuer sitzen. Die alte Frau nähte an einem Hemd. Tomanoakuno flocht für die Mädchen zwei Kränze aus Prärieblumen. Als sie einmal aufsah, machte ihr Ben ein Zeichen, und nach einer Weile nahm sie eines der Mädchen auf den Arm und verschwand zwischen den Tipis. Ben folgte ihr und am Ufer des Elk Creek holte er sie ein. Es war dunkel. Der Mond kroch hinter dem Felsen hoch. Schwarze Schatten ragten weit in die Ebene hinaus. Tomanoakuno saß auf der Uferbank und wiegte das Kind auf den Armen. Ben blieb neben ihr stehen. Das Kind schien zu schlafen. Auf der anderen Seite des Baches standen ein paar Pferde unbeweglich. Das Rauschen des Baches mischte sich mit dem Lärm, der vom Lager herüberkam.

»Ich habe gestern Nacht lange auf dich gewartet«, sagte Ben.

Sie drehte den Kopf. Ihr Gesicht schimmerte bleich.

»Ich habe gesagt, daß ich nicht kommen werde«, sagte sie und ihre Stimme zitterte. »Ich will nicht weggehen.« Sie nahm das Kind enger an sich heran.

Ben ließ sich nieder und riß einen Grashalm aus. Naps Horn ertönte scharf und durchdringend. Er blies eine Melodie, die Ben nicht kannte. Wahrscheinlich eine Eigenkomposition, die plötzlich von einem schrillen Mark und Bein durchdringenden Schrei zerrissen wurde.

»Ishatai macht die Leute verrückt«, sagte Ben. »Hörst du, er macht die Leute verrückt!« Sie mußte die Gefahr spüren, die von Ishatai kam. Sie mußte erkennen, daß der Tod in der Nähe war, kalt und schwarz. Ben fröstelte. Naps Hornstöße machten dem Tod den Weg frei. »Sie wollen Krieg machen. Sie glauben an Ishatais Medizin. Sie sind verrückt danach, Krieg zu machen.«

»Quanah und Crowfoot sind zurückgekommen«, sagte Tomanoakuno. »Es ist jetzt gefährlich für dich, bei mir zu sein.«

Crowfoot war Horsebacks Lieblingssohn. Noch nicht ganz zwanzig Jahre alt, galt er schon beinahe als unbesiegbar. Er war ein Lanzenträger, und er besaß Krähenmedizin. Ben hatte ihn am Abend kurz gesehen. Er besaß einen neuen Skalp und hatte sieben Pferde und einen goldenen Ring mitgebracht. Nur zwei der Pferde hatte er seinem Vater geschenkt.

»Hast du heute schon mit ihm gesprochen?« fragte Ben.

»Nein«, sagte sie.

»Du liebst ihn nicht.« Es war eher eine Feststellung als eine Frage. Trotzdem wartete er auf eine Antwort. Aber sie schwieg.

»Es sind nur fünfzig Meilen nach Fort Sill. Wir könnten es in einer Nacht und einem Tag schaffen. Dann sind wir in Sicherheit. Du hast doch nichts zu verlieren. Du weißt, daß ich dich liebe. Du weißt jetzt, was es heißt, glücklich zu sein. Du hast gesagt, daß du immer glücklich sein willst.«

»Meine Mutter. Mein Vater. Hier, das ist meine Schwester. Als sie auf die Welt kam, war sie krank. Sie war lange krank. Wenn ich sie allein lasse, wird sie wieder krank werden. Meine Mutter ist alt. Sie braucht mich. Jemand muß die Tipis aufstellen. Jemand muß Feuer machen.«

»Dein Vater hat noch zwei junge Frauen und eine Tochter, die Feuer machen kann!«

»Wenn die Büffel zurückkommen, gibt es Arbeit für mich.«

Ben schüttelte den Kopf. »Die Büffel kommen nicht zurück, Liebes. Sie sind tot! Sie kommen nicht mehr! Vielleicht noch ein paar. Aber das reicht nicht mehr für euch alle. Ihr werdet Hunger haben. Soldaten werden eure Lager überfallen. Man wird die jungen Krieger töten und die alten Männer in die Gefängnisse werfen. Man wird euch die Pferde und die Waffen wegnehmen und eure Tipis niederbrennen.«

»Ich weiß, wie es dort ist«, sagte sie. »Sie kriegen das Fleckenfieber. Die alten Leute legen sich hin und sterben. Es ist kalt im Winter. Keine Decken. Kein Feuer. Ja, ich weiß, wie es dort ist.«

»Wenn du mit mir kommst, dann brauchst du nicht dorthin zu gehen. Du wirst bei mir bleiben. Wir werden nie aufhören, glücklich zu sein.« Ben nahm ihr Gesicht in seine Hände. »Ich liebe dich! Ich liebe dich mehr als mein Leben. Ich will, daß du mit mir gehst. Weg von hier! Weg von Ishatai, der euch Unglück bringen wird! Hör, wie sie brüllen. Wie Tiere.«

»Du denkst, daß sie Tiere sind?«

»Nein, Liebes! Nein, das denke ich nicht. Sie brüllen wie Tiere. Ich weiß, daß es dich erschreckt. Du zitterst, Liebes. Du zitterst.« Er legte seine Arme um sie und das Kind, und er hielt sie fest. Lange saßen sie da am Ufer, und der Mond kam über die Felsen, und sie krochen in den Schatten eines kleinen Hügels. Sie legte das schlafende Kind auf den Boden und weinte, während er sie umarmte und küßte, und sie zitterte wie im Krampf. Er strich ihr durch das Haar, und sie preßte ihr Gesicht gegen seine Brust.

»Du kannst nicht hierbleiben, wenn ich weggehe«, sagte er leise. »Du kannst mich nicht allein lassen. Ich würde sterben ohne dich.«

»Bleib«, sagte sie. »Bleib bei mir!«

»Ich bin kein Comanche. Ich bin Horsebacks Eigentum. Sie werden mich töten, wenn ich hierbleibe und sie von unserer Liebe wissen.« Er ließ sie los, und sie klammerte sich an ihn. Er nahm sie an den Handgelenken. »Komm mit mir!« sagte er. »Hier ist das Leben wie ein böser Traum für uns.«

Die Frau rief nach Tomanoakuno. Sie duckte sich, nahm das Kind in den Arm und wischte sich die Tränen vom Gesicht. »Morgen werden wir den großen Tanzring machen«, sagte sie leise. »Such nicht nach mir, Benjamin.«

Sie lief zum Feuer zurück. Ben lehnte sich gegen die Uferböschung und schloß die Augen. Er schlief erschöpft ein. Lärm weckte ihn. Es war noch dunkel. Der Mond hing jetzt auf der anderen Seite des Flusses über schwarzen Hügeln. Ben wanderte den Elk Creek entlang. Ein Kichern zwischen den Büschen riß ihn aus seinen Gedanken. Zwei dunkle, ineinanderverschlungene Gestalten lagen im Gras. Ben schlich an ihnen vorbei und zurück zum Lager. Es war eine warme Nacht. Die Feuer brannten. Frauen saßen beisammen und unterhielten sich. Freunde. Bekannte. Verschollengeglaubte und solche, die in andere Stammesgruppen hineingeheiratet hatten. Es gab viel zu erzählen. Es wurde viel gelacht. Frauen umarmten sich. Mädchen tanzten. Junge Kiowakrieger, halbnackt und schweißgebadet, hielten Comanchemädchen an den Händen. Ein großer, breitschultriger Kiowa holte Tomanoakuno zum Tanz. Ihr Haar leuchtete wie Gold im Feuerschein. Ihre Bewegungen waren müde. Ben zog sich zurück. Irgendwo legte er sich ins Gras, und ein Hund kam und leckte sein Gesicht.

Am Morgen ritt ein Ausrufer durch das Lager. Kinder liefen hinter ihm her und hängten sich abwechselnd an den Schwanz des Pferdes. Er rief die Comanchen zu einem Tanz im Kiowa-Lager, über dem noch die Schatten der Felsen lagen. Als Ben Naps Tipi betrat, war dieser dabei, sein Gesicht mit Farbe anzustreichen. Nap gähnte ihm aus einer Spiegelscherbe entgegen. Die linke Hälfte seine Gesichtes war rot gefärbt. Auf der Stirn hatte er einige weiße Punkte.

»Morgen, Kleiner. Immer noch da? Was meinst du, soll ich die andere Hälfte gelb streichen oder nur einen Ring um die Augenhöhle machen? Ich habe gestern abend einen Kiowa gesehen, der hatte einen Ring um das linke Auge, und er sah verteufelt wild aus, der Bursche.«

Ben setzte sich auf ein Fellbündel. Er fühlte sich hohl und griff nach der Kaffeekanne. Sie war leer. Nap grinste. »Ich muß jetzt sowieso vier Tage lang fasten. Ein bißchen Wasser darf ich trinken, aber sonst nichts. Heute fangen wir vielleicht damit an, die Sonnentanzhütte aufzustellen. Das ist eine Zeremonie, die vier Tage dauert, und da soll man nüchtern bleiben, sagt Ishatai.«

»Ich würde nur einen Ring machen«, sagte Benjamin Clintock. Nap drehte sich um. »Schlecht geschlafen, was? Mann, du solltest wirklich mal vernünftig werden. Du siehst wieder richtig krank aus heute. So als hättest du die ganze Nacht gekotzt.«

»Ich glaube, ich habe geweint«, sagte Ben.

»Geweint? Bist du verrückt! Wir sind endlich da und du weinst?« Er tauchte den Büffelhaarpinsel in den Farbtopf und kam herüber. »Ben, Söhnchen, hast du Ärger mit dem Mädchen?« Nap beugte sich vor und nahm Ben an den Schultern. »Sag Onkel Nap, was er für dich tun kann. Ich mag es nicht, wenn du weinst. Ich mag überhaupt nicht, daß du unglücklich bist. Wir sind Freunde, Söhnchen. Wenn es etwas gibt, was ich für dich tun kann, dann werde ich es tun.«

»Ich dachte, du hast noch einen Schluck Kaffee«, sagte Ben. Er legte seine Hände auf Naps Schultern. »Du siehst verteufelt wild aus, Nap. Seit wann trägst du Ohrringe?«

»Schon seit drei Tagen. Ist dir nicht aufgefallen, was?« Nap lachte. »Ich habe mich schon an die Dinger gewöhnt. Das liegt wahrscheinlich daran, daß mein Großvater in Afrika auch Ohrringe getragen hat. Und 'nen Nasenring und einen Teller in der Unterlippe. Willst du mir den Ring malen, Kleiner?«

Ben malte Nap einen gelben Ring um das Auge. Nap betrachtete sich im Spiegel und fand, daß er es nicht besser machen könnte. »Jetzt noch Streifen um die Oberarme und Oberschenkel. Weiß und rot.«

»Weiß und rot«, sagte Ben und er lachte leise. »Weiß und rot. Ja, Onkel Nap, am Ende bleibt an dir nicht mehr viel Schwarz übrig, nicht wahr?«

»Was zum Teufel meinst du damit?« Nap bleckte seine Zähne.
»Nichts. Man wartet draußen auf dich, Nap«, sagte Ben.
Nap stieß den Atem durch die Nase.
»Als ich desertierte, war ein Nigger aus Süd-Carolina bei mir«, sagte Nap. »Wir sind einfach weggerannt, und hinter uns haben sie geschossen. Dann wurde es Nacht und alles war ruhig hinter uns. Wir machten an einem Bach Rast, und er betete lange, bevor er endlich einschlief. Am Morgen, als die Sonne aufging, krachte ein Schuß. Er lag neben mir und er hatte sich die Revolvermündung unter das Kinn gedrückt. Der halbe Kopf war weg.
Er hieß Moses Natterman und er war ein halbes Jahr bei der Armee gewesen. Ich dachte, nur ein Idiot rennt einen Tag lang durch die Wüste, um sich am nächsten Morgen zu erschießen. Das dachte ich damals.« Nap hob den Kopf. »Komm, mal mir die Streifen, Kleiner.«
Als Nap wenig später aus dem Tipi trat, wartete Ishatai schon auf ihn. Ben hörte, wie Ishatai durch die Zähne pfiff und sagte, daß Nap fabelhaft aussehe.
»Weiß, rot, gelb und schwarz«, sagte Nap. »Wie ein zusammengesetzter Mensch.«
Ishatai lachte und Ben blickte ihnen durch einen Schlitz im Eingang nach. Ishatai trug heute eine Krone aus schwarzen Rabenfedern und einen beinahe schneeweißen Rehlederumhang, der bis zu seinen Mokassins reichte.

23
Sonnentanz

Da war einmal ein junger Mann, der nie an religiöse Dinge glaubte. Er sagte, es sei alles nur Spiel, und er machte seine Witze darüber. Eines Tages wurde er krank und sie sagten ihm, er solle am Sonnentanz teilnehmen. Der junge Mann glaubte, daß er es wenigstens versuchen könnte, und er versprach, das nächste Mal beim Sonnentanz mitzumachen.

So hatten sie dann also einen Sonnentanz, und dieser Mann beteiligte sich. So gegen den letzten Tag hin sagte er zu seinen Freunden, die neben ihm standen: »Ich hatte recht, als ich nicht glaubte. Ich habe die ganze Zeit getanzt und sehe trotzdem nichts. Und ich fühle mich keineswegs besser als zuvor. Ich denke, das ist alles nur Hokuspokus.«

»Sag das nicht!« warnten sie ihn. »Gib nur nicht auf. Tanze weiter! Du kannst immer noch darüber reden, wenn wir damit fertig sind.«

Aber sehr kurze Zeit später wurde der Himmel wolkenverhangen und es fing an zu regnen und zu donnern, und ein Blitzschlag traf die Sonnentanzhütte und tötete den Mann. Dieser Mann hatte zwar mit den Füßen getanzt, nicht aber mit dem Herzen. Seit das mit ihm passiert war, gab es keinen mehr, der den Sonnentanz nicht achtete.

John Stands in: Timber and Margot Liberty, CHEYENNE MEMORIES, 1967

Es würde Ishatais Tanz sein. Seine große Stunde schlug. Mehr als tausend Indianer waren da und blieben da. Nur die Schnellstecher-Comanchen hatten es vorgezogen, nach Texas zurückzukehren und in Ruhe abzuwarten, ob die Medizin Ishatais wirklich so machtvoll war, wie er vorgab. Cut Nose, der nach dem Tipibrand von selbstmörderischen Gedanken geplagt wurde, hatte sich den Schnellstecher-Comanchen angeschlossen, und Ishatai hatte ihm zum Abschied eine angenehme Reise gewünscht.

Parry-o-coom lebte noch von Zeit zu Zeit, lag aber meistens wie tot in seinem Tipi, knochenmager, schwitzend, manchmal dem Ersticken nahe. Mehrere Male sang er sein Totenlied und verwirrte damit die Frauen, die nicht von seiner Seite wichen und bald ebenso krank aussahen wie der Häuptling.

Vier Tage lang sollten die Vorbereitungen für den Sonnentanz anhalten. Verschiedene Zeremonien ließen vor allem die Krieger nicht zur Ruhe kommen.

Am ersten Tag, als Nap den gelben Ring um das Auge hatte, wurde eine Frau zur Lagermitte geleitet, und Ben konnte auch aus einer Entfernung von mehr als zweihundert Schritten feststellen, daß es sich um eine weiße Frau handelte. Sie war ungefähr dreißig Jahre alt, trug ein knielanges, reich verziertes Rehlederkleid und hatte schulterlanges, kupferrotes Haar. Sie kam aus dem Lager der Lebereresser-Comanchen. Für gute zwei Stunden tanzte man um sie herum, und die Medizinmänner bestreuten sie mit Farbpulver, wedelten ihr Rauch ins Gesicht und überreichten ihr eine Medizinstange. Sie wurde ausgeschickt, um den Zentrumpfahl für die Sonnentanzhütte auszukundschaften.

»Sie kann kein Wort englisch, Kleiner«, sagte Nap, als er mitten in der Nacht todmüde zum Tipi zurückkam und seine brennenden Füße in einem Wasserbecken kühlte. »Der Zentrumpfahl wird wie ein Feind behandelt. Ihn ausfindig zu machen und mit dem Stock zu berühren ist einer Gefangenen vorbehalten, die sich durch ihre Treue hervorgetan hat. Morgen wird der Zentrumpfahl zum ersten Mal aufgerichtet. Dreimal wird die Aufrichte-Zeremonie wiederholt, und erst am vierten Tag läßt man den Pfahl stehen. Inzwischen stopfen die Kiowas einen Büffel aus, der dann am oberen Ende des Pfahles festgebunden wird. Frag mich nur nicht, was das alles zu bedeuten hat, Ben. Ich habe keine Ahnung, und Ishatai muß mir laufend zuflüstern, was ich zu tun habe.«

Nap übte eine Zeitlang ein Comanchen-Tanzlied und schlief dabei im Sitzen ein, die Füße im Wasser. Schon früh am nächsten Morgen wurde er wieder von Ishatai abgeholt. Am Ufer des Red River machten sich die *Dreckmänner* bereit, etwa zwei Dutzend Krieger, die sich von Kopf bis Fuß mit Lehm einschmierten, große Lehmnasen an ihre Gesichter hängten, Weidenkränze über die Köpfe stülpten und sich Schilder aus Weidenästen flochten. Gegen Mittag stürmten sie zum ersten Mal auf lehmbedeckten Ponys, mit Weidenruten bewaffnet, das Lager, und das Geschrei der Kinder und Frauen lockte Ben aus dem Tipi. Die *Dreckmänner* jagten hinter Hunden und Kindern her, besonders aber versuchten sie, die jungen, noch nicht vergebenen Schönheiten des Stammes zu erwischen. Wie aufgescheuchte Hühner flohen die Gejagten und versuchten sich in den Tipis in Sicherheit zu bringen, denn es war den *Dreckmännern* nicht gestattet, ihnen dorthin zu folgen. Es war nur ein Spiel, aber das wußte Ben nicht. Als er sah, wie Tomanoakuno verfolgt wurde, rannte er über den Platz und warf sich einem der Ponys um den Hals. Der Indianer traf Ben mit der Weidenrute im Gesicht. Die Schmerzen trieben ihm Tränen in die Augen, aber er erwischte mit einer Hand den Arm des Indianers, und als das Pferd stieg, stürzten beide. Ben riß dem Indianer die Lehmnase vom Gesicht, während sie sich am Boden überrollten. Das Pferd schlug aus und traf den Indianer am Kopf. Blut spritzte aus dem Weidenkranz. Der Indianer kam halb auf die Beine, taumelte ein paar Schritte und fiel um. Ben warf sich hoch, als die anderen Dreckmänner herangejagt kamen, ihre Weidenruten schwingend.

»Lauf, Ben!« schrie Tomanoakuno, und er rannte auf Naps Tipi zu, aber sie holten ihn ein und ritten ihn nieder. Er sprang wieder auf und lief vor ihnen davon auf das Tipi zu, aber bevor er es erreichte, trafen sie ihn mit den Ruten und er warf sich auf den Boden. Frauen und Kinder kamen aus den Tipis und sahen zu, wie die *Dreckmänner* Horsebacks Gefangenen kreuz und quer durch das Lager jagten, bis es ihm endlich gelang, Naps Tipi zu erreichen. Keuchend warf er sich durch den Eingang, und die Indianer rissen ihre Pferde zurück und stimmten ein Triumphgeheul an. Ben überschlug sich am Boden und versengte sich in der Feuerglut die linke Hand. Staub quoll durch den Eingang und hob sich zur Rauchluke. Ben ergriff Naps Bogen. Er legte einen Pfeil auf die Sehne und kroch zum Eingang. Vor dem Tipi tanzten die lehmbehangenen Ponys, und die *Dreckmänner* forderten ihn auf herauszukommen. Aber Ben entschied, ihnen den Gefallen nicht zu tun. Er schoß den Pfeil in den Boden, schleuderte den Bogen von sich und wusch das Blut aus seinem Gesicht. Er fand eine Blechbüchse mit Kräutersalbe, mit der er die Wunden bestrich. Die *Dreckmänner* verloren das Interesse an ihm, und während der eine zum Red River hinunter ging, um sich eine neue Nase zu basteln, suchten die anderen nach neuen Opfern. Der Zwischenfall erregte eigentlich nur bei den Frauen und Kindern Aufsehen. Besonders Tomanoakunos Warnruf fand großen Widerhall. Schon im Laufe des Nachmittages gingen sie in Gruppen im Lager herum und riefen: »Lauf, Ben!« Dann kamen Kinder zu Naps Tipi und sie lärmten im Chor »Lauf, Ben! Lauf, Ben! Lauf, Ben!« Ben saß tagsüber im Tipi. Erst als es dunkel war, schlich er hinaus und hinunter zum Elk Creek.

Tomanoakuno kam nicht. Ben blieb am Bach, bis die Sterne verblaßten, dann ging er zurück. Nap lag in seinem Tipi und umarmte sein Horn. Er hatte aufgeplatzte Blasen an den Füßen und schlief unruhig. Ben setzte sich neben ihn, und draußen machte der Ausrufer seine Runde, und die Hunde erwachten. Nap schreckte hoch, als Ben ihn sanft anstieß.

Nap streckte sich. Er sagte, daß es anstrengender wäre, ein Comanchenleben zu führen, als ein Soldat zu sein, und warf einen Blick in den Spiegel. »Glaubst du, daß ich mager geworden bin oder sieht das nur so aus?«

»Du siehst müde aus«, sagte Ben. »Und die Farbe ist verschmiert.«

Bärenklaue brachte Wasser, und Nap kniff sie in die Wange. Sie lachte und rief: »Lauf, Ben!« bevor sie davoneilte. Nap schüttelte den Kopf. »Du hast gestern einen Sehkwitsit Puhitsit angefallen, nicht wahr?«

»Falls du die Lehmburschen meinst, dann ist das richtig«, sagte Ben. »Und du brauchst mir jetzt nicht zu erklären, daß ich einen Blödsinn gemacht habe. Das weiß ich selbst.«

»Man lacht darüber, Kleiner«, sagte Nap. »Nur Ishatai hat heute nacht nach dir suchen lassen, und Horsebacks Sohn hat davon gesprochen, daß man dich festbinden würde, damit nicht noch Schlimmeres passiert. Außerdem hat Horsebacks Sohn gestern abend Tomanoakunos Vater beim Tanz drei seiner erbeuteten Pferde geschenkt.«

»Und?«

»Genügt das nicht? Drei Kavalleriepferde der besten Sorte. Eine Kentucky-Vollblutstute ist darunter. Ich glaube, das genügt, Mann. Damit wird Crowfoot das Rennen machen, falls es dir nicht gelingt, das Mädchen mitzunehmen.«

»Soll das eine Aufforderung sein?«

Nap schüttelte den Kopf. »Wenn ich dich in Versuchung bringe, das Mädchen zu verschleppen, kann mich das meine Karriere kosten, Mann. Ich bin schon auf dem besten Wege, unter den Kiowas und Comanchen ziemlich berühmt zu werden. Satanta hat mir gestern die Hand geschüttelt, und Hippi, der Cheyenne, sagte, daß Stone Calf heute herkommen würde, um sich mit Ishatai und Black Medicine zu unterhalten. Ich bin Black Medicine, Kleiner!« Nap tippte gegen seine Brust. »Ich bin eine Persönlichkeit und ich werde mich hüten, einem Gefangenen bei seiner Flucht Hilfestellung zu leisten.«

»Was schlägst du vor, Nap?«

»Daß du den Tag abwartest, an dem der Sonnentanz anfängt. Das ist in vier Tagen. Noch zweimal werden wir den Zentrumpfahl aufstellen und wieder herunternehmen. Heute und morgen. Übermorgen bleibt er stehen. Dann werden in einem Kreis zwölf Pfosten in den Boden geschlagen und von diesen Pfosten werden Stangen zum gegabelten Ende des

Zentrumpfahles gezogen. Die Lücken zwischen den beiden östlichen Eckenstangen werden mit Laubwerk ausgefüllt. Dann verlassen vier auserwählte Comanchen als Büffel verkleidet das Lager. Früher, als man hinter jedem Hügel auf Büffel traf, war das nicht nötig, aber wo soll man heute eine Büffelherde herkriegen, ohne von einem Horizont zum andern zu reiten. Also, diese vier *Büffel* werden am Abend des vierten Tages von einem Kundschafter entdeckt und am nächsten Morgen zum Zentrumpfahl getrieben, so wie man es in alten Tagen mit den Herden gemacht hat, die in Corrals gejagt wurden, wo sie dann abgeschossen werden konnten. Dann fängt der Sonnentanz an, und weil alle schon vier Tage lang gefastet und in Schwitzzelten herumgehockt und Tag und Nacht getanzt und gelärmt haben, wirst du in der Nacht vom fünften Tag mit dem Mädchen einfach einen Spaziergang machen können, ohne daß es auffällt. Pferde sind genug da. Such dir Armeepferde aus. Mit denen hast du keine Schwierigkeiten. Laß Schneeschuh stehen, Kleiner, sonst jage ich sämtliche bösen Geister hinter dir her.«

»Ich brauche eine Waffe und ein wenig Proviant«, sagte Ben. »Würdest du vielleicht . . .«

»Laß mich erst mal mit dem Gedanken fertig werden, daß ich dir 'nen Tip gegeben habe, Mann. Du kannst von 'nem Freund nicht zuviel verlangen. Stell dir vor, wir treffen uns mal wieder und du schuldest mir mehr als dein Leben.«

»An deiner Stelle würde ich mitkommen, Nap«, sagte Ben.

»Nur, wenn du mir versprichst, daß wir zusammen in den Urwald gehen.« Nap fing an, die Farbe von seinem Gesicht zu schrubben. »Übrigens, wie gefällt dir Bärenklaue?«

»Gut, Nap. Ich bin froh, daß du wieder ein Mädchen hast.«

»Ich werde mir trotzdem die anderen Skalps holen!« sagte Nap rauh. »Diesen Billy Blue werde ich auf jeden Fall erwischen, verlaß dich darauf!«

Etwas später, als gerade die Sonne aufging, bekamen sie Besuch. Horseback und sein Sohn Crowfoot betraten das Tipi. Ben war dabei, die untere Hälfte von Naps Gesicht weiß anzustreichen. Er legte den Pinsel weg. Hinter Crowfoot tauchte Ishatai auf, noch ungeschminkt und sichtbar müde. Nap wurde etwas unruhig. Er bot Horseback einen Platz an und fragte, ob er etwas für ihn tun könne. Horseback musterte Ben von Kopf bis Fuß, kratzte sich im Haar und sagte etwas zu Ishatai. Der Medizinmann nickte.

»Horseback will ihn zurückhaben«, sagte Ishatai.

Nap zog die Schultern hoch. »Mir ist egal, wer ihn mitnimmt. Ich brauche ihn nicht.«

Crowfoot starrte Ben gierig an.

»Frag ihn, ob er mir die Nase abbeißen will«, sagte Ben zu Nap.

»Halt den Mund, Bleichgesicht!« knurrte Nap. Ishatai übersetzte, was Ben gesagt hatte, und Crowfoots Hand fuhr zum Gürtel, in dem ein Messer steckte. Er zog die Oberlippe hoch und schnaubte durch die Nase. Ben lächelte ihm aufmunternd zu. Nap fluchte und Ishatai lachte heiser. Er hatte während den letzten beiden Tagen viel geredet, und Ben sagte, daß Kamillentee gut sei gegen Heiserkeit.

»Du nimmst dir viel raus, Texaner!« zischte der Medizinmann. »Wer weiß, vielleicht hängen wir dich an den Pfahl.«

»Tut mit ihm, was ihr wollt«, sagte Nap. »Mir geht er mit seiner frechen Schnauze auch auf die Nerven.«

Horseback legte seinem Sohn die Hand auf den Arm und sagte ihm, daß er für Ben mindestens zwanzig Dollar kriegen würde. Crowfoot schüttelte den Kopf und bellte etwas. Ishatai nickte. »Ja, das sollte man tun. Man sollte dich an den Pfahl hängen, bis du tot bist, und dich dann den Hunden füttern!«

»Das hast du davon mit deiner frechen Texanerschnauze!« sagte Nap.

Ben ließ sich hinausführen, und sie banden ihn neben Horsebacks Tipi an Pflöcken fest, so daß er sich aufrichten und ein bißchen herumkriechen konnte. Crowfoot gab ihm noch einen Fußtritt, und dann ließen sie Ben allein.

Gegen Mittag kam Horsebacks Frau, löste ihn von den Pflöcken und gab ihm eine Schale mit Fleisch. Dann ließ sie ihn die Beine vertreten, und er durfte unbewacht zwischen die Büsche gehen.

Gegen Abend desselben Tages kam Stone Calf, der Cheyenne-Häuptling, und brachte eine Abordnung seines Stammes zum Elk Creek. Sein Sohn war bei ihm und Hippi, der junge Bursche mit der Sergeantenjacke und der Skalpsammlung. Er führte eine Kriegerbande der Dog Soldiers. Diese *Hundesoldaten* waren ausgesuchte Krieger, phänomenale Reiter, die dem bevorstehenden Krieg entgegenfieberten und für Kompromisse jeder Art kein Verständnis zeigten.

Zu Ehren der Cheyenne gab Ishatai einen Tanz. Die Häuptlinge der verschiedenen Stämme trafen zusammen. Stone Calf, ein untersetzter Mann mit einem gutmütigen Gesicht, erzählte noch einmal vom Sand Creek, wo die Soldaten Frauen und Kinder getötet hatten, obwohl Häuptling Black Kettle und sein Stamm in Frieden gelebt hatten. Frauen, die zuhörten, fingen mit lautem Wehklagen an, das sich über das ganze Lager ausbreitete, während der Cheyennehäuptling schreckliche Bilder von der Hinterhältigkeit der Weißen zeichnete, die vom Frieden sprachen und am nächsten Tag Krieg machten. Er sprach vom Kampf bei

Beecher Island, wo Roman Nose, ein gewaltiger Führer der Dog Soldiers, von den Soldaten getötet worden war. Er erinnerte an den Überfall auf Black Kettles Dorf am Washita, wo Black Kettle und Little Rock im Kugelhagel der Soldaten gefallen waren, wo viele tapfere Krieger getötet worden waren, ohne überhaupt gekämpft zu haben. »Die Soldaten kommen im Morgengrauen wie Diebe und Mörder!« Er erinnerte daran, daß die Cheyenne von den Weißen aus ihren alten Jagdgründen vertrieben worden waren. »Wir kamen hierher, weil dort, wo wir gelebt hatten, in den Wäldern des Nordens, kein Platz mehr für uns war. Wir überließen den Weißen unser Land, unsere Heimat und die Gräber unserer Ahnen. Wir gingen weg, weil wir des Kämpfens müde waren, und wir kamen hierher, bevor ein weißer Mann den Fuß auf dieses Land gesetzt hatte. Aber kaum waren wir da, kamen die Weißen von Süden, von Norden und von Osten, und wir mußten wieder kämpfen und wir kämpften einen Tag, rannten einen Tag, jagten einen Tag, kämpften wieder einen Tag und die Weißen kamen, jeden Tag mehr, und sie bauten Straßen durch unser Land, sie schickten Soldaten her, um Forts zu bauen, sie legten den Weg des *Feuerrosses* und sie zogen den *Sprechenden Draht* durch unser Land. Sie töteten unsere Frauen und Kinder, und wenn in unseren Dörfern Trauer herrschte, schickten sie Männer mit freundlichen Gesichtern und netten Worten, und wir machten Verträge mit ihnen, damit Frieden sein möge zwischen ihnen und uns. Aber sie hielten nicht, was sie versprachen. Ihre Worte waren falsch. Sie sprachen mit gespaltener Zunge, und in ihren Herzen wohnte die Lüge. Sie kamen, und sie nahmen uns alles, was wir hatten, und sie gaben uns die Reservation und erzählten uns von ihrem *Großen Geist* und vom Himmel und von der Hölle. Sie sagten uns, was gut und was schlecht sei, und wenn wir versuchten, gut zu sein, traten sie uns mit den Füßen, und wenn wir uns zur Wehr setzten, töteten sie uns. Das ist vorbei jetzt. Es gibt keinen Frieden. Es ist nicht gut, den Weg des Weißen Mannes zu gehen. Die von uns, die es versucht haben, sind tot, und die anderen, die wenigen, die noch immer glauben, daß der Weg des Weißen Mannes der bessere ist, die sind krank und verloren. Stone Calf wird kämpfen, solange in ihm die Kraft ist, wie ein Cheyenne zu leben!«

Die Cheyenne Dog Soldiers stießen Kriegsschreie aus und gebärdeten sich wie kleine Teufel im flackernden Lichtschein der Beratungsfeuer. Ishatai wußte, daß sie auf seiner Seite waren, als Stone Calf ihm die Pfeife anbot.

Nach Stone Calf sprach Lone Wolf für die Kiowas. Lone Wolf, der Mann, der versucht hatte, in Frieden zu leben und seinen Söhnen den Weg des Weißen Mannes zu zeigen. Sein Haar war kurz geschnitten, sein Gesicht von grimmigen Falten durchzogen. Er hatte die purpurrote Wolldecke abgelegt und trug seinen Kriegsschmuck. Auch er berichtete von Überfällen auf friedliche Kiowas, erzählte von Texanern, die über zweihundert Kiowa-Pferde gestohlen hatten, und vom Kampf in Texas, bei dem sein Sohn und sein Neffe getötet worden waren. »Die Weißen haben eine Eisenbahnlinie entlang dem Arkansas gebaut, obwohl sie versprochen hatten, es nicht zu tun. Sie haben unsere Häuptlinge Satanta, Big Tree und Satank gefangengenommen und eingesperrt. Es ist für uns nicht sicher, in der Reservation zu leben. Wenn wir zur Agentur gehen und holen wollen, was uns zusteht, kriegen wir nur leere Worte, und manchmal werden Krieger und Häuptlinge von den Soldaten grundlos festgenommen und eingesperrt. Sie haben sich geweigert, uns die Gewehre zu geben, die wir brauchen, um Büffel zu erlegen. Statt dessen sind viele von ihnen in unser Land gekommen, und sie töten die Büffel, bis es keine mehr gibt.« Lone Wolf verurteilte nun die Bereitschaft von Kicking Bird, mit den Weißen gemeinsame Sache zu machen. »Ich bin ein Krieger!« rief er in die Runde. »Ich bin ein Krieger und ich bin nicht bereit, mich irgendwo hinzusetzen und Weiberarbeit zu verrichten, damit ich essen kann! Ich will die Weißen aus unseren Jagdgründen vertreiben! Ich will in diesem Sommer auf den Kriegspfad gehen und so viele von ihnen töten, daß die anderen aus Angst fernbleiben!«

White Horse, ein anderer Kriegshäuptling der Kiowas, mittelgroß und mit einem dicken Vollmondgesicht, sprang auf, schwang seine Kriegskeule und rief: »Die Weißen haben Angst! Vor kurzem haben sie unsere Häuptlinge freigegeben, weil sie Angst haben! Wenn ich dem Agenten gegenüber groß rede, getraut er sich nicht, mir eine Antwort zu geben. Und die Soldaten fragen immer wieder, ob wir Frieden machen werden. Sie geben uns sogar Geschenke, damit wir Frieden machen. Es ist schon gut, Geschenke zu kriegen, aber es ist besser, alle Weißen zu töten und nur ein paar Händler am Leben zu lassen, damit sie uns Dinge bringen können, die wir brauchen.«

Vergeblich wartete man darauf, daß Satanta aufstehen würde. Aber der Kiowa-Häuptling saß zwischen seinen Getreuen und rührte sich nicht. Er saß einfach da und lauschte, und in seinem Gesicht zeigte sich keine Regung. Er hatte nichts zu sagen, was er nicht schon mehrere Male gesagt hatte. Er war da, um zu kämpfen, und er hatte seine rote Kriegslanze einem seiner jungen Freunde überreicht, verzichtete darauf, den Stamm zu führen, und wollte nur noch ein letztes Mal dabeisein, wenn sein Stamm auf den Kriegspfad zog.

Quanah, jung und ungestüm, sprach für die Comanchen. Er erzählte noch einmal von dem Überfall vor zwei Jahren auf das Kwahadi-Dorf am McClellan Creek und verurteilte die Gefangennahme von über hundert Frauen und Kindern. Er rief, daß die Zeit gut sei, die Weißen ein für allemal zu vertreiben, da der *Große Geist* seinen roten Kindern helfen würde. Er zeigte auf Ishatai und erzählte von den Wundern und von der

Medizinmann

Macht des jungen Comanchen-Medizinmannes. Er sagte, daß er lange Zeit mißtrauisch gewesen wäre, aber jetzt wisse er, daß der *Große Geist* ihm und allen Kriegern durch Ishatai die Kraft gebe, alle weißen Eindringlinge zu töten oder zu verjagen. Quanah übergab das Wort an Ishatai, der diesmal auf seine übliche Farbenpracht verzichtet hatte. Er trug nur Lendenschurz, Mokassins und einen purpurroten Wollschal um seine Hüften. Aus seinem Haar ragte eine rot gefärbte Falkenfeder, und an seinen Ohrläppchen hingen Klapperschlangenrasseln. Um die Oberarme spannten sich silberne Metallspangen, und auf seinem Rücken trug er einen Medizinbeutel aus dem Fell eines Grauwolfes. Er tanzte um das Feuer herum, wedelte mit einem Adlerfederfächer Schatten über sein Gesicht und blies ab und zu in eine Adlerknochenpfeife. Mit rauher Stimme sang er ein Gebet, bat den Großen Geist um Hilfe und Kraft, bedankte sich für das Vertrauen und versprach, die Stämme der Comanchen, Kiowas, Cheyenne, Arapahoes und Kiowa-Apachen im Kampf gegen den Weißen Mann zu führen. Dann setzte er sich ans Feuer, streute Maispulver in die Flammen und fächelte geweihten Rauch über sich. Daß er dabei einen Hustenanfall unterdrücken mußte, merkte Nap erst, als Ishatai anfing, mit gepreßter Stimme zu philosophieren. Stille herrschte in der Runde. Viele Augenpaare, groß, mit tanzenden Lichtreflexen in den Pupillen, hingen an Ishatais Lippen.

»Nur die Krieger werden stark sein«, sagte er. »Nur die Krieger werden leben. Diejenigen, die den Weg des Weißen Mannes gehen, werden verkommen wie der Weiße Mann selbst. Hütet euch, den Boden zu pflügen, um Mais zu pflanzen, so wie es die Wichitas und die Caddos tun. Die Wichitas und die Caddos sind krank und schwach, seit sie im Schatten des Weißen Mannes hocken. Sie werden verkommen, während die Krieger allein übrigbleiben, die Krieger mit ihren Familien, die Stämme der Cheyenne, der Comanchen, der Kiowas und der Arapahoes, und sie werden gehen, wohin sie wollen, sie werden leben, wie sie wollen, und sie werden sterben, wie Krieger sterben, und weiterleben im Land des Großen Geistes. Die Büffel werden zurückkehren, so viele, daß die Prärie schwarz wird und in den Tipis immer genug zu essen sein wird für die Krieger, die Frauen und die Kinder. Der Große Geist hat mir die Kraft gegeben, euch zu führen. Er hat mir gezeigt, wie man eine Farbe macht, durch die keine Gewehrkugel dringen kann. Keiner von euch wird von den Kugeln der Weißen getötet werden. Wir werden sie alle töten, denn es ist der Große Geist, der euch führen wird. Der Große Geist will, daß wir zuerst die Büffeljäger töten, die im Frühjahr gekommen sind und bei den Ruinen des alten Forts neue Häuser bauen. Wir werden dorthinreiten und wir werden sie alle töten, während sie schlafen. Sie werden keinen Schuß auf uns abfeuern können. Wir werden sie alle töten. Alle!«

Ishatai kam jetzt erst in Fahrt, und im Rauch sitzend, das Gesicht dunkel vor Anstrengung, brüllte er Kriegsschreie, und die Krieger sprangen auf und vollführten wilde Tänze und schrien durcheinander, sangen und japsten nach Luft, warfen sich auf den Boden, viele von ihnen völlig in Trance durch die Wirkung von Peyote, einem Rauschmittel, das in der Peyote-Kaktusknolle enthalten ist. Ishatai verteilte an die Häuptlinge der verschiedenen Stämme Medizinpfeile und sagte, das er sie vom Großen Geist erhalten hätte. Er sprang im Licht der Feuer hoch, warf sich auf alle viere und ahmte den langgezogenen Heullaut eines Büffelwolfes nach, bevor er völlig erschöpft seinen Platz aufsuchte. Die Cheyennehäuptlinge versprachen, sich mit ihren Kriegern den Comanchen, den Kiowas, Arapahoes und Kiowa-Apachen anzuschließen, und damit war Ishatais Erfolg komplett. Die Cheyenne hatten jahrelang gegen die Weißen gekämpft, ohne sich mit den Kiowas oder den Comanchen zu verbünden. Sie fühlten sich allen anderen Stämmen überlegen, nannten sich *Human Beings* und betrachteten die Indianer anderer Stämme mehr oder weniger als minderwertig.

Ishatai war sich der Tragweite seines Erfolges völlig bewußt. Nicht nur die Comanchenstämme waren zum ersten Mal in der Geschichte beinahe vollzählig zusammengekommen, sondern es war ihm gelungen, alle Reiterstämme der südlichen Plains zu vereinen.

Danach stand zum ersten Mal in der Geschichte des Kampfes gegen die Weißen eine geschlossene Kriegerstreitmacht, die aus der Elite der verschiedenen Stämme bestand, der US-Armee gegenüber. Mit den Cheyenne Dog Soldiers im Rücken, mit Satanta, White Horse und Lone Wolf zur Seite und mit Quanah als Kriegsführer aller Comanchenstämme sah Ishatai die einzige wirkliche Chance, einen Krieg gegen die US-Armee zu gewinnen.

Jetzt war es nicht mehr ein Traum. Jetzt hatten sich die verwegensten Spekulationen des jungen Comanchenmedizinmannes bewahrheitet. Ein bedrängtes Volk stand vereint hinter seinen Führern, von denen Ishatai den längsten Schatten warf. In den Reservationen, in den Städten und Dörfern, auf den Überlandstraßen und in Eisenbahnzügen, unter Büffeljägern und Cowboys wurde Ishatais Name laut. Unruhe breitete sich im Land aus. In den Reservationen versuchten die Missionare vergeblich, die Indianer davon abzuhalten, Ishatais Ruf zu folgen, und in den Militärstationen nistete plötzlich die Furcht vor einem Kampf gegen einen übermächtigen Feind.

Nur die Männer, denen die erste Gefahr drohte, die Büffeljäger im Texas Panhandle, die Händler, die bei den Ruinen von Fort Adobe eine neue Handelsniederlassung errichtet hatten, arbeiteten weiter und ließen sich nicht aus der Ruhe bringen.

Nap schien von dem, was er gesehen und gehört hatte, tief beeindruckt, und als er nach Mitternacht zu Horsebacks Tipi kam, wo Ben an Pflöcken festgebunden im Staub saß, schien er ziemlich verwirrt. Er fragte Ben, ob er gesehen habe, was sich bei den Beratungsfeuern alles zugetragen habe, und Ben sagte, daß ihn das Geschrei am Einschlafen gehindert hätte. Ben zeigte auf eine Schale, die im Gras stand, und forderte Nap auf, etwas zu essen. »Du siehst mitgenommen aus«, sagte er. »Die mitternächtlichen Tänze scheinen dir nicht zu bekommen.«

»Mann, die gewinnen keinen Krieg, wenn die so weitermachen«, sagte Nap. »Einige von ihnen sind heute Nacht glatt zusammengebrochen vor Erschöpfung. Aber hast du gesehen, wie sie gejubelt haben, als Ishatai mit seiner Rede fertig war? Sie stehen hinter ihm, Mann! Sie stehen hinter ihm wie ein Mann. Und sie sind erst jetzt richtig wild. Sie fühlen sich stark, und jetzt wollen sie Krieg machen.«

»Es klingt, als ob dir nicht mehr so verdammt wohl in deinen Mokassins wäre, Nap.«

»Ich bin in Sorge, Mann! Mit dem Sonnentanz geht es erst richtig los. Sie brauchen einen, den sie an den Pfahl binden können, und Ishatai hat ihnen einen Gefangenen versprochen, den sie langsam zu Tode martern können.«

»Wo will der von einem Tag auf den anderen einen Gefangenen hernehmen, Nap?«

»Er hat einen. Crowfoot hat die Forderung gestellt, daß du getötet wirst.«

»Das glaube ich nicht! Horseback hat doch die Absicht . . .«

»Horseback zählt nicht. Horseback hat die Schwindsucht, und sein Sohn fordert deinen Tod! Deshalb ist mir nicht wohl, Mann.«

Benjamin Clintock schüttelte den Kopf. »Das glaube ich nicht«, wiederholte er leise. Es war ihm klar, daß Crowfoot ihn haßte. Crowfoot wollte Tomanoakuno haben. Seine Aussichten waren nicht schlecht. Der Raubzug, den er mit Quanah unternommen hatte, hatte ihm Beute und Ehre eingebracht. Sein Vater war stolz auf ihn. Er unterstützte Ishatai und erwartete, im Krieg gegen die Weißen mit Führungsaufgaben belohnt zu werden.

»Du mußt weg hier, Kleiner!« sagte Nap.

»Weg? Wohin, verdammt?«

»Weg! Nach Fort Sill.«

»Und was tu ich dort?«

»Mann o Mann, du warst doch immer voll von Ideen! Du wußtest doch immer, was du tun würdest, wenn du frei bist. Du hast dir doch die Aufgabe gestellt, die Weißen zu warnen. Du wolltest doch nach Texas zurückkehren und deinen Freunden erzählen, wie es dir bei den Comanchen gegangen ist.«

»Nicht ohne Tomanoakuno! Nicht ohne das Mädchen, Nap!«
»Du bist verrückt. Sie hat sich entschieden. Sie bleibt. Sie bleibt!«
»Nein! Sie bleibt nicht!«
»Gott verdammt, mach dir nichts vor, Mann. Sie bleibt! Sie hat sich entschieden, und daran kannst du nichts ändern! Ich habe mit ihr gesprochen. Sie kam zum Feuer. Sie hat mit den Frauen getanzt und ich habe sie gefragt, ob sie weggehen möchte, und sie hat gesagt, daß sie bleibt.«

»Das ist nicht wahr!« stieß Ben hervor. »Du lügst, Nap. Ich weiß nicht, was los ist. Aber ich weiß, daß du lügst.«

»Herrgott, sie wird von ihrer Mutter nicht mehr aus den Augen gelassen! Crowfoot hat ihrem Vater drei Pferde geschenkt. Sie trägt einen goldenen Ring im Ohr, den ihr Crowfoot gegeben hat.«

»Ich will es sehen. Ich will es von ihr hören, Nap. Ich glaube dir nicht.«

»Sie wird zusehen, wenn sie dich töten!« sagte Nap scharf. »Sie wird mit einem weinenden und einem lachenden Auge zusehen, wie du gefoltert wirst! Geh weg, Benjamin Clintock! Das ist die einzige Chance, die du wirklich hast. Ich versuche, ein schnelles Pferd zu kriegen. Mehr kann ich nicht für dich tun.«

»Nap, ich . . .«

»Denk daran, daß sie es verstehen, einen Gefangenen stundenlang zu Tode zu foltern! Denk an das, was sie mit dem Jicarilla-Apachen gemacht haben. Dann fällt es dir leichter, wegzulaufen!«

»Und wenn sie mich erwischen?«

»Dann denk daran, daß Märtyrer in den Himmel kommen. Du läufst doch im Dienste der Zivilisation. Du bist doch der Retter der weißen Rasse, wenn du früh genug nach Fort Sill kommst und dort dein Sprüchlein aufsagst.« Nap stand auf. »Bleib ruhig, Mann. Wenn sie dich allein erwischen, dann geht es noch. Aber wenn sie mich mit dir erwischen, dann geht die Welt unter.«

»Für dich! Nap, für dich ist es doch . . .«

»Für mich brauchst du nicht zu denken, Ben. Ich weiß, wer ich bin und wo ich stehe.« Nap verschwand in der Dunkelheit.

Ben hockte zwischen den Pflöcken und blickte hinüber zu Ishatais Tipi. Ein Lichtstreifen fiel vom Eingang her über einige schlafende Hunde. Die Männer und Frauen, müde vom Tanzen, schliefen. Eine Stunde mochte vergangen sein, als Nap zurückkam. Mit seinem Kartoffelrüstmesserchen schnitt er Ben los. Er zog einen Revolver aus dem Gürtel. »Mach keine Dummheiten damit«, sagte er. »Ich habe dir eine Wasserflasche an den Sattel gehängt. Das Pferd steht unter dem Cottonwood dort.« Er zeigte auf einige Bäume, die aus einer Senke herausragten und lange Schatten zum Flußufer warfen. »Reite dem Red River nach südwärts, bis

du zur Armeepoststraße kommst. Von dort sind es vielleicht vierzig Meilen nach Fort Sill.« Nap lachte leise. »In Fort Sill wirst du John Davidson begegnen. Sag ihm, daß es mir eine Ehre sein würde, ihm mal auf dem Schlachtfeld zu begegnen.«
»Wer ist er?«
»Major General John W. Davidson, Kleiner. Er ist schon lange scharf auf eine Ehrenmedaille. Eigentlich ist er jetzt nur noch Colonel, aber er hat es gern, wenn man ihn General nennt. Irgendwann im Bürgerkrieg bekam er den General ehrenhalber, weil er sich so tapfer für die Sklavenbefreiung eingesetzt hat. Jetzt ist er Kommandant der zehnten Kavallerie und ein gesetzlich geschützter Sklaventreiber mit goldenen Sternen an der Uniform. Außerdem haßt er Indianer wie die Pest.«
»Ich sage ihm lieber nichts von dir, Nap.«
Nap entblößte seine Zähne. »Aus dir wird vielleicht noch mal ein anständiger Mensch, Kleiner. Los, hau ab!«
»Willst du mir einen Gefallen tun, Nap?«
»Ich sag ihr 'nen schönen Gruß von dir, Mann. Das ist alles, was ich ihr sagen werde.«
»Sag ihr, daß ich eines Tages zurückkommen werde.«
»Zusammen mit John W. Davidson, was? Wenn möglich als Blaubauch verkleidet?« Nap seufzte.« Ich werde dir noch einen Rat geben. Falls du in Fort Sill Georgy Boy begegnest, frag ihn mal, wie es am Washita zuging. Frag ihn mal, Kleiner. Du wirst kotzen, wenn er dir die Geschichte erzählt.«
»Sag ihr, daß ich zurückkomme«, bat Ben. »Willst du?«
»Nein.«
»Der Teufel soll dich holen.«
»Ein frommer Wunsch, Benjamin Clintock.« Nap drehte sich um. »Viel Glück!«
Ben stand wie angewurzelt. Seine Augen fingen an zu brennen. Er spürte, wie ihm die Kehle eng wurde. Da ging er, Napoleon Washington Boone, den die Comanchen *Black Medicine* nannten. Etwas krummbeinig und mit hängenden Schultern und leicht vornübergebeugt.
»Nap!« rief Benjamin Clintock leise. »Nap, paß auf dich auf!«
Nap blieb stehen. Ben ging auf ihn zu. Sie umarmten sich, und Benjamin Clintock hatte Naps Tränen im Gesicht, als er sich umdrehte und davonlief.

Benjamin Clintock fand das Pferd. Es trug den US-Brand und einen Armeesattel. Ben hatte keine Mühe mit ihm. Er löste die Zügel von einem Busch, stieg auf und ritt am Ufer des Red River entlang südwärts. Er war vielleicht eine Meile entfernt, als hinter ihm Schüsse krachten.

Ben gab dem Pferd die Fersen und galoppierte einen ausgetretenen Indianerpfad entlang, der ihn durch die Hügel zur Armeestraße brachte.

Vierzig Meilen nach Fort Sill. Schon nach knapp einer Stunde brannte Bens Hintern, ein äußerst unangenehmes Gefühl für einen langjährigen Texas-Cowboy.

Nach zwanzig Meilen zogen stechende Schmerzen seinen Rücken hoch, und in seinem Magen tanzten Klumpen, die manchmal hochkamen und seinen Mund mit säuerlichem Geschmack füllten. Und die Innenseiten seiner Schenkel waren offen. Wenn er sich in den Steigbügeln aufrichtete, klebte die Hose an seinem Hintern. Im Nacken hatte er einen dumpfen Schmerz und seine Ohren dröhnten.

Nach dreißig Meilen trank er den Rest des Wassers aus der Flasche, stieg vom Pferd und vertrat sich die Beine. Sein Rücken war steif wie ein Brett. In den Hüften stach es wie Rheumatismus. Er nahm das Pferd am Zügel und ging ein Stück weit. Mindestens zwei Meilen. Vielleicht sogar drei. Er fühlte sich wohl beim Gehen, da er den Comanchenfrauen den *Squawtrott* abgeguckt hatte. Er war ein guter Fußgänger geworden und hätte die zehn Meilen nach Fort Sill gehen können, aber er wollte bei Sonnenaufgang dort sein. Deshalb stieg er wieder auf und ritt etwa zwei Stunden lang. Dann ging die Sonne auf, aber Fort Sill war noch nicht in Sicht. Enttäuscht machte er an einem Bach halt, um die Flasche wieder mit Wasser zu füllen. Er wusch sein Gesicht, und neben ihm soff das Pferd. Als er sich aufrichtete, war er nicht mehr allein. Auf der anderen Seite der Armeestraße standen Indianer, drei alte Männer, sechs Frauen und ein paar Kinder. Sie führten zwei vollbeladene Pferde an langen Hanfleinen.

Ben blieb beinahe das Herz stehen. Langsam richtete er sich auf und seine Hand fuhr zum Kolben des Revolvers. Die Frauen wichen zurück. Einer der Männer kam auf die Straße. Er trug eine zerrissene Baumwollhose und ein rotes Tuch darüber. Ein blau-weiß gestreiftes, vom Schmutz steif gewordenes Hemd hing von seinen Schultern. Das Gesicht des Mannes war von alten Brandnarben bedeckt.

»Schieß nicht!« sagte er auf englisch zu Ben. »Wir sind gute Indianer.« Er hob seine faltigen Hände. »Ich bin Lawrence Yellow Wolf. Ich bin ein Christ. Ich trinke keinen Whisky. Es ist nicht gut, Whisky zu trinken. Der Kopf geht kaputt davon. Mein Vater ist der Mister Präsident in Washington. Meine Kinder gehen zur Schule. Mais ist gut. Ich bin dein Freund!«

Ben schluckte seine Angst und zwang ein Lächeln in sein Gesicht.

»Wo kommt ihr her?« fragte er.

»Schieß nicht!« sagte der alte Mann. »Wir sind gute Indianer. Mein Name ist Lawrence Yellow Wolf. Ich bin ein Christ. Ich trinke keinen

Whisky. Es ist nicht gut, Whisky zu trinken. Der Kopf geht kaputt davon. Mein Vater ist der Mister Präsident in Washington. Meine Kinder gehen zur Schule. Mais ist gut. Ich bin dein Freund.«

Ben nickte. »Gut, Lawrence. Ich bin auch dein Freund. Wie weit ist es von hier nach Fort Sill?«

»Schieß nicht! Wir sind gute Indianer. Mein Name ist Lawrence Yellow Wolf. Ich bin ein Christ. Ich trinke keinen Whisky. Es ist nicht gut...«

Ben fiel auf, daß er noch immer die Hand am Revolverkolben hatte. Er nahm sie weg, hob die Schultern und kletterte in den Sattel. Der Indianer sagte zum dritten Mal, was man ihm beigebracht hatte, und die Kinder, kleine zerlumpte schmutzige Indianerkinder, versteckten sich hinter den Frauen, als Ben neben ihnen auf die Straße ritt.

24
Fort Sill,
Vorposten der
Zivilisation

»Ich sah, wie er zerfiel im Fortschritt der Zivilisation, die sich ihm mit all ihren Lastern näherte wie der Tod in der Nacht. Ich sah, wie er sich duckte und dann floh, einem verwundeten Reh gleich. Ich sah, wie er, vom Land und vom Heim seiner Jugend vertrieben, die stärksten Bande, die ihn an die Erde und ihre Güte fesselten, zerriß. Ich sah ihn seine Wigwams anzünden und die Gräber seiner Väter einebnen, und ich sah ihn einen letzten Blick über seine weiten Jagdgründe werfen und sein Gesicht in Trauer zur sinkenden Sonne wenden. Alles dies habe ich gesehen, und es geschah in der stillen Würde der Natur... Und ich habe gleichzeitig ebensooft das Anrücken der stürmischen, geschäftigen, redenden, pfeifenden, grölenden, begeisterten und frohlockenden Weißen gesehen, die mit dem ersten Stoß ihrer Pflugscharen ein schändliches Verbrechen am Andenken der Toten begingen, die im Kampf um ihr Land gefallen waren. Ich sah diesen phantastischen Betrug wie einen alles verwüstenden Sturm heranrollen, während ich mit einigen Tausend Glücklichen zusammen sein durfte, die von ihm noch nicht erreicht wurden, die noch nicht von ihm zermalmt wurden, ja, noch nicht einmal von ihm träumten.«

George Catlin, 1855

Ben erreichte einen Cottonwoodgürtel und zügelte im Schatten der Bäume sein Pferd. Unter ihm breitete sich ein Plateau aus, auf dem Fort Sill lag. Die Straße führte an einigen frisch gepflügten Äckern vorbei zu den Stallungen, vorbei am Spital und an der Schmalseite einer Mannschaftsbaracke zum Paradeplatz. Im eingezäunten Vorplatz des Spitals stand ein Ambulanzwagen der Armee. Soldaten waren dabei, einen Verwundeten oder Kranken auszuladen. Ein Arzt brüllte herum. Kinder standen am Zaun. Bei den Stallungen waren Soldaten dabei, Pferde abzuschrubben. Ein Wassertankwagen fuhr von Haus zu Haus. Die großen Wasserfässer wurden gefüllt. Ein anderer Tankwagen rollte eine ausgefahrene Straße hoch. Vor den Offiziershäusern hatte eine berittene Kompanie Negersoldaten Aufstellung genommen. Ihre Säbel blitzten in der Sonne. Sie saßen stocksteif im Sattel. Ein Offizier kam aus einem der Häuser, ging an einer Gruppe von Indianern vorbei und bestieg einen Grauschimmel.

Sonst war nicht viel los auf dem Plateau. Der Wind wehte Hammerschläge herüber. Die Häuser warfen kurze Schatten, und es gab wenig Bäume oder Büsche.

Benjamin Clintock blieb lange ruhig im Sattel sitzen und ließ seine Blicke umherschweifen. Häuser sah er, schöne kleine Kalksteinhäuser mit Schindeldächern, aus denen rote Kamine ragten. Schattige Verandas, zu denen kleine Treppen hochführten. Gardinenbehangene Fenster, hinter denen Blumen blühten. Vor den Häusern kleine Grasflächen, Blumenbeete und Kieswege, alles umrahmt von niederen, weißgetünchten Lattenzäunen. Hinter den Häusern, an der Nordostecke des Paradeplatzes, die kleine Fortkirche mit dem schmalen Türmchen. Mitten auf dem Paradeplatz die Fahnenstange und das Sternenbanner, leuchtend, weit herum zu sehen, rot, weiß und blau, Sterne und Streifen. Der Wind und die Sonne spielten mit ihm. Ben atmete tief durch. Hier, mitten in der Wildnis, eigentlich außerhalb der Vereinigten Staaten von Amerika, mitten im Land der Comanchen, Kiowas und Cheyenne, unter einem Himmel, der keine Grenzen kannte, wuchs ganz planmäßig, in kleinere und größere Quadrate angelegt, ein Stück Zivilisation aus dem Boden, neu, kraftvoll und sauber. Nichts war dem Zufall überlassen. Alles hatte seine Bedeutung. Alles war genau da, wo es hingehörte. Und in der Mitte das Sternenbanner.

»Ich weiß nicht, was es dagegen einzuwenden gibt, Napoleon Washington Boone«, sagte Ben fröhlich. Nein, dagegen gab es nichts einzuwenden. Da waren Äcker, frisch gepflügt, dunkelbraun und eine Furche so gerade wie die andere. Einige trugen schon einen grünen Flaum. Alles sah vielversprechend aus. Niemand würde im Winter hungern müssen. Zur Erntezeit würde der Mais mannshoch stehen, mit schweren, goldenen Kolben, Stengel an Stengel wie Soldaten, ein einziges Meer von

Maissoldaten. Und dort: Gemüsefelder. Melonen und Kürbisse, wahrscheinlich. Vielleicht Zuckerrüben und Kartoffeln. Es waren kleine, winzige Felder. Rund herum, von einem Horizont zum andern, lag das Land leer. Wirklich leer. Ungenützt. Vernachlässigt. Da und dort ein paar Bäume und Büsche, planlos, unregelmäßig, zu nichts gut. Ben legte den Kopf in den Nacken und sah einen Truthahn, der im Geäst eines Cottonwoods hockte. Er streckte seinen Hals und nickte mit seinem schmalen Kopf, von dem lange Hautfalten herunterhingen. »Na, Alter, dir gefällt es doch auch hier!« sagte Benjamin Clintock. Der Truthahn hüpfte zu einem anderen Ast, fand eine Lücke in der Baumkrone und flog davon. »Dann eben nicht«, sagte Ben und ritt weiter. Der Truthahn flog über einen Acker, etwas plump, bekam vom Wind Auftrieb und steuerte auf ein paar Büsche zu. Als er sich zur Landung bereitmachte und nervös mit den Flügeln schlug, krachte eine Schrotflinte, und der Truthahn war seine Sorgen los. Ein Mann kam aus den Büschen. Er trug Rehlederkleidung, und ein kleiner, weißer Hund war bei ihm. Er schulterte die Schrotbüchse, suchte im Gras herum und schlug mit dem Fuß nach dem Hund, der dreimal hintereinander den gleichen Zaunpfosten bepinkelte und nicht nach dem Truthahn suchen wollte. Der Mann fand den Truthahn und hob ihn auf. Dann sah er Ben heranreiten.
Er war ein Mischling. Mittelgroß, das pechschwarze Haar im Nacken zu einem Knoten gebunden. Seine mit Fransen und Haaren verzierte Lederhose glänzte über den Schenkeln beinahe schwarz. Er trug mit Stachelschweinborsten verzierte Mokassins und ein speckiges Rehlederhemd, das ihm auf der Brust bis zum Nabel offen stand. Einige Löcher im Unterhemd gaben nackte Haut frei, die beinahe weiß war, während sein Gesicht die Farbe von ausgelaugtem Kautabak hatte. Er mochte etwa dreißig Jahre alt sein. Ben zügelte sein Pferd.
»Comanchen-Moks«, stellte er mit einem Blick auf Bens Füße fest. »'n Kavalleriepferd, das aussieht, als ob es hundert Meilen hinter sich hätte. Kein Proviant. Hm, so einen Typ kriegt man hier nicht alle Tage zu sehen.« Er grinste flüchtig, aber seine schwarzen Augen blieben kalt. »Chapman. Amos Chapman.«
»Clintock«, sagte Ben.
»Texas?«
Ben nickte. Der Mann gefiel ihm nicht, auch nicht, wenn er den Mund verzog. Chapman wäre in Gallaghers Begleitung nicht aufgefallen.
Er hob den Truthahn und schwenkte ihn hin und her. »Einer von den letzten in der Gegend. Weihnachten kamen sie alle auf die Teller. Der Colonel wird sich freuen. Wo kommst du her, Clintock?«
Ben zögerte einen Moment. »Elk Creek«, sagte er.
Chapmans Augen wurden schmal. »Elk Creek, eh. Ich hörte, daß die Kwahadis dort einen Sonnentanz machen wollten.«

»Ja. Das stimmt«, sagte Ben.

Chapman schüttelte den Kopf. »Die kriegen doch keinen anständigen Sonnentanz hin, die Brüder. Das ist 'ne Sache für die Cheyenne. Da geht es rund. Die stoßen sich Pflöcke durch die Brustmuskeln, binden Rohhautseile daran und lassen sich aufhängen, bis die Muskeln platzen. Das nenn ich 'nen Sonnentanz, Clintock. Da haben ein paar Comanchenhundesöhne mal zugesehen, und jetzt glauben sie, daß sie es auch machen können. Aber die können es nicht, sag ich dir. Denen fehlt was. Die machen 'nen anständigen Grüner-Mais-Tanz, weil da kein Blut fließt. Aber sich selbst quälen, das können diese Lumpensäcke nicht.« Chapman nahm Bens Pferd am Zaumzeug. »Erzähl mir mal, was du am Elk Creek gesehen hast, Clintock. Hast du Satanta gesehen? Der Bursche ist doch wahnsinnig! Da kommt er aus dem Kittchen raus, und gleich schreit er in der Welt herum, daß er Krieg machen will. Der ist bis zum Winter wieder drin, und dann kommt er nicht mehr raus, außer mit den Füßen voran.« Chapman lachte. »Was ist mit dir los, Mann?«

»Ich möchte zum Kommandanten von Fort Sill, Mister.«

»Zu Davidson willst du? Da geh ich auch hin, der kriegt den Truthahn. Hast du was dagegen, wenn ich dich begleite?«

»Wenn du Schritt halten kannst«, sagte Ben und wollte das Pferd antreiben, aber Chapman hielt es am Kopfzeug fest. »Ich bin Kundschafter, Clintock!« sagte er. »Im Dienste der Armee.« Er zeigte seine gelben Zähne. »Auf dem Weg zu Davidson kannst du mir erzählen, wo du herkommst und wie's am Elk Creek war.«

»Das sag ich Davidson schon.«

»Du magst mich nicht, was?«

»Nein.«

Chapman verkniff das Gesicht. »Nicht jeder kann wie 'n Engel aussehen, Clintock. Ich seh vielleicht wie 'n Schurke aus, aber im Grunde genommen bin ich 'n anständiger Kerl.« Er lachte wieder. »Und ich habe Erfahrung, Clintock. Im Gegensatz zu dir. Du siehst mir nicht aus, als ob du 'ne Kiowanase von 'ner Comanchennase unterscheiden könntest.«

»Ich habe bei den Indianern gelebt.«

»Wie lange warst du bei ihnen?«

»Februar.« Ben machte es sich im Sattel bequem, so gut ihm das in seinem Zustand möglich war. Chapman führte das Pferd die Straße hinunter, vorbei an den Stallungen und am Hospital.

»Fast drei Monate, was?«

»Wenn ihr wißt, daß am Elk Creek Indianer versammelt sind, warum geht die Armee dann nicht hin?«

»Die Armee? Welche Armee meinst du, Clintock? Hier sind 'n paar Jungs von der zehnten Kavallerie. In Camp Supply sind auch 'n paar Kompanien. Da sind welche in Fort Dodge und andere in Fort Union und

Fort Bascom. Dazwischen liegt das Jagdgebiet der Rothäute, wo die Armee erstens nichts zu suchen hat, und zweitens müßten etwa fünf Regimenter gleichzeitig von allen Seiten vorstoßen, falls man den Rothäuten beikommen will. Da gibt es noch 'n paar andere Gründe, Clintock. Es ist nicht die beste Zeit, jetzt. Die Ponys sind fett und kräftig. Wart mal ab, bis der Winter kommt, dann reiten tausend Blaubäuche da draußen herum, und sie finden keine einzige Rothaut, weil alle in den Reservationen sind und am Regierungsproviant kauen. Dieser Comanchen-Medizinmann, der fühlt sich wohl zur Zeit mächtig stark, was?«

»Er kann eine Wagenladung Munition ausspucken und wieder verschlucken«, sagte Ben spöttisch.

»Davon habe ich gehört. Man kann davon halten, was man will, Clintock. Ich bin ein halber Cheyenne, und ich habe mit meinen eigenen Augen und persönlich gesehen, wie einer zehn Tage lang tot war, plötzlich aufstand und zum Himmel segelte. Dann hat es mitten im Sommer heruntergeregnet wie verrückt, und zwar nur gerade dort, wo er vorher tot am Boden gelegen hat, und als wir am nächsten Morgen aufwachten, standen dort drei Dutzend Spencer-Karabiner mit dem Kolben im Boden, und aus jedem Lauf wuchs eine Sonnenblume. Das war vor etwa drei Jahren, und ich habe es mit eigenen Augen und persönlich gesehen, sonst würde ich es dir nicht erzählen. Wenn dieser junge Comanchenhüpfer sagt, daß ihn Kugeln nicht töten können, dann ist da schon was dran, Clintock. Und wer einfach darüber lacht, nun, wer einfach darüber lacht, der ist selber schuld.« Chapman winkte mit dem Truthahn einem Soldaten, der einen Schubkarren voll Pferdemist aus dem Corral fuhr. »Die Jungs hier sind gut. Alles Büffelsoldaten. Mohrenköpfe, sag ich. Aber die sind gut, Clintock. Die waren mal Sklaven, sagt man. Irgendwo im Südosten auf den Baumwollfeldern. Die können arbeiten. Sieh dir mal die Häuser an. Alle von Niggern gebaut. Hat die Regierung keinen blutigen Cent gekostet, das Ganze. Plötzlich war Grierson da mit 'n paar Kompanien von Sklaven, die man in Uniformen gesteckt hat, und sie stampften von einem Tag zum anderen Fort Sill mitten aus der Prärie. Da hättest du die Rothäute sehen sollen. Denen sind beinahe die Augen aus dem Kopf gefallen. Da war nichts. Weit und breit war da nichts. Keine Hundeseele. Nur Büffel und Rothäute. Und plötzlich war Fort Sill da und die Mohrenköpfe. Zuerst dachten die Indianer, daß sie vielleicht Geister sind, die aus den ewigen Jagdgründen kommen und sich als Büffel verkleidet haben, um nicht aufzufallen. Aber da hat es auch schon fürchterlich geknallt und dann wußten sie, daß sich die Bleichgesichter etwas Neues ausgedacht hatten. Erzähl deine Geschichte, Clintock!«

»Ich kam mit einer Herde nach Dodge. Letzten Herbst.«

»Dann wolltest du ein bißchen Geld machen über den Winter. Als Häuter, oder so. Ist dir schlecht bekommen, was. Ha, da kommen die letzten Schnarchsäcke her und glauben, daß die Büffel sich von allein ausziehen.« Chapman kicherte und redete den ganzen Weg hinunter zum Paradeplatz und zum Haus des Fortkommandanten, wo die Negersoldaten in zwei Gliedern Aufstellung genommen hatten und von der Sonne gebraten wurden, während ein paar Indianer im Schatten des Hauses hockten.

»Kiowas«, sagte Chapman. »Die sind von Kicking Birds Lager. Unter ihnen sind einige, die die Bibel auswendig kennen. Die sind schon ein bißchen zivilisiert, aber wohl fühlen sie sich nicht dabei, das kannst du mir glauben. Ich würde den Burschen nicht trauen.« Chapman spuckte aus. »Die haben einen weißen Lehrer im Lager, der ihnen das Abc beibringen will, und wenn sie's mal gelernt haben, schneiden sie ihm womöglich die Buchstaben ins Fell.« Chapman lachte, während er an den Soldaten vorbeiging, die aufmarschiert waren, um das Haus des Kommandanten zu bewachen, obwohl die paar Indianer alles andere als gefährlich aussahen. Beim Haupteingang standen zwei Soldaten mit den Gewehren im Hüftanschlag und Bajonetten auf den Läufen. »Davidson scheint hohen Besuch zu haben«, sagte Chapman. »Wahrscheinlich Kikking Bird persönlich.«

Benjamin Clintock zügelte das Pferd am Zaun, in der Mitte zwischen den Indianern und den Soldaten. Chapmans Hund pinkelte gegen einen Zaunpfosten und wedelte mit dem Schwanz, als einer der Indianer aufstand und die Reihe der Soldaten entlanggrinste. Er war ein hagerer Mann. Eine Büffeldecke hing von seinen Schultern. Chapman zeigte ihm seine Zähne, und der Indianer kicherte leise, und Chapman sagte plötzlich, daß er keinen Tabak habe. Der Indianer hob die Schultern, nahm einen mit Perlenstickereien verzierten Tabakbeutel unter der Decke hervor, entnahm ihm einen Fetzen Zeitungspapier und ein bißchen Tabak und rollte ein mickriges Stäbchen.

Am Ende der Soldatenreihe stand ein Schimmel, auf dem ein junger Lieutenant saß und den Indianer aus schmalen Augen beobachtete. Ben drehte sich nach ihm um und sah, wie der Lieutenant eine Fliege von seiner Nase blies und dem Sergeanten, der neben ihm auf einem braunen Wallach saß, einen Blick zuwarf.

Es lag irgendwas in der Luft. Chapmans Hund hatte plötzlich die Nakkenhaare gesträubt, und Chapman benagte seine Unterlippe, während seine Blicke zwischen den Soldaten und den Indianern hin und her flogen. »Paß auf!« sagte er leise. »Der Rote dort, dem ist es langweilig.«

Der Indianer schlurfte auf den Lieutenant zu, ein fettes Grinsen im Gesicht, die Zigarette im Mundwinkel. Allein die Art, wie er sich den Soldaten näherte, mußte für einen standesbewußten Offizier der US-Armee eine unverschämte Herausforderung sein. Ben sah, wie sich das Gesicht des Lieutenants vom Hals her rötete. Der Indianer blieb neben dem Schimmel stehen. »Hast du Feuer?« fragte er. Ein Sergeant ritt vor. »Häuptling, setz dich dort drüben hin!« sagte er und zeigte zum Schatten des Hauses, wo die anderen saßen.

»Feuer?« fragte der Indianer noch einmal.

»Eine Zumutung!« sagte der Lieutenant und hatte plötzlich Schweiß im Gesicht. Und der Sergeant beugte sich aus dem Sattel. »Nix Feuer, du Hurensohn!« zischte er.

Der Indianer sagte: »Gott sei mit dir, Soldat«, drehte sich um und ging zu den anderen. Ein hagerer Krieger gab ihm Feuer, und sie rauchten alle von der Zigarette und bliesen den Rauch gegen die Soldaten, die steif und mit hohlem Kreuz auf ihren Pferden saßen. Chapman lachte. »Man fragt doch keinen Lieutenant der Armee nach Feuer, Bruder!« sagte er zu dem Kiowa. »Das kann sogar gefährlich werden. Stell dir vor, wenn der Blaubauchlieutenant plötzlich wütend wird! Dann gibt es hier eine Schlacht und ich wette, daß ihr außer euren Messern vielleicht nur noch 'nen alten Revolver unter den Decken versteckt habt.«

Entweder konnten die Indianer Chapman nicht verstehen, oder sie taten nur so. Chapman drehte sich um. »Man müßte sie durchsuchen!« rief er dem Sergeanten zu. »Denen ist nicht zu trauen.«

»Hurensöhne!« sagte der Sergeant, und der Lieutenant schwieg. Ben kletterte von seinem Pferd und wollte die Zügel am Gartenzaun festbinden, aber der Lieutenant kam herübergeritten. Er legte die Hand an die Mütze.

»Pferde werden hier nicht festgemacht, Sir!« sagte er. »Zivilisten lassen normalerweise ihre Pferde im Corral zurück. Dort gehören sie auch hin, Sir!«

»Clintock«, sagte Ben. »Benjamin Clintock.« Er verbeugte sich. Immerhin war er eben zum ersten Mal in seinem Leben mit Sir angesprochen worden. Wenn O'Rourke das gehört hätte, würde er wahrscheinlich glatt einen doppelten Sommersalto geschlagen haben, mit Sporen und Chaps und allem Drum und Dran. Und das wäre bei O'Rourkes Alter und Rheuma schon eine gewaltige Sache. »Bei welchem Corral meinen Sie denn, General?« fragte er.

Der Lieutenant, ein stattlicher Neger, beugte sich etwas vor. »Bei irgendeinem der vielen Corrals, die wir hier haben, Sir!«

»Ah. Danke, General. Sehen Sie, das Pferd gehört eigentlich nicht mir. Das ist ein Armeepferd und ich habe es sozusagen gestohlen, und da ich im Augenblick ziemlich müde bin, möchte ich nicht nach einem Corral herumsuchen, da es sowieso nicht mein Pferd ist und . . .«

»Sergeant!« rief der Lieutenant, ohne Ben ausreden zu lassen.

»Yes, Sir!« rief der Sergeant, ohne Ben wieder zu Wort kommen zu lassen.

»Lassen Sie den Mann festnehmen, Sergeant!«

»Sir?« rief der Sergeant entsetzt.

»Lassen Sie den Mann festnehmen, Sergeant! Er hat ein Armeepferd gestohlen.«

»Yes, Sir! Sofort, Sir!« Der Sergeant drehte sein Pferd. »Mayer, Quitman, Martin und – eh – Lincoln! Rechts ab! Schritt! Links um! Vorwärts! Haaaaalt!«

Vier Negersoldaten hielten ihre Pferde direkt vor Benjamin Clintock an. Die Indianer waren aufmerksam geworden. Neugierig kamen sie näher. Sofort ließ der Lieutenant zehn Männer vorreiten und die Gewehre auf die Indianer richten. Chapman wich zurück. »Heiliger Rauch, jetzt fängt der Zirkus an! Clintock, ich wußte, daß du ein Grünschnabel bist, aber ich dachte, daß du wenigstens weißt, was man sich hier erlauben kann und was nicht. So dumm kann man doch gar nicht sein!«

»Halt den Mund, Chapman!« stieß Ben hervor. »Hören Sie mal, General, ich habe dieses Pferd am Elk Creek den Indianern...«

»Sie können alles im Wachthaus zu Protokoll geben, Sir!« sagte der Sergeant.

Aber Ben war Texaner, freiheitsliebend wie alle Texaner und stolz wie alle Texas-Cowboys und wollte es ihnen nicht so einfach machen. Als Mayer, Quitman, Martin und Lincoln abstiegen und ihn in die Mitte nahmen, da trat er einem gegen das Schienbein und dem anderen auf die Zehen. Aber er hatte keine Chance. Es war Lincoln, der ihm das Bajonett in den Rücken stieß, nicht sehr stark, aber so, daß er die Spitze deutlich spürte. Chapman sagte etwas wie »sowas Idiotisches ist mir im ganzen Leben noch nicht untergekommen«, und Ben mußte ihm recht geben, aber das änderte auch nichts an der Tatsache, daß sie ihn quer über den Paradeplatz und unter dem Sternenbanner hindurch zum Wachthaus brachten, wo sie ihn in eine vergitterte Zelle stießen. Nebenan, ebenfalls hinter Gitter, stand ein zerlumpter, bulliger Indianer mit einem aufgedunsenen Gesicht. Er lachte heiser und schrill, als Ben versuchte, die Stahltür aus den Angeln zu reißen. Einer der Soldaten schlug mit dem Gewehrkolben nach ihm, und der Indianer verstummte. Die vergitterte Luke wurde zugemacht, und Ben brüllte, daß er ein Bürger der Vereinigten Staaten sei, aus Texas komme und sich beschweren werde. Aber es half alles nichts und er setzte sich auf die Pritsche, jagte Läuse und Flöhe und wurde eine halbe Stunde später von einem Korporal und zwei Wachtsoldaten abgeholt und in einen kleinen Raum geführt, wo ein Sergeant hinter einem Tisch saß, die Füße auf dem Fenstersims und die Uniformjacke reglementswidrig bis zum Gürtel aufgeknöpft. Er war ein häßlicher, kohlschwarzer Neger, der sich mit einem indianischen Adlerfederfächer etwas Wind machte. Fliegen und Stechmücken erfüllten den kleinen, kahlen Raum mit einem nerventötenden Geräusch.

Der Korporal zeigte zur Wand. »Hinstellen, Mann«, sagte er mit unverkennbarem Louisiana-Slang, der Ben an Nap erinnerte. »Handflächen gegen die Wand. Beine zusammen, Mann! So, jetzt gefällst du dem Sergeanten.«

Der Sergeant hörte zu fächeln auf und nahm sogar die Stiefel vom Fensterbrett. Dann wühlte er in einer Schublade herum, erwischte ein leeres Blatt Papier, drückte zwei, drei Stempel drauf und schaute in ein Tintenfaß, bevor er die Feder reinsteckte. Er musterte Benjamin Clintock lange.

Wie hieß der Junge, von dem Nap ihm erzählt hatte? Der würde doch vielleicht hier sein.

»Ist einer von euch zufällig Georgy Boy?« fragte Ben hoffnungsvoll.

Der Mann, der stramm an der Tür stand, zuckte zusammen. Der Korporal sah es, ging hin und gab ihm einen Fußtritt in den Hintern. »Es wird nicht gezuckt, Bugbee!« brüllte er den Soldaten an.

»Leck mich doch am Arsch, du gevögelter Affe!« zischte der Soldat, und der Korporal hielt die Luft an. »Hast du gehört, was Bugbee, dieser ringelschwänzige Alligator, gesagt hat, Serge?« fragte er den Sergeanten.

»Gevögelter Affe«, sagte der Sergeant. »Treffend, Mann. Gottverdammt treffend. Bugbee, kennst du den weißen Jungen da?«

»Darf ich mich umdrehen, ohne daß mich der gevögelte Affe in die Eier tritt?« fragte Bugbee.

»Ich schieß dir mal 'ne Kugel in den Arsch, ringelschwänziger Hurensohn!« rief der Korporal, aber er trat Bugbee nirgendwohin, als sich dieser umdrehte. Bugbee legte den Kopf schief und betrachtete Ben. »Kenn ich dich, Junge?« fragte er.

»Kaum«, sagte Ben.

»Wieso kennst du ihn?« fragte der Korporal.

»Ich hab mal gehört, daß er 'ne Geschichte zu erzählen hat«, sagte Ben. »Und jetzt will ich General Davidson sehen, ihr schwarzen Affen!«

Der Sergeant pfiff durch die Zähne. »Der weiße Junge riskiert 'ne dicke Lippe, Korporal. Sollen wir ihn das Baby tragen lassen?«

Der Korporal grinste und leckte seinen Mund.

»Ich möchte wissen, woher er meinen Namen kennt«, sagte Bugbee.

»Ich sags dir, wenn deine Freunde mich raus lassen«, sagte Ben.

Der Sergeant zeigte auf eine Gittertür, hinter der ein Indianerknabe auf einer Pritsche saß. »Das ist ein Comanche, Junge. Heißt Knot-in-his-Neck. Er weiß, wer vorgestern hier sechs Maultiere gestohlen hat, aber er will es nicht sagen. Er ist ein schweigsamer und verstockter Bursche. Korporal, zeig mal dem weißen Jungen, wie es ist, ein Baby zu tragen.«

Der Korporal lachte. Er ging zur Gittertür und öffnete sie. Der Indianer, der auf der Pritsche saß, war mit beiden Beinen an einer Kette festgemacht, an deren Ende eine Eisenkugel hing. Der Korporal löste die Kette von der Verankerung und schleifte die Kugel aus dem Käfig. Dann ging er hinein, zerrte den Indianer hoch und stieß ihn zur Gittertür. »Streck die Hände hier durch, Rothaut!« sagte er zu dem Indianerknaben, dessen Gesicht von Angst entstellt war. Er streckte die Hände durch das Gitter, genau über einer Querstange und so, daß er eine der vertikalen Stäbe zwischen den Unterarmen hatte. Der Korporal legte ihm von außen Handschellen an und grinste ihm dabei ins Gesicht. Die zwei Soldaten, die Ben aus der Zelle geholt hatten, mußten die Kugel hochheben, und sie legten sie dem Knaben auf die Hände und machten sie mit dem Ende der Kette an den Handschellen fest. Ben preßte die Zähne zusammen, als er sah, wie dem Indianer die Handgelenke auf die Querstange gedrückt wurden.

»Wenn er sie fallen läßt, reißt es ihm glatt die Hände weg«, sagte der Korporal. »Was meinst du, wie lange er das Baby tragen kann?«

Der Indianer hinter dem Gitter hatte die Augen geschlossen. Seine Finger wurden von den Nägeln her hell.

»Das könnt ihr nicht machen«, stieß Ben hervor. »Das ist grausam! Das ist . . . barbarisch! Jawohl, barbarisch!« Er hätte nie gedacht, dieses Wort noch einmal brauchen zu müssen, wenn er erst einmal von der Zivilisation umarmt würde. Nun stand er da in einem kleinen, schmutzigen Raum, zwischen ein paar Negersoldaten, die einen Indianer ihr ›Baby‹ tragen ließen. Ben nahm die Hände von der Wand und ging auf den Tisch zu. »Sergeant, ich werde General Davidson erzählen, was hier . . .«

Der Korporal zog seinen Revolver und spannte den Hammer. »Junge, beim nächsten Schritt drücke ich ab!« sagte er grinsend. Ben blieb stehen. Er warf einen Blick auf den Indianerknaben, der die Zähne in die Unterlippe gegraben hatte. Alles an ihm bebte. Sein Gesicht war jetzt schweißnaß. Blut lief ihm vom Mund über das Kinn.

»Eine Viertelstunde müßte er es schaffen«, sagte der Sergeant. »Mindestens eine Viertelstunde. Er wäre der erste, der es nicht eine Viertelstunde schafft.«

»Das ist ein Knabe!« sagte Ben wütend.

»Vor allem ist er eine Rothaut, die weiß, wer die Maultiere gestohlen hat«, sagte der Sergeant. In diesem Moment richtete sich Bugbee bei der Tür auf und präsentierte das Gewehr, während er leise zischte: »Ihr gottverdammten Schänder, da kommt der liebe Gott in Uniform!«

Für einen Moment sah der Korporal aus, als wäre sein Hemdkragen plötzlich zu eng. Der Sergeant knöpfte mit fliegenden Fingern die Uniformjacke zu und warf den Adlerfederfächer in den Käfig. Die beiden Soldaten nahmen Aufstellung an der Tür, die zu den Kerkern führte. Männer kamen im Gleichschritt die Treppe hoch. Ein Schatten fiel über den Boden in den kleinen Raum hinein. Ein Adjutant stolzierte herein, trat zur Seite und knallte die Absätze zusammen.

Alle knallten mit den Absätzen, und der Korporal und der Sergeant legten die Hände an die Mützen, während die Soldaten ihre Gewehre umfaßten, als müßten sie sich daran festhalten. Dann erschien Brevet Major General John W. Davidson, zur Zeit nur noch Colonel, aber nichtsdestoweniger von imposanter Erscheinung. Blitzblanke Stiefel, straff sitzende Uniform, beinahe glühende Messingknöpfe und ein Seidenhalstuch von einem herausfordernden Rot.

Er nahm die Meldung des Korporals ab, nickte dem Sergeanten zu und warf einen Blick zum Gitter, wo der Indianer beinahe noch strammer stand als die Soldaten.

»Na, wie lange ist er schon dran, Sergeant?« fragte er, und der Sergeant sagte, daß es jetzt knapp fünf Minuten wären. »Sir, ich darf vielleicht erwähnen, daß es bis jetzt jeder länger als eine Viertelstunde geschafft hat«, sagte der Adjutant, ein knochenmagerer Mann, braungebrannt, mit pulvergrauen Augen und einem verkniffenen Mund. Auf der linken Wange hatte er eine Säbelnarbe.

»Gut, gut«, sagte Davidson. »Kommen Sie doch rein, Chapman!« Chapman, der draußen gewartet hatte, kam lautlos herein, sah den Indianer und spuckte auf den Boden. »Sir, ich würde sagen, daß der Knabe nicht stark genug ist, eine Viertelstunde lang auszuhalten.«

»Das ist auch meine Meinung!« rief Ben. »Es ist eine Schande, General! Ich bin Benjamin Clintock aus Texas, und ich wurde von ein paar verrückten Soldaten gefangengenommen. Völlig zu Unrecht! Und dieser Indianerknabe hat . . .«

»Mister Clintock, dürfte ich Sie vielleicht ermahnen, die Ruhe zu bewahren«, sagte der Adjutant schneidend. »Hier werden selten Leute unrechtmäßig gefangengenommen. Im übrigen darf ich mir die Bemerkung erlauben, daß General Davidson mit Sir angesprochen wird!«

»Jawohl, Sir! Trotzdem ist es eine Schweinerei, Sir. Ich bin vierzig Meilen geritten, um Ihnen mitzuteilen, daß etwa tausend Indianer in den Krieg ziehen und daß es zu einem gewaltigen Blutvergießen kommt, falls man nicht rechtzeitig etwas unternimmt!«

»Sie sind also Mister Clintock«, sagte Colonel Davidson. »Wo haben Sie denn diese komischen Kleider her?«

Ben blieb beinahe die Luft weg. In seinem Rücken stöhnte der Indianer leise auf. Chapman ging zu ihm und stellte sich so hin, daß er die Hände mit seiner Schulter stützen konnte. Er sagte etwas zu ihm. Der Indianer schlug die Augen auf.

»Sergeant, haben Sie den Rapport geschrieben?« fragte der Adjutant.

»Nein, Sir. Clintock hat sich geweigert.«

»Ah.« Der Adjutant hüstelte. »Nun, Mister Clintock, Mister Chapman hat uns gesagt, daß Sie vom Elk Creek hergeritten sind. Sie waren ein Gefangener der Comanchen, nicht wahr?«

»Ja. Das heißt ... nun, sie haben mich gut behandelt.«

»Und trotzdem sind Sie geflüchtet?«

»Jawohl.«

»Auf einem Armeepferd?«

»Jawohl.«

»Und Sie sind direkt hierhergeritten?«

»Genau. Herrgott, das sehen Sie doch!«

»Haben Sie das alles aufgeschrieben, Sergeant?«

»Ich bin dabei, Sir.«

»Gut, Sergeant. Warum sind Sie hierhergeritten, Mister Clintock?«

»Um dem General zu sagen, daß ... ich meine, jemand muß doch wissen, daß ... Es ist doch klar, daß die Indianer Krieg machen werden und da dachte ich, daß ... Himmel, Herrgott noch einmal, habe ich es hier eigentlich mit Idioten zu tun?« Er machte einen Schritt vorwärts. »General, Sir, die Indianer, die sich am Elk Creek versammelt haben, wollen alle Büffeljäger töten, die sie südlich des Arkansas erwischen!«

Der Adjutant nickte. »Nun beruhigen Sie sich, Mister Clintock. Und ich darf Ihnen vielleicht empfehlen, im Gebrauch Ihrer Schimpfworte etwas vorsichtiger zu sein. Wir sind hier nicht bei den Wilden.«

»Das sehe ich!« sagte Benjamin Clintock.

»Chapman, können Sie nicht wenigstens mal erklären, um was es geht?« sagte der Adjutant.

»Ich kann nicht ewig die Kugel auf der Schulter tragen«, sagte Chapman. »General, könnte man nicht mal 'ne Ausnahme machen? Ich krieg doch aus dem Jungen schon raus, wer die Maultiere gestohlen hat.«

»Wer hat denn die Maultiere gestohlen?« fragte Davidson.

»Das wissen wir eben noch nicht, Sir«, sagte der Sergeant. »Er ist ein gevö ... eh, ein verstockter Bursche, Sir.«

»Ah. So einer ist er«, sagte der Colonel tiefsinnig. »Kriegen Sie es aus ihm raus, Chapman?«

»Klar krieg ich es aus ihm raus, General. Ich weiß doch, wie man sowas macht. Das ist 'n Comanche. Die haben 'ne hündische Angst vor Eulen. Nicht so sehr wie die Kiowas, aber ich wette, daß der Junge uns sagt, wie weit es von hier bis zum Mond ist, wenn ich ihm 'ne Eule in den Käfig gebe.«

»Wo kriegen wir denn eine Eule her?« fragte Colonel Davidson. »Nein, nein, Chapman, das ist viel zu kompliziert. Unsere Methoden sind alt und bewährt. Sie mögen vielleicht auf den ersten Blick grausam erscheinen, aber am Ende zählt doch wirklich nur der Erfolg. Militärisch gesagt, Chapman: Ein gezielter Schuß wirkt Wunder.«

»Dann schießen Sie ihm doch eine Kugel durch den Kopf!« sagte Ben wütend. Er ging zu dem Comanchen und sagte alle Comanchen-Worte, die er während seiner Zeit bei Ishatais Kwahadis aufgeschnappt hatte. Der Indianerknabe riß verstört seine Augen auf, und Chapman sagte: »Jetzt hast du den armen Jungen auch noch erschreckt, Clintock.«

»Ich will hier raus!« brüllte Ben und stürzte zur Tür.

»Sie können froh sein, daß Sie nicht wirklich drin sind, Mister Clintock«, sagte der Adjutant kalt. »Na, dann versuchen Sie's mal mit ihm, Chapman. Vielleicht läßt sich irgendwo wenigstens eine Eulenfeder auftreiben.« Er befahl dem Korporal, dem Comanchenknaben das »Baby« wegzunehmen. Der Korporal führte den Befehl aus, widerwillig zwar, und bei der Tür flüsterte George Bugbee, daß diesem gevögelten Affen noch mal von wilden Comanchen das Fell in Streifen geschnitten würde.

»Haben Sie was gesagt, Soldat?« fragte der Adjutant, der Ohren wie ein Luchs zu haben schien.

»Nein, Sir. Ich habe geatmet.«

»Lassen Sie das, Soldat.«

»Jawohl, Sir!«

»Nanana«, machte der Colonel. »Sie bringen ihn noch dazu, in Achtungsstellung zu ersticken, Bob.« Es sollte ein Scherz sein. Davidson lachte und der Adjutant lächelte. Chapman rieb seine Schulter und sagte, daß er jetzt mit dem Comanchen reden würde. Sie schlossen ihn in den Käfig. Noch einmal fragte der Adjutant den Sergeanten, ob er alles aufgeschrieben habe.

»Jawohl, Sir. Und gestempelt.«

»Sehr gut, Sergeant. Geben Sie her.« Er nahm den Zettel, warf einen Blick darauf und sagte, daß daraus kein Esel klug werden könne. »Na, wir kriegen das schon noch hin, nicht wahr, Mister Clintock? Was halten Sie von 'nem Drink?«

»Eisgekühlter Scotch«, sagte Colonel Davidson. »Dabei kann man sich besser unterhalten als hier drin.«

»Ich komme nach«, sagte Chapman.

Ben seufzte. Er wußte nicht, wie ihm geschah. Was tun? Was sollte er sagen? Sein Gaumen war trocken und seine Kehle rauh. Er ließ von dem Adjutanten und von Brevet Major General John W. Davidson in die Mitte nehmen. Bugbees Hand knallte am Gewehrschaft, seine Absätze donnerten, und er stand wie ein Pfahl, als sie an ihm vorbeigingen.

Laß dich nur nicht gleich einschüchtern, Clintock! dachte Benjamin. Dieser Colonel war sicher in West Point ausgebildet worden, und wer in West Point war, wurde zu einem vollzivilisierten und uniformierten

Menschen. Und auch der Adjutant war in West Point gewesen. Er erwähnte es einmal kurz im Gespräch, ganz nebenbei, keineswegs um sich aufzuspielen, vielmehr als Versuch, Benjamin Clintock wieder einzugewöhnen an die Ordnung und die Regeln und daran, daß hier nichts dem Zufall überlassen wurde, keine Kleinigkeit. Heute sei das, was Uneingeweihte oft als Zufall bezeichneten, nichts anderes als versteckte Planung, wenn die Indianer jetzt soweit gebracht worden wären, daß sie Krieg machen würden.

»Zu meiner Zeit in West Point«, sagte jetzt der Colonel gewichtig, »haben wir gelernt, was die Engländer in der Schlacht von Bunker Hill alles falsch gemacht hatten. Und dieses Wissen war ausschlaggebend für unseren Sieg über die konföderierten Armeen der Südstaaten.«

Damit war der ehemalige General und derzeitige Colonel bei seinem Lieblingsthema. Er wußte von Schlachten zu berichten, die tagelang hin und her tobten, und von einer Brücke, die im ersten Sturm genommen wurde, dann von den Konföderierten wieder zurückerobert, noch einmal genommen wurde, und am Ende sei die Brücke sechsmal gestürmt worden und beim siebten Mal sei sie eingestürzt und man habe weiter oben am Fluß eine andere Brücke entdeckt, die auch strategisch sehr wichtig war, und so sei der Kampf aufs neue entbrannt. Beide Seiten hätten Artillerie eingesetzt und dies- und jenseits des Flusses seien Hunderte von Soldaten den Heldentod gestorben. »Das war eine der herausragenden Schlachten, meine Herren, und ich hatte die Ehre, diese Brücke als Sieger zu betreten.«

Da wußte aber auch der Adjutant einiges zu erzählen. Er, der damals frisch aus West Point, sozusagen noch *grün hinter den Ohren*, ins Feld geschickt wurde. Als Lieutenant, schon beim ersten Feldzug zum Captain befördert, für die Ehrenmedaille vorgesehen und mit guten Chancen, eine militärische Karriere zu machen, wie zum Beispiel der junge Custer. Dieser hatte ja sowieso mehr Glück als Verstand gehabt, und eigentlich wäre er nie so schnell General geworden ohne die Protektion einiger Herren.

»Jaja, der Custer«, sagte daraufhin der Colonel und trank sein Glas leer.

Benjamin Clintock lauschte mit Verwunderung den Gesprächen der Offiziere, die so gar nichts mit dem zu tun hatten, was ihn bedrückte. Er ließ sich von einem jungen Soldaten noch einmal einschenken und kroch in Gedanken ganz schnell mal in Naps Tipi, in dem der Kaffee kochte und das kleine Feuer knisterte, während Nap sein Gesicht anstrich, um sich für den Tanz bereitzumachen. Tomanoakuno spielte Fußball mit den Mädchen der Wasserpferdbande, flink, leichtfüßig und grazil. Und die Frauen saßen an den Feuern, schwatzten und kochten, und andere kratzten die Innenseiten der Büffelhäute sauber. Die Kinder spielten, und überall dösten Hunde im Schatten der Tipis. Was wollte er eigentlich hier? Hatte er sich nicht alles ganz anders vorgestellt?

»Dagegen, daß die Büffel ausgerottet werden, ist überhaupt nichts einzuwenden«, hörte Ben die Stimme des Adjutanten sagen. »Das gehört zum Konzept. Wer sich darüber aufregt, versteht nichts von moderner Kriegsplanung. Man hat es in unserem Falle eben nicht mit einem Gegner zu tun, der sich eine offene Schlacht erlauben kann und nach den Regeln zivilisierter Armeeführung zum Erfolg kommen könnte. Dieser Gegner kämpft in der Art arabischer Eingeborenenstämme. Man hat es lange genug mit offenen Feldzügen versucht. Was dabei herausgekommen ist, wissen wir alle. Nun, wenn man davon ausgeht, daß die gesamte Wirtschaft der nordamerikanischen Präriestämme vom Büffel abhängig ist, dann liegt ein dementsprechendes Vorgehen doch auf der Hand. Die Ausrottung des Büffels bedeutet nicht mehr und nicht weniger als die planmäßig herbeigeführte Niederlage der Eingeborenen. Mit Waffengewalt wäre sie nur durch langwierige Operationen möglich, und als Offizier eines kultivierten und zivilisierten Landes graut mir vor dem Gedanken, Jahre hindurch einen Krieg zu führen, dessen Regeln in keinem Armeelehrbuch zu finden sind. Selbstverständlich kommen wir schon noch dazu, unser Können als Armeeführer unter Beweis zu stellen. Wenn nämlich der Büffel ausgerottet ist, bleibt den Indianern nur noch der offene Schlagabtausch. Dann ist unsere Zeit gekommen. Dann führen wir unsere Truppen ins Feld. Strategie heißt dann das Spiel.«

»Jaja«, sagte der Colonel. »So hat Custer wohl auch gedacht.«

»Der hat doch das Cheyennedorf am Washita auch nur angegriffen, weil es sich dabei um ein militärisch feststehendes Objekt handelt«, sagte der Adjutant. »Das war doch eine einmalige Gelegenheit, eine Sandkastenschlacht in die Praxis umzusetzen. Sowas läßt sich auch ein unorthodoxer Offizier wie Custer nicht entgehen.«

»Sein Regiment sollte ich haben«, sagte Colonel Davidson nachdenklich. »Was meinen Sie, was ich da in der Gegend aufräumen könnte! Da würde für die Quäker am Ende kaum mehr etwas übrigbleiben.«

»Nichts gegen unsere Soldaten hier«, sagte der Adjutant. »Alles prächtige schwarze Burschen. Äußerst duldsam. Außerdem haben sie sehr viele Vorteile gegenüber den weißen Soldaten. Besonders bei Sommerfeldzügen. Die können die Hitze besser ertragen. Im Winter taugen sie nicht viel. Da muß man halt sehen, daß es irgendwo was zu bauen gibt. Sehen Sie sich die Häuser an. Alle von Negersoldaten gebaut. Jede Mauer so gerade wie die andere. Da könnte mal ohne weiteres die Erde beben, ohne daß was auseinanderfällt.«

»Wenn ich das Siebente hätte«, sann Colonel Davidson, »dann würde ich hier gründlich aufräumen.«

»Wir können wirklich zufrieden sein mit unseren Negersoldaten«, sagte der Adjutant. »Noch einen Schluck, Clintock? Ich könnte mir vorstellen, daß bei den Indianern zwanzigjähriger Scotch selten auf den Tisch kommt!« Sie lachten beide und Davidsons Nase war schon ein bißchen gerötet.

Als Chapman über den Paradeplatz kam, sah Ben ihn doppelt, und Chapman war ihm schon in einfacher Ausführung etwas zuviel. »Na, da kommt ja unser Chapman«, sagte der Colonel und ließ noch ein Glas zum Tisch bringen.

»Alles erledigt, General«, sagte Chapman. »Der Junge hat geredet und geredet, bis er fast keine Luft mehr hatte.«

»Wissen Sie jetzt, wer die Maultiere gestohlen hat?« fragte der Adjutant.

Chapman setzte sich an den Tisch. »Niemand«, sagte er grinsend. »Sie stehen unten bei der Schmiede. Caddo White Shirt hat sie zum Beschlagen hinuntergebracht.«

Der Adjutant beugte sich über den Tisch. »Das hat doch der Junge die ganze Zeit schon behauptet«, sagte er. »Und jetzt wollen Sie sagen, daß er die Wahrheit gesagt hat, Chapman?«

Chapman lachte. »Die Pferde stehen unten«, sagte er. »Schon seit gestern abend.«

»Da soll noch einer aus diesen Burschen klug werden!« sagte der Adjutant.

Und der Colonel nickte. »Jaja, dieser Custer. Der braucht sich mit solchen Dingen nicht herumzuärgern.«

25
Kanone oder Bibel

Soldaten stießen auf eine fliehende Squaw, die einen kleinen weißen Knaben an der Hand führte. Ein Gefangener unter den Indianern, der ohne Zweifel von einer der Kriegerbanden während eines Überfalles auf eine Niederlassung entführt wurde. Wer oder wo seine Eltern waren, ob sie noch lebten oder von den Indianern getötet worden waren, werden wir nie erfahren, denn die Squaw, als sie sich nahezu von Soldaten umzingelt sah und ihr kein Fluchtweg blieb, entschloß mit wilder Bosheit, daß der Triumph der Soldaten nicht auch noch die Rettung des weißen Knaben mit einbeziehen sollte. Schnelle Blicke in die Runde werfend, um sich zu vergewissern, daß die Flucht unmöglich war, zog sie ein riesiges Messer unter ihrer Decke hervor und stach es in den fast nackten Körper des Knaben. Im nächsten Augenblick traf sie die vergeltende Gerechtigkeit in der Form einer gut gezielten Kugel aus dem Karabiner eines Soldaten.

General George A. Custer, MY LIFE ON THE PLAINS, 1872–1874

Eines der größten Probleme für Indianer sind die Missionare. Über Missionare wurde gesagt, daß sie, als sie herkamen, nur das Buch hatten und wir das Land. Nun haben wir das Buch und sie haben das Land. Ein alter Indianer sagte mir, daß die Missionare damals, als sie herkamen, auf die Knie fielen und beteten. Dann erhoben sie sich, fielen über die Indianer her und – beteten.

Vine Deloria Jr., CUSTER DIED FOR YOUR SINS, 1969

Zur Zeit, als sich am Elk Creek die Stämme versammelt hatten, hatte man auch in der Comanchen-, Kiowa-, und Kiowa-Apachen-Reservation gemerkt, wie unterschiedlich die Interessen des Kriegsministeriums und die des Innenministeriums mit seinem *Bureau of Indian Affairs* waren. Das konnte gar nicht anders sein, wenn Soldaten und Missionare gleichzeitig versuchten, das Indianerproblem zu lösen.

Während die Militärs den Standpunkt vertraten, daß der Westen nur durch Waffengewalt für die Zivilisation freigemacht werden könne, forderten *Friedenspolitiker* und vor allem die Obrigkeiten verschiedener religiöser Interessengemeinschaften ein humanes und den christlichen Glaubensgrundsätzen entsprechendes Vorgehen gegen die indianischen Heiden, die schließlich auch Menschen wären und nur das Pech hätten, nie Gottes Wort gehört zu haben.

Die Methoden waren jedoch bei beiden Gruppen die gleichen. Das zeigte sich im Falle des Sand-Creek-Massakers, als die Colorado-Truppen, von einem religiösen Eiferer und ehemaligen Methodistenpriester angeführt, sozusagen im Namen Gottes einen Hagel von Splittergranaten und Bleikugeln über ein friedliches Indianerdorf fallen ließen. Aber nicht allein durch die Gemetzel der US-Armee, sondern auch durch kompromißlose *Seelenhascherei* der verschiedenen Religionen wurden die Indianer an den Rand des Untergangs gebracht. Im Wettbewerb um heidnische Indianerseelen bekämpften sich Methodisten, Katholiken, Mennoniten, Presbyterianer, Baptisten, Quäker und andere. Sie waren sich alle eigentlich nur darin einig, daß die Indianer wenigstens die Chance kriegen sollten, getauft zu werden, bevor sie getötet wurden. Durch die Bekehrung der Heiden, so dachten die Missionare, würde das Indianerproblem ohne großen Kostenaufwand, ja sogar profitabel gelöst werden können, denn christianisierte Indianer könnten den Wilden Westen durch Sklavenarbeit in ein wirtschaftliches Paradies verwandeln. Das kam einigen Politikern sehr gelegen, denn sie hielten sich schon lange an den Leitspruch, daß nur ein toter Indianer ein guter Indianer sei. Und falls die Arbeit der Missionare erfolglos wäre, bliebe immer noch die Armee, die ja auch beschäftigt werden mußte. Im Endeffekt hatte der Indianer nur die Wahl, entweder getauft oder getötet zu werden. Oft genug entschied er sich für das eine und merkte bald, daß das andere auch nicht schlimmer sein konnte.

Bis zum Jahre 1868 hatte die US-Regierung in den meisten Reservationen vor allem pensionierte Armeeoffiziere als Indianer-Agenten eingesetzt. Nach dem Sand-Creek-Massaker, Custers Washita-Überfall und einigen anderen *Schlachten* zur Unterdrückung unzufriedener Indianerstämme, war im Osten der Ruf laut geworden, an Stelle der Militärs *gottesfürchtige und streng religiöse Männer* in die Reservationen zu entsenden. Bischof Henry B. Wipple, zusammen mit einem Team von führenden Quäkern und Episkopalisten, bedrängte den ehemaligen General und Oberkommandierenden der US-Streitkräfte im Bürgerkrieg und frisch zum US-Präsidenten gewählten Ulysses S. Grant. Die Presse wurde wild gemacht und Unterschriften gewichtiger Persönlichkeiten aus Politik und Wirtschaft eingeholt. Frauenvereine marschierten auf, und im Kongreß wurde eine Vorlage durchgepaukt, die Präsident Grant dazu veranlaßte, die Quäker und Episkopalisten aufzufordern, eine Liste von fähigen Männern vorzulegen. Aus dieser Liste wurden eine Reihe von Männern ausgewählt, die sofort in verschiedenen Indianerreservationen des Landes als Regierungsagenten eingesetzt werden sollten. Damit hatte das Innenministerium einen lang angestrebten Sieg gegen das Kriegsministerium errungen. Offizieren war es jetzt nicht mehr erlaubt, zivile Ämter zu bekleiden. Damals war in der Comanchen-, Kiowa- und Kiowa-Apachen-Reservation ein kahlköpfiger, bärtiger und grobschlächtiger Iowa-Farmer erschienen, der Colonel W. B. Hazen als Indianeragent ablösen sollte. Dieser Mann war Lawrie Tatum, ein strenggläubiger Quäker, der keine Ahnung hatte von Indianern, dem aber noch immer Präsident Grants Worte im Ohr nachklangen: »Wenn es Ihnen gelingt, aus Indianern Quäker zu machen, dann wird ihnen der Kampfgeist von allein vergehen.«

Tatum hatte bald gemerkt, daß es nicht so einfach war, aus Comanchen, Kiowas oder Kiowa-Apachen Quäker zu machen. Die wenigen Indianer, die die neu errichtete Missionarsschule besuchten, waren ausschließlich Caddos. Zwar gelang es Tatum, das Vertrauen des Kiowa-Häuptlings Kicking Bird zu erlangen. Er machte ihn zu seinem Sprachrohr und Vermittler, und die Erfolge, die Tatum in den nächsten Jahren hatte, wären undenkbar ohne den Einfluß Kicking Birds auf einen großen Teil der Kiowas. Es war Kicking Bird, der dem Quäker-Lehrer Thomas C. Battey erlaubte, in seinem Lager die Kinder zu unterrichten. Es war Kicking Bird, der bei Verhandlungen mit anderen Häuptlingen Tatums Interessen vertrat und oft auch an den Mann brachte. Es war Kicking Bird, der die Kiowas dazu brachte, Gefangene auszuliefern und ihre Lager innerhalb der Reservationsgrenzen aufzuschlagen. Aber es war auch Kicking Bird, der Satanta überredete, den Weißen zu vertrauen und sich nach seinem Überfall auf den Maistransport zu stellen. Die Verhaftung Satantas, der Selbstmord Satanks, der Diebstahl von über zweihundert Kiowapferden auf Reservationsgelände durch Texas-Cowboys wurde von den Häuptlingen Lone Wolf, Satanta, Satank, Big Tree, White Horse und einigen anderen Kicking Bird angelastet. Und Kicking Bird sah nur eine Möglichkeit, verlorenes Vertrauen zurückzugewinnen, indem es ihm gelang, die Freilassung der beiden Häuptlinge zu erwirken. Tatum war dagegen. Tatum kannte den Wert seiner Trümpfe. Tatum wußte, daß Satanta auf freiem Fuß seine schwer erarbeiteten Erfolge in

Der Quäker-Indianeragent Lawrie Tatum

Gefahr bringen könnte. Obwohl er ein Quäker war, hatte Lawrie Tatum nie auf die Rückendeckung der in Fort Sill stationierten Truppen verzichtet. Er trat dafür ein, daß die Indianer durch gerechte und harte Strafen zu anständigen Christen erzogen werden sollten. Er erpreßte die Comanchen zur Freilassung von Gefangenen, indem er ihnen versprach, daß die in Huntsville inhaftierten Frauen und Kinder freigelassen würden. Er hielt sein Versprechen, aber für seine Vorgesetzten im Quäkerlager wurde er zu einem unangenehmen Eigenbrötler, der gegen das Quäkergebot der Gewaltlosigkeit verstieß, indem er Operationen der Armee guthieß, falls sie seinem Ziel dienten.

Als Satanta und Big Tree freigelassen worden waren, war Tatum von seinem Amt zurückgetreten, und James M. Haworth übernahm seinen Posten in der Fort-Sill-Agentur gerade zu einem Zeitpunkt, als sich die Lage bedenklich zuspitzte.

Haworth war ein strenggläubiger Quäker und ein fanatischer Verfechter der gewaltlosen Friedenspolitik. Er versuchte sofort, den Indianern einen Beweis dafür zu liefern, daß die Reservationen besser waren als ihr Ruf. Er entließ die in der Agentur als Wache eingesetzte Armee-Einheit und ernannte einen alten Indianer zum Polizisten.

Aber auch Haworth' Idee von einem Paradies für Indianer entsprach kaum den Erwartungen dieser Menschen, die nicht bereit waren, ihre Freiheit für das aufzugeben, was Christentum und Zivilisation zu bieten hatten. Verständnislos stand Haworth der Tatsache gegenüber, daß die Stämme der südlichen Plains-Indianer noch immer nicht auf gelegentliche Beutezüge durch den Südwesten und nach Texas verzichteten. Haworth sah sich bereits zwei Monate nach seiner Amtsübernahme gezwungen, bei den monatlichen Rationsausgaben wieder eine Militärwache einzusetzen, um die unzufriedenen Indianer im Zaum zu halten.

Arm in Arm gingen sie die Straße hinunter. Chapman sang mit krächzender Stimme das Kriegslied eines Cheyenne, der ausgezogen war, um ein paar Pawnees zu töten, und nur einen schwindsüchtigen Wichitaindianer erwischte. Ben torkelte mit glasigen Augen an Chapmans Arm, übergab sich zum ersten Mal noch am Rande des Paradeplatzes und zum zweitenmal beim Wachthaus, wo Bugbee abgelöst worden war.

Im Schatten der Lagerhalle standen ein paar Indianer herum, ältere Männer, mit runzeligen Gesichtern und gebeugten Rücken. Frauen und Kinder warteten bei einem Brückenwagen.

»Kiowa-Apachen«, sagte Chapman. »Wenn du jetzt den Mund aufmachst und sie den Scotch riechen können, reißen sie dir den Kopf aus dem Hals, weil sie denken, daß du 'ne Flasche bist.«

»Armselige Kreaturen«, murmelte Ben. »Aber immerhin schon ein bißchen – hupp – zivilisiert. Sieh nur, da hat einer sogar 'ne Melone auf dem Kopf.«

Sie gingen in das Haus des Posthändlers.

Der Händler, ein bärtiger Mann mit einem harten Gesicht, kam hinter einem langen Tisch hervor. »Hoh, Chapman«, sagte er. »Wieder mal blau wie ein Veilchen. Morgen habe ich hundert Rothäute hier, die wissen wollen, wo sie Schnaps herkriegen.«

»Mach dir keine Sorgen, Alter«, sagte Chapman. »Wir sind noch gut auf den Beinen. Von denen da draußen hat keiner gemerkt, daß wir ein bißchen gefeiert haben. Das ist Clintock, Benjamin Clintock. Hast du etwas, was ihm paßt?«

Kleine, stechende Augen unter buschigen Brauen musterten Benjamin Clintock.

»Hast du Geld?« fragte er.

»Wird vom Zahlmeister eingekleidet, Alter«, sagte Chapman.

»Dann soll er sich gefälligst Geldscheine um den Bauch hängen! Ich will entweder Ware oder Geld. Du weißt doch, wie das ist, Chapman. Unsereiner muß sehen, wo er bleibt. Dauernd treiben sich Rothäute hier rum. Da wird 'ne Menge Kleinkram gestohlen. Ich habe immer gesagt, daß man sie nicht herbringen soll, ohne ihnen vorher die Finger abzuschneiden. Das fängt schon bei den Kleinen an. Die bringt man her, wäscht sie von Kopf bis Fuß, bepudert sie mit Läusepulver, schneidet ihnen die Haare und die Fingernägel und bindet ihnen 'ne Krawatte um den Hals. Das ist doch nicht der Zweck der Übung. Denen müßte man vorher allen die Finger abschneiden, sage ich.«

»Alter, du kommst schon zurecht«, sagte Chapman. »Davidson hat uns geschickt, damit der Junge hier was zum Anziehen kriegt. Du bekommst das Geld. Viel braucht Clintock sowieso nicht. 'ne Hose, 'n Hemd, 'ne Jacke. Vielleicht noch 'nen Hut. Die Moks, die er anhat, sind gut. Er will sowieso erst wieder Stiefel anziehen, wenn er den Krieg gewonnen hat.«

Der Händler kniff die Augen zusammen. »Krieg? Welchen Krieg? Chapman, ich laß mich nicht auf den Arm nehmen, verstanden. Heute nicht und morgen auch nicht.« Der Händler zeigte auf einige Kleiderberge. »Alles gebrauchte Ware. Such dir was Passendes aus, Clintock. Von den neuen Sachen kriegst du nichts. Die bleiben, wo sie sind. Von mir aus bis sie vermodern, falls ich dafür nicht anständig bezahlt werde! Heutzutage kriegst du nichts mehr geschenkt. Die Preise steigen von Tag zu Tag. Und die Luft wird auch nicht besser. Diese rote Lumpenbande stinkt doch wie die Pest.« Er öffnete ein paar Fenster und spuckte dem Indianer, der draußen stand, auf die Melone. »Haut ab, ihr Jungs! Nehmt euren ganzen Kram wieder mit. Ihr kriegt dafür von mir keinen Schnürsenkel und nichts!«

»Die wollen bestimmt keine Schnürsenkel«, kicherte Chapman. »Los, Clintock, such dir was aus. Da sind sicher ein paar Sachen darunter, die dir passen.«

»Ich ziehe keine gebrauchten Sachen an!« knurrte Ben.

Der Händler drehte sich um. »Was?«

»Ich will anständige Sachen!« lallte Ben. »Ich bin doch kein – hupp – Indianer.«

»Na, Junge, viel besser siehst du aber im Moment auch nicht aus. Und stinken tust du wie 'ne ganze Kiowa-Apachenbande. Vom Hals bis zu den Füßen vollgekotzt. Herrgott, wenn ich daran denke, daß ich 'nen gutgehenden Schneiderladen in Boston aufgab, nur weil meine Frau – der liebe Gott sei ihrer Seele gnädig – nur weil meine Frau von 'nem Klumpen Gold in Kalifornien träumte, könnt ich gleich einen Eimer Kerosin ausleeren und den ganzen Kram niederbrennen.«

»Verdammter Brandstifter«, sagte Chapman.

»Was war mit deiner Frau«, fragte Ben, »Indianer?«

»Das ginge ja noch«, knurrte der Händler. »Nein, ausgerechnet die gottverdammte Schwindsucht hat sie sich geholt, die Arme. Dabei hat sie in Boston nie auch nur ein einziges Mal gehustet.«

»Schrecklich«, sagte Ben. »Auch meine Mom – hupp – starb an Schwindsucht. Schrecklich! Niemand glaubt, daß weniger Menschen von Klapperschlangen gebissen werden als – hupp – an Schwindsucht sterben.«

»Und Pocken«, sagte Chapman. »Die Cheyenne könnten davon 'ne Geschichte erzählen. Vor einiger Zeit, da hat es die Mandanen erwischt. Tausende sind verreckt. Und weißt du, warum es sie erwischt hat, Clintock? Weil ihnen so ein Halunke wie dieser da Decken gegeben hat, die mit Pocken verseucht waren!«

»Du bist ja besoffen«, sagte der Händler. »Also, dann such dir von den neuen Sachen was aus, Clintock. Nicht, weil mir deine Nase gefällt, sondern weil deine Mom an Schwindsucht gestorben ist. Ich weiß, wie schrecklich das ist.« Er erzählte, wie es mit seiner Frau war, und dabei fing er fast an zu weinen. Ben wählte ein paar Hosen aus, ein graublaues Hemd und eine ärmellose Weste aus Kalbsleder.

»Du brauchst unbedingt 'ne warme Jacke«, sagte Chapman. »Da, nimm die. Die ist gebraucht, aber sowas Gutes kriegst du neu nicht.«

Der Trader war immer noch dabei, von seiner Frau zu erzählen, als Ben die Sachen über den Arm hängen hatte. »Waschen kannst du dich hinterm Haus. Da ist ein Faß und 'ne Büchse mit Schmierseife«, sagte der Händler. »Die alten Lumpen, die du hast, die kannst du auf den Haufen neben dem Geräteschuppen werfen. Die werden verbrannt.«

Chapman blieb mit dem Trader zurück, während Ben die Hintertür nahm. Das Wasser im Faß war lauwarm und schmutzig. Außerdem roch es nach Kerosin. Ben zog sich aus und warf die Rehlederhose und das Hemd auf einen Abfallhaufen. Dann schmierte er sich von Kopf bis Fuß dick mit Seife ein und schrubbte sich mit einer Wurzelbürste. Nachdem die Seife etwas eingewirkt hatte und sein ganzer Körper brannte, kletterte er in das Faß, hielt die Nase zu und tauchte unter. Als er wieder auftauchte, sah er gerade noch, wie ein Indianerknabe mit seinem alten Hemd und der Hose verschwand. Ben trocknete sich mit dem Hemd ab, bevor er es anzog.

»So, jetzt siehst du schon beinahe wieder wie ein Mensch aus«, sagte Chapman und biß ein Stück von einer Kandisstange. »Wie fühlst du dich?«
»Nüchtern«, sagte Ben. »Beinahe nüchtern.«
»Gut. Es sind Weiber dabei, und da kannst du nicht besoffen hingehen.«
Ben hatte überhaupt keine Ahnung mehr, wohin sie eigentlich gehen wollten. Er stand noch ziemlich unsicher auf den Beinen und ließ sich von Amos Chapman führen. Die Dämmerung hatte sich über Fort Sill gelegt, als die beiden miteinander einen Spaziergang machten, hinunter zum Eishaus und dann zur Kirche hoch, rund um den Paradeplatz herum, wo die Offiziere wohnten. Sie schauten zu, wie sich zwei Knaben prügelten, der eine ein rothaariger Kerl mit einem Sommersprossengesicht, und der andere lang und dünn und blond. Ihre Väter waren beide Offiziere, aber der rothaarige Kerl brüllte, daß sein Vater mehr Ahnung von Haubitzen habe und überhaupt ...
Aufgeregte Mütter kamen heraus und teilten Ohrfeigen aus, und einer der Väter, rothaarig und klein, dafür aber mit einem Stiernacken, zog dem dünnen blonden Knaben am Ohr zu seiner Mutter und sagte, daß sie ihrem Lümmel Manieren beibringen sollte, da er doch immerhin drei Jahre älter sei als sein Jackson.
Ben blieb stehen und schaute hinüber, wo der Knabe von seiner Mutter weggeführt wurde. Und der Offizier, rothaarig, das Uniformhemd über der Hose hängend, eine Zeitung unter dem Arm, war wütend, daß er seinen Feierabend damit verbringen mußte, dem Sohn eines anderen die Ohren langzuziehen, und nahm seinen Bengel und verschwand mit ihm im Haus.
Plötzlich war Ben nüchtern. So nüchtern wie nie zuvor in seinem Leben. Was hatte er hier zu suchen?
»Heh, was hast du, Clintock? Wir müssen gehen. Wir sollen um acht bei Haworth sein!«
»Sag Davidson, daß ich zu Fuß komme«, sagte Ben.
»Du weißt doch nicht mal, wo ...«

»Ich finde die Agentur, Chapman. Ich finde alles hier. Ich bin nüchtern und alles ist klar. Ich geh die Straße runter. Immer geradeaus. Da steht das Schulhaus. Nicht wahr, Chapman, da steht das Schulhaus.«

»Die Dampfsäge zuerst. Dann das Schulhaus. Hör mal, Clintock, es sind drei Meilen.«

Ben ließ ihn einfach stehen und ging über den Paradeplatz. Nicht ganz geradeaus, nein, er machte eine Schleife und ging schneller, leicht schwankend mitten über den Paradeplatz. Chapman stand am Rand und schaute ihm zu. Dann ging er davon, und Ben beugte sich etwas vor und trottete die Straße hinunter, vorbei am Wachthaus, wo stocksteif der neue Soldat an der Tür stand.

Er ging die Straße entlang, die aus Fort Sill heraus und hinunter zum Cache Creek führte.

Es war Abend. Fast kühl vom Wind, der aus dem Westen kam, frisch, und gesättigt mit dem Blütenstaub des Präriegrases. Manchmal blieb er stehen, schaute sich um, wurde aber das Gefühl nicht los, beobachtet zu werden. Ein verwirrendes Gefühl, nachdem er sich fest eingebildet hatte, hier nach langer Zeit wieder einmal in Sicherheit zu sein, sozusagen geborgen im Schoße der Zivilisation. Hinter ihm war Fort Sill, vor ihm die Indianer-Agentur am Cache Creek. Die Straße, ein breites Band tiefer Radfurchen, führte durch ein hügeliges Gebiet, bedeckt von Maisfeldern und Kartoffeläckern, dazwischen ein paar eingezäunte Heuwiesen und bewaldete Senken, in denen Rinder grasten. An einem Wassertümpel lagerten drei Männer, wahrscheinlich Caddo-Indianer, die als Viehhüter beschäftigt waren.

Benjamin Clintock, die Hände in den Hosentaschen, schlenderte fast gemächlich die Straße entlang, wurde von einer Armeepatrouille überholt und begegnete einem Mann, der aus einem Graben geritten kam und ein mit Brennholz beladenes Maultier führte. Der Mann wich Benjamin Clintock aus, blieb unter der Krone eines Cottonwoods stehen und beobachtete Ben verstohlen. Als Benjamin Clintock die Hälfte des Weges zurückgelegt hatte, sah er zwei Indianer, die auf Ponys saßen und hinter einem Lattenzaun auftauchten. Das waren keine Caddos. Das waren Prärieindianer. Kiowas oder Comanchen. Und sie ritten langsam, ließen Ben passieren und schwenkten hinter ihm auf die Straße ein. Ben ging etwas schneller, sah sich nicht mehr um, hörte den Hufschlag ihrer Ponys und hörte sie miteinander reden.

Es war leicht, das Haus des Indianeragenten J. M. Haworth zu finden. Es war das größte, das einzige mit einem Farbanstrich und einer richtigen Veranda mit Schrägdach. Es stand etwas abseits der anderen Bretterhütten auf einem kleinen Hügel, umgeben von einem niederen Zaun, der

Häuptling Kicking-Bird

weiß gestrichen war. Am Hang, der zum Cache Creek abfiel, stand das Schulhaus, ein Holzschuppen mit schmalen Fenstern, und unten am Fluß, leicht erhöht, war die Sägemühle mit der neuen Dampfsäge, an der man bereits den ersten Caddo zum Maschinenmeister ausgebildet hatte. Ben hielt kurz an, drehte sich um und sah, daß die beiden Indianer ihre Pferde auch gezügelt hatten. Sie grinsten und Ben grinste zurück. Das war alles. Und es war genug, um das mulmige Gefühl, verfolgt worden zu sein, loszuwerden.

Vor der Veranda des Agentenhauses lagerten die Soldaten, die Ben überholt hatten. Zwei von ihnen standen aber stramm und hatten die Gewehre über der Schulter. Sie schienen den Ambulanzwagen und den Zweispänner zu bewachen, die am Zaun abgestellt waren. Auf der anderen Straßenseite, auf einem noch nicht gepflügten Stück Erde, standen drei Tipis, über die der Flammenschein eines Lagerfeuers tanzte. Ein zerbeulter Kessel hing über dem Feuer, und zwei Frauen rührten mit Holzkellen darin. Hunde lagen dort, und hinter den Tipis weideten ein paar Indianerponys.

Als Ben an den Tipis vorbeigegangen war, hatte er »Guten Abend«, gesagt, aber von den beiden Frauen keine Antwort bekommen. Sie hatten nicht einmal die Köpfe gehoben, und Ben war weiter gegangen. Der Ambulanzwagen, ein alter, verwitterter Kasten auf roten Rädern, bedeckt mit einer schmutzigen Plane, schien schon längere Zeit dort zu stehen. Die Deichsel war aufgerichtet, die Wagenpferde in einer Koppel untergebracht. Der Zweispänner, ein offener Sechssitzer der Armee, hatte zwei Schimmel im Geschirr, die von einem Indianerknaben mit Gras gefüttert wurden. Ein Sergeant beobachtete den Indianerknaben, der sich daraus aber nichts zu machen schien.

Benjamin Clintock betrat den Vorgarten und nickte dem Sergeanten zu. Da die beiden Indianer ebenfalls zum Haus geritten kamen, ließ der Sergeant zwei Männer aufstehen, aber da kamen Chapman und ein anderer Mann auf die Veranda, und der andere Mann sagte, daß es schon in Ordnung wäre, wenn die beiden hereinkämen. »Wie Sie wollen, Sir«, sagte der Sergeant, und die beiden Soldaten durften sich wieder hinsetzen.

Haworth kam die Treppe hinunter, ein hagerer Mann mit einem grundehrlichen Gesicht und einem festen Händedruck, aus dem Benjamin Clintock so etwas wie neue Hoffnung schöpfte. »Ich bin James Haworth«, sagte der Agent. »Freut mich, daß du kommen konntest, mein Sohn.« Er ging den beiden Indianern entgegen und forderte sie auf, näher zu kommen. Aber die Indianer grinsten nur und banden ihre Ponys am Zaun fest. Dann gingen sie im Vorgarten spazieren und Haworth hob die Schultern. »Wenn ihr 'nen Kaffee wollt, könnt ihr reinkommen«, rief er ihnen zu. Sie reagierten nicht und betrachteten interessiert das Haus, so als wollten sie es demnächst kaufen. »Der eine ist Running Wolf«, sagte Chapman. »Ein hinterhältiger Schurke. Den anderen kenne ich nicht.«

»Wir haben nichts zu befürchten«, sagte Haworth sanft. »Kicking Bird ist da. Das ist ein Beweis dafür, daß er uns treu bleibt.« Er legte den Arm um Ben. »Komm, mein Sohn. Wir haben auf dich gewartet.«

Sie waren alle in Haworth' Office versammelt, und der kleine Raum mit dem Schreibtisch, dem Bücherregal und ein paar Stühlen war ziemlich voll. Auch Colonel Davidson war gekommen und mit ihm natürlich sein Adjutant, ein Captain und zwei Lieutenants. Davidson war eben dabei, von einer Bürgerkriegsschlacht zu erzählen, und der einzige, dem man ansehen konnte, daß er sich dafür nicht interessierte, war Kicking Bird, der in einem Lederpolsterstuhl saß und sich Mühe gab, würdig auszusehen. Kicking Bird hatte sich mit Kleidungsstücken behängt, mit denen er sich noch vor wenigen Jahren kaum unter die Leute gewagt hätte. Gestreiftes Hemd mit bauschigen Ärmeln, eine geblümte Weste und darüber ein *Brustpanzer* aus geschliffenen und polierten Büffelknochenröhrchen, Kettchen und Lederstreifen, die von den Ohrringen herunterhingen, Muscheln, Glas- und Messingperlen, ein paar Federn hier und ein paar Federn dort. Alles sah ziemlich mitgenommen aus und nichts paßte so richtig zueinander, aber darüber schien er sich längst keine Sorgen mehr zu machen. Sein Haar, blauschwarz und dick, war in der Kopfmitte gescheitelt, straff gekämmt und zu zwei Schwänzen gebunden, die ihm über die Schultern hingen. Ein Büffelfellumhang lag über der Polsterstuhllehne, und unter einer verwaschenen Armeehose sah man Mokassins, die mit Stachelschweinborsten verziert waren.

»Kicking Bird, Häuptling der Kiowas und ein besonderer Freund des Hauses!« sagte Haworth so stolz, als hätte er eben einen von ihm bekehrten Sünder einer Untersuchungskommission des Himmels anzubieten. Und Kicking Bird stand sogar auf, gab Benjamin Clintock die Hand und sagte sehr artig: »Ich bin erfreut.«

Haworth zeigte dann auf einen jungen, krank aussehenden Mann mit schwarzem Kraushaar und verkniffenem Mund. »Thomas Chester Battey, Lehrer bei den Kiowas.« Battey versuchte ein Lächeln, was ihm nicht gelang, gab Ben die Hand und sagte, daß er gern wüßte, was sich am Elk Creek täte. Er und Kicking Bird wären in Sorge um die Zukunft der friedliebenden Kiowas, die sehr unter dem Druck der anderen Stämme, und insbesondere der Comanchen, zu leiden hätten.

Thomas C. Battey, der mit seinem Ambulanzwagen Kicking Bird und einige andere Kiowas zur Agentur begleitet hatte, hatte eine ungesunde, fast graue Gesichtsfarbe, und im Laufe des Abends erfuhr Benjamin Clintock, daß der Lehrer unter Magengeschwüren litt und demnächst die Heimreise antreten würde.

Als General Davidson mit seinen Schlachtgeschichten fertig war, bat Mrs. Haworth, eine kleine Frau mit rötlichblonden Korkenzieherlocken, zu Tisch. Wie Ben vermutet hatte, gab es den letzten wilden Truthahn von Fort Sill, für den man sich bei Chapman bedankte, dem einzigen, der mit den Händen aß und am Ende das verschmierte Gesicht an seinem Lederhemd abwischte, während Kicking Bird im Umgang mit Messer und Gabel verblüffende Gewandtheit zeigte. Zum Nachtisch gab es Kaffee und Kuchen, für T. C. Battey lauwarme Kuhmilch und ein paar Tropfen bittere Medizin. Niemand war überrascht, als der Lehrer plötzlich aufstand, zur Hintertür ging und sich draußen übergab, wo Running Wolf und sein Freund standen und dämliche Gesichter machten. Battey forderte sie erneut auf, hereinzukommen, aber Running Wolf schüttelte den Kopf und sagte in schlechtem Englisch: »Stehen gut hier. Hören alles.«

»Spione!« sagte Chapman grimmig. Und T. C. Battey, der wieder hereingekommen war, noch blasser im Gesicht, nickte und sagte, daß man vorsichtig sein müsse.

»Ich könnte sie durch den Sergeanten wegjagen lassen«, sagte der Adjutant, aber damit war Haworth nicht einverstanden. »Ich will hier Ruhe«, sagte er. »Sie können hier machen, was sie wollen. Damit verdiene ich mir ihr Vertrauen.«

Running Wolf und der andere, offenbar nicht Kicking Birds Freunde, lauschten draußen, während man drinnen anfing, sich mit der gegenwärtigen Lage zu beschäftigen. Benjamin Clintock erzählte, was er wußte, erwähnte aber weder Tomanoakuno noch Napoleon Washington Boone, obwohl ihm eigentlich nur daran gelegen war, eine Möglichkeit zu finden, beide aus den Händen der Comanchen zu befreien, bevor es zu einer blutigen Auseinandersetzung zwischen Weißen und Indianern kam. Nap als Deserteur hätte von Davidson kaum Gnade erwarten können, und Tomanoakuno wollte Ben ein Spießrutenlaufen ersparen, wie sie es bei ihrer Rückkehr unter diese Menschen hier zu erwarten hätte. Es war Haworth, der ihm die Frage stellte, wieso er sich eigentlich so sehr für eine Sache einsetzte, bei der er persönlich kaum etwas gewinnen könnte. Daraufhin lachte Chapman und sagte, daß Clintock ein Menschenfreund sei und Blutvergießen verhindern wolle.

»Ich habe Freunde unter den Büffeljägern«, sagte Benjamin Clintock ruhig. Er dachte dabei an Old Man Keeler, an Mike McCabe, Billy Dixon, Bat Masterson und die anderen. »Der erste Angriff der Indianer gilt den Büffeljägern und dem Handelsposten am Canadian River. Es muß doch eine Möglichkeit geben, mit den Indianern zu verhandeln, bevor sie den Lagerplatz am Elk Creek verlassen. Dann ist es zu spät.«

»Und wie stellen Sie sich das vor, Clintock?« fragte Davidson. »Sie haben uns erzählt, daß sich dort einige tausend Krieger getroffen haben.

Ganz zu schweigen von den Cheyenne, die am Washita lagern und da auch mitmachen wollen. Selbstverständlich könnte ich mein Regiment beim Elk Creek aufmarschieren lassen. Aber ich bekomme hierfür weder den notwendigen Marschbefehl vom Oberkommando, noch die Zustimmung derjenigen Leute, die sich auf ihre Art um die Lösung des Indianerproblems bemühen.« Davidson holte Luft, sah Haworth und dann T. C. Battey an, und hob die Brauen. »Sie wissen, was ich meine, meine Herren? Ich habe schon vor Monaten behauptet, daß Gottvertrauen und weise Worte allein nicht genügen, aus den Barbaren anständige Menschen zu machen. Ihr Vorgänger Lawrie Tatum war mit mir da einer Meinung, Mister Haworth, und das, obwohl er nie einen Säbel, immer aber die Bibel mit sich herumtrug, und manchmal damit auch zuschlagen konnte!«

Haworth' Gesicht rötete sich vom Hals her. »Sie kennen meine Einstellung, Colonel. Ich glaube, daß es uns in den letzten Jahren gelungen ist, den Beweis zu liefern, daß durch Gottes Wort mehr erreicht werden kann als durch nackte Gewalt. Kicking Bird ist ein Beispiel dafür, meine Herren. Er ist loyal, obwohl er sich dadurch bei seinem Stamm viele Feinde geschaffen hat. Man bespitzelt ihn. Man traut ihm nicht mehr, weil er versucht, an Gottes Hand den Weg zu gehen, der ihm und uns ewigen Frieden verspricht. Er ist ein Kiowa, Colonel. Und doch hat er sich seit Jahren nie mehr an Raubzügen beteiligt. Er ist ein Kiowa, und doch sitzt er hier mit uns am Tisch und versucht mit uns, Blutvergießen auf beiden Seiten zu verhindern und Frieden zu stiften. Sehen Sie sich draußen um, meine Herren. Da sind Felder und Äcker. Da steht ein Schulhaus und eine Sägemühle, die von Indianern betrieben wird, von Indianern, denen man noch vor kurzem nachgesagt hatte, daß sie zu nichts anderem fähig sind als zum Rauchen, Morden und Plündern.«

»Wenn es gelingt, einem Hund beizubringen, aufrecht zu gehen, heißt das noch lange nicht, daß alle Hunde eigentlich Zweibeiner und nicht Vierbeiner sind!« sagte der Adjutant.

»Deutlicher brauchen Sie sich nicht auszudrücken!« rief T. C. Battey, dunkel im Gesicht, und es schien fast, als würde ihm die Auseinandersetzung schlimme Schmerzen bereiten. »Es steht fest, daß sich am Elk Creek verschiedene Gruppen verschiedener Stämme versammelt haben. Aber ein Angriff auf das Lager am Elk Creek ist ungerechtfertigt, Colonel! Unter den Tausenden, die dort sind, gibt es viele, die sich seit Monaten nichts zuschulden kommen ließen.«

»Eine Haut gleicht der andern«, sagte der Captain und zog die Schultern hoch. »Soll uns doch mal der Häuptling sagen, ob seine Freunde nicht nur zum Tanzen weggegangen sind und vielleicht schon morgen gutgelaunt wieder zurückkehren?«

Alle Augen richteten sich auf Kicking Bird, der nicht verstanden hatte, worum es ging, und ziemlich gelassen von einem zum andern sah. T. C. Battey wandte sich an ihn und sagte etwas in seiner Sprache zu ihm. Kikking Bird gab ihm Antwort, und die beiden diskutierten eifrig, zum Schluß beinahe heftig.

»Nun, Mister Battey? Was meint der Häuptling?« fragte Davidson.

»Kicking Bird meint, daß selbst unter den Comanchen viele friedliebende Häuptlinge sind, wie er selbst einer ist.« T. C. Battey wischte sich Schweiß von der Stirn und stand auf. »Aber diese Häuptlinge hätten keine Möglichkeit, die zornigen jungen Männer unter Kontrolle zu halten. Dazu fehlt ihnen jetzt die Kraft, nachdem sie oft genug versucht haben, Abmachungen und Verträge einzuhalten. Sie haben das Vertrauen der jungen Häuptlinge und Krieger verloren. Sie sind nicht mehr stark genug. Trotzdem glaubt Kicking Bird, daß die Gruppe derer, die in Frieden leben wollen, immer größer wird.«

»Das ist eine Vermutung«, sagte der Adjutant. »Eine Illusion, Mister Battey. Er selbst hat Schwierigkeiten, seine Leute zusammenzuhalten. Und dabei ist er Ihr gelehrigster Schüler, nicht wahr, Mister Battey?«

T. C. Battey ballte die Hände zu Fäusten, und für einen Moment zitterten seine Lippen. »Kicking Bird ist ein Mann, vor dem man nur den Hut ziehen kann!« sagte er. »Er hat Jahre dafür geopfert, dem Frieden zu dienen. Er hat seine Kinder dazu erzogen, uns Weiße zu lieben. Respekt vor diesem Mann, meine Herren! Und Respekt vor denjenigen, die treu hinter ihm stehen, auch in Zeiten, da es ihnen schwerfällt!«

»Kein Mensch bezweifelt Kicking Birds Loyalität, Mister Battey«, sagte einer der beiden Lieutenants. »Aber was ist mit Satanta, mit White Horse, mit Lone Wolf und den andern? Mister Clintock weiß, was diese Häuptlinge vorhaben.«

»Niemand weiß, was geschehen wird«, sagte Haworth. »Obwohl Satanta die Reservation verlassen hat, vertraue ich seinem Scharfsinn und seinem kritischen Verstand. Satanta wird sich nicht so leicht beeinflussen lassen.«

Der Adjutant lächelte. »Mister Haworth, auch Sie dürften in der Zwischenzeit erfahren haben, daß die Indianer unberechenbar sind. Sie handeln meistens spontan und überraschen damit alle diejenigen, die ihnen Vertrauen entgegengebracht haben.«

»Es sind die Comanchen, die den Teufel tanzen lassen wollen«, sagte Chapman. »Und meine Verwandten, die Cheyenne. Clintock hat sich die Sache gut überlegt. Er hat mitgekriegt, worum es geht. Er weiß, daß die Rothäute wütend genug sind, einen Sommer lang zu kämpfen.« Chapman grinste in die Runde. »Das gibt Arbeit für alle, Gents. Das wird ein heißer Sommer.«

»Freuen Sie sich, Chapman?« fragte T. C. Battey wütend. »Freuen Sie sich wirklich?«

»Überhaupt nicht«, erwiderte Chapman. »Aber es hilft wohl gar nichts, wenn ich mir Sorgen mache. Darauf nehmen Rothäute keine Rücksicht. So ist das eben, Gents: Nur ein närrischer Coyote heult einen Mond an, der noch nicht aufgegangen ist.«

»Man kann etwas tun!« rief Benjamin Clintock. »Chapman, die Häuptlinge, von denen Kicking Bird gesagt hat, daß sie eigentlich in Frieden leben möchten, wären zu Verhandlungen bereit!«

»Verhandlungen! Mister Clintock, ich habe unzählige Palaver mitgemacht. Dabei ist selten was herausgekommen.« Der Adjutant schüttelte den Kopf. »Wir können nur abwarten und unsere Kanonen in Ordnung halten. Ich bin sicher, wenn es einmal knallt, werden viele, die uns heute verurteilen, noch einmal gottfroh sein.«

T. C. Battey sagte, daß er jetzt genug habe und man sowieso nicht weiterkomme. Er habe Vorbereitungen für die Fahrt zurück zu Kicking Birds Lager zu treffen. »Ich bin überzeugt, daß die Kiowas nach dem Sonnentanz zurückkehren werden«, sagte er. »Das gleiche gilt für die wenigen Kiowa-Apachen, die zum Elk Creek gezogen sind.« Er verabschiedete sich von allen und ging hinaus. Kicking Bird stand ebenfalls auf, aber Haworth nahm ihn am Arm. »Er kommt zurück«, sagte er. »Er ist dein Freund, Häuptling.«

»Sein Herz ist gut«, sagte Kicking Bird.

Draußen hörte man Hufschlag, und der Sergeant trat unter die Tür. »Indianer!« sagte er. »Ein halbes Dutzend! Sie sind mit Bogen bewaffnet!« Der Adjutant lief zum Fenster. »Lassen Sie keinen eintreten, Sergeant! Höchste Alarmbereitschaft für...«

Haworth unterbrach den Adjutanten. »Moment mal, wir sind hier nicht in Fort Sill! Hier bestimme ich, wer mein Haus betritt und wer draußen bleibt!« Er ging zur Tür. »Kommen Sie mit, Chapman. Was halten Sie davon?«

Chapman zog die Schultern hoch. »Keine Ahnung. Die sehen wild aus. Heh, ist das nicht Couguet, Kicking Birds Bruder?«

Benjamin Clintock, der sich einen Platz am Fenster gesichert hatte, sah, wie sich Thomas Chester Battey kurz mit einem der Indianer unterhielt und dann zum Haus herüber zeigte. Der Indianer war jünger als Kicking Bird, trug ein Rehlederhemd und war mit einem Kriegsbogen bewaffnet. Als Battey weiterging, hinüber zum Agenturstore, ritten die Indianer zum Zaun, stiegen ab und banden ihre Pferde fest. Running Wolf und sein Freund gingen ihnen entgegen und redeten heftig auf sie ein. Der Sergeant ließ seine Soldaten in einem Glied vor der Veranda Aufstellung nehmen. »Das kann gefährlich werden«, sagte der Captain. »Man sollte ihnen auf jeden Fall die Waffen abnehmen.«

Haworth und Chapman gingen hinaus und blieben auf der Veranda stehen.

»Halten Sie Ihre Leute zurück, Sergeant«, sagte Chapman, und sie gingen die Treppe hinunter. Haworth schob zwei Soldaten zur Seite. Die Indianer schienen ziemlich erregt, nachdem ihnen Running Wolf einiges erzählt hatte. »Der Magere dort, das ist Trotting Wolf. Teufel, die scheinen bis in die Moks hinein wütend zu sein!« sagte Chapman.

»Nur Ruhe bewahren«, sagte Haworth. Er wollte den Indianern entgegengehen, blieb aber stehen, als sie sich plötzlich in Bewegung setzten und ungeachtet der Soldaten auf die Veranda zukamen, die Bogen in den Händen. Haworth lud sie ein, sein Haus zu betreten. »Ihr seid willkommen in meinem Haus«, sagte er. »Und ihr seid sicher bei mir. Kicking Bird erwartet euch.«

Trotting Wolf, Running Wolf und Couguet kamen zuerst die Treppe hoch, ihre Gesichter waren ernst. Die Soldaten waren zurückgewichen und ließen auch die anderen vorbei. Haworth forderte die Indianer auf, Platz zu nehmen, und das taten sie auch. Einige setzten sich auf den Boden, zogen ein paar Pfeile aus den Köchern und legten sie griffbereit über die Knie. Andere schoben ihre Umhänge zurück, so daß man die Revolver in ihren Gürteln sehen konnte. »Unverschämt«, flüsterte Davidson seinem Adjutanten zu. Mrs. Haworth bekam von ihrem Mann einen Wink, und sie verließ den Raum. Minutenlang war es still. Dann stand plötzlich Trotting Wolf auf, zeigte auf Kicking Bird und brüllte den Häuptling an. Couguet, Kicking Birds Bruder, mischte sich ein, und Trotting Wolf setzte sich wieder hin. Haworth hob die Arme.

»Nun mal mit der Ruhe, meine Brüder! Ihr beschuldigt Kicking Bird, daß er euch schlechtgemacht hat. Ihr beschuldigt ihn der Lüge und des Verrates. Aber er hat nie ein schlechtes Wort über euch gesagt. Wir wissen, daß viele von euch zum *Platz am Ende der Hügel* gezogen sind, um zu tanzen. Aber das ist gefährlich. Das ist nicht gut. Die Comanchen sind dort, und es ist ein Tanz der Lüge und des blinden Zorns. Ihr wißt selbst, daß die Comanchen den Frieden zwischen euch und uns stören. Ihr wißt selbst, daß die jungen Krieger in ihrem Zorn den guten Weg nicht mehr sehen können. Kicking Bird ist in Sorge um die Kiowas. Kicking Bird ist in Sorge um seine Brüder und Schwestern, die den guten Weg verlassen haben.« Haworth wandte sich an Chapman. »Übersetzen Sie das mal, bitte.« Und Chapman hielt eine Rede, und wahrscheinlich sagte er auf seine Art, was er von der Sache hielt, denn es dauerte fast zehn Minuten, bis er keine Luft mehr hatte. Daraufhin stand Kicking Bird auf und redete eine Weile. Chapman übersetzte fortlaufend.

»Kicking Bird möchte mal wissen, warum das, was er mit Ihnen, Haworth, besprochen hat, nicht nach Washington weitergereicht wurde. Er habe für den ganzen Stamm gesprochen. Alles, was er gesagt habe, sollte nur dem Frieden dienen. Aber Washington habe nur Häuptling Big Bows Worte bekommen, und die hätten keine Geltung, denn Big Bow befindet sich inzwischen auch am Elk Creek. Darauf möchte er eine Antwort haben, Mister Haworth.«

»Sagen Sie ihm, daß Big Bows Rede bei einer Verhandlung gemacht wurde und sogleich aufgeschrieben wurde, während ich Kicking Birds Ausführungen in einem rein privaten Gespräch erhalten habe. Ich danke ihm dafür, und ich habe seine Vorschläge geprüft. Sie sind gut. Ich weiß, daß er mehr für seinen Stamm getan hat als jeder andere Häuptling. Ich respektiere ihn dafür.«

»Futterneid«, sagte der Adjutant. »Man hat Big Bow ihm vorgezogen. Jetzt fühlt er sich betrogen und um Ruhm und Ehre gebracht.«

»Fast wie unter uns«, sagte der eine Lieutenant und erntete dafür bissige Blicke vom Adjutanten und vom Captain.

Trotting Wolf sagte, er könne jetzt überhaupt nicht mehr verstehen, was die Weißen eigentlich wollten. Mit dem Frieden seien sie nicht zufrieden, und vor dem Krieg hätten sie Angst. Er sei hergekommen, um zu hören, was der Agent zu sagen hätte. Er sei hergekommen, weil er sich betrogen fühle. Und er drohte, er würde auch noch zum Elk Creek gehen und den Tomahawk schwingen. Dann sei Krieg, und den hätten sich die Weißen selbst eingebrockt. Er habe lange Zeit keinen Krieg mehr gemacht, obwohl die Comanchen ihn oft dazu verleiten wollten. Auch ihm seien von Comanchen und von Weißen Pferde gestohlen worden. Aber jetzt sei entweder Schluß damit, oder er würde ebenfalls die Reservation verlassen, wie alle die anderen, die lange gewartet hätten und jetzt gegangen seien, um herauszufinden, wie stark der neue Medizinmann der Comanchen wirklich sei. Trotting Wolf redete lange, und Chapman übersetzte.

Auch die anderen Indianer hielten noch ein paar Reden, und am Schluß schienen sie etwas von ihrem Ärger los zu sein. Couguet war der erste, der aufstand, seine Pfeile wegsteckte und zu Kicking Bird ging. Er sagte etwas zu ihm, und Kicking Bird nickte und wandte sich an Chapman. »Sag Thomissy Battey, daß ich ihn mit zurücknehmen wollte, in mein Lager, wie ich es ihm versprochen habe. Aber ich glaube, daß er besser hier bleibt, bis die Sache geregelt und unter den Kiowas wieder Ruhe eingekehrt ist.«

»Damit wird Battey aber nicht einverstanden sein«, sagte Haworth. »Er glaubt, daß er jetzt erst recht gebraucht wird. Sagen Sie ihm das, Chapman.«

»Das hat keinen Zweck, Haworth. Die gehen jetzt ohne den Lehrer, und das ist gut so. Es wäre für Battey gefährlich, mit ihnen zu fahren.«

Die Indianer erhoben sich, steckten ihre Pfeile ein und gingen nacheinander hinaus. Kicking Bird folgte ihnen, und kurze Zeit später standen draußen die Tipis nicht mehr, und die Kiowas ritten in die Nacht hinaus.

»Ärger! Nichts als Ärger mit ihnen«, sagte der Captain. »Würde mich nicht wundern, wenn in ein paar Tagen überhaupt kein Kiowa mehr in dieser Reservation anzutreffen wäre.«

Mrs. Haworth brachte noch einmal Kaffee, aber niemand schien noch große Lust zu haben, Haworth' Gastfreundschaft zu genießen. Dann kam Thomas Chester Battey, hörte, daß Kicking Bird die Agentur verlassen hatte, ohne ihm die Hand zu geben, und regte sich darüber derart auf, daß er sich erneut übergeben mußte.

Ben war klargeworden, daß er versuchen mußte, Tomanoakuno zu befreien. Die Leute hier wurden mit ihren eigenen Problemen nicht fertig. Der einzige, der noch einmal genüßlich eine Tasse Kaffee schlürfte, war Amos Chapman. Er schien überhaupt keine Sorgen zu haben, obwohl er bei den Cheyenne Frauen und Kinder hatte. Aber das beruhigte Ben auch nicht. Er wollte Tomanoakuno haben und er spürte mehr denn je, daß ihm nichts wichtiger war. Der eine Tag in Fort Sill hatte ihm genügt. Und nachdem Kicking Bird und seine Kiowas gegangen waren, fühlte er sich fast allein gelassen. Nur Chapmans Anwesenheit hinderte ihn daran, einfach davonzulaufen. Ausgerechnet Chapman, der selber nicht zu wissen schien, wohin er eigentlich gehörte.

Es war kurz vor Mitternacht, als Haworth' Gäste aufbrachen. Haworth gab Benjamin Clintock die Hand. »Mach dir keine Sorgen, mein Sohn«, sagte er. »Der Herr weiß immer einen Ausweg.«

Benjamin Clintock lächelte. »Ich bin nur hundemüde, Mister Haworth. Und es fällt mir irgendwie schwer, dem Himmel zu vertrauen.«

Draußen bestiegen die Soldaten ihre Pferde, und Chapman, der auf einem dunklen Hengst saß, fragte Ben, ob er den Rückweg auch zu Fuß machen wolle. Ben schüttelte den Kopf und bestieg den Zweispänner, setzte sich neben Bugbee auf den Bock und sah zu, wie die Soldaten vor dem Wagen in Zweierreihe anritten. Davidson und die Offiziere nahmen im Wagen Platz. Bugbee löste die Bremse und schwang die Peitsche, und die beiden Schimmel zogen an.

»Na, Clintock?« sagte Bugbee. »Wer hat dir gesagt, daß ich Georgy Boy heiße?« Der Wagen ächzte und quietschte, während Bugbee die Pferde scharf antrieb. »Hast du etwa meinen alten Freund Moses Nattermann getroffen?«

»Nein. Ich habe nur gehört, daß er tot ist.«

»Dachte ich mir.« Der Wagen sprang durch einen Graben. »Aber vielleicht hat es Boone geschafft. Wenn's einer schaffen würde, dann Boone, das haben wir alle gedacht.«

Ben sagte, daß er Napoleon Washington Boone getroffen hatte. »Irgendwo im Westen. Er hatte ein gutes Pferd und alles, was er brauchte, und ich habe ihn nicht gefragt, was er vorhatte. Er sagte mir, daß du eine Geschichte erzählen könntest. Eine Geschichte vom Washita.«

»Als Custer Black Kettles Lager angriff? Da war ich nicht dabei.« Bugbee spuckte einen Priem in den Wind.

»Soso? Nap sagte, daß du dabei warst.«

»Mann, ich war vielleicht dabei. Wer weiß. Möglich, daß ich dabei war. Aber nicht in der Uniform. Darum sollte ich nicht darüber reden. Du verstehst schon, was ich meine. Falls ich dabei war, dann gehörte ich zu denen, die am Morgen aufwachten, als schon Kugeln herumflogen.« Bugbee lachte unsicher. »Natürlich könnte ich geträumt haben. Ich weiß das alles nicht mehr so genau, Junge. Erinnerst du dich an Träume, die ein paar Jahre her sind? Ich wachte plötzlich auf, und es hat überall geknallt, und als ich aus dem Tipi kroch, waren schon überall Soldaten, und das erste, was ich sah, war ein Sergeant, der ein Baby mit dem Bajonett aufgespießt hatte und es gegen einen Baum schleuderte, und da war ein anderer, ein junger Bursche, der mit seinem Pferd einfach eines der Tipis niederritt und die Frauen und Kinder abschoß, die unter den Häuten hervorkrochen. Wie gesagt, ich erinnere mich nicht mehr genau. So ist es halt mit Träumen. Ich hatte einen Revolver, und ich schoß einen Offizier vom Pferd. Ich glaube, er war auf der Stelle tot. Gott verdammt, da hinten am Hang war die Regimentskapelle aufmarschiert. Sie spielten Garry Owen. Nicht besonders gut. Waren weiße Jungs. Und es war so kalt, daß ihnen die Spucke gefror. Die Toten, die überall herumlagen, dampften. Das Blut dampfte, und die Pferde dampften. Und die Kinder liefen durcheinander, und sie wurden niedergeritten und aufgespießt. Ich nahm mein Mädchen bei der Hand, und wir rannten zum Fluß hinunter. Aber wir kamen nicht weit. Sie trafen mein Mädchen, und sie riß sich los und warf sich auf den Boden und schrie, daß ich weglaufen soll. Da schossen sie noch einmal und noch einmal, und die Kugeln stampften ihren Körper in den hartgefrorenen Boden. Da war viel Blut, Junge. Da war gottverdammt viel Blut. Und überall lagen Kinder. Einige Krieger kämpften, aber die meisten rannten. Fast alle rannten. Es war kein Kampf. Es war ein Überfall. Früh am Morgen, und es war eisigkalt. Viele rannten nackt herum. Kinder mit nackten Füßen im Eis. Frauen und Greise. Und die Soldaten schossen auf alles, was sich bewegte. Ich entkam in den Wald, aber ich war am Bein getroffen, und ich fand ein Loch im Boden und kroch hinein. Dann konnte ich zusehen, wie sie töteten. Sie machten keine Unterschiede. Da war ein Mädchen. Jung. Vielleicht elf. Es rannte über den Platz, und sie schossen es nieder, und einer ritt hinüber und riß ihm das Kleid herunter. Dann hat er ihm das Bajonett reingestoßen, und er hat gelacht wie ein Wahnsinniger. Und da war ein Kind, das sich versteckt hatte. Sie fanden es und schossen vor ihm in den Boden und als es davonlief, schossen sie es nieder. Da war eine Frau, die am Boden kniete. Sie hatte zwei zerschossene Beine und ein Baby auf dem Arm. Ein Kind kauerte bei ihr. Sie spießten das Kind auf, erschossen die Frau und das Baby. Dann, als es nichts mehr zu töten gab, töteten sie die Pferde. Und sie zündeten alles an, und sie zerstörten alles, was ihnen in die Hände fiel. Nur was sie als Andenken behalten wollten, nahmen sie mit. Mokassins und so. Auch einige Skalps. So war es am Washita. Junge. Und ich weiß nicht, ob ich es geträumt habe oder nicht.«

»Ich glaube, das kannst du gar nicht geträumt haben«, sagte Ben. »Aber es klingt alles so grauenhaft, daß es mir lieber wäre, du hättest es nur geträumt.«

Bugbee wandte den Kopf, und Ben sah Tränen in seinem Gesicht. »Ja, Junge, es klingt schon so, als ob ich es geträumt hätte. Ich bin immerhin auch ein Soldat, und man sagt, daß ich nicht einmal ein schlechter Soldat bin.«

»Damals warst du nicht Soldat?«

»Ich habe nie geträumt, Soldat zu sein.«

»Warum kämpfst du heute als Soldat gegen die Indianer?«

Bugbee sagte lange Zeit nichts. Er lenkte die Pferde die schmale Straße hoch zum Fort. Dann sagte er plötzlich: »Das bedeutet ja nicht, daß ich gegen die Indianer bin, Junge, im Krieg fliegen die Kugeln kreuz und quer. Auch die eigenen.«

Von hinten beugte sich der Adjutant über die Lehne des Wagenbockes.

»Gott verdammt, sind Ihnen die Gäule durchgegangen, Soldat?« brüllte er.

Bugbee stemmte die Füße gegen den Wagenbock. »Nein, Sir!« rief er in den Wind und lenkte die Pferde um eine Kurve, zwischen ein paar Cottonwoods hindurch und zum Plateau hoch, auf dem Fort Sill stand.

26
Weibergeschichten

Fort Supply galt für die Menschen, die dort Dienst taten, als der verabscheuungswürdigste Platz auf Erden. Es lag inmitten einer Einöde, ohne eine auch nur winzige Spur von Zivilisation in der Umgebung und mit einem miserablen Klima für Mensch und Tier. 1872 war Fort Supply nur von 6 Kompanien besetzt, deren Offiziere und Soldaten in Gebäuden aus Cottonwoodbaumstämmen und Dreck hausten, in denen man während heftigen Regengüssen naß wurde. Die Quartiere der Offiziere hatten Sandböden, Zeltplanen als Zwischenwände und Armeen von Käfern unter der Rinde der Wandstämme. Besonders die Frauen, die in einem solchen Fort zu leben hatten, waren nicht zu beneiden ...

Zu jener Zeit war es jeder Kompanie erlaubt, vier Wäscherinnen anzustellen. Bei diesen Frauen handelte es sich meistens um einen rauhen Haufen, der in kaum bewohnbaren Baracken hauste, inmitten von Schmutzbergen, umgeben von trotzköpfigen und wilden Kindern zweifelhafter Herkunft. Man nannte sie allgemein »Spikes«, und während ihrer Freizeit waren sie meistens in handfeste Keilereien untereinander verwickelt, die von den Wachtsoldaten oft nur mühsam geschlichtet werden konnten ...

Aber da waren auch »Schnapshändler«, die, mit einer Art von sechstem Sinn ausgestattet, immer kurz vor den Zahltagen auftauchten, die Wagen voll von billigem Schnaps und grimmigen Huren. Zwar waren sie innerhalb des Forts nicht erlaubt, aber die »Händler« errichteten ihre Camps an den Grenzen der Armeereservate und markierten für ihre Kunden den Weg vom Fort zum Lager mit einer Reihe von Pflöcken, an denen sie weiße Stoffetzen festgebunden hatten.

S. E. Whitman, THE TROOPERS, 1962

»Du kannst bei mir schlafen«, sagte Chapman, so als ob er ein erstklassiges Hotel anzubieten hätte, mit Zimmern mit weichen Federbetten und Gipsengelchen an der Decke. Aber es war ein erbärmliches Quartier, in dem außer Chapman noch einige andere Scouts, Mischlinge und ein paar Wichitaindianer lebten. Es stank in dem kleinen Raum, aber an der Wand hing ein Mahagoniholzkreuz mit einem Messingheiland und einem verdorrten Wacholderzweig darunter. Einige Pritschen waren frei. Ein Mischling schien einen Alptraum zu haben und nagte dabei an einem Pritschenpfosten. In der hintersten Ecke hockte ein Indianer mit einer blauen Mütze auf dem Kopf und einer farbenprächtigen, aber ziemlich schmutzigen Decke über den Schultern. Chapman schlich ihn an und stahl ihm eine kleine Flasche, die der Indianer mit den Füßen festhielt.

»Willst du 'nen Schluck?« fragte er Ben, der zögernd die Tür hinter sich ins Schloß drückte. »Grenzerschnaps. Frisch gebrannt und so stark, daß dir wochenlang das Arschloch flattert.«

»Laß mich in Ruhe!« sagte Ben wütend. »Ich will schlafen.« Er suchte sich eine Pritsche und legte sich auf die harten Bretter. Über ihm grunzte ein Mann im Schlaf. Chapman trank die Flasche leer und stellte sie wieder zwischen die Füße des Indianers.

Durch die kleinen Fenster fiel ein wenig Mondlicht, und Ben sah zu, wie sich Chapman auszog. »Du kannst 'ne Decke von mir kriegen, Clintock«, sagte er.

»Ich brauch keine Decke.« Ben setzte sich auf. »Ich reite morgen in aller Herrgottsfrühe zum Canadian, Chapman. Ich habe Freunde dort, denen ich etwas sagen muß.«

Chapman grinste. »Verrückt genug bist du schon, Clintock. Aber ich garantiere dir, daß du keine fünfzig Meilen weit kommst. Du weißt selber, oben wimmelt es von Cheyenne, und wenn einer 'ne Chance hat, durchzukommen, so ist das höchstens Amos Chapman. Die kennen mich. Ich hab noch 'n paar Weiber bei ihnen. Und 'n paar Gören. Außerdem ist Stone Calf mein Onkel. Weißt du, Clintock, mir liegt nichts daran, dich aufzuhalten. Im Gegenteil, ich könnte mir vorstellen, daß man da oben ein Geschäft machen könnte.«

»Mir geht es nicht um ein Geschäft, zum Teufel! Hör mal, Chapman, seit ich hier bin, weiß ich nicht mehr, wo mir der Kopf steht. Die Quäker warten auf ein Wunder und die Armee darauf, daß es irgendwo ein Gemetzel gibt, mit dem sich ein Vernichtungskrieg rechtfertigen läßt. Dabei wäre es eine einfache Sache, zum Elk Creek zu reiten und mit den Häuptlingen zu verhandeln.«

»Das wäre eine Möglichkeit, Clintock«, sagte Chapman. »Aber die Idee ist nicht neu. So wird es schon seit Jahren gemacht. Ich war bei solchen Palavern oft dabei. Aber was kommt dabei heraus? Die Rothäute werden nach Strich und Faden übers Ohr gehauen und unterschreiben allerlei Zeug, das sie weder lesen noch verstehen können. Und selbst wenn sie es verstehen, sie kriegen doch nie, was man ihnen versprochen hat. Es ist einfach, ihnen zu versprechen, daß sie genug zu Fressen kriegen, wenn sie in die Reservationen kommen. Schwieriger ist es, sie nachher nicht verhungern zu lassen, wenn der Zucker fehlt, der Mais und das Fleisch. Da muß man Davidson schon recht geben. Wenn die Schnarchsäcke in Washington nicht wissen, wie sie die Indianer füttern sollen, dann sollen sie doch die Schnauze halten und die Armee machen lassen, was sie für richtig hält.«

»Verdammt, bist du nun für oder gegen die Indianer?«

»Ich bin ein Mischling, Clintock. Halb weiß und halb rot. Nicht ganz gargekocht, sagt man.« Chapman lachte leise auf. »Ich kriege als Armeekundschafter siebzig Dollar im Monat, und der Teufel soll mich auf der Stelle holen, wenn ich nicht an meine Zukunft denke. Jeder denkt an seine Zukunft. Aber wie sieht denn die Zukunft der Cheyenne aus, he? Lausig, sage ich! Gottverdammt lausig! Du hast es ja selbst mitgekriegt. Die glauben dran, daß riesige Büffelherden vom Himmel fallen werden und solchen Kram. Da ist nichts drin. Alles Träume, die schnell vergehen, und was passiert dann?« Chapman seufzte. »Mein Herz gehört den Cheyenne, aber der Teufel weiß, daß ich 'nen irischen Vollidioten zum Vater habe, und jeder ist sich selbst der nächste . . .«

»Mach ein Fenster auf, bitte. Ich ersticke sonst hier drin.«

»Curly hat Schweißfüße«, sagte Chapman. Er öffnete eines der Fenster. »Hör mal, Clintock. Ich mache dir 'nen Vorschlag. Morgen früh krieg ich von Davidson eine Nachricht für General Miles, der in Fort Supply hockt und auch darauf wartet, daß sich etwas tut. Dort sind ein paar Freunde von mir, die daran interessiert sein dürften, daß deine Freunde am Canadian gewarnt werden, bevor ihnen alle die schönen Büffelhäute durch die Lappen gehen. Das lassen sie sich was kosten, sag ich dir. Da sind schon hundert Bucks drin, und die teilen wir uns.«

»Ich habe gesagt, daß ich kein Geschäft . . .«

»Du brauchst 'n Pferd, verdammt noch mal! Und du brauchst 'n paar Waffen! Glaubst du, daß du das Zeug geschenkt kriegst?« – »Nein.«

»Dann halt die Klappe und laß mich mal rangehen, Clintock. Du kannst dich auf mich verlassen. Ich weiß, wie man weiterkommt. Wir reiten zusammen nach Fort Supply, kriegen dort hundert Dollar und warnen deine Freunde. So einfach ist das, und wir verdienen uns dabei ein Taschengeld.«

»Mir geht es nicht nur um meine Freunde, sondern um . . .« Ben verkniff das Gesicht und schüttelte den Kopf. »Schon gut, Chapman. Herrgott, ich bin übermüdet!« Ben legte sich lang und drehte sich auf die andere Seite. Er hörte, wie Chapman kicherte. »Hab ich mir doch gedacht«, sagte der Kundschafter leise und schlurfte zu seiner Pritsche.

Arapaho-Krieger

Am nächsten Tag hatte Chapman die Nachricht, die an den Kommandanten von Fort Supply addressiert war und Davidson zum Absender hatte. Benjamin Clintock kam vom Frühstück in der Kantine und traf Chapman, der schon überall nach ihm gesucht hatte. Chapman trug Satteltaschen über seiner Schulter. Er war rasiert und sah beinahe sauber aus. Obwohl es noch nicht ganz acht Uhr am Morgen war, zog er eine Alkoholfahne hinter sich her. Die Flasche hatte er in der Innentasche seiner Lederjacke versteckt und er sagte, daß er sich eben nur den faden Geschmack aus dem Mund gespült habe. »Hier, das ist die Nachricht, die ich zu überbringen habe. Anstelle von 'ner Eskorte kriege ich dich mit, Clintock, und du kriegst 'n Pferd, Zaumzeug und Sattel und außerdem 'n Empfehlungsschreiben von General Davidson, falls du dich entscheiden solltest, Armeekundschafter zu werden. Kein schlechter Beruf. Siebzig Bucks im Monat, und wenn man die Rothäute kennt, hat man sogar noch 'ne Chance, das Geld mal ausgeben zu können.«

Sie gingen zusammen hinunter zum großen Steincorral, wo man schon Bescheid wußte. Chapman suchte gleich zwei Pferde aus, da sein Schecke erst vor kurzem den Keuchhusten überstanden hatte und für einen langen Ritt noch nicht kräftig genug war. Zwei Rekruten sattelten die Tiere, während Benjamin Clintock und Amos Chapman zum Arsenal gingen, wo sich Ben aus Beutebeständen eine 66er-Winchester aussuchte und dazu zwei 45er-Colts. Einen davon steckte er mit dem Munitionspacken in die Satteltaschen, und den anderen trug er im Hosenbund.

»Wenn du willst, können wir mal schnell zum Übungsfeld runtergehen und die Dinger ausprobieren«, schlug Chapman vor, aber Ben verzichtete darauf. Die Winchester war am Schaft etwas zerschlagen, sah aber sonst recht gut aus, und bei den Revolvern funktionierte alles. Bei dem einen war zwar die Kimme abgebrochen. Aber das störte nicht. Im Gegenteil, wenn man ihn schnell mal aus dem Hosenbund ziehen mußte, blieb wenigstens nicht das Hemd an der Kimme hängen, und das war schon ein gewaltiger Vorteil. O'Rourke hatte ja von seinen beiden Revolvern auch die Kimme weggefeilt, weil die immer beim Ziehen am Holster einhakten und er sich deswegen fast einmal den Fuß weggeschossen hatte, als die Kugel für ein tollwütiges Stinktier bestimmt war.

So gegen Mittag ritten Amos Chapman und Benjamin Clintock nebeneinander die Straße hinunter und am Haus Davidsons vorbei. Auf dem Paradeplatz wurden Rekruten von einem Sergeanten gedrillt. Auf der anderen Seite waren Soldaten dabei, eine Veranda zu streichen. Davidson kam auf die Veranda und winkte. Chapman winkte zurück. Weiter unten kam der Adjutant aus einem Haus und legte die Hand an seine Mütze. »Viel Glück, Chapman!« wünschte er, und Chapman sagte, daß er schon irgendwie durchkommen würde, auch mit dem grünen Hüpfer am Rockzipfel. Beim Hospital sonnte ein Neger seine Füße, und auf der Veranda aßen Kranke Haferschleimsuppe. Soldaten, die für Vergehen gegen das Militärreglement zur Feldarbeit verurteilt waren, hockten im Schatten der Cottonwoodbäume und aßen Bohnensuppe mit Schweinefleischstücken und Hartbrot, die ein Küchenbursche mit einem Wagen hergefahren hatte.

Ben sah sich nach Bugbee um, aber er konnte ihn nirgendwo entdecken, und Chapman sagte, daß eine Kompanie unter Lieutenant Gillmore früh am Morgen zu einem Erkundungsritt aufgebrochen sei. Nein, nicht zum Elk Creek, sondern in entgegengesetzter Richtung. Vielleicht nach Anadarko hoch oder einfach der Telegrafenlinie entlang, wo zur Zeit sowieso nur Deckenindianer anzutreffen wären, Caddos und Wichitas und vielleicht ein paar Chickasaw-Cowboys. Wenn die Indianer am Elk Creek merken würden, daß Soldaten in der Nähe wären, kämen die Herren Generäle nie zu ihrem Krieg, meinte Chapman, und er mußte es wissen, denn er war schon seit Jahren Armeekundschafter.

Chapman behauptete, das Indianerterritorium zu kennen wie seinen Handrücken. Er brauchte keine Landkarten, wußte haargenau, an welcher Stelle die Flüsse trotz Hochwasser zu überqueren waren und wo man die Feldflaschen füllen konnte. Jede Unebenheit des Landes war ihm vertraut. Er kannte jede Felsnase und jeden Strauch. Obwohl sie genug Proviant hatten, schwärmte er von delikaten Wurzeln und Kakteenfrüchten. Keine Fährte entging ihm, nicht einmal die eines Backenhörnchens. Als sie am zweiten Tag auf Büffelfährten stießen, wurde er richtig fröhlich und trank den Rest seiner Flasche auf einen Zug. Einen Coyoten, der in der Nacht ganz in der Nähe aufgeheult hatte, lud er zum Kaffee ein, und so unglaublich es Ben erschien, am Morgen war die Kaffeekanne leer und Coyotenspuren waren im taufeuchten Gras gut zu sehen. Dann kreuzten sie die Spuren unbeschlagener Pferde und Travois. Chapman *schnüffelte* herum und fand irgendwie heraus, daß es sich um einen Zug Fox Soldiers von den Cheyenne handelte, die, von wenigen Frauen begleitet, von einer Büffeljagd am Gageby Creek kamen und zu ihrem Reservationslager unterwegs waren. Er wußte sogar, daß sie mindestens dreißig und höchstens fünfunddreißig Büffel erlegt hatten. Er war so erfreut darüber, daß er wieder einmal das Lied des Hundesoldaten sang, der anstatt des Pawnees einen schwindsüchtigen Wichita erwischt hatte. Es war sein Lieblingslied. »Solange es noch Büffel gibt, tanzt mein Cheyenneherz«, sagte er zu Ben, der die Spuren ebenfalls *beschnüffelte,* aber nichts anderes herausfinden konnte, als daß sie von Reitpferden stammten, die alle in südwestlicher Richtung gegangen waren. Nun, Ben hatte nicht die Absicht, sich als Armeekundschafter zu verdingen, sondern er wollte so bald wie möglich nach Texas zurückreiten und seinen Freunden eine lange Geschichte erzählen. O'Rourke würde Augen machen. Und wenn sie ihm nicht glauben wollten, dann war da immer noch das Mädchen. Tomanoakuno, Der schlanke Otter. Natürlich würde sie getauft werden, und zwar auf einen christlichen Namen. Elizabeth, vielleicht. Oder Margaret. Patricia war auch nicht schlecht. Patricia Clintock. Das war reinster Glockenklang. Ben pfiff eine Weile das Lied von Nellie Blye, während Chapman die Geschichte einer alten Schlacht zwischen Pawnees und Cheyenne erzählte. Damals sei es noch wild zu- und hergegangen, aber heute wäre ja alles nur noch zielen und abdrücken. Früher sei das anders gewesen. Für die Rothäute wäre so eine Schlacht mehr ein Spiel gewesen, bei dem hin und wieder schon auch Blut geflossen sei, manchmal sogar eimerweise. Aber so wie die Weißen Krieg machten, so sei das nie gewesen. »Wenn du Soldat bist, knallst du einfach drauflos, und die meiste Zeit weißt du nicht einmal, warum. Da sind die Generäle und die Offiziere, die den Feuerbefehl geben. Da kämpft man Schulter an Schulter in einer Linie. Feuer! Marsch! Hinlegen! Auf! Feuer! Flanke vor! Flanke zurück! Igelformation! Kavallerieangriffe. Artilleriefeuer. Infanteriesturm! Nachschubkolonne vorziehen! Das ist alles wie 'ne Maschine«, sagte Chapman bitter. »Bei den Rothäuten ist das was anderes. Da macht jeder, was er für richtig hält. Einer rennt einfach blindlings drauflos, und der andere reitet im Kreis herum und singt erst mal für Stunden sein Kriegslied. Und da gibt es immer wieder Selbstmörderjungs. Besonders bei den Hundesoldaten. Die tanzen die ganze Nacht vor dem Kampf, und am nächsten Morgen machen sie sich hübsch zurecht und dann stürmen sie gegen den Feind an und wenn sie Glück haben, dann werden sie getötet. Meistens werden sie getötet, denn sie achten nicht auf Deckung und so.«

Chapman erzählte viel von den Sitten und Bräuchen, und was Ben bei den Comanchen erlebt und gesehen hatte, nahm eigentlich erst durch Chapmans Worte so etwas wie Form an.

Am Oberlauf des Washita, nur wenige Meilen vom Ort entfernt, wo Custers Kavallerieregiment Black Kettles Dorf überfallen hatte, durchfurteten sie den Canadian, und Ben stand als Nichtschwimmer Todesängste aus. In der Mitte des Flusses verlor sein Pferd den Grund unter den Hufen und wurde von einem Wirbel erfaßt. Ben klammerte sich an der Mähne des Tieres fest, das sich erst langsam und dann immer schneller drehte, bis es von einer Strömung erfaßt und abgetrieben wurde. Grunzend und keuchend, den Kopf über Wasser haltend, ging es in den schäumenden Strudeln beinahe unter. Ben schwor bei allem, was ihm heilig war, nie mehr zu fluchen und bei der nächsten Kirche einen Dollar in den Opferstock zu werfen, wenn er lebend ans Ufer käme. Als das Pferd endlich ans Ufer kletterte, fast eine halbe Meile von der Stelle entfernt, wo Chapman gut über den Fluß gekommen war, erbrach Ben Hartbrotstücke, die ihm den ganzen Nachmittag hindurch schwer im Magen gelegen hatten und jetzt weich geworden waren durch die Brühe des Canadian, die er reichlich geschluckt hatte. Chapman kam heruntergeritten, während Ben noch am Boden kniete. Er sagte, daß er das nächste Mal ein Floß bauen werde.

Sie erreichten Fort Supply am Abend des dritten Tages. Bens Hintern war aufgescheuert, und als sie ihre Pferde vor dem Wachthaus zügelten, konnte er sich kaum mehr bewegen. Chapman war noch frisch wie am ersten Tag, und kurz vor dem Fort hatte er einen Truthahn geschossen, der für General Miles bestimmt war.

Da General Miles zur Zeit abwesend war und der stellvertretende Fortkommandant seine Offiziere samt Ehefrauen und Kindern zu einem Picknick am Wolf Creek eingeladen hatte, schenkte Amos Chapman den Truthahn dem Sergeanten, der im Wachthaus an einem Tisch saß und im Katalog eines Bostoner Warenhauses blätterte. Der Sergeant sagte, daß er in der Nähe des Forts schon lange keine wilden Truthähne gesehen habe, ganz zu schweigen von so einem fetten Stück, und Chapman sagte, daß er ihn am Wolf Creek geschossen habe, etwa fünf Meilen vom Fort entfernt. Übrigens schenkte der Sergeant den Truthahn seinem Vorgesetzten, einem verheirateten Lieutenant, und der gab ihn an seinen Captain weiter, der wiederum seinen Vorgesetzten zum Abendessen einlud.

Fort Supply war einer der entlegensten Armeeposten im Westen. Weit und breit gab es keine Stadt. Eigentlich führte gar keine wichtige Durchgangsstraße an Fort Supply vorbei. Es gab nur einen Militärweg, der 1857 vermessen worden war und seither hauptsächlich von Indianern benutzt wurde, weil sie darauf bequemer zum Santa Fé Trail und in die besiedelten Gebiete von Kansas gelangten, wo sie dann meistens Unruhe stifteten, Wagenzüge oder Farmen überfielen und Menschen töteten. Aber die Soldaten und Zivilisten, die Fort Supply bevölkerten, lebten dort ganz gut. Es gab immerhin einen Saloon. Und es gab eine Bücherei mit Shakespeare und Josiah Gregg und James Fenimore Cooper. Es gab aber auch einen Handlungsposten, und im Saloon waren drei Mädchen, die eigentlich als Wäscherinnen aus der Armeekasse bezahlt wurden, nach Sonnenuntergang allerdings einer weniger mühsamen und einträglicheren Arbeit nachgingen.

Lee und Reynolds besaßen mit ihrem Saloon, dem Handelsposten und den Mädchen eine Goldgrube. Chapmans Vorschlag, die Büffeljäger im Texas Panhandle zu warnen, war ihnen zwar keine zweihundert Dollar, wie Chapman sicherheitshalber vorschlug, aber immerhin hundert Dollar wert. Fünfzig Dollar zahlten sie gleich aus, und für zehn Dollar durfte Chapman Louise, Maria und Josephina hintereinander in der gleichen Nacht beglücken, während Ben im Saloon saß und sich von einem irischen Sergeanten anpöbeln ließ. Ben fühlte sich weder gesund noch kräftig genug, um sich wegen eines Stuhles zu streiten, und er überließ ihn ohne Widerrede dem irischen Sergeanten. Lee und Reynolds flüsterten Ben zu, daß er sich in acht nehmen solle, da der irische Feuerteufel jeden Abend nach einem Opfer suche. Wer ihn kannte, trete ihm höchstens mal von hinten und in der Menge in die Kniekehle. Während also Chapman oben in einem der Spezialzimmer mit Louise, Maria oder Josephina herumturnte, erzählte der irische Sergeant einen Texanerwitz nach dem anderen. Lee und Reynolds Saloon fiel fast auseinander, wenn die Männer losbrüllten. Erst als ein Soldat, der an der Theke stand, meinte, Ben müßte jetzt etwas zur Rettung seiner Ehre tun, kam Ben auf den verwegenen Gedanken, im Namen von Texas und allen Texanern einem irischen Sergeanten die Kavalleriemütze links und rechts um die Ohren zu schlagen. Ben hatte seine Gedanken, bevor er sich die Folgen überlegt hatte, in die Tat umgesetzt, und schon wurde er von einem fürchterlichen Schwinger in den Magen getroffen und landete irgendwo am Ende der Theke neben einem Spucknapf, der sich wie eine Kreisel drehte. Jemand half ihm auf die Beine, und er stand kaum richtig, da stampfte der irische Sergeant heran, das Gesicht beinahe so rot wie sein Haar. »Jetzt kriegst du Prügel, Texascowboy!« schnaufte er. Als er die Fäuste hob, rannte ihm Ben den Kopf in den Bauch. Der irische Sergeant schwebte armrudernd rückwärts, riß einen Tisch mit sich und flog zwischen die Soldaten, die nach allen Seiten auseinanderwichen. Ben wartete, bis der Sergeant wieder auftauchte, stülpte ihm die Mütze wieder auf den Kopf, zog sie ihm über die Augen und hämmerte ihm die Fäuste gegen den Leib. Der Sergeant tanzte brüllend von einer Wand zur andern. Als er die Augen wieder frei hatte, sah er in die Mündung von Bens Revolver. Ben sagte etwas kurzatmig: »Sergeant, ich kann auf fünfzig Meter ein Stopfei treffen!«

Der Sergeant keuchte wie eine Taunton-Lok bei der Anfahrt. »Das . . . das kann ich auch, Texascowboy!« stieß er hervor.

»Na, das wollen wir aber mal sehen!« rief Reynolds aufatmend, und Lee ging durch die Hintertür, um im Lager nach einem Stopfei zu suchen. Draußen wurden Laternen angezündet, und Lee brachte zwei Holzkugeln, die er auf die Mauer bei der Heuwaage setzte. Mindestens hundert Männer machten einen Halbkreis. Der Korporal eines Vermessungstrupps schritt fünfzig Meter ab. Da man auf diese Entfernung die Holzkugeln nicht mehr sehen konnte, stellte man noch eine Laterne auf die Mauer, was allerdings kaum half.

»Ein Schuß«, sagte Reynolds. »Wer danebenschießt, hat verloren. Du bist zuerst dran, Sergeant.«

Der irische Sergeant nahm Bens Revolver in beide Hände, streckte die Arme und zielte. Dann drückte er ab, und die Kugel bohrte sich in die

Mauer. »Handbreit daneben«, sagte Reynolds. »Guter Schuß, Sergeant!« Der Sergeant fluchte und gab Ben den Revolver zurück. Ben bedankte sich, steckte ihn in den Hosenbund und drehte sich um.
»He, du bist dran, Texas-Cowboy!« rief der Sergeant.
»Du hast doch schon verloren«, sagte Ben grinsend. »Da ist es nicht mehr notwendig, daß ich eines von Reynolds Stopfeiern zerschieße.«
»Gott verdammt, du mußt beweisen, daß du auf fünfzig Meter ein Stopfei treffen kannst!« brüllte der Sergeant. Er stampfte hinter Ben her. »So geht das nicht, Texascowboy! Das kannst du nicht mit Sergeant O'Brien machen! Ich brech dir sämtliche Knochen im Leib, wenn du jetzt aussteigst und . . .«
Ben drehte sich um und zog den Revolver. »Drohst du mir schon wieder, Sergeant?« fragte er sanft. »Du weißt doch, daß dein Kopf größer ist als ein Stopfei.«
Damit war die Sache geregelt. Hundert Soldaten feierten Ben als Sieger, und Sergeant O'Brien kam nicht darum herum, eine Flasche Schnaps auszugeben, von der Ben den ersten und den letzten Schluck kriegte. Als Chapman herunterkam, war Ben dabei, mit einem Herz- und einem Kreuz-As den Pot von zwanzig Dollar zu gewinnen, und Sergeant O'Brien schmetterte zwei Könige auf den Tisch und sagte, daß dies nicht sein bester Tag sei.

Reynolds bot Benjamin Clintock an, den Rest der Nacht mit Josephina zu verbringen, einem braunhäutigen Mädchen mit hüftlangem, pechschwarzem Haar und einem Sprachfehler, der aber nicht störte, da es sowieso auf Fragen meistens nur mit einem klirrenden Gelächter antwortete. Als Ben ablehnte, hielt es Chapman für notwendig, Louises Vorzüge zu preisen. Er nannte sie rasant wie eine Vollblutstute, keineswegs zimperlich und außerdem mit langjähriger New-Orleans-Erfahrung, sowieso unschlagbar. Louise war vielleicht vierzig Jahre alt, knabberte Ben eine Zeitlang am Ohrläppchen und meinte, daß er die Hälfte von seinem Gewinn gut für ein todsicheres Spiel riskieren könnte.
Als Ben sagte, daß er irgendwo ein Mädchen habe, dem er versprochen hätte, sauber zu bleiben, sagte die dicke Marie, die herausfordernd mit dem Türrahmen schmuste und dabei an einer Kandisstange leckte, daß sie sich jeden Morgen und auch am Abend mit französischer Seife wasche.
Es war lange nach Mitternacht. Louise setzte sich auf Reynolds Knie und forderte ihn auf, Hoppe-hoppe-Reiter zu machen. Josephina war auf der Ofenbank eingeschlafen. Marie setzte sich neben Ben und griff ihm zwischen die Beine. »Oh, der ist aber schon groß, mein Junge!«
»Bei dir kriegt sogar ein Greis noch mal harte Eier«, sagte Lee und

trank einen Schluck aus der Flasche. Jemand klopfte gegen die Seitentür, und Lee zog den Revolver, bevor er einen Spalt breit öffnete. Draußen stand ein Mann in seinem Unterzeug und verlangte eine Flasche Hostetter. »Moment mal, Major«, sagte Lee, holte eine Flasche und gab sie dem Major.

»Der hat 'ne komische Alte zur Frau, die es ihm nur macht, wenn sie besoffen ist. Und die braucht mindestens eine Flasche, bis sie besoffen ist«, erklärte Reynolds.

Lee murmelte etwas wie: »Einen besseren Kunden gibt es nicht«, und setzte sich wieder an den Tisch. »Nun wollen wir die Sache noch mal durchgehen, Chapman.« Lee beugte sich vor. »Du reitest also mit Clintock zusammen nach Adobe Walls. Dort sagst du Charles Rath Bescheid. Rath wird dann schon wissen, was zu tun ist. Hauptsache ist, daß er gewarnt wird, der alte Schuft. Immerhin sind wir Freunde.«

»Du kriegst 'ne Eskorte, Chapman«, sagte Reynolds. »Fünf oder sechs Mann. Mehr sind da nicht drin. Aber das sollte genügen.«

»Ich komme allein ganz gut zurecht«, sagte Chapman und schlurfte zur Ofenbank, wo er anfing, Josephinas Füße zu streicheln.

»Wenn du allein dort auftauchst, hängen sie dich auf«, sagte Reynolds. »Die denken glatt, daß du für die Cheyenne spionierst. Du weißt, wie die Brüder sind. Zur Zeit gibt es da unten einige scharfäugige Burschen, Chapman. Wenn du da reingeschneit kommst und von Indianern erzählen willst, brauchst du entweder 'ne Militäreskorte oder 'ne blitzsaubere Haut. So wie du aussiehst, hast du wenig Chancen.«

»Clintock ist doch ein sauberer weißer Junge«, sagte Chapman. Marie nickte und knabberte wieder an Bens Ohrläppchen. »Er ist zum Anbeißen, der Junge«, sagte sie mit rauchiger Stimme. »Willst du, daß ich dich anbeiße, Benjamin? Da unten, vielleicht?« Sie drückte zu, und Ben wuchs aus dem Stuhl wie ein Stehaufmännchen.

»Laß den Jungen in Ruh!« brüllte Reynolds. »Du siehst doch, daß er nicht will, verdammt. Und das ist sein gutes Recht! Der kann hier tun und lassen, was er will, und wenn er nicht unbedingt mit dir herumhuren will, dann laß ihn zufrieden!«

Marie stand auf. »Giftiger alter Hurenbock«, sagte sie. »Ich geh jetzt schlafen. Falls du es dir noch anders überlegst, kannst du mich wecken, Benjamin!«

Lee warf eine leere Flasche nach ihr, und sie stürmte aus dem Zimmer. Chapman streichelte immer noch ganz verträumt Josephinas kleine, braune Füße. Lee stützte seinen Kopf mit den Händen und starrte in eine kleine Schnapslache, in der eine Fliege surrte. »Die Mooar-Mannschaft ist am Salt Fork, Chapman. Aber um die brauchen wir uns nicht zu sorgen. Die können sich auch gegen eine Übermacht halten. Dann sind überall kleinere Trupps unterwegs, und die meisten haben Häuterlager eingerichtet. Soviel ich weiß, war die Jagd die ganze Zeit nicht besonders. Erst seit ein paar Tagen kriegen sie genug Büffel vor die Läufe, um sämtliche Eisenbahnwagen bis unters Dach vollzustopfen. Falls die Rothäute die Gegend hier durchkämmen, sind die Jungs in den Häutercamps zuerst gefährdet. Die Jungs müssen früh genug wissen, woran sie sind. Das gibt ihnen Gelegenheit, die Häute noch einzubringen und eventuell nach Dodge zu transportieren. Du reitest morgen, Chapman! Ich sag dem Major Bescheid, damit du 'ne Eskorte kriegst.«

»Heiliger Rauch, wir sind zweieinhalb Tage geritten, um von Fort Sill hierherzukommen. Mir gefällt es hier, Reynolds. Mir gefällt es hier ausgezeichnet. Wenn Clintock einverstanden ist, machen wir hier ein paar Tage Pause und ...«

»Ich reite morgen!« sagte Benjamin Clintock und stand auf.

»Na, siehst du, der Junge ist pflichtbewußt«, sagte Lee und ertränkte die Fliege mit einem Streichholz.

»Pflichtbewußt! So 'ne Scheiße! Der hat doch bei den Comanchen 'n Mädchen, und das will er rausholen. Der ist doch verknallt in 'n Mädchen. Tomanoakuno heißt das hübsche Kind. Der ist verliebt. Sieh mal, jetzt kriegt er auch noch rote Ohren. Und das soll was mit Pflichtbewußtsein zu tun haben? Weißt du, was das ist, Lee? Das ist nichts anderes als hundsgewöhnlicher Stalldrang!«

Ben nahm die Hände aus den Hosentaschen. Langsam ging er um den Tisch herum und auf Amos Chapman zu, der plötzlich an Josephinas Füßen kein Interesse mehr hatte.

»Langsam, Clintock«, sagte er leise. Seine Augen waren schmal. Er machte eine blitzschnelle Bewegung mit der linken Hand zum Nacken, und plötzlich hatte er ein Messer zwischen den Fingern. »Ich treff auf fünfzig Meter mit dem Messer ein Stopfei, Clintock«, sagte er beinahe freundlich.

Ben blieb stehen. »Wer hat dir von dem Mädchen erzählt, Chapman?« fragte er scharf.

»Du. In der zweiten Nacht, als wir in der Höhle unter dem Sandsteinfelsen lagen. Da hast du geträumt. Ich konnte nicht schlafen, da hab ich dich ein bißchen ausgefragt. Schönen Scheiß hast du erzählt. Von 'nem Nigger, der auf 'nem Armeehorn den Zapfenstreich bläst und das Gesicht mit Farbe angeschmiert hat. Und von dem Mädchen und von 'nem Haus in 'nem grünen Tal in Texas.«

»Jesus, wie nett das klingt«, sagte Louise verträumt. »Hast du 'ne Ranch in Texas, Ben?«

»Nein, zum Teufel!« stieß Ben hervor. »Ich habe keine Ranch in Texas.«

»Aber ein Mädchen bei den Comanchen?« Reynolds grinste. »Deswegen bist du so verdammt darauf aus, deinen Kopf zu riskieren. Sag mal,

Clintock, so sieht die Sache ja ganz anders aus. Was spielst du für ein Spiel?«

»Das möchte ich auch wissen, Clintock«, sagte Chapman drohend.

»Darum geht es nicht.« Ben drehte Chapman den Rücken zu. »Steck das Messer ein, Chapman.«

»Nur, wenn du artig bist.« Chapman lachte rauh. »Hör mal, wenn du bei den Comanchen ein Mädchen hast, so versuch es so schnell wie möglich zu vergessen. Soll ich dir mal erzählen, was die Rothäute mit ihren Mädchen machen, wenn sie rauskriegen, daß sie mit 'nem Weißen ...? Wenn sie hübsch ist, dann ...«

»Chapman, du brauchst mir nichts zu erzählen. Das Mädchen ist weiß!«

»Weiß?« Lee sprang auf. »Hast du weiß gesagt, Ben. Allmächtiger, wenn sie weiß ist, dann erklärt das deine Besessenheit. Da sind wohl ein paar Bucks drin, wenn du sie wieder bei ihrer Familie ablieferst. Schön, Clintock, wenn das so ist, dann greifen wir dir gern ein wenig unter die Arme.« Lee kam herüber und schlug Ben die Hand auf die Schulter. »Wieviel kriegst du denn für das Mädchen, Junge?«

»Hundert Bucks«, sagte Ben kalt. »Und ich teile sie gern mit euch, wenn ihr mir helft, sie zu befreien.«

Da stand Chapman auf, und er umrundete Ben wie eine Raubkatze. »Hundert Bucks? Bist du sicher, Ben? Hundert Bucks, das ist 'n Vermögen! Wer zum Teufel bezahlt schon so viel Geld für 'ne Göre!«

»Der Bürgermeister von Fredericksburg«, sagte Ben.

»Bist du denn sicher, daß es sich um sein Mädchen handelt?«

»Absolut«, log Ben. »Sie heißt Elizabeth Meyers.«

»Das klingt schon gut genug«, sagte Lee. »Sag mal, bei welcher Comanchenbande ist sie denn dabei?«

»Bei den Kwahadis!«

»Ausgerechnet die Kwahadis!« stöhnte Reynolds. »Warum denn nicht die Wurzelesser, verdammt. Da hätte ich Beziehungen.«

»Ich kenne Quanah Parker«, sagte Chapman. »Persönlich.«

»Das ist auch etwas«, sagte Lee. »Aber ich kenne Parry-o-coom.«

»Der hat die Schwindsucht«, sagte Ben. »Wahrscheinlich ist er jetzt schon tot.«

Sie berieten hin und her, wie es möglich wäre, das Mädchen zu befreien, ohne in des Teufels Küche zu kommen, aber sie kamen zu keinem Ergebnis. »Die Zeit ist schlecht«, sagte Reynolds schließlich. »Wenn die sich mal beruhigt haben, dann ...«

»Dann schafft es der Junge allein!« sagte Louise. »Jesus, ihr kommt nicht an das Mädchen ran, und das ist alles. Laßt den Jungen doch machen. Dem geht es doch nicht um das Geld. Das sieht man ihm an. Der hat sich bis über beide Ohren in die Kleine verknallt, und jetzt kann er ohne sie nicht mehr leben. Jesus, wenn das nur mir passiert wäre, bevor ich diesem Dreckskerl in Abilene begegnete, diesem Hurensohn aus Kentucky, der mein ganzes Leben ruiniert hat! Jesus, wenn ich damals nur gewußt hätte . . . daß . . .« Sie fing an zu schluchzen, und dann hatte sie einen schlimmen Weinkrampf, und Lee trug sie in ihr Zimmer.

Ben machte sein Lager im Heuschober. Nebenan waren die Pferde untergebracht. Chapman schlief mit Josephina, und die beiden Händler räumten im Saloon noch auf, bevor sie polternd die Treppe hochgingen.
Wenig später wurde es in den Zimmern dunkel. Ben schlich zum Haus und klopfte an eines der Fenster. Marie war nicht überrascht. Sie beugte sich heraus, und ihre gewaltigen Brüste flogen ihm entgegen. Sie war nackt bis auf ein Goldkettchen, das von ihrem Hals herunterbaumelte.
»Ich dachte mir schon, daß du kommst, mein Junge«, sagte sie. »Komm, steig ein und verführ deine Mama.« Sie lachte leise und nahm ihn bei den Ohren. Er kletterte durch das Fenster. Muffiger Geruch füllte die kleine Schlafkammer mit dem Eisenbett. Vergilbte Fotografien hingen an den Wänden. Einige Zeitungsausschnitte und ein großes Ölbild, das Marie als Stepptänzerin zeigte, schlank und hübsch, mit blonden Locken und einer kleinen, glitzernden Krone auf dem Kopf.
»Das war vor fast fünfundzwanzig Jahren«, sagte sie. »Damals hätte ich mich nur dem Kaiser von China hingegeben. Meine Freunde nannten mich Blondie, und eines Nachts kam der Alte ins Zimmer, drückte mir ein Kissen ins Gesicht und vergewaltigte mich.«
»Dein Vater?« fragte Ben mitfühlend, obwohl er die Geschichte schon kannte.
»Jawohl! Das war er. Mein Vater! Kavallerieoffizier. Ein Gentleman von der Sohle bis zum Scheitel. Als er mit mir fertig war und die Uniformhose zuknöpfte, sagte er, daß er mir mit dem Säbel den Kopf abschlagen werde, falls ich auch nur ein Wort meiner Mutter erzähle. Von diesem Tag an bin ich jeden Morgen früh aufgestanden und hab ihm Rattengift in den Kaffee getan. Zuerst klagte er über Kopfschmerzen. Dann hatte er immer entzündete Augen. Dann fielen ihm die Haare aus und er hatte schlimme Bauchkrämpfe. Dann wurden seine Fingernägel schwarz, und Weihnachten holte ihn der Teufel, gerade als Mom den Christbaum anzündete. So war es, Junge. Komm, zieh' dich aus.« Sie wollte ihn auf das Bett ziehen, aber Ben nahm sie an der Hand. »Willst du mir einen Gefallen tun, Marie?« sagte er.
Sie sah ihn mißtrauisch an. »Sag nur, daß du deine Mama nicht verführen willst. Jesus Maria, ich bin scharf auf dich, Junge! Komm, zieh dich aus! Ich mach dir's gut. Ich mach dir's, daß du es nie vergißt.« Sie fing an, Bens Hemd aufzuknöpfen.«

»Ich brauch Proviant für zwei Tage, Marie«, sagte er. »Ich muß weg hier.«

»Du willst abhauen? Junge, sag nur nicht, daß ich dich nicht ausziehen darf.«

»Ich verspreche dir, daß ich zurückkomme«, sagte Ben schnell. »Jetzt geht es nicht. Ich muß weg, bevor es Tag wird. Und ich brauche Proviant für zwei Tage.«

Sie ließ die Hände sinken und betrachtete ihn eine Weile. Dann nahm sie seinen Kopf zwischen die Hände und küßte ihn auf die Stirn. »Mein Junge«, sagte sie leise, »mein guter Junge.« Sie angelte einen Umhang von einem Haken und streifte ihn über. »Du hast ein Mädchen, nicht wahr?«

»Das auch. Ich erzähl dir die Geschichte, wenn ich zurück bin. Kannst du mir Hartbrot und Trockenfleisch besorgen? Sonst brauch ich nichts.«

»Wohin willst du reiten?« fragte sie.

»Zum Canadian. Da ist ein Handlungsposten irgendwo im Texas Panhandle. Da muß ich hin.«

»Das ist Indianergebiet, Junge!«

»Ich weiß. Kannst du mir Hartbrot und Trockenfleisch besorgen?«

Sie nickte und ging zur Tür. »Warte!« flüsterte sie. Nach fünf Minuten kam sie wieder mit einem Leinensack.

»Da ist alles drin. Hartbrot, Trockenfleisch und Kaffee und Zucker. Es reicht für drei oder sogar für vier Tage, wenn du sparsam damit umgehst.« Sie nahm ihn bei der Hand. »Es ist jetzt drei Uhr. Um sieben ist Zapfenstreich. Vier Stunden Vorsprung sollten dir genügen.«

»Ich glaube nicht, daß Chapman versucht, mich einzuholen«, sagte Ben. »Er weiß, daß ich zu dem Handlungsposten reiten will. Dort werden wir uns treffen. Ich habe nur keine Lust, hier noch lange herumzusitzen.«

Sie strich ihm durch das Haar. »Ich könnte dir deine Sorgen nehmen, mein Junge«, sagte sie leise.

Er küßte sie schnell auf die Nase, bevor er aus dem Fenster kletterte. Knapp eine halbe Stunde später ritt er den Wolf Creek entlang westwärts. Von einem Hügel aus warf er noch einmal einen letzten Blick auf die Ebene. Chapman würde in die Luft gehen, wenn er am Morgen erwachte und erfuhr, daß sein Freund abgehauen war. Hundert Dollar für ein Mädchen, das man wahrscheinlich den Comanchen für fünfzig Dollar und einen Sack Kaffee oder für zwei Fäßchen Schwarzpulver und vier Gallonenkrüge voll Grenzerschnaps abhandeln könnte. Benjamin Clintock war sicher, daß er Amos Chapman am Canadian wiedersehen würde.

27
Billy Blue

Zwischen 1830 und 1930 kamen über sechs Millionen Menschen aus Deutschland in die Vereinigten Staaten, weit mehr als aus jeder anderen Nation . . .
Die Deutschen waren unter den Einwanderergruppen einzig in ihrer Art: durch ihre *Breitband-Eigenschaften*, die sich in allen Bereichen des Landes auswirkten. Dazu hat hauptsächlich die Tatsache beigetragen, daß die meisten von ihnen nicht mittellos waren und deshalb nicht gezwungen waren, sich entlang der Ostküste niederzulassen. Von billigem öffentlichen Regierungsland und Boden der Eisenbahngesellschaften angezogen, haben die deutschen Bauern wesentlichen Anteil daran gehabt, den Neuen Westen zu bestellen und zu kultivieren, besonders die Mississippi-Talebene.
Deutsche Handwerker, die wegen ihrer Fähigkeiten sehr gesucht waren, wurden ein bedeutungsvoller Faktor in der industriellen Ausdehnung. Beinahe jeder Staat in der Union profitierte von ihren intellektuellen und materiellen Beiträgen. Hart arbeitend und erfahren, was landwirtschaftliche Methoden betrifft, wurden die Deutschen zu Wegbereitern der wissenschaftlich begründeten Agrarwirtschaft, Dreifelderwirtschaft und Bodenkonservierung. Sie teilen sich mit den Skandinaviern in das Verdienst, Millionen von Hektar der Wildnis in produktives Ackerland verwandelt zu haben . . .

John F. Kennedy, A NATION OF IMMIGRANTS, *1964*

Benjamin Clintock ritt am Ufer des Wolf Creek entlang westwärts.

Sein Ziel war der Canadian River und Adobe Walls, der Handelsposten im Texas Panhandle.

Er ritt schnell. Trieb das Pferd hart an. Und er drehte sich nicht ein einziges Mal im Sattel um. Mit jeder Meile, die er zwischen sich und Fort Supply brachte, schien das Pferd schneller zu werden.

Ben wußte nicht, wo er war, als der Morgen graute. Er hielt an, streckte sich im Sattel und sah zu, wie im Osten die Sonne aufging, während im Westen noch Sterne glitzerten. Er fühlte sich frisch und wohl, beinahe ausgeruht, obwohl er die letzten Tage wenig geschlafen hatte.

Er wußte, das er sich mitten im Indianerjagdgebiet befand. Eigentlich hätte er aufpassen müssen. »Da oben sind die Cheyenne unterwegs«, hatte Chapman gesagt. »Und die Arapahoes.«

Büffel! Ben sah eine Herde, etwa zwei Meilen entfernt an einem Hang. Etwa zweihundert Büffel. Ein paar standen ganz still da, andere bewegten sich träge, grasten. Ein Kalb stolperte zwischen den Kühen herum. Weiter unten stieg ein bißchen Staub. Dort wälzte sich ein Bulle am Boden. Ein paar Kühe, die in der Nähe gelegen hatten, standen auf und trotteten aus dem Staub, blieben stehen und sahen dem Bullen zu, der sich überrollt hatte wie ein spielender Hund.

Ben ritt in geringer Entfernung an den Büffeln vorbei, und sie äugten herüber, ließen sich aber nicht aus der Ruhe bringen. Sie kamen sogar näher heran, und ein Bulle röhrte und trottete ein Stück mit dem Pferd mit. Er war ein mächtiger, alter Bulle, an dem die hellen Fellfetzen herunterhingen wie ein zerrissener Mantel. Als Ben sein Pferd zügelte, drehte er ab und galoppierte einen Halbkreis um die Kühe herum, von denen jetzt mehrere aufgestanden waren und zu einem Tümpel gingen, friedlich und ohne Scheu vor dem Mann und dem Pferd.

Einige Meilen weiter entdeckte Ben Radspuren. Eine kalte Feuerstelle. Das Skelett eines toten Coyoten. Dann die Gerippe von Büffeln. Etwa siebzig. Knochen, verweste Fleischfetzen und mächtige Schädel. Patronenhülsen glitzerten im Gras. Die Wagenspuren führten zum Ufer des Flusses und auf der anderen Seite einen Hang hinauf. Dort lagen noch mehr tote Büffel. Und Krähen hüpften auf den Kadavern. Bussarde flogen tief, stritten sich, obwohl für sie mehr übrig blieb, als sie brauchten. Es stank erbärmlich. Bens Pferd wurde unruhig, drängte nordwärts, und Ben ließ es einen weiten Bogen machen. Und als er wieder das Flußufer erreichte, fand er neue Wagenspuren und eine leere Schnapsflasche. Verbrannte Flecken in einer Mulde. Zeitungspapier hinter einem Busch und ein Stück einer Zeltplane, das sich um den Blütenstengel eines Yuccas gelegt hatte. Konservenbüchsen.

Benjamin Clintock machte halt, nahm den Leinenbeutel, den ihm Marie mitgegeben hatte, löste die Sattelgurte und setzte sich am Ufer des Baches nieder. Er aß nur ein Stück Maisbrot. Und während er aß, beobachtete er das Land, beobachtete die Hügelkämme und die Erdfalten. Und er spürte, wie ihn Unruhe befiel.

Hier stimmte etwas nicht mehr. Es roch nach Sterben. Überall waren die Spuren der Zerstörung. Ben stand auf, machte den Leinenbeutel zu und hängte ihn an den Sattel. Während das Pferd soff, zog er die Sattelgurte fest. Und das Pferd hatte ein Ohr zurückgelegt, und das andere bewegte sich nach allen Richtungen. Ben ließ das Pferd saufen, bis es genug hatte. Ein Bussard flog über ihm im Kreis, langsam, sich im Wind wiegend. Ben sah den Wagenspuren nach, dem Bach entlang, im Bogen durch die Senke und dorthin, wo die Büffelkadaver lagen. Benjamin Clintock konnte nirgendwo eine Bewegung erkennen, die nicht zum Land paßte. Aber es paßte nicht zu dem Land, daß es so still war. Tot.

Ben schwang sich in den Sattel, durchritt den Bach und trieb das Pferd südwestwärts. Immer dem Canadian entgegen. Und am Nachmittag sah er ein Rudel Pronghornantilopen, schnell wie der Wind, lautlos im Licht der Sonne, die schon tief im Westen stand. Keine Wagenspuren. Keine Krähen und Bussarde. Und keine Büffel.

Und die Unruhe wich. Er aß Trockenfleisch, Maisbrot und ein paar Bisquits. Fast eine Stunde lang lag er im Gras und machte sich Gedanken über Tomanoakuno und Napoleon Washington Boone. Bevor er weiterritt, sah er zurück nach Osten, den Weg, den er gekommen war. Ein langer Weg für einen, der nicht sicher war, ob überhaupt jemand auf ihn wartete.

Benjamin Clintock wurde steif im Sattel: War da nicht ein Licht gewesen? Wahrscheinlich ein Irrlicht, dachte er. Dann kniff er die Augen zusammen und als er sie wieder öffnete, war der Lichtschein wieder da. Er hatte als Cowboy in seinem Leben schon viele Feuer gesehen und wußte, daß dort jemand ein Campfeuer angezündet hatte. Ein Campfeuer mitten in der freien Wildnis, zwar geschützt durch einige Erdbuckel, aber wenn man von Norden kam, konnte man es bestimmt schon Meilen entfernt riechen. Benjamin kam von Nordosten, und da der Mond hinter Wolken verschwunden war, ließ er sich einfach vom Murmeln eines Flüßchens leiten. Eigentlich hatte er gehofft, noch während dieser Nacht am Ufer des Canadian zu stehen, aber jetzt, wo er das Feuer entdeckt hatte, spürte er erst richtig die Müdigkeit, die ihm bleischwer in den Knochen saß. Ben glaubte keinen Moment daran, daß Indianer dieses Feuer gemacht haben könnten. Trotzdem – oder vielleicht gerade deswegen – zog er die Winchester aus dem Scabbard, spannte den Hammer und atmete einige Male tief durch, bevor er das Pferd antrieb. Er ritt nicht direkt auf das Feuer zu, sondern zur Nordseite der Hügel, so daß er den Wind gegen sich hatte. Und jetzt konnte er es riechen. Rauch und Kaffee und Büffelhäute und Pferdemist. Alles durcheinander und trotzdem gut zu unterscheiden, wenn man die Nase hatte. Ben ritt zwischen Büschen hindurch, einen kleinen Hügel hoch und zügelte das Pferd. Direkt unter ihm, keine fünfzig Schritte entfernt, lag ein Mann ohne Decke und ohne Hut und ohne Stiefel. Einfach so auf dem Boden, etwas vom Feuer entfernt. Sein Gesicht war bleich, und sein Mund stand offen. Aus seiner Brust ragten zwei Pfeilschäfte, und am Hals hatte er eine furchtbare Wunde.

Am Feuer saßen zwei andere. Von dem einen konnte man nur den Kopf sehen. Er war von einer Wolldecke umhüllt und mit einem Rohhautseil umwickelt, so daß er das Kinn auf seinen Knien aufstützen konnte. Er lehnte am Rad eines Frachtwagens. Der andere Mann war dabei, seine Tasse mit Kaffee zu füllen. Ein Pferd war am Wagen festgebunden, und auf der anderen Seite der Mulde lagen vier Maultiere und zwei Pferde im Gras. Rund um das Lager herum konnte Ben in der Dunkelheit schwarze Flecken erkennen. Dort waren wohl Büffelhäute am Boden aufgespannt, und an einem Gerüst hingen etwa vier Dutzend Büffelzungen.

Benjamin Clintock drückte den Schaft der Winchester fest gegen seine Hüfte. Er gab dem Pferd die Hacken und kam bis auf dreißig Schritte an das Feuer heran, bevor der Mann seine Kaffeetasse fallen ließ und nach seinem Gewehr langte.

»Ich bin Benjamin Clintock!« rief Ben schnell. »Komme von Fort Supply!«

Langsam ritt er auf das Feuer zu. Der Mann hatte das Gewehr hochgezogen. Die Mündung zeigte auf Ben, und es war die Mündung einer Big-Fifty-Sharps. Wenn der Mann abgedrückt hätte, wäre wohl von Ben nicht mehr viel übriggeblieben. Aber er schoß nicht. »Clintock?« fragte er. »Sag mal, du warst doch nicht etwa im letzten Herbst bei Lane und Wheeler?«

»Das war ich«, sagte Ben. »Jawohl, das bin ich.« Erleichtert ließ er den Hammer zurückgleiten, als der Mann den Lauf des Büffelgewehres senkte. Der andere, der am Feuer hockte, zusammengeschnürt wie ein Paket, stierte mit geschwollenen Augen in die Flammen.

»Was ist hier passiert?« fragte Ben. »Indianer?«

»Cheyenne. Heute nachmittag. Den dort drüben hat es erwischt. Das hier ist Billy Blue, ein Germane. Der phantasiert schon die ganze Zeit, aber ich kann kein Wort verstehen. Der phantasiert in seiner Muttersprache. Hat 'nen Bauchschuß abgekriegt. Zäh wie 'ne Katze ist er, zäh wie 'ne Katze. Ein anderer wäre längst hin, aber der hockt am Feuer und flucht herum. Ich bin Philip Sisk und komme vom Red herüber. Ich mach das Geschäft mit den Mooars zusammen. Du müßtest doch die Mooars kennen, wenn du bei Lane und Wheeler warst!«

Ben nickte und kletterte vom Pferd. Er warf einen Blick auf den Blondschopf, der in die Flammen stierte. Das war also Billy Blue, der Germane. Er mochte etwa zwanzig Jahre alt sein. Das blonde Haar hing ihm in das blutverschmierte Gesicht. Er umklammerte seine Beine mit den Armen. Das Kinn ruhte auf seinen Knien. »So sitzt er nun schon seit Stunden. Dabei hingen ihm die Därme raus. Ich hab sie ihm reingestopft und seinen Bauch zusammengeschnürt. Aber er wird es trotzdem nicht schaffen.« Sisk war aufgestanden. »Herrgott, du hast mich erschreckt, Clintock. Seit wann bist du unterwegs?«

»Gestern früh.« Ben steckte die Winchester in den Scabbard zurück. »Sind die Indianer noch in der Nähe?«

»Es ist alles ruhig. Noch nicht mal Coyoten rum. Und das macht mich verrückt. Wenn nur ein paar Coyoten rum wären. Ich bin erst am Abend hergekommen, und da war alles schon vorbei. Sie waren zu dritt. Einer ist mit 'nem Pferd abgehauen. Der andere dort nannte sich Antelope Jack. Sie sind alle frisch in der Gegend. Keine Erfahrung. Glauben, man könne mit den Rothäuten Poker spielen. Vor ein paar Wochen hat es schon zwei Jungs von Plummer erwischt. Jede Woche werden einigen von ihnen die Skalps über die Ohren gezogen. Aber sie lernen 'nen Dreck. Immer mehr von ihnen kommen herunter. Der da kann noch nicht mal richtig englisch. Der ist wahrscheinlich noch kein Jahr im Land. Komm, nimm deinem Gaul den Sattel ab und setz dich hin.«

Ben entschloß sich, die Einladung anzunehmen. Sisk war auch nach Adobe Walls unterwegs und wollte am Morgen aufbrechen, falls es der Germane bis dahin hinter sich hatte. »Sonst müssen wir zusehen, wie wir ihn mitnehmen können. Die Rothäute haben die Maultiere und die Pferde abgeschossen. Vielleicht können wir unsere Gäule vor den Wagen spannen. Meiner hat noch nie gezogen, aber er lernt schnell.«

»Das ist ein Armeepferd«, sagte Ben. »Zehnte Kavallerie, Fort Sill. Die müssen manchmal am Wagen gehen, wenn sie zu wild sind.« Ben warf seinen Leinenbeutel zum Feuer. »Soso, der andere ist einfach abgehauen«, sagte er nachdenklich. »Vielleicht dachte er, daß beide tot sind.«

»Wahrscheinlich«, sagte Sisk. »Als ich kam, lag der da wie tot unterm Wagen. Der Teufel weiß, warum die Rothäute abgezogen sind. Die hätten sich die zwei Skalps holen können.« Sisk nahm seine Tasse aus dem Gras, füllte sie und gab sie Ben. »Sag mal, bist du nicht der Bursche, der damals in den Blizzard geraten ist?«

Ben nickte. Als er sagte, er habe im Leib seines Pferdes übernachtet, lachte Sisk. »Alte Geschichte, Clintock«, sagte er. »Die haben vor dir schon ganz andere Burschen erzählt.«

Ben nickte und trank einen kleinen Schluck heißen Kaffee. Er hatte die ganze Zeit gewußt, daß sie ihm nicht glauben würden, und so erzählte er seine Geschichte gar nicht erst weiter. Philip Sisk sagte, daß die Mooar-Mannschaft am Red River 666 Häute gemacht habe und daß er nach Adobe Walls reite, um einen der Mooar-Brüder mit einem Frachtwagen zu holen. Billy Dixon sei auch in der Gegend und es gäbe schon bald mehr Jäger als Büffel am Canadian. Außerdem stehe die Regierung unter öffentlichem Druck. Die halbe Welt protestiere schon gegen die Ausrottung der Büffel und was sonst noch hier getrieben würde. Eine Armee-Einheit hätte ein paar Neue erwischt und nach Wichita gebracht, unter anderem auch einen Schurken namens Gallagher, der den Indianern Schnaps und Whisky verkauft hätte. »Diese Kerle sollte man aufhängen«, sagte Philip Sisk. »Statt dessen will man uns am Zeug flicken. Als ob wir mit den Rothäuten nicht schon genug Ärger hätten.«

»Das ist aber auch eure eigene Schuld«, sagte Ben. »Ich sehe die Dinge ein bißchen anders. Ich habe bei den Indianern gelebt.«

Da hob Billy Blue den Kopf. Sein Gesicht war arg geschwollen, und er sog die Luft durch seine zusammengepreßten Zähne. Er sah schlimm aus. Sisk stützte ihn mit der Hand. »Das ist Benjamin Clintock«, sagte er zu Billy Blue. »Er war bei den Rothäuten.«

Billy Blue hatte große, blaue Augen. Und Schmerzen. Er keuchte, legte den Kopf zurück und stöhnte. »Herrgott«, sagte er. »Herrgott, das ist keine gerechte Strafe.«

»Er hat Fieber«, sagte Philip Sisk. »Er weiß nicht, was er sagt.«

Billy Blue sah Philip Sisk an. »Hast du was zum Saufen, Bruder?« fragte er. Sein Englisch war hart, die Betonung der Worte eigenartig. Er schien noch nicht lange im Land zu sein.

»Wo kommst du her?« fragte Ben leise.

»Herrgott, ich bin von drüben«, sagte er gepreßt. »Deutschland. Jetzt machen sie Heu drüben.« Er schloß die Augen. »Die Indianerin . . . dafür sterbe ich, Bruder. Es ist zum Kotzen.«

»Ich weiß nicht, was er meint«, sagte Philip Sisk.

»Er weiß, warum er stirbt«, sagte Ben. Er verspürte kein Mitleid mit Billy Blue, dem Germanen, den Nap nicht erwischt hatte. Der war hierhergekommen, um sein Glück zu versuchen. Mit vielen anderen, die überall im Land herumzogen und einen Platz für sich und ihre Familien suchten. Dann hatte er mit seinen Freunden zusammen Kianceta umgebracht. Billy Blue hatte seine Chance vergeben. Und er wußte es selbst. Das war wenigstens etwas.

Billy Blue wollte Schnaps haben und Sisk sagte, daß er keinen Schluck kriegen würde. »Ein einziger, kleiner Schluck würde dich umbringen, Junge. Du hast 'nen Bauchschuß.«

»Du bist hart, Bruder!« keuchte Billy Blue. »Du bist so verdammt hart zu einem, der schon fast tot ist. Mein Freund dort, der Antilopen-Joggel, der hat es leichter gehabt, nicht wahr?«

»Ich weiß nicht. Er war tot, als ich kam.«

»Das ist gut, Bruder. Gib mir einen Schluck. Nicht viel. Ich brauch nur einen Schluck.« Er fluchte auf deutsch, und die Schmerzen rissen ihm die Worte von den Lippen. Er krümmte sich zusammen, und Sisk legte ihn auf die Seite. »Er darf unter keinen Umständen etwas trinken«, sagte Sisk.

»Er stirbt so oder so«, sagte Ben.

»Das scheint dir nichts auszumachen, Clintock. Der ist jung wie du. Der hat mit dem Leben gerade erst angefangen. Gottverdammte Rothäute.«

Ben sagte nichts darauf. Er beobachtete Billy Blue, sah, wie der Schweiß aus seinen Poren drang und wie seine Lippen zitterten. Er atmete rasselnd, keuchend. Und er redete leise auf deutsch. Es sah aus, als ob er jetzt sterben würde.

»Indianer!« brüllte Billy Blue plötzlich und warf die Hände hoch. Die Schmerzen ließen sein Gesicht explodieren. Er zerbiß sich die Unterlippe, und in seinen Augen platzten Äderchen. Er keuchte und japste nach Luft. »Indianer«, flüsterte er. »Schieß, Joggel, schieß!« Sein Kinn fiel auf die Knie zurück, und er stierte wieder in die Flammen. Sein Atem ging kurz und schnell.

»Wenn der nur nicht so verdammt zäh wäre«, sagte Sisk. »Das muß furchtbar sein für ihn.«

Die ganze Nacht saßen sie am Feuer. Mehrere Male sah es aus, als wäre Billy Blue schon tot, aber jedes Mal, wenn sich Ben über ihn beugte, schlug er die Augen auf und flüsterte mit zitternden Lippen englische und deutsche Worte durcheinander. Und am Morgen, als Sisk auf den Hügel kroch und nach Indianern Ausschau hielt, lebte Billy Blue immer noch.

Die Sonne kam hoch und mit ihr der erste Bussard. Keine Indianer. Nur ihre Fährten waren zu sehen. Der Bussard kreiste am Himmel, und von Westen kamen noch zwei herangeflogen. Als Philip Sisk vom Hügel herunterkam, waren es sechs, aber Billy Blue, der Germane, lebte noch.

Er starb gegen Mittag: Sie waren am Little Clear Creek, und es war beinahe dunkel. Blitze zuckten im Südosten. Donnergrollen holte sie ein, und Sisks Pferd versuchte jetzt immer wieder aus dem Geschirr zu brechen, während das Armeepferd den schweren Wagen beinahe allein zog. Dann fielen die ersten Tropfen. In aller Eile zogen sie die Plane auf. Billy Blue lag zusammengekrümmt im Wagenbett neben dem anderen Toten, über dem sie zwei noch nicht trockene Büffelhäute ausgebreitet hatten. Billy Blues Gesicht war dunkel, und als er die Augen aufschlug, sah Ben, daß sie blutunterlaufen waren. Er keuchte angestrengt und bat, daß man ihn aufrichten würde. Sisk half ihm. Der Wind zerrte an der alten Plane. Der Wagen schaukelte ächzend. Ben ging nach vorn und schirrte die Pferde aus. Sisks Sommerrappe gebärdete sich wie ein Teufel, und Ben hatte alle Mühe, ihn am Wagen festzubinden. Als er wieder über die Heckbracke kletterte, suchte Sisk überall im Wagen herum.

Billy Blues Gesicht war von Schweiß und Blut bedeckt. Er grinste verkrampft, als Ben das Wasser aus der Hutkrone schüttelte.

»Gib mir einen Schluck!« flüsterte er. »Nur einen einzigen Schluck. Das macht mi no lang net kaputt, Sacrament nochemol!« Er sprach deutsch und englisch durcheinander. Er wollte Schnaps haben. Whisky. Nur einen einzigen Schluck. Wenn er schon bei diesem Sauwetter vor die Hunde gehen müsse, dann wenigstens mit 'nem anständigen Geschmack in *de Gosch*.

Schließlich fand Sisk, wonach er suchte. Einen Tonkrug. Er zog den Korken mit den Zähnen heraus und trank einen Schluck. »Das bringt dich glatt um, Söhnchen«, sagte er zu dem Deutschen.

»I mach de Schirm einewe zue«, aber er möchte nicht nüchtern dem Petrus begegnen, der ja auch ein alter Säufer gewesen sei.

Da konnte sich Sisk nicht mehr zurückhalten. »Aber nur einen Schluck«, sagte er. Er wischte Billy Blue das Blut vom Mund und stützte seinen Kopf mit der linken Hand, während er ihm den Hals des Tonkruges an die Lippen setzte.

Billy Blue kriegte mehr als einen Mund voll. Er schluckte. »Leck mi am Arsch, jetzt hab i's gschafft.« Hochprozentiger Grenzerschnaps lief ihm aus den Mundwinkeln auf die Decke nieder. Seine Hände kamen hoch und die Finger krallten sich jäh in Sisks Arm. Der Büffeljäger nahm den Tonkrug von Billy Blues Lippen, über die stoßweise blutiger Schaum quoll. Ben wandte sich ab, und ein gurgelnder Schrei fiel mit einem gewaltigen Donnerschlag zusammen, bei dem Himmel und Erde zu bersten schienen. Grelle Blitze schossen aus einem fast schwarzen Himmel, und die Prärie hatte sich innerhalb weniger Minuten in einen Sumpf verwandelt. Das Wasser schoß den Radfurchen entlang, und langsam wurde der Wagen vom Sturm zur Seite gedrückt. Als sich Ben umwandte, war Billy Blue tot. Sisk kauerte neben ihm, den Tonkrug in den Händen. Er war bleich im Gesicht und starrte auf Billy Blues Finger, die sich im Todeskrampf hart um seine Handgelenke geschlossen hatten. »Nimm seine Hände weg!« stieß er hervor. Ben kroch hinüber und löste die Finger einzeln.

Wortlos warf Sisk den Tonkrug aus dem Wagen. »Er hätte es nie geschafft«, sagte er rauh. »Da ist weit und breit kein Arzt. Er hätte es nie geschafft und er kriegte wenigstens, was er haben wollte. Einen Schluck billigen Fusel, wie ihn die Rothäute gallonenweise saufen!«

Ben ließ Billy Blues Hände sinken und schloß ihm die Augen. »Nap wird sich ärgern«, sagte er leise und strich mit gespreizten Fingern durch das blonde, von der Sonne ausgebleichte Haar des Toten. Sisk sagte nichts darauf. Er kannte Nap nicht.

Ben zog eine Decke unter Billy Blue hervor und breitete sie über ihm aus. Dann kroch er zur Heckbracke zurück und lehnte sich dagegen. Der Wagen stand schief. Unter ihm gurgelte das Wasser. Der Tonkrug war im Boden versunken, und das Gewitter war jetzt direkt über ihnen. Ohne Pause folgten Blitz und Donnerschlag aufeinander. Die Erde dröhnte und der Himmel brüllte. Sisk sagte, daß in zwei Stunden alles vorbei sein würde. Und er hatte recht.

Am Nachmittag war der Himmel wolkenlos. Die Prärie dampfte und die Gräser richteten sich auf. Der Wagen stand bis zu den Naben im aufgeweichten Lehm, und sie sattelten ihre Pferde und ritten hinunter zum Canadian. Es wurde ein heißer Nachmittag, und als die neuen Häuser des Handelsposten vor ihnen lagen, war der Lehm beinahe schon wieder hartgebacken. Der Canadian führte Hochwasser, und zu beiden Seiten überflutete die schmutzige Brühe die Talsenke. Tief im Westen stand die Sonne blutrot wie ein großer, ovaler Feuerball.

Die Blockhäuser und Palisaden warfen den beiden Reitern lange Schatten entgegen. Sisk nahm sein Gewehr vom Rücken, legte an und schoß eine Kugel in den Himmel. Dann gab er dem Pferd die Sporen und galoppierte in die Senke hinein. Ben folgte ihm, und das erste vertraute Gesicht, das er nach langer Zeit sah, war Old Man Keelers bartstoppelnbedeckte Ledermaske, in der es ein paar Furchen und Narben mehr zu geben schien. Benjamin Clintock flog aus dem Sattel, und bevor Keeler wußte, wie ihm geschah, wurde ihm die Luft knapp.

28
Adobe Walls

Eingebettet in einer von Hügeln umgebenen Senke schlief Adobe Walls, ohne die Zeichen drohender Gefahr zu erkennen. Der kleine Handelsposten war nicht mehr als ein kaum erkennbarer Fleck in der urwüchsigen Landschaft des Texas Panhandle. Seine Erdschollen- und Pfostenhütten boten ihren Bewohnern zwar Schutz vor Wind und Schnee, versprachen aber wenig Sicherheit im Falle eines Angriffes der Wilden, die von weißen Händlern mit Feuerwaffen und Munition ausgerüstet waren. Es sah so aus, als würden einem wohlgeplanten Überraschungsangriff wahrscheinlich alle Anwesenden zum Opfer fallen.

Wayne Gard, THE GREAT BUFFALO HUNT, 1959

Sie ritten hinaus und begruben die beiden Toten, wo der Wagen steckengeblieben war, auf einem Hügel über dem Fluß, und Dutch Henry sprach das Vaterunser auf deutsch. Ihre Besitztümer, zwei Häutermesser und ein Schleifstein, ein Revolver und ein Gewehr, kamen in Hanrahans Saloon zur Versteigerung. Mit dem Erlös von genau einundzwanzig Dollar wurde zum Gedenken an Billy Blue und Antilopen Jack am Abend tüchtig gefeiert.

Ben erzählte seine Geschichte zuerst und in knappen Worten, ohne Nap zu erwähnen. Daß er drei Monate bei den Comanchen gelebt hatte, wollte ihm keiner glauben. Bermuda Carlisle schrie, daß er das dem Fährenmann erzählen könne, aber nicht ihm, und Mike McCabe rief, daß das alles schon möglich sei, er habe auch schon einmal vierzehn Tage am Marterpfahl einer Cheyennehorde verbracht, und er zeigte drei oder vier schlecht verheilte Narben vor. »Auf jeden Fall sieht der Junge aus, als hätte er einiges durchgemacht«, sagte Pat Barker. »Und daß er den Blizzard überstanden hat, das kann niemand abstreiten. Und das war der schlimmste Blizzard, den ich je erlebt habe, und wer da allein überlebt hat, der muß schon ein zäher Bursche sein.«

»Danke«, sagte Ben und prostete Pat Barker zu.

Man glaubte ihm nur halb, obwohl er im Laufe des Abends auch einige Details erwähnte und die Gegend beim Elk Creek beschrieb, die Old Man Keeler kannte. »Er ist dort gewesen«, sagte Keeler bestimmt. »Mit oder ohne Indianer, das spielt keine Rolle.«

Aber Bens Warnung, daß Kiowas, Cheyenne und Comanchen gemeinsam den Handlungsposten angreifen könnten, nahm niemand ernst. Die wenigen Jäger und Häuter, die sich zur Zeit im Handlungsposten herumtrieben, waren überzeugt davon, daß sie weiterhin nur mit kleinen, umherstreifenden Indianerhorden zu rechnen hätten, und denen würde man es schon zeigen. Mike McCabe sagte, daß er schon dem Teufel ins Auge gespuckt und allein gegen zweihundertsiebenundsechzig Comanchen gekämpft habe. Seine Skalpsammlung habe er einem Museum gegeben und die Comanchen, die damals dabeigewesen waren und den wilden Feuerzauber eines entfesselten Büffeljägers überlebt hatten, würden eher versuchen, eine Haubitze zu skalpieren, als noch einmal einem irischen Rotbart mit dem Messer zu drohen. »Das hat mir ein Häuptling versichert, ein hünenhafter Mann mit Wolfszähnen und Fingernägeln wie Adlerkrallen. Kennst du ihn, Kleiner?«

Benjamin Clintock schüttelte den Kopf, und Mike McCabe sagte, daß er dann eben doch nicht bei den Comanchen gelebt hätte, sonst müßte er diesen Häuptling kennen, der allein durch sein Aussehen ganze Armeekompanien in die Flucht geschlagen habe, nicht aber Mike McCabe, der sich von nichts einschüchtern lasse, nicht einmal von einem Medizinmann, der Patronen ausspucken könne. Daß es Billy Blue und

Antilopen Jack erwischt habe, sei zwar kein Zufall, aber sie behaupteten alle, daß die beiden eben nicht gut genug aufgepaßt hätten. »Greenhorns«, sagte Pat Barker geringschätzig. »Ich hab ihnen gesagt, daß sie hier nicht alt werden.« Tom O'Keefe, der Schmied, von dem man behauptete, daß er mit bloßen Händen ein Hufeisen geradebiegen konnte, sagte, daß die Rothäute sich hier nichts anderes holen könnten als blutige Köpfe.

Die Männer schliefen mit ihren Sharpsgewehren und Revolvern, und sie schliefen gut. Adobe Walls war für sie wie eine Festung. Sie fühlten sich sicher zwischen den paar Erdschollenhütten.

Aber die Handelsniederlassung am Canadian sah nicht einmal danach aus, als ob sie einem mittelstarken Windstoß standhalten konnte. Etwas von den Ruinen des alten Forts entfernt, am Ufer des Bent Creeks, hatte man Erdschollen aufeinander getürmt und mit Dächern versehen. Zwischen Hanrahans Saloon und Charlie Meyers' Store war O'Keefes Schmiede eingeklemmt, ein auf sechs Baumstämmen ruhendes Schrägdach, das eine offene Feuerstelle, den riesigen Blasebalg, ein paar Fässer und einen Amboß beschattete. Während eines Gewitters ging bei O'Keefe meistens das Feuer aus. Schräg gegenüber verdeckte Raths Store das mickrige Restaurant von Mr. und Mrs. Olds. Meyers' Store war von einem quadratischen Palisadenzaun umgeben. Ein Blockhaus mit einem aufgesetzten Wachttürmchen mochte vielleicht zufällig vorbeireitenden Indianerkindern imponieren, nicht aber den mit allen Wassern gewaschenen Hundesoldaten der Cheyenne oder den Kwahadi-Comanchen von Quanah.

Zwei Dutzend Wagenpferde und Ochsen, eine Handvoll arbeitsloser Jäger und Häuter, Meyers' Bautrupp und Wagenmannschaft und eine zahme Krähe belebten die Niederlassung, von der O'Keefe behauptete, sie würde noch einmal eine Weltstadt, »wo der Papst sogar seinen Urlaub verbringt«.

Auch am nächsten Tag kümmerte sich keiner um Benjamin Clintocks Warnungen.

Jim Hanrahan, ein Ire, der aussah wie ein vom Wirbelsturm gerupfter Krauskragengeier, nannte ihn offen einen Spinner, der entweder an Prärifieber litt, oder aber einfach keine Ahnung von Tuten und Blasen hatte.

Charlie Meyers, ein ehemaliger Büffeljäger, der weit und breit für seine zuckerpräparierten und geräucherten Büffelschinken berühmt war, empfahl Ben, sich einmal bei ihm ganz genau umzusehen. »Das ist meine Festung, Clintock!« sagte er. »Hier kommt keine verdammte Rothaut rein, um mir das Geschäft zu versauen. Ich habe fünfzigtausend Dollar investiert, um hier das Geschäft meines Lebens zu machen.«

Etwas niedergeschlagen ging Ben zu Charles Rath, der mit seinem

Krieger im Federschmuck

Filialleiter eine Abrechnung durchsah. »Was willst du, Clintock?« fragte er, klopfte seine Pfeife leer und kam um den Tisch herum. Er blieb vor Ben stehen und stieß ihm die Pfeife in den Leib. »Junge, wenn du hier Unruhe stiftest, kriegst du Ärger mit mir«, sagte er hart.

»Mir liegt nichts daran, Unruhe zu stiften, Mister Rath. Mir geht es darum, daß man sich rechtzeitig auf eine drohende Gefahr einrichtet und Blutvergießen vermeidet.«

»Wir sind eingerichtet, Clintock. Wir wissen, was wir tun.«

»Mister Rath, es besteht ein Gesetz, das südlich des Arkansas ...«

»Ich kenne die Bestimmungen!« erwiderte Rath kalt. »Verschwinde hier, Junge! Hier ist kein Platz für Indianerfreunde!«

»Was soll das heißen?« Ben ging auf den Mann zu, der innerhalb weniger Jahre mit Büffelhäuten ein Vermögen verdient hatte. Rath war wenig über dreißig, ein scharfgesichtiger Mann, der als Jäger angefangen hatte und zur Zeit mit Charlie Meyers zu den führenden Händlern gehörte. Etwa die Hälfte aller Häute, die nach Dodge City kamen, wurden von ihm aufgekauft und an die Gerbereien weitergeliefert. Als Benjamin Clintock vor ihm stand, machte James Langston hinter dem Tisch eine Bewegung zum Revolver. Rath winkte ab. »Der Junge ist kein Idiot, James«, sagte er. »Nicht wahr, Clintock!«

Ben hob die Schultern und sagte: »Vielleicht sollte ich wirklich hier weggehen, bevor es Ärger gibt.«

»Niemand hindert dich!« Rath stopfte seine Pfeife. »Clintock, die Männer, die hier sind, wußten genau, daß sie nicht auf einen Picknickausflug gingen, als sie sich entschlossen, den Arkansas zu überschreiten. Einige von ihnen hat es erwischt. Damit mußten wir rechnen. Es war ein harter Winter, und der Frühling war auch nicht besser. Bis vor wenigen Wochen war Dixon der einzige, der hin und wieder ein paar Häute gemacht hat. Jetzt, wo die Sache interessant wird, kommst du her und machst die Männer verrückt! Clintock, du hast Hanrahan, O'Keefe, Meyers und mich gegen dich! Entweder du hältst den Mund, oder wir nehmen dich in die Zange. Das ist eine Warnung, Clintock!« Rath zündete die Pfeife an und blies den Rauch über Bens Hut hinweg gegen die Tür. »Geh nach Texas zurück, wenn du keinen Ärger willst!«

»Hier ist Texas!« sagte Ben. »Und diese Niederlassung befindet sich mitten in den Comanchenjagdgründen, Rath. Sie haben Angst davor, daß die Büffeljäger die Jagd abbrechen und Sie nicht auf Ihre Kosten kommen! Wie viele Menschenleben ist Ihnen Ihr Geschäft noch wert, verdammt noch mal?«

»Jeder ist für sich selbst verantwortlich. Das wissen die Jungs, die hier sind!«

»Sie haben das Recht, früh genug gewarnt zu werden, Mister Rath!«

»Wovor denn, zum Teufel? Vor deinen Hirngespinsten?«

»Sie wissen ebensogut wie die Mooars, daß es keine Hirngespinste sind! Es ist bekannt, daß sich die Kiowas, Cheyenne und Comanchen am Elk Creek versammelt haben! Fragen Sie Philip Sisk, verdammt noch mal! Er kommt vom Red River. Es gibt dort tausend Fährten, die alle zum Elk Creek laufen!«

»Ich weiß, daß dort ein Sonnentanz abgehalten wird.«

»Und nach dem Tanz wird diese Niederlassung hier angegriffen! Das können Sie mir glauben.«

»Wann?« Rath grinste. »Du hast Hanrahan gesagt, Großangriff am 27. Juni. Wir sind doch keine Anfänger, Junge! Wir kennen uns aus! Solange es zwischen Weißen und Roten zu Auseinandersetzungen gekommen ist, gab es noch nie einen Termin für eine Schlacht oder sonstwas. Jeder Narr weiß, daß Indianer nicht einmal für den nächsten Tag vorausdenken können! Warum sollte sich das plötzlich geändert haben?«

»Am sechsundzwanzigsten ist Vollmond!« sagte Benjamin Clintock und verließ Raths Store, wütend bis in die Mokassins hinein. Philip Sisk kam aus Hanrahans Saloon. Er hatte zwei junge Burschen angeheuert, die ihn und John Mooar zum Red River begleiten sollten. »Du kannst immer noch mitkommen, wenn du willst, Clintock!« rief er herüber. »Wir fahren morgen früh, und in ein paar Tagen sind wir mit der ganzen Ladung zurück!«

»Ihr könnt mich mal...«, brummte Benjamin Clintock und suchte in Hanrahans Saloon Schutz vor der Nachmittagshitze.

Old Man Keeler saß im Schatten von Meyers' Store, neben dem Eingang zur Küche, die Geige auf den Knien und den alten Filzhut über dem Gesicht. Ben weckte ihn. Keeler rieb sich die Augen aus, gähnte und schätzte die Länge des Hausschattens auf siebeneinhalb Meter. »Zeit, das Abendessen für die Jungs herzurichten, Söhnchen«, sagte er und stand ächzend auf. »Der Rücken ist kaputt, seit mir die Wagendeichsel draufgefallen ist. Da warst du noch bei den Indianern, Söhnchen. Kennst du nicht einen Medizinmann, der mir den Rücken flicken könnte?«

»Cut Nose, vielleicht«, sagte Ben. »Aber mach dich nur über mich lustig! Cut Nose hat gute Medizin gehabt.«

»Hu, du hättest ihn mitbringen sollen, zum Teufel. Wenn ich in Dodge bin, laß ich mir von Little Dot Schmierseifenpackungen machen.«

»Du willst nach Dodge zurück, Alter?«

»Natürlich. Das hier, das ist doch nur 'ne Sache für einen Sommer. Im Herbst gibt es hier keine Büffel mehr, und dann geht es entweder weiter südwärts, oder man hört eben auf.« Keeler nahm den Geigenbogen von der Wand und schlurfte auf die Hintertür zu. »Söhnchen, du glaubst, daß die ganzen Rothäute auf einmal hierherkommen wollen?«

Ben nickte. »Das stimmt, Alter.«

»Aber man glaubt dir nicht, was? Niemand glaubt dir, oder?«

»Ich weiß nicht. Rath wurde wütend. Meyers verläßt sich auf die Palisaden und Hanrahan sagt, daß er selbst in der Hölle einen Saloon aufmachen würde, wenn dort ein Geschäft zu machen wäre.«

Old Man Keeler blieb bei der Tür stehen. Er hielt sich am Rahmen fest, stand vornübergebeugt, alt und müde, obwohl er noch keine fünfzig Winter auf dem Buckel hatte. »Söhnchen, warum bist du eigentlich hergekommen?« fragte er mit seiner krächzenden Stimme. »Du hättest doch wissen müssen, daß die nicht aufgeben werden. Keiner von ihnen.«

Ben zuckte die Schultern. »Ich dachte, daß ich hier Lane treffe. Er schuldet mir ein paar Bucks. Und du kannst es mir glauben, du hattest noch nie eine größere Chance, deine Kreuzschmerzen loszuwerden, Keeler.«

Keeler kicherte. »Mit Haut und Haar, meinst du doch. Weißt du, Söhnchen, ich habe die letzte Nacht lange nachgedacht. Das ist so oder so mein letzter Sommer. Und da macht alles keinen Unterschied mehr.«

»Du glaubst mir also?« fragte Ben vorsichtig.

»Sicher, Söhnchen. Ich bin zwar ein alter Narr, aber ich weiß, wenn Luzifer seine Gabelzinken wetzt. Die Jungs werden sich wundern, wenns soweit ist! Heiliger Rauch, das gibt einen Zirkus, Söhnchen! Dreißig, vierzig Büffelgewehre gegen einige hundert Rothäute. Das gibt einen Zirkus, bei dem kein Auge trocken bleibt!« Keeler schien sich beinahe darauf zu freuen. »Söhnchen, an deiner Stelle würde ich den Mund halten und abhauen. Dich geht doch die ganze Sache nichts an.«

»Warum zum Teufel wollt ihr mich alle los sein?« rief Ben wütend. »Alter, ich habe hier ein Rendezvous, das ich nicht verpassen will. Aber du! Warum gehst du nicht weg und kurierst deine Kreuzschmerzen in Dodge City aus?«

Keeler verkniff sein Gesicht und streichelte seine Geige. »Um mich brauchst du dir keine Sorgen zu machen, Söhnchen. Ich bin zwar ein alter Kerl, aber wenn die Rothäute kommen, lade ich sie zum Tanz ein. Wenn du unbedingt in den Himmel kommen willst, versuch mal die Lady dort zu überreden, daß sie zu hübsch ist, einem Comanchenhäuptling die Suppenschüssel nachzutragen!« Keeler zeigte zum offenen Tor des Palisadenzaunes, das einen Blick auf Raths Store und das kleine Restaurant der Olds' freigab. Eine Frau kam aus dem Restaurant. Sie trug eine knielange Schürze über einem einfachen Baumwollkleid. Das Haar hatte sie im Nacken zu einem Knoten gebunden. Sie war groß und schlank, und Ben, der sie zum ersten Mal sah, pfiff leise durch die Zähne.

Die Frau, die aus dem Restaurant kam, ging zum Schuppen, füllte einen Eimer mit Wasser und trug ihn zu einem kleinen Corral, in dem ein mageres Füllen mit X-Beinen herumbockte. Das Füllen trug einen Umhang aus zusammengenähten Mehlsäcken.

»Das ist Missis Olds, Söhnchen. Prächtige Frau. Die ist mit ihrem Mann hergekommen. Olds sagt, daß sie immer davon geträumt hat, mal ein Restaurant zu haben. Geh mal rüber zu ihr und versuch ihre Pfannkuchen, Söhnchen. Als ich zum ersten Mal in einen von ihren Pfannkuchen reingebissen habe, da sind mir die Tränen gekommen. So einen Pfannkuchen hatte ich nicht mehr gegessen, seit ich von daheim weggelaufen bin, und das sind jetzt immerhin fast vierzig Jahre her!«

»Man müßte wenigstens die Frau in Sicherheit bringen«, sagte Ben. »Keeler, ich weiß, was sie mit Frauen machen, die sie erwischen!«

»Sie hat immer davon geträumt, ein kleines Restaurant zu haben, Söhnchen. Und sie hat mit ihrem Mann dafür geschuftet. Geh hin und sieh dir ihre Hände an, dann weißt du Bescheid.« Keeler schlurfte in die Küche und warf die Tür hinter sich zu. Ben beobachtete, wie die Frau dem kleinen Mustang-Füllen den Eimer hinstellte. Ben ging hinüber und tat, als käme er zufällig des Wegs. Die Frau sah ihn mißtrauisch an, und er zog den Hut, kämmte mit den Fingern die Haare aus dem Gesicht und sagte, daß sie ein hübsches kleines Mustang-Füllen habe. »Ich bin Benjamin Clintock, Ma'am. Old Man Keeler hat mir von Ihren Pfannkuchen vorgeschwärmt.«

Sie lächelte ein bißchen. »Frische gibt es erst wieder zum Frühstück«, sagte sie. Ihre Hand streichelte über das Fell des Füllen. »Sieht es nicht lustig aus mit dem Mehlsackmantel? Einer der Jäger hat es mir gebracht. Ich glaube, man hat seine Mutter getötet. Es ist zu klein, um Gras zu fressen, und den Mantel hab ich ihm wegen der Moskitos übergezogen. Es ist so klein, daß man es sogar gegen die Moskitos schützen muß.«

Das Füllen war wirklich sehr klein und sehr mager. Ben erinnerte sich an sein erstes Füllen, das er aus dem Triebsand gezogen hatte. Damals hatte Mom noch gelebt. Es war im Krieg gewesen. Gegen Ende des Krieges, als die Nachricht kam, daß der alte Clintock sein Bein verloren hatte.

»So, jetzt hast du genug, nicht wahr.« Das Füllen schnaubte, während es seine Nüstern unter die Achsel der Frau preßte und an ihrem Kleid zerrte. Die Frau war jung. Vielleicht vierundzwanzig. Sie hatte dunkle, warme Augen und eine kleine Nase. Sie nahm den Eimer auf, und das Füllen machte ein paar Bocksprünge. Sie lachte und kletterte durch den Zaun. »Es macht sich, jetzt. Am Anfang waren wir sehr in Sorge, daß es sterben würde. Es war noch kleiner und noch dünner und hatte kaum die Kraft, auf den Beinen zu stehen. Und jetzt tanzt es schon wieder. Ob es sich jemals reiten läßt, wenn es groß und stark ist?«

»Bestimmt, Ma'am«, sagte Ben. »Aus Mustangs werden zwar keine besonders guten Cowponys, aber zum Herumreiten sind sie gut. Ein bißchen holperig schon, weil sie ziemlich kurze Beine haben. Aber die meisten sind sehr trittsicher und haben nicht einmal vor Klapperschlangen Angst. Ich habe einmal ein Mustangfohlen großgezogen, Ma'am. Es hat dann niemanden reiten lassen außer mir.« Ben stülpte den Hut auf den Kopf. »Ma'am, kann ich morgen zum Frühstück kommen?« Er machte den Versuch wegzugehen, denn er brachte es nicht übers Herz, ihr etwas von dem zu erzählen, was ihr hier drohte. Sie hatte davon geträumt, ihr kleines Restaurant zu haben, und sie machte die besten Pfannkuchen, die dem ausgetrockneten Keeler sogar noch mal das Wasser in die Augen trieben. Sie hatte sich neben all der Arbeit um das Füllen gesorgt, ihm aus Mehlsäcken einen Mantel zusammengenäht und ihm sicher mit der Flasche Zuckerwasser gegeben, weil hier draußen nirgendwo eine Milchkuh aufzutreiben war.

Benjamin Clintock, der finstere Ahnungen hatte von dem, was hier vielleicht geschehen würde, fühlte sich recht schwach und mutlos, als er sich von ihr verabschiedete.

»Kommen Sie zum Abendessen«, sagte sie. »Es gibt Bohnen, Steaks und Wackelpudding. Büffelsteaks, natürlich.« Sie lachte und nahm ihn beim Arm. »Sie kommen doch? William würde sich freuen. Wir haben gehört, daß Sie bei den Indianern waren.«

»Ma'am, ich . . .«

»Sagen Sie nicht Ma'am«, sagte sie und hakte sich bei ihm unter. »Ist das nicht ein schöner Abend? Sehen Sie, wie mein Morgenglanz ausgeschlagen hat! In ein paar Tagen wird er blühen.« Neben der Tür zum Restaurant kletterten Traubenranken an der Lehmwand hoch. Die beiden kleinen Fenster waren blitzblank und mit rot-weiß gemusterten Gardinen geschmückt. Über dem Eingang hing ein Brett. THE OLDS' INN stand in verschlungener Schrift darauf. Und darunter: THE BEST MEALS FOR LESS.

Am Abend kam Amos Chapman mit fünf Soldaten in Adobe Walls an. Sergeant Brady, der bei der Wette das Stopfei um eine Handbreite verfehlt hatte, sah ziemlich mitgenommen aus. Sie kamen im Schritt heruntergeritten, und Ben, der vor dem Restaurant stand, schöpfte neue Hoffnungen.

»Das ist Amos Chapman mit einer Eskorte aus Fort Supply«, sagte er zu William Olds, einem jungen Mann, der von Bermuda Carlisle aus der Tür geschoben wurde. »Gottverdammte Regierungsspione!« knurrte Bermuda Carlisle und lief hinüber zu Hanrahans Saloon, wo Chapman und die Soldaten ihre erschöpften Pferde angehalten hatten. Charles Rath kam aus seinem Store und wartete auf Charlie Meyers, der mit John

Mooar und Philip Sisk seinen Palisadencorral verließ. Old Man Keeler hinkte hinter ihnen her und leckte an einer Schöpfkelle.

»Was hat das nur zu bedeuten, William?« sagte Mrs. Olds besorgt. »Vielleicht wird man uns jetzt doch wieder nach Dodge City zurückschicken.«

William Olds sagte, daß er sich nicht vertreiben lasse. Von niemandem. Nicht von Indianern und auch nicht von Blaubäuchen. Es sei sein Recht, dort ein Restaurant aufzutun, wo er es für richtig halte. »Indianerland! Das ist alles schön und gut. Wenn die Indianer was von mir wollen, können sie herkommen. Aber ich lasse mich nicht einfach vertreiben!« Er zog seine Schürze aus und gab sie seiner Frau. »Bleib hier, Mädchen. Ich geh mal rüber.« Er wischte seine Hände an der verwaschenen Baumwollhose ab und stampfte über den Platz.

»Man hat uns in Dodge City schon davor gewarnt, hierherzukommen«, sagte Mrs. Olds. »Man hat uns gesagt, daß es Schwierigkeiten gibt. Glauben Sie, daß wir hier weggehen müssen, Ben?«

»Besser wäre es schon, Ma'am«, sagte Ben. »Ich hör mir mal an, was Chapman zu sagen hat.« Er ließ sie stehen und folgte ihrem Mann.

Vor Hanrahans Saloon war ein Durcheinander. Der Sergeant und seine Soldaten wurden von den Männern umringt. Eines der Pferde stieg, und ein junger Bursche flog aus dem Sattel. Das Pferd schlug nach allen Seiten aus, und Bermuda Carlisle wurde von einem Hufschlag getroffen. Fluchend kam er auf die Beine.

»Chapman, für wen spionierst du denn heute? Für die Rothäute oder für die Regierung? Am besten wäre es, wenn wir dich gleich aufhängen würden.«

»So geht das nicht, Bermuda!« brüllte Hanrahan. »Chapman kriegt zuerst von mir 'nen Drink! Und wenn er den Staub aus der Kehle gespült hat, dann wollen wir uns mal anhören, was er zu sagen hat!«

»Ich bin dafür, daß er mit seinen Blaubäuchen verschwindet!« rief Hirma Watson. »Das hat uns jetzt gerade noch gefehlt! So ein gottverdammter Spion! Ich wette meinen Donnerstock gegen eine Steinschleuder, daß hinter den Hügeln eine ganze Kompanie auf der Lauer liegt. Und wenn wir nicht freiwillig verschwinden, werden wir getrieben. Nicht wahr, Chapman, so ist es doch?«

»Wir sind allein«, sagte Chapman. »Da oben tut sich was, Jungs. Die Rothäute sind auf dem Kriegspfad. Man hat uns ausgeschickt, um mal nachzusehen, ob ihr alle noch die Haare auf dem Kopf habt!«

»Hier ist alles bestens, Chapman! Hier brauchst du deine Indianernase nicht reinzustecken! Das kannst du den Pfeffersäcken sagen, die euch hergeschickt haben! Wir können ganz gut allein auf uns aufpassen. Wir brauchen keine Blaubäuche hier!«

»Immer mit der Ruhe!« sagte Charles Rath. »Es wird sich herausstellen, ob Chapman hier herumspionieren soll. Steig ab, Sergeant.« Er half dem jungen Soldaten auf die Beine. »Los, schleicht euch, Jungs. Hier wird vorläufig niemand aufgehängt.«

Der Sergeant ließ absitzen. »Ihr könnt die Pferde in meinem Corral unterbringen«, sagte Charlie Meyers. »Und ihr kriegt auch was zum Futtern, falls Keeler sein Stew nicht verbrennen läßt.«

»Ich möchte wissen, was Chapman zu sagen hat«, sagte Old Man Keeler krächzend. »Ich kann nicht kochen, wenn auf meinem Buckel ein Spielchen geklopft wird.«

»Was soll das heißen, Keeler?« fragte Charlie Meyers.

»Daß Chapman nicht einfach durch die Gegend reitet, um sich nach unserem Wohlbefinden zu erkundigen!« sagte Old Man Keller grimmig.

»Ich hab euch gesagt, daß sich was tut«, sagte Chapman. »Mehr weiß ich auch nicht.«

»Und wie ist es mit dem, was Clintock gesagt hat?« fragte Bermuda Carlisle.

Chapman warf den Kopf herum. Er entdeckte Benjamin Clintock sofort, und seine Augen wurden schmal. Er wischte sich mit dem Handrücken über den Mund.

»Hölle, was hat er euch denn erzählt, der Kleine?« fragte er. »Als ich ihn in Fort Sill traf, wollte er dort ein ganzes Regiment verrückt machen. Da hab ich ihn nach Fort Supply mitgenommen, und dort ist er uns abgehauen. Was hat er euch denn erzählt?«

»Daß einige hundert Rothäute die Absicht haben, hier einen Zirkus zu machen«, sagte Old Man Keeler. »Und ich kenne den Jungen gut genug, um zu wissen, daß an dem, was er sagt, was dran ist, Chapman!«

»Scheiße ist da dran!« sagte Chapman. »Keiner weiß, was die Rothäute tun werden. Wenn's einer wüßte, dann wäre ich das und nicht ein Grünschnabel, der keine Ahnung hat! Reynolds und Lee sagten mir, daß es vielleicht gut wäre, wenn ihr euch hier etwas einrichten könnt. Man muß eben damit rechnen, daß die Rothäute euch ein bißchen auf den Pelz rücken. Aber von einigen hundert Kriegern kann nicht die Rede sein. Ihr wißt ja alle, daß sie in kleinen Horden umherziehen.«

»Und was ist mit denen, die am Elk Creek versammelt sind?« fragte Old Man Keeler und schwang seinen Kochlöffel.

»Die haben sich zu 'nem Sonnentanz getroffen. Heiliger Rauch, so 'n Comanchen-Sonnentanz ist doch keine Sache! Das bedeutet doch überhaupt nichts. Die tanzen halt ein bißchen rum und beten zum Großen Geist, daß ihnen die Büffel in ihre leeren Kochtöpfe fallen.«

»Ich bin auch der Meinung, daß dieser Sonnentanz überhaupt nichts zu bedeuten hat«, sagte Charles Rath. »Vorläufig gibt es keine Anzeichen dafür, daß die Indianer diese Niederlassung angreifen, und ich glaube kaum, daß sie das jemals tun werden. Weit über hundert von unseren Jungs sind zur Zeit in diesem Gebiet. Laufend kommen welche von Dodge runter. In ein paar Monaten steht hier eine Stadt, und das ist so sicher wie das Amen in der Kirche. Komm, Chapman, wenn Hanrahan schon mal 'nen Drink offeriert, dann wollen wir nicht darauf warten, daß die Korken von selber aus der Flasche springen.«

Meyers, Rath, John Mooar, Philip Sisk und Hanrahan nahmen Chapman in die Mitte. Bermuda Carlisle fluchte hinter Chapman und den Soldaten her.

William Olds bahnte sich einen Weg und folgte den anderen in den Saloon. Ben sah sich nach der Frau um. Sie stand vor dem kleinen Restaurant, die Schürze ihres Mannes über dem Arm. Im letzten Licht der untergehenden Sonne leuchtete ihr Haar kupferrot.

Später verabschiedete Benjamin Clintock sich von William Olds und seiner Frau. Olds begleitete ihn zur Tür. Draußen hielt er Ben an der Schulter zurück.

»Clintock, Chapman hat mir bestätigt, daß die Indianer wahrscheinlich am siebenundzwanzigsten angreifen. Hanrahan will nicht, daß die Jungs davon etwas erfahren. Er glaubt, daß er sonst noch in zehn Jahren seinen eigenen Schnaps saufen muß.«

»Das habe ich mir gedacht.« Benjamin Clintock war nicht allzu überrascht. »Olds, ich kann verstehen, daß Hanrahan, Rath, Meyers, O'Keefe und Sie . . .«

»Mir geht es nur um meine Frau, Clintock. Ich glaube zwar, daß wir uns hier halten können, aber ich möchte sie in Sicherheit wissen.«

»Dann fahren Sie Ihre Frau nach Dodge zurück, Olds!« sagte Ben rauh. »Gute Nacht.« Er ging über den Platz auf Hanrahans Saloon zu. Als er den Vorbau betrat, sah er eine Bewegung bei der Seitentür.

Es war Chapman, der aus Hanrahans Saloon schlich, wie ein geprügelter Hund.

»Chapman!« rief Ben leise.

Chapman duckte sich und blieb wie angewurzelt stehen. Ben hörte Bermuda Carlisles Stimme. »Und wenn ich ihn erwische, häng ich ihn auf! Darauf kannst du Gift nehmen, Jim!«

»Clintock, bist du das?«

»Ja. Wohin willst du?«

»Weg!« Chapman kam herüber, wagte sich aber nicht aus dem Schatten des Hauses. »Diese Burschen sind wahnsinnig, Clintock! Die glauben, daß ich hier herumspioniere. Da sind zwei Dutzend von ihnen drin, und Hanrahan mußte mich in der Küche verstecken.«

»Hast du ihnen die Wahrheit gesagt, Chapman? Hast du ihnen gesagt, daß die Indianer in der Nacht vom sechsundzwanzigsten auf den siebenundzwanzigsten angreifen?«

»Ich hab Rath, Meyers, Mooar, Sisk und Hanrahan gewarnt. Es ist ihre Sache, wenn sie den Jungs nicht die Wahrheit sagen wollen. Ich schlaf unten beim Mooar-Wagen. Mooar ist der einzige, der sie aufhalten kann, wenn sie verrückt werden und nach mir suchen.«

»Chapman, das ist ein Dreckspiel!« sagte Benjamin Clintock scharf.

Chapman lachte. »Sicher, Clintock. Aber was willst du machen? Du kannst nur den Mund halten und den Kopf einziehen. Das ist alles. Was nützt es, wenn du den Jungs erzählst, daß die Rothäute 'nen Medizinmann haben, der mal zur Schule gegangen ist und der haargenau weiß, worauf es ankommt? Die Jungs hier fürchten sich nicht mal vor dem Teufel. Die gehen freiwillig keinen Schritt von hier weg.«

»Chapman, wieso hast du ihnen nicht gesagt, daß sie einen Krieg heraufbeschwören?«

»Wieso denn? Ich hab mein Taschengeld von Reynolds und Lee gekriegt. Und die haben gesagt, daß ich Rath und Meyers warnen soll. Da war nicht mal von Hanrahan die Rede. Genau das habe ich getan. Und was ist jetzt der Dank, he? Wer weiß, ob ich morgen früh nicht mit 'nem Strick um den Hals aufwache!«

Ben packte Chapman am Rehlederhemd. »Scheißkerl, verdammter!« stieß er hervor und zog den Revolver, und als Chapman das Gleichgewicht wiederfand, ging Ben langsam auf ihn zu. »Du gehst jetzt in den Saloon rein und sagst den Jungs, mit wie vielen Indianerkriegern sie zu rechnen haben! Sag ihnen, daß die Armee im Süden, Norden, Westen und Osten bereitsteht, um in dieses Gebiet einzumarschieren! Sag ihnen, was das bedeutet und daß sie so oder so keine Chance haben, den Sommer über hier zu bleiben! Sag ihnen, daß Hanrahan, Rath, Meyers und Mooar dich gebeten haben, ihnen etwas vorzulügen! Chapman, wenn du das nicht tun willst, dann kriegt dich Bermuda Carlisle, und soviel ich weiß, versteht er etwas vom Aufhängen!«

Chapman stand geduckt. »Clintock, das kannst du nicht von mir verlangen! Wir sind doch Freunde, oder? Ich hab dich nach Fort Supply mitgenommen. Ich helfe dir, dein Mädchen da rauszuholen! Unterwegs hierher trafen wir auf ein paar Cheyenne. Freunde von mir. Ein Schwager war dabei und einer meiner Halbbrüder. Ich habe ihnen gesagt, daß sie auf ein blondes Kwahadimädchen aufpassen sollen, Clintock! Sie werden mich benachrichtigen. Wenn du das Mädchen lebend wiedersehen willst, dann steckst du jetzt den Revolver ein.«

»Du bist ein gottverdammter Lügner, Chapman! Und wenn du wirklich etwas für das Mädchen tun würdest, dann nur wegen der hundert Dollar.«

»Ich tu's nicht wegen dem Geld«, behauptete Chapman. »Ich tu's, weil wir Freunde sind und du Hilfe brauchst. Allein kriegst du das Mädchen nicht, das weißt du selbst. Aber ich kenne mich aus. Ich habe Freunde bei den Cheyenne und Kiowas. Ich kann comanche und eine meiner Frauen ist bei den Kwahadis. Steck den Revolver ein, Clintock! Morgen reite ich mit den Soldaten zurück nach Camp Fort Du kannst mitkommen, und wir werden das Mädchen herausholen. Ich will nicht einmal einen Cent dafür!«

»Mit dir sind meine Chancen kaum größer«, sagte Ben hart. »Ich trau dir einfach nicht, Chapman. Ich trau dir nicht!«

»Du hast die Wahl! Wenn du mich los sein willst, dann bring mich in den Saloon. Die sind jetzt besoffen genug, um mich aufzuhängen, selbst wenn ich ihnen die Wahrheit sage. Denk doch mal nach, Clintock! Du hast sie gewarnt, nicht wahr? Du hast ihnen ganz genau gesagt, was los ist. Man hat dich ausgelacht. Man denkt, daß du ein Narr bist! Man glaubt dir kein Wort, obwohl du Comanchenmoks an den Füßen hast. Die Jungs hier bleiben, und daran kannst du nichts ändern. Das sind Hartköpfe, Clintock. Denen ist nur wohl, wenn sie mit dem Revolver in der Hand schlafen können.«

»Und warum hat dann Hanrahan Angst davor, ihnen die Wahrheit zu sagen?«

»Frag ihn doch selbst, zum Teufel! Ich habe keine Ahnung. Vielleicht sind doch einige darunter, die vernünftig sind. Vielleicht will er nicht, daß die Jungs, die noch in Dodge City auf 'ne Chance warten, unruhig werden. Für ihn steht einiges auf dem Spiel, Clintock. Das gleiche gilt für Rath und Meyers.«

Ben ließ den Hammer zurückgleiten und steckte den Revolver ein. Er hörte Chapman aufatmen. Er trat sofort in den Schatten des Hauses. »Clintock, wenn du dein Mädchen haben willst, dann reitest du morgen früh mit uns.«

»Ich bleibe!« sagte Ben.

Chapman schüttelte den Kopf. »Narr! Was willst du hier? Hier wirst du das Mädchen nicht treffen. Es werden nicht die Weiber sein, die angreifen! Komm mit, wenn du dein Mädchen haben willst.«

»Ich bleibe, Chapman!« sagte Ben, »ich weiß, was ich tue.« Er wischte Chapmans Hand von der Schulter, drehte sich um und ging davon. Er hörte, wie Chapman hinter ihm auflachte, aber das störte ihn nicht. Er wollte Chapman nicht zum Freund und nicht zum Feind haben. Er wollte in Ruhe gelassen werden. Es war der 18. Juni, und in der Ferne grollte ein Gewitter. Benjamin Clintock holte seine Decken und den Sattel und ging zu Olds' Restaurant. Neben dem kleinen Corral, in dem das Füllen schlief, machte er sein Lager.

29
Die Nacht vor dem Angriff

Die Indianer lagerten in der Nacht vom 26. auf den 27. Juni etwa fünf oder sechs Meilen östlich von Adobe Walls. Schätzungen über ihre Anzahl sind recht unterschiedlich, aber es waren bestimmt mehrere Hundert. Nicht alle Krieger besaßen Gewehre. Die Indianer verbrachten die Nacht mit Tanzen, *Medizinmachen* und der Vorbereitung für den Überraschungsangriff. Jeder Krieger bestrich sich mit Kriegsfarben, und viele von ihnen malten auch ihre Ponys an. Lange vor dem Morgengrauen waren sie bereit.

J. C. Dykes, THE SECOND BATTLE OF ADOBE WALLS.

Die Nacht breitete eine Decke der Stille über Adobe Walls aus. In den frühen Morgenstunden war es im kleinen Handlungsposten so ruhig, als ob sich seine Bewohner, achtundzwanzig Mann und eine Frau, mit den Präriehunden im Boden verkrochen hätten. Unten am Bach bewegte sich hin und wieder ein Pferd, ein Ochse oder ein Maultier, gerade soviel, um an einem anderen Grasbüschel zu mampfen. Aber zwischen den niederen Gebäuden war kein Geräusch zu hören ...
    Nur Jim Hanrahan war unruhig!

Wayne Gard, THE GREAT BUFFALO HUNT.

Chapman, der Sergeant und die Soldaten verließen den Handlungsposten, und Bermuda Carlisle brachte den neuen Strick zurück und kaufte dafür einen Revolver.

William Olds ging jeden Morgen mit ihm hinunter zum Fluß und lernte, mit einem Winchestergewehr umzugehen, während Mrs. Olds' Pfannkuchen nichts an Qualität einbüßten. Das Füllen fraß schon Haferschleim, und die Traubenranken blühten.

John Mooar, Philip Sisk und zwei Neue fuhren mit dem Wagen zum Salt Fork des Red River, um die Häute aufzuladen. Die Tage waren unerträglich heiß. Wer nicht unbedingt mußte, bewegte sich nicht. Die Hunde krochen mit dem Schatten von Westen nach Osten um die Häuser herum. Hanrahan machte große Geschäfte. Er kam kaum mehr dazu, mit dem Fliegentöter auf die Jagd zu gehen. Man trank mehr, als man schwitzen konnte.

Dann kam Billy Dixon an. Er humpelte mit einem jungen Häuter vom Canadian herüber. Beide waren vollkommen erschöpft und bis auf die Haut durchnäßt. Schlamm hing an ihren Kleidern. Beide Männer hatten ihre Waffen verloren. Drei Meilen flußabwärts, bei der Furt, war der vollbeladene Häuterwagen von der Strömung erfaßt und abgetrieben worden. Es war Billy Dixon gelungen, das Geschirr der beiden Maultiere Joe und Tobe durchzuschneiden. Joe, noch nie ein guter Schwimmer, verendete, bevor er das andere Ufer erreicht hatte.

Mit Hilfe einiger Pferde wurde der Wagen aus dem Fluß gezogen und zu Meyers' Palisadencorral gefahren. Das rechte Hinterrad drehte sich kreischend an der verbogenen Achse und O'Keefe sagte trocken, er brauche wenigstens ein paar Tage, um den Wagen wieder in Ordnung zu bringen.

Billy Dixon kaufte sich eine neue Sharps mit rundem Lauf und lieh bei Meyers einen Wagen aus. Er verließ Adobe Walls am gleichen Tag und ritt zu seinem Häutercamp am Dixon Creek. Dort waren Harry Armitage und Frenchy dabei, ihre Bäuche zu sonnen. Der kleine Franzose lag nackt am Bachufer, und Armitage versuchte seit Stunden, einen Fisch zu fangen. Von Indianern hatten sie nichts gesehen und nichts gehört. In aller Eile wurden die Felle aufgeladen, und die Männer kehrten nach Adobe Walls zurück.

Am nächsten Tag entdeckten die Männer, die vor dem Saloon saßen, am anderen Ufer des Canadian John Mooar und Philip Sisk. Sie durchschwammen den Fluß, und die Männer schlossen in aller Eile Wetten ab, welcher von ihnen es schaffen würde. John Mooar wurde fast eine Meile weit abgetrieben. Philip Sisk verschwand in den Fluten, blieb eine lange Zeit verschwunden und tauchte plötzlich keuchend und hustend zwischen den Uferbüschen auf, wo inzwischen alle Männer versammelt waren.

»Wir haben Indianer hinter uns!« keuchte Sisk. »Wir müssen die Wagen durch den Fluß kriegen!«

Das war nicht so einfach. Die Männer brachten John Mooar und Philip Sisk nach Adobe Walls. Meyers' Wagenmeister ritt hinunter zur Furt und sah sich den Fluß erst einmal an. »Ihr kriegt eure Wagen nie rüber, die Strömung ist im Moment viel zu stark«, sagte er. »Die zerreißt es euch in der Flußmitte, selbst wenn wir Seile ziehen.«

Meyers stellte seine schweren Frachtwagen zur Verfügung. Jeder wurde von einem Zwölfergespann Ochsen gezogen. Die Ochsen durchschwammen den Fluß, als ob sie der Familie der Nilpferde entstammten.

Im Mooar-Camp bot sich den Männern ein trauriges Bild. Indianer hatten das Camp verwüstet. Kein Topf war mehr ganz. Wright Mooar und seine Männer waren im Morgengrauen von der Indianerhorde derart überrascht worden, daß keiner von ihnen dazu kam, auch nur einen Schuß abzufeuern. »Cheyenne«, sagte Wright Mooar, als Meyers' Leute mit den Frachtwagen das Lager erreichten. Man hielt vergeblich nach den Indianern Ausschau. Sie waren wie vom Erdboden verschwunden. Die Häute wurden umgeladen, und man band die leeren Mooar-Wagen an Meyers' Frachtwagen fest. Trotz der Ladung schafften die Ochsen den Fluß, und am Abend befanden sich mehr als vierzig Männer in Adobe Walls.

Wright Mooar erzählte, daß sie schon am Red Dear Creek von einer Indianerbande überfallen worden seien. »Sie kamen kurz nach einem Gewitter. Mindestens hundert, und an ihrer Spitze ritt ein Bursche mit einem Horn. Er trieb sie mit schmetternden Hornstößen an!«

Ben Clintock fragte, ob es sich bei dem Hornisten um einen Indianer gehandelt habe.

»Schwer zu sagen, Clintock. Könnte ein Nigger gewesen sein. Es war Dämmerlicht, und es ging alles verdammt schnell. Ich kriegte ihn nur 'nen Augenblick zu sehen. Er war bis auf einen Lendenschurz nackt, und er war voll von farbigen Streifen und Punkten.«

»Mit 'nem gelben Ring um das eine Auge?«

»Wenn ich Zeit gehabt hätte, ihn mir so genau anzusehen, hätt ich ihm 'ne Kugel in den Ring gesetzt«, sagte Wright Mooar. »Warum? Ist das ein Bekannter von dir?«

Ben sagte, daß auch Satanta ein Horn besitze und darauf den Zapfenstreich blasen könne, aber jetzt wußte er genau, daß die Comanchen den Elk Creek verlassen hatten. Er ließ die Männer reden und ging hinüber zum Olds' Inn, wo für ihn eine Tasse Kaffee auf dem Tisch stand. William Olds war dabei, sein Winchestergewehr zu reinigen. »Ich kann jetzt auf zweihundert Schritte eine Schnapsflasche treffen«, sagte er stolz. Mrs. Olds kam aus der Küche und trocknete ihre Hände an der Schürze.

Kriegstänzer

»Er bildet sich viel darauf ein, auf zweihundert Schritte eine Flasche zu treffen, Ben.« Sie kam zum Tisch. »Die Mooars wurden zweimal überfallen, nicht wahr?«

Ben nickte. »Und die Indianer wurden von einem Mann angeführt, der ein Armeehorn blasen kann.«

»Kennst du ihn?« fragte William Olds.

»Ja. Er heißt Black Medicine und ist wohl ein Comanche!« sagte er grimmig. »Ich glaube, ich hab ihm das Leben zu verdanken.«

»Dann ist er ein Freund von Ihnen, Ben?« Mrs. Olds setzte sich an den Tisch. Sie sorgte sich, und man konnte es ihr ansehen. »Glauben Sie, daß er hierherkommt und zum Angriff bläst?«

»Ja. Genau das wird er tun. Auch wenn er wüßte, daß ich hier bin.«

Schon früh am Morgen hörte man Bermuda Carlisle schreien, daß hier scheinbar alle die Hose voll hätten.

In Charlie Meyers' Palisadencorral war Hochbetrieb. Zuerst wurden die von den Mooar-Brüdern eingebrachten Häute wieder umgeladen. Dann belud man Meyers' schwere Frachtwagen mit den Häuten der anderen Jäger. Charles Rath wartete nervös auf Dirty-Face Jones, der mit einer Wagenladung Gewehren, Pulver und Blei von Dodge City unterwegs war und den Rest von Raths Ladung übernehmen sollte. Als Benjamin Clintock Olds' Inn betrat, um seine Pfannkuchen zu essen, stand Wright Mooar an der Anrichte und redete auf William Olds ein. »Wir nehmen deine Frau mit, Olds. In Dodge City ist sie in Sicherheit und sobald die Gefahr vorüber ist, bringen wir sie wieder runter.«

Olds warf sein Handtuch weg und stieß die Tür zur Küche auf. »Du hast gehört, was Mister Mooar sagt, Frau! Herrgott, ich komm hier ein paar Wochen ohne dich zurecht und . . .«

»William! Sag Mister Mooar, daß ich hierbleibe!«

William Olds zog die Schultern hoch. »Da ist nichts zu machen, Mooar. Sie hat sich in den Kopf gesetzt, auf mich aufzupassen. Dabei weiß sie sowieso nicht mal, was bei einem Gewehr hinten und vorn ist.«

»Gib nur nicht so an, William! Vor einer Woche hast du das auch noch nicht gewußt«, sagte Mrs. Olds und brachte auf einem Tablett drei mächtige Pfannkuchen und eine Flasche mit Ahornsirup heraus. »Mister Mooar, wenn mein Mann geht, dann gehe ich auch. Aber er ist ein Trotzkopf und ich sehe nicht ein, warum ich ihn allein lassen sollte.«

»Falls die Indianer angreifen, ist das hier nichts für 'ne Frau«, sagte Wright Mooar.

»Es könnte Verwundete geben, ich weiß. Nein, ich bleibe wirklich. Ihr braucht euch keine Mühe zu geben. Ich bleibe hier.« Sie warf den Kopf in den Nacken und brachte Ben das Frühstück. Als er etwas sagen wollte, schüttelte sie den Kopf. »Halten Sie den Mund, Ben. Ich habe mich entschlossen! Wir sind zusammen hergekommen. Und wenn es sein muß, dann gehen wir zusammen weg. Mehr ist dazu nicht zu sagen.«

Daraufhin verließ Wright Mooar das Restaurant. Draußen warteten sein Bruder John, Philip Sisk und seine Männer. Charlie Meyers' Wagen waren zur Abfahrt bereit. Wright Mooar fragte Meyers und Rath, ob sie tatsächlich hierbleiben wollten.

»So schnell lassen wir uns nicht einschüchtern!« sagte Charles Rath.

Aber am Nachmittag ritt er an der Seite von Charlie Meyers nordwärts, den Wagenfährten nach. Beide saßen auf kräftigen, ausdauernden Pferden, und sie waren bis an die Zähne bewaffnet. Hanrahan, der aus dem Saloon gekommen war, warf ihnen wütende Blicke nach. »Scheißkerle!« rief er. »Immer 'ne große Schnauze und wenn's drauf ankommt, laufen sie einfach weg!«

Dirty-Face Jones trug seinen Namen zu Recht. Auch gewaschen sah sein Gesicht aus, als hätte er eben den Kopf aus dem Dreck gezogen. Bei Sprengarbeiten am Schienenstrang der Union Pacific waren ihm ein paar Preßpulverstangen sozusagen unter der Nase losgegangen. Seither, es waren inzwischen ein paar Jahre vergangen, zupfte er immer noch mit einer Pinzette Schwarzpulverkörnchen und Quarzsplitter aus seinem Gesicht, wenn er mal Zeit dazu hatte. Während der letzten paar Tage war er allerdings nicht dazu gekommen, und unter dem linken Auge hatte er ein paar eiternde Beulen. Sonst sah man ihm kaum an, daß er, ohne einmal auch nur für Minuten zu rasten, von Dodge City aus neunzig Meilen zurückgelegt hatte. Auf dem Weg war er den Frachtwagen von Mooar und Meyers begegnet. Er hatte kurz angehalten, um ihnen zu sagen, daß es ganz in der Nähe von Dodge einen Jäger erwischt habe, der sich nicht getraut hatte, in den Panhandle zu reiten.

In Adobe Walls angekommen, sprang Jones vom Wagenbock, rief Raths Filialleiter Jim Langston zu, daß er eine halbe Stunde Zeit habe, den Wagen zu entladen und wieder zu beladen, und stürmte in Hanrahans Saloon. Er trank eine Flasche Hostetterbrandy aus, bevor er sich überreden ließ, wenigstens noch schnell in Olds' Inn etwas zu essen, auch wenn es nur ein paar Pfannkuchen vom Frühstück wären. Bermuda Carlisle, Billy Dixon und Old Man Keeler gingen mit ihm.

Ben stand an der Anrichte und polierte Gläser, während William Olds hinter dem Haus mit seinem Gewehr spielte. »Habt ihr ein paar Pfannkuchen vom Frühstück übrig?« fragte Hanrahan. »Jones hat seit neunzig Meilen nichts mehr gegessen.«

»Ich mach Ihnen gern was Anständiges, Mister Jones«, sagte Mrs. Olds. »Lieber Gott, Sie sehen müde aus!«

»Ma'am, Sie sind die erste, die das behauptet«, sagte Jones und kniff ihr in die Nase. »Habt ihr 'nen anständigen Schnaps hier? Ich bezahl 'ne Flasche!«

Er bezahlte sie und trank sie auch beinahe alleine aus. Mrs. Olds wärmte ihm Stew auf. Er aß den Teller leer, wischte den Mund ab und legte ein paar Münzen auf den Tisch. Minuten später saß er wieder auf dem Wagenbock und war auf dem Wege zurück. Seine sechs Maulesel, alte und erfahrene Tiere, sahen bereits wieder erholt aus. Jones schwenkte nach allen Seiten den Hut und rief den Männern zu, daß sie auf dem Deckel der Hölle sitzen würden. »Das ist die letzte Gelegenheit, abzuhauen, Freunde.«

Der schwer beladene Frachtwagen wurde kleiner und tauchte schließlich im Dunst unter, der sich über die Prärie gelegt hatte. Es war der 25. Juni. Auf dem Wachtturm stand Mike McCabe und hielt nach Indianern Ausschau.

Am 26. Juni war es so heiß, daß sich die Blätter an Mrs. Olds Traubenranken zusammenrollten. O'Keefe arbeitete an Billy Dixons Häuterwagen, den er aufgebockt hatte. Auf dem Vorbau von Hanrahans Saloon saßen ein paar Büffeljäger und sahen zu, wie sich in ihren Hautfalten der Schweiß sammelte, während sie laues Bier in sich hineingossen. Olds war allein auf seinem Schießstand und zerschoß einige Tomatenbüchsen aus Kalifornien. Er hatte schon weit über zwanzig Dollar in Munition investiert, und allmählich wurde er den Männern unheimlich. »Der ist jetzt schon beinahe besser mit der Winchester als Bat Masterson«, sagte Bermuda Carlisle. »Dem kann ich längst nichts mehr beibringen.«

Gegen Mittag tauchten aus den flirrenden Hitzeschleiern vier vollbeladene Frachtwagen auf. Sie wurden von je einem Ochsen-Sechsergespann gezogen.

Hanrahan lief in die Sonne hinaus. »Teufel, ich werd verrückt! Das sind Ike und Shorty Shadler aus Dodge City!« Ein mächtiger schwarzer Neufundländer trottete im Schatten des ersten Wagens, der von Ike Shadler gefahren wurde.

Ike und Shorty Shadler, zwei dunkelhaarige junge Männer, waren einen Tag zuvor von Dirty-Face Jones überholt worden, und sie konnten es immer noch nicht fassen, daß er ihnen wenig später schon wieder begegnete, dieses Mal von der anderen Seite. Sie wußten von einigen Greueltaten der Indianer zu berichten, und Ike sagte, daß er am nächsten Tag nach Dodge zurückfahren wolle. »Mein Mädchen wartet«, grinste er in die Runde. Der Neufundländer ließ sich von Mrs. Olds verwöhnen, während die Frachtwagen der Shadler-Brüder entladen wurden. Hanrahan übergab ihnen seine Ladung von einigen Hundert Büffelhäuten.

Am Abend standen die Shadler-Wagen zur Abfahrt bereit. Von Nordwesten her näherten sich bei Sonnenuntergang fünf Reiter mit einem von Maultieren gezogenen Häuterwagen.

Es war eine Gruppe von Büffeljägern, unter denen sich ein junger Bursche befand, der eine Schramme am Kopf hatte und um den linken Arm einen Verband trug. Er hieß Billy Tyler und nach dem Abendessen spielte er für Mrs. Olds auf der Mundharmonika OLD KENTUCKY HOME. Old Man Keeler begleitete ihn mit der Fidel, und Pat Barker sang mit tiefer Stimme »Lalala«, weil er die Worte nicht kannte. Dann erzählte Tyler von einem Indianerangriff, bei dem nicht geblasen, aber viel geschossen wurde. Trotzdem dachte er nicht im Traum daran, nach Dodge City zurückzukehren. »Ich bleib erst mal hier und laß mich von der Lady verwöhnen.« Er zwinkerte Mrs. Olds zu. Dann nannte er William Olds einen trübsinnigen Dussel. »Mit so 'nem prächtigen Mädchen würde ich irgendwohin gehen, wo es so ruhig ist, daß man die Engelein singen hört.« Er spielte noch ein paar Lieder, und dann gingen alle hinüber zu Hanrahan, um den Schlummertrunk zu nehmen. Billy Dixon sagte, daß er morgen früh mit einer Mannschaft, die Hanrahan stellen wollte, zum Gageby Creek fahren würde, da es dort unten nur so von Krausköpfen wimmelte. Sein Wagen war geflickt, und Harry Armitage kam kurz vor Mitternacht aus Meyers' Store und sagte, daß genügend Munition geladen sei, um die halbe Menschheit auszurotten.

Die Shadler-Brüder und ihr Neufundländer sollten die Wagen bewachen, und sie legten sich zwischen Pulverfässern schlafen. Der Hund kroch unter einen Wagen und beschäftigte sich ausgiebig mit dem Hüftknochen eines Büffels.

Es war eine warme Nacht. Vollmond. Kurz nach Mitternacht gingen in Raths Store die Lichter aus. William Olds öffnete eines der kleinen Fenster, blickte zum Himmel und fragte seine Frau, ob sie jemals schon so einen großen Orangenmond gesehen habe. Sie kam auch zum Fenster und sagte, daß es ja beinahe taghell sei.

Benjamin Clintocks Schlafplatz war im Schuppen hinter dem Restaurant. Von einem Trägerbalken des Daches hingen geräucherte Büffelschinken. In einem Faß rumorte gärender Sauerteig, und von den Shadler-Wagen kam das Geräusch herüber, mit dem der Neufundländer seinen Knochen zermalmte.

Benjamin Clintock saß gegen einige Mehlsäcke gelehnt am Boden. Als einer von Raths kleinen Hunden kam, scheuchte er ihn weg. Auch in Meyers' Store ging das Licht aus. Ein Ochse brüllte, und Mrs. Olds Füllen hob den Kopf und sog die warme Nachtluft durch die aufgeblähten Nüstern. Irgendwo, weit entfernt, heulten Coyoten. Als es zwischen den Häusern ruhig wurde, konnte man den Canadian hören, leise grollend, wie ein entferntes Unwetter.

Nur in Hanrahans Saloon brannte noch Licht. Zwei Büffeljäger schliefen neben der offenen Tür am Boden. Man hatte es nicht einmal für nötig befunden, wenigstens in dieser Nacht den Wachtturm zu besetzen, sowenig glaubte man an einen Überfall. Bat Masterson, Mike McCabe und Harry Armitage hatten sich am Abend in der Gegend umgesehen. Vergeblich. Nirgendwo waren Indianer zu entdecken. Alles war ruhig und friedlich.

»Friedlich genug, um aufzupassen«, hatte Old Man Keeler zu Hanrahan gesagt, bevor er zu seinem Lager ging. Hanrahan hatte gelacht.

Jetzt wanderte er ruhelos in seinem Saloon auf und ab. Dann kam er auf den Vorbau. Ben beobachtete ihn. Hanrahan fand keine Ruhe. Und er trug einen Revolver an der rechten Hüfte. Er löschte die Lampe, die am Vordach hing. Lange blieb er in der Dunkelheit stehen. Dann ging er hinüber zu Raths Store und hinunter zum Brunnentrog. Shadlers Neufundländer knurrte ihn an. Hanrahan blieb stehen. Er warf einen langen, holprigen Schatten über den Boden. Als er den Hut in den Nakken schob, beleuchtete der Mond sein Gesicht. Er kaute auf einem Zigarrenstummel und ging langsam an den beladenen Wagen entlang, die vor Meyers' Palisadenzaun standen. Er sprach eine Weile mit einem Maultier, bevor er zu seinem Saloon zurückging.

30
Sonntagmorgen, wenn andere zur Messe gehen

Wir hatten fast alle Bogen und Pfeile. Zu jener Zeit machten sie Bogen, wie man sie längst nicht mehr sieht, richtig prächtige Dinger mit Büffelhornstreifen um die Enden, und man konnte mit ihnen sehr weit schießen. Wenn wir zur Winterzeit kämpften, war es schon besser, so einen Bogen zu haben, denn man kriegte beim Schießen nicht so kalte Hände wie von den Metallteilen eines Gewehres. Und so ein Pfeil traf eben besser als die damaligen Bleikugeln. Ich hörte, daß viele Soldaten beim Nachladen ihrer alten Gewehre so viel Zeit brauchten, daß man in der Zwischenzeit auf sie zulaufen und ihnen den Schädel einschlagen konnte. Nun, unsere Art zu kämpfen war sowieso anders als eure. Für uns Cheyenne galt die Regel, daß jeder für sich selbst entschied, wie und wann er sich am Kampf beteiligte. Ein Cheyenne konnte auch davonlaufen, wenn er keine Lust mehr hatte, wurde dann aber möglicherweise von Beobachtern dafür kritisiert. Deshalb, und auch weil jeder wild darauf war, wenigstens einen Gegner zu berühren, gab es kaum welche, die davonliefen. White Elk und die anderen pflegten zu sagen, daß es eine miserable Art wäre und man daran keinen Spaß haben könnte, wie die Weißen zu kämpfen. Alle würden nur auf einen Mann hören und den Finger krummachen, wenn dieser *Feuer* brüllte.

John Stands in: Timber and Margot Liberty, CHEYENNE MEMORIES, *1967*

Zwei Stunden lang spielte Jim Hanrahan mit dem Gedanken, sich einfach hinzulegen, die Augen zuzumachen und einzuschlafen. Sein Bett, eine strohgefüllte Matratze in der kleinen Kammer neben dem Schnapslager, lud ihn ein, und kurz vor zwei Uhr am Morgen setzte er sich hin, um seine Stiefel auszuziehen.

Der nächste Tag war ein Sonntag. Mrs. Olds hatte versprochen, einen Streuselkuchen zu backen.

Jim Hanrahan stülpte die Hosenbeine wieder über die Stiefelschäfte und stand auf. Im Saloon schliefen Oscar Sheppard und Mike Welch, zwei schweigsame junge Burschen, von denen niemand wußte, ob sie einem Gefängnis entlaufen waren oder aus irgendwelchen persönlichen Gründen ein Leben in der Einsamkeit vorgezogen hatten. Hanrahan war froh, daß sie da waren. Zwei mehr oder weniger machte bestimmt einen Unterschied. Und so, wie die beiden aussahen, konnten sie mit ihren Gewehren und Revolvern umgehen.

Die beiden schliefen nur mit der Hose bekleidet auf ihren Decken. Es war heiß, obwohl die Tür offen stand. Es war geradezu unangenehm heiß. Hanrahan trank in aller Stille ein Bier, wischte sich den Schweiß vom Gesicht und klatschte ein paar Stechmücken aus seinem Nacken. Dabei kam Hanrahan auf eine Idee.

Es war zwei Uhr. Haargenau. Hanrahan zog den Revolver, richtete ihn zur Decke und feuerte eine Kugel in das Gebälk. Es regnete trockene Erdschollen und Staub. Mike Welch und Oscar Sheppard sprangen auf, als hätten sich unter ihren Decken Klapperschlangen eingenistet. Beide hatten Revolver in der Hand. Welch schrie: »Was zum Teufel ...«

»Der Giebelbalken kracht!« brüllte Hanrahan. »Raus hier, die Decke kommt runter!« Er lief zur Tür und Mike Welch und Oscar Sheppard flogen hinaus in die Nacht.

Ben wußte, daß es ein Schuß war. Er hatte nicht geschlafen. Aber die anderen, die jetzt wie aufgescheuchte Hühner durcheinanderliefen, hörten eigentlich nur Hanrahan brüllen, daß der Giebelbalken geborsten sei. Und sie glaubten ihm. Hanrahan stand auf dem Vorbau und ließ keinen rein.

»Es ist lebensgefährlich, Jungs!« rief er den Männern zu und er tat, als ob sein Haus jede Sekunde auseinanderfallen würde. »Der Balken hatte schon von Anfang an einen Sprung in der Mitte«, behauptete er. »Los, seht euch mal beim Holzstapel nach 'nem Stützpfosten um!«

Schlaftrunken suchten etwa zwölf Männer nach einem passenden Pfosten. Pat Barker schleppte einen Baumstamm heran, der zu kurz war. Mike McCabe und Harry Armitage brachten einen Pfosten, der Hanrahan zu dünn schien. Bat Masterson, Billy Tyler und Tom O'Keefe trugen nacheinander vier mittlere Pfosten herüber und sagten, daß alle vier zusammen ebenso stark wären wie ein dicker.

Auch William Olds, das Winchestergewehr unter dem Arm, beteiligte sich an der Suche, während seine Frau aus dem Fenster schaute und dem Füllen zurief, es brauche keine Angst zu haben, denn es sei nichts passiert.

Schließlich brachte ein Häuter namens Frank Brown einen Pfosten, der eigentlich ein Schuppendach in Meyers' Corral getragen hatte. »Wenn der nicht paßt, such dir selber einen, Hanrahan«, sagte er und ließ den Pfosten vor Hanrahans Stiefel auf den Vorbau poltern.

»Der könnte passen«, gab Hanrahan zu. »Los, hilf mir mal, Clintock!«

Benjamin Clintock und Billy Tyler hoben den Pfosten hoch. Auf Zehenspitzen, die Hände wie ein Blinder von sich gestreckt, so als ob er im Notfalle das ganze Haus stützen wollte, ging Hanrahan in den Saloon. »Vorsichtig, Kinder!« sagte er leise. »Nur nicht anstoßen!« Er dirigierte sie zur Mitte des Raumes. Ben warf einen Blick zum Giebelbalken. Er lag im Dunkel und man konnte nicht viel sehen. Am Boden lagen ein paar Lehmbrocken und Grasbüschel, aber der Balken schien nicht einmal ein kleines bißchen geknickt. »Hier! Genau hier. Da hat's gekracht.« Hanrahan half ihnen, den Pfosten aufzurichten. »Kannst du's sehen, Tyler? Der Balken hat einen Bruch!«

Tyler reckte den Hals. »Hm, ich weiß nicht recht, Hanrahan, der sieht doch aus, als ob er ganz wäre. Ich meine, da sind doch nur ein paar Sprünge im Holz, wie das bei Giebelbalken eben üblich ist.«

»So, und daß es ab und zu mal kracht, ist wohl auch üblich! Reib dir mal den Schlaf aus den Augen, Tyler!«

»Ich seh es ganz deutlich!« sagte Ben. »Der ist wirklich gebrochen!« Als einige der Männer hereinkommen wollten, hob Hanrahan die Hände. »He, bleibt draußen! Wenn ihr da herumstapft, dann kommt die ganze Decke runter.«

»Braucht ihr Hilfe?« fragte Mike McCabe.

»Pssst!« machte Hanrahan. Dann schob er mit Hilfe von Ben den Pfosten unter den Balken. Billy Tyler gähnte und rieb sein Gesicht. Draußen sagte Mike Welch, er hätte gerade davon geträumt, daß ihm der Mond auf den Kopf gefallen sei, als es gekracht habe.

»Das hätte uns übel erwischt«, sagte Oscar Sheppard. »Zum Glück hat Hanrahan gleich gemerkt, was los ist.«

Mit Fußtritten zwängten sie den Pfosten hinein, daß er gerade stand. Der Giebelbalken hob sich dabei etwas und Erde bröckelte aus der Decke. Tyler duckte sich. »Na, siehst du jetzt, Junge?« sagte Hanrahan. »Der ist hin!«

Auch Billy Tyler war jetzt überzeugt, nachdem ihm ein Lehmbrocken auf den Kopf gefallen war. Mit einem Aufschrei machte er einen gewaltigen Satz zur Tür und riß Mike McCabe fast von den Beinen. Hanrahan lachte dröhnend. Er packte den Stützpfosten und rüttelte daran. »Paßt, Jungs! Jetzt kann nichts mehr passieren.« Mit dem Ellbogen stieß er Ben in die Rippen. »Was sagst du nun, Clintock? Wie haben wir das gemacht? Jetzt sind alle wach, und in ein paar Stunden wird es Tag.« Er ging zur Tür. »So, Kinder, auf den Schreck müssen wir erst mal einen heben.« Er lud alle, die mitgeholfen hatten, zu einem Drink ein. William Olds verzichtete darauf. Ike Shadler sagte, daß er vor der Abfahrt einen trinken werde und ging zum Wagen zurück, wo sein Bruder schlief. Billy Dixon sagte, daß er früh wegfahren wolle und unbedingt noch einen Hut voll Schlaf brauche. Aber Jim Hanrahan meinte, daß es besser wäre, wach zu bleiben. »Wenn du mal schläfst, wachst du nicht wieder auf, bis die Sonne hochkommt, Billy.« Dixon ließ sich überreden, und als Hanrahan die Lampe über der Theke anzündete, hatten acht Männer seine Einladung angenommen. Mike McCabe bestaunte den Giebelbalken eine Weile, schüttelte immer wieder den Kopf und sagte, daß so ein dicker Balken doch nicht einfach brechen könne.

»Einfach oder nicht, es hat gekracht«, sagte Hanrahan. »Prost!« Er hob sein Glas, zwinkerte Ben zu. »Prost«, sagte Ben, und er trank sein Glas auf einen Zug leer.

Ben hatte Hanrahans Saloon verlassen und war hinübergegangen zu dem kleinen Schuppen neben Olds' Restaurant. Es war vier Uhr am Morgen. Hanrahan, Billy Dixon, Bermuda Carlisle und ein Mann ihrer Mannschaft kamen auf den Vorbau. Billy Dixon streckte sich gähnend. Hanrahan zog seine Taschenuhr, klappte sie auf und warf einen Blick auf das Zifferblatt. »In knapp einer Stunde ist es hell«, sagte er. »Dann könnt ihr von Keeler ein Frühstück kriegen.«

»Wir fahren jetzt«, sagte Billy Dixon und schickte einen seiner Männer hinunter zum Bach, um die Pferde zu holen. Der Mann ging wenige Schritte an Ben vorbei, der am Schuppen lehnte. Mondlicht traf ein helles Jungengesicht. Ben sah ihm nach. Der junge Mann ging einen Zaun entlang und verschwand in einer Senke.

Billy Dixon stiefelte über den Platz zu seinem Wagen, unter dem sein Bettzeug lag. Er hatte eine Zigarette im Mund. Beim Wagen spuckte er sie aus und zertrat sie mit dem Fuß. Er bückte sich und rollte sein Bett zusammen. Der Neufundländer, beinahe so groß wie ein Kalb, streckte sich unter einem der Shadler-Wagen, kroch hervor und schnupperte zuerst gegen den Wind und dann nach Osten. Ben hob den Kopf. Er sah, wie Hanrahan auf dem Absatz kehrtmachte und in seinem Saloon verschwand. Billy Dixon hatte seine Bettrolle im Wagen verstaut und griff nach seiner neuen 44er-Sharps mit dem runden, dicken Lauf. Und als Ben sich aufrichtete, sah er auf der anderen Seite des Baches über dem sanft ansteigenden Hügelrücken einen langen, dunklen Streifen auftauchen, der Himmel und Erde trennte. Ben riß seine Augen auf und sprang hoch. Fast im selben Augenblick sah Billy Dixon am Wagen vorbei zum Hügel hoch, über dem das tiefe Blau des Himmels ein bißchen verblaßt war. Ben wollte einen Warnruf ausstoßen, aber kein Laut kam über seine Lippen. Er sah, wie sich das dunkle Band lautlos und schnell zu einem Halbkreis formte.

»Rothäute!« brüllte Billy Dixon und seine Stimme überschlug sich. Er riß seine Sharps hoch, als ein schmetterndes Angriffssignal ertönte. Hufschlag donnerte die Hügel herunter. Billy Ogg, der Junge, der am Bach nach den Reitpferden gesucht hatte, rannte aus der Senke heraus und den Zaun entlang über die leicht ansteigende Ebene. Es sah so aus, als wollten die Indianer versuchen, zuerst einmal die Pferde und Maultiere in Stampede zu versetzen. Aber als Billy Ogg den Saloon erreichte und nach Atem ringend Hanrahan vor die Füße fiel, schwenkte ein Ende des Halbkreises genau auf Adobe Walls zu, und gellende Kriegsschreie durchbrachen die Hornstöße.

Billy Dixon feuerte den Angreifern eine Kugel entgegen und hetzte quer über den Platz zu Hanrahans Saloon. Benjamin Clintock rannte in Richtung auf Raths Store, stoppte bei Olds' Restaurant und warf sich gegen die Tür. Er hörte die Frau aufschreien. Ben hämmerte mit den Fäusten gegen die Tür. Ein Riegel wurde geschoben. William Olds taumelte rückwärts und prallte gegen einen der langen Tische. »Indianer!« rief Ben. Mrs. Olds kam aus der Schlafkammer, eine Wolldecke um die Schultern gehängt und mit nackten Füßen.

Die Indianer hatten die Ostseite von Meyers' Palisadenzaun erreicht. Ochsen brüllten. Maultiere rannten durcheinander, und ein Pferd brach durch einen Corralzaun, wurde von einer Kugel getroffen und überschlug sich. Die Shadler-Wagen waren eingekreist. Ike Shadler schoß über die Heckbracke hinweg. Sein Bruder kletterte auf den Bock und wurde von einem Pfeil getroffen, als er zwischen den Wagen und den Palisadenzaun springen wollte. Er kroch ein Stück weit auf Meyers' Blockhaus zu. Zwei oder drei Dutzend Indianer stürzten sich auf ihn, und Ben konnte ihn nicht mehr sehen. Der Neufundländer hatte sich im Nakken eines Kriegers verbissen und ließ erst los, als dieser zu Boden ging. Zähnefletschend warf er sich gegen ein Pferd und brachte es mit einem Biß in das rechte Hinterbein zu Fall. Der Reiter wirbelte durch die Luft und krachte gegen den Shadler-Wagen. Der Neufundländer wurde von einer Kugel getroffen. Er ging kurz nieder, sprang aber sofort wieder hoch und genau in eine gesenkte Lanzenspitze hinein, die von Crowfoot, Horsebacks Sohn, geführt wurde. Ben erkannte ihn sofort an den mächtigen Bärenkrallen, die er auf seinen Schild gemalt hatte. Ike Shadler, der hinter der Heckbracke kauerte, hatte sich verschossen. Als er sich umdrehte, wurde er von einem Pfeil in den Hals getroffen. Ein Krieger, der von Kopf bis Fuß mit roter Farbe bestrichen war, warf sich von seinem Pferd in den Wagen hinein und zerschmetterte Ike Shadler mit dem Tomahawk den Kopf.

»Geh mal vom Fenster weg!« rief William Olds, der seine Winchester aus der Schlafkammer geholt hatte. Er zerschlug mit dem Lauf das Fensterglas und fing an zu schießen. Benjamin Clintock sah sich nach der Frau um. Sie kauerte bei der Tür, die in Raths Store führte. Ben, der seine Winchester im Schuppen gelassen hatte, zog seinen Revolver. »Ma'am, bleiben Sie von den Fenstern weg!« rief er ihr zu, während er die Tür zu Raths Store aufriß. Dort waren die beiden Fenster besetzt. Sam Smith feuerte mit einem Revolver, und Tom O'Keefe hatte eine Sharps im Anschlag. Andy Johnson, Raths Lagerwächter, türmte bei der Tür Mehlsäcke aufeinander. Eine Kugel durchschlug die Lehmwand und bohrte sich handbreit neben George Eddy, Raths Buchhalter, in den Ladentisch. »Sie haben die Shadlers erwischt!« rief Sam Smith heiser, während er seinen Revolver auflud. Tom O'Keefe, der hünenhafte Schmied, drückte ab. Die Sharps donnerte wie eine Kanone. »Volltreffer«, sagte er in das Echo des Schusses hinein. »Der wollte grad Shorty Shadler den Skalp über die Ohren ziehen!«

George Eddy und James Langston schleppten Büffelhautbündel aus dem Lager und schichteten sie an der Wand entlang auf. Immer wieder drangen Gewehrkugeln durch die Bretter und Erdschollen. »Ich glaube, da sind einige dabei, die auch Sharps haben«, sagte Sam Smith und schoß.

Ben lief zur Seitentür. Als er den Riegel zurückschob, fiel ihm Andy Johnson in den Rücken. »He, bist du wahnsinnig, Clintock!« schrie er und Bens Hemd ging in Fetzen, aber es gelang ihm, Johnson abzuschütteln. Er sprang hinaus und warf die Tür hinter sich zu. Geduckt lief er die Hauswand entlang zum Schuppen. Er fand die Winchester in seinen Decken. Als er sich umwandte, sah er, wie Mrs. Olds' Füllen im Corral zusammenbrach. Pferde und Maultiere rannten zwischen den Häusern herum. Viele von ihnen stürzten im Kugelhagel. Der Neufundländer lag neben Shorty Shadler am Boden. Blutiger Schaum lief ihm über die Lefzen. Er war von fast einem Dutzend Pfeilen getroffen worden. Die Indianer versuchten Hanrahans Saloon zu stürmen. Ein paar erreichten die fensterlose Rückseite und schlugen mit ihren Tomahawks Löcher in die Wand. Andere schwangen sich von ihren galoppierenden Pferden aufs Dach, unter ihnen Quanah, der Kwahadi-Häuptling. Mit einer riesigen Streitaxt bearbeitete er einen Dachbalken. Zwei, drei Krieger sprangen hinzu, und es gelang ihnen, ein Loch in das Saloondach zu schlagen.

Quanah steckte seinen Gewehrlauf hinein und drückte blindlings ab, stieß einen heiseren Kriegsschrei aus und sprang vom Rand des Daches auf den Rücken eines Maultieres, das von einer Kugel getroffen wurde und in die Seitenwand von O'Keefes Schuppen raste. Quanah tauchte im Staub unter, als Benjamin Clintock mitten unter einer der angreifenden Horden Napoleon Washington Boone entdeckte.

Das Armeehorn blinkte im ersten Licht des Tages, und während Nap zum Angriff blies, drehte sich Schneeschuh im Kreis, schlug nach allen Seiten aus und biß nach Indianerponys, die ihm zu nahe kamen.

Nap hatte mitgetanzt, als sie am Tag vor dem vollen Mond in der Nähe von Adobe Walls ihr Camp aufgeschlagen hatten. Stundenlang war er mit Ishatai um eines der Campfeuer herumgehüpft, hatte seine neue Adlerknochenpfeife geblasen und eine Kürbisrassel geschüttelt. Vollkommen erschöpft waren junge Krieger zusammengebrochen. Andere hatten sich schreiend am Boden gewälzt, und einige rannten mit nackten Füßen durch die Feuer, bevor sie in der richtigen Stimmung waren. Frauen fielen in Trance und Kinder wimmerten, als Ishatai zum letzten Mal seinen Medizintanz vorführte. Fast eine halbe Stunde lang sprang er wie ein Wahnsinniger in die Luft, verstreute Medizinstaub: rotes Farbpulver, das er mit Schnupftabak vermischt hatte. Wer im Wind stand, wurde von Nießkrämpfen heimgesucht.

In den frühen Morgenstunden, noch bevor im Osten der erste helle Schimmer am Himmel hochzog, wollten sie Adobe Walls überfallen. Nach altem Brauch hätte man eigentlich kurz vor Sonnenaufgang angreifen müssen, aber nach einer kleinen Konferenz überzeugten Ishatai und Nap die Häuptlinge davon, daß ein Rest von Dunkelheit nicht nur die eigenen Krieger schützte, sondern auch dafür garantierte, daß die Weißen noch schliefen. Man hörte also früher als gewöhnlich mit dem Tanzen auf, und wer sich bis zum Aufbruch noch nicht bereit fühlte, in den Kampf zu ziehen, konnte später nachkommen. Obwohl der Tanz Nap ziemlich geschwächt hatte, brannte er darauf, die Kriegerhorden der verschiedenen Stämme anzuführen, und er war einer der ersten, der in den Sattel stieg. Er ritt Schneeschuh, das ehemalige Armeemaultier vom 10. Kavallerieregiment, das aber längst vergessen hatte, wie es war, in Zweierreihe zu gehen und Munitionskisten zu tragen. Auch äußerlich hatte sich Schneeschuh stark verändert. Seine Schwanzhaare waren zu einem Zopf geflochten, an dem drei Rabenfedern hingen. An beiden Flanken hatte ihm Nap zackige Blitze aufgemalt. Um die Augen hatte es rote Ringe. Farbige Seidenbänder hingen von seinem Mähnenhaar, und an den Halsseiten zogen sich breite gelbe Streifen hinunter zu den Schultern. Die Vorderbeine waren schwarz-weiß-rot gestreift, und es sah beinahe aus, als ob Schneeschuh quergestreifte Wollstrümpfe tragen würde. Auch Nap hatte sich viel Mühe gegeben, echt auszusehen. Der Ring, den ihm Ben einige Male aufgemalt hatte, war ihm zwar nicht recht gelungen, dafür hatte er jetzt zwei senkrechte schneeweiße Streifen über die linke Hälfte seines Gesichtes gezogen. Er trug nichts außer einem Lendenschurz und einem Ledergürtel, in dem ein paar Gewehrpatronen steckten. Das Horn, einen Revolver und einen Medizinbeutel, von dem er nicht wußte, was er enthielt, hatte er umgehängt. Ein Messer steckte in der Scheide, und das Kartoffelrüstmesserchen hatte er im linken Mokassin. Außerdem steckte noch ein Tomahawk in seinem Gürtel, und er hätte gerne auch noch die Winchester mitgenommen, aber Co-bay lachte ihn aus und nannte ihn einen Aufschneider.

Etwa zwei- oder dreihundert Indianer hatten sich nach Mitternacht auf dem Hügel im Westen versammelt. Es waren mindestens achtzig Cheyenne Dog Soldiers dabei, die von Stone Calf geführt wurden. Hippi und Stone Calfs Sohn kamen herübergeritten und fragten Ishatai, ob seine Medizin wirklich auch für sie gelten würde. Ishatai, kanariengelb angestrichen, nackt bis auf eine Adlerfeder, saß auf einem silberweißen Mustang, dem er nur einen dunkelroten Punkt auf die Stirn gemalt hatte. Außer seiner Medizinlanze, einem Medizinschild und einem Medizinbeutel trug er nichts bei sich. Nach seinem wochenlangen, kräfteraubenden Werbefeldzug war er fast nicht mehr fähig, gerade auf dem Pferd zu sitzen.

Quanah führte die Comanchen. Er trug einige Adlerfedern im Haar und besaß eine neue 73er-Winchester und einen Peacemaker-Colt, einen Tomahawk und ein Messer. Seine Kriegslanze steckte neben dem Eingang seines Tipis.

So gegen zwei Uhr hatten sie sich auf den Weg gemacht. Die unbeschlagenen und zum Teil ungesattelten Ponys machten weniger Lärm als der Canadian River. Sie ritten langsam und in Gruppen. Kundschafter verschwanden in der Nacht und kehrten lautlos wie Gespenster zurück, um den Häuptlingen mitzuteilen, daß sie nichts gesehen hätten. Die Gegend war ruhig und wie ausgestorben. Coyoten und Antilopen waren weggelaufen. Präriehunde hatten sich in ihren Löchern verkrochen. Die Hasen waren die letzten, die flohen.

Co-bay, der als Kundschafter vorausgeritten war, kam zurück. Er hatte sich die *Büffeljägerstadt* angesehen. »In einem Haus brennt ein Licht«, sagte er. »Einige Männer schlafen nicht.«

Das war eine Überraschung, und Ishatai sah Nap etwas vorwurfsvoll an. Als ob es noch einen Unterschied machen würde, ob da ein paar von ihnen noch wach waren oder nicht, dachte Nap. Bevor die Sonne aufging, würden sie alle schlafen. Nach den Angaben der Kundschafter waren es insgesamt sechsmal eine Hand, wenn man die Frau mitrechnete. Daß eine Frau dort war, störte Nap ein bißchen. Wenn sie Glück hatte, starb sie schnell, und falls sie einen Mann hatte, der wußte, worauf es ankam, dann würde er sie vielleicht erschießen. Schreckliche Gedanken. Ben fiel ihm ein. Benjamin Clintock. Er hatte alle fremden Kundschafter gefragt, ob sie einen jungen Kerl mit goldenem Haar gesehen hätten, der vielleicht Mokassins trug, weil er sich daran gewöhnt hatte. Auch Co-bay hatte Ben nicht gesehen. Die Cheyenne hatten auch keinen Jungen mit Mokassins und Goldhaar entdeckt. Wahrscheinlich war Ben längst daheim bei seinem Vater, der ein Holzbein hatte und vergeblich darum bemüht war, sich zu Tode zu saufen. Daheim bei seinen Cowboyfreunden, denen er wilde Geschichten von Comanchen erzählte, während sie zusammen an der Theke standen. Warum sollte er nach Adobe Walls geritten sein? Er hatte dort nichts zu suchen. Er gehörte doch in das Lampasas County zu seinen Kühen und zu seinen Freunden, die immer sporenklirrend Saloons betraten, die Hüte hochwarfen und Löcher hineinschossen. Nap lachte vor sich hin, während er sich vorstellte, wie Ben da unten im Lampasas County seine Mokassins herumzeigte. »Laß ihn bocken, Cowboy!« sagte Nap leise, und Ishatai, der leise vor sich hin summte und sich offenbar in Trance befand, schrak hoch. »Was hast du gesagt?« fragte er. »Nichts«, sagte Nap, und damit war Ishatai zufrieden.

Nap wurde wie von einem Wirbelsturm mitgerissen, als die Kiowas, Comanchen und Cheyenne losbrüllten und auf ihren Ponys in die Senke hinunterrasten. Ein Mann, der am Bach gewesen war und mit seinem Lasso ein Pferd eingefangen hatte, ließ es los und rannte auf die Gebäude zu. Einige Cheyenne Dog Soldiers versuchten ihn einzuholen, aber von einem der Wagen her krachte ein Schuß, der Tasa-va-tes Schulter streifte und ihm die Haut aufriß. Spätestens jetzt hätte Tasa-va-te merken müssen, daß ihm Ishatai mit seiner Medizin keine kugelsichere Weste verpaßt hatte. Nap versuchte auch sofort, Schneeschuh anzuhalten, aber das Maultier schien Freude an der Sache zu haben und galoppierte den Hang hinunter, schneller noch als Quanahs Kriegspferd, aber nicht ganz so schnell wie der Pinto von Stone Calfs Sohn, der an der Spitze seiner Dog-Soldiers-Horde zuerst den Bach durchritt und von einer Kugel vom Pferderücken gestoßen wurde, bevor der Kampf richtig angefangen hatte.

Auf der anderen Seite, von einem schütteren Wäldchen her, brachten Lone Wolf und Mamay-day-te die Kiowas hinunter, und Quanahs Comanchen stürmten gegen den Palisadencorral.

Nap zog es vor, einen kleinen Bogen zu reiten, während er ein Angriffssignal nach dem anderen auf seinem Horn blies. Ein ohrenbetäubender Lärm erfüllte die Senke. Revolver und Gewehre krachten. Die schrillen Kriegsschreie der Dog Soldiers durchbrachen das Geheul der Kiowas und der Comanchen. Die Büffelgewehre donnerten, und als Nap am Bach sein Maultier zügelte, das Horn von den Lippen nahm und nach Luft schnappte, sah er, wie ein Kiowa von der Bleikugel eines Büffeljägers regelrecht vom Rücken seines Ponys gefegt wurde. Einige der älteren Cheyenne rissen ihre Pferde herum und versuchten, dem Kugelhagel zu entkommen. Gegen Büffelgewehre schien Ishatais Medizin nichts zu taugen. Sie waren plötzlich verwirrt und wollten es lieber auf ihre altbewährte Art versuchen, nicht einfach blindlings anstürmen, sondern schreiend einige Runden drehen und dazwischen gruppenweise angreifen, je nachdem, ob man gerade Lust hatte, seinen Skalp zu riskieren, oder ob man es den jungen, ehrgeizigen Kriegern überlassen wollte, sich hervorzutun. Nap holte tief Luft und schmetterte den Cheyennen Hornstöße entgegen. Prompt drehten sie ihre Pferde und griffen erneut an, jagten auf eines der Gebäude zu und schossen mit ihren Gewehren und Revolvern einfach in die Erdschollenwände hinein. Eine Horde von Yamparika-Comanchen fegte den Bach entlang, und Nap versuchte vergeblich, Schneeschuh zurückzuhalten. Grunzend galoppierte das Maultier mit den Indianerponys mitten in das Schlachtgetümmel hinein. Rauch und Staub breitete sich zwischen den Gebäuden aus. Nap sah nur Indianer. Co-bay ritt an ihm vorbei und schwang sein Gewehr. Sai-yan, der Sattelmacher, rannte hinter seinem Pferd her, das ihn abgeworfen hatte. Tasa-va-te, Naps bester Freund, der von der ersten Kugel geritzt worden war, sprang von seinem galoppierenden Pony in einen Wagen hinein und ließ seinen Tomahawk niedersausen. Nap hatte alle Hände voll zu tun, Schneeschuh unter Kontrolle zu bringen. Während sich das Maultier drehte, sah Nap, wie ein paar Kiowas einen riesigen, schwarzen Hund skalpierten. Sie schnitten ihm große Fellstücke aus den Seiten und vom Kopf. Ein Comanche erschoß ein Füllen, das einen Mantel trug, und bei einem der Wagen starben sechs Maultiere im Geschirr.

Beim Saloon hatten Quanahs Comanchen es aufgegeben, nachdem sie vergeblich versucht hatten, die Bohlentür einzuschlagen und das Dach zu zertrümmern. Nap sah, wie Tsa-yot-see, ein junger, hellhäutiger Comanche, von einer Kugel in den Rücken getroffen wurde, als er sein Pferd herumdrehte. Er klammerte sich an der Mähne fest und fiel erst beim Palisadenzaun herunter. Nap ritt hinüber und beugte sich aus dem Sattel. Der Junge war tot. Die Kugel hatte sein Rückgrat zertrümmert, den Magen durchschlagen und ihm die ganze Brust aufgerissen. Als sich Nap aufrichtete, sah er Co-bay vom Pferd fallen und mit einem Fuß in der Steigschlinge hängen bleiben. Das Pferd schleifte ihn quer über den Platz und schleuderte ihn gegen einen Zaunpfosten. Esa-que, ein Kwahadi-Comanche, sprang Co-bays Pferd in die Zügel, und das Tier überschlug sich am Boden und begrub den Indianer halb unter sich. Mit schmerzverzerrtem Gesicht versuchte sich Esa-que zu befreien. Das Pferd wälzte sich auf seinen Beinen herum. Für Sekunden verschwand Esa-que im hochwirbelnden Staub. Nap gab Schneeschuh die Absätze, und das Maultier wühlte sich durch das Gedränge, den Pulverrauch und den Staub. Ein Comanche schrie, daß er jetzt heimgehe. Für einen Augenblick sah Nap den Cheyenne Hippi auf seinem gefleckten Pony. Er schrie: »Ich schneid eurem Medizinmann die Zöpfe ab, wenn ich ihn erwische!« Er war richtig wütend und schoß ein durchbrechendes Wagenpferd ab, bevor er eine Gruppe von Dog Soldiers den Hang hochführte, auf dem Ishatai auf seinem Schimmel saß, mindestens eine halbe Meile entfernt, wo die Kugeln wahrscheinlich kaum mehr die Kraft hatten, seine Farbkruste zu durchschlagen.

Nap erreichte den Platz, an dem Co-bays Pferd gestürzt war. Esa-que hatte das linke Bein frei, aber das rechte lag noch immer unter dem Pferdebauch und es schien gebrochen zu sein. Nap warf sich aus dem Sattel, packte Co-bays Pferd an den Zügel und riß ihm den Kopf herum. Für einen Moment versuchte das verletzte Pferd hochzukommen, und Esa-que rollte unter ihm hervor. Nap ließ die Zügel los, zog seinen Revolver und schoß dem Pferd eine Kugel in den Kopf. Als er sich umdrehte, sah er Esa-que am Boden sitzen und versuchen, sein Bein in die richtige Lage zu drehen. Schneeschuh stand wie ausgestopft daneben, und sicherheitshalber nahm ihn Nap bei den Zügeln.

»Komm, ich bring dich raus hier!« rief Nap dem Indianer zu. Er sah, wie Esa-que den Kopf hob und etwas sagen wollte. Aber plötzlich hatte er kein Gesicht mehr. Nap wirbelte herum und schoß auf eines der kleinen Fenster. Im Echo seiner Schüsse vernahm er eine ihm vertraute Stimme. »Nap! Hier, Nap!«

Nap sah sich um. Im Schatten eines Schuppens kauerte Benjamin Clintock, eine Winchester in der Hand. Sein Gesicht schimmerte hell. »Narr!« brüllte Nap. »Duck dich!« Er schoß über Benjamins Kopf in die Schuppenwand, und Ben tauchte zwischen Fässern und Kisten unter.

Es war hell geworden, ohne daß jemand darauf geachtet hätte. Man war viel zu sehr damit beschäftigt, am Leben zu bleiben. Die meisten hatten es sogar geschafft. Wer noch lebte, als die Sonne aufging, brauchte sich aber deswegen nicht zu schämen, denn jeder hatte sein Bestes gegeben. Dennoch hatte die erste Begeisterung der Indianer nach zwei Stunden soweit nachgelassen, daß sich Ishatai nicht mehr wohl fühlte in seiner kanariengelben Haut.

Vor lauter Aufregung hatte Ben noch keinen einzigen Schuß abgegeben. Er hatte es einfach nicht fertiggebracht. Zwar war er für die Indianer eindeutig ein Weißer, und die Entscheidung, zu welcher Seite er zählte, lag gar nicht bei ihm. Ben saß allein im Schuppen, und rund um ihn herum tobte eine Schlacht, nach deren Sinn er vergeblich forschte. Während er sich zwischen Kisten und Fässern und Säcken duckte, nahm er immer wieder mal das Gewehr an die Schulter, aber er konnte sich beim besten Willen nicht dazu entschließen, den Finger krumm zu machen. Dabei hätte er einige Gelegenheiten gehabt, namhafte Indianer in die ewigen Jagdgründe zu befördern. Zum Beispiel Quanah: Den jungen Comanchenhäuptling hatte er dreimal vor dem Lauf, und zweimal war er ihm so nahe gekommen, daß Ben beim Abdrücken die Augen hätte schließen können. Lone Wolf galoppierte einmal vorüber, und Ben zielte auf seinen breiten Rücken. Mamay-day-te stürzte mit seinem Pferd keine acht Schritte von Ben entfernt, taumelte auf die Beine und hielt sich für mindestens eine Minute am Stützpfosten des Schrägdaches fest, bevor er sich wieder heldenmütig in den Kampf stürzte. Satanta, der Kiowa-Häuptling, der sein Armee-Horn zu Hause gelassen hatte und wie ein feuerspeiendes Ungetüm beidhändig schießend über den Platz rannte und gegen Raths Store stürmte, warf sich neben Benjamin Clintock hinter ein Sauerteigfaß, um seine leeren Revolver nachzuladen. Ben hätte ihm die Adlerfedern aus dem Haar ziehen können, aber er entschied sich, Satanta nicht unnötig zu reizen. Der Kiowa hatte genug Ärger mit einer verklemmten Patrone und schließlich schleuderte er einen seinen Revolver wütend von sich. Mit dem anderen in der rechten Hand, in der linken einen Tomahawk schwingend, erreichte er die Tür zu Raths Store und donnerte mit beiden Füßen in einem Hechtsprung dagegen. Sie gab nicht nach, und er rannte davon und warf sich einem ledigen Indianerpony um den Hals.

Ben hatte Co-bay aus dem Sattel fallen sehen und gehört, wie sein Schädel krachte, als er gegen den Zaunpfosten prallte. Ein Cheyennekrieger, der von der Seite gegen Hanrahans Saloon stürmte, kam bis auf einen Schritt heran. Als er mit seinem Tomahawk ausholte, ging eine Schrotflinte los und die Ladung trug ihn mindestens acht Schritte rückwärts, bevor er zwischen die Hufe angaloppierender Pferde fiel.

Ben hatte Napoleon Washington Boone, von den Comanchen *Black Medicine* genannt, einige Male im Getümmel gesehen, ihn aber immer wieder aus den Augen verloren. Und jedes Mal, wenn Nap sein Horn blies, verspürte Ben beinahe so etwas wie Heimweh in sich. Das war vielleicht auch ein Grund dafür, das er keinen einzigen Schuß abgefeuert hatte und nichts anderes tat, als darauf zu warten, daß Nap endlich zum Rückzug blasen würde. Als mindestens ein halbes Dutzend Indianer gefallen waren, konnte Ben annehmen, daß es nicht mehr lange dauern würde. Als dann schon zehn Tote in seiner unmittelbaren Nähe lagen, hatte ihm Nap eine Revolverkugel über den Kopf hinweggeschossen. Da war es Ben zuviel geworden.

Er kroch hinter einer Kiste hervor und brüllte hinter Nap her, daß er jetzt auch mit Schießen anfangen werde, und er feuerte demonstrativ eine Kugel in die aufgehende Sonne hinein. Sofort entdeckten ihn drei junge Cheyenne, und sie kamen angestürmt. Ben floh, beeilte sich, schlug Haken, war froh, keine Stiefel und Sporen zu tragen, prallte mit einem Indianer zusammen, stammelte verwirrt eine Entschuldigung, rannte weiter, wich einer Lanze aus und redete einem verletzten Cheyenne für einen Moment gut zu, bevor er sich auf dem Vorbau des Saloons überrollte und mit dem Kopf so hart anklopfte, daß die Tür sofort aufgemacht wurde.

Bermuda Carlisle stand im Halbdunkel. »Willkommen, Kleiner!« krächzte er und gab der Tür einen Fußtritt, gerade als ein Comanche hereinkommen wollte. Pulverrauchschwaden hingen zwischen den Wänden. An den Fenstern standen Billy Dixon, Billy Ogg, James McKinley und Bat Masterson, abwechselnd schießend, sich duckend, nachladend, schießend, fluchend. »Ausgerechnet heute, wo Feiertag ist!« sagte Jim Hanrahan und reihte auf einer Futterkiste Patronen auf. »Und Olds' kleine Lady wollte doch einen riesigen Streuselkuchen backen!«

Jim Langstons zahme Krähe, die er sich als Haustier hielt, flog durch ein Loch in der Wand, flatterte kreuz und quer durch den Saloon und setzte sich auf Bat Mastersons Kopf. Hanrahan, von Aberglauben hochgerissen, griff die Krähe mit einer Fliegenklappe an, und sie flog von Mastersons Kopf hinaus und hinüber zu Meyers' Store, als Billy Tyler und Fred Leonard schießend aus dem Haus stürmten, um die letzten Pferde am Ausbrechen zu hindern. Sie kamen nicht weit. Ein Hagel von Pfeilen und Kugeln prasselte ihnen entgegen und sie wichen wieder zurück. Leonard warf sich durch die Türöffnung und kam ohne einen Kratzer davon. Billy Tyler, der schon am Cimmaron etwas abgekriegt hatte, drehte sich in der Tür noch einmal um, und da erwischte es ihn. Eine Gewehrkugel stieß ihn in den Store hinein. Blut quoll aus seinem Mund, und er fiel den Männern vor die Füße. Bat Masterson sah den Umfallenden und brüllte auf, als wäre er selbst getroffen worden. Er warf sein Gewehr weg und wollte aus dem Fenster klettern. Hirma Watson und Jim Hanrahan rissen ihn zurück. »Du kommst keine zehn Schritte weit!« rief Hanrahan. »Gottverdammte Krähe! Sie bringt Unglück, die gottverdammte Krähe! Denk dran, daß sie sich auf deinen Kopf gesetzt hat!«

Bat Masterson stieß Hanrahan von sich. Billy Dixon fragte nach Munition für seine 44er-Sharps. Hanrahans Patronen paßten nicht, und Dixon entschloß sich, zu Raths Store zu laufen. Obwohl Dixon nicht um Hilfe bat, als er aus dem Fenster kletterte, folgte ihm Hanrahan, und sie jagten im Zickzack über den Platz und erreichten den Rathstore unverletzt, aber ausgepumpt.

Bei Raths gab es mehr Munition als anderswo, denn der Buchhalter hatte noch keinen Gebrauch davon gemacht. Er kümmerte sich darum, daß immer genügend Mehl- und Hafersäcke da waren, um die, die zerschossen waren und ausliefen, durch neue auswechseln zu können. Auch Andy Johnson, der an einer Fensteröffnung kniete, schoß langsam, fast bedächtig, ein Kissen zwischen Schulter und Gewehrschaft geklemmt. Sie baten Billy Dixon, bei ihnen zu bleiben. Hanrahan füllte einen Sack mit Munition und machte sich für den Rückweg bereit, denn er wollte seinen Saloon nicht im Stich lassen. William Olds gab ihm von nebenan Rückendeckung mit der Winchester, und Hanrahan schaffte es zum zweiten Mal.

In Olds' Restaurant war ein Wandstück zusammengebrochen. Dort hatten Jim Langston und der Buchhalter eine Mehlsackmauer errichtet. Billy Dixon kletterte hinauf, stand geduckt und suchte nach einem Ziel. Beim Schuppen sah er eine Bewegung, und er schoß aus der Drehung heraus, konnte den Rückschlag nicht auffangen und flog von der Mauer herunter gegen ein Regal, auf dem Mrs. Olds' Kochtöpfe standen. Die halbe Einrichtung brach über Billy Dixon auseinander. Mrs. Olds schrie, daß Dixon getroffen sei, und wühlte sich kopfüber durch Töpfe, Scherben und Regalbretter. Etwas benommen und mit zähflüssigem Teigbrei übergossen, kam Billy Dixon frei. Er war der einzige, der an diesem Sonntag etwas von Mrs. Olds' Streuselkuchen kriegte.

Erst gegen Mittag wurde es ruhiger. Die Indianer hatten sich etwas zurückgezogen. Etwa zweihundert Krieger besetzten die Hügelhänge im Westen. Im Osten wurden es mehr und immer mehr. Nachzügler kamen vom Lager her, solche, die sich verspätet hatten, und solche, die eigentlich dachten, daß sie nicht mehr benötigt würden. Die Sonne stand senkrecht über Adobe Walls. Überall lagen tote Pferde und Maultiere. Der Neufundländer war nahezu nackt. Bis jetzt hatten die Indianer nur die Skalps der Shadler-Brüder erbeutet, und da der Hund mit der Verbissenheit eines Kriegers gekämpft hatte, waren seine Fellstücke begehrte Trophäen. Shorty Shadler lag verstümmelt im kurzen Schatten des Palisadenzaunes. Ike Shadler hing über der Heckbracke und blutete längst nicht mehr. In Meyers' Store lag Billy Tyler. Er hatte einen Lungensteckschuß. Helles Blut lief aus seinem Mund. Er fragte einige Male nach Bat Masterson, seinem Freund. Er bat um Wasser. Der Brunnen befand sich außerhalb des Palisadenzauns in der Nähe des Shadler-Wagens. Ein Cheyennekrieger lag dort am Boden. Er war tot, und kurz nach Mittag kamen zwei Cheyenne in halsbrecherischem Galopp an Hanrahans Saloon vorbeigeritten. Ein halbes Dutzend Gewehre krachten, und eines der Pferde wurde getroffen, strauchelte, fing sich und galoppierte am Brunnen vorbei. Der Krieger beugte sich blitzschnell vom Rücken, packte den Toten am Arm und riß ihn hoch. Erst jenseits des Baches brach das Pferd zusammen, und der Krieger trug seinen toten Freund den Hang hoch.

Bat Masterson hielt es in Hanrahans Saloon nicht mehr aus. Seit er wußte, daß Billy Tyler getroffen war, schoß er sogar auf die Indianer, die zu weit entfernt waren, um etwas abzubekommen. Schließlich überzeugte er Hanrahan davon, daß er eine Chance hätte, Meyers' Store zu erreichen, wenn man ihm Rückendeckung gäbe. Benjamin Clintock wollte mit ihm gehen, weil man von Meyers' Store einen besseren Ausblick hatte. Sie kletterten aus dem Fenster. Bat Masterson voran. Er schoß mit seiner Sharps auf einen Indianer, der hinter Raths Store vorbeigaloppierte und einen Pfeil losschickte. Pfeil und Kugel verfehlten ihr Ziel. Benjamin Clintock hetzte hinter Masterson her, hoffte, nicht schießen zu müssen, war aber bereit, im Notfall auch einen indianischen Bekannten abzuknallen. Von Hanrahans Saloon und Raths Store schossen die Männer, was ihre Gewehre hergaben. Der einzige Indianer, den Benjamin Clintock sah, war ein hünenhafter Bursche, der den Palisadenzaun entlang schlich und nur noch einen Fuß hatte.

In Meyers' Store war es heiß. Mit Fred Leonard, James Campbell, Edward Trevor, Frank Brown, Harry Armitage, Dutch Henry, Old Man Keeler, Henry Lease, Mike McCabe und Frenchy war Meyers' Store bestens besetzt. Billy Tyler lag in Leonards Schlafkammer auf dem Feldbett. Sein Gesicht war aufgeschwollen, und er atmete in kurzen Stößen, war aber bei vollem Bewußtsein. Als Bat Masterson hereinkam, verzog er das Gesicht zu einem krampfhaften Lächeln. Bat beugte sich über ihn. »Gott, du machst Sachen, Billy«, sagte Masterson und legte ihm die Hand auf die Stirn.

Tyler keuchte, daß sowas jedem passieren könne. Er habe sein Sattelpferd in Sicherheit bringen wollen, und er fragte, ob das Pferd überhaupt noch am Leben war. Bat Masterson nickte, obwohl er gesehen hatte, wie Tylers Falbe im Staub verblutet war. Bat langte nach einem Eimer und richtete sich auf. »Ich bring dir Wasser, Billy«, sagte er und ging zur Tür. Old Man Keeler nahm ihm den Eimer weg.

»Bleib bei ihm, Junge!« krächzte er.

Bat überließ Keeler den Eimer, und während die jungen Burschen betreten herumstanden, kletterte Old Man Keeler mit seinen Kreuzschmerzen durch eines der Fenster. Ein kleiner grauer Hund sprang hinter ihm her, den Schwanz zwischen den Hinterbeinen, die Ohren zurückgelegt. Die ganze Zeit hatte er neben Keelers Beinen gezittert. Jetzt rannte er hinter Keeler her und brachte ihn fast zu Fall, als er sich zwischen die Füße des alten Mannes drängte.

»Scheißköter!« sagte Harry Armitage, und im gleichen Moment krachte ein Schuß und der Hund wurde weggeschleudert. Er überrollte sich am Boden, kroch noch einige Schritte hinter Keeler her und streckte sich japsend aus. Keeler erreichte den Brunnen, stellte den Eimer auf die Mauer und betätigte den Pumpenschwengel. Nach einer Weile kam Wasser. Die Pumpe quietschte durchdringend, aber kein einziger Schuß krachte, und als der Eimer voll war, kam Keeler zurück, krumm und das eine Bein etwas nachziehend. Bei seinem Hund blieb er kurz stehen, um ein wenig zu fluchen. Schließlich betrat er Meyers' Store und stellte den Eimer auf den Boden.

Harry Armitage betrachtete Keeler von Kopf bis Fuß, obwohl er Keeler schon seit Monaten kannte. »Sag mal, Keeler, weißt du einen Grund, warum dir die Rothäute keine Kugel in den Pelz gejagt haben?«

»Respekt vor dem Alter«, sagte Keeler ernst und humpelte zur Tür, die in die Schlafkammer führte. Dort kniete Bat Masterson am Bett und stützte Billy Tylers Kopf. »Hier, trink 'nen Schluck«, sagte er zu ihm. Tylers Augen wurden groß, und er öffnete den Mund einen Spalt, aber als ihm Masterson die Tasse gegen die Lippen hielt, brach ein Blutsturz aus seinem Mund. Er bekam keine Luft mehr. Sein Gesicht wurde dunkel und er starb. Bat Masterson warf die Tasse von sich und preßte Billy Tylers Kopf gegen seine Brust. Old Man Keeler zog den Schnürvorhang.

Co-bay lag noch immer neben dem Zaun, unweit des ersten Shadler-Wagens. Vom Hügel aus konnte Nap ihn sogar sehen. Auch Tsa-yot-see, Esa-que und Sai-yan waren tot und viele waren schwer verletzt. Zu dieser Zeit mußte Ishatai begreifen, daß seine Karriere als Medizinmann zu einem jähen Ende kommen würde. Er, der monatelang Entbehrungen auf sich genommen hatte, oft belächelt und sogar verhöhnt worden war, der gefastet und über dampfenden Steinen geschwitzt hatte, der seine besten Tricks ausgespielt hatte, um die letzten Ungläubigen in die Knie zu zwingen, er, der in Napoleon Washington Boone einen treuen Diener gefunden hatte, mit dem er sich englisch unterhalten konnte, der nächtelang durchgetanzt hatte und der wußte, wie es *hinter den Wolken* war, dieser Ishatai saß am Nachmittag als geschlagener Mann auf dem Schimmel und suchte verzweifelt nach einer Ausrede. Ein Dutzend der besten Comanchen- und Cheyennekrieger waren gefallen. Stone Calf hatte hilflos zusehen müssen, wie sein Sohn von Kugeln getroffen in den Staub fiel und von Hippi nur noch als Toter geborgen werden konnte. Jetzt am Nachmittag, als Stone Calf an ihm vorbeizog, seinen toten Sohn auf einem Kriegspony festgebunden, wünschte Ishatai, sein Pferd möge sich erheben und aufschweben zum Himmel, obwohl keine einzige Wolke zu sehen war, hinter der er hätte verschwinden können. Aber dem

Schimmel wuchsen sowieso keine Flügel, statt dessen sprengte Hippi, der junge Cheyennekrieger heran, riß Ishatai die Zügel aus den Händen und schlug ihm die Ende um die Ohren. »Du hattest einen guten Namen! Ishatai – Kleiner Wolf«, rief er verächtlich. »Für uns Cheyenne bist du weniger als das Arschloch eines Coyoten.«

Ishatai zitterte am ganzen Körper. Wenig später sollte es jedoch noch schlimmer kommen. Auch ein Kiowa nannte ihn am frühen Nachmittag Coyoten-Dreck und bald mehr und mehr. Namen sind Schall und Rauch, sagte sich Nap und war froh, daß sich der Zorn der Indianer nicht auch über ihm entlud. Beinahe dankbar nahm er die Einladung von Quanah an, zur Bergung Co-bays einen Scheinangriff aus dem Wäldchen zu inszenieren. Quanahs Kwahadis waren einiges gewohnt. Auch jetzt, als sie wußten, daß es nichts war mit der kugelsicheren Haut, folgten gegen achtzig Krieger ihrem jungen Häuptling. Quanah war nun wirklich ihr Führer, denn Parry-o-coom hatte in den frühen Morgenstunden endlich die ewigen Jagdgründe aufgesucht und sich dadurch dem Ärger über das kümmerliche Ergebnis des Kampfes noch rechtzeitig entzogen.

Obwohl er verwundet war, führte Quanah als Ablenkungsmanöver einen Scheinangriff an. Vier Comanchenkrieger wollten versuchten, Co-bays Körper zu bergen. Vier andere wollten Tasa-va-te holen, der am Ufer des Baches lag. Nap sollte zum Sturmangriff blasen. Eigentlich hatte Quanah erwartet, daß sich auch Ishatai anschließen würde, aber der kanariengelbe Medizinmann hatte sich feige auf den Weg zum Lager gemacht.

Für Napoleon Washington Boone war der letzte Angriff eigentlich mehr so etwas wie eine kleine Zugabe für Ben, falls dieser überhaupt noch lebte. Warum sollte er nicht ein letztes Mal hinunterreiten und sein Horn verkünden lassen, daß er trotz eines kleinen Mißerfolges Freude am Leben hatte? Das sollte Ben wenigstens wissen. Dadurch würde es dem Texascowboy vielleicht leichter fallen, jetzt doch endlich in das Lampasas County zurückzureiten, wo er sich in aller Ruhe feiern lassen konnte, bis ihm das Christkind den Rang ablief.

Nap ritt also neben Quanah, dem neuen Kriegshäuptling der Kwahadi-Comanchen, in die Senke hinein über den Bach und blies kräftig ins Horn. Von der anderen Seite kamen ein paar Kiowas, und für kurze Zeit wurden die Büffeljäger noch einmal beschäftigt.

Gerade als Nap in der Nähe des Shadler-Wagens zum Rückzug blies, wurde Schneeschuh von einem Kiowapfeil gestreift. Er sprang mit allen vieren in die Luft, machte einen Katzenbuckel, spannte sich und ließ Nap davonsegeln. Nap prallte gegen den Shadler-Wagen, fiel in den Sand und taumelte sofort hoch, anstatt sich in Deckung zu werfen. Rechts von ihm schleppten die vier Comanchen Co-bay weg. Quanah und die Kwahadis zwangen die Männer in Hanrahans Saloon in Deckung. Aber von Raths

Store her krachte eine Winchester dreimal hintereinander und Nap wurde von den Kugeln herumgewirbelt. Er ging in die Knie, kroch durch den Staub und sah, wie Schneeschuh herantrottete. Aber das Maultier blieb im Schatten des Palisadenzaunes stehen, grunzte herüber und rührte sich nicht von der Stelle. Nap erreichte den Brunnen und kauerte sich hin. Links und rechts von ihm jagten Indianer vorbei und zum Hügel hoch. Er nahm das Horn vom Rücken und legte es neben sich in den Staub. Er war in den Oberschenkel, in die Hüfte und in die Brust getroffen worden.

Das war es also. Jetzt fehlte nur noch eine Kleinigkeit. Seit er bei den Comanchen lebte, hatte er die meiste Zeit damit verbracht, Kriegslieder zu singen, Tanzschritte zu lernen, die Adlerknochenpfeife zu blasen und die Leute abzulenken, wenn Ishatai recht trickreich, aber manchmal nicht schnell genug Wunder vollbrachte. Er hatte gelernt, wie man einen Schild bespannte, wie man mit Pfeil und Bogen umging und auf eine halbe Meile Entfernung erkennen konnte, ob es sich bei einem Reiter um einen Comanchen oder einen Cheyenne handelte. Aber niemand hatte ihm ein anständiges Todeslied beigebracht.

Sonst hatte Nap im Moment keine Sorgen. Es war ja alles so einfach, viel einfacher, als er es sich je gedacht hatte. Drei Löcher, aus denen das Blut lief. Sonst nichts. Kaum Schmerzen und sogar einen klaren Kopf. Der Wind streichelte sein Gesicht, trocknete den Schweiß.

Nap legte die rechte Hand auf seine Brust. Er fühlte den Herzschlag. Schnell und hart. Blut sickerte zwischen seinen Fingern hindurch und lief ihm über den Bauch. Sein Mund wurde trocken. Nap richtete sich etwas auf.

Wenn er nur ein Todeslied gelernt hätte, anstatt ein halbes Dutzend von Kriegsliedern. Er hätte es wissen müssen. Es war längst nicht mehr die Zeit, in der man sechs Kriegslieder brauchte. Ein einziges genügte wohl. Man müßte schon den kleinen Kindern ein Todeslied beibringen, dachte Nap. Nein, Mann, das hat nichts mit Pessimismus zu tun. Man konnte sich ganz gut selbst einreden, daß man nie sterben müßte, und trotzdem vorsichtshalber ein Testament machen. Wenn man im Dreck lag, wenn man nichts gegen den Tod hatte und sich nicht vor der Hölle oder dem Himmel zu fürchten brauchte, wenn alles so war, wie man es sich im Leben immer gewünscht hatte, friedlich, ruhig, warm und hell, wenn man gar nicht erst versuchen wollte, das Blut aufzuhalten, sondern es ganz einfach laufen ließ, dann wurde Sterben tatsächlich zu einem Erlebnis.

Nap legte den Kopf gegen die Brunnenwand, und Mutters Lieblingslied fiel ihm ein. Er befeuchtete seine Lippen mit der Zunge. »In the morning – in the morning, children? – Yes, my Lord!« Er hob die Stimme. »Dont you hear that trumpet sound? If I had died when I was young,

I never would had to race for run! – Dont you hear that trumpet sound?«

Er sang es so, wie sie es gesungen hatte, wenn sie am Abend zum Bett gekommen war, sich am Fenster hingesetzt hatte, Mondlicht über ihrem Gesicht. Und die Grillen schwiegen, während sie sang. Nur im Nachbarhaus grölte Big Jack Robinson, daß er seiner Alten die Schnapsflasche auf den Schädel schlagen werde.

31
Sonnenuntergang

Keiner von ihnen hatte jemals zuvor ein so phantastisches, barbarisches Schauspiel gesehen. Uns blieb glatt die Luft weg. Da kamen sie, Hunderte von Kriegern, die Auslese der jungen, zornigen Männer unter den Stämmen der südlichen Plains, auf ihren besten Ponys, bewaffnet mit Gewehren, Lanzen und schweren Büffelhautschildern. An Pferden und Reitern leuchteten Kriegsfarben, rot, zinnober, ocker. An den Zügeln flatterten Skalps, und der Wind blähte die herrlichen Federhauben auf. Bunte Stoffstreifen und Federn hingen von Schwanz und Mähne der Pferde, und die bronzefarbenen, nackten Körper der Reiter glänzten im Silber- und Messingschmuck. Hinter ihnen dehnte sich schier endlos die hügelige Prärie aus, von den ersten Sonnenstrahlen entflammt. Es schien, als ob die Krieger aus glühendem Feuerschein heraus angreifen würden.

Olive K. Dixon, THE LIFE OF BILLY DIXON, *1927*

Einer sagte, daß es jetzt vorbei wäre bis zum nächsten Morgen. Dann würden sie bestimmt noch einmal kämpfen müssen, aber man habe ja zum Glück genug Munition bis zum Herbst. Schwieriger würde es dann schon mit den Lebensmitteln, meinte Meyers' Clerk, und vor allem müßte man in der Nacht genug Wasser in die Häuser schaffen, weil man beim Schießen immer Durst bekommt.

Draußen war es jetzt still, nachdem einige Indianer von den Hängen aus herübergeschossen hatten. Mit ihren Karabinern mußten sie so nahe herankommen, daß Billy Dixon einen von ihnen erwischte, als er es sich beim Bach bequem machen wollte und das Gewehr in einer Astgabel aufstützte. Aus dieser Entfernung hatten sie gegen die Büffelgewehre keine Chance und im Laufe des Nachmittages fingen sie an, Munition zu sparen. Sie ritten ziellos umher, manchmal in Gruppen, manchmal allein, wahrscheinlich ziemlich wütend und auch niedergeschlagen.

Der Schatten von Raths Store kroch den Radfurchen entlang, über den zerwühlten Boden, bedeckte sechs Maultiere und die Beine eines toten Cheyenne, der verkrümmt und schon etwas aufgedunsen am Boden lag, von Fliegen und Mücken umschwärmt und mit einer aufgerissenen Brust. Es war kein schöner, aber ein beruhigender Anblick, und im Saloon liebäugelte Mike Welch bereits mit einer Kette aus Bärenkrallen, die dem Toten vom Hals herunterhing.

Es war so still, daß Old Man Keeler glaubte, sein Kreuz jammern zu hören, aber es war Langstons Vogel, der auf dem Wachtturm hockte und in Abständen etwas verhalten krächzte. Die Männer lugten durch Löcher und Fensteröffnungen, durch Spalten im Gebälk und über ihre Mehlsackbarrieren hinweg. Der Staub hatte sich gelegt, aber der Pulverrauch zog nur langsam ab. Draußen flimmerte die Luft, bewegte sich, schien den Toten ein bißchen Leben einzuhauchen und verbog die Palisadenstangen von Meyers' Corral.

Die Tür in Raths Store, halb aus den Angeln gestoßen und von Axthieben und Kugeln arg zugerichtet, wurde von innen einen Spalt aufgezogen. O'Keefe kam heraus und warf einen wehmütigen Blick hinüber zu seiner Schmiede, die zwischen dem Saloon und Meyers' Store eingeklemmt, halb zusammengebrochen war. Die Indianer hatten Zangen, Hämmer und andere Werkzeuge mitlaufen lassen. O'Keefe machte Billy Dixon Platz, der mit seiner 44er-Sharps herauskam, Pulver im Gesicht und eine Beule am Kopf. Die Teigklumpen an ihm waren in der Zwischenzeit trocken geworden. Als er über den Platz ging, kratzte er einige von seiner Hose und warf sie der Krähe zu, die über ihm zum Sturzflug ansetzte. Er kam gut über den Platz, lief dann ein paar Schritte, als er den Brunnen passierte, und kam das letzte Stück rückwärts und zeigte mit der Gewehrmündung auf den Brunnen. Old Man Keeler öffnete ihm.

»Beim Brunnen liegt der Nigger«, sagte Billy Dixon. »Olds hat ihn mit der Winchester erwischt, aber er lebt noch.«

Sofort entstand Aufregung. Man hatte wieder ein Ziel. Alle hatten sie den großen schwarzen Mann auf dem Maultier gesehen, der mit einem Armeehorn Angriffsignale geblasen hatte. Harry Armitage, der mal für zwei Jahre bei der Kavallerie gewesen war, hatte die ganze Zeit geflucht, weil er die Signale alle kannte, die Indianer aber immer etwas anderes taten, als er erwartete.

Ben, der mit Edward Trevor zusammen im Lagerraum Bleikugeln goß, hörte James Campbell sagen, daß hinter dem Haus eine Leiter sei und er den Nigger schon treffen werde. Ben ließ die Kugelzange in den Topf fallen, stieß Edward Trevor zur Seite und lief in den Store. Campbell war schon bei der Hintertür, eine Sharpsbüchse in der Hand. Harry Armitage, der sich aus dem Fenster gebeugt hatte, sagte, er könne den Nigger singen hören, Old Man Keeler beobachtete durch einen Spalt in der Tür, wie Mike Welch drüben den Saloon verließ, sich nach allen Seiten umsah und zu dem toten Cheyenne hinüberging. »Wenn der Nigger singt, könnte er Welch auch abschießen«, sagte einer der Büffeljäger. Ben packte James Campbell am Arm. »Ich geh raus!« sagte er etwas schrill. »Ich kenne ihn. Er wird nicht schießen.«

»Ah, das ist wohl ein Verwandter von dir«, sagte Harry Armitage. »Hör mal, der Bursche hat uns 'ne Menge Ärger gemacht. Ich bin dafür, daß Campbell ihn vom Dach aus abschießt. Dann haben wir Ruhe.«

Ben wandte sich an Old Man Keeler und bat ihn, nicht auf den Neger schießen zu lassen. Campbell schob den Riegel hoch und zog die Tür einen Spalt breit auf. Ein Schuß krachte und die Kugel schlug in die Rückwand von Raths Store. Campbell warf die Tür zu und Mike Welch, der zu einem anderen Toten gehen wollte, ließ sich flach auf den Bauch fallen. Ben lief zur Vordertür. Er warf einen Blick durch die Luke. Schneeschuh stand beim Palisadenzaun, etwa zehn Schritte vom Brunnen entfernt, und zeigte der Krähe seine langen, gelben Maultierzähne. Die Krähe ließ sich nicht einschüchtern, flog zum Brunnen und setzte sich auf den Pumpenschwengel.

»Nap!« rief Ben heiser. »Nap, lebst du?«

Keine Antwort. Kein Laut war zu hören. Die Krähe äugte nach allen Seiten. »Er singt nicht mehr«, sagte Harry Armitage. »Vielleicht ist er tot.«

Mike Welch kroch jetzt über den Platz zu Raths Store. Dort duckte er sich neben einer Regentonne und hängte sich die Kette um den Hals.

»Clintock, sie schießen vom Wäldchen her«, sagte Billy Dixon. »Und einige von ihnen haben gute Gewehre. Außerdem weißt du nicht, ob der Nigger dir nicht einfach 'ne Kugel in den Bauch schießt, wenn du drüben ankommst.«

»Das ... das würde Onkel Nap nie tun«, sagte Ben und griff nach seiner Winchester. »Campbell, falls ich dich auf dem Dach sehe, schieße ich dich runter!«

Campbell verzog sein Gesicht. »Sag mal, bist du wahnsinnig, Clintock? Der Bursche ist ein schwarzer Indianer, und ich habe mit eigenen Augen gesehen, wie er herumgeschossen hat!«

»Ich habe nur gesehen, wie er aus vollen Backen ins Horn geblasen hat«, sagte Harry Armitage. »So ein verrückter Kerl! Und sein Maultier, das jetzt lammfromm dort drüben steht, das ist ein Teufel!«

Sie redeten durcheinander. Jeder hatte den Neger gesehen. Jeder wußte etwas zu erzählen. Bat Masterson sagte, daß er zuerst gedacht habe, es sei ein Indianer, der sich schwarz angemalt habe. »Daß die einen Hornisten dabei hatten, das glaubt uns doch kein Mensch!«

Old Man Keeler legte Ben die Hand auf die Schulter. »Paß auf, Söhnchen!« sagte er und schob den Riegel zurück.

»Sag ihm 'nen schönen Gruß von mir«, sagte Billy Dixon, ging zur Hintertür und öffnete sie einen Spalt. »Geh raus, wenn ich abdrücke!«

Dixon zielte lange, das Gewehr gegen den Türpfosten gelehnt. Als die Sharps aufdonnerte, lief Ben hinaus. Mike Welch richtete sich etwas auf und blickte neugierig herüber. Wahrscheinlich hatte er keine Ahnung, daß hinter dem Brunnen der Neger lag. Ben rannte zum Palisadenzaun und an dem Blockhaus vorbei. In einem der Fenster in Raths Store sah er das Gesicht von William Olds über dem Lauf der Winchester. Hanrahan kam aus dem Saloon und spuckte einen Priem auf den Platz hinaus. Die Krähe flog zu einem der toten Indianer, hüpfte ihm über den Bauch und hackte in einer Halswunde herum. Ben erreichte den Brunnen und warf sich keuchend in den Staub.

Nap lag im Schatten der Mauer. Er hatte die Beine von sich gestreckt und die Hände im Nacken verschränkt. Sein Körper war von Blut bedeckt, das sich mit der Kriegsfarbe vermischt hatte. Sein Gesicht war etwas eingefallen, und er hatte die Augen geschlossen.

»Nap!« rief Ben leise, »Nap, lieber Gott, du bist schwer getroffen!«

Nap öffnete die Lider. Seine Augen glänzten. Er verzog den Mund zu einem Lächeln. »Kleiner«, flüsterte er schwach. »Ist dir nichts Besseres eingefallen, als hierherzukommen?«

»Nap, komm, ich trag dich rüber zu Mrs. Olds. Sie kann nach deinen Wunden sehen und vielleicht ...«

Nap legte ihm die Hand auf den Arm. Er bewegte den Kopf. Seine Lippen zitterten. »Mir ist gut, Kleiner«, sagte er. Und er grinste jetzt. »Mann, eure Büffelbüchsen ... es hat Co-bay erwischt. Und Stone Calfs Sohn.« Er beugte den Kopf etwas, so daß er seine Wunden sehen konnte. »'ne Winchester, Kleiner. Der Mann schießt so verteufelt schnell und gut. Wer ist er?«

»William Olds, der Mann von der Frau«, sagte Ben. »Nap, du verblutest, wenn deine Wunden nicht verbunden werden!«

Nap schüttelte den Kopf. »Weißt du, wie mir ist, Kleiner? Soll ich dir sagen, wie mir ist? Ich fühl mich sauwohl. Es ist wie vor dem Einschlafen, wenn einem nur die schönen Dinge einfallen, die man erlebt hat. So ist es, Kleiner. Komm, setz dich hin. Hier. Es ist kühl hier. Sieh mal die Hügel. Sie schwimmen. Sie werden nicht von der Erde getragen. Sie sind wie Inseln im Meer. Hast du das Meer mal gesehen, Kleiner? Natürlich nicht. Du bist ein Cowboy. Aber ich hab das Meer gesehen. Unten in New Orleans. Es riecht nach Salz.« Nap hob den Kopf und sog die Luft durch die Nase. »Du bist also hier mit deinen Büffeljägerfreunden zusammen, und du hast gekämpft, nicht wahr?«

»Ich hatte das Gewehr in der Hand, und ich vergaß abzudrücken«, sagte Ben. Er lachte leise. »Einmal, da war Satanta keine drei Schritte von mir entfernt. Ich hätte mich nur vorbeugen müssen, um ihm die Federn aus dem Haar zu ziehen.«

Nap preßte Bens Hand. »Mann, so hab ich die Hügel noch nie gesehen! Sag mal, sind noch Indianer rum?«

»An den Hängen.« Ben spürte, wie ein Zittern durch Naps Körper lief. »Nap, kann ich etwas für dich tun? Herrgott, ich kann doch nicht einfach zusehen, wie du verblutest!«

»Man schläft ein, Kleiner. Es wird sowieso Abend. Weißt du, ich bin müde. Richtig müde.« Er lehnte seinen Kopf gegen Bens Schulter, hüstelte leise, und das Blut lief ihm aus dem Mundwinkel. »Willst du Wasser, Nap?« fragte Ben, und seine eigenen Worte dröhnten in seinem Kopf. Nap nickte. »Einen Schluck«, sagte er leise.

Ben stand auf und griff nach dem Pumpenschwengel. Er sah Mike Welch im Schatten von Raths Store. Und Hanrahan. Und Harry Armitage. Edward Trevor und Billy Dixon kamen den Palisadenzaun entlang. Bat Masterson, geduckt wie ein Wolf, der die Zähne fletschte und sich zum Sprung bereit machte. Sie kamen von allen Seiten, schlichen heran, mit ihren Revolvern und Gewehren. Ben pumpte Wasser hoch. »Bleibt weg!« schrie er ihnen zu. »Herrgott, bleibt weg vom Brunnen!«

»Ich will den Nigger sehen!« sagte Mike Welch heiser. Campbell lachte schrill. Jim Hanrahan war stehengeblieben. Sie waren wie Geier, die einen Kadaver entdeckt hatten.

Ben formte seine Hände zu einer Schale, ließ sie voll Wasser laufen und kniete bei Nap nieder. Nap trank einen Schluck und legte den Kopf zurück.

»Deine Freunde kommen«, sagte er leise.

»Sie sind nicht meine Freunde!« sagte Ben und ergriff die Winchester, richtete sich auf und schoß eine Kugel in die Richtung von Mike Welch.

»Wer näher herankommt, den schieße ich nieder!« brüllte er. »Hier gibt es nichts zu sehen! Bat, bleib stehen, ja!«

»Wenn er verletzt ist, können wir ihm vielleicht helfen!« rief Billy Dixon.

»Er braucht keine Hilfe!« Ben legte die Winchester in den Staub. »Willst du mehr Wasser, Nap?«

»Nein. Setz dich her. Komm, Kleiner.« Ben setzte sich neben ihn, und als Nap sich gegen ihn lehnte, legte er ihm schützend den Arm um die Schultern.

Naps Haut war kühl und von Schweiß bedeckt. Manchmal verkrampften sich seine Muskeln und er preßte die Zähne zusammen. Es machte ihm Mühe, die Augen offen zu halten. Er flüsterte, daß man die Indianer mit Büffelgewehren ausrüsten müßte.

»Weißt du, wie Tasa-va-te die Büffelgewehre genannt hat, Kleiner? *Schießt heute und trifft morgen.* Er ist tot. Alle sind tot. Der Sattelmacher und Esa-que und Co-bay. Die Besten sind tot, Kleiner. Alle meine Freunde.« Und er fragte nach dem Germanen. Ob der Germane hier wäre. Ben sagte ihm, was mit Billy Blue passiert war. Er sagte ihm, daß er an einem Bauchschuß gestorben sei. Cheyenne hätten ihn und einen anderen erwischt. Ob er geschrien habe und sich vor der Hölle gefürchtet habe, fragte Nap. Ben schüttelte den Kopf. »Er hat 'nen Schluck Whisky verlangt«, sagte er. Nap lächelte. Langsam richtete er sich auf. Er sah Ben von der Seite an. »Wisch dir die Tränen aus dem Gesicht, Kleiner«, sagte er. »Mann o Mann, für 'nen Cowboy ... ja, für 'nen Texascowboy hast du ein verdammt weiches Gemüt, Benjamin Clintock.« Er legte den Kopf zurück und öffnete den Mund weit. Sein Atem ging jetzt schnell und kurz, dann langsam und flach. »Nap, ich rufe jetzt Mrs. Old herüber!« stieß Ben hervor. Nap hob die Hand ein Stück, aber er hatte keine Kraft mehr, und sie fiel in seinen Schoß zurück. »Geh' ... geh heim, Ben!« sagte er leise. Dann hob sich seine Brust jäh, und sein Herz pumpte ein paarmal Blut aus der Wunde. Ben legte sein Gesicht gegen Naps Brust. Das Herz schlug nicht, fing wieder an, laut, noch einmal schnell und dann langsamer und leiser.

Irgendwann stand Ben auf. Der Schatten von Raths Store bedeckte jetzt den ganzen Platz. Ben hob die Winchester auf und ging langsam auf Schneeschuh zu. »Alter, sei brav«, sagte er leise. Schneeschuh stand still, und Ben nahm ihn bei den Zügeln. Langsam ging er über den Platz, und sie kamen alle zum Brunnen und sahen den Toten an. Als Mike Welch fragte, ob er die Ohrringe haben dürfe, sagte Old Man Keeler, daß er von ihm gleich die Faust in den Mund kriegen würde, und Mike Welch ging zu einem toten Indianer und schnitt ihm die Zöpfe ab.

In den späten Abendstunden kamen Jim und Bob Cator mit ihren Wagen in Adobe Walls an. Wenig später führte auch George Bellfield seine beiden Wagen und seine Mannschaft zu Meyers' Store. Sie alle hatten keine Indianer gesehen, sie waren von Norden gekommen. Trotzdem schlief in dieser Nacht niemand. Mrs. Olds hatte zwei Eimer voll Stew gemacht, und Old Man Keeler briet in Meyers' Küche Kartoffelscheiben und Büffelsteaks. Man füllte Wassereimer und Fässer und brachte sie in die Gebäude. Jim Langston, Raths Clerk, schlug vor, auf den Dächern je einen kleinen Ausguck zu bauen, den man von innen mit Leitern erreichen konnte. Rund um die Häuser herum wurden noch am gleichen Abend Erdschollen ausgestochen und auf die Dächer getragen. Man baute runde Brustwehre, in denen zwei Männer knien konnten, ohne sich gegenseitig zu behindern. Alle rechneten mit einem neuen Angriff bei Tagesanbruch. Schießscharten wurden in die fensterlosen Wände geschlagen, Munition auf alle drei besetzten Gebäude verteilt. Bat Masterson, Billy Dixon und ein paar von Bellfields Männern hoben ein Grab für die Shadler-Brüder und ihren Hund aus. Billy Tyler wurde hinter Meyers' Store begraben, und alle fragten sich, was mit dem Nigger geschehen würde, den Benjamin Clintock in den kleinen Schuppen neben Olds' Restaurant getragen hatte. Man sah, wie Ben einige Eimer mit Wasser füllte. Dann ging er in den Rath-Store und verlangte die beste Seife, die es dort gab. Mrs. Olds gab ihm ihre eigene, und Ben ging wieder hinaus in den Schuppen.

»Er wäscht dem Nigger die Farbe runter«, sagte James Campbell.

Harry Armitage schüttelte den Kopf. »Das muß wirklich ein Verwandter von ihm sein.«

»Hör mal, der ist doch so schwarz wie Keelers Seele«, sagte Jim Hanrahan. »Und Clintock hat blaue Augen.«

»Du weißt doch, wie das unter den Rothäuten ist. Da hat man schnell ein paar Verwandte zusammen.« Jim Cator biß ein Stück seiner Kautabakstange ab. »Wenn der Junge bei den Rothäuten war, dann ist es schon möglich, daß der Nigger sein Onkel geworden ist.«

»Ich möchte wissen, warum er ihm die Farbe vom Gesicht wischt«, sagte Bellfield, der hier neu war und auch danach aussah.

»Er richtet ihn her, wie es sich gehört«, sagte Mike McCabe grimmig. »Verdammt noch mal, laßt doch endlich den Jungen in Ruhe! Erst hat ihm kein Mensch geglaubt, daß die Rothäute angreifen, und jetzt wollt ihr ihm die Tränen aus dem Gesicht wischen!«

»Das möchte ich überhaupt nicht«, knurrte Mike Welch. »Ich möchte ihm mal die Nase breitschlagen, damit er weiß, was . . .« Mike McCabe packte Welch an der Brust, wirbelte ihn herum und warf ihn gegen Oscar Sheppard, der im letzten Moment versucht hatte, den Revolver zu ziehen. »Paßt auf, ihr zwei Schweinehunde! Ich hab gesehen, wie ihr den

Roten die Köpfe abgeschnitten habt, bevor sie eingelocht wurden! Weiß Gott, ich bin auch kein Indianerfreund, und wenn mir einer auf den Buckel springt, bringe ich ihn um. Aber was ihr beide gemacht habt, ist eine gottverdammte Schweinerei!«

»Leonard hat gesagt, daß er die Köpfe beim Tor auf die Pfähle setzen will!« sagte Oscar Sheppard. »Teufel, was ist denn schon dabei, McCabe? Sie sind tot und fertig. Da kommt es doch nicht drauf an, ob sie noch Köpfe haben...«

»Barbarisch ist das!« sagte Bellfield entrüstet. Er verließ Hanrahans Saloon und ging zu seinen Wagen. Jim Hanrahan rief ihm nach, daß er sich sein Bett besser im Haus machen sollte, sonst könnte es sein, daß er am Morgen aufwacht und sich mit den Shadler-Brüdern zusammen wundert, daß in der Hölle kein Frühstück serviert wird.

Old Man Keeler kam in den Saloon und zeigte mit dem Daumen über die Schulter. »Der Kleine will ihn zu den Indianern bringen«, sagte er. »Ich glaube, du solltest ihm mal ein bißchen gut zureden, Mike.«

»Ich? Warum ich?«

»Weil du doch was von den Rothäuten verstehst, verdammt!«

Mike McCabe warf Mike Welch noch einen wütenden Blick zu. Dann verlangte er von Hanrahan eine Flasche. »Ich kann nur 'ne Predigt halten, wenn ich besoffen bin«, sagte er. Hanrahan gab ihm die Flasche und sagte, daß sie dreifünfzig koste. Noch würde sein Saloon stehen, und er habe nicht die Absicht, seinen Schnaps zu verschenken. Mike McCabe bezahlte, und Hanrahan ging in seine Schlafkammer, um das Geld zu verstecken. »Es wäre mir unangenehm, wenn einer meine Taschen durchsucht, wenn ich im Dreck liege«, sagte er.

Ben war dabei, Nap in eine Büffelhaut einzuwickeln, die er unter den toten Indianerponys gefunden hatte. Sie trug allerlei Zeichen und gehörte wahrscheinlich einem Cheyenne, der am Washita gewesen war. So behauptete es Mike McCabe, der in den Schuppen kam und sich auf das zerschossene Sauerteigfaß setzte. Er trank einen Schluck aus der Flasche und fragte Ben, ob er Lust hätte. Ben schüttelte den Kopf, zog die Büffelhaut hoch und rollte Naps Leiche auf den Rücken. Er verschnürte die Haut sorgfältig. Neben ihm lagen Naps Sachen, der Schild mit den beiden Skalps, der Tomahawk und der Revolver. Das Horn hatte er Nap in die Hände gedrückt. Ben stand auf und holte Schneeschuh.

»Old Man Keeler glaubt, daß du ihn zu den Indianern bringen willst«, sagte Mike McCabe. »Ben, das ist ein verrückter Gedanke, den du da hast. Laß dir das von einem gesagt sein, der sich auskennt in solchen Dingen. Wenn den Rothäuten etwas daran gelegen hätte, ihre Toten zu bergen, wären hier nicht so viele von ihnen liegengeblieben.«

»Ich bring ihn raus hier«, sagte Ben.
»Wohin?«
»Norden. Wo die Hügel sind, die er gesehen hat.«
»Dann laß mich mitkommen, zum Teufel!« McCabe half Ben, den Toten auf Schneeschuhs Rücken zu legen. Ben hängte Naps Sachen und einen Spaten an den Indianersattel und nahm Schneeschuh an den Zügeln. Mike McCabe ging hinter ihm her. Vom Saloon aus sahen ihnen die Männer nach. »Laß mich allein!« sagte Ben. »Ich bin in zwei, drei Stunden zurück.«
Mike McCabe fluchte, blieb aber stehen, und Ben ging allein weiter. Die Nacht war ruhig. Nur die Grillen zirpten. Schneeschuh blieb einmal plötzlich stehen und legte die Ohren zurück. Ben griff nach dem Gewehr. Nichts geschah. Irgendwo im Norden von Adobe Walls, auf den Hügeln, die am Nachmittag in flirrenden Hitzeströmungen geschwommen hatten, zwischen ein paar Mesquitebüschen, hielt Ben an. Er machte die Zügel an einem Ast fest und nahm den Spaten vom Sattel und schaufelte das Grab. Spät nach Mitternacht hob er Nap vom Rücken des Maultieres und legte ihn in die Grube. Er blieb lange dort, und als er am frühen Morgen zurückkam, sagte Old Man Keeler, daß es vielleicht wirklich Schutzengel gäbe.

Einer verließ Adobe Walls. Er hatte eine Winchester, ein Büffelgewehr und zwei Revolver bei sich. Die Satteltaschen waren mit Patronen vollgestopft, und trotzdem standen die Wetten eins zu hundert, daß er Dodge City nicht erreichen würde. Aber er war zuversichtlich. Das Pferd war schwarz, und er selbst trug einen dunklen Wollmantel. Sein Gesicht hatte er mit Ruß eingeschmiert. Jim Hanrahan begleitete ihn ein Stück in die Nacht hinaus.
Am nächsten Tag tauchten auf den Hügeln Indianer auf. Sie ritten auf und ab, kamen näher und verschwanden wieder. Die Männer beobachteten die Hügel. William Olds saß auf dem Dach von Raths Store.
Am Nachmittag meldete er Indianer im Osten. Billy Dixon kniete in der Tür nieder und legte seine 44er-Sharps an. »Kommt näher, Freunde!« bat er beinahe inbrünstig. Aber sie taten ihm nicht den Gefallen. Hanrahan lieh ihm seine 50er-Sharps und brachte einen Stuhl zur Tür. Billy Dixon preßte den Schaft gegen die Schulter, legte den Lauf auf der Stuhllehne an und holte tief Luft.
»Die sind mindestens eine Meile weit weg!« sagte Bat Masterson. »Das schaffst du nie. Wenn von denen einer genau aufpaßt, kann er die Kugel mit der Hand auffangen und...«
Die Sharps krachte. Dixons Schulter wurde hart zurückgestoßen. Pulverrauch hing im Türrahmen, wurde vom Wind erfaßt und auseinan-

dergerissen. Oben, auf dem ersten Hügelkamm, fiel einer der Indianer vom Pferd, als das Echo schon verhallt war.

»Heiliger Rauch, mit diesem Schuß hast du dir ein Denkmal gesetzt, Billy!« sagte Jim Hanrahan.

Als Ben in den Saloon kam, feierten die Büffeljäger Billy Dixons *Meilenschuß*. Die, die es nicht gesehen hatten, wollten es nicht glauben. Aber es gab zwei Dutzend Augenzeugen, und Mike McCabe sagte, daß er eine Meile genau abschätzen könne. »Wenn es bei einem Mann aussieht, als hätte er keine Augen, keine Nase und keinen Mund im Kopf, dann ist das haargenau eine Meile.« Old Man Keeler sagte, daß er schon auf hundert Schritte nur noch eine Nase sehen könne, wenn sie 'nem Säufer gehörte.

»Und trotzdem war es eine Meile!« behauptete Jim Hanrahan. Man zeigte Ben die Stelle, wo der Indianer vom Pferd gefallen war. »Dort, wo ein Fleck ist, der wie ein Busch aussieht«, sagte Bat Masterson. »Genau dort ist er vom Pferd gefallen!«

»Das ist eine Meile«, sagte Ben. »Knapp.«

»Knapp oder nicht!« rief Hanrahan. »Ich geb' noch einen aus!«

Er war großzügig, seit er sich entschlossen hatte, bei der erstbesten Gelegenheit nach Dodge zurückzukehren. Einmal mit dem Gedanken vertraut, daß aus Adobe Walls nicht so schnell eine Stadt werden würde, fieberte er dem Tag entgegen, an dem Dodge City wieder vor ihm liegen würde. Dodge City, eine Handvoll bemalter Bretterhäuser und Saloons, Spielhöllen, ein Drugstore, Tabakwaren, Generalstore, Schmiede, Bäkkerei und Metzgerei. Dodge City, Queen of the Cowtowns.

»Indianer!« William Olds' Stimme krächzte. Die Männer rannten hinaus. Mrs. Olds lief vom Schuppen herüber. Im Osten waren drei oder vier Dutzend Indianer zu sehen. »Komm runter, Mann!« rief Mrs. Olds zum Dach hoch. Die Indianer galoppierten einen Hügel hinunter, mehr als eine Meile entfernt. William Olds rutschte auf dem Hosenboden über das Dach zur Leiter. Er hatte seine Winchester in der linken Hand und suchte mit den Fäusten nach den Sprossen.

»Der bricht sich glatt das Genick!« knurrte Jim Hanrahan. Sekunden später blieb William Olds, der mit dem Rücken zur Leiter herunterkommen wollte, mit dem Absatz an einer Sprosse hängen. Er strauchelte, machte einen halben Salto und fiel kopfüber herunter. Als er am Boden aufschlug, ging die Winchester los, und die Kugel fuhr William Olds von unten her durch den Kopf. Schreiend warf sich Mrs. Olds über ihn. Die Männer rannten hinüber, und die Frau schrie: »Nein, lieber Gott, nein, nein, nein!«

Jim Hanrahan und Bat Masterson nahmen sie bei den Armen und zogen sie hoch. Sie hing am ganzen Körper bebend zwischen ihnen, und sie trugen sie in den Store hinein. William Olds' Schädeldecke war von der Kugel zerschmettert worden. »Allmächtiger!« sagte Harry Armitage leise. »Das darf doch nicht wahr sein!«

Er zeigte zum Hügel hoch, wo gerade die letzten Indianer wieder verschwanden.

Es war der fünfte Tag nach dem Angriff. Über hundert Büffeljäger hatten sich inzwischen in Adobe Walls versammelt, und es fiel erst auf, daß Benjamin Clintock fehlte, als man William Olds wenige Schritte von Raths Store entfernt beerdigte.

32
Ein Sieg für Mackenzie

Am sechsten Tag nach dem Angriff war Adobe Walls mit ungefähr hundert Männern stark überfüllt, aber keine Indianer waren in Sicht. Später erfuhren die Jäger, daß sich die enttäuschten Indianer nach der Schlacht vom 27. Juni in Stammesgruppen geteilt hatten und sich getrennt auf den Kriegspfad begaben. Bei Überfällen in Teilen von Texas, New Mexico, Colorado und dem südlichen Grenzstreifen von Kansas töteten sie ungefähr 190 Weiße, 30 davon in Texas.

Wayne Gard, THE GREAT BUFFALO HUNT, 1959

Die Cheyenne, Comanchen, Kiowas, Arapahoes und andere Banden machten eine Serie von Überfällen und schrecklichen Massakern und entkamen militärischer Bestrafung immer wieder durch die Flucht in ihre Reservationen. Am 21. Juli wurde der Armee vom Militärdepartement die Vollmacht erteilt, diese Indianer zu bestrafen, wo immer sie erreicht werden konnten, und wenn es nötig wäre, sollte man sie auch auf Reservationsgebiet verfolgen. General Pope, Kommandant für das Departement Missouri, wurde der Befehl erteilt, seine Armeen in Bewegung zu setzen . . .

P. H. Sheridan, RECORD OF ENGAGEMENTS, 1882

Nachdem die Leute in Dodge City durch Hanrahan und andere von dem Kampf um Adobe Walls erfahren hatten, machten sich einige Dutzend Männer unter Führung von Tom Nixon auf zu der Handelsniederlassung und holten die Überlebenden nach Dodge City zurück. Billy Dixon ging als Scout nach Fort Supply zur Armee.

Am 12. September wurden Billy Dixon, Amos Chapman und vier Soldaten der US-Kavallerie auf dem Weg von Fort Supply von einer Kiowahorde überfallen. Einige Comanchen- und Kiowabanden waren seit dem Angriff auf Adobe Walls auf dem Kriegspfad und auf der Suche nach Büffeln. Vier der sechs Männer wurden von Kugeln und Pfeilen getroffen. Sie kauerten eng beisammen in einer kleinen Mulde und schossen über die Kadaver ihrer toten Pferde auf die Indianer, die in alter Manier einen Kreis ritten, aus dem immer wieder einige ausbrachen, um die Mulde zu stürmen. Soldat Smith, knapp zwanzig Jahre alt, starb langsam und schrecklich. Chapmans Fuß wurde von einer Kugel zerschmettert. Er wickelte sein Hemd darum herum und weigerte sich, ohnmächtig zu werden. Fast jeder Schuß, den Billy Dixon oder Chapman abfeuerten, war ein Treffer. In der Nacht machte sich Soldat Peter Rath davon, um Hilfe zu holen. Nach zwei Stunden kam er zurück und behauptete, er habe den Weg nicht finden können.

Nach Mitternacht versuchte es Billy Dixon, und er kam durch. Am Morgen stieß er auf einen Nachschubtransport von General Miles, der von einem Major geführt wurde. Sie hatten einen Arzt dabei. Amos Chapman und die anderen wurden sofort nach Fort Supply transportiert, wo Chapmans Bein über dem Knie amputiert wurde. Fünf Tage nach der Operation betrat Benjamin Clintock das Armeehospital und fragte einen Sanitäter nach dem Kundschafter.

Chapman lag in einem der Eisenbetten, von denen ein Dutzend nebeneinander aufgereiht waren. Er war etwas bleich um die Nase, und seine Wangen waren eingefallen. Aber er grinste von einem Ohr zum andern, als Benjamin Clintock an das Bett trat und ihm einen Strauß halb verdorrter Prärieblumen auf den Bauch legte, zwischen denen er eine kleine Blechflasche mit Whisky versteckt hatte.

»Jesus, du lebst auch noch, Clintock!« sagte Chapman etwas schwach. »Ich habe gehört, daß du in Fort Sill und in Dodge City warst, und dann sagte man, daß jemand am Muleberry Creek die Leiche von 'nem jungen Burschen gefunden habe. Da dachte ich, daß es dich erwischt hat.«

»Ich war nie am Muleberry Creek«, sagte Ben und setzte sich auf den Bettrand. »Wie geht es dir, Chapman?«

»Besser«, sagte Chapman und sah sich um, bevor er die Flasche aus dem Blumenstrauß zog und sie aufmachte. Ben schob ihm das Kissen eines leeren Bettes unter den Rücken, und Chapman trank einen guten Zug. Als er die Flasche absetzte, hatte er beinahe wieder eine gesunde Farbe im Gesicht.

»Clintock, du bist 'n wahrer Freund!« sagte er. »Weißt du, was mir Billy Dixon gebracht hat? Ne Stange Kandis, 'ne Tüte Erdnüßchen und 'ne alte Ausgabe von der Dodge City Times. Mit der hab ich mir den Arsch geputzt!« Chapman warf die Bettdecke zurück und zeigte auf seinen einbandagierten Beinstumpf. »Ich kann ihn bewegen, Clintock. Schau mal!« Der Stumpf kam hoch, beinahe senkrecht. Chapman streichelte ihn. »Was meinst du, wie sich da meine Mädchen freuen werden!« Er lachte. »Ich hatte die ganze Zeit keine Schmerzen. Die haben mir den Fuß halb weggeschossen, als ich rannte, und ich rannte auf dem Knochen, ohne daß ich's gespürt habe. Und jetzt, wo er weg ist, scheint es, als ob er noch dran wäre. Ich hatte 'n Affenschwein, Clintock. Das sagen die Ärzte auch. Man glaubt erst, der Brand wäre drin, und da hätt ich's sicher nicht geschafft, aber jetzt besteht keine Gefahr mehr, und in zwei, drei Wochen bin ich wieder im Sattel. Ich krieg 'n paar Krücken aus Hikkory, Clintock, feine, prächtige Krücken, denen ich ein Paar Moks überziehen werde. Und im Osten gibt's 'ne Fabrik, die machen sogar richtige Holzbeine. Davon werd ich mir eins kommen lassen. Stell dir vor, du kriegst garantiert nie Hühneraugen dran und kalte Füße kriegst du auch nicht. Ich hab mir schon überlegt, ob ich mir nicht gleich das andere Bein auch abnehmen lassen soll, jetzt wo die Knochenflicker schon mal Übung darin haben. Aber die wollen nicht. Die sagen, daß ein gesundes Bein besser ist als zwei Holzfüße. Ich hab vom Fenster aus zugesehen, wie sie mein Bein begraben haben. Reynolds hat 'ne Kiste schwarz angestrichen und 'n Brett in den Boden gesteckt. ›Hier ruht Chapmans Fuß, mit dem er verschiedene Leute in den Hintern getreten hat!‹ steht darauf.« Chapman kicherte und trank noch einen Schluck. »Guter Schnaps, Clintock!«

»Hat mir Davidsons Adjutant mitgegeben«, sagte Ben.

»Wie sieht es aus in Fort Sill?«

»Wüst! Laufend kommen Kiowas rein. Und ein paar Comanchen. Halb verhungert. Viele Verletzte. Sie werden in Corrals zusammengetrieben wie Rinder. Frauen und Kinder zusammen und die Männer woanders. Man entwaffnet sie. Den Kindern werden die Haare geschnitten, und man verteilt ihnen Hosen und Hemden und Stoff, mit dem die Frauen Kleider machen können.« Ben stand auf und ging zum Fenster. Unten marschierten Soldaten vorbei. »Satanta hat sich ergeben. Ich habe ihn in der Zelle besucht, bevor man ihn nach Huntsville abtransportiert hat. Er sah aus wie ein Greis, und ich habe ihn nach Tomanoakuno gefragt. Er sagte kein Wort, und sie legten ihn in Ketten, und sie gaben ihm Fußtritte, als sie ihn zum Wagen brachten.

Davidson ist mit seinem Regiment unterwegs. Colonel Ranald Mackenzie kommt aus Fort Concho hoch. Miles Truppen sind von hier aus unterwegs. Major Price kommt aus Fort Union, und Buell operiert mit einigen Infanteriekompanien zwischen Mackenzies und Davidsons Truppen. Man hat das ganze Kiowa- und Comanchengebiet eingekesselt, und so wie es aussieht, wird der Feldzug nicht mehr lange dauern.«

Chapman nickt. »Was habe ich dir gesagt, Clintock? Sie brauchen 'nen Grund, um die Rothäute in die Zange zu nehmen! Nun haben sie an die zweihundert Gründe. Verstümmelte und skalpierte Leichen! Jesus, und ich liege hier im Bett, während draußen Zirkus gemacht wird! Aber so schnell werden die mit den Rothäuten nicht fertig, Clintock! Lone Wolf und Quanah, die geben nicht auf. Und da bleibt für mich auch noch was übrig, bevor der erste Schnee fällt.« Chapman zog die Decke wieder hoch. »Clintock, eines Tages kriegst du dein Mädchen. Wahrscheinlich im Winter, wenn es kalt ist. Dann kommen auch die verdammten Kwahadis rein, das steht fest. Der nächste Winter wird ihnen allen das Kreuz brechen, auch den Kwahadis. Nichts zu fressen, keine Häute und überall Soldaten. Das stehen sie nicht durch, auch nicht, wenn sie sich in den Llano zurückziehen.«

»Reynolds und Lee meinten, daß ich mich Mackenzie anschließen sollte, weil er die Tonkawa-Scouts hat und mit ihrer Hilfe wahrscheinlich am ehesten auf die Hauptmacht der Indianer stoßen wird. Schmalsle, ein Scout, hat mir gesagt, daß Mackenzie zum Palo Duro unterwegs ist. Dort vermutet man ein großes Lager mit den Frauen und Kindern.«

Amos Chapman wiegte den Kopf. »Schmalsle versteht etwas von den Rothäuten, Clintock. Wenn er meint, daß sie im Palo Duro sind, dann kann man darauf getrost die Hose verwetten. Aber du brauchst nicht hinzugehen. Du kannst es bequemer haben. Die kommen alle zu den Agenturen, wenn es kalt wird. Da brauchst du nur zu warten.«

»Mackenzie wird das Lager angreifen«, sagte Ben.

»Natürlich wird er das. Er ist 'n bissiger Bursche, Clintock. Er hat den Comanches schon im Blanco Canyon übel mitgespielt. Kavallerieoffizier, der im Sattel hockt wie ein Brett. Nach 'nem Hundertmeilenritt hat er einen Arsch wie 'n rohes Steak. Aber der Kerl ist hart wie Gußeisen, sag ich dir. Nur sein Arsch ist empfindlich, und vielleicht wäre er besser zur Infanterie gegangen.« Chapman legte sich zurück. »Bin noch etwas schlapp, Clintock. Aber in zwei, drei Wochen hock ich wieder im Sattel, darauf kannst du dich verlassen. Hör mal, wenn du zu Mackenzie reitest, sag ihm, daß ich dich geschickt habe. Sag ihm, daß dein Mädchen bei den Indianern ist. Vielleicht versucht er, das Mädchen rauszuhandeln. Hast du Geld, Clintock?«

»Drei Dollar und fünfzig Cents.«

»Ha, dafür kriegst du nicht mal 'nen Haarbüschel von ihr!« Chapman zog die Stirn in Falten. »Geh runter zu Reynolds und sag ihm, daß du hundert Bucks brauchst. Wenn er sie dir nicht geben will, beißt du ihm in die Nase, verstanden! Er schuldet mir zweihundertfünfzig Dollar für 'ne Ladung Häute.« Chapman grinste. »Wenn du das Mädchen raushandeln kannst, dann zahlst du mir die hundert Bucks mal bei Gelegenheit zurück.«

»Chapman, hundert Dollar sind eine Menge Geld. Ich weiß nicht, ob ich jemals . . .«

»Dann eben nicht. Hau ab, Clintock! Du kommst her, jammerst mir die Ohren voll und wunderst dich, wenn ich in die Tasche lange. Hol das Mädchen raus, bevor dir graue Haare wachsen. Und friß mal was Anständiges, zum Teufel! Du siehst beinahe schlimmer aus als ich.«

»Chapman, wenn du was brauchst, dann . . .«

»Hau ab! Und sag Mackenzie 'nen schönen Gruß von Amos Chapman. Sag ihm, daß ich ihm zu Weihnachten 'nen Truthahn schieße!«

Benjamin Clintock verließ das Hospital. Es sah schon herbstlich aus. Die ersten goldgelben Blätter der Cottonwoods tanzten im Wind. Das Gras an den Hängen war verbrannt. Bei den Mannschaftsbaracken wurden Wagen mit Brennholz entladen, und eine Nachschubkolonne machte sich zur Abfahrt bereit. Ben ging hinunter zum Handlungsposten, ziemlich durcheinander. Er hatte von Chapman nicht viel mehr als eine Auskunft erwartet, vielleicht nicht mal das. Seit Ende Juni hatte sich Ben in Fort Sill, Fort Supply, Anadarko oder Fort Dodge herumgetrieben. Er hatte zugesehen, wie sie in kleinen Gruppen in die Reservationen kamen, zerlumpte Krieger, Frauen und Kinder, geschlagen, hungrig und bereit, für ein Stück Hartbrot zu vergessen, wer sie waren und woher sie kamen. Die Quäkeragenten und ihre Gehilfen hatten alle Hände voll zu tun, Kinder zu füttern, ihnen die Haare zu schneiden und sie zu waschen. Im Eishaus von Fort Sill waren zeitweise bis zu zweihundert Leute eingepfercht. Der Proviant wurde knapp. Ben hatte unter ihnen nach Tomanoakuno gesucht. Er hatte verängstigte Kinder, müde Frauen und betrunkene Krieger gefragt, die irgendwo für ihren Tomahawk, für den Schild, für einen Skalp oder eine Halskette eine Flasche Schnaps eingehandelt hatten. Er hatte einige getroffen, die er am Elk Creek gesehen hatte. Abgemagert, schmutzig und schweigsam. Ben hatte sich mit Soldaten herumgetrieben, die von den Kämpfen zurückgekehrt waren. Er hatte sich Büffeljägern angeschlossen, war mit einem Händler nach Fort Dodge gefahren und hatte in Dodge City Jim Hanrahan und die anderen getroffen und nach Mrs. Olds gefragt. Man sagte ihm, die Lady sei mit der Bahn weggefahren. Niemand wußte, wohin. Man wartete darauf, daß die Armee den Texas Panhandle säuberte. Weiter im Süden gab es noch Büffel. Die Mooar-Brüder waren längst wieder unterwegs. Reynolds und Lee wollten mit einigen Wagenladungen voll Ware zum

Colonel Ranald Mackenzie

Sweetwater ziehen, um eine Büffeljägerstadt zu gründen, wie es Adobe Walls gewesen war. Aber noch war es nicht soweit. Lone Wolfs Kiowas durchstreiften das Gebiet. Die Kwahadis hatten noch nicht aufgegeben. Die Cheyenne überfielen nacheinander Büffeljägertrupps, einen Zug Vermessungsbeamte, Farmen und fahrende Händler, Armeepatrouillen und Nachschubkolonnen. Während weit über tausend Kiowas, Comanchen und Kiowa-Apachen in die Reservationen zurückkehrten, setzte General Pope, der Oberbefehlshaber, sämtliche verfügbaren Truppen ein, um den Krieg noch vor dem Winter zu beenden. Die Wetterpropheten sagten, daß es viel Schnee geben würde.

Zweieinhalb Monate lang hatte Benjamin Clintock aus einer der Agenturen oder aus einem der Forts auf die Nachricht gehofft, daß man Tomanoakuno gefunden habe. Zweieinhalb Monate hatte er von dem gelebt, was ihm die Leute gaben. Manchmal arbeitete er in Haworth' Agentur. Bei der Fleischverteilung an die Kiowas wurde er von Haworth als Treiber verpflichtet. Danach verbrachte er Tage in Kicking Birds Lager und sah zu, wie Kicking Bird, noch nicht einmal vierzig Jahre alt, zum Greis wurde. Er vertrat die Friedenspolitik der Weißen und büßte dadurch das Vertrauen vieler Kiowas ein. Als Satanta erneut in Ketten gelegt und nach Huntsville verfrachtet worden war, hatte Kicking Bird das Lager verlassen und Tage in der Einsamkeit verbracht. Vergeblich versuchten die Quäker, die Armee aufzuhalten. Ihre Bittschriften an das Innenministerium wurden nicht beantwortet. Haworth sagte, daß Amerika an der Schande eines Sommers Jahrzehnte zu leiden haben würde, und Davidson hoffte, daß nach dem Feldzug nur noch ein paar Rothäute übrigbleiben würden, die man in den Museen ausstellen und auf Cocktailpartys in der Hauptstadt herumzeigen könne. »Diejenigen, die nicht im Kampf fallen, lassen wir im Winter krepieren«, sagte ein Sergeant zu Benjamin Clintock.

Als Ben nach seinem Besuch bei Chapman auf Schneeschuh, Mokassins an den Füßen, eine Winchester im Scabbard und zwei Revolver im Gürtel, Fort Supply verließ, besaß er hundertdrei Dollar und fünfzig Cents. Noch einmal hatte ihm Marie, die Wäscherin, einen Proviantpakken gemacht. Vor ihm lag die Wildnis mit ihren letzten Büffeln und letzten Indianern. Und von allen Seiten waren Truppen im Anmarsch.

Im Blanco Canyon stieß Benjamin Clintock auf Mackenzies Vorhut, ein Trupp der vierten Kavallerie unter Captain Beaumont, mit einem Dutzend Tonkawa- und Seminolenscouts. Die Indianer ritten Schneeschuh und Ben beinahe über den Haufen, und Ben war am Ende froh, nicht in einem Kochtopf der Tonkawas zu landen. Eine Eskorte führte ihn dann zur Spitze der Hauptmacht.

Colonel Ranald S. Mackenzie, ein hagerer Mann, fast einen halben Kopf kleiner als Ben, mit glatt gekämmtem Haar und schmalen, kalten Augen, saß auf einem löwenfarbenen Hengst, etwas steif und mit verkniffenem Gesicht, das sich auch nicht aufhellte, als ihm Ben sagte, Chapman würde ihm zu Weihnachten einen Truthahn schießen. Daß bei den Comanchen ein weißes Mädchen war, das Ben finden wollte, interessierte den Colonel nicht. Er sagte, daß Stone Calfs Cheyenne im September an der Grenze zwischen Kansas und Colorado eine Einwanderer-Familie überfallen hätten. »Sie massakrierten Vater, Mutter, den ältesten Sohn und die älteste Tochter. Vier Kinder im Alter zwischen fünf und siebzehn Jahren wurden verschleppt.« Auf ein Mädchen, das schon Jahre bei den Comanchen sei, könne er im Falle eines Kampfes keine Rücksicht nehmen. Ihm gehe es darum, das Lager ausfindig zu machen, das er eigentlich hier im Blanco Canyon erwartet habe. Er sei hier, die Indianer für ihre Untaten zu bestrafen, und nicht als Kindermädchen. Aber falls sich ihm eine Gelegenheit bieten würde, könnte er sehen, was sich »von wegen Ihrer Braut machen läßt, Mister Clintock. Nun reiten Sie mal zurück zum Packzug und lassen Sie sich was zu essen geben!«

Der Packzug wurde im Blanco Canyon zurückgelassen, und Mackenzie ließ den Kompaniekommandanten die Nachricht überbringen, daß sich die Soldaten für einen Gewaltritt bereitmachen sollten.

Um zehn Uhr in der Nacht griffen plötzlich einige hundert Kiowas und Comanchen das Armeecamp an, in der Absicht, die Pferde in Stampede zu versetzen. Aber Mackenzie hatte vor zwei Jahren einiges gelernt, als ihm die Comanchen eine erbeutete Herde wieder abgejagt hatten. Die Indianer wurden mit einer Salve empfangen und verschwanden sofort in der Nacht. In den frühen Morgenstunden versuchten sie es noch einmal. Ohne Erfolg. Nach Tagesanbruch setzte Mackenzie die Kompanie E und H auf die Fährte der Indianer, und bis drei Uhr am Nachmittag waren die Soldaten zum Abmarsch bereit. Gewehre und Revolver waren noch einmal gereinigt und kontrolliert worden. Jeder Soldat faßte Munition. Auf ausgeruhten Pferden setzte sich das 4. US-Kavallerieregiment in Bewegung. Ohne Pause trieb Mackenzie seine Soldaten an. Erst nachts um drei Uhr machte er halt, und die Soldaten waren dabei, ihre Decken auszurollen, als Tonkawascouts meldeten, daß sie auf dem Grund des Palo Duro Canyons ein riesiges Tipilager gesichtet hätten. Die Soldaten mußten ihre Bettrollen wieder aufschnallen, und eine Stunde später war das ganze Regiment in Bewegung. Selbst Benjamin Clintock mußte insgeheim diesen Mann bewundern, der als knochenharter Kommandant und als unbarmherziger Indianerfeind überall im Südwesten berüchtigt war. Mackenzie hatte seine größten Erfolge durch seine büffelsture Unnachgiebigkeit und Geduld errungen. Immer wieder, wenn alle anderen längst aufgegeben hatten, hatte er versteckte Indianerlager ausfindig gemacht und seine Truppen im Morgengrauen sozusagen in typischer Indianermanier angreifen lassen. Auch dieses Mal sollte es nicht anders sein. Mackenzie war sich seiner Sache gewiß, und er brauchte nicht lange zu überlegen, als sein Regiment noch vor dem ersten Morgengrauen den Palo Duro Canyon erreichte.

Der Palo Duro Canyon war an dieser Stelle mehrere Meilen breit. Zerklüftete Felswände fielen senkrecht ab, endeten dreihundert Meter tiefer im unwegsamen, von Büschen und Bäumen bedeckten Canyongrund, durch den sich der Red River schlängelte, hier zur Zeit nicht mehr als ein kümmerliches Rinnsal, das in den Mulden beinahe stillstand. Bei Tag sah es aus, als sei an dieser Stelle die Erde gespalten. Der Canyon, über 120 Meilen lang, durchbrach eine mit Büffelgras, Kakteen und Yucca bewachsene Hochebene, in der es kaum einen Baum oder einen Busch gab. Wenn Sommerstürme und Unwetter über die Ebene hinwegfegten, wurde der Canyon zu einer Wasserschleuse, in die sich Tausende von plötzlich entstehenden Flüssen und Bächen ergossen. Im Winter war der Canyon am unteren Ende des *Caprock* ein beliebter Lagerplatz der südlichen Plains-Indianer. Die steilen, von weißen Quarzadern durchzogenen Sandstein- und Granitwände schützten die Camps vor den entfesselten Winterstürmen.

Das Lager, das die Tonkawas gesichtet hatten, lag an der Stelle, an der sich der Tule Canyon und der Palo Duro Canyon trafen. Der Grund war stark mit Cottonwoods, Salzzedern, Pflaumenbüschen und Dorngestrüpp überwachsen. Die Scouts meldeten, daß mehr als zweihundert Wintertipis von Kiowas, Comanchen und Cheyenne aufgestellt wären, aber sie hätten keinen Weg gefunden, auf dem die Armeepferde einigermaßen sicher den Grund des Canyons erreichen könnten. Erst als Mackenzie Sergeant J. B. Charlton mit zwei Tonkawas losschickte, stießen sie auf einen Pfad. Sofort ließ Mackenzie eine Kompanie unter Captain Eugene B. Beaumont vorrücken. Einige Scouts begleiteten ihn. Die Kompanie erreichte kurz vor dem Morgengrauen auf dem schmalen Felspfad den Fluß. Der Captain ließ seine Soldaten absitzen. An den Canyonwänden krochen die Tonkawa-Indianer mit dem ersten Licht des neuen Tages herunter. Über den zerklüfteten Felsen färbte sich der Himmel grau. Zwei weitere Kompanien, Mann um Mann hintereinander, die Pferde führend, bewegten sich auf dem Pfad talwärts. Hufe klapperten. Captain Beaumont gab seiner Kompanie das Zeichen, vorzurücken. Undeutlich waren einige Tipispitzen zwischen Bäumen und Büschen zu entdecken.

Plötzlich ein langgezogener, jaulender Schrei. Ein Schuß krachte. Ein Pferd stieg, von der Kugel am Kopf gestreift. Beaumont gab den Befehl zum Angriff. Vor ihnen flohen Gestalten im Zwielicht. Nackte Krieger, Frauen und Kinder. Decken flogen. Ein paar Schußblitze leuchteten auf. Von den Canyonwänden schossen die Scouts. Die erste Kompanie erreichte in breiter Front den Anfang des Indianerlagers.

Die Indianer rannten, ihr Hab und Gut zurücklassend, in wilder Flucht davon. Der Canyon war erfüllt vom Geschrei der Menschen, vom Gebell der Hunde und vom Krachen der Gewehre. Beaumonts Kompanien rückten nur langsam vor. Dadurch gelang es den Indianern, das Lager zu verlassen und den Canyon aufwärts zu flüchten.

Als Benjamin Clintock mit einem Trupp Kundschafter an der Spitze einer Kompanie den Canyongrund erreichte, fingen die Krieger an, hinter Erdbuckeln und von höhergelegenen Felsgraten auf die Soldaten zu schießen, um die Flucht ihrer Frauen und Kinder zu decken. Beaumonts Kundschafter entdeckten die riesige Ponyherde der Indianer. Sofort ließ der Captain zum Sturm blasen. Ungefähr zweitausend Pferde und Maultiere wurden nach einem scharfen Verfolgungsritt von den Soldaten eingekesselt und zurückgetrieben. Mackenzie ließ die nächsten drei Kompanien absitzen. Die Soldaten mußten sich auf ein Distanzduell mit indianischen Scharfschützen einlassen, die im zerklüfteten Canyon oberhalb des Lagers Stellung bezogen hatten. Benjamin Clintock trieb Schneeschuh im Schutze eines Felsenriffs den Canyon hoch. Zwei Tonkawascouts folgten ihm, blieben aber zurück, als einem von ihnen das Pferd unter dem Sattel weggeschossen wurde. Staub ballte sich zwischen den Felsen, als die Soldaten die Indianerpferde durch das verlassene Lager zurücktrieben, zum Anfang des schmalen Pfades. Ab und zu sah Ben Indianer hinter Felsen und Büschen. Sie bewegten sich rasch und lautlos und hinderten die Soldaten daran, den Frauen, Kindern und alten Leuten zu folgen. Ben ließ die letzten Tipis hinter sich zurück. Er folgte einem trockenen Flußbett, an der Öffnung des Tule Canyons vorbei. Schneeschuh trug keine Eisen und machte wenig Lärm. Vor ihm, knapp eine halbe Meile entfernt, rannten die Frauen und Kinder, zusammengedrängt wie eine in Panik geratene Schafherde. Wenige Krieger begleiteten sie. Alte Leute blieben zurück, keuchten durch die Erdspalten, über steile Geröllhalden und durch Dornbuschsenken. Die meisten besaßen nur das, was sie in der Nacht auf dem Leib getragen hatten. Krieger galoppierten am Fluß entlang zurück, um die Soldaten aufzuhalten. Andere erklommen die steilen Felswände, um sich in den Spalten und Höhlen zu verstecken. Ben holte eine Gruppe von alten Frauen und kleinen Kindern ein. Niemand schrie. Die Kinder weinten nicht. Viele von ihnen waren am Sand Creek, am Washita, im Blanco Canyon dabeigewesen. Es war nichts Neues für sie. Soldaten kamen und schossen. Man mußte laufen. Irgendwohin. Weg von den Soldaten. Weg vom Lager. Schneeschuh stolperte, fing sich und trottete einen schmalen Pfad hoch. Ben erreichte ein kleines Plateau. Zwischen Salzzedern und Dornbüschen hielt er Schneeschuh an. Unter ihm, zu beiden Seiten des Flusses, liefen die Frauen. Viele von ihnen trugen Säuglinge. Nur wenige hatten genug Zeit gehabt, sie in Decken oder Felle zu wickeln. Knaben rannten weit voraus. Die alten Leute kamen hinterher. Ein Mann trug eine Frau. Zwei Frauen schleppten einen alten Mann mit schlohweißem Haar mit sich. Hinter ihnen wurde geschossen. Ben ritt weiter, und als über dem Canyon der Himmel aufglühte, sah er sie.

Sie hatte an jeder Hand ein Kind. Sie trug ein helles Rehlederkleid. Ihre Füße waren nackt. Schrecken hatte ihr Gesicht gezeichnet. Sie befand sich inmitten von etwa fünfzig Frauen und Kindern, und das kleine Mädchen an ihrer linken Hand fiel plötzlich hin. Sie blieb stehen, gab dem Knaben einen Klaps, und er lief weiter. Sie beugte sich über das Mädchen und strich ihm durch das Haar. Sie sagte etwas zu ihm. Dann hob sie es auf und legte es auf ihren Rücken. Das Mädchen klammerte sich an ihr fest, und sie stolperte hinter den anderen her, in wilder Hast, von Angst getrieben.

Ben trieb Schneeschuh scharf an und galoppierte zum Ende des Plateaus. Vor ihm war die Erde fast senkrecht abgebrochen. Schneeschuh trottete am Rand entlang, fand eine Stelle, die nicht so steil war, und machte den Versuch. Unter seinen Hufen brach die Lehmkruste, rutschte weg. Steine lösten sich. Schneeschuh verlor das Gleichgewicht und stürzte. Ben ließ sich aus dem Sattel fallen und rannte den Abhang hinunter. Als er unten ankam, lag Schneeschuh auf der Seite, wälzte sich herum und versuchte aufzustehen. Aber das linke Vorderbein knickte ein. Ben zog die Winchester aus dem Scabbard und rannte durch die Büsche, unter mächtigen Cottonwoods hindurch, zum Fluß hinunter.

Er sah sie auf einem Grat, keine zweihundert Schritte entfernt.

»Mädchen!« brüllte er. »Hier, Mädchen!«

Sie blieb stehen, drehte sich um und erkannte ihn sofort. Er sah, wie sie sich duckte. Dann lief sie ein paar Schritte weiter, blieb wieder stehen. Der Wind blies ihr Haare ins Gesicht. Sie hob die linke Hand, macht ihm ein Zeichen, das er nicht zu deuten wußte. »Ich komme!« schrie er atemlos. Er rannte in den Fluß hinein, erreichte das andere Ufer und bemerkte den Krieger, der auf einem Pony durch die Büsche geritten kam. Es war Crowfoot, Horsebacks Sohn. Er hatte einen Revolver in der linken Hand. Seine Brust war blutverschmiert. Eine Kugel hatte ihn in die Schulter getroffen.

Crowfoot schoß sofort, aber sein Pferd drehte sich, und die Kugel schlug neben Ben in den Boden. Ben riß seine Winchester hoch und drückte ab, als Crowfoot sich aus dem Sattel werfen wollte. Er traf ihn mitten in den Kopf, und er fiel hart auf die Uferbank. Ben ließ ihn liegen und rannte den Hang hoch. Als er den Grat erreichte, sah er, wie Tomanoakuno das Mädchen vom Rücken gleiten ließ und es wegschickte. Das Kleid, das sie trug, spannte sich über ihrem Bauch. Ben hielt den Atem an. »Mädchen!« rief er heiser. »Komm!«

Sie stand allein dort oben und blickte hinunter zum Fluß, wo Crowfoot am Boden lag. Ben ging auf sie zu. Hinter ihm krachten Schüsse. Ein harter Schlag riß ihm das rechte Bein unter dem Körper weg. Er stürzte, rollte den Abhang hinunter, fiel in einen Graben hinein und prallte hart gegen den blankgenagten Stamm eines vom Sturm gefällten Cottonwoods. Als sich Ben aufrichtete, sah er sechs Krieger auf dem Grat. Einer von ihnen hatte Tomanoakuno auf sein Pferd gerissen und jagte den Canyon hoch. Die anderen zügelten ihre Pferde. Es waren Comanchen. Ein junger Bursche kletterte herunter, und Ben zog seinen Revolver. Aber der Indianer suchte am Abhang nur Bens Winchester. Als er sie fand, stieß er einen heiseren Schrei aus und kletterte wieder zum Grat hoch.

Ben kroch durch den Graben und kauerte sich im Schutze einiger Büsche nieder. Links und rechts von ihm kamen Krieger hochgelaufen. Einige zogen Travoisstangen mit sich, um sie den Frauen zu bringen. Ben rührte sich nicht. Ein alter Mann schleppte sich am Grabenrand über ihm den Hang hoch. Eine Frau, die zwei Kinder trug, setzte sich kurz hin und verschnaufte. Dann lief sie weiter. Ben krempelte das Hosenbein hoch. Die Kugel hatte seinen Oberschenkel durchschlagen, schien aber den Knochen nicht verletzt zu haben. Er zog sein Hemd aus, riß es in Streifen und verband die Wunde. Dann kroch er durch die Büsche zu Schneeschuh zurück, der am Rande des Plateaus am Boden lag und den Kopf hob. Ben zog seinen Revolver und schoß ihm eine Kugel in den Kopf. Er nahm ihm die Satteltaschen ab und erreichte das Lager, als Mackenzies Soldaten anfingen, die Tipis niederzureißen. Tonkawas und Seminolen nahmen sich, was sie gebrauchen konnten; einige Soldaten trugen Halsketten. Trophäen wurden gesammelt. Ein Sergeant hatte einen prächtigen Kriegsschmuck erwischt. Das, was niemand haben wollte, wurde zu großen Haufen zusammengetragen. Büffelumhänge, Decken, Kleider, Mokassins, Kochgeschirr und alles, was die Indianer nötig gehabt hätten, um über den Winter zu kommen. Bevor es Mittag wurde, brannten einige große Feuer, und die indianischen Scharfschützen konnten zusehen, wie ihr gesamtes Hab und Gut verbrannte. Nicht eine Kleinigkeit blieb zurück. Der gesamte Wintervorrat an Pemmican, das sonnengetrocknete Büffelfleisch, das zerrieben und mit geschmolzenem Büffelfett eingestampft, mit Beeren gewürzt für Jahre hindurch haltbar gemacht war, verbrannte in den Feuern. Ungefähr vierhundert Büffelhauttipis wurden zerstört. Ben, der von einem Feldarzt behandelt wurde, weinte wie ein Kind, als die Haufen angezündet wurden und die Tonkawas Triumphschreie ausstoßend die Feuer umtanzten.

Man brachte einen verwundeten Soldaten. Mackenzie hatte insgesamt vier Pferde verloren, dafür aber zwischen tausend und zweitausend Indianerponys erbeutet. Als er herüberkam, war sein Gesicht ebenso finster wie vor der Schlacht.

»Na, junger Mann, haben Sie Ihr Mädchen gefunden?« fragte er.

Ben, der sich etwas erholt hatte, nickte. »Sie war bei den anderen Frauen«, sagte er leise. »Und sie trug zwei Kinder.«

»Schrecklich, für die Frauen«, sagte er. »Nun, sie werden die Agenturen erreichen, Clintock. Nach und nach werden sie jetzt alle kommen.« Er drehte sich um und sah zu, wie die Feuer langsam niederbrannten.

Der verwundete Soldat hatte sich aufgesetzt. »Wir hätten sie alle töten können«, sagte er leise zu Ben. »Aber unser Colonel, der wollte das nicht. Der hat uns absitzen und in Deckung gehen lassen, als er sah, daß sie ihr Lager zurückließen. Wir hätten sie alle töten können, aber dabei wären auch von uns ein paar Jungs draufgegangen, das steht fest.«

Trotzdem wußte Benjamin Clintock, daß der Untergang der Comanchen nicht mehr aufzuhalten war.

Das Regiment marschierte ungefähr zwanzig Meilen, bis es am Tule Canyon auf den Proviantzug traf. Es war Mitternacht. Mackenzie ließ absitzen, und die Soldaten waren so müde, daß viele von ihnen sich einfach ins Gras legten und einschliefen.

Benjamin Clintock machte in dieser Nacht kein Auge zu. Seine Wunde brannte, aber er hatte kaum Schmerzen und er konnte sein Bein bewegen. Er hatte Tomanoakuno gesehen und ihr Bild ließ ihn nicht mehr los. Er sah sie auf dem Grat stehen, und sie ließ das Mädchen laufen. Sie war schwanger. Benjamin Clintock zählte zurück. Fast fünf Monate waren vergangen, seit sie sich in Naps Tipi geliebt hatten. Fünf Monate. Lieber Gott, wie lange mochte das dauern? Ben weckte den Feldarzt.

»Sir«, sagte er leise, »wie lange ... ich meine, wie ist das mit einem Baby?«

Der Arzt richtete sich auf und legte Ben die Hand auf die Stirn. »Fieber hast du nicht, Clintock. Schmerzen?«

»Nein. Ich möchte nur wissen, wann das Baby auf die Welt kommen wird.«

»Dann mußt du wissen, wann die Frau geschwängert wurde«, sagte der Arzt und gähnte. »Sag mal, fühlst du dich wirklich wohl?«

»Es sind fünf Monate vergangen«, sagte Ben.

»Hm. Meinst du dein Mädchen?«

»Ja, Herrgott noch einmal!«

»Leg dich wieder hin und schlaf«, sagte der Arzt. »Das dauert noch vier Monate.«

Ben kroch zu seiner Bettrolle und legte sich lang. Erst gegen Morgen schlief er ein und wenig später weckte man ihn zum Frühstück. Es war die erste warme Mahlzeit seit achtundvierzig Stunden. Nach dem Frühstück ließ Mackenzie die Tonkawas und Seminolen so viele Pferde aussuchen, wie sie haben wollten. Dann gab er einer Abteilung den Befehl, die restlichen Tiere zu erschießen. Tausendvierhundert Pferde und Maultiere fielen im Feuer der Soldaten. Aus dem Tule Canyon stiegen die ersten Bussarde und Geier.

Der Kriegsbericht, den der Oberbefehlshaber der Armee, General Sheridon, über diese Ereignisse verfaßte, lautet:

20. Juli, im Palo Pinto County, Texas. Ein Detachement von zwei Offizieren, neun Soldaten und neun Tonkawa-Scouts unter dem Kommando von Lieut. Col. G. P. Buell, 11. Infanterie, greift eine Kriegshorde von Kiowas an und erbeutet ein Pferd.

22. August, Wichita Agentur, Indianer-Territorium. Kompanien E, H und L, 10. Kavallerie, und Kompanie I, 25. Infanterie unter dem Kommando von Lieut. Col. J. W. Davidson aus Fort Sill, Indianerterritorium, werden in einen schweren Kampf mit Comanchen und Kiowas verwickelt, die sich unter die reservationstreuen Indianer gemischt haben. 4 Soldaten werden verwundet. Die Comanchen und Kiowas verlieren 16 Verwundete und Tote.

30. August, am Oberlauf des Washita River, Texas. Die vorrückenden Truppen unter dem Kommando von Gen. Miles stoßen auf Indianer und werden zu einer Verfolgsjagd gezwungen, während der es mehrmals zu Feindberührung kommt. Während mehreren Tagen fallen die Indianer fortwährend zurück, bis sie ungefähr 8 Meilen vom Salt Fork of the Red River entfernt sich zum Kampf stellen. Sie werden prompt angegriffen und geschlagen und in südwestlicher Richtung verfolgt, über den Hauptarm des Red River hinweg und in den Llano Estacado hinein. Die Indianer verzeichnen 3 Tote, und Miles' Truppen erbeuten zahlreiche Ponys und viel von ihrer Lagerausrüstung.

9. September, am Washita River, Texas. Indianer attackieren Miles' Nachschubkolonne, die von ungefähr 60 Soldaten unter dem Kommando von Capt. Lyman, 5. Infanterie, begleitet wird und belagern den Zug für mehrere Tage, bis endlich aus Camp Supply Unterstützung kommt. Ein Soldat wird getötet, ein Wagenmeister und Lieutenant G. Lewis verwundet.

11. und 12. September, in der Nähe des Washita River. Eine Abteilung von 2 Scouts (Dixon, Chapman) und 4 Soldaten von Miles' Kommando wird beim Versuch, zu Major Price eine Verbindung herzustellen, überfallen und zwei Tage belagert. 5 Verwundete, 1 Toter.

12. September, am Dry Fork des Washita, Texas. Die Kolonne unter dem Kommando von Major Price, 8. Kavallerie, wird in einen Kampf mit einer großen Kriegerhorde verwickelt. 2 Indianer werden als tot, 6 als verwundet gemeldet. Prices Einheit verliert 14 Pferde, verfolgt aber die

Indianer über ungefähr 8 Meilen, als diese sich plötzlich in alle Himmelsrichtungen verstreuen. Die Soldaten erbeuten 20 Pferde.

26. und 27. September, Palo Duro Canyon. Col. R. S. Mackenzie mit den Kompanien A, D, E, F, H und K der 4. Kavallerie, stürmt nach zwei erfolglosen Attacken der Indianer das große Lager. 1 Soldat verwundet, 4 Indianer getötet.

33
Tausch der Welten

»Unsere toten Helden, unsere zärtlichen Mütter, frohen, glücklichen Mädchen und selbst unsere kleinen Kinder, die hier lebten und die hier für kurze Zeit glücklich waren, werden diese heimelige Einsamkeit lieben, und zwischen Ebbe und Flut werden sie die Rückkehr der schattenhaften Geister begrüßen. Und wenn der letzte Indianer umgekommen ist, werden diese Ufer belebt sein mit unsichtbaren Toten meines Stammes, und wenn eure Kindeskinder sich allein glauben auf dem Feld, an der Küste, in Kaufhäusern, auf Überlandstraßen oder in der Stille pfadloser Wälder: Sie werden nie allein sein!

Auf der ganzen Welt gibt es keinen Platz, der für die Einsamkeit bestimmt ist. Nachts, wenn die Straßen eurer Städte und Dörfer still liegen und sie euch verlassen dünken, drängen sich in ihnen die wiederkehrenden Heerscharen, die einst hier gelebt haben und dieses Land noch immer lieben.

Der Weiße Mann wird immer einsam, aber nie allein sein. Laßt diesen Weißen Mann gerecht sein und ihn gütig mit meinem Volke verfahren, denn die Toten sind nicht ohne Macht. Tod, sagte ich. – Es gibt keinen Tod, nur einen Tausch der Welten!«

Häuptling Seattle, 1853

Der Oberschenkeldurchschuß machte Ben einige Wochen lang zu schaffen. Er wurde im Armeehospital von Fort Sill gepflegt, bis die Wunden sich geschlossen hatten. Auf Krücken verließ er das Spital. Haworth und T. C. Battey holten ihn mit einem Wagen ab und fuhren ihn zur Agentur.

Unter den Indianergruppen, die in die Reservation kamen, suchte Ben immer weiter nach Tomanoakuno. Fast täglich meldeten sich kleine Gruppen in der Agentur, vor allem Kiowas und Kiowa-Apachen, aber auch einige Comanchen, nicht aber Quanahs Comanchen.

Aber der Kampf in den südlichen Plains ging weiter. Die Truppen, die aus allen vier Himmelsrichtungen in das Gebiet einmarschierten, stießen immer wieder auf verstreute Stammesgruppen. Man wollte die Indianer vor dem Winter nicht mehr zur Ruhe kommen lassen. Man jagte sie kreuz und quer durch die Wildnis.

Haworth schrieb an das Innenministerium. Er schrieb an das Kriegsministerium. Der Krieg wurde erbarmungslos fortgesetzt. Noch herrschte warmes Herbstwetter, aber die Nächte wurden bereits kalt. Die Kapitulation der Comanchen war abzusehen.

Am 10. Oktober kam Haworth aus Fort Sill zurück und brachte die Nachricht, daß fünf Infanteriekompanien unter dem Kommando von Lieutenant Colonel Buell ein Comanchen- und Kiowa-Lager von vierhundert Tipis vollständig zerstört hatten.

Am 13. Oktober stieß eine Abteilung der 8. Kavallerie unter Major Price, begleitet von einem Trupp Navajo-Scouts, auf ein Kiowalager.

Am 17. Oktober überraschte Captain Chaffee mit Kompanie I der 6. Kavallerie ein anderes Lager am Washita River und zerstörte sämtliche Tipis, Büffelhäute und den gesamten Wintervorrat der Indianer.

Am 20. Oktober sahen Haworth, Benjamin Clintock, T. C. Battey und Kicking Bird mit einigen seiner Freunde zu, wie Davidsons Negerkavallerieregiment zu einer Expedition ausrückte. Vier Tage später überraschte Major G. W. Schoffield auf dem Sonnentanzplatz am Elk Creek ein Comanchenlager und griff sofort an. Die Comanchen schickten den Soldaten ein Kind mit einem schmutzigen Stoffetzen an einer Stange entgegen. Sie ergaben sich. Neunundsechzig Krieger und über zweihundertfünfzig Frauen und Kinder wurden gefangengenommen und nach Fort Sill gebracht. Die Truppen erbeuteten zweitausend Pferde. Die Frauen wurden mit ihren Kindern im Fortcorral eingesperrt und scharf bewacht. Tomanoakuno war nicht unter ihnen.

Am 28. Oktober erreichten zwanzig zerlumpte Krieger mit ihren Frauen und Kindern Fort Sill und ergaben sich den Soldaten. In wenigen Tagen nahmen Davidsons Truppen insgesamt 91 Krieger und 300 Frauen und Kinder gefangen. Fort Sill wurde zu einem Sammellager. Haworth und seine Angestellten kamen nicht mehr zur Ruhe. Es gab nicht genug

Lebensmittel. Es gab wenig oder kaum Unterkunft. Kranke wimmerten die Nächte hindurch, aber die meisten weigerten sich, sich von einem Arzt behandeln zu lassen. Verängstigt, zu Tode erschöpft, drängten sie sich in den Corrals und zwischen den Häusern der Agentur.

Ben fand Horseback unter den Comanchen, die am Elk Creek überrascht worden waren. Er war sehr alt geworden. Er trug ein zerrissenes Baumwollhemd, eine ärmellose Stoffweste und eine Wolldecke, die ihm von den Hüften bis auf die Füße fiel. Sie hatten ihm nur die Ohrringe gelassen. Völlig apathisch hockte er zwischen anderen Männern. Horsebacks Frau hatte es vorgezogen, mit den Kwahadis in den Llano zu fliehen.

Horseback bat um eine Flasche Schnaps. Ben nahm ihn mit in Haworth' Haus zum Abendessen. Mrs. Haworth gab ihm eine Hose ihres Mannes, die ihm etwas zu kurz war.

Wochen vergingen. Außerhalb der Reservationen wurden die Indianer erbarmungslos und systematisch gejagt und aufgerieben. Hunderte von Tipis brannten nieder, Tausende von Pferden wurden getötet. Wo die Indianer am Abend haltmachten, waren am Morgen die Soldaten da. Es verging kein Tag mehr, ohne daß Nachrichten von kleineren und größeren Geplänkeln kamen. Die Armee war überall auf dem Vormarsch. Davidson verzeichnete mit seinen Negern einen Erfolg nach dem andern:

8. Okt. Capt. A. E. Hooker mit den Kompanien E und K, 9. Kavallerie, wird in der Nähe des Canadian Rivers im Panhandle, Texas, in einen Kampf verwickelt und tötet einen Indianer.

3. Nov. am Las Lagunas Quatro, Texas. Col. R. S. Mackenzie mit Kompanien A, D, E, F, H, I, K und L, 4. Kavallerie, hat einen Kampf mit Indianern. 2 Indianer werden getötet, 19 gefangen.

6. Nov. am McClellan Creek, Texas, kämpft Lieut. H. J. Farnsworth mit 28 Männern der Kompanie H, 8. Kavallerie, gegen ungefähr 100 Cheyenne. Verluste der Indianer: 4 bis 7 Tote, 10 Verletzte. Ein Soldat wird getötet, 4 verwundet und 6 Kavalleriepferde getötet.

8. Nov. in der Nähe des McClellan Creek, Texas. Lieut. F. D. Baldwin mit einer Abteilung, zusammengesetzt aus Kompanie D, 6. Kavallerie, und Kompanie D, 5. Infanterie, greift ein großes Indianerlager an, schlägt die Indianer und erbeutet viel von ihrem Hab und Gut. Zwei kleine Mädchen, Adelaide und Julia Germaine, im Alter von 5 und 7 Jahren, werden von den Soldaten in Sicherheit gebracht. Die Kinder geben an, daß ihre beiden älteren Schwestern sich in Gefangenschaft befinden.

8. Nov. Kompanien B, C, F und H, 10. Kavallerie, Abteilungen der Kompanien E und I, 11. Infanterie, und 30 Indianer-Scouts, alle unter dem Kommando von Cap. C. D. Viele, werden von Col. Davidson am McClellan Creek vom Rest der Einheit getrennt, um die am gleichen Tag von Baldwins Soldaten angegriffenen Indianer zu verfolgen. Capt. Vieles Kommando jagt die Indianer 96 Meilen, wird dabei in mehrere kleine Geplänkel mit der indianischen Nachhut verwickelt, wobei es ihnen gelingt, mehrere Ponys und beladene Maultiere zu erbeuten, die von den Fliehenden zurückgelassen werden.

28. Nov. am Muster Creek, Texas. Capt. C. A. Hartwell mit Kompanien C, H, K und L, 8. Kavallerie, greift einen Kriegstrupp der Cheyenne an. 2 Indianer getötet, 2 verwundet. Die Einheit verfolgt die fliehenden Indianer 12 Meilen bis zum Sonnenuntergang.

2. Dez. am Gageby Creek, Indianer-Territorium. First-Sergeant Dennis Ryan mit 20 Männern der Kompanie I, 6. Kavallerie, entdeckt eine Indianerbande, greift an, jagt sie für 10 Meilen, erbeutet und tötet dabei 50 Pferde, einige von ihnen gesattelt und vollbeladen. Diese Abteilung vernichtet auch viel indianisches Eigentum.

7. Dez. am Kingfisher Creek, Texas. Capt. A. S. B. Keyes mit Kompanie I, 10. Kavallerie, greift eine Bande von Cheyenne an, nimmt 13 Krieger und ebenso viele Squaws gefangen.

8. Dez. am Muchaque, Texas. Lieut. L. Warrington mit 10 Männern der Kompanie I, 4. Kavallerie, greift einen Kriegstrupp von ungefähr 15 Indianern an, tötet 2 von ihnen, verwundet einen und nimmt einen gefangen.

28. Dez. Capt. A. S. B. Keyes mit Kompanie I, 10. Kavallerie, verfolgt eine Bande von Cheyenne über 80 Meilen zum Nordarm des Canadian und nimmt die ganze Bande, insgesamt 52 Indianer mit 70 Pferden, gefangen.

Dann fegten Schnee und Eisstürme über das Land. Die letzten Banden wurden gestellt und gefangengenommen, ihre Tipis und Vorräte angezündet, damit sich die Soldaten ihre Hände aufwärmen konnten. Es war ein harter und langer Winter, und im Februar gelang es Davidson und seinen Negertruppen, am Salt Fork des Red River Lone Wolfs Kiowas einzukesseln. Fünfundsechzig Krieger ergaben sich zusammen mit dem alten, verbitterten Häuptling. Halb erfroren, bis auf die Knochen abgemagert, krochen sie den Soldaten entgegen. Vierhundert Pferde wurden getötet und über hundertfünfzig Frauen und Kinder gefangengenommen.

Als die Frühlingssonne den Schnee auf der Hochebene wegschmolz, fehlten von den Comanchen nur noch Quanahs Kwahadis. Benjamin Clintock ritt nach Fort Supply und brachte Amos Chapman die hundert Dollar zurück. Chapman saß wieder im Sattel. Sie gingen zusammen hinunter zum Handlungsposten von Lee und Reynolds, die dabei waren, ihre Sachen für einen Transport zum Sweetwater bereitzumachen.

»Wir gründen 'ne Stadt, die 'ne Zukunft hat!« behauptete Lee. »Wenn du mitkommen willst, Clintock, brauchst du nur ja zu sagen. Du kriegst 'nen Job von uns. Vierzig Bucks im Monat, wenn das Ding läuft. Wir nehmen Louise und Josephina mit.«

»Clintock wartet auf die Kwahadis«, sagte Amos Chapman. »Er glaubt, daß er in der Zwischenzeit Vater geworden ist.«

»Vater? Wieso Vater? Wie kann er . . . ich meine, du bist doch nicht etwa deinem Mädchen in 'ner Vollmondnacht begegnet und hast am Morgen vergessen, es mitzunehmen, Junge?«

»Das dauert doch neun Monate, Mensch!« sagte Amos Chapman. »Er war im März bei den Indianern. So um Weihnachten 'rum könnte er also gut Vater geworden sein.«

»Prost Jakob!« rief Lee und angelte eine Flasche vom Regal. »Hier, wir trinken einen auf die Vaterschaft, Clintock!«

Kicking Bird, der Kiowa-Häuptling, starb am 4. Mai 1875, nachdem es ihm nicht gelungen war zu verhindern, daß insgesamt siebzig Kiowas, unter ihnen die Häuptlinge White Horse, Mamma'nte, Womans Heart und Lone Wolf, in die Sümpfe von Florida verbannt wurden. Sein plötzlicher Tod hatte die Kiowas noch einmal hochgeschreckt. Am Nachmittag noch war Kicking Bird durch das Lager gegangen, ein einsamer Mann, der sich unter seinen eigenen Leuten viele Feinde geschaffen hatte, von den Weißen aber zum Oberhäuptling aller Kiowas gemacht worden war.

Am Spätnachmittag hatte er eine Tasse Kaffee getrunken, sich erhoben und war zusammengebrochen. In der darauffolgenden Nacht war er gestorben, und einige Kiowas behaupteten, daß der Medizinmann Dohate ihn verhext und getötet habe. Dohate, der zu den siebzig Gefangenen gehörte, die nach Florida transportiert werden sollten, wies die Anschuldigungen zurück.

»Wenn ich ihn mit meiner Medizin getötet hätte, wäre ich durch sie selbst auch umgekommen!« rief er den Leuten zu. Wenig später, auf dem Transport, starb er beinahe so plötzlich wie Kicking Bird, ohne aber etwas getrunken zu haben.

»Seltsam«, sagte Haworth, der Quäkermissionar, etwas bleich im Gesicht. »Seltsam.«

Colonel Ranald S. Mackenzie wurde neuer Kommandant von Fort Sill.

Er übernahm Fort Sill zu einer Zeit, als sich unter den versammelten Stämmen todbringende Resignation ausgebreitet hatte. Den Indianern fehlte die Kraft, sich gegen ungerechte und zum Teil unmenschliche Behandlung zur Wehr zu setzen. Im Eishaus zusammengepfercht wurden jene Häuptlinge und Unterhäuptlinge gefangengehalten, in denen

Das Ende

noch soviel Kraft war, daß sie sich ducken konnten, wenn man nach ihnen schlug. Die Sammellager im Norden von Fort Sill wurden von Soldaten streng bewacht. Die Straße von Fort Sill zur Wichita-Agentur wurde gesperrt. Lebensmittel waren knapp. Kranke starben unbehandelt. Soldaten beobachteten jede Bewegung unter den Indianern, ließen aber Pferdediebe aus Texas ungehindert passieren. Nacht für Nacht verloren Comanchen, Kiowas und Kiowa-Apachen Pferde. Sie beklagten sich nicht. Sie warteten darauf, daß Decken und Rationen verteilt würden. Frauen boten den Soldaten ihre Töchter für ein Stück Hartbrot an. Kinder verhungerten. Kicking Birds Tod ließ auch den friedlichen Stammesteil der Kiowas ohne Führer. T. C. Battey, von seinen Magengeschwüren geplagt, innerhalb von wenigen Monaten abgemagert und krumm, verließ die Reservation und überließ die Trümmer seines »göttlichen Werkes« denen, die es zerstört hatten. Zurück blieb Haworth, ein Mann, der sich nicht durchzusetzen verstand und zu dem die Kiowas kein Vertrauen hatten, obwohl er, im Gegensatz zu seinem Vorgänger Tatum, immer dafür eingetreten war, Gottes Wort nicht im Knattern der Gewehre untergehen zu lassen. Zurück blieb Benjamin Clintock, der unter den Indianern verteilte, was vom Essen der Soldaten übrigblieb und nicht an die Schweine verfüttert wurde. Mehr konnte er nicht tun. Die Krieger wichen ihm aus. Frauen beschimpften ihn. Kinder verkrochen sich, wenn er auftauchte. Aber sie holten, was er ihnen zu Essen brachte. Horseback war todkrank. Bis auf die Knochen abgemagert. Er hustete jetzt ständig Blut. Und wenn Ben kam, zog er die Decke über sein Gesicht.

Alle warteten auf Quanah und die Kwahadis. Armeetrupps durchritten das ganze Gebiet zwischen den Wichita Mountains und dem Llano Estacado. Keine Spur von den Comanchen. Dann wurden sie endlich entdeckt. Sie hatten sich in der Wüste versteckt. Und Mackenzie ließ ihnen eine Nachricht zukommen, forderte sie auf, sich zu ergeben, und versprach ihnen Frieden auf Erden.

Und plötzlich wußte man, daß sie kommen würden. Alle wußten es, daß Quanah Parker seine Kwahadis nach Fort Sill bringen würde. Dennoch blieb es ruhig in den Lagern der Indianer. Und es blieb ruhig bei den Soldaten. Mackenzie schickte nur einige Spähtrupps aus. Und ein paar Vorbereitungen wurden getroffen. Man schaffte Platz im Eishaus.

Quanah brachte seine Kwahadis am 2. Juni 1875 nach Fort Sill.

Es war ein heißer, staubiger Tag. Trotzdem ließ Mackenzie einige seiner Kompanien aufmarschieren. Am Straßenrand standen dicht gedrängt die Reservationsindianer. Viele Comanchen, die sich früher ergeben hatten, hielten sich zurück, um nicht für Neuankömmlinge gehalten zu werden. Mit den Neuen machten die Weißen allerhand Sachen, die kein Indianer zweimal über sich ergehen lassen wollte. Neue wurden immer behandelt, als müßte man sie abhäuten, bevor Menschen aus ihnen würden. Jeder neue Reservationsindianer wurde erst einmal eingekleidet. Sein Bündel enthielt ein Hemd, eine Hose, einen Mantel, einen Hut und ein Paar Baumwollsocken. Wer noch nicht vierzehn Jahre alt war, kriegte nichts. Frauen über zwölf Jahre legten ihre Rehledergewänder ab, um *anständige* Kleider anzuziehen, die aus einem Wollrock bestanden. Dazu bekamen die Frauen zwölf Meter Calico, zwölf Yard Leinen und ein Paar wollene Strumpfhosen. Kinder unter zwölf Jahren kriegten das, was ihre Mütter aus dem Stoff machen konnten.

Und so standen sie am Straßenrand und warteten auf Quanahs Comanchen. Sie trugen ihre Wollmäntel, von denen sie die Ärmel abgetrennt hatten, als Westen. Aus dem Rest des Stoffes waren Umhänge für Kinder entstanden. Fast alle Männer trugen die roten Hemden und die schwarzen Hosen, die alle die gleiche Größe hatten und nur einem Mann von über 200 Pfund gepaßt hätten. Kaum einer trug den geschenkten Hut, aber Adlerfedern und anderen Kopfschmuck zu tragen war ihnen auch nicht erlaubt. Ungekämmt, schmutzig standen sie da, die Hosenstöße in den löcherigen Wollsocken, ohne Schuhe und Mokassins.

Dann kamen die Kwahadis die Straße entlang. Ein langer Zug, der von Quanah angeführt wurde. Sie brachten alles mit, was ihnen geblieben war. Sie waren müde. Alte Leute lagen auf Travois. Frauen gingen vornübergebeugt, die Sonne im Nacken. Die Krieger waren mager geworden, aber sie hatten sich ein letztes Mal hergerichtet, als kämen sie zum Tanz.

Benjamin Clintock stand mit James Haworth und Mrs. Haworth und etwa fünfzehn Agenturangestellten im Schatten der kleinen Fort-Kirche, links vom Haus des Kommandanten.

Die Kwahadi-Comanchen machten viel Staub mit ihren Pferden und den Travois. Sie kamen einen langen Weg, quer durch den Texas Panhandle und durch die Wichita-Berge, wo sie noch ein paarmal gelagert hatten, um die letzten Tage in der Freiheit zu genießen, ihre Skalps und Trophäen zu vergraben, aus Angst, geköpft, geviertelt oder gestreckt zu werden. Nur wenige waren mit Gewehren bewaffnet, die sie erbeutet hatten. Die meisten trugen Bogen und Pfeile, und so, wie sie aussahen, hätten sie wahrscheinlich sogar einen Kampf gegen eine Drei-Mann-Armee verloren.

Vor Mackenzie und den Offizieren, zwischen aufgereihten, strammstehenden Soldaten, staute sich der lange Zug. Zögernd rückten Frauen und Kinder nach. Langsam legte sich der Staub. Die Pferde standen ruhig. Die Indianer rührten sich nicht. Mackenzie gab den Befehl, die Gewehre zu präsentieren. Absätze knallten. Gewehrläufe blitzten in der Sonne. Quanah lächelte. Mackenzie lächelte auch, und man wußte nicht so recht, ob überhaupt einer der beiden einen Grund dafür hatte.

Sie war da, lebte, und er wußte, daß er sie finden würde, betäubt vom Lärm der Fahne, die vom Wind geschlagen mit ihren Sternen und Streifen im heißen Licht der Sonne knallte, eine Sonne, die kein Erbarmen hatte mit denen, die sich hutlos auf dem Platz drängten und um Aufmerksamkeit gebeten wurden, denn da bestieg Mister James M. Haworth die Veranda, schwitzend, obwohl im Schatten stehend und von der Kühle des Himmels sprechend, der sie alle aufnehmen würde, selbst diejenigen, die teils durch Satans Hinterlist, teils durch eigene Schwäche den Sünden verfielen, die so süß schmeckten wie der Triumph nach gewonnener Schlacht, aber auch so scharf wie der Schnaps, mit dem sich Verlierer trösten wollten. Der Teufel wohne in den Tonkrügen, behauptete Haworth. Und er warte darauf, getrunken zu werden, denn der leichteste Weg zum Herzen führe über die Gurgel und durch den Magen. Einmal dort angelangt, würde er die Herzen vergiften und die Seelen schrumpfen lassen, zu einem schwarzen Klumpen, nicht größer als ein Stück Kohle, hart, im Feuer der Hölle verglühend.

Niemand klatschte. Niemand rührte sich. Der Dolmetscher übersetzte. Hatten sie nicht ähnliche Worte von Ishatai gehört?

Sie war da, lebte, und er fühlte es, als er aus dem Schatten der Kirche trat und von Haworth' Worten gestoßen wurde, mitten unter die Frauen, die sich duckten, unter die Kinder, die nach den Händen ihrer Mütter langten. Er sah Horsebacks Frau, dick wie im letzten Sommer, aber beinahe grau im Gesicht. Er sah Ishatai unter den Kriegern, mager, die Augen zu Boden gerichtet, mit strähnigem Haar, in dem der Staub der Wüste klebte, und für Augenblicke nur fehlte Napoleon Washington Boone, der neben ihm stehen müßte, mit dem Horn in den Händen und dem gelben Kreis um das Auge.

Er sah Horseback mit der Hose, die ihm Mrs. Haworth geschenkt hatte, Horseback, der auf dem Vorbau einer Mannschaftsbaracke stand und sich den Bauch hielt, weil er Schmerzen hatte vom Schnaps, den er trank, vom Teufel, der durch Haworth' Worte flüssig wurde und schon in der Kehle brannte.

James M. Haworth, der Quäker-Missionar, sprach mit lauter Stimme das Vaterunser in ihrer Sprache, und ein paar Caddos senkten ihre Köpfe und falteten die Hände, aber unter den Kwahadis war niemand, der verstehen konnte, was Haworth sagte, obwohl er Wort für Wort deutlich betonte und der Dolmetscher sich plötzlich darüber wunderte, warum man ihn hergeholt hatte. Und als Haworth fertig war, sagte ein Sergeant, daß er jetzt die Frauen und Kinder zählen würde, und davor brauche sich niemand zu fürchten, denn Zählen tue nicht weh. Der Sergeant machte zwei Striche am Boden, zwischen denen sie hindurchgehen mußten, eine nach der anderen, und er zählte laut, und ein Soldat machte kleine Zeichen auf ein Papier, Striche für Kinder, Kreuze für Frauen.

»Achtundsiebzig ... neunundsiebzig ... Mensch, der Teufel soll mich holen, wenn du nicht 'ne helle Haut hast, Mädchen!« rief der Sergeant und zog Nummer 79 das Tuch von Kopf und Schultern, grinste von einem Ohr zum andern und sagte: »Sieh mal einer an, wen wir da haben!« Er packte sie am Arm und zog sie herum.

Ihr Kopf war kahlgeschoren und braun von der Farbe der Pecannüsse, und ihre Hände umklammerten ein Bündel, klein, umwickelt mit der Haut eines Büffelkalbes und mit geflochtenem Pferdehaar verschnürt.

Ben stand im Schatten der Kirche, hörte sich schreien, hörte sein Herz lärmen, und er rannte über den Platz, riß den Sergeanten herum, stieß ihn weg von ihr, und sie taumelte zurück, die Augen weit und die Lippen zu einem Schrei geformt, der sich in ihm festkrallte. Soldaten griffen Ben und hielten ihn fest. Haworth, Mrs. Haworth und der Feldarzt kamen, und sie wich zurück, bis sie den Zaun berittener Soldaten im Rücken hatte.

»Fürchte dich nicht, meine Tochter«, sagte Haworth. »Wir sind deine Freunde!«

»Ja«, sagte Mrs. Harworth. »Niemand hier wird dir Böses tun.«

Sie brach zusammen, als sie keinen Weg sah.

»Eine Bahre!« rief der Arzt. »Schnell!« und er kniete bei ihr nieder, fühlte am Hals nach ihrem Pulsschlag und öffnete das Bündel, das sie in ohnmächtigem Krampf umklammert hielt.

Ben riß sich los, fiel in die Knie und sah das kleine, wachsbleiche Gesicht, mager, die Augen mit rotem Lehm versiegelt.

»Das Kind ist tot«, sagte der Arzt.

Und der Sergeant sagte, daß er es dann eben nicht mitzählen würde.

Nachwort

Wenn man heute eine Zeitlang unter Indianern gelebt hat, so wie ich es 1970 und 71 getan habe, dann muß man feststellen, daß es immer noch ein *Indianerproblem* gibt! Vor hundert Jahren, als sich die Geschichte dieses Buches abgespielt hat, waren es andere Schwierigkeiten, die die Indianer hatten, aber heute wie damals wird dem Indianer das Recht abgesprochen, so zu sein, wie er ist.

Kurz nach der Jahrhundertwende sah es so aus, als könnten die Indianer selbständig mit ihrem neuen Leben fertig werden. Da gab es in den Reservationen Bretterhütten, Küchengärten, Äcker, Vieh und Hühner. Aber dann waren da seltsame Männer in die Reservationen gekommen, Männer, die wissen wollten, wie Indianer fühlten und dachten und wie Indianer lebten. Das waren die gütigen Anthropologen. Sie brachten Schreibzeug mit, ließen sich alte Geschichten erzählen, machten wenige Notizen, schüttelten die Köpfe und sagten, daß alles falsch sei. Im Winter gingen sie heim, schrieben ihre Bücher, und als es warm wurde, kamen sie wieder, und jetzt wußten sie alles besser. Sie sagten, daß ein Indianer eben nur glücklich sein könne, wenn er versuche, er selbst zu sein. Auf keinen Fall dürfe er vergessen, wie die Väter gelebt hätten, was sie dazu getrieben hätte, nichts zu tun, außer zu jagen und zu tanzen. Diese Männer wußten alles ganz genau, und da es einleuchtend war, was sie sagten, steckte man sich erneut Adlerfedern ins Haar, zog Rehledergewänder an, Mokassins und allerhand Perlenschmuck. Man tanzte wieder. Man tanzte einen Sommer lang, und man gab sich Mühe, alles genauso zu machen, wie es in den Büchern stand und es den seltsamen Männern gefiel. Die Bretterhäuser zerfielen, die Küchengärten verwucherten, die Hühner wurden gegessen, die Kinder verwilderten, und die Äcker lagen brach. Die Reservationen wurden zu einem neuen Stück Wildnis, gerade richtig für Historiker und Anthropologen, die weiterhin jeden Sommer herkamen, um den Indianern beim Tanzen zuzusehen. Ein Hauch von Abenteuer, um das fade Dasein der gelehrten Experten zu würzen.

Daß Hollywood das von den Indianerexperten geprägte Klischee übernahm, ist klar, wenn man bedenkt, daß der Indianer für Romanciers, Historiker und Anthropologen längst zu einem Verkaufsschlager geworden war. Warum also nicht auch fürs Kino? Als Komparsen waren die Indianer gut zu gebrauchen, aber für die Hauptrolle wählte man dann doch lieber einen blauäugigen, muskelbepackten weißen Riesen, dem Idealbild des Homo Americanus entsprechend. Der Indianer wurde entweder zum schweigsamen, finsteren Wilden, der meistens die Arme über seiner schlafzimmerschrankbreiten Brust verschränkte, oder er wurde zur lächerlichen Karikatur eines primitiven Halbmenschen, der einen Purzelbaum schlägt, wenn in der Ferne die Dampfpfeife des *Feuerrosses* ertönt. Oder er war am Anfang des Filmes der grausame Barbar, der Missionare verschlingt, sämtliche Postkutschen überfällt und laufend wasserstoffblonde Schönheiten entführt, von denen er dann im Laufe der Handlung bekehrt wird. Mit Filmen wie »Soldier Blue« und »Little Big Man« ist Hollywood auf eine neue Erfolgsmasche gekommen: Der Indianer ist ein edler, freiheitsliebender Wilder, von ungeheuerlichen Naturkräften beseelt, ein Prophet und ein Märtyrer, Schutzpatron der Hippies und ein voller Hollywooderfolg, den man guten Gewissens auch für TV-Serien gebrauchen kann.

Die Idee, aus Indianerreservationen einen *Menschenzoo* zu machen, ist seit der ersten Anthropologen-Invasion zur Tatsache geworden. Die Reservationen sind aber eher so etwas wie ein afrikanisches Wildtierreservat und kein richtiger Zoo mit Käfigen, Gräben, Mauern und Tafeln, auf denen steht, daß man die Affen – wennschon – dann nur mit den am Eingang gekauften Erdnüßchen füttern soll.

Die Indianerreservationen sind größere und kleinere Gebiete, überall im Land verstreut. Und die Menschen, die darin leben, laufen scheinbar frei herum, und das macht ja die Sache für die Besucher erst richtig interessant. Im Sommer kommen sie in Scharen. Einige der Verwegenen wagen es auch allein, die Crow Reservation in Montana zu durchqueren, und wenn sie wieder daheim sind, klingen ihre Geschichten richtig abenteuerlich, so als hätten sie gesehen, wie die Squaw das Feuer schürte, in dem die Hobbyfotografen, Sonntagsforscher und Kaugummikauer gebraten werden sollten. Und sie erzählen von tausend Gefahren, und daß es noch genau so wäre wie vor hundert Jahren, als ganze Kavallerieeinheiten von den Rothäuten abgemurkst wurden. Sie hätten den Häuptling getroffen und mit ihm eine Pfeife geraucht. Und da habe man getanzt und es sei ein Kriegstanz gewesen. Und man könne den roten Teufeln den Haß auf die Weißen in den Augen ablesen, und wenn sie den Mund aufmachen, könne man sehen, daß sie Blut an den Zähnen haben. »Die fressen zum Frühstück ihre Kinder und zum Abendessen Hunde.« Natürlich tragen sie nur Mokassins, damit sie die Skalpmesser im Schaft verstecken können. Arbeiten? Ach was, das sind Indianer. Die arbeiten nicht. Die kriegen entweder von der Regierung alles geschenkt oder sie fressen halt, was es so auf dem Land gibt, Kakteen und Bärengras und Würmer und Heuschrecken. Zum Beweis zeigen sie natürlich Dias und

V. l. n. r.: Willford Woosypiti, Mary Ellen Woosypiti, Thomas Parker, Paula Pilz, Jean White, W. J. Egli, Steve Schilter

Gefängnis (»Geronimo Hotel«) – Fort Sill

Achtmillimeterfilme. Da sieht man die runzeligen Gesichter, die Grashütten der Apachen, einen Betrunkenen, der eine Weinflasche umarmt, Tipis und richtige Indianer mit Federn wie in den Hollywoodfilmen. Und sie tanzen einen Sommer lang, Tag und Nacht und Tag und Nacht. Und was tun sie im Winter, wenn keine Touristen da sind? »Well, they fuck the Squaws and make papooses!«

Das stimmt nur zum Teil, denn Winter ist noch immer die Zeit des Hungers, der Kälte und des Sterbens. Richard C. Cooley, ein Halb-Apache, der in der White Mountain Reservation lebt, sagte zu mir: »Es gibt Leute hier, die vom Dreck unter ihren Fingernägeln leben, und das ist gerade soviel, um mühsam zu krepieren.«

Aber die Anthropologen sagen: »Ein Indianer stirbt glücklich, wenn er einen Sommer durchgetanzt hat.«

So tanzen sie wieder, wenn es warm wird, und die Touristen und die Anthropologen, die Historiker und die Filmleute kommen wieder. Ein junger Sioux, der mit einem Kleiderbündel an der Straße nach Wounded Knee stand und den Daumen in die Luft hielt, sagte, daß die Leute jetzt herkämen, um ihr Gewissen zu erleichtern. »Das hat Dee Brown mit seinem Buch gemacht«, sagte er und probierte ein altes weißes Konfirmationshemd mit steifem Kragen an. »Die Leute fahren jetzt nicht mehr nach Mexico, sondern sie kommen hierher und verteilen ihre alten Sachen.«

Auch europäische Reiseunternehmen haben die Indianerreservationen ihren *Traum-Urlaubsangeboten* einverleibt. Wem Mallorca, die Adria oder die Kanarischen Inseln zu langweilig geworden sind, der kann für ein paar Mark mehr in der Crow Reservation von Montana echte Indianer sehen. Und es wird ein indianisches Rodeo veranstaltet. »Das ist schon fast wie ein Stierkampf in Spanien«, sagte ein deutscher Besucher, der 1972 die Lage ausgekundschaftet hat, und er empfiehlt: »Machen Sie doch auch einmal einen Reservationsurlaub. Da können Sie was erleben!«

Aber ich rate Ihnen: Fahren Sie nicht im Winter hin, denn dann ist die Zeit des Sterbens, bei den Apachen, bei den Sioux und fast bei allen anderen. Das ist das einzige, was sich bei den Indianern seit hundert Jahren nicht geändert hat.

Werner Egli

Quellennachweis

Wallace, Ernest und E. Adamson Hoebel: THE COMANCHES, Lords of the South Plains, Norman: Univ. of Oklahoma Press, 1952
Berthrong, Donald J.: THE SOUTHERN CHEYENNES, Norman: Univ. of Oklahoma Press, 1963
Mayhall, Mildred P.: THE KIOWAS, Norman: Univ. of Oklahoma Press, 1962
Grinnel, George Bird: THE FIGHTING CHEYENNES, Norman: Univ. of Oklahoma Press, 1956
Gard, Wayne: THE GREAT BUFFALO HUNT, Lincoln: Univ. of Nebraska Press, 1968
Richardson, Rupert N.: THE COMANCHE BARRIER TO SOUTH PLAINS SETTLEMENT, Glendale, 1933
Dixon, Billy: LIFE AND ADVENTURES OF BILLY DIXON OF ADOBE WALLS, Guthrie, Oklahoma, 1914
Dixon, Olive K.: LIFE OF BILLY DIXON, Dallas, Texas, P. L. Turner Co., 1927
Dodge, Richard Irving: THE PLAINS OF THE GREAT WEST, New York: G. P. Putnams Sons, 1876
Gregg, Joshia: COMMERCE OF THE PRAIRIES, New York: Henry G. Langley, 1844
Branch, E. Douglas: THE HUNTING OF THE BUFFALO, New York: D. Appleton and Co., 1929
Cabeza de Baca, Fabiola: WE FED THEM CACTUS, Albuquerque: Univ. of New Mexico Press, 1954
Catlin, George: LETTERS AND NOTES ON THE MANNERS, CUSTOMS, AND CONDITION OF THE NORTH AMERICAN INDIAN, London 1841 und New York: Wiley and Putnam, 1841
Jones, Charles Jesse: BUFFALO JONES' FORTY YEARS OF ADVENTURES, compiled by Henry Inman. Topeka: Crane and Co., 1899
Sandoz, Mari: THE BUFFALO HUNTERS. New York: Hastings House, 1954
Tibbles, Thomas Henry: BUCKSKIN AND BLANKET DAYS. Garden City, New York: Doubleday and Co., 1949
Vestal, Stanley: QUEEN OF THE COWTOWNS. New York: Harper and Brothers, 1952
Marcy, Randolph B.: THIRTY YEARS OF ARMY LIFE ON THE BORDER, The 1866 Edition, 1963 by J. B. Lippincott Co., New York
White, E. E.: SERVICE ON THE INDIAN RESERVATIONS. Little Rock: Diploma Press, 1893
Lee, Nelson: THREE YEARS AMONG THE COMANCHES. 1859 Edition new by: Univ. of Oklahoma Press, Norman, 1957
Whitman, S. E.: THE TROOPERS. New York: Hastings Houses, 1962

Brininstool, E. A.: TROOPERS WITH CUSTER. New York: Bonanza Books, 1952
Brininstool, E. A.: FIGHTING INDIAN WARRIORS. New York, Bonanza Books, 1953
Custer, George A.: MY LIFE ON THE PLAINS. Galaxy Series 1872–74. New Edition by: The Lakeside Press, R. R. Donelley and Sons Co., Chicago, 1952
James, Thomas: THREE YEARS AMONG THE INDIANS AND MEXICANS. Waterloo, Illinois: War Eagle, 1846
Duval, John C.: THE ADVENTURES OF BIG FOOT WALLACE, edited by Marbel Major and Rebecca W. Smith. Lincoln: Univ. of Nebraska Press, 1966
Lowie, Robert H.: THE CROW INDIANS. New York: Holt, Rinehart and Winston, 1956
Lowie, Robert H.: INDIANS OF THE PLAINS. McGraw-Hill Book Co., New York, 1954
Whitewolf, Jim: THE LIFE OF A KIOWA APACHE INDIAN, edited by Charles S. Brant. New York: Dover Publications, 1969
Brady, Cyrus Townsend: INDIAN FIGHTS AND FIGHTERS. McClure, Philips and Co., 1904
John Stands In Timber und Liberty, Margot: CHEYENNE MEMORIES. Yale Univ. Press, 1967
Wooden Leg: A WARRIOR WHO FOUGHT CUSTER, interpreted by Thomas B. Marquis Midwest Co., 1931
Grinnel, George Bird: BY CHEYENNE CAMPFIRES. Univ. of Yale Press, 1926
Jackson, Helen Hunt: A CENTURY OF DISHONOR. New York: Harper and Brothers, 1881
Tatum, Lawrie: OUR RED BROTHER, John C. Winston Co., 1899
Battey, T. C.: THE LIFE AND ADVENTURES OF A QUAKER AMONG THE INDIANS, Lee and Shepard, New York, 1875
Webb, Walter Prescott: THE GREAT PLAINS, Ginn and Co., 1931
Armstrong, Virginia Irving: I HAVE SPOKEN. Swallow Press, Chicago, 1971
Sheridan, P. H.: RECORD OF ENGAGEMENTS WITH HOSTILE INDIANS . . .FROM 1886 to 1882, Washington, 1882
Vanderwerth, W. C.: INDIAN ORATORY. Univ. of Oklahoma Press, 1971

Bildnachweis: The German Westerners Society, Deutschland,
Steve Schilter, Canada, und Archiv des Autors.

Erleben Sie jetzt – nach dem abenteuerlichen Roman um den Untergang der Comanchen – die faszinierende, grenzenlose Welt der Cowboys. Eine Welt voller Freiheit und Abenteuer, männlich, ohne Kitsch und Sentimentalität – hart und romantisch, brutal, aber demokratisch.

Lesen Sie, wie die Männer ihren knochenbrechenden Job im Sattel und die nervenaufreibende Gegenwart des Todes bewältigt haben, wie sie tollkühn lebten und hemmungslos liebten..

Holen Sie sich das erste authentische Lexikon der amerikanischen Pioniergeschichte in Ihren Bücherschrank:

DER COWBOY

Legende und Wirklichkeit von A bis Z.
Mit Tausenden von Begriffen und über 550 Abbildungen auf mehr als 400 Seiten und Farbtafeln. Dazu ein großer farbiger Western-Poster für Ihren Party-Saloon...

Bertelsmann Lexikon-Verlag

Texas-Panhandle
Büffel-Jagdgebiet der Comanchen, Kiowas und Cheyennes

= Truppenaufmarsch

von Fort